ISBN 978-0-364-18750-0
PIBN 10991400

Englands Zustände, Politi

und

Machtentwickelung;

mit

Beziehung auf Deutschland.

Von

Gustaf Höfken.

Erster Theil.

Leipzig,

Verlag von Gustav Mayer.

1846.

Englands

Zustände, Politik und Machtentwickelung;

mit

Beziehung auf Deutschland.

Von

Gustaf Höfken.

Erster Theil.

Leipzig,
Verlag von Gustav Mayer.
1846.

8456,60

3618,46

Vorwort.

Die Wichtigkeit der Zustände Englands, als der ersten Weltmacht, läßt es überflüßig erscheinen, über den Zweck dieser Schrift außführlich zu sprechen. Sehen wir doch eine Nazion vor uns, die, unter der Aegide einer unvergleichlichen Staatsverfassung, einer unbedingten Oeffentlichkeit in allen Staatsangelegenheiten und einer vollkommenen Freiheit in Rede und Schrift, an innerer Kraftentwickelung, an Reichthum und Größe alle andern überragt und ihren Einfluß über die ganze Erde außdehnt. Selbst abgesehen aber von der Höhe ihres politischen Standpunktes und ihrer weithinreichenden Wirksamkeit, ist die Kenntnis des brittischen Staats- und Volklebens sehr lehrreich wegen des reichen Stoffes über öffentliche Anliegen, der dort zur allgemeinen Be-

nüzung freisteht. England muß als die Haubtquelle der moder=
nen staatswirtschaftlichen und sozialen Litteratur, der praktischen
Wissenschaft vom Staat angesehen werden; sein in alle Verwal=
tungszweige wirksam eingreifender gesezgebender Körper hat eine
entschiedene Richtung auf Handelspolitik und Staatenkunde, wes=
halb denn auch die amtlichen Erhebungen darüber, als Belege
der Parlamentsverhandlungen, an Umfang und Reichhaltigkeit
alles dieser Art in andern Ländern überbieten. Auß grünblicher
Erkenntnis der wirklichen Zustände aber entsprießt die gedeihliche
That.

Sobann lag der Gedanke nahe, Deutschland in den Licht=
seiten der brittischen Zustände einen Brennspiegel vorzuhalten, zur
Anregung seines Wetteifers auf der großen Entwickelungsbahn,
die England nun schon seit Jahrhunderten mit immer schönern
Erfolgen betreten hat. Heutiges Tages können wir bei England
in die Schule gehn. Einst freilich war's anders, wo Deutsche
noch Englands Lehrmeister waren in dem, was es am meisten zu
achten scheint, Industrie, Handel und Schiffahrt; wo die deut=
sche Hansa die See beherrschte und Großbritannien der deutschen
Oberherrlichkeit in den Künsten der Stoffverfeinerung dienstbar
war. Welch ein Umschwung der Dinge von jener Zeit an, da
die Kölner ihr reiches Haus in London besaßen, bis zum Wieder=
aufstreben Deutschlands in der neuen Hansa! Unsere Seemacht
ist erloschen, der hansische Kriegsruhm auf allen Meeren ver=
schollen, unsere Märkte sind mit englischen und andern fremden
Erzeugnissen überschwemmt, welche deutsche Schiffe selbst nur
zum kleinern Theil herbeiführen. Und wie haben sich die Welt=
verhältnisse für uns gestaltet? Während Rußland im Norden

von brei Erdtheilen herscht und seine Riesenarme weiter und weiter nach den schönen Ländern des Südens ausstreckt; während Frankreich wieder seinen Einfluß nach allen Weltgegenden auszudehnen und namentlich im Norden Afrika's an dem schönsten der Meere fortzuschreiten sucht; während England seinen Dreizack auf allen Gestaden siegreich aufpflanzt — gilt die vierte große Nazion, die deutsche, rings auf dem Erdball wenig oder nichts mehr. Wir sind zur See in der Abhängigkeit aller andern Völker, ungeachtet wir über dreihundert Stunden Meeresküste und sonst alles besitzen, was wir bedürfen, um ein Seevolk erster Größe zu werden. Aus der Geschichte ja wissen wir uns zu erinnern, was Noth und männlicher Entschluß vermögen. Nichts als Einigkeit und Freiheit im Innern, und Deutschland brauchte keinen Feind so wenig zur See als zu Lande mehr zu fürchten. Wir beginnen auch über derlei Dinge ernst zu träumen, und vielleicht war ein Traum aller Völkergröße Anfang. Doch dann darf es hierbei nicht bleiben in einer bewegten, rührigen, unternehmenden Zeit; wir dürfen nicht länger müßig sinnend oder nur mit gelehrter Theilnahme zuschauen, wie unsere Nachbarn sich nach innen und außen entfalten und das Gleichgewicht der politischen Macht über uns hinausrücken. Bei den großen Welthändeln und der Bewegung der Völker bleibt keines ungestraft theilnahmlos.

Ganz ohne Fortschritt sind freilich auch wir nicht geblieben. Seit den Befreiungskriegen und der bittern Enttäuschung über die daran geknüpften Hoffnungen haben sogar zwei Erscheinungen unsrer neuesten Geschichte tiefen Eindruck auf das Ausland gemacht, namentlich auf Frankreich und England — der Zollver-

ein und die Erhebung gegen Herrn Thiers Eroberungspolitik im
Jahr 1840. Man versah sich kaum solcher Rüstigkeit zu einem
Lande, dessen Politik wie dessen Karte stäts ein Bild der Zerrissen=
heit geschienen. Denn auß jenen Thatsachen leuchtete einmal
Einung nach innen zur Beförderung deutscher Wohlfahrt und
Macht, sodann in Zusammenhang damit Erstarkung des Nazio=
nalgefühls nach außen. Für die Entwickelung des Zollvereins,
an welche sich die Hoffnungen unseres Volkes klammern, kömt
nun unsere handelspolitische Stellung zu England wesentlich in
Betracht, besonders jezt wegen der Umgestaltung des englischen
Zoll= und Finanzsystems. Es handelt sich für uns um Maßre=
geln, geeignet, die Gefahren, welche die neuen englischen Refor=
men uns bereiten könnten, abzuwehren und die Schärfe der darin
etwa gegen uns geschmiedeten Waffen gegen das mächtige Insel=
reich zurückzukehren. In dem Wunsch endlich, der muthlosen An=
sicht, als könne Deutschland doch nicht gegen England aufkom=
men, entgegenzutreten, hab' ich auch die Vorzüge unserer Zu=
stände, namentlich auf dem bäuerlich=wirtschaftlichen und dem
kirchlichen Gebiete, nachdrucksam hervorgehoben, und dem Grund=
übel Englands gegenüber gern auf diesen gesunden Theil des
deutschen Körpers hingewiesen, zu dem Schluße kommend, daß
Deutschland, wenn es nur an Einigkeit und Freiheit zunimt, vor
keiner fremden Größe und Entwickelung zu zagen braucht.

Was den allgemeinen Standpunkt betrifft, von dem auß
ich Englands Beziehungen zu uns betrachte, so bekenne ich mich,
ohne Parteilichkeit für den einen oder andern fremden Staat,
durchauß zu dem Saze Shaftsbury's: „of all human affections
the noblest and most becoming human nature, is that of

love to one's country." Soweit es hiermit — mit der Vater=
landsliebe — bestehn kann, verhehl' ich nicht, daß das mann=
hafte englische Volk und seine Instituzionen mich ebenso sehr an=
ziehen, als sie mir Achtung einflößen. Wahrhaftig, so wenig
als irgend Jemand will ich unsere Unterordnung unter englischen
Zoll und Gewinn, oder da von herzlicher Sympathie des
„stammverwandten" Englands reden hören, wo Handelsfragen
zu entscheiden sind. Säh' ich die englische Allianz selbst als die
natürlichste und empfehlenswerteste von allen für uns an, so doch
immer nur unter der Voraußsezung, daß Freundschaft bloß auf
wechselseitiger Achtung und Anerkennung der gleichen Ansprüche
auf dieselbe beruhen kann. Diese politische Achtung müssen wir
vor allen Dingen den Fremden abgewinnen, wo nöthig selbst auf
die Gefahr hin, daß sie in Haß übergienge — solchen Nachtheil
möchten wir des Vortheils halber gern hinnehmen. Wir wollen
von England nicht so geliebt sein, wie eine milchende Kuh vom
Pächter, solche Zärtlichkeit und Verachtung reichen nah aneinan=
der. Tausendmal besser, tausendmal glücklicher für Deutschland,
wir ermannen uns, daß wir Anspruch gewinnen auf Englands
Haß. Denn man haßt nur die, so uns furchtbar sein können,
und Furcht und Achtung berühren sich unter Völkern; hassen sich
Franzosen und Engländer, so achten sie sich gegenseitig auch am
höchsten. Kurz, Deutschland, zu neuem Leben erwachend, darf
einem Bunde mit England nicht die Zukunft seines Handels und
Fleißes zum Pfande bringen.

Inzwischen soll man unserm gesunden Menschenverstande
andrerseits nicht zumuthen, uns darüber zu freuen, wenn es
etwa der stummen eisernen Beharrlichkeit Rußlands oder dem lär=

migern Eifer Frankreichs gelingen sollte, der englischen Größe in
Asien oder sonstwo die Grube zu graben. Warum sollten wir
wünschen, Englands Macht in Trümmer fallen zu sehen, bloß
zur Vergrößerung unsrer beiden ehrgeizigsten Nachbarn des Fest=
lands? Oder fühlen wir das Gewicht der leztern nicht schon
drückend und lästig genug an unsern Gränzmarken wie im ganzen
Lande? Man ist so weit gegangen, die französische Eroberungs=
lust geradezu in Abrede zu stellen; statt ihrer hat man uns von
dem heißen Wunsche der Franzosen erzählt nach inniger Ver=
bindung mit Deutschland, von welchem kein Völkerhaß sie trenne,
zu dem vielmehr geistige Sympathien, unvergällte Hochachtung
und die höchsten politischen Interessen, die Sicherheit, Ruhe und
Fortdauer der europäischen Gesittung sie hinlenken. Man mag
vielleicht nicht ganz unrecht haben, wenn man den eigentlichen
Sinn der sehr kriegerischen Worte Thiers' im Jahre 1840 mit
Lapidarstyl auf den Wällen von Paris geschrieben sieht: viel=
leicht war nicht Angriff nach außen, sondern Befestigung im In=
nern die Losung — allerdings in einer befremdlichen Form, doch
das ist Geschmackssache. Ich will überhaupt nicht läugnen, daß
Frankreich in vielen Stücken, sowol positiv als negativ, günstig
auf Deutschland einwirke. Nur weise man uns nicht mit der
einen Hand auf Helgoland, mit der andern auf französische Groß=
muth gegen uns. Hat man vergessen, durch welche Schändlich=
keiten Elsaß und Lothringen an Frankreich gekommen sind, und
wie man jezt mehr als je das Deutsche in diesen Provinzen mit
Stumpf und Stiel auszurotten sucht? Wenn man uns vom
englischen Handelsegoismus spricht, dessen Vertheidigung ich
wahrlich nicht zu führen gedenke, von dem England redet, wel=

ches in Deutschland die Beute seiner Handelskünste sehe; so stelle
man als Muster dagegen nicht Frankreich auf, das uns im Han=
del zu den wenigstbegünstigten Nazionen zählt. Ich glaube zwar
an ein gemeinsames Kontinentalinteresse gegen England überall
da, wo diese Macht ihre Suprematie zur See durch Gewalt=
schritte bethätigen will, und rede z. B., falls der wichtige see=
rechtliche Grundsaz: daß die Flagge die Ladung deckt,
welchen England verneint und Nordamerika bejaht, in Frage
steht, einem Schuzbündnisse der Staaten der alten und neuen
Welt entschieden das Wort. Doch ist es andrerseits nur zu
wahr, daß Frankreich die am meisten prohibirende Handelspolitik
befolgt und in seinen engherzigen beschränkenden Maßregeln noch
immer fortschreitet, selbst in dem Augenblicke, da England in
die Bahnen eines freiern Verkehrs entschieden einlenkt. In der
That, ich weiß kaum, wo gegenwärtig die Handelssperre that=
sächlich für uns größer ist, in Rußland oder in Frankreich; jeden=
falls sind wir lezterm gegenüber in unsrer Bilanz nachtheiliger
gestellt, und ist der Handelsverkehr zwischen zwei so entwickelten
Ländern, wie Frankreich und Deutschland, auf das Minimum
zurückgeführt. Gegen den Handelsgeist Englands schreien, wie
Pariser Korrespondenten zu thun pflegen, und dabei der Handels=
selbsucht Frankreichs nicht zu gedenken, das heißt den Wald vor
Bäumen nicht sehen. Oder man müßte denn, weil man unsern
Handel mit England für unvortheilhaft hält, gar keinen Handel
einem solchen vorziehen; ebenso ungefähr könnte man dem Ir=
länder rathen: er thäte, weil auf seinem Mittagstisch Fleischtöpfe
und Weißbrod fehlen, besser zu verhungern, als Haferbrod und
Kartoffeln zu essen. Kurz, so viel dürfte feststehn, daß wir uns

in staatlicher und handelsmännischer Hinsicht über England min=
destens nicht mehr zu beklagen haben als über Frankreich, daß
wir jedoch in der englischen Schule viel mehr lernen können als
in der französischen. Bei den Franzosen mag der Wille gut sein,
aber bei den Engländern ist das Vollbringen, begründet im öf=
fentlichen Geiste, im Karakter der Nazion und in den organisch
erwachsenen freien Instituzionen. Ihr Verhältnis zueinander
gleicht dem eines geweckten hoffnungsvollen Jünglings voll Stre=
ben und edler Empfindungen für Freiheit, der aber oft über die
Schnur haut und in seinen lebhaften Geistessprüngen mitunter
das Gleichgewicht verliert, zu einem durchgebildeten Manne, der,
der vollen freien Entwickelung aller seiner Kräfte sich erfreuend,
mit sicherer Bewustheit und Aplomb sich bewegt und durch seine
reifern gediegenern Erfahrungen die Ueberlegenheit über jene be=
hauptet. Sonst beziehe ich mich auf Goethes Außspruch:

"Wem zu glauben ist, redlicher Freund, das kann ich Dir sagen:
Glaube dem Leben; es lehrt besser als Redner und Buch."

Man hat auch gesagt, es sei nicht viel mehr als Spielerei,
nach tausend Jahren getrennten Lebens, getrennter Nazionalität,
getrennter Geschichte, Litteratur und Sitten von einer verwandt=
schaftlichen Neigung zwischen Völkern sprechen zu wollen und
darauf hingewiesen, daß der Engländer seiner deutschen Abkunft
sich nicht rühme, ja den Deutschen als seinen Ebenbürtigen nicht
anerkenne. Wie der durch fremde Verbindung reich gewordene
Emporkömmling von seinen armen Eltern, so spreche der moderne
Engländer von seiner Wiege. Es liegt Wahres hierin, und es
deutet dies auf einen Makel des britischen Gentlemanthums, von
dem ich weiter zu sprechen haben werde. So schmäht O'Connell,

deſſen Schimpfwörterbuch allerdings nicht an Armuth leidet, seine engliſchen Gegner gern die „Sachſen"; auch ließ ſich ein Whigblatt vor kurzem alſo verlauten: „es gewährt uns Engländern kein Vergnügen, uns mit einem beſiegten Volke (den Angelſachſen) zu identifiziren, und wir eilen gern vorwärts zur Gründung der neuern engliſchen Monarchie durch die ſiegreichen Normannen, von welchen wir den echten Urſprung, wenn nicht des engliſchen Volkes, doch der engliſchen Nazion ableiten." Auf dieſe und ähnliche Aeußerungen, deren Gewicht übrigens durch Außſprüche entgegengeſezter Art leicht zu mildern wäre, geſtüzt, hat man denn gefragt: warum auch das ſächſiſche England mehr Sympathie für Deutſchland hegen ſollte, als das normänniſch=franzöſiſche England für Frankreich? oder das franzöſiſch gewordene Gallien für Deutſchland? Nun, hierauf ließe ſich doch Manches entgegnen, auch wenn man, wie ich, auf die engliſche Vetterſchaft keinen beſondern Nachdruck gelegt wiſſen will, am wenigſten in handelsmänniſcher Hinſicht. Verwandtſchaft zwiſchen England und Deutſchland, in Bezug nicht bloß auf Abkunft, ſondern auch auf Sprache, gewiſſe Karakterzüge und das Gemüthsleben beider Nazionen, iſt nun einmal vorhanden und drängt ſich Jedem, der mit Verſtändnis der Sprache ſich dort in England und Schottland, hier namentlich in Niederdeutſchland von der Schelde bis an die Oſtſee umſieht, unwillkürlich auf. Sie liegt mitbegründet ſelbſt in altgermaniſchen Einrichtungen, die in England nur die glücklichere Außbildung erhalten haben. Hat doch ſogar einer der ſcharfſinnigſten franzöſiſchen Geſchichtsforſcher zuerſt, mit einem Aufwande großer Gelehrſamkeit, darauf hingewieſen, daß die engliſche Freiheit und Verfaſſung

auß den Urwäldern Germaniens stamme. Daß die Normannen
England nicht die Freiheit gebracht haben, braucht wol nicht erst
erwiesen zu werden; vielmehr knüpfen sich an ihre Eroberung
und die von ihnen eingeführte Feudalverfassung noch heute die
Krebsschäden des Vereinten Königreichs und eine furchtbare un=
gesühnte Schuld. Die aufgeklärten Engländer aller demokrati=
schen Klassen wissen recht gut, was von dem Gerede über nor=
männischen Adels= und Mannestruz zu halten ist, in welches sich
die aristokratischen Sympathien für jene Verfassung auß nahe=
liegenden Gründen so gern ergehn. Zudem führten die Norman=
nen nicht bloß gallisches Element nach dem Eilande hinüber,
sondern auch germanisches, dem sie selbst ursprünglich angehör=
ten. Weiter spiegelt die deutsche Verwandtschaft sich in dem selb=
ständigen Gemeinde= und Städtewesen und in dem Mangel einer
das Besondere vernichtenden Zentralgewalt, die zulezt immer in
absoluten Verwaltungsmechanismus außarten muß. Die große
Bewegung der Kirchenreformazion hat gleichfalls Engländer und
Deutsche auf religiösem und geistig=sittlichem Boden näher zuein=
ander geführt als zu irgend andern Völkern, und das alte Natur=
band gleichsam im Geiste erfrischt. Freilich stehn die Plattdeut=
schen, deren Land auch die Wiege der Engländer ist, diesen am
nächsten, wie die Westfranken, auß welchen das Frankenreich ent=
sprungen, unter allen germanischen Stämmen diesem am meisten
verwandt sind. Allein es waltet dabei doch der wesentliche Unter=
schied ob, daß die deutsche Sprache jener Franken seit dem zehen=
ten Jahrhundert vollständig romanisirt worden ist, während
die englische, troz des normännischen Franzosenthums, wesent=
lich deutsch geblieben, zumal was die Zunge der beiden kräf=

tigsten Volksbestandtheile Großbritanniens, der Matrosen und Landleute, sowie die Sprache der Poesie und des Gemüths betrifft. Die fränkischen Eroberer unterlagen der römischen Bildung des gallischen Volkes, wie die Gothen der des hispanischen Volkes. Nun, die normännischen Eroberer vermochten es eben so wenig, ihrerseits die Sprache und den Geist des angelsächsischen Volkes zu bezwingen, musten sich vielmehr ihm allmählich anbequemen. Daher auch die unläugbare Erscheinung, daß die deutsche und die englische Litteratur innerlich weit näher verwandt sind als die deutsche und französische, und daß in dem Gemüthsleben jener beiden Völker, namentlich nach seiner poetischen Seite, ein weit tieferes Verständnis waltet, als in dem der beiden leztern. Freilich, wir verstehn uns so ziemlich auf französische Lust= und Rührspiele, besser oft auf englische Dramen; denn jene sind in der Regel abstrakte Gebilde, ohne Natur und Leben wie ohne tiefere Wahrheit in der Motivirung, Masken in überraschenden Situazionen zur Darstellung von guten und schlechten Eigenschaften, nicht Menschen mit Mark und Fleisch. Es ist leichter, eine solche Situazionen=Komödie nachzubilden als ein Shakspere'sches Bühnenstück mit seinen ganzen Kernmenschen, wenn man selbst auf seine tiefen genialen Griffe in die Menschenbrust hinein verzichten wollte. Auch sprechen vielleicht mehr Deutsche französisch als englisch. Allein in Wahrheit ist solches doch meist nur ein Mundsprechen, ein Zungenbrechen, ohne innige Theilnahme des Herzens; während Engländern und Deutschen im Allgemeinen ein gegenseitiges Sichversenken in ihr Gemüthsleben leichter wird. Kurz, nach meiner Ueberzeugung steht England uns in Abstammung, Sprache, Dichtung, Kirche

und Volkskarakter näher als Frankreich, und im Uebrigen sag'
ich getrost mit Shakspeeren:

>"Ein Wesen, das verachtet seinen Stamm,
>Kann nimmer fest begränzt sein in sich selbst;
>Ja, wer vom mütterlichen Baum sich löst,
>Und selber abreißt, muß durchaus verwelken
>Und Todeswerkzeug sein."

Augsburg, um Ostern 1846.

Inhalt.

I.

Die Größe und Stellung Englands als Weltmacht.

„ Liberty turneth the wilderness into a fruitfull land,
and the dry ground into water - springs. "

Niemals sah die Geschichte ein ähnliches Reich wie das englische,
so seekräftig, so umfassend thätig auf allen Punkten der Erde, so tief
und gewaltig eingreifend in die Geschicke der entferntesten Völker, so
riesig groß und zugleich maßvoll in seiner Entwickelung, so wohlbegründet in seinen Vesten, welche nicht Steinhaufen, stehende Heere,
sondern Fleisch und Geist, Leben und Freiheit sind. So groß zu sein
ist keinem Volke gestattet, ohne Eifersucht, Neid, Haß gegen sich zu
erwecken; keinem wird dies reichlicher zu Theil als England. Ungern
erkennt ein Volk die Ueberlegenheit eines andern an, und wenn dessen
höhere Machtentwickelung nicht zu läugnen ist, so leitet es sie doch
lieber von besondern Naturverhältnissen ab, als es sie seinen Tugenden
beimißt. Darum die Annahme, England verdanke seine Größe besonders seinen Schätzen an Eisen und Kohlen, seiner günstigen Seelage,
seinen bequemen Verbindungsmitteln und was derlei Umstände mehr
sind. Ohne Zweifel, das alles sind wichtige Hebel nazionaler Machtentwickelung, aber insofern doch nur untergeordneter Natur, als ihr
Wirksamwerden durchauß von andern moralischen Bedingungen abhängt, die im Wesen des Staats vorhanden sein müssen. Sie sind so
wenig Grund der englischen Entwickelung, daß sie vielmehr erst durch
diese selbst Bedeutung gewinnen, indem sie bei deren Fortgang allmälich
in den großen ursächlichen Zusammenhang der Gesamtentwickelung
aufgenommen und wirksam werden. Die alten Briten bewohnten dasselbe Land und blieben bis auf die Römer halbwilde, abergläubische

Hirten unter Priestern, den Druiden, die, wenn vielleicht auch helle=
nischer Herkunft und mit äußerer griechischer Bildung außgestattet, doch
geistig nur so viel höher standen, als dazu gehörte, die Menge sich mo=
ralisch unterwürfig zu erhalten. Belgen und Gallier besorgten ihren
Handel im Außtausche ihrer ärmlichen Erzeugnisse. Weit später schlu=
gen die Hansen lange Zeit die Seeschlachten der Engländer, und deut=
sche Städte veredelten die Roherzeugnisse Altenglands. Damals hieß
es auf dem Kontinent: „Wir kaufen von dem Engländer den Fuchs=
balg für einen Groschen und verkaufen ihm den Fuchsschwanz wieder
für einen Gulden." Sind denn nicht auch manche Länder, unterschei=
det man zwischen Gaben der Natur und denen menschlicher Betrieb=
samkeit, an jenen noch reicher gesegnet als die britischen Eilande, ohne
daß sie doch große Erfolge darauß zu ziehen wusten?

Auch die altenglische Handelspolitik, die vielleicht zuviel gepriesen
und zuviel geschmäht worden, bedingt nicht Großbritanniens Größe,
indem sie keinenfalls als Grundursache, als ursprünglich schöpferische
Kraft wirkte. Vielmehr war sie gleichfalls die Wirkung anderer Um=
stände, das Ergebnis des gesamten Staatslebens, und ward dann
erst hinwieder eine mächtige Triebfeder im Kausalkonner der britischen
Entwickelung überhaupt. Ohne auf das Wort Adam Smith's: „Eng=
land sei troz der Cromwell'schen Schiffahrtsakte so groß geworden,"
besondern Wert zu legen, ist doch unbestreitbar, daß in dem Handels=
und Finanzsystem Englands neben vielem Trefflichen und Anspornen=
den auch manigfache Hindernisse für seine Machtentwickelung lagen.
Seit fast einem Jahrhunderte haben die vorragenden englischen Staats=
männer sich gegen den prohibirenden Geist desselben entschieden außge=
sprochen, wenn auch keiner die Kraft oder vielleicht schon die Nothwen=
digkeit fühlte, es selbst von Grund auß zu verbessern, indem es tief
im Boden des Landes wurzelte und seine Fasern das Mark des Staats
durchzogen hatten. Schon Lord Chatam, ein Mann, der von sei=
nen Zeitgenossen und der Nachwelt als einer der einsichtsvollsten
Staatsmänner anerkannt worden ist, die Großbritannien gehabt,
sprach vor fast hundert Jahren in der einfachsten Form die Nothwen=
digkeit auß, zu einer freiern Handelsbewegung überzugehn*). Auch

---

*) „Give freedom to trade, lighten the pressure of taxation, and you
will have no complaining in your streets. Commerce is an interchange of

Edmund Burke, der die Prinzipien der Staatsökonomie sich in einem Grade zu eigen gemacht hatte, wie sie kaum einer der gleichzeitigen ihm ebenbürtigen Staatsmänner besaß, war ein zwar gemäßigter, aber fester Anhänger des Systems der Handelsfreiheit, zu einer Zeit, als noch die meisten Staatsmänner sich in den Fesseln des Merkantilismus bewegten, oder sich in dem Halbdunkel fysiokratischer Kühnheiten, oder in den Irgängen der Finanzrutine verloren. Ihnen folgten in dieser Ueberzeugung die spätern englischen Staatsmänner fast ohne Ausnahme, und schon seit einer langen Reihe von Jahren haben auch die ausgezeichnetsten staatswirthschaftlichen Schriftsteller und Publizisten dieses Landes gezeigt, wie sehr Industrie, Handel und Ackerbau sich vermehren würden, wenn größere Freiheit in allen Wegen des Austausches gestattet wäre. Wenn troz dieses in der Theorie herschenden Prinzips die Fortschritte zu Gunsten des freien Handels in England bis vor kurzem sehr langsam gegangen sind, so ist das nicht die Folge eines erbärmlichen Betrugs und eines öffentlichen Blindekuhspielens von Seite aller jener Männer, wie ein geistreicher Nazionalökonom uns oft versichert hat, indem er sagte: jene Theorie, im Inlande ohne Werf, sei nur zur britischen Außfuhr bestimmt; sondern es liegt in dem natürlichen Widerstande und der Wucht eines einmal bestehenden Systems, das in England obendrein mit der Politik, dem adeligen Majorat und allen Grundverhältnissen des Staats eng verwachsen war.

Ferner war die britische Kolonialpolitik zwar immer verständiger als die französische, spanische und portugiesische, allein Niemand wird in ihr den Grund der englischen Größe suchen. An den verschiedenen Zuständen der freigewordenen Töchterstaaten in Amerika erkennt man die Früchte der verschiedenen mütterlichen Erziehung, des Geistes von der altenglischen und der altspanischen Regierung. In den spanischen Kolonien, den Zöglingen und Opfern einer weltlichen und geistlichen Willkürherschaft, wirkt der Sauerteig des gedoppelten Despotismus fort; in den nordamerikanischen Freistaaten dagegen entwickeln sich die kräftigsten Keime der staatlichen wie kirchlichen Freiheit. Der Engländer nimt nach allen Weltgegenden, in denen er sich niederläßt, seine

equivalents; a nation that will not buy, cannot sell, and every restriction upon employment and import is an obstacle to export."

Selbstregierung mit, seine Preßfreiheit, seine Assoziazionsfreiheit, seine gesezgebende Versammlung und Geschwornengerichte. Daher entfalten sich dort überall die Künste des Friedens und der höhern Gesittung. Doch abgesehen von diesem Nazionalgeiste, der in die Pflanzstaaten mit hinüberzog, wollte auch die britische Politik nichts als einen gewinnreichen Handel mit den eigenen Kolonien erzwingen durch engherzige Geseze, die thatsächlich darauf außliefen, Einzelne im Mutterlande zu bereichern, die Kolonien dagegen arm zu lassen, und die keineswegs auf geläuterten, an sich vernünftigen Grundsäzen beruhten. Freilich war diese englische Kolonialpolitik gleichfalls ebenso sehr das Ergebnis der Umstände als das des freien Willens. Als Lord Chatam jene Ueberzeugung zu Gunsten eines freiern Verkehrs außsprach, hatten die nordamerikanischen Kolonien ihre Unabhängigkeit noch nicht erkämpft; noch herschte fast unbedingt das Vorurtheil, es gereiche dem Mutterlande zum Verderben, wenn in den Kolonien auch nur für eines Nagels Wert fabrizirt würde. Welche Erfahrungen sind seitdem gemacht worden! Seit die Amerikaner in ihrer Thätigkeit völlig frei und unabhängig wurden, hat sich mit ihnen ein viel lebhafterer Verkehr entwickelt, als man hätte erwarten können, wären sie englische Kolonien geblieben. Oder würden sie als solche jezt über zwanzig Millionen Einwohner zählen, auf Strömen und Seen eine mächtige Flotte entfalten und jährlich eine Million Ballen Baumwolle, im Werte von sieben Millionen Pfund Sterling, gegen britische Erzeugnisse umtauschen? Mit der Zeit wird daher auch das ganze alte System der Kolonialpolitik fallen; zulezt vielleicht die Cromwell'sche Schiffahrtsakte.

So wenig demnach Englands Größe wesentlich von seinem Handelssystem, das nur den wichtigen Vorzug hat, sich nach den Umständen und Bedürfnissen zu modifiziren, herzuleiten ist; ebenso wenig bin ich der Meinung, daß die erhöhten Zollschuztarife der europäischen und amerikanischen Kontinentalländer sie dauernd zu beeinträchtigen vermögen, wie man gegenwärtig häufig behaubten, mitunter drohen hört. Andrerseits ist nicht zu verkennen, daß, falls eine allgemeine Entfesselung des Handels und der Industrie den Völkerverkehr mächtig beleben würde, England hieraus die größesten Vortheile ziehen müste, weil es die gewaltigste Kapital- und Gewerbkraft zu seiner Verfügung hat. Auß allen diesen Gründen muste „freier Verkehr" der englische Wahlspruch der neuesten Epoche werden. Aber diese eine Forderung zieht unvermeidlich viele andere nach sich und heischt eine unendliche Reihe bedeutungsvoller Reformen im Staatshaushalt, im Steuer=system, in den politischen und sozialen Zuständen, welche selbst dem besten Willen und der höchsten Einsicht durchzuführen schwer sind, so lange der Einfluß des Grund= und Geldbesizes wie jezt vorwiegt. Hierauß erklärt sich, warum England jenem großen Ziele bisher nur zögernd zustrebte und sich selbst noch immer scheut, sein für die Masse der Bevölkerung so drückendes indirektes Besteuerungswesen mehr mit dem direkten zu vertauschen, obschon jenes für den Handel ein Blei=gewicht, dieses eine Schwinge bildet.

„Drei Dinge sind es,“ sagt Lord Bacon, „wodurch Nazionen groß, reich und mächtig werden — ein fruchtbares Territorium, zahl=reiche Werkstätten und erleichterter Transport.“ Man hat mit Recht zu diesen wichtigen Hebeln noch Kenntnisse und Freiheit hinzugefügt. Der Schwerpunkt der englischen Entwickelung, und damit auch der wahre Grund der brittischen Größe ist, wie in der Vergangenheit so auch in der Zukunft, lediglich im freien englischen Volksleben selbst zu suchen. Von der Frische und Freiheit der innern Zustände, von der nie ruhenden Verfügung des Staats durch die Stahlkraft der Verfas=sung hängen allein auch die zukünftigen Geschicke Großbritanniens ab. In einer Zeit, wo man sich gern vorspiegelt, das Höchste durch bloß äußere Mittel des Schuzes und Truzes leicht erjagen zu können, glaube ich hier nicht nachdrucksam genug auf das sittliche Moment hinweisen zu können. Die brittische Größe hat ihren lezten und rechten Grund in der Tüchtigkeit, Außdauer, dem Fleiße, Muthe, Unternehmungsgeiste des Volkes, in der politischen Bildung, den entwickelten Landesein=richtungen, dem freien Staatsleben — kurz, in dem Engländer mit seinen strengen Begriffen von den Pflichten des Bürgers gegen seine Fa=milie, den Staat und das Volk. Wie wichtige Triebfedern der Ent=wickelung auch in den Schäzen des Bodens, in der glücklichen Lage, in den Grundsäzen der Handelspolitik liegen, sie bilden doch nicht die Grundursache der Riesenmacht des Inselreichs, sie greifen erst im Laufe der Zeit mitbewegend ein in die Speichen des stolzen brittischen Staats=wagens, dann freilich auch mächtig, und diesen Wagen, an den sich mehr und mehr Lasten, Zungen und Länder hängen, über manche Un=ebenheit mit forthelfend.

In ihrem Wesen zeigen die Engländer entschieden die Abkunft von

den zähen kühnen Stämmen der deutschen Seeküfte; verfezt find fie
mit Beftandtheilen anderer edlen Völfer, Römer, Kelten, Belgen,
Dänen, Normannen, Franzofen, zwar nicht in fo reichem Maße, um
die urfprünglichen Züge der Abftammung zu verwifchen, aber doch ftarf
genug, um die englifche Nazion auch mit Eigenfchaften diefer Völfer
zu bereichern, die fich für ihre Entwicfelung von großem Werte be=
wiefen. Sie find ein fräftiger, fchlanfer, wohlgebildeter Menfchen=
fchlag; vollblütig, weniger aufbraufend als nachhaltig und leiden=
fchaftlich, dabei zähe und beharrlich; in diefer Hinficht ächte vollföpfige
Germanen, welche früh Jahrhunderte hindurch in friegerifchen wie
friedlichen, immer anregenden Unternehmungen ihre Naturanlagen ent=
wicfelten. Ihrem Kopfe fehlt weder vorn, noch hinten, noch in der
Mitte die volle Rundung — ich will fagen, ihnen mangelt's weder an
Verftand, noch an Leidenfchaften, noch an Selbftachtung. Ernft, oft
bis zu Strenge und Verdrießlichfeit, fodann Willensftärfe, derbe Ent=
fchiedenheit und Zornesneigung prägen fich fchon in ihren Gefichtszügen
bei Mann und Weib auß; doch geht darüber weder ihren Frauen der
Reiz echter Weiblichfeit verloren, noch ihren Männern der ruhig fpre=
chende Außbiuck des Denfens, der fich zuweilen mit dem der heiteren
Thatfraft zu höchfter Wirfung vereint. Auß den Wäldern und von den
gefahrvollen niedern Küften Germaniens brachten fie ein natürlich=
freies Volfswefen — damals ihr größtes Erbgut — mit nach Bri=
tannien herüber, auß dem fie die Eingebornen in die Schlupfwinfel
der Gebirge verjagt hatten, und bildeten daffelbe unter fortwährenden
Kämpfen, mitunter furchtbaren Zerrüttungen und Leiden, doch im
Ganzen auf eine fo glückliche Weife zu einem felbftbewuften geiftig=
freien Staatswefen auß, daß es fortan das unübertroffene Vorbild
aller ftrebenden Völfer ward.

Die Entwicfelung freier Einrichtungen ift immer langfam und
foftbar; jede Ueberftürzung rächt fich, und ein ftandhafter Sinn darf
nur durch Leidensjahre und durch langen Unfrieden hindurch hoffen
zum Frieden zu gelangen. Das ift leider nur Wenigen flar, weil die
Ungeduld des Eigennutzes oder auch des Patriotismus im Wege fteht
und die Einficht trübt. Selbft die Beften meinen andrerfeits häufig
auch ohne Kampf und Unfrieden alles durch „ allmähliche Verbefferun=
gen " erreichen zu fönnen; mit diefem füßen Wiegenliede haben fich
fchon Manche unverfehens in den Abgrund hineingelullt, auß dem feine

Rettung. Englands Zustände sind darüber sehr lehrreich, wenn wir sie innig und nicht bloß äußerlich aufzufassen wissen. Wer die britische Macht lediglich in Befolgung gewisser handelspolitischen Grundsäze begründet glaubt, steht ungefähr auf demselben doktrinären Standpunkte wie Necker am Eingang der französischen Revoluzion, dem nicht klar ward, daß die französischen Reichsstände unendlich mehr bedeuteten als der Drang der Finanzen. Die politische Freiheit und die unaufhörlichen Kämpfe um dieses Heiligthum bilden den Schwerpunkt der englischen Entwickelung. In ihnen verlor sich die Scheu vor wahrhafter Oeffentlichkeit bei den Einzelnen wie bei der Regierung, zu Gunsten des Gemeinwesens, der Mangel an Entschiedenheit, der vor lauter Rücksichten es zu gar nichts Wichtigem bringen kann; in ihnen erwuchs die große patriotische Kunst der Engländer: individuelle Ueberzeugungen und Interessen dem Allgemeinen zu opfern und die liebe, leicht verlezbare Persönlichkeit den Gemeinanliegen unterzuordnen. Das frische, kräftige Parteiwesen, das sich durch alle Schichten des Volkes hindurchzieht, hat das englische Staatsleben zu der Höhe gebracht, auf der wir es sehen und die Verfassung gegen alle Stürme gefestet. Die Parteien in England treiben einander, wirken unaufhörlich auf einander ein, wechseln auch wol ihre Rollen und ändern ihre frühere Zusammensezung, wenn nach Ausgleichung streitiger Interessen ein anderer Stoff, an dem es nie fehlt, neue Parteien hervorruft; aber diese selbst dauern immer fort, ebenso wie die allgemeinen Grundsätze, um die sie sich scharen. Den französischen Verfassungszuständen mangelt noch ein solches gesundes Parteiwesen, dort löst sich alles in Persönlichkeiten auf, die nur Ränkesucht nach sich ziehen und bedeutende Ergebnisse von vornherein unmöglich machen. Eine Partei hat zwar immer ihre Häubter, aber sie muß entarten, wenn sie in diesen aufgeht, statt daß die Häubter nur in der Partei leben.

In England kam es nie ganz dahin, daß der Staat im König allein enthalten war; je mehr dieses aber zu Zeiten der Fall ward, desto schneller führten Unfähigkeit und Uebergriffe von oben eine Staatsänderung von selbst herbei. Nirgends in Europa ist der Staat mehr im Volke als dort. Doch darf man deshalb nicht eine schwache Regierung, die unter allen Umständen die schlechteste ist, in England vorausfezen; vielmehr ist die englische Regierung die stärkste, eben weil sie, indem sie sich durch die Verfassung mit dem Volke identifizirt, den ganzen Nachdruck der Nazion hinter sich hat. Der Gedanke der französischen Revoluzion, an Stelle alles Bestehenden und Geschichtlichen den Naturstaat der Gleichheit aufzurichten, sezt eine Auffassung voraus, der die Wahrheit völlig fern lag, daß der Staat nimmermehr als eine künstliche willkürliche Einrichtung zu begreifen sei, welcher ein ganz staatloser Naturstand vorangegangen wäre. Nichts ist für Englands politische Entwickelung bezeichnender, als daß dort eine solche abstrakte Auffassung des Staats nie Wurzel schlagen konnte. Nie suchten die Engländer statt der positiven Freiheit die natürliche Gleichheit im Staate; vielmehr suchten sie diese nur in der Kirche — die Gleichheit war ihnen göttlicher Natur.

In keinem europäischen Lande fühlt der Bürger daher den Staat so positiv in sich wie in England. „Ich bin der Staat" lebt gleichsam als Gefühl in der Brust des Engländers. In der Identität des Einzelnen und Ganzen aber liegt der lebendige Gemeinsinn. Der englische Hofmann ist auch Staatsmann, und dieser ein Mann des Volkes. Einen Adel ohne Grundbesiz (und nicht bloß wie im schönen Ungarn, wo der Edelmann, um ein solcher zu sein, wenigstens so viel Boden von dem adeligen Grunde besizen muß, als ein Obstbaum beschattet), leere Titel und leere Abstrakzionen der Stände kennt man nicht, welche auf unserm Festlande noch umspuken und hier dem Mangel an staatsrechtlichem Inhalt zur Folie dienen. In England sind alle bürgerlichen und staatlichen Gestaltungen dem Volkskerne selbst entsprossen oder doch mit ihm verwachsen. Der englische Adel behauptet, ohne als solcher angeneidet zu werden, eine hohe staatsrechtliche und gesellschaftliche Bedeutung, weil er vom Volke gesäugt und durch Verdienst auferzogen wird; er steht nicht über dem Volke, um unter es zu sinken, sondern er blüht in und mit ihm. England ist ein Volksstaat, d. h. Staat und Volk sind dort wirklich identisch. Der Beamtenstaat als solcher hat keinen Boden in England. Gemeinsinn, der sich in dem strengsten Begriffe von den Pflichten gegen den Staat und in deren treuen Erfüllung spiegelt, ist, bei allem sonst noch so sehr wühlenden Handelseigennuz, die erste Tugend des englischen Volkes, obwol sie ihm häufig am übelsten wie Selbsucht gedeutelt wird. Jeder rechtschaffene Engländer, nicht bloß der Beamtete, immer seiner Pflichten gegen den Staat eingedenk, vertritt nöthigenfalls die Regierung;

in diesem Sinn ist Jedermann Diener des Staats, wie jeder Beamtete vor allen Dingen Engländer ist. Dieser immer und überall wache Gemeinsinn, der sich freilich in seinen äußern Berührungen oft hart und abstoßend anläßt, erzeugt jenen klaren politischen Verstand, der in England als Ausdruck der öffentlichen Meinung hoch über dem einzelnen Menschen thront und die Geschicke dieses Reiches mit so bewundernswerter Berechnung und Ueberlegenheit lenkt.

Ich weiß es wol, das alles wird im Besondern sehr verschieden beurtheilt, das viele Licht kann, wie wir später sehen werden, mit langen dunkeln Schatten versezt werden. Im Allgemeinen jedoch wird Mannheit, Scharfblick, Fleiß, Ausdauer, Unternehmungsgeist, Hingebung an das Vaterland und Freiheitsliebe Niemand im Angesicht der Geschichte den Engländern absprechen. Auch die englische Geduld, welche parlamentarisch am wenigsten leicht gelangweilt wird, ist eines der Talente — allerdings ein vorzugsweise deutsches — wodurch dieses Volk so viel durchsezt, zumal im Gegensaze zu Frankreich. Unbestritten ist es ferner wol, daß die englischen Staatsmänner im Allgemeinen, abgesehen natürlich von einzelnen genialen Köpfen, welche jedes Land hervorbringt, denen unseres Festlandes weit überlegen sind. Der Grund davon liegt klärlich in der ganzen englischen Erziehung und politischen Entwickelung, in den unermeßlichen Mitteln, welche die Staatsverfaßung zur Unterweisung in öffentlichen Dingen Jedermann darbietet, vor allem aber in dem unschäzbaren Gute der Rede- und Preßfreiheit, welche in unserm Erdtheil eigentlich nur noch in England zu Hause ist. Was die englischen Staatsmänner außerdem noch auszeichnet, ist ihre umfassende und unermüdliche Thätigkeit, zu welcher der Stachel gleichfalls in der Oeffentlichkeit und der freien Bewegung der Menschen liegt. Oder wo hat man selbst im arbeitslustigen Deutschland Staatsmänner gesehen, nicht von der politischen Größe, sondern von dem staatsgeschäftlichen Fleiße eines William Pitt, eines Canning, eines Peel? Welches andere Land hat etwas Aehnliches aufzuweisen — Staatsmänner, die ihre Ruhestunden auf den Bänken des Unterhauses suchen müssen, wenn gerade die Debatte an Wichtigkeit nachläßt? Pitt hatte, so unermüdlich er war, doch während seines ganzen, dem Vaterlande gewidmeten Lebens zu seiner Ermuthigung nur einige unvollständige Erfolge (die großen und glänzenden sollten seine Nachfolger ernten), die er andrerseits grausam büßen muste.

Selbst in Herzensangelegenheiten war er unglücklich. Er hatte für eine junge Dame eine tiefe Leidenschaft gefaßt; da er jedoch ihre geringe Neigung für seine Person kannte, so entsagte er ihr und beschloß, sich nie zu beweiben, fortan nur dem Wohle des Staats zu leben. „Für Pitt gab es," erzählt Lady Stanhope, „keine Vergnügungen, wie sie gewöhnlich das Leben erheitern; er hatte nicht einmal Zeit, seinen Geldangelegenheiten die gehörige Aufmerksamkeit zu schenken und man übervortheilte ihn von allen Seiten. Um acht Uhr stand er auf, dann frühstückte er unter einer Menge von Bittstellern und Mitgliedern des Parlaments, und so arbeitete er bis um 4 Uhr Abends ununterbrochen fort, sprach, gab Antworten, stellte Befehle aus. Dann aß er in aller Eile eine Hammelkotelette, begab sich in das Haus der Gemeinen und fand hier seine Gegner auf dem Qui vive. Auf das erbittertste kämpfte er nun bis um drei Uhr Morgens, nahm hierauf mit seinen Freunden eine Malzeit ein, und legte sich nieder, um eine oder zwei Stunden Ruhe zu genießen." Ein Leben war dieses nach Kontinentalbegriffen freilich nicht — es war ein „langsames Abschlachten," und troz seiner unvergleichlichen Körperverfassung unterlag er endlich doch den ungeheuersten Arbeiten und Anstrengungen. Die Schlacht von Austerlitz erschütterte Pitts Seele aufs tiefste; er starb am 23. Januar 1806 und hinterließ 40,000 Pf. St. Schulden. Nach der Erzählung des Sir Walter Farquhar lauteten seine letzten Worte oder diejenigen, die noch verstanden werden konnten: „Oh! what times! Oh, my country!" *)

Der Freiheit durchhauchte englische Geist zeigt sich besonders kräftig auch darin, daß er die Engländer überall hin begleitet und das schönste Erbtheil ihrer Töchterstaaten bildet. Wie stehn die Vereinigten Staaten, hervorgegangen aus bürgerlicher Freiheit, gegen die spanischen Kolonien da, die Kinder des Despotismus, der ein ritterliches und begabtes Volk verstockt hat? Willkürherrschaft, einem Fluche des Himmels vergleichbar, mordet die Tugend und bringt die Staaten an den Rand des Abgrundes; Freiheit dagegen kräftigt sie auf allen Wegen und bringt sie zu hoher Blüte. Bürgertugend, die hier den Mann ziert, gilt dort für strafbares Verbrechen.

So aber ist das englische Volk nicht geartet, daß es den übrigen nicht gegeben wäre, es ihm nachzuthun. Nur dürfen sie beim blassen

---

*) Vergl. Allg. Zeit. 25. Okt. 1845.

Reihe nicht stehn bleiben. Denn Das, worum England gewöhnlich beneidet wird, ist vielleicht am wenigsten beneidenswert. Der größte Wert liegt niemals in den Schäzen selbst, sondern in dem Vermögen, sie hervorzubringen und heilsam zu verwenden; ja, Reichthümer, wie die englischen, würden das verderblichste Geschenk für ein Volk sein, dessen Haushalt und politisches Gefäß zu deren Aufnahme noch nicht entwickelt genug wären. Auch fehlen in England die dunkeln Nacht=seiten nicht, und dem Ueberfluß grinzt Mangel am widrigsten gegen=über. Tauche dein Auge in den Glanz und alle Herlichkeiten Lon=dons, dann auch in die dortigen Schlupfwinkel des Lasters und der Roheit, in die düstern pestilenzialischen Höhlen menschlichen Elends, und sage mir, ob die erste Handelsstadt der Welt mit all' ihrer Pracht dich noch zu blenden vermag?

Eifersüchtig aber sollten wir auf die englischen Einrichtungen sein, auf den Gemeinsinn, auf die prägnantesten Eigenschaften und die politi=sche Errungenschaft des englischen Volkes. Da gilt es, zu wetteifern!! So seid denn frei und — stolz wie sie, unternehmend, beharrlich und unermüdlich wie sie; versäumt keine Stunde im Müssiggange, opfert keinen Augenblick dem Vergnügen, den ihr nüzlicher verwenden könn=tet, und suchet selbst im Genusse das Gemeinwohl zu fördern und für Volkszwecke thätig zu sein wie sie; — seid unter allen Umständen durch=drungen wie sie von dem Pflichtgefühl für den Staat und achtet keine Gefahr, wenn es für ihn zu wirken gilt; ehret euer Volkthum wie sie, auch wo es Nachtheil bringt, laßt euch betreten auf allen Wegen in seinem Dienste, wo der Ozean flutet, in der brennenden Sandwüste und wo das starre Eisgefilde sich erstreckt; — daheim haltet den Volks=geist wach, frisch, gestählt durch stätige Verjüngung des Staats und seiner Kräfte, entkleidet euch der eiteln nichtigen Dinge, die zu nichts nüze sind, als Zank und Stank im Staate zu stiften, werfet die dumm und salzlos gewordenen Titel, die bunten, wohlfeilen Einfassungen für die Leere der Narrethei weit von euch weg und ringt wettkämpfend nach dem höhern, ewig geltenden Adel des Ansehens im Staate durch Bildung, Verdienst, Geistesgröße und Karakter; — verbannt alles unfreie und bürokratische Wesen auß dem Lande, bildet einen rechten Volksstaat, lauter von den öffentlichen Pflichten durchdrungene Bürger und Diener dieses Staats, seid allzumal Hüter des Gemeinwesens, wachsam und umsichtig, kühn und rücksichtlos wie sie, kurz, wisset

zu leben und zu sterben wie sie: dann, aber auch dann nur werdet ihr
es den Engländern gleichthun in der Entwickelung von Macht und
Größe.

Es gibt kein anderes Geheimnis für den englischen Reichthum
und die englische Größe, als die politische Freiheit. Willkür=
herrschaft ist wie ein verderblicher Mehlthau, Freiheit wie eine milde
Frühlingssonne. Schon vor hundert Jahren sprach John Drysdale
dieses aus, indem er predigte: „Wo Willkürgewalt herscht, wan=
delt sie die Felder in Wildnis um, fruchtreiches, blühendes Land in
unfruchtbare Einöden und trocknet ihr Gifthauch die frischesten Quellen
und Bronnen aus; Freiheit aber wandelt dagegen Sumpf und Wild=
nis in fruchtbares Land, und leitet über dürren Felsgrund erquickliche
Springquellen.“

Ich komme auf die äußere Stellung Englands. Die Lage eines
großen Eilandes gleicht nicht der einer Oase in der Wüste, von unbe=
zwingbarem Sandgefilde umschlossen und geschützt: unmittelbar keinen
Nachbar berührend, ist es doch am zugänglichsten für Alle, denn das
Meer bildet die große Fahrstraße und den offenen Tummelplatz aller
Völker. Die Sicherheit eines Inselreichs wird sich daher messen nach
seiner nachhaltigen Seemacht. Was nun England betrifft, so erscheint
zunächst der langgestreckte Aermelkanal zwischen Insel und Festland, da
wo beide einst zusammengehangen haben sollen, wie eine breite Brücke,
auf welcher seit Cäsars Zeiten Völker und Heerführer hinüber und
herüber gezogen sind, ohne daß die Bögen des Naturbaues gewichen
oder ihre blauklaren Planken gefault wären. Die Absicht der vielen
Heerzüge zwischen beiden Ländern war von Anfang an eine feindselige,
und noch jetzt haucht kein Freundschaftodem von dem einen Strande
nach dem andern hinüber. Das ist ein tief historisches Verhältnis.
Von Cäsar an bis auf den Normannenherzog Wilhelm, den Eroberer,
giengen die Heerzüge vom Festland aus, um die Insel zu unterwerfen;
dann wandte sich das Blatt, und England vergalt dem andern Theil
die Angriffe furchtbar genug. Jahrhunderte lang sind darüber Kriege
entbrannt zwischen Frankreich und England, und Schlachten geschlagen
worden voll Heldenmuth und Großthaten. Wer weiß es nicht, daß
begabteste Dichter in diesen ritterlichen und oft wundervollen Kämpfen
Stoff gefunden haben zu den herlichsten Schöpfungen, wie wenn der
alte Gegensatz auch die Weihe der Poesie erhalten und dadurch nur um

so tiefere Wurzel in den Gemüthern schlagen sollte? Freilich haben die
Engländer mit ihrem wie französischen Blute den schönen Boden Frankreichs gedüngt, aber sie haben doch als junge Nation auf diesem Boden zuerst auch kräftig die Flügel ihres Geistes geschlagen, auf ihm von
jeher ihre schönsten kriegerischen Lorbeern gepflückt. Gleiches läßt sich
umgekehrt von den Franzosen nicht sagen: Frankreich ist in der Blut-
schuld Englands geblieben, und es möchte dieselbe gar zu gern abtra-
gen. Vom französischen Strande hat selbst Napoleons Adlerauge zwar
lüstern hinübergeschaut nach dem mächtigen Eiland; aber er, der alles
gewagt, hat doch den Seezug dahin nicht unternommen. Und siehe!
dieses stolze Eiland hat den größten Feldherrn seines Jahrhunderts,
das Idol der Franzosen, auf ihrem eigenen Boden bekämpft und gedemüthigt — es war freilich nur, sagen sie, ein englischer Stock, der
ihm von der Höhe irdischen Glanzes den letzten Stoß versetzte, und nur
ein englischer Geier, der an seiner Leber genagt, als er geschmiedet
war an den Felsen von St. Helena, bis sein Auge brach. Was Wunder, daß es da nicht bloß Verstimmung, Groll, Abneigung, nein,
tiefe Erbitterung, Grimm, Haß, Krieg im Herzen und in den Gefühlen gibt! Gegen diesen historischen Gegensaz ist Guizots ,,entente
cordiale'' zwischen den beiden Völkern zwar eine wohlgemeinte, aber
in aufgeregter Zeit machtlose Frase.

Die Kluft, welche England und Frankreich trennt, ist breiter als
der Kanal. Sie auszufüllen wäre eine hochherzige Aufgabe, aber vielleicht über menschlichem Vermögen; denn bisher scheint sie, trotz der
gegenwirkenden Bestrebungen, nur immer mehr sich zu erweitern. In
Frankreich sind die Zeitungen, die Masse der Nation, die Kammern,
im Auslande die gesamte französische Diplomatie gegen England erbittert, ja auf das feindseligste gestimmt. Es ist unter solchen Umständen nur bewundernswürdig, mit welcher Kraft und Beharrlichkeit König Ludwig Filipp dieser gewaltigen Strömung politischer Leidenschaftlichkeit zu widerstreben weiß. Die Franzosen sind eine große kriegerische
Nation, die sich gern Täuschungen hingibt, und um so leichter, je
weniger in ihr der ruhige Verstand vorwaltet. Wer hat je gehört, daß
stolze Krieger emsig geschäftige ,,Krämer'' beneiden? Sie beneiden die
Engländer um so weniger, als sie auch nicht den englischen Seegeist
besitzen; aber sie hassen sie dagegen um so gründlicher. Es liegt etwas
Unverträgliches im Karakter beider Völker, das sich in allen Ständen

außspricht. In ihren schlechten Eigenschaften übertreiben sie sich gegen=
seitig, und in ihren guten bleiben sie sich unverständlich. Ich will hier
keinen besondern Nachdruck auf das Napoleonsche Stichwort „Krämer=
volk" legen, denn es gab auch Franzosen genug, z. B. Montesquieu,
welche dieses Krämervolk recht wohl zu würdigen verstanden. Aber des
Briten Ernst und strenges Pflichtgefühl wird den Franzosen immer nur
Pedanterie dünken, und die heitere Beweglichkeit des Franzosen wird
den Briten immer nur für Frivolität gelten, seine zuthuliche Geselligkeit
für Theater= und Kaffeehauston. Die natürliche Abstoßung kann leicht
zu leidenschaftlichster Erbitterung gesteigert werden, namentlich bei den
entzündlichern Franzosen. Ich hörte vor ein par Jahren gebildete
Franzosen den Krieg gegen England so zu sagen auf offener Straße pre=
digen, und es gibt ihrer, die an nichts Geringeres, als einen Ver=
nichtungskampf gegen das Eilandreich denken, ja, die hierin das ein=
zige Mittel erblicken, zu einem dauerhaften Frieden zu gelangen, „weil
die beiden Völker nicht neben einander zu bestehen vermöchten." Mit=
ten im Frieden träumen sie von überraschender Landung einer halben
Million Franzosen in England mittelst Dampfern, von Züchtigung der
Engländer und Befreiung der Iren vom Joche der Sachsen. Populär
ist bei ihnen nicht eine Seemacht als solche, wol aber eine Riesenflotte
aus großen Dampfschiffen Behufs rascher Landung. Nicht mehr nach
alter Weise wollen sie Geschwaderschlachten liefern auf offener See,
sondern nur über sie hinfliegen, um zu lauben und auf dem festen Bo=
den mit Blitzesschnelle zu erobern. Darum ringen sie nach der verhält=
nißmäßig stärksten Dampfflotte. Hätte Napoleon über solche geboten,
sagen sie, das stolze Albion läge zu Frankreichs Füßen, und der Kaiser
hätte die Welt Frankreichs Herschaft unterworfen. Und wie selbst=
zufrieden sie dabei lächeln, diese freidenkenden Weltbürger!

Wenn indessen französische Stimmen, eitel Wünsche für Wirklich=
keit nehmend, behaupteten: die englische Reichsdampfmarine habe im
Jahre 1843 26 Bote und 12,000fache Pferdekraft weniger gezählt als
die französische, so war das von der Wahrheit weit entfernt. Das
Verhältniß jener zu dieser stand vielmehr wie 30,000 zu 20,000 Pferde=
kraft oder wie 3 zu 2, und auch das nur auf dem Papier. Die ge=
samte englische Dampfschiffahrt aber ist stärker an Zahl und Größe,
als die aller übrigen Länder Europa's und Amerika's zusammengenom=
men. Namentlich ist es auf unserm Festlande mit der Handelsdampf=

schiffahrt annoch schlecht bestellt. Im Jahre 1843 hatte Schweden 16 Seedampfschiffe mit zusammen 2000 Pferdekräften, die Hansa 6, von 160 bis 240 Pferdekräften, Holland über 15, darunter 9 gutbewaffnete, Belgien 3; Havre besaß nicht über 10 seefähige Dampfer von mehr als 100 Pferdekräften, in Bordeaux hatte der größte nur 80 Pferdekräfte für Flußschiffahrt, in Bayonne war ein Schleppbot, selbst Marseille zählte nur ein Duzend verlässiger Dampfer. Nächst Frankreich besitzen vielleicht die neapolitanische und die toskanische Regierung im Mittelmeere die stärkste Dampfkraft; doch hatte das österreichische Seeinstitut des Lloyd sich bereits 20 achtungswerter Fahrzeuge (gegenwärtig an 7000 Tonnen mit 2090 Pferdekräften) zu rühmen, neben zwei Staatsdampfboten in Venedig. Die Dampfflotte der Vereinigten Staaten ist besonders zahlreich auf den Flüssen und Landseen, bloß auf den canadischen Seen gehen 50, von durchschnittlich 350 Pferdekräften, allein nur wenige Schiffe sind bewaffnet, und nicht viele eignen sich, Kanonen zu tragen. Das alles überbietet die Entwickelung der Dampfschiffahrt in Großbritannien. 1842 gehörten ihm 906 Dampfschiffe mit zusammen 118,930 Tonnengehalt an, wovon die meisten sich in Fahrzeuge des leichtern Kriegsdienstes mit 2 weitreichenden Bombenkanonen und kleinern Karonaden umwandeln lassen. Seitdem hat England den Bau von Dampfschiffen für den Krieg wie für den Handel mit außnehmender Thätigkeit fortgesetzt — Schiffe von 800 Pferdekräften und darüber, wie der „Odin," der „Terrible" — so daß das Misverhältnis der Marinestärke zwischen England und dem Kontinent jetzt größer ist als je zuvor. Der Hafen von London berühmt sich, außer den vielen Themseschiffen, eines Duzend und darüber prächtiger Dampfer von durchschnittlich 1000 Tonnen und 400 Pferdekräften, Bristol acht (worunter der „Great Britain" 40 Kanonen tragen kann), die Bucht von Dublin dreißig, Cork sieben, Londonderry fünf, Waterford eben so vieler, Belfast dreier; unter Glasgows Dampfern befinden sich vier von 600 Tonnen und 400 Pferdekräften, die eine große Kanone und 10 bis 14 vierundzwanzig Pfünder führen; auf der Ostküste Schottlands hat Aberdeen 9 Dampfer ersten Ranges, Dunden 4, Leith 5. Kurz, die Küsten der drei Königreiche schwärmen von Dampfschiffen, die außerdem auf den verschiedenen Verbindungslinien nach Frankreich, Deutschland, Spanien, Aegypten, Indien, Amerika beschäftigt werden. Rechnet man die Gesamtzahl der europäischen Dampfschiffe auf 2500, mit einer Gesamtpferdekraft von 270,000 (100 Pferdekraft durchschnittlich auf den Dampfer) und einem Kostenaufwande von 200 Millionen Thaler (ein Dampfschiff durchschnittlich also 80,000 Thlr.); so würden auf England allein ungefähr 67 Prozent kommen, auf Frankreich 14, auf ganz Deutschland etwa 10 (an 190 Dampfbote für Binnenfahrten, indem zwölf deutsche Flüsse zusammen auf einer Strecke von 540 Meilen mit Dampf befahren werden, und 78 Seedampfer, zusammen mit 23,000 Pferdekräften), auf die Niederlande 2½, ebensoviel auf Rußland, und die lezten 4 Prozent auf die übrigen europäischen Staaten. Bedenkt man, daß jene ganze mächtige Dampfflotte mit ihrer ungeheuern Anzahl von Matrosen, Ingenieuren, Heizern und mit ihren außerordentlichen Vorräthen an Feuerungsmitteln die Schöpfung von zwei Jahrzehnten ist, und daß unter den schönsten ihrer Schiffe kaum eines über zehn Jahr alt sein dürfte, so scheint doch, daß, wenn der Dampf eine neue Kraft in den Seekrieg eingeführt hat, diese Kraft zunächst noch die großen Elemente der britischen Seemacht vermehrt hat.

Allein wenn die Anwendung der Dampfkraft, anstatt Englands starke Seestellung zu lockern, sie auch wirklich nur noch mehr befestigt hat, immerhin könnten die Franzosen, sagt man, jezt doch leichter als früher eine große Landung an der englischen Küste bewerkstelligen. Dies zugegeben, wird man dagegen auch nicht läugnen, daß die Engländer ihrerseits noch viel schneller im Stande wären, an jedem Küstenpunkte ungeheure Mittel zur Abwehr anzuhäufen, und daß von einer eigentlichen Ueberraschung gar nicht die Rede sein könne. Die Dampfkraft findet nicht bloß auf der See Anwendung, sondern bisher zu noch größerer Beflügelung auch auf dem Lande, wo überdem die Elektrizität als Mittheilungsmittel mit der Schnelligkeit des Gedankens zu Gebote steht. Durch die Eisenbahnen, welche Großbritannien in allen Richtungen durchkreuzen, sind die alten Heerstraßen zu Gassen zusammengeschrumpft, die tausend Stunden messende Küste wie zur schmalen Umwallung einer Stadt, sind die hundert verschiedenen Häfen wie zu einem einzigen Piräeus verschmolzen, den freilich nur hölzerne, aber beschwingte Mauern mit der englischen unbefestigten Akropolis verbinden. Mittelst des elektrischen Telegrafen wird die Hauptstadt wichtige Nachrichten allen bedeutenden Punkten des Landes mit Blizesschnelle mittheilen, oder sie von ihnen auß empfangen: wie ein Pulsschlag,

wie ein Blick fliegt eine Nachricht geräuschlos von der äußersten Spize
des Eilandes zur Admiralität und von da nach jedem andern Punkte
zurück. Wollte der Dampf-Flottillentraum der Franzosen in Erfüllung
gehen — meint die Times — so würde das französische Heer, welches beim Sonnenuntergang etwa Cherbourg verlassen hätte, um beim
Sonnenaufgang an einem Punkte der Südküste von England zu landen, auf diesem wie bezauberten Eilande schon jeden Soldaten, jeden
Bürger geweckt und zur Gegenwehr aufgerufen finden, noch ehe es
selbst den fremden Boden betreten, und wenn der Strand ihm nicht
schon von Bajonetten entgegenfunkelte, bis Mittag doch würden Englands halbes Heer, bis Abends das ganze, die Yeomanry und eine
zahlreiche Miliz zwischen dem Feinde und der Metropole stehn, oder
vielmehr durch eine Flut gewaltiger Entrüstung immer anschwellend,
sich der Invasion entgegenwerfen. Der nächste Sonnenaufgang schon
dürfte das Ende des kurzen Feldzugs dort beleuchten, bis wohin das
französische Heer vorgerückt wäre, dessen Wiedereinschiffung die gesamte britische Dampfflotte — und sie wird um so zahlreicher sein,
als auch eine Menge Linienschiffe mit der Dampfschraubenbewegung
versehen werden — mit furchtbarem Feuerwerk begrüßen würde. —
Uebrigens fehlen England nicht ganz feste Pläze, in welchen ein uner-
meßliches Kriegsmaterial angehäuft ist. Die Kriegshäfen Portsmouth,
Plymouth, Sheernes und Chatam, sowie einige wichtige Küstenpunkte
sind wohlbewehrt und andere sollen es werden. So sind z. B. die königlichen Werfte und Werkstätten bei Portsmouth, sowie die Stadt selbst
auf der Halbinsel Portsea von Festungswerken umringt, und jede feindliche Flotte, die in den Hafen einzubringen versuchte, würde dem
Kreuzfeuer furchtbarer Batterien auf beiden Seiten desselben, von Gosport wie von Portsmouth aus, trozen müssen, nur um im Hafen selbst
vollends in den Grund gebohrt zu werden. Beherzigenswert ist ferner,
daß die im Jahre 1844 eingesezte Kommission zur Prüfung des Vor-
schlags, auf verschiedenen Seepunkten Englands Sicherheitshäfen und
militärische Vertheidigungswerke anzulegen, zu diesem Ende wirklich
vier Hauptpunkte empfohlen hat: Dover, Seaford, Portland
und Harwich. Die Kosten, bloß der Sicherheitshäfen, ohne die
Festungswerke an den Küsten einzurechnen, sind auf mehr als 30 Millionen Thaler veranschlagt. Zu gleichem Zwecke der Küstenvertheidi-
gung dienen die neuen Dampfblockschiffe, die je 450 Pferdekräfte stark

werden und 300 Mann Besazung erhalten sollen. Schiffbau und Außrüstung werden in jüngster Zeit auf riesenhaftem Fuß betrieben.

Ist nun so die „entente cordiale‟ der beiden Nachbarvölker auch für England im Allgemeinen nur das kühle Verständnis der politischen Umstände, die Nothwendigkeit des Friedens, nichts mehr; so können dort doch ähnliche Gedanken der Ueberrumpelung Frankreichs mit Dampf nicht aufkommen. Dazu ist das englische Volk zu besonnen, nüchtern, praktisch. Mir wenigstens ist ein Engländer, der in einem Athemzuge den Deutschen der Völker Brüderschaft und einen Vernich=tungskrieg gegen Frankreich predigte, niemals begegnet. England sieht seine Seemacht mehr als je wohlbegründet auf seiner Lage, seinem Reichthum, Welthandel und seiner ungemessenen Kolonialaußbreitung, und dieses Gefühl der Sicherheit gibt der Nazion eine Ruhe, welche fantastisch-leidenschaftliche Anschläge, die mit besonnenem Urtheil sich nicht vertragen, gar nicht aufkommen läßt.

Aber wenn jezt so wenig, wie zu den fröhlichen Zeiten Elisabeths, England durch Armaden erreicht und zu Hause gedemüthigt werden kann, so ist es doch anderwärts verwundbar. Seine Ferse liegt in sei=nem Handel. Dieses substanzielle Interesse des Inselreichs ist in allen Erdtheilen fast gleich bedeutend. Daher hat man sich gewöhnt, die Engländer allenthalben als Kaufleute auftreten zu sehen, auch erblicken wir sie fast nur als solche uns gegenüber. Es liegt darin ein bezeich=nendes welthistorisches Verhältnis. Der Handel ist die mächtigste Triebfeder menschlicher Entwickelung. Kaufleute sezen durch ihren Un=ternehmungsgeist die entferntesten Erdtheile in Verbindung, geben ih=rem Heimatlande Gelegenheit, seinen Ueberfluß gewinnreich abzusezen und von den Vortheilen aller Länder Nuzen zu ziehen, sie begründen blühende Städte in früher unbewohnten Ländern und machen den Staat reich und mächtig. Von Natur nach freier Bewegung strebend, sind sie dem Despotismus und jeglichem Zwange abgeneigt; durch Rei=sen und Entdeckungen erweitern sie das Gebiet der Wissenschaften und fördern Aufklärung und politische Freiheit. Der Handel ist aller Men=schen Diener, der Kitt, welcher die Bausteine der ganzen menschlichen Gesellschaft zusamenhält; durch seinen Geist ist mehr als durch irgend=eine andere moralische Gewalt das Menschengeschlecht über den Erd=boden zerstreut und wieder miteinander verbunden .worden zu dem reichgeästeten Riesenbaume, an dessen Blüten und Früchten wir Alle uns laben.

Der Handel hat jedoch auch seine Kehrseite. Hermes, der den güldenen Zauberstab schwingt, ist auch der Patron der Gauner und Diebe, der Erfinder allerlei Betrügereien, der Gott der List und des Raubes. Mit andern Worten: im Handel liegt zugleich ein selbstsüchtiges, habgieriges, ein eroberndes Prinzip. Ja, dieser lachende, rührige Bote, der nach allen Seiten Gaben austheilt, ist zugleich ein Kriegsstifter, oft ein tückischer Raufbold und grausamer Unhold; alsdann verzerren sich seine sonst so freundlichen Züge bis zur Unkenntlichkeit. So kömt's, daß Viele selbst den Patriotismus der Engländer nicht für uneigennützig halten und dahinter stäts Gewinnsucht wittern, welcher der Nazionalruhm nur oft zum Deckmantel dienen müsse; während Andere meinen, er verschönere selbst ihre Gewinnsucht, der englische Gemeinsinn bestehe die Probe sogar in der Leidenschaft des Reichthümererwerbs. Gewis hat kaufmännische Spekulazionslust die Engländer auf allen ihren Zügen begleitet und mehr dazu beigetragen, als die Aussicht auf Ruhm und kriegerische Ehre, daß sie auf Alexanders des Großen, auf der Römer und der Kreuzfahrer Spuren gegangen und die halbe Welt besiegt haben. Wie im Innern kaufmännische Spekulazion vorwiegend die Triebfeder aller laufenden Dinge scheint, so hat das englische Reich nach außen hin sich haubtsächlich durch kaufmännische Unternehmungen vergrößert. Nicht als kriegerische Eroberer, sondern als kluge, wagende, muthige Kaufleute sind sie Beherscher eines so großen Reichs wie Indien geworden, mit einer Bevölkerung von 100 bis 120 Millionen. Erst im Jahre 1625 waren die Briten im Stande, Boden in Indien zu erlangen, sie kauften ein Stück Land südlich von Nellore, in der heutigen Präsidentschaft Madras. Im Jahre 1651 erhielten sie wichtige Handelsprivilegien in Surat durch den Patriotismus eines Arztes, Namens Brughton, der die Tochter des Kaisers von einer gefährlichen Krankheit befreit hatte. Kurz darauf durften sie auch eine Faktorei in Huglei in Bengalen anlegen. Die Insel Bombay ward Karl II. abgetreten, als er die portugiesische Prinzessin heirathete (1662), und noch vor Beginn des achtzehnten Jahrhunderts (1698) erwarb die „Compagnie" durch Kauf einen großen Landstrich in Bengalen, wobei Calcutta. Bis dahin dachten die Engländer nicht an Erweiterung des Besitzthums durch Waffen-

2*

gewalt; noch trieb dazu kein inneres Bedürfnis. Erst nach der schrecklichen Begebenheit in der „schwarzen Höhle" (1756) beginnt die Reihe
von Kriegen, in welchen die Engländer durch Ueberlegenheit der europäischen Kriegskunst binnen einem Jahrhundert das Zepter von ganz
Indien errangen. Der wichtigste und edelste Theil der Mission im
Osten bleibt aber noch zu erfüllen. Seit fünfzig Jahren ungefähr haben die Engländer erst angefangen den Segen der Erziehung und der
Religion mit merklichem Erfolg über die Eingebornen auszudehnen;
die Compagnie hielt damit zurück, von der Idee geleitet, daß die Eingebornen feindlich gesinnt werden, sobald man sich in ihre Religion und
Sitten einmischt.

Daß zwar der kriegerische Sinn in den Engländern über dem Handel nicht erloschen ist, ja, daß der alte Heldenmuth ihrer Heere noch
immer Wunder der Tapferkeit verrichtet, zeigt sich bei fast jeder Gelegenheit; noch jüngst in den blutigen Tagen am Sutledsch, wo sie drei
gegen fünf der tapfersten Gegner, der Sikh, siegreich fochten. Aber
sie kriegen und erobern dennoch wie Kaufleute — nicht indem ihre
Söhne sich unter die Fahnen des Vaterlandes drängen, sondern indem
die Reichen aus ihrer Tasche den Armen ihre Kriegsdienste bezahlen.
Kurz, der Haubtzweck ihrer Bemühungen ist überall der Handel, nicht
Eroberung. Im Ministerium der auswärtigen Angelegenheiten wird
fast alles nur aus dem Gesichtspunkte der Handelspolitik aufgefaßt.
Sämtliche auswärtigen Besitzungen Großbritanniens sind Stück für
Stück in Folge von Handelsunternehmen zusammengekommen. Kaufleute haben Amerika kolonisirt, um dort einen Markt für ihre Manufakturwaren zu gewinnen, Handelsleute haben Indien zu besetzen gesucht als den größten Warenspeicher der Welt; aus demselben Grunde
haben sie die Wege nach dem fünften Welttheil und nach China eröffnet, und letzterm den Krieg erklärt, um den Chinesen nämlich ihren
Kattun, ihr Tuch und das — indische Opium aufzubringen, welches
ihnen die englische Fabrikatenausfuhr nach Indien bezahlen helfen muß.
Nicht selten ward die englische Regierung von diesen Kaufleuten selbst
wider ihren Willen zu Vergrößerungen des Reiches hingerissen. Was
dem englischen Handel griffgerecht liegt, das wird er auch, troz der
Weisung an jeden neuen Generalgouverneur von Indien, nur im äußersten Nothfall eine neue Erwerbung an Land zu machen, durch alle
mögliche Mittel zu ergreifen suchen. Das Zerrbild des Charivari

war in dieser Hinsicht treffend: ein eleganter Franzose wendet sich an eine dürre Engländerin, neben welcher man einen dicken Engländer, beide mit Pastetchen in der Hand, sieht, mit den Worten: „Milady! votre mari a raison; rien n'ouvre l'appétit comme de manger avant le diner une douzaine de pétits gateaux." Darauf die Engländerin: „Oh, yes! dans notre nation nô avoir toujours envie de prendre quelque chose."

Englische Stimmen brüsten sich bei alledem gern mit ihrer Enthalt-samkeit in Indien*). Namentlich habe England durch Räumung Af-ghanistans, anstatt bei der Thorheit einer bewaffneten Besezung zu be-harren, welche monatliche Feldzüge und jährliche Truppensendungen erfordert haben würde, den andern erobernden Mächten, Frankreich und Rußland, ein schönes Beispiel gegeben. Man habe gerade genug gethan, um den durch unglückliche Ereignisse auf die englische Waffen-ehre in Mittelasien gebrachten Fleck wieder auszuwaschen, dann aber sogleich die Truppen auß einem Lande zurückgezogen, welchem sie nur die Gräuel des Kriegs, keine geordnete Regierung hätten bringen kön-nen. Ein solcher Entschluß seze größere Willenskraft und ein tieferes Bewustsein wirklicher Stärke bei der Nazion, die ihn fasse, vorauß, als die Fortsezung des Kriegs. Inzwischen findet die britische Länder-gier in Indien kein Ziel, einem „Schattenkönigthum" nach dem an-dern wird der Garauß gemacht, die Könige werden zu „Staatspen-siondären" degradirt und als solche „versezt," und das Land den un-mittelbaren Besizungen der ostindischen Gesellschaft einverleibt — alles natürlich im Interesse der armen schlechtregierten Bevölkerung wie in dem von ganz Indien. Auch ist der Gedanke auf Afghanistan keines-wegs aufgegeben, nur vertagt. Der Zustand dieses Landes wird als äußerst zerrüttet geschildert, überall seien unbotmäßige Häubtlinge, die sich gegenseitig bekämpfen und ihres Fürsten Ansehen kaum dem Namen nach anerkennen: da muß sich die Compagnie doch am Ende noch auß reiner Menschlichkeit der Unglücklichen erbarmen. Zudem steht im Hin-tergrunde als stäts drohendes Gespenst der russische Einfluß, der in und über Persien mit Macht vorwärts strebt. Ein Keil treibt den andern

---

*) Die neueste Mäßigung in Besizergreifung des Pendschab ist wol auch nur so gemeint, wie die Freiheitserklärungen der Griechen und anderer Völker durch die Rö-mer. „Sie haben schon zu viele Kamele in Indien verschluckt, um noch vor einer Fliege zurückzuschrecken."

im Großen wie im Kleinen. Wie leicht sind da alte Vorwände zu neuen Gewaltschritten gefunden! Das Morning Chronicle und andere whigische Blätter sind überhaupt der Meinung, daß Lord Ellenborough einen argen Schnizer gemacht, „aus Afghanistan davon zu laufen;" sie rühmen dagegen, daß er eifrig bemüht gewesen, es dadurch wieder gut zu machen, daß er sonst überall den Krieger und Eroberer gespielt, und schelten milder gestimmte Männer Pedanten des Friedens und der administrativen Klugheit. Zwar seien sie, die Briten, wesentlich ein Handels- und Industrievolk, und daher nur zufällig ein eroberndes Volk; aber wiewol, in Indien wie anderwärts, Waffenübung und Gebietserweiterung nicht ihr Haubtzweck sei, so müsse doch Vergrößerung noch eine Zeitlang der Normalzustand der britischen Existenz in Asien sein. Auch ohne ungerechten oder unnöthigen Einverleibungen das Wort zu reden, liege die Thatsache doch zu Tage: die meisten der einheimischen indischen Regierungen seien lebensunfähig geworden, kein Stüzen könne sie mehr halten. Ohne Zweifel nähmen die Engländer in Indien eine anomale und einigermaßen gehässige Stellung ein; aber wenn die Schlösser ihrer Nachbarn einstürzten und deren Trümmer auf englischen Grund und Boden fielen, ob sie darum den Schutt nicht wegräumen sollten, weil Steine und Mörtel ursprünglich nicht ihnen gehörten?

Welchen Wert man diesen und andern Entschuldigungen beilegen mag, die Wahrheit ist: England kann nur durch seinen Welthandel bestehn. Wird es an diesem ernstlich getroffen, so scheint es — denn also sind seine innern Zustände geartet — entweder sich verbluten zu müssen oder in seinem Ueberfluß zu ersticken. Darum sind seine größesten Anstrengungen auf Behaubtung und Erweiterung seines Verkehrs gerichtet, darum erscheint der Handel als die Triebfeder seiner ganzen Politik. Der britische Welthandel aber liegt wesentlich theils in Asien, theils in Amerika begründet. In Asien vorerst hat es eine wunderbar reiche und ausgedehnte Herschaft — von unermeßlicher Wichtigkeit für seine große Schiffahrt und seinen großen Handel, weil es den dortigen Markt allein mit den nöthigen Manufakturerzeugnissen versorgt, wofür es des Landes Naturprodukte begünstigt und verschleißt — um jeden Preis zu behaubten. Das ist Nothwendigkeit für England. Daher muß es sich die großen Straßen dahin um die Südküste Afrika's und durch das Mittelmeer, über Aegypten, das

Rote und das Persische Meer durch eine Reihe wohlgelegener Stützpunkte sichern. Hier aber gerathen seine Interessen in manigfachen Konflikt mit denen Frankreichs und des nach äußerer Machtausbreitung gleichfalls hinstrebenden Rußlands.

Frankreich und England bekriegen sich nun nicht mehr auf ihrem heimischen Boden. Während aber beide daheim, sicher in ihren alten Gränzen, anscheinend wie Brüder friedlich nebeneinander wohnen, entglimmt die unauslöschliche Eifersucht fort und fort auf den verschiedensten Punkten der Erde. Natürlich können zwei solche erbitterte Volksgeister, wenn sie nach außen, wo sie in Bewegung sind, nicht verschiedene Felder ihres Ehrgeizes und ihrer Interessen wählen, nimmer gefahrlos aufeinander stoßen. Wirklich ist man sich oft auß dem Wege gegangen; doch die verschiedenen Felder nähern sich einander in dem Maße, wie sie sich ausdehnen, Berührungen sind unvermeidlich, die Verwicklungen, Eifersucht und Gefahren wachsen. Frankreich hat in diesem Augenblick mit fünf fremden Mächten Händel, mit Otaheiti, Mejico, La Plata, Madagascar und vor allen Dingen mit Abd-el-Kader und Marokko. Fast alle diese Gegenden legen zugleich das Zeugnis ab von der kolonialen Unverträglichkeit Englands und Frankreichs. „Sie sind," sagte die Times, „zu groß, zu stolz, zu hochfahrend, als daß sie nahe Nachbarn sein könnten auf dem Felde des Ehrgeizes und der Unternehmungen." Namentlich im Mittelmeer von Gibraltar bis nach Aegypten und Syrien stehn sich die beiderseitigen Interessen schnurstracks gegenüber. Indessen erscheint Frankreich bisher in Nachtheil — die Gefahr für Englands asiatische Stellung von dort auß noch nicht nahe. Um nur festen Fuß in Nordafrika zu fassen, bedarf Frankreich annoch eines zahlreichern Heeres wie England zur Behauptung aller seiner auswärtigen Besitzungen; und während diese für England eine unerschöpfliche Quelle des Reichthums und der Macht bilden, verstreut jenes vorerst noch Geld und Menschen in die Wüste, ohne nennenswerte Erfolge. Bei dem Schaden lassen es die glücklichern Nebenbuhler auch nicht an Spott fehlen. So weist die Times englische Besorgnisse über französische Einmengung in China und die mögliche französische Besetzung der wichtigen Insel Tschusan also höhnend zurück (s. Allg. Zeit. 1845): „Was hat Frankreich mit China zu thun? Trinken die Franzosen Thee? Führen sie Kattun, Twist, Kaliko auß? Trinken die Chinesen Wein, oder führen sie Spitzen und Seidenzeug ein? Brauchen sie Uhren und Galanteriewaren? Wahrlich, was hat Frankreich, wenn es einmal über Europa hinausgeht, anzubieten als Bajonette, Kugeln und Bomben? Seine Bestimmung ist groß, aber nur in Europa. Innerhalb seiner europäischen Gebirgs- und Meeres-gränzen lebt es — draußen zerstört es. Was die Franzosen Kolonie nennen, ist militärische Besetzung; ihr Handel ist ein Misname für Intrigue. Die Kauffahrteischiffe, die sie nach Polynesien und Austra-lien senden, sind befrachtet mit Tod, und kehren heim mit Unheil. Sie machen keine Geschäfte, als wo sie das Glück haben auf einen Blut-markt zu treffen. Ihre durch so schnöde Mittel angeknüpften Verbin-dungen schwinden, sowie sich der Rauch verzieht, in dem sie entstanden. Frankreich hat schon viele Ambassaden ausgesandt, viele Missionen, Kolonien, Expedizionen. Wo sind die Ergebnisse? Durchsucht die Erdkugel, wendet sie um und um, durchforscht die Küsten, die Ozeane. Kaum ein französischer Fußstapfe ist übrig geblieben. Möge Frankreich seine Fregatten und Kriegsdampfer aussenden, mög' es Tschusan mit 20,000 Mann besetzen, und Millionen an Festungswerke, „Cordons" und „Enceintes" verschwenden. Zwecklose und lächerliche Unmensch-lichkeit! Irgendetwas Unangenehmes ereignet sich daheim, Englands und Frankreichs freundliche Verhältnisse werden unglücklicherweise ge-stört, und — Tschusan ist unser . . . Vergebens stellt ihr eure Vor-posten 14,000 Meilen von eurer europäischen Zitadelle. Wir werden den Krieg von Indien aus führen, wie wir es früher thaten; aber wo ist euer Stützpunkt, wo euer Ruheplatz zwischen Cherbourg und Tschu-san? Sic vos non vobis. Wir werden eure Forts, eure Häfen, eure Paläste, eure Theater, eure Hôtels in aller Ruhe besetzen. Wir ver-mögen gerecht zu sein, und so können wir es der Besonnenheit und dem guten Geschmack der Chinesen überlaßen, was sie mit Tschusan anfangen wollen."

Was andrerseits Rußland betrifft, so kämpft es noch am Kau-kasus, ohne bedeutenden Erfolg in Vergleich zu seinen großen Opfern. Es fehlt diesem Reiche durchaus an intensiver Machtentwickelung, welche immer die Frucht ist von Freiheit und Intelligenz, und die allein nachhaltig die Völker stärkt, indem sie sie zugleich veredelt. Rußland wirkt allein durch gedrillte Massen und durch schlaue Diplomatie nach außen, nicht geistig und ideell; denn nur stark in der Nachahmung fremder Kultur, nicht selbständig geistig schaffend, sitzt ihm europäische

Gesittung im Grunde bloß äußerlich an, wie eine Maske, die man zu geselligem Spiel und zum Intriguiren anlegt. Darum die merkwürdige Erscheinung, daß das riesige Czarenreich, freilich mächtig genug, um bei seinen eingeschlagenen verderblichen Richtungen vielfach Unheil anzurichten, doch da, wo materiell gedrillte Heere und schlaue Politik nicht ausreichen, gar wenig vermag — selbst nicht gegen eine Handvoll Bergbewohner, deren unbezwingbarer Mannestruz sich auf nichts stüzt als auf ihre Felsen und ihre Freiheitsliebe. Um eine freie Völkerschaft außzurotten und dem starren Willen des Czaren zu gehorchen, dessen militärisches Naturell nicht jenem kühnen Freiheitsstolze weichen will, sinkt seit sechzehn Jahren die Blüte der russischen Heere in einem für sie ruhmlosen Kriege und unter den Einflüssen eines ihnen nicht zusagenden Klima. Doch gegen den Eindringling steht fest das ganze Land, und wie unwiderstehlich ein Heer von 150,000 Mann beim Beginn eines neuen Feldzugs immer scheinen mag, die Schwierigkeiten des Bodens, die Entbehrungen der Soldaten, das Klima führen über die eingedrungenen Truppen fast jedesmal die Vergeltung herbei, welche dann die eingebornen Häuptlinge an der Spize ihrer begeisterten Scharen schonungslos vollenden. Ein solcher Kampf weckt auch Führer von unerschrockenem Muthe und bedeutendem Kriegstalent selbst unter irregulären Streitern — von der Natur berufene Feldherrn, wie Schamil und Abd-el-Kader.

Trozdem aber, daß Frankreich und Rußland noch auf ihrem nächsten Felde vollauf beschäftigt sind, läßt sich nicht läugnen, daß die Gefahr für Englands asiatische Stellung zu wachsen droht. Das Drama ist noch im Vorspiel, der Kampf der europäischen Großmächte in Asien erst in der Vorbereitung — die Entwickelung steht noch zu erwarten. Gesezt nun, es gelänge auf der einen Seite Frankreich in Algerien eine feste Herschaft zu begründen, ja auch über Marokko und Tunis, bei einer Scheinunabhängigkeit der dortigen Regenten, wie der in Indien, vorwiegenden Einfluß zu erlangen; auf der andern Seite Rußland den Kaukasus völlig zu bezwingen und so von seiner hohen armenischen Stellung auß ganz Vorderasien bis ans Mittelmeer und den persischen Meerbusen frei und sicher zu beherrschen: welche Gefahren keimten darin nicht für Britisch-Indien, für Englands Welthandel? Wie, wenn dann der kühne Gedanke Napoleons, den dieser, zu sehr auf seinen persönlichen Ruhm bedacht, zu voreilig und ohne feste Basis und Vorbereitung ausführen wollte, sich endlich doch verwirklichen könnte? Wenn der ganze spätere Gedanke des großartig kombinirenden Corsen ins Werk gesezt würde und das Bündnis zwischen Frankreich und Rußland — sein verhängnisvollstes Erbtheil für die lebhafte Fantasie dieser Völker — zur Bekämpfung Englands in Asien in die Erscheinung träte? Wie, wenn Rußland und Frankreich, dann wirklich in Aegypten und Syrien einander die Hand reichend, sich vereint auf Alexanders Fußtritten in Bewegung sezten gegen die englische Herschaft in Indien?

Eine nicht minder empfindliche und verwundbare Stelle wie in Asien hat Englands Welthandel in Amerika, welches seinen zweiten großen Stüzpunkt und Haubtmarkt bildet. Nicht nur hat es auch dort noch weitläufige eigene Besizungen, die es mit den nöthigen Fabrikerzeugnissen außschließlich versieht, sondern sein Handel wiegt auch in dem Verkehre aller freien Staaten Amerika's und Westindiens bedeutend vor. Zwar pocht hier ebenfalls die Gefahr, daß dieses Verhältnis erschüttert werde, noch nicht gerade laut in die Zeit; allein sie erscheint doch in Amerika schon näher als in Asien, nimt dort schneller zu und stört gewis bereits am meisten die Ruhe englischer Staatsmänner. Allerlei Traumgesichte drängen sich über den breiten Wasserstrom der diesseitigen Fantasie auf. Die neue Welt kann sich freilich noch lange nicht mit der alten, ihrem Mutterlande, an Macht und Bildung messen, auch birgt sie ihre besondern Uebel, wie dieses die seinigen, mit anscheinend unrottbarem Keim in ihrem Schoße; selbst die Vereinigten Staaten sind noch zu schwach, um in offener Seeschlacht England entgegenzutreten. Allein besungeachtet ist die junge Republik dem alten Mutterlande unwiederbringlich entschlüpft, hat sie sich zweimal glücklich und siegreich (zulezt auf den canadischen Seen) mit demselben gemessen, und es liegt etwas in ihr, das wie Jugendfrische außsieht und große Hoffnungen für die Zukunft erweckt. Sie macht wunderbare Fortschritte an innerer wie äußerer Machtentwickelung: ihre Bevölkerung verdoppelt sich binnen je 25 Jahren, schon hat sie das herlich gelegene fruchtbare Tejas ihrer Sternenflagge einverleibt, schon streckt sie die Arme auß nach dem ganzen Oregongebiete, ja nach Mejico hinüber — namentlich die westlichen Staaten, sicher vor Englands Heeren und Flotten, unbekümmert um Gesez und Völkerrecht, scheinen entschlossen, alles zu wagen. Für die Bewohner der westlichen Staaten, welche sich vielleicht nicht vielmehr um den Washingtoner Congreß als um das Londoner Parlament kümmern, wäre der Columbiafluß ein Erwerbnis höchster Wichtigkeit, seit der Handel mit China durch das Schwert britischer Soldaten und Matrosen eröffnet worden ist: sie könnten dort Handelsbeziehungen gründen, welche Oregon schnell zu einem der blühendsten Landbezirke an der ganzen Westküste machen würden. Doch noch viel weiter reichen die ehrgeizigen Gedanken der jugendkühnen Republik, Californien, mit dem besten Hafen an Amerikas Westküste ist bereits aussersehen den 30sten Staat der Union zu bilden; dann wird Mexico an die Reihe kommen, und bis an die Landenge von Panama wird der nordamerikanische Staatenbund sich ausdehnen, um mit Hülfe der dort entstehenden Weltstrasse dem Verkehre auf beiden Weltmeeren Geseze vorzuschreiben. Zugleich strebt sie darnach durch Verbündung aller amerikanischen Staaten eine amerikanische Politik der europäischen, d. h. vorläufig der englischen, entgegenzustellen. Ja, wenn England sich nicht mannhaft gegen die ersten Übergriffe stemmt, so dürfte die Besezung Cuba's und ein Eroberungsversuch auf ganz Britisch-Westindien mit der Zeit wahrscheinlich werden. Aus vielen Gründen mögen beide Länder diese Alternative beklagen, zumal der Krieg eben so blutig als kostspielig werden und am Ende doch ergebnislos bleiben könnte; aber dadurch daß man den bösen Tag hinausschiebt, wird er nicht aufgehoben. Und wie, wenn in fünfzig Jahren etwa die Republik, mit einer vierfach stärkeren Volkszahl als gegenwärtig, wirklich bis nach Panama vorgedrungen wäre, den ganzen neuen Welttheil in ihre Politik hereingezogen hätte und sich breit an den beiden Weltmeeren hinlagerte, durch den Besitz der Verbindungsstrasse zwischen dem Atlantischen und dem Stillen Ozean, der amerikanischen Häfen und zahlreicher Schiffe beide beherschend? Wer wagt zu behaubten, eine solche Gestaltung der Dinge gehöre ins Gebiet der Unmöglichkeit?

Annoch ist die Gefahr zwar noch nicht da, noch führt England gebietend den Dreizack. Aber der grosse kritische Augenblick muß und wird eintreten, früher vielleicht als man ahnt, wo es seine ganze gewaltige Weltstellung zu vertheidigen haben wird gegen zahlreiche mächtige Feinde. Dann wird das Donnerwort gegen England die Welt erschüttern: Zurück!! Glaubt man ähnliche Gedanken und Gefühle durchzuckten nicht unterweilen die Brust englischer Staatsmänner bei Betracht der Lage des Vaterlandes? O gewis, sie beschleichen sogar jeden nachdenkenden Engländer. Wenn die Nazion im Ganzen jenem Augenblick auch kühn und trozig ins Angesicht schaut, wenn der verwegene Wahlspruch der Heißsporne noch durchklingt: plus ultra! plus ultra! was Wunder daß doch auch manche Stimmen, zwar schwach noch, aber durchdringend, wie zur Besänftigung entgegenrufen: paulo plus! sachte ihr Freunde! — Wie dem sei, England beruhigt sich übrigens nicht gleich einem zwar kühnen aber tollen Knaben, mit dem bloßen Troze oder mit türkischer Ergebung in den Willen Allahs — es wirkt und handelt, vorbauend auf allen Punkten der Erde, dabei eine wahrhaft bewundernswerte Energie entfaltend. Es macht unermeßliche Anstrengungen seine Riesenstellung noch zu verstärken und zu befestigen, damit die Krisis, ist sie unvermeidlich, es doch nicht überrasche.

Allein gibt es denn nicht noch eine Möglichkeit jenen Gegensaz, in welchen England zu der übrigen Welt zu treten gezwungen scheint, auf friedlicherm Wege zu vermitteln? Allerdings, sie scheint in einem gewissen Gange der innern Entwickelung Englands und in dem Verhältnisse derselben zur allgemeinen menschlichen zu liegen. Alles kömt nämlich darauf an, die Interessen Englands mit denen aller andern Völker oder der Menschheit so viel möglich zu identifiziren. Das aber ist nur denkbar in der allgemeinen Freiheit der Völker und ihres Verkehrs untereinander, mit Außschluß jeder kränkenden Abhängigkeit und iegliches Verhältnisses von Knechtschaft. Geht Englands einseitiges Handelsinteresse im höhern Interesse der Menschheit auf — und das kann offenbar nur durch seinen allmählichen Übergang zu allgemein freiem Handel im Mutterlande wie in den Kolonien geschehen — dann steht ihm der Weg offen zur Vermeidung des Kampfes um Weltherschaft oder Untergang. Das ist der höhere Grund der Erscheinung, welche sich jezt schon klar andeutet, daß der Kampf für allgemeine Handelsfreiheit mit der Zeit nothwendig Englands konservative Politik werden muß.

Indem es von außen sich gedrängt fühlte, seinen Handel allenthalben zu befestigen und Stüzen auf Stüzen, Bollwerk auf Bollwerk dafür aufzurichten, trat ein noch stärkerer innerer Beweggrund hinzu — wovon später mehr — der es gleichfalls nöthigt zu fortwährender Außbreitung seines Handels und seiner Macht nach außen. Diese innern und äußern Triebfedern zusammen haben denn freilich eine Handels-Weltmacht hervorgerufen wie noch keine je dagewesen. Allein die wichtigste Frage ist bei jeder Weltmacht die ihres Bestandes und ihrer Haltbarkeit. Nun, läßt sich England durch eigene Verblendung oder durch die Lockungen günstiger Umstände oder durch den Glauben an ein unabwendbares Verhängnis, der viele Engländer auf dem Handelsgebiete beherrscht, in den Gegensaz treiben, wo in Frage steht: entweder seine Herschaft oder die Freiheit der Völker — und hat es sich keinen Außweg darauß offen gelaßen — dann freilich hat es sein Todesurtheil unterschrieben, dann muß es zu Grunde gehn, wie lange es seine Herschaft auch zu fristen versteht. Hieran zweifelt selbst kein denkender Engländer. Mithin erscheint die größte politische Aufgabe Englands: jenen Gegensaz zu der Freiheit und Unabhängigkeit der Völker nicht bloß so viel möglich klug zu vermeiden, sondern ihn auch durch seine innere Entwickelung und eine freie Politik gründlich zu überwinden. Das wäre allerdings nur in dem Maße möglich, als mit dieser die allgemein-menschliche Entwickelung Hand in Hand gienge und die Völker in allen ihren Verhältnissen zu einander frei würden. Erhebt sich England von seinem herkömlichen Standpunkte des Handelsegoismus und des Handelszwanges auf diesen höhern allgemeiner Freiheit der Völker im Wandel und Verkehr, weiß es seine Interessen mit den allgemein menschlichen zu versühnen und zu verschmelzen — dann wird seine Zukunft vor jenem Gegensaze gerettet sein. Wir werden auß dem Folgenden ersehen, daß es zwar große Anstrengungen zu diesem Ziele macht, ihm aber noch größere Hindernisse im Wege zu liegen scheinen. Gelänge es ihm dennoch, so würde die englische Weltmacht sich dadurch von allen frühern unterscheiden, daß ihr Prinzip die Handelsfreiheit wäre und daß sie mit der Herschaft dieses Prinzips stehen und fallen würde. Das Prinzip des freien Völkerverkehrs aber trägt, weil es an sich kein unterdrückendes, knechtendes, vielmehr ein anregendes und belebendes ist, welches die freie Entwickelung und den Schuz anderer Völker nichts weniger als außschließt, den Keim des Bestandes in sich. Was das kristliche Prinzip für den geistigen Menschen ist, und zwar für alle ohne Außnahme, das ist das wohlverstandene Prinzip des freien Verkehrs für den leiblichen Theil der Völker, und zwar gleichfalls für die ganze Menschheit; und wie jeder andern Religion die Universalität des Kristenthums fehlt, so ermangelt jedes andere handelspolitische System der Universalität der Verkehrsfreiheit.

Was indessen die Zukunft auch in ihrem Schoße bergen mag,

vorläufig wiegt sich, in der That, Altengland noch sicher und stolz in
den Wellen der blauen See, der es zur Entwickelung seiner Größe so
Unsägliches verdankt. Das Meer ist ihm Schuz und Wehr, das Mittel seiner Fülle und seiner Macht, die offene Bahn zu Ausdehnung und
Größe, sein Stolz und seine Freude. Ihm ersezen die beweglichen Boll=
werke, die beflügelten Vesten auß Holz und Eisen mehrfache Reihen
kunstvoller Festungen mit Wall und Mauern. Gegen einen plözlichen
Überfall mag auch England solcher Anstalten jezt bedürfen, sonst nicht;
nur die schwächern Seestaaten haben ihrer nöthig zur Sicherung der
Werfte, Arsenale und oft selbst ihrer Flotten. Obschon es aber seine
Kriegsschiffe nicht zu Hause verfaulen läßt, wie die Dänen die ihrigen,
sie vielmehr in allen Meeren thätig und fruchtbringend verwendet; so
wird doch kein feindlicher Landungsversuch es überraschen, jeder wird
das Land umgeben finden von einer schwimmenden Mauer, die mächtiger widersteht als jede andere, so lange der Geist sie baut, hält und bewegt. Die Mannheit, Vaterlandsliebe und Hingebung, der thatkräftige Geist — was alles England auf der See erwächst — bilden die
festeste, die unüberwindliche Burg des Eilandreiches.

II.

Elemente der Seemacht; Flüsse, Häfen, Fischerei, Schiffahrt; ihr
Einfluß auf Frische und Thatkraft der Bevölkerung.

Die britischen Inseln bilden ein ziemlich gleichförmiges Land, mit
ozeanischem Klima, gemäßigt, ohne heiße Sommer und kalte Winter,
in den Ebenen mit feuchter Luft wegen der Nähe der Küsten. Der Boden hebt sich im Allgemeinen von Süden nach Norden und von Osten
nach Westen. Irland, dessen Ostküste niedrig, dessen Westküste steil
und von der Brandung des Atlantischen Meeres zerrissen ist, bildet
eine große wellenförmige Ebene mit sehr fruchtbarem, doch keineswegs
vorzüglich bestelltem Boden, grünem Weidelande — wegen dieses
Schmuckes „Grün-Erin" — mit zahlreichen Seen, doch auch ausgedehnten Morästen. Von der größern Insel ist die dem deutschen Meere
zugekehrte Seite gleichfalls am niedrigsten; doch erhebt sich auch hier
das Küstenland höher aus der See als das niederländisch-friesische.
Die südliche, Frankreich zugekehrte Seite ist malerischer und gleicht der
gegenüberliegenden französischen, die jedoch weit ärmer an natürlichen
Häfen ist. Im Südwesten läuft mit der Küste parallel das kohlen-
und eisenreiche Gebirge von Cornwallis. Am höchsten aber erhebt sich
das Küstengebiet auf der westlichen irischen Seite: hier zieht sich das
Hochland von Wales hin, und ganz Nord-Schottland füllt das nordcale-
donische Hochland aus. Mit Ausnahme dieser Gebirgstheile, die noch
beträchtliche Reste keltischer Ureinwohner bewahren, ist das übrige Eiland theils eben, wie besonders die südöstlichen Theile von England und
Schottland, wo sich mitunter noch umfangreiche Torfmoore finden; theils
wird es von langen, reiche Mineralschäze bergenden Hügelreihen durchzogen, die sich von einzelnen Knoten aus als Wasserscheiden manigfach

zerzweigen und nirgends so steil oder hoch sind, daß der Feldbau dabei aufhören müste, der vielmehr in allen diesen Landschaften reichlich lohnt. Schottlands Hochgebirge sind dagegen rauh und viel in Nebel gehüllt. Politisch zerfällt England in 40, Wales in 12, Schottland in 30 Shires und 2 Stewartries; Irland in 32 Counties.

Auß der Steigung des Bodens nach Westen und Norden hin folgt von selbst, daß die größern Flüsse sich von Westen nach Osten ins Meer ergleßen, wie Themse, Ouse, Humber, Tees, Tyne, Tward, Tay und andere. Im Westen des Landes mündet nur ein bedeutender Fluß, der Severn; auch dieser läuft auf seiner längsten Strecke, von den östlichen Abhängen der Gebirge von Wales seine Haubtzuflüsse erhaltend, nach Süden.

Die britischen Flußgebiete haben natürlich nicht die Größe der des Festlandes. Die Themse und der Rhein, welch ein Unterschied! Dennoch spricht man von der großen Themsestadt, wo des andern Name nie genannt worden. Das bewirkt zum Theil der Zusammenfluß in Handel und Gewerben, der dort statt hat. Dies ist eine merkwürdige Eigenthümlichkeit Englands und eine der Ursachen, daß die Handels-störungen in diesem Reiche sich am empfindlichsten äußern. Wenn man dem Themsebusen seewärts sich nähert, erblickt man, noch ehe das eigene Schiff in die Mündung einfährt, rings umher schon lange Linien von Segeln, auß allen Weltgegenden kommend und demselben Ziele zusteuernd, überholt nur von raschen Dampfern. Immer dichter wird der Masten-wald; bei Gravesend, bei Woolwich, Greenwich, endlich bei London liegen und bewegen sich die Schiffe hart an einander — ein unentwirr-bar heiteres Gewühl. Außerdem sind die seitwärts gegrabenen West- und Ostindiendocks und all' die übrigen Londoner Wasserbecken für Ge-traide und andere Waaren zu Zeiten mit Kauffahrern ganz bedeckt. Havre de Grace, unmittelbar an der Seinemündung, schön wie selten ein Hafen gelegen, mit bequemem, durch Kunstbauten noch verbessertem Zugange, der Seehafen von Paris und andern Städten, worunter das vom Meere nicht viel weiter als London entfernte Rouen allein an 100,000 Einwohner zählt, ist im Vergleiche mit London doch schiffeleer: dann und wann ein ansehnlicher Kauffahrer oder ein Dampfer und einige Fischerbote beleben die Rhede, nichts erinnert an den Verkehr auf der untern Themse, kaum gleicht die Bewegung dort der eines engli-schen Hafens zweiter Größe. Nicht besser steht's mit Antwerpen, ja fogar mit Amfterbam und Hamburg. Obfchon diefe Häfen ihrer Lage nach mit London wetteifern und einem Strom- und Mündungsgebiete angehören von weit größerer Bedeutung als das der Themfe, erreichen fie alle zufammen doch nicht die Handels- und Seethätigkeit dem Themfeftadt allein, wie folgende Tabelle zeigt:

Handels= pläze.	Einwoh= nerzahl.	Wert der Seeeinfuhr in Thlr. ungefähr.	Wert der Seeaus= fuhr in Thlr. ungefähr.	Wert der See=Ein= und Auß= fuhr in Thlr.	Prozente v. Gefammtwerte der Ein= und Auß= fuhr aller Pläze.	Tonnen= gehalt der eingelau= fenen Schiffe.	Handels= flotte des Plazes in Tonnen.
Havre	27,000	63,000,000	50,000,000	113,000,000	8,6	744,000	80,000
Antwerpen	76,000	32,000,000	8,000,000	40,000,000	3,1	214,000	14,000
Rotterdam	80,000	28,000,000	15,000,000	43,000,000	3,3	480,00	124,000
Amfterdam	215,000	42,000,000	19,000,000	61,000,000	4,7	550,000	207,000
Bremen	50,000	21,000,000	15,000,000	36,000,000	2,8	154,000	90,000
Hamburg	130,000	90,000,000	54,000,000	144,000,000	11	521,000	56,000
Trieft	77,000	38,000,000	27,000,000	65,000,000	5	436,000	80,000
	655,000	314,000,000	188,000,000	502,000,000	38,5	3,099,000	651,000
London	2,000,000	350,000,000	210,000,000	560,000,000	42,8	4,176,000 Küftenfah= rer 2½ Mil.	620,000
Liverpool	280,000	105,000,000	140,000,000	245,000,000	18,7	2,300,000 ü. b. Hälfte Küftenfhr.	186,000

London allein empfängt ungefähr ein Viertel der Einfuhr und verfendet ein Fünftheil der Außfuhrwaren aller europäifchen Häfen! Liverpool führt, eine feltene Außnahme, weit mehr auß als ein; Hamburg, unfers Feftlandes erfter Seehafen, führt weit mehr ein als auß.

Die drei deutfchen Meilen entlang der Themfe von Greenwich bis Chelfea bilden eigentlich nur eine Stadt, welche die Welt London nennt, wenn man fie auch an Ort und Stelle, der Verftändigung wegen, mit verfchiedenen Namen nach ihren alten und neuen Beftandtheilen bezeich= net. Da vereint fich aller Verkehr auf und nach der Themfe zu der großartigften Bewegung. Die Städte abwärts hangen hiervon ab: Woolwich bildet nur ein ungeheures Werft für den Schiffbau, Graves= end den erften Anker- und Zollplaz, Sheerneß mit feinen großen Dok= ken den fichern Raftplaz für die Kriegsfchiffe an der Themfemündung, in ftrengen Wintern auch einen Landungsort für die nach London be= ftimmten Kauffahrer. Gleich oberhalb London, wo Ebbe und Flut einzuwirken aufhören, ift die Themfe nur noch ein kleiner Fluß, bloß für gewöhnliche Flußkähne brauchbar und um Kanäle zu speisen, die von ihr in allen Richtungen über das Land auslaufen. . Das demokratische Gewerb= und Handelsleben macht einem aristokratischen Landleben Raum. Denn aufwärts nach dem freundlich gelegenen Richmond, ja bis nach dem prächtigen Königssitze Windsor reiht sich ein stolzer Landsitz an den andern,' zwischen malerischen Baumgruppen und weiten saftig grünen Viehtriften. Doch was nicht Park oder Trift ist, strotzt von vorzüglichsten Gemüsen und andern Gartenfrüchten, ganze Felder sieht man mit allerlei Kohlarten, Kräutern, Rüben, Salaten, mit feinen Erbsen und Bohnen sorgsamst bestellt, wie anderwärts mit Getraide, und selbst die Straßen hat man möglichst abgeknappt, um für den Anbau, nicht für einförmige Pappelalleen, Boden zu gewinnen. Keine belang= reiche Handelsstadt erhebt sich aufwärts von London mehr an den Ufern der Themse: Reading, wo ein Kanal von Bristol und Bath in die Themse mündet, zählt nicht über 20,000 Einwohner, und das altehrwürdige Orford, das ihren ersten Zuflüssen aus sammetnen Wie= sengründen und Matten nahe liegt, macht zwar mit seinen achtzehn grauen Kollegiengebäuden und verschiedenen Kirchen, alle im normän= nisch=gothischen Style, mit ihren Gärten und Anlagen einen wunderba= ren hochkirchlichen Eindruck, erinnert aber außer dem Buchhandel, na= mentlich theologischer Schriften, an keinen Handelsverkehr — darin grundverschieden von dem kunst= und gewerbthätigen, hämmernden und lärmigen Nürnberg, obschon es sonst in alteigener baukünstlicher Hin= ficht das für England ist was dieses für Deutschland. Die Themse, Englands Haubtstrom, hat also nur eine Handelsstadt unfern ihrer einzigen Mündung. Weder an Großartigkeit noch an Schönheit kömt ihr Gebiet irgend in Vergleich mit dem der Ströme des Festlandes, am wenigsten des Rheins, dessen Wellen die verschiedenartigsten Landschaf= ten, fruchtreiche Ebenen, felsige Weingelände über hundert Städte und viele Burgen benetzen, auf dem die Dampfschiffahrt 120 deutsche Mei= len weit ins Land eindringt, dessen Hochseen und Nebenflüsse noch Se= gel= und Dampfschiffahrt belebt, und der, in mehreren mächtigen Ar= men dem Meere zueilend, ein Mündungsgebiet umfaßt, das einzig in seiner Art auf Erden, ein Monument des Fleißes und des Reichthums ist. Aber eben weil einerseits sich alle Erzeugnisse des Themse= und des damit zusammenhangenden Kanal= und Eisenbahngebiets zur Auß= fuhr nach London ergießen, andrerseits das tiefe Fahrwasser für See=

ſchiffe vom Themſebuſen bis zu dieſer Stadt hinaufreicht und ihr alle
Erzeugniſſe fremder Welttheile zuzuführen geſtattet, weil ſie endlich die
Haubtſtadt des Reiches, der Siz der Regierung und des Hofes, der
Mittelpunkt auch des politiſchen Lebens iſt, vermöge dieſer ſo ſeltenen
Zuſammenwirkung der verſchiedenartigſten Elemente auf dem einen
Punkte, bildet London eben die Weltſtadt. Am Rhein und ſeinen
Mündungsarmen erheben ſich viele bedeutende Handelspläze, die um
den Vorrang miteinander wetteifern, von welchen keiner aber den Zu=
gang zum Meere ausſchließlich beſizt, keiner eines großen Reiches Haubt=
ſtadt iſt. Der Eingang aus dem Meere in die langſtrömende Seine
hat weit minder tiefes Fahrwaſſer als der in die Themſe, Havre, un=
mittelbar an der Ausmündung hat nur 20 Schuh Tiefe wie der Hafen
von Oſtende; nach Rouen kommen nur kleinere Schiffe, und die fran=
zöſiſche Haubtſtadt liegt ſchon weit ins Land hinein.

Was von der Themſe geſagt worden, gilt mehr oder minder von
allen engliſchen Flüſſen. Landeinwärts iſt ihre Waſſermaſſe gering,
bilden ſie nichts als Kanäle und Kanalſpeiſer; aber überall laufen
tiefe Meerbuſen ihren Mündungen weit ins Land entgegen und ſtauchen
ſo ſelbſt für die innern Städte — nicht bloß für Punkte auf der äußer=
ſten Seekante — Fahrwaſſer zur Seeſchiffahrt an. Das iſt der Fall
mit dem Washbuſen, Humberbuſen, Forthbuſen, Merſeybuſen bei Li=
verpool, mit dem großen Kanal von Briſtol und andern. Der Se=
vern, vielleicht Englands waſſerreichſter Strom, hat bis Glouceſter
(ſpr. Gloſter) ein gar winzig ſchmales Bett, und ſpeiſt bis dahin bloß
eine Menge Kanäle, z. B. den nach Worceſter und Birmingham;
Seeſchiffe kommen zwar ſogar bis Glouceſter hinauf — und dieſes hat
ſchöne Docks und Warenhöfe — aber nur mittelſt eines Kanals, der
erſt ungefähr vier Meilen abwärts in den Severn ausgeht. Hier aber
beginnt dieſer ſich mit Seewaſſer zu mengen und nun mit einemmal
wird er breit und prächtig und bildet eines der impoſanteſten Waſſer=
becken Englands. Die Seethätigkeit für Severn und Mündungsbuſen
zieht ſich haubtſächlich in Briſtol, vielleicht der dritten Handelsſtadt des
Reichs, zuſammen, ungeachtet ſie nicht einmal am Severn, auch nicht
einmal am Meere, ſondern bekanntlich am Avon, einem kleinen Fluſſe,
zwiſchen und auf beträchtlichen Höhen gelegen iſt. Sehr bezeichnend
für das angedeutete Verhältnis, bildet Briſtol zugleich eine bedeutende
Fabrikſtadt. Seine vielen ſchiffebedeckten Docks werden von der See

3 *

zur Flutzeit gespeist, liegen jedoch wie mitten im Lande: sogar von den Anhöhen der Stadt, welche den Mastenwald mehrfach überragen, erblickt man zwar eine unermeßliche Häusermasse, rauchende Fabrikgebäude, ein fantastisch wirres Gesichte, aber so wenig wie von den Höhen Lüttichs das Meer; hört man wol das auß der Tiefe auffsteigende Hämmern und Dampfesgeschnaube, nicht aber das Brausen der brandenden See.

Doch nicht bloß die tiefen Meerbusen an den Flußmündungen zeichnen die englische Küste auß, sondern es bilden auch eine Menge Baien und Buchten, die ohne Zusammenhang mit Flußbecken erscheinen, herliche Häfen. So besteht ein sehr günstiges Verhältnis zur See dort, wo die überauß freundliche Insel Wight mit etwa 50,000 Einwohnern und den lieblichsten Landsitzen an der Südküste sich vor den Busen von Southampton und Portsmouth malerisch außbreitet. Der Meerarm zwischen der kleinen und großen Insel bildet gleichsam einen großen Anker- und Hafensaum; Wight selbst hat mehrere Hafenorte an demselben, besonders das jetzt oft genannte Cowes, wo so viele Schiffe bei der Rückkehr auß transatlantischen Ländern ihre Bestimmung abwarten. Wichtigere Häfen jedoch bilden die noch unter dem Schuze des Eilands in die englische Küste eingehenden Busen, den rasch auflebenden von Southampton, der durch die Eisenbahn nach London auch gleichsam ein Hafen dieser Weltstadt geworden, und den von Portsmouth auf der Halbinsel Portsea mit 70,000 Einwohnern, welchem Gosport, wo gleichsam ein Arm der südwestlichen Eisenbahn von London außläuft, mit 16,000 Einwohnern gegenüberliegt. Zwischen Portsmouth und Gosport schneidet das Meer, welches mitten im Ärmelkanal häufig nur einige hundert Fuß Tiefe hat, in einer Wassertiefe von 70 Fuß weit in das Land hinein, und bildet so einen der größesten und sichersten Kriegshäfen nicht bloß Englands, sondern der Welt: hundert Linienschiffe finden Raum und Tiefe zur Bewegung darin, der Zugang ist der bequemste, gleich auß der offenen See zwischen der Insel Wight und der befestigten Portsmouthspize. Indessen sind Portsmouth und Plymouth, ein nicht minder vorzüglicher Kriegshafen und wichtiger Bauplaz für die königliche Marine, keine bedeutenden Handelspläze, weil ihnen troz der vortrefflichen Seelage die andern Bedingungen dazu abgehen, namentlich ein günstiges Verhältnis zu großen Flußgebieten und dem Landverkehr. Dort reiht eine Reichswerkstatt

sich an die andere, Werft an Werft, mit den amtlichen Wohngebäuden
wol stundenlang; aber die prächtigen Hafenbecken schmücken nur
einige zum Dienste unbrauchbar gewordene Ehren=Linienschiffe, sonst
liegen sie stille da und wie halb verödet.

Die gegenüberliegende französisch = normännische Küste ist, bei
mancher Ähnlichkeit sonst, von der Natur bei weitem weniger für See=
schiffahrt begünstigt als die englische. Im Grunde hat sie von Natur kei=
nen Kriegshafen aufzuweisen, ja nicht einmal einen recht bequemen
Handelshafen, da selbst Havre zum Theil Kunstwerk ist. Ihr fehlen
nicht nur tiefe Strommündungen, sondern auch die durch Inseln und
Halbinseln geschüzten Buchten, welche natürliche Häfen bilden. Frank=
reich hat überhaubt vieles zur See durch Kunst geschaffen, und das ver=
dient alle Anerkennung; von seinen großen Kriegshäfen ist jedoch Brest
ganz Naturhafen, Toulon zumeist. Spanien ist in dieser Hinsicht
begünstigter: Mahon ist ein unvergleichlicher Naturhafen, eben so der
Seearm bei Cadix zwischen der Insel Leon und dem Festlande; die Hä=
fen von Coruña und el Ferrol sind tiefe Seebuchten zwischen weißen
Felsen, deren Eingang kaum breiter als für große Schiffe nöthig ist,
fest von Natur und durch einzelne Werke auf den Felsen jedem Feinde
unzugänglich. Den großen englischen Häfen gegenüber an der
Küste der Normandie einen Kriegshafen zu besizen, eine nördliche Vor=
mauer von Paris, war für Frankreich Bedürfnis; Havre, Boulogne,
Dieppe, Calais sind zwar befestigt, eignen sich aber wenig zur Auf=
nahme von Geschwadern, gar nicht von Linienschiffen, schon wegen zu
geringer Tiefe. Daher war Antwerpen, östlich wieder der erste
große Naturhafen, der beste vielleicht am ganzen deutschen Meere, Na=
poleon so wichtig (und sollte es uns Deutschen sein); darum hat Frank=
reich mit erstaunlichen Opfern sich seit Ludwig XIV. den künstlichen
Kriegshafen von Cherbourg erschaffen, ihn dem Meere abtrozend.
Dieser Hafen ist durch kühne Bauten in der See förmlich erobert.
Seine Lage ist für den Norden Frankreichs meisterhaft ausgewählt:
Portsmouth gegenüberliegend, deckt er den Eingang in die Seine, die
Küste der Normandie wie die nördliche der Bretagne; für das Außlau=
fen und den Angriff steht er gleich bequem zur Hand. Zu Frankreichs
kühn befestigten Kunsthäfen gehört auch St. Malo, dort wo die Küsten
der Normandie und der Bretagne den großen Meerbusen St. Michel
bilden. Weil sich England im Besize der vorliegenden normännischen

Eilande befindet, namentlich von Guernesey und Jersey, erachtete
Frankreich es für nöthig, gegen jeden möglichen Angriff von dort auß
die Küste zu befestigen. Mit Recht darf Frankreich stolz sein auf seine
Seewerke, auf alle die schönen Bauten im Norden, Süden und Westen,
die seine Küsten sichern und seinen Seehandel begünstigen. Deutsch=
land hat wenig der Art ihm an die Seite zu sezen, obwol das von ihm
abgegliederte kleine Holland zeigt, was wir bei voller Eintracht zur
See vermöchten. Oder liegen vor uns nicht die tiefen Strommündun=
gen der Schelde und des Rheins, der Ems, Weser und Elbe? Könn=
ten wir bei Glücksstadt, Kiel, Memel, am Dollart die stärksten Kriegs=
häfen nicht mit viel weniger Mühe herrichten, als Frankreich in Cher=
bourg aufgewandt hat? Wird diesem Staate häufig Ueberschäzung sei=
ner Kräfte vorgeworfen, so hüten wir uns vor dem entgegengesezten
Fehler, der noch gefährlicher ist: halten wir uns nicht für schwächer
als wir sind, weil Fremde es uns vorspiegeln und schwache Herzen da=
ran glauben. Cäsars sinnige Beschreibung vom Rhein und der gün=
stigen Lage seiner Lande zur See haben wir vergessen gehabt, und dafür
vorgezogen in unsern Schulbüchern Montesquieu's ironisches Bild vom
Verlaufe des römischen Reichs zu wiederholen, welches außgeh`, meint
er, wie der majestätische Rhein im Sand. Jawol, für u n s läuft der
Rhein leider noch immer unfruchtbar in den Sand auß, und die Donau
auch! Fühlen wir aber erst den Stachel jenes Bildes bohrend im Her=
zen, dann naht auch die Zeit, wo es zur Lüge wird durch die Entfaltung
der deutschen Bundesflagge an den Mündungen unserer Ströme.

Eigentliche Seemacht erwächst unmittelbar nur auß dem fleißigen
Betriebe jeder Art von Gewerbsschiffahrt in Verbindung mit entwickelten
Zuständen des Landes und wirksamen Staatseinrichtungen. Die Ge=
schichte zeigt überall eine mächtige Wechselwirkung zwischen den gesell=
schaftlichen oder staatlichen und den individuellen Kräften und Zustän=
den. Die Einzelnen schöpfen ihre Haubtkraft auß dem Gemeingute an
Kenntnissen, Ideen und Gewerbmacht, auß den staatlichen Einrichtun=
gen und Zuständen; ihre Thätigkeit wird um so Größeres hervorbrin=
gen, je mehr sie durch die Einheit der Nazion, den Zusammenhang der
Arbeit, die bürgerliche Freiheit, durch Verwaltung, Gesez und Politik
unterstüzt werden. Der Einfluß hiervon auf die Macht der Völker
stellt sich nirgends so klar herauß als in der Schiffahrt. Unter allen
großen Zweigen der Volkswirtschaft erfordert diese am meisten Muth,

Unternehmungsgeist, Beharrlichkeit — Eigenschaften, die nur in der Luft der Freiheit gedeihen; bei keinem haben Indolenz, Verweichlichung, Unwissenheit und Vorurtheil so verderbliche Folgen. Hinwieder ist aber auch kein Zweig der Volkswirtschaft so geeignet wie sie, den Geist der Freiheit und Selbständigkeit zu nähren und über das ganze Volkswesen Lebendigkeit und Frische außzugießen. Die Geschichte von den Chinesen bis zu den Germanen in beiden Welten, weist kein einziges Beispiel auf, daß ein Volk mit starren, verknöcherten Zuständen oder ein verknechtetes sich je in der Schiffahrt hervorgethan hätte; immer sind solches nur die bildungsfähigsten und bildungsreichsten. Und muß nicht, wenn ein Volk, es sei noch so industriös, sein Heil in Abschließung sucht, die Folge davon chinesische Stumpfheit, Verknöcherung und Vermorschung der gesellschaftlichen Zustände sein? Ihm wird nicht nur die seemännische Rüstigkeit und Kühnheit, sondern auch die Erfrischung des Staatswesens fehlen, die sich auß dem Völkerverkehr fortwährend über dasselbe außgießt. Im Seeverkehr wirken und schaffen die großartigsten Hebel der Macht und Kulturaußbreitung, verhältnismäßig mit den geringsten Mitteln. Selbst in blühenden Gewerbstaaten ist der größte Theil der materiellen Kapitale an den Grund und Boden gebunden. In England beträgt der Wert des dem Feldbau gewidmeten Bodens ungefähr zwölfmal mehr als der Wert sämtlicher, in den Manufakturen und im Handel angelegten Kapitale; während das Ackerbaukapital etwa ¾ des englischen Nazionalkapitals oder zwischen 3000 und 4000 Millionen Pf. St. beträgt, erläuft das Manufaktur und Handelskapital, mit Einrechnung der Schiffe, nur etwa auf ¹/₁₈ desselben oder noch nicht auf 300 Millionen Pf. St. Dagegen gewährt jenes nur ein Bruttoeinkommen von 500 bis 600 Millionen Pf. oder ungefähr 16 Proz., dieses von 250 bis 300 Millionen oder 100 Prozent. Erscheint nun eine industrielle Kraft um so wertvoller, je weniger sie im Vergleich mit andern Zweigen der Volkswirtschaft Kapital in sich aufzunehmen vermag und auf je mehr Zweige des Nazionaleinkommens ·sie einwirkt, so verdient die Schiffahrt den ersten Preis. Schlägt man das englische Nazionalkapital auf 5000 Millionen Pf. St. an, so nimt der ganze Betrag der englischen Schiffahrt davon nur etwa 40 Mill. Pf. fort, während das Kapital an Pferden, die nicht im Ackerbau beschäftigt sind, auf mehr als 20 Mill. berechnet wird. Nirgends sehen wir größere Wirkungen durch geringere Kapitalmittel: Wind und Dampf bilden ja die bewegende Kraft, das Wasser trägt die Last; und wie die Naturkräfte als Transportmittel unerschöpflich sind, so ist das Meer unermeßlich und seine Schäze an Seegeschöpfen, Korallen, Perlen ꝛc. sind unergründlich. Der Seeverkehr nimt am meisten nur die geistigen und moralischen Kräfte in Anspruch.

Die Begünstigung der englischen Küste hinsichtlich der Fischerei ist bekannt. Im Betriebe dieses wichtigen Gewerbes, in welchem man erntet ohne zu säen, und das durch die Eisenbahnen des Festlandes eine vielleicht noch gar nicht geahnte Außdehnung erlangen dürfte — besonders des periodischen Salz- und Thranfischfangs, wetteifern vorzüglich Holland, Norwegen und Amerika mit England. Die holländische Fischerei unterstüzt noch ein großer Reichthum an edlen Fischen in den innern Gewässern. Die Fische, scheint's, haben gewisse Striche welchen sie periodenweise oder immer folgen. Die Fischer von Ostende, welche mittelst der Eisenbahn selbst Rheinland zum Theil mit frischen Salzfischen versorgen könnten, vermögen troz aller Mühe ohne bedeutenden Schuz den Mitbewerb der Holländer nicht zu bestehen, weil sie den weiten Weg in deren Gewässern machen müssen, um gute Fische zu fangen; auch gehn holländische Fische noch immer nach Antwerpen und Brabant. Der leckere Schellfisch (Haddock), der Dorsch und die Butte werden vorzüglich in der Nordsee gefangen; ebenso der Steinfisch (Kabeljau, zubereitet als Stockfisch, Laberdan, Klippfisch), der jedoch auß den Meeren der britischen Besizungen Nordamerika's zieht. Englands Theilnahme am Wallfisch- und Robbenfange ist in Abnahme; 1789 beschäftigte es in der nördlichen Fischerei 161 Schiffe von 46,600 engl. Tonnen, 1821 noch 150 Schiffe mit 45,000 Tonnen, 1841 nur 19 Schiffe, deren Ertrag 163,000 Thaler war, in der Südsee 1821 noch 95 Schiffe mit 3040 Seeleuten, 1840 nur 72 Schiffe mit 2304 Seeleuten. Die früher bestandene Aufmunterungsprämie hat seit 1824 aufgehört. Dagegen begünstigt die große Menge Häringe an der englischen Küste ungemein den Häringsfang: dieser betrug 1810 nur 92,000 Fässer, vom 1. Mai 1839 bis 30. April 1844 schon 555,560 Fässer; iezt sind an 30,000 Fischerbote und 160,000 Menschen dabei beschäftigt, und an 120,000 Fischer finden darin eine gute Seeschule. Die holländische Häringsfischerei verdankt ihre fortdauernde Blüte der sorgfältigen und vorzüglichen Zubereitung der Fische; während der lezten Jahre sind durchschnitlich 120 Buisen (die Außrüstung einer jeden

koſtet etwa 4000 Thlr.) und 12 Jäger mit 1600 Mann Beſazung auß
Holland (meiſt von Blaardingen) außgegangen und haben jährlich über
3000 Laſt Häringe mitgebracht, im Werte von mehr als 1 Million
Gulden. Seit ſtark 20 Jahren hat ſich eine Häringsart in großer Menge
an der norwegiſchen Küſte eingeſtellt, namentlich Winters, und ihr
Fang hat daſelbſt viele Hände beſchäftigt und große Summen in Umlauf geſezt; dieſer Häring ſcheint indeſſen nur in Perioden von 20 bis
30 Jahren die norwegiſche Küſte zu beſuchen und ſie dann auf ebenſo
lange zu verlaſſen. Der Geſamtwert des europäiſchen Häringfanges
wird auf ſtark 6 Millionen Thaler veranſchlagt, wovon jezt etwa 43
Prozent auf Norwegen, 39 auf England, 10 bis 11 auf Holland, 3½
auf Frankreich und ebenſo viele auf Deutſchland kommen mögen. Am
Kabeljaufang nehmen haubtſächlich England, Frankreich, die Vereinigten Staaten, Holland und Norwegen Theil. Die Haubtauſternfiſche-
rei iſt im Kanal, beſonders in der Nähe der Inſel Jerſey und bei Pres-
tonpans, einem Hafen unfern Edinburg, woher die kleinern geſchäz-
teſten Pandorn-Auſtern kommen. Die Nähe von Frankreich hat bei
Jerſey vielen Anlaß zu Streit zwiſchen den engliſchen und franzöſiſchen
Auſternfiſchern gegeben. Zwiſchen den Monaten Februar und Mai
ſind in der Regel 500 engliſche Segel und 3000 Perſonen, meiſt auß
Kent und Suſſex, an den Küſten von Jerſey mit Auſternfiſchen beſchäftigt, und der wöchentliche Ertrag wird auf 5000 Pf. St. geſchäzt. Die
franzöſiſchen Fiſcher an der normänniſchen Küſte kaufen häufig Fiſche
und Auſtern von den Engländern wohlfeiler als ſie ſie fangen. Der
Wert des britiſchen Fiſchfanges an den Küſten der Beſizungen in Nordamerika wird auf 6 bis 7 Millionen Thaler berechnet; der Geſamtwert der von britiſchen Fiſchern gefangenen Seethiere auf 25 bis 30
Mill., der franzöſiſchen Fiſcherei auf 7, der norwegiſchen auf 6, der der
Vereinigten Staaten auf etwa 3½ Millionen Thaler. In England
beſchäftigen ſich mit dem Fiſchfange ungefähr 200,000 Menſchen, in
Frankreich nahe 50,000; Anfangs 1844 beſtunden für die kleine Fiſcherei an der franzöſiſchen Küſte 6217 Barken von 39,810 Tonnen
mit einer Mannſchaft von 27,345 Köpfen. Schon die ſpaniſche Küſtenfiſcherei iſt beträchtlicher als die franzöſiſche.

In der See- und Küſtenfiſcherei beruht natürlich ein Haubtele-
ment der Seemacht. Die aktive Stärke der britiſchen Kriegsmarine berechnet ſich auf ungefähr 10,000 Kanonen mit einer Beſazung von

54,000 Mann; die der französischen auf 4500 Kanonen mit 32,000
Mann; der russischen auf 5000 Kanonen und 50,000 Mann; der
holländischen auf 3000 Kanonen mit 20,000 Mann; der österreichischen auf 500 Kanonen mit 2000 Mann. Diese Zahlen drücken jedoch
keineswegs das Verhältnis der wirklichen Seestärke jener Staaten aus;
das bloß numerische Übergewicht der britischen Kriegsflotte erscheint
nicht außerordentlich. (Das Hauptaugenmerk geht in den lezten Jahren, wie oben bereits hervorgehoben, auf Vermehrung der Dampfflotte.
Im September 1841 hatte England 68 Dampfschiffe außgerüstet, mit
13,791 Pferdekraft, 1844 dagegen 89 mit 27,875 Pferdekraft; zu jener Zeit waren 8 im Bau, zu dieser 25; die Zahl der darauf verwandten Matrosen betrug im leztern Jahr 23,500, der Seesoldaten 10,500.
Frankreich macht ähnliche Anstrengungen. Die Kriegsflotte der Vereinigten Staaten bestund Ende 1844 auß nur 7 Linienschiffen, 14 Fregatten, 21 Slooppen, 8 Dampfern 2c., zusammen auß 69 Schiffen.) Die
Seeüberlegenheit Englands besteht aber in der Größe seiner Handelsflotte und seiner Matrosenzahl, sowie in dem seemännischen Geiste seines Volkes. Am 1. Jänner 1843 hatte die eigentliche Kauffahrteiflotte
des Vereinten Königreichs 176,043 Mann Besazung, ihr Gehalt betrug 3 Millionen Tonnen (zehen Jahre früher nur 2,262,000 Tonnen
— Vermehrung der Rhederei um 34 Prozent) oder beinahe die Hälfte
des Raumes der Schiffe aller europäischen Staaten, nämlich mindestens
46 Prozent davon. Der Schiffsraum Frankreichs erlief nicht ganz auf
600,000 Tonnen oder ungefähr 9 Proz.; der Hollands 275,000 Tonnen oder etwas über 4 Prozent; der aller deutschen Bundesstaaten
stark 700,000 oder 10 Proz., der Spaniens und Portugals an 300,000
Tonnen oder 4½ Proz. Folgendes ist das ungefähre Bild der europäischen Schiffahrt:

	Schiffe	Tonnen
Großbritannien	23,152	3,047,418
Frankreich	13,845	589,517
Nordrußland	?	200,000
Südrußland	222	39,706
Österreich	6199	208,551
Deutsche Staaten	8238	551,144
Niederland	1195	275,084
Belgien	289	27,416

	Schiffe	Tonnen
Schweden und Norwegen	5450	471,772
Dänemark	3036	153,408
Spanien	2700	180,000
Portugal	798	80,525
Sardinien	3522	167,360
Kirchenstaat	950	38,000
Sicilien	9174	213,198
Lucca	180	20,000
Toscana	774	25,512
Jonien	2183	48,662
Griechenland	3169	137,558
Türkei	2220	182,000
Zusammen	87,296	6,676,831

Der gesamte Schiffahrtsverkehr des Vereinigten Königreichs beträgt gegenwärtig ein- und ausgehend etwa 350,000 Schiffe von 23 Millionen Tonnen, wovon auf die Küstenschiffahrt allein ungefähr 290,000 Fahrzeuge von 13 Millionen Tonnen kommen. Dieser ungeheuere Küstenhandel ist der nazionalen Flagge ausschließlich vorbehalten, und am Verkehr mit dem Auslande hat dieselbe, in Folge der schützenden Schiffahrtsgeseze, einen sehr vorwiegenden Antheil, gewöhnlich über zwei Drittel, indem z. B. im Jahre 1842 das Verhältnis der Trächtigkeit der englischen zu der fremden Flagge wie 73,2 zu 26,8 war. In dem Verkehre mit allen Ländern, bloß Dänemark und die Vereinigten Staaten ausgenommen, zeigt die britische Flagge sich vorwiegend betheilt; hinsichtlich des direkten britischen Verkehrs mit Deutschland stellt sich das Verhältnis noch ziemlich günstig für uns, z. B. 1842 eingehend: britische Schiffe 1512 von 279,175 Tonnen, fremde 1879 Schiffe von 274,061 Tonnen; ausgehend: britische Schiffe 1502 von 268,085 T., fremde 1849 von 227,832 Tonnen. Der reine Zwischenhandel, den englische Seeschiffe vermitteln, ist bei obigen Angaben unberücksichtigt geblieben. Von dem Gesamtwerte des jährlichen Warenumsazes im äußern Handel der europäischen Länder kommen auf das britische Reich allein über 30 Prozent. Dazu den Umfang des Küstenhandels und der britischen Fischerei gerechnet, gibt alles zusammen einen Begriff von der riesig breiten Grundlage, auf welcher die englische Seemächtigkeit beruht. Es hat noch lange Zeit, eh ein ande-

res Volk es dem englischen darin gleich thun wird. Auf die bloße Anzahl der außgerüsteten Kriegsschiffe kömt es so wenig an, daß ein
Übermaß an Bemannung derselben in Verhältnis zu der Zahl Matrosen auf Kauffahrern, wie alles was überspannt wird, sogar schwächend
auf die eigentliche Seemächtigkeit eines Landes zurückwirken kann.

Ich glaubte diese See- und Schiffahrtsverhältnisse Englands besonders hervorheben zu müssen, nicht bloß wegen ihrer Wichtigkeit an
sich, sowie für die vielen Gewerbe, die Bezug haben auf Schiffbau, Außrüstung und Verproviantirung der Schiffe; sondern vorzüglich auch darum, weil in ihnen ein wesentliches Element der Größe, Macht,
Sicherheit und Frische des englischen Volkes liegt. Eine Razion
wie die englische mit zahlreicher Fabrikbevölkerung würde bald sich bis
zur Ohnmacht abschwächen, körperlich und geistig verkümmern, wenn
das sehnenstählende, den Muth und alle Kräfte belebende Seeelement
nicht entgegenwirkte und immer erfrischend über sie hingienge. Ein Fabrikstaat, der nicht zugleich vorwiegend Seestaat wäre, müste, nach den
jezigen Verhältnissen zu schließen, allmählich der bedauernswerteste und
schwächste werden. China ist zwar ein industrieller Staat, aber kein
Seestaat, und darum hat eine kleine englische Schiffsmacht diesem
größten und bevölkertsten Reiche der Erde Geseze vorgezeichnet. Die
für körperliches und geistiges Gedeihen der Völker besten Nährzweige
sind ohne Zweifel der Ackerbau, die Schiffahrt und Fischerei, verschie-
bene Zweige des Bergbaus und unter allen städtischen Gewerben die
technischen und die der edlen Schmiedekunst in ihren tausenderlei Ver-
ästungen; die der Gesundheit schädlichsten und die am meisten schwä-
chenden dagegen sind die spinnenden und webenden, welche den Menschen an einen festen Plaz in eingeschlossenen Räumen binden, ob nun
im engen Stüblein oder im weitläufigen Fabrikgebäude. Bekanntlich
haben die Maschinen in keiner Art Gewerbzweige so viele Menschen-
hände ersezt als gerade in diesen spinnenden und webenden, und darin
allein liegt schon ein unendlicher Seegen, den sie über die Menschheit bringen werden — eine Befreiung Tausender auß dem armseligsten Leben
in dunstigen Winkeln, wo die verpestete Luft wie ein langsames Gift die
Menschen hinmordet. Wie die großen Fabrikgebäude jezt in England
geräumig, luftig, mit den gehörigen Abzügen versehen, angelegt werden, sind sie für die Arbeiter, die sich überhaupt jezt mehr um die Maschine bewegen, jedenfalls gesünder als es z. B. noch heute die Keller-

wohnungen der armen Weber sind, die ihr Leben am Webstuhl zu
Hause fristen. Ein solches Fabrikgebäude, das tausend Menschen gut
beschäftigt, erspart vielleicht hunderttausend Hände, die früher unter
den elendesten Verhältnissen nöthig waren, um dasselbe hervorzubringen;
England müste, bloß ohne spinnende Maschinen, an hundert Millionen kummervolle Spinner im Lande haben, um der jezigen Außbreitung
seiner Manufakturen zu genügen. Die Maschinen sind wie eine erhaltende Macht den englischen Grundbesizverhältnissen zu Hülfe gekommen,
die längst über Haufen gestürzt wären, wenn sie nicht eine riesenmä-
ßige Außbreitung des äußern Handels möglich gemacht hätten ohne
gleichmäßige Zunahme der städtischen Bevölkerung. Dennoch überwiegt diese die ackerbauende in England viel zu viel, ganz ohne Vergleich mehr als in jedem andern großen Lande; es erscheint daher als
ein doppeltes Glück für England, daß es zur Gegenwirkung sich auch der
umfaßendsten maritimen Thätigkeit erfreut. Die englischen Matrosen
bilden einen ganz andern Menschenschlag als die englischen Fabrikarbeiter; dort fast lauter Riesen, hier meist Zwerge und Krüppel — man
begreift kaum, daß das ein Volk, eine Menschheit sei. Es ist herz-
brechend und beschämend für das stolze England, daß die kräftigen
Sachsen in den Fabriken — troz der vielgerühmten englischen Küchenrezepte von Weißbrod, Bier, Rindfleisch, Zucker und Thee — körperlich
weiter herabgekommen sind als die bei Kartoffeln und Schnaps hungernden Irländer. Gewis, die irischen After-Pächter sind recht arme
Teufel. Auferzogen bei Kartoffeln ohne Salz, ungelabt auch nur von
einem Glase Milch, statt Brod nur Hafergebäck, Fleisch nur dem Namen nach kennend, tritt dennoch der Ire überall rührig und rüstig auf
als Handlanger in England oder auf dem Kontinent, als Soldat in
Indien, als Kolonist in Canada; während der weit beßer genährte
Fabrikarbeiter, verweichlicht, schwächlich, lungenleidig, krüppelhaft zu
gar nichts taugt als zu seinem Webstuhle. Wen fröstelt's nicht bei Erinnerung an Lord Ashley's Schilderungen der Fabrikleiden — da sehen
wir die Freuden der Jugend durch Siechthum verkümmert und lesen
schon in des Kindes bleichen Wangen das Grab all seiner Hoffnungen
auf irdische Glückseligkeit. Nicht bloß der Pächter, auch der Fischer,
Schiffer, Holzhauer, Jäger, der Bergmann und Schmid, bei Tag und
Nacht im Kampfe mit den Elementen, mit Wasser und Feuer, erscheint
ein Riese jenem Zwerge gegenüber an Kraft und Rüstigkeit. Ach, diesem

fehlt ja der Genuß der frischen Luft, freie Bewegung, anstrengender Gebrauch seiner Kräfte bei Sonnenschein wie bei Sturm und Regen; somit die körperliche Abhärtung und Festigkeit, also auch Befähigung zu andern Beschäftigungen, Muth und Unternehmungsgeist. Deshalb ist man neuerdings in England auf den verständigen Gedanken gekommen die fabrikmäßige Arbeit mit der des Landwirts möglichst zu vereinen, wie in vielen Gegenden Deutschlands wirklich der Fall ist, z. B. bei den Schmiden im Bergischen und Märkischen, bei den Uhrmachern im schweizerischen St. Immenthale. Man fängt an, dem Fabrik= und Handarbeiter kleine Ackerparzellen — Feldgärten — zu verpachten, ihm Gärten oder sonstige Tummelplätze zur Körperstärkung in freier Luft zu öffnen, auch ihm erstaunlich wohlfeile und reinliche Wasch=, Bade= und Wohnhäuser zu bauen. Das ist sehr löblich und wohlthätig. Wenn die Kinder der Weber einst nebenher Blumen und Gemüse zie= hen und verkaufen, so werden sie sich besser stehen als ihr Väter und den Maschinen nicht mehr fluchen; auch kann man sorgen, daß in Fabri= ken beschäftigte Kinder nicht bloß vonneuem eingepfercht werden, um le= sen und schreiben zu lernen, sondern auch mindestens einen halben Tag in jeder Woche landwirtschaftlicher Übung im Freien obliegen, um einst Zwerg= oder Gartenbau als Nebenbeschäftigung treiben zu kön= nen. Doch in England würde dies alles nimmermehr ausreichen, um das Volk bei Kraft und guter Gesundheit zu erhalten, wenn die frische Seeluft es nicht im Großen badete und das Kränkliche immer wieder von seinen Gliedern abspülte. Gewis, die innige Vorliebe der Eng= länder für das Seewesen ist nicht Sache des Geschmacks, ein Wohlge= fallen etwa, wie das des biderben Königs Friedrich Wilhelm I. für blank= gestriegelte baumlange Grenadiere; nein, sie spricht vielmehr das Ge= fühl des Volkes auß von dem Bedürfnisse eines starken Marine=Wesens zu seiner Größe nicht bloß, sondern auch zu seinem Bestehn. Stärkte das Seeleben nun die Rüstigkeit des Körpers und des Geistes, die Un= erschrockenheit in Gefahren, den Thatendurst und die Freiheitsliebe; so erwarb und behauptete England durch seine Seemacht auch seine auß= wärtigen Besitzungen, einen Schauplatz für den Thatendrang aller Ehr= geizigen und Unzufriedenen und einen geregelten wohlthätigen Abfluß seiner übermäßigen Bevölkerung. Auf diese Weise allein vermochte das britische Staatswesen sich so lebendig, unter allen Stürmen und Ge= fahren so gemessen zu entwickeln; so konnte es auß jeder Prüfung mäch=

tiger hervorgehen und einen Einfluß in der Welt erreichen wie kein an= ·
deres Volk.   Aus der Seethätigkeit weht ein erfrischender Hauch über
das ganze Staatswesen, der auch die Nerven der übrigen Volksklassen
stählt.   Wasser ist das Symbol der Reinigung, und Gott scheint die
Meere so groß gemacht zu haben, damit alle Völker in der wirksamsten
Turnschule für Tüchtigkeit des Geistes und Rüstigkeit der Sinne sich
praktisch üben.   ·

III.

Roherzeugung, Stoffveredlung und Handel; der eigenthümliche Zusammenzug der Hauptbeschäftigungen; Statistik der Erzeugungszweige.

Man pflegt Großbritannien „Fabrikstaat" zu nennen. Das ist richtig, versteht man darunter ein gewerbreiches Land; unrichtig, wenn man Fabrikland im Gegensaze zu Ackerbau = oder Handelsstaat gebraucht. Handelsstaat ist insofern die passendste Benennung, als man rechnen kann, daß mehr als drei Fünftel des ganzen englischen Staatseinkommens unmittelbar durch den Handel aufgebracht werden, dieser Stand mithin die größte Wichtigkeit in Anspruch nimt. Überdem sind kaufmännischer Sinn und Handelsgeist daselbst in fast alle Geschäfte des menschlichen Lebens eingedrungen, auf allen Gebieten herrschend. Was kauft und verkauft man in England nicht? Alle Dinge, die einen Namen tragen, bietet man aus, wenn sie auch sonst auf keinem Markte käuflich sind: die Praxis von Ärzten und Advokaten, Privatund öffentliche Ämter, wie Offizier = und Predigerstellen, ja Schulen, Kirchen und Kapellen. Hat man nicht Eheweiber auf dem englischen Weltmarkt feilgeboten? Selbst Merkur hat sich dort mit den Musen tief eingelassen. Wenn Geld überall des Kaufmanns goldener Traum ist, der seine Geschäfte lieblich umgaukelt, wenn Gewinn die Seele seiner Handlungen; so bewegt sich in England auch der hohe Adel an der Spize großer lukrativer Unternehmen, und Ackerbau und Handel (farming and trading) unterscheiden sich daselbst weniger in der Weise des Betriebs als in dem Gegenstande desselben. Längst ist der Ackerbau in England von dem Handelsgeiste mit fortgerissen worden, die Frage ist lediglich auch beim Acker nur noch, wie man den meisten Profit daraus bringt. Die großen Pächter legen, gleich den geriebensten

Kaufleuten Kapitalien im „farming" an, und bilden miteinander
Kompagnien wie die Kaufleute Handelssozietäten. Kurz, alles ist
darauf berechnet, das Einkommen zu vermehren; der Kaufmannsgeist,
doch nicht der Schachersinn, hat die ganze englische Nazion angesteckt
und bewirkt, daß dort alles, selbst Zeit und Wissen, nach Geld be-
messen wird, daß Geld bei allen Klassen am meisten glänzt. — Doch
von diesem durchgreifenden Karakterzuge abgesehen, finden in Wahrheit
alle großen Zweige menschlicher Thätigkeit den reichsten Anbau in England, und es überragt in der Roherzeugung auf und in der Erde nicht
minder als in der fabrikmäßigen Stoffveredlung die übrigen Länder.
Von einem Volke alter Bildung zu sagen, es sei bloß ackerbauend, oder
bloß handelnd, schlösse gewissermaßen einen Vorwurf ein. Die nazionale Machtentwickelung muß eben die Zweige der Volkswirtschaft samt
und sonders umfassen, soll sie wirklich bedeutend werden und den heutigen Staatszwecken entsprechen. England betreibt alle Zweige der
Landwirtschaft im großartigsten Umfange — den Kornbau, Futter-,
Wiesen-, Gemüse-, Obstbau, die Rindvieh-, Schaf- und Pferdezucht, die Butter- und Käsebereitung, sowie die davon mehr oder
minder abhängigen Gewerbe, Gerberei, Brauerei und andere. Sein
Bergbau, namentlich in den nüzlichern Mineralien, und sein Betrieb
der damit zusammenhangenden Metallgewerbe sind bedeutender als die
gleichartigen Geschäfte aller übrigen Länder zusammengenommen.
Dasselbe Verhältnis beinahe findet hinsichtlich der wichtigsten Zweige
der übrigen Stoffveredlung statt. In der größesten Ausdehnung betreibt es endlich das Tauschgewerbe oder den Handel, den Schiffbau,
die Fischerei und die Seeschiffahrt. Darauf beruht äußerlich gerade die
Höhe der Gewerbkraft, die Handels- und Seegröße Englands, daß
es nicht einseitig bloß den einen oder andern volkswirtschaftlichen Zweig
verfolgt, sondern sie alle, Boden- und Bergbau, Maschinenbau, veredelnde und Tauschgewerbe mit fast gleicher Energie umfaßt, und mittelst dieses Komplexes von schaffenden Kräften und Thätigkeiten durch
sich selbst das Mögliche leistet. Vorzugsweise Fabrikstaat darf England nur in der einen Beziehung, auf welche ich später zurückkomme,
genannt werden, daß seine ackerbauende Bevölkerung der Zahl nach
in einem schwachen Verhältnisse zu der gewerbtreibenden steht. Wodurch England sich aber in volkswirtschaftlicher Hinsicht von unserm
Kontinent wesentlich unterscheidet, das ist der Gewerbezusammen-

zug, der dort statt hat, sowol bei der Roherzeugung, als bei der Stoffveredlung. Große Landgüter, große Fabriken und Bergwerke, große Rhederei, große Arbeitskräfte und Tauschwerte gehen neben=einander und scheiden sich eben deshalb zum Theil sehr scharf. Wie dies einen Haubtgrund mit in den Bodenbesizverhältnissen hat und seit der Normannenherschaft mit der politischen Verfassung und den Gesezen des Landes allmählich verwachsen ist, darauf werde ich später mehr Licht zu werfen Gelegenheit finden. Hier will ich nur die ökonomische Seite jener Eigenthümlichkeit hervorheben, insofern sie nämlich auch auf Arbeitstheilung und Arbeitsverbindung im Großen beruht. Die Ergebnisse der Theilung und des Zusammenhanges der Arbeit, die ihre Wirksamkeit begründen, lassen sich wol in keinem Staate so scharf nachweisen wie in England. So sind die englischen Seidenfabriken mit wenig Außnahmen in London und Spitalfields zusammengedrängt, die Leinenfabriken um Leeds und Dundee, die Wollfabriken in Leeds, die Baumwollfabriken um Manchester (auch Stockport an der Mersey) und Glasgow, die groben Eisenwaren in Südwales, die Hardwaren um Birmingham, die Messerschmidwaren um Sheffield, die Töpfereien in Stafford. Auch in der Landwirtschaft spiegelt sich die Arbeitsthei=lung und =Zusammendrängung, indem man aufs schärfste unterscheidet arable und pastorable farms; unter den leztern finden sich wieder be=sondere Rindvieh= und besondere Schaf=Pachthöfe, und weiter scheiden sich die Aufzieher von Zuchtvieh oder von Jungvieh, die Mäster, die Molkenwirte u. s. w. Muß durch diese Scheidung, die namentlich in der nächsten Umgegend von London und andern Haubtstädten weit getrieben wird, in den Grafschaften Middlesex und Surrey, auch die Produkzion im Ganzen, sowol an Masse als an Güte, also zu Gun=sten der Bodenrente gewinnen; so ist andrerseits doch eine große Ein=seitigkeit damit verbunden, ein gewisser Fabrikbetrieb, der die Zahl selbständiger, in sich geschlossener Landwirtschaften bedeutend vermin=dert. Wenn in der Bodenrente gewonnen wird, so wird an Arbeits=lohn noch weit mehr erspart, d. h. die ackerbauende Bevölkerung wird auf die geringste Zahl herabgedrückt, während in den landwirtlichen Nährzweigen gerade ein zahlreicher Stand am wünschenswertesten er=scheint. Dies eben ist der beständige Nachtheil, dort wo Grundbesitzer und Bodenbebauer nicht eine und dieselbe Person bilden, daß das In=teresse des erstern verschieden wird von dem der Feldarbeiter. Der große

Grundherr, dem allerdings, wie dem Fabrikanten, wohlfeiles Kapital, d. h. niederer Zinsfuß zu Nuze kömt, glaubt andrerseits seine Bodenrente um so höher zu steigern, je mehr er an Arbeitslohn erspart. — Von den 179,000 Ackern, welche Middlesex enthält, sind etwa nur noch 7000 mit Weizen bebaut, 3800 mit Gerste, 2800 mit Bohnen, 3000 mit Erbsen; dagegen bestehn 73,500 Acker auß Wiesen, neben einer bedeutenden Menge Klee und künstlicher Grassaat. Die zunächst an London gränzenden Kirchspiele sind mit Obst= und Gemüsegärten bedeckt, die mit Hülfe der Mistbeete in der Regel alle 14 Tage eine Ernte liefern. Man rechnet den jährlichen Rohertrag einzelner dieser Aecker auf 220 Pf. St. Die Pfluggärtner um London haben etwa 8000 Acker inne, die Spatengärtner 2000. Eine Pächterfamilie lebt dort auf 20 Aeckern ebenso gut wie im übrigen England durchschnittlich auf 150. Das in der Umgegend gezogene Heu, das weit beste wegen der trefflichen Behandlung, dient bloß als Pferdefutter. Zur Besorgung Londons mit Milch halten einzelne Milchner, freilich an verschiedenen Pläzen, 800 bis 1000 Stück Kühe. Den Kornbedarf zieht die Haubtstadt vornehmlich auß den Grafschaften Kent, Sussex, Esser, Norfolk und Orford.

Auß dem Gewerbszusammenzuge erklärt sich ferner die auffallend verschiedene Dichtheit der Bevölkerung. Die gewerbreiche Grafschaft Lancaster z. B. hat auf ihren 79¾ deutschen Geviertmeilen ungefähr so viele Einwohner — über 1½ Millionen — als die benachbarte (auch Northumberländische) Grafschaft York auf ihren 277 Quadratmeilen, obgleich diese noch bedeutende Fabrik= und Handelsstädte zählt, wie die Tuchmacher-Metropole Leeds und Bradford, Sheffield, die Stahlwaren erzeugende, Hull, das reiche Kohlenland, Halifax und Huddersfield. Die Grafschaft Cumberland, obwol umfangreicher als Lancaster, zählt kaum 200,000 Einwohner, weniger als die Lancastersche Stadt Liverpool allein, während in dieser Grafschaft noch eine Menge großer Städte, wie Manchester (260,000 Einwohner), Preston, Bolton (76,000 Einwohner), Oldham mit bedeutenden Kohlengruben, Rochdale, Blackburne (70,000 Einwohner) und andere auf einen engen Raum zusammengedrängt sind. In gleichem Verhältnisse ungefähr sind die südöstlichen mehr ackerbauenden Landschaften weniger bevölkert als die Fabrikbezirke. In diesem wirtschaftlichen Zusammenzuge liegt es auch, daß der Fremde, je wohin er eines Tags gerade auf das

reiche Eiland geworfen würde, dasselbe wirklich in Hinsicht auf seine
Nährzweige wesentlich für ackerbauend oder bloß fabrizirend oder see=
handelnd halten könnte. — Ungefähr mitten in Birmingham, wol der
gewerbreichsten Stadt der Erde, liegt oben auf einer Anhöhe ein großer
von Gebäuden umschlossener Platz, in dessen Mitte sich eine keineswegs
schöne Kirche erhebt. Von der Thurmspitze dieser Kirche blickt man
rings auf die breite Stadt und dichtangebaute Umgegend hinab, auf
ein Häusergewirr, das sich unabsehbar über mehrere Hügelreihen weg=
zieht, scheinbar ohne Ordnung und Plan; auß tausend und abertau=
send Schornsteinen steigen Rauchwolken auf, und an die Ohren schlägt
unaufhörlich dumpfes Getöse. Kein kunterbunteres Bild der Bewegung
und lauten Geschäftigkeit kann man sehen, die Industrie schnurrt einem
um Füße und Kopf, betäubt Geist und Sinne; vor dem hämmernden
und summenden Lärmen gibt's keine Zufluchtsstätte, keinen stillen Ort,
um seine Gedanken wieder zu sammeln, und fast bangt's einem, ob es
noch Rettung gebe auß dem kreisenden Strudel. Und dennoch, nur
wenige Stunden von Birmingham verstecken sich Landsitze zwischen
Baumgruppen in der abgeschiedensten Stille und voll behaglicher Ruhe,
und melken pausbäckige Landtöchter Kühe auf fetter Trift so ländlich=
sittig als hätten sie niemals eine Stadt gesehen. — In London hört
das Straßengesause nicht auf, der Lärm der Nacht berührt den begin=
nenden Verkehr des Tags; die einen stehn dort auf, wann die andern
sich zu Bette legen, wie in den großen Fabriken, wo Tag und Nacht
mit wechselnden Arbeitern fortgewirkt wird, um die Zinsen des Anlage=
kapitals doppelt herauszuschlagen. Von dem ungeheuern innern Ver=
kehr dieser Weltstadt kann man sich einen Begriff machen, wenn man
erwägt, daß auf der Themse an 100 Dampfschiffe Menschen von einem
Punkte der Stadt nach dem andern fördern, daß parallel der Themse
zahllose Droschken und Omnibus, sich Sekunde auf Sekunde folgend,
gleichfalls Menschen hin= und herbewegen; daß man endlich — weil
das alles noch nicht genügte — in derselben Richtung eine Eisenbahn
von den Ostindiendocks in die City hinein über die Dächer der Häuser
gebaut hat, auf der man, wie bei der wilden Jagd, durch die Luft
über die Stadt wegfliegt, nicht ohne Grauen vor den menschlichen Er=
findungen. Wägen und Omnibus, Dampfschiffe und Eisenbahn sind
mit Menschen angefüllt, die Straßen außerdem voll Fußgänger —
man sagt, in jeder Stunde bewegten sich allein auf der Themse 50,000

Menschen! Doch wie schnell kann man diesem Gewühl entrinnen!
Sein überdrüssig, gieng ich eines frühen Morgens auf die Birming=
hamer Eisenbahn, und anderthalb Stunden später befand ich mich 50
englische Meilen von London in Aylesbury, und wanderte von hier zu
Fuße bei heiterm Sonnenschein nach Thames auf der Straße nach Or=
ford. Welche Stille, welch andere Welt umgab mich! Das häufig
genannte Thal von Aylesbury ist eine echt englische Landschaft, d. h.
man sieht grüne Weiden mit prächtigem Vieh, üppige Felder, Gärten
mit trefflichen Gemüsen, Fruchtbäumen und allerlei Beerarten, sparsam
durchflochten von Laubholze und Parkanlagen, und in der Ferne sanfte
Hügelreihen. Ohne Aufenthalt legte ich 15 englische Meilen zurück
und ergezte mich an der Landschaft, ohne daß ich mir sagen konnte,
worin ihre Reize eigentlich bestünden, wenn es nicht der Gegensaz war
zwischen dem betäubenden Geräusche städtischen Verkehrs und der fried=
lich=sinnigen Stille des Landlebens. Fast lautlos lagen die Wiesen,
die Felder, lag die Straße da; keine Kutsche, keine „fechtenden"
Handwerkspurschen, keiner Posthörner Schall störte die Einsamkeit und
zog von stiller Betrachtung ab, in einer Welt, die mir fremd war und
dennoch mich anheimelte. Nur hier und da zog des Wegs ein Reiters=
mann auf fahlem Klepper oder einem kräftigen Ackerrosse, wie man
ihnen auch in Nieder=Deutschland häufig begegnet, ein wohlgenährter
Pächter mit blauen gutmüthigen Augen, auch wol ein Privatpostbote,
der, wie in den abgelegensten Theilen der Heimat, auf zweirädrigem
Karren (in Spanien „galera" genannt) mit einem Pferde Gepäck und
Menschen fördert. Oefters begegneten mir Herden langschwänziger
Schafe, deren Hirten gerade wie in Spaniens vereinsamten Gegenden
mit der Büchse einen Vogel auß der Luft holten, oder sich sonst eine
Nebenbeschäftigung machten. Alles ländlich, und bloß ländlich! Hier
also ist naturstiller Bodenbau, dort liegen die dichten lärmigen Fabrik=
und Handelsstädte; zwischen den Haubtpunkten ziehen sich die belebten
geräuschvollen Straßen — der große Strom der Menschen, dessen ein=
zelne Zuflüsse von dem auf ihm Schwimmenden kaum mehr bemerkt
werden. Oft ist es auch in der Natur so. Dem Bache sieht man das
Bächlein zueilen, wer aber gewahrt auf einem mächtigen Flusse noch
seine Quellen? In die englischen Ströme bringt die See tief und ge=
waltig ein, doch da, wo ihre flutenden Wellen nicht mehr hinreichen,
rinnt harmlos ein Bach. Auch hier der Gegensaz.

Man muß übrigens diesen eigenthümlichen Zusammenzug der ver=
schiedenen Zweige der Thätigkeit, der, wie wir später sehen werden,
wesentlich in dem adeligen Majorat wurzelt, nicht verwechseln mit einem
andern neuern, der das ganze Eiland im Großen mehr und mehr zu=
sammenrückt und der seinen Grund in zwei mächtigen Erfindungen hat,
den Eisenbahnen und den elektrischen Telegrafen. In jenen ist zugleich
ein innerer Gegensaz enthalten, der die großen Zweige der Volkswirt=
schaft scheidet, auseinander hält; dieser nähert dagegen die einzelnen
Landestheile einander unbedingt, doch ohne den genannten Gegensaz
zwischen den Beschäftigungen aufzuheben, welchen er eher noch schärft.
Durch die Eisenbahnen ist das ganze großbritannische Eiland der Me=
tropole auf eine kleine Tagreise nahe gerückt, die Grafschaften im In=
nern gehören fast zum Weichbilde von London. Mit der Außdehnung
und den Hülfsquellen eines Reichs vereint England demnach das Zu=
sammengedrungene einer Stadt. Ein Tag genügt jezt, um Großbri=
tannien zu durchmessen, und binnen wenigen Jahren wird endlich der
elektrische Telegraf, der die Nachrichten mit der Schnelle des Gedan=
kens trägt, die gesamte britische Bevölkerung fast wie unter einem Dache
vereinen, dem ganzen Reiche gleichsam ein Nervensystem geben wie
das eines Körpers, und dadurch die Energie des thatkräftigsten Volkes
noch erhöhen.

Indem ich nun eine statistische Uebersicht der Haubterzeugungs=
zweige des Inselreichs geben will, werden für unsern Zweck, und da
die Angaben oft sehr von einander abweichen, runde Durchschnitts=
zahlen genügen. Ueber die Area hat man bei der lezten Volkszählung
von 1841 in England keine genauern Ergebnisse zu erlangen vermocht,
man ist daher bei den Angaben von 1831 für die Area eines jeden
Kirchspiels stehen geblieben, wonach auf England 31,770,615 Acker
(Statut-Acres), auf Wales 4,752,000, auf Schottland 18,944,000
kommen. Andere Angaben dagegen gehalten, sind dem Ackerbau gewid=
met in England von 34,000,000 Acker Land etwa 29,000,000, in
Wales von 5,000,000 an 4,000,000, in Schottland von 19,500,000
wegen der Hochlande nur etwa 7,800,000. In Irland aber waren
nach der Zählung von 1841 von 20,705,342 Acker nur 13,464,300
angebautes Land; auf den kleinen Eilanden von 1,300,000 ungefähr
450,000. Zusammen im ganzen Reiche von etwa 80,500,000 Acker
54,700,000 angebaut, also beinahe 70 Prozent. Den Durchschnitts=

ertrag eines Ackers zu 40 Thaler angenommen (für den Morgen etwa 29 Thlr., der 8,8 Scheffel Weizen, 9,9 Schf. Roggen, 13,5 Schf. Gerste, 14,8 Schf. Hafer, 9,6 Schf. Erbsen, 10,8 Schf. Bohnen, 116,6 Schf. Kartoffel gewährt), berechnet sich der Gesamtwert des rohen Bodenertrags vom bebauten Lande auf 2,188,000,000 Thaler jährlich. Der Reinertrag des Grundeigenthums war für England und Wales behufs der Armentare im Jahre 1841 zu 425,300,000 Thlr. abgeschäzt, was auf den Kopf beinahe 27 Thlr. und auf den Acker 7 Thlr. ergibt.

Indessen wird der Ackerbau im Inselreiche ebenso verschieden betrieben, als sein Erträgnis bedeutend von einander abweicht. London, der Haubtmarkt für landwirtschaftliche Erzeugnisse, ist unmittelbar von einem Kreise freier Wirtschaft umgeben; auf diesen folgt ein Kreis der Wechselwirtschaft, und das ganze übrige England, sowie der südliche Theil von Schottland kann als der zunächstfolgende vorwiegende Kreis der Feldgraswirtschaft betrachtet werden. Irland endlich, Wales, die Hebriden ec. treiben keine viel künstlichere Wirtschaft, als das Dreifeldersystem, dem sie freilich nicht durchaus gehorchen; besonders ist Irland in der feinern Viehzucht, dem Grasbau und Obstbau zurück. Nahe bei London jedoch, in Warwick und Leicester, gibt es noch beträchtliche Heiden, was sich daraus erklärt, daß dieser freilich ärmere, sandige Boden nicht bei der dort herschenden Fabrikmethode, sondern nur bei einer kunstlosen Wirtschaft rentiren würde, welche man verlernt hat. Der wichtigste Punkt, wo jene Kreisordnung durchbrochen wird, ist das gewerbreiche Lancashire, wo Gemüse, Kartoffeln, Heu und Milch die Haubterzeugnisse des Ackerbaues bilden (Lancashire bringt nicht $\frac{1}{30}$ seines Getreidebedarfs hervor); sobann Derby und Cumberland als Mastkreise für die Märkte von Liverpool und Manchester. Rorburg und Northumberland sind die vornehmsten Korndistrikte sowol für die Fabrikgegenden des nördlichen Englands, als auch für die schottischen Haubtstädte, indem um Edinburg und Glasgow wie um London wieder ein Kreis mit freier Wirtschaft sich zieht. Außer dem unermeßlichen Haubtmarkte zu London wird die englische Landwirtschaft nur noch durch vier Marktpläze zweites Ranges bestimmt, im schmucken reinlichen Lancashire, in den südwestlichen Gegenden Yorkshires, in Birmingham und Bristol. Die westlichen Gegenden Englands huldigen am meisten dem Feldgrassystem, wozu sie auch von der Natur sehr außgestattet sind; sie erzeugen mithin am meisten Butter und Käse. Für ein Land mit niederem Zinsfuße, großen Kapitalen und hohem Arbeitslohne muß eine Wirtschaftsart, welche viel Kapital für Vieh, Ställe ꝛc., aber wenig Arbeit erfordert, ganz besonders erwünscht sein. Wie schlimm sich die ländlichen Arbeiter dabei auch stehn, dieses ist so wahr, daß z. B. am Severn und andern Orten mehr und mehr Acker= gründe noch in Wiesen umgewandelt werden; dort wird das Halten zahlreicher Milchherden unterstüzt durch die großen Städte Bristol und Bath in Wiltshire und Gloucester, Liverpool und Manchester in Chester, Birmingham in Warwick. England bringt Obst und Küchengewächse in vorzüglichster Güte hervor — Kent ist das klassische Land des feinern Obstbaues, Gloucester für Ziber, dessen Haubtmärkte London und Bristol sind; — ferner sind dort außgezeichnete Pferde, Rindvieh und Schafe zu Hause, im schottischen Hochlande Ziegen, in Irland Schweine. Stellenweis steht England auch, wie bei Maidstone und Canterbury, ganz wie ein großer Hopfengarten auß. Sonst hat es keine Kulturen von Flachs, Hanf, Tabak (der Anbau des leztern ist jezt verboten), weil diese viel zu viel Arbeit kosten, dazu also der Stand kleiner Bauern oder Zwergwirtschaften gehören. Die meiste Parzelli= rung bei Pächtern und Yeomen kömt noch in Yorkshire vor, wo auch früher vor dem regiminellen Verbote der Tabaksbau und noch jezt der Flachsbau, der vorzüglich in Irland und Südschottland blüht, be= trieben wird. Das ganze Land von England und Wales steht unter der Hand von 200,000 Pächtern.

Was die Erzeugnisse der veredelnden Industrie betrifft, so erläuft deren Gesamtwert zwar nicht auf die Höhe des Wertes der Natur= erzeugnisse, Rohstoffe und Lebensmittel, allein sie nehmen auch ein viel schwächeres Anlagekapital in Anspruch. Nach einem Schäzungs= versuche des Herrn v. Reden über den Tauschwert ihrer verschiedenen Zweige in ganz Europa ergibt sich folgendes Verhältnis der Wich= tigkeit derselben: von dem Gesamtwerte der veredelten Erzeugnisse (welche zum Verkaufe gelangen) sind die Erträge des Bergbaues etwa 21 Prozent, der Baumwollenverarbeitung 16 Proz., der Wollenmanu= faktur 12½ Proz., der Lederverarbeitung (Rußland der Haubtsitz da= von) 11,2 Proz., der Erzeugnisse auß Flachs und Hanf 10 Proz. (wol deshalb zu gering, weil viel Linnen, vielleicht die Hälfte noch, nicht in den Handel gelangt, sondern von den Erzeugern auch verbraucht wird), der Oelfabrikate 10 Proz., der Waren auß Seide 7 Proz., des Tabaks 4,8 Proz., des Zuckers 4 Proz., der Thonverarbeitung 1,9 Proz., des Papiers 1,3 Proz., des Glases 1,25 Proz. — Von sämtlichen Bergwaren mag dem Werte nach das Eisen etwas mehr als 52 Proz., das Salz 16 Proz., die Steinkohlen 12 Proz., das Kupfer 5,2 Proz. ꝛc. befahren. Der Gesamtwert des Ertrags der britischen Bergwerke ist im Durchschnitte der lezten Jahre auf 150 bis 180 Millionen Thaler anzunehmen; ungerechnet den Durchschnitsertrag der Kohlenfelder Englands, der sich allein ungefähr auf die gleiche Summe erläuft. Nach ungefährer Schäzung ist England betheiligt an der europäischen Gesamtprodukzion von Roheisen, jezt jährlich auf etwa 2,750,000 Tonnen oder 57 Millionen Zollzentner erlaufend, mit 56 Prozent (Frankreich mit 13, Deutschland und Rußland jedes mit beinahe ebensoviel, Preußen allein mit 5, Belgien 3½, Schweden 2½ Prozent); von Kupfer, etwa 520,000 Zentner betragend, mit 55 Proz. (Rußland mit 16,6, Norwegen und Schweden mit 12,4, Oesterreich mit 9,4, Preußen mit 3,7 Proz.); von Blei, im jährlichen Betrage von etwa 2,120,000 Zentner, mit 47 Proz. (Spanien mit ebensoviel); — zu der seit kurzem an Wichtigkeit rasch zunehmenden Zinkprodukzion, jezt in Europa über 315,000 metr. Ztr. erlaufend, liefern Preußen 160,000 (Schlesien allein 140,000), Belgien 100,000, Rußland 40,000; zu der europäischen Zinnerzeugung, etwa 65,000 metr. Ztr., trägt England allein 60,000 Ztr. im Werte von fast 4 Millionen Thlr. bei, Rußland 3000, Sachsen 1200, Oesterreich 700 Ztr.

Herr v. Reden gibt den Wert des jährlichen Ertrags der englischen Stoffveredlung, der sich bis 1846 noch durchschnittlich um mehr als 20 Prozent erhöht haben mag, wie folgt an:

	Wert in Thlr.	Davon Verbrauch in Proz.	Außfuhrwert in Thlr.
Baumwollenwaren (Twiste eingeschl.)	350,292,473	54,36	159,892,473
Wollenwaren	138,052,485	68,96	42,852,485
Metallwaren	120,087,748	62,29	45,287,748
Leder	91,338,396	96,78	2,938,396
Flachserzeugnisse	84,034,883	64,73	29,634,883
Papiererzeugnis und Drucksachen . .	98,031,146	97,11	2,831,146
Seidenwaren	46,164,479	88,83	5,364,479
Thonwaren	34,150,885	79,65	6,950,885
Schmuck-, Gold-, Silberwaren . .	21,856,261	93,34	1,456,261
Verschiedenes	223,789,714	75,96	53,789,714
Summa	1,207,798,470	70,96	350,998,470

Hierauß geht zugleich die viel größere Bedeutung des innern Marktes als des außwärtigen auch für die Stoffveredlung hervor. — In Betreff der Wertangaben des britischen außwärtigen Handels ist zu bemerken, daß der Tarif der offiziellen Wertschäzungen in Eng= land noch vom Jahre 1696 herstamt. Die Angaben darnach entfernen sich natürlich mehr und mehr von der Wahrheit, weshalb die englische Zollverwaltung jezt neben den amtlichen Werten die reellen, vom Han= del selbst deklarirten Werte anführt. Die offiziellen Wertangaben der Außfuhr sind durchschnittlich viel zu hoch, die deklarirten eher zu niedrig. 1835 erlief der offizielle Außfuhrenwert auf 91,174,456 Pf. St., der deklarirte nur auf 48,372,170 Pf. St.; das Verhältnis war mithin wie 52 : 100; 1840 stieg dieser bloß auf 50,896,556 Pf. St., der offizielle dagegen auf 116,029,130 Pf. St. — Misverhältnis wie 44 zu 100. (Die Wertschäzungen des französischen, zum leztenmal im Jahre 1826 sehr unvollkommen revidirten Tarifs sind für jezt um mindestens 25 Prozent zu hoch, ohne daß dafür, wie durch die dekla= rirten Werte in England, eine Kontrole bestände.) Wenn es natürlich ist, daß man den Werttarif nicht gern ändert, um nicht den Vergleich der Handelsergebnisse von Jahr zu Jahr zu erschweren; so sollte man die Fehler doch auch nicht so hoch werden lassen, daß sie nur ein ver= kehrtes Bild vom Handel gewähren.

Die Durchschnittswerte des britischen außwärtigen Handels zei= gen, wenn man sie, um die einzelnen Jahresschwankungen nicht in Anschlag zu bringen, nach längern Perioden etwa von fünf Jahren berechnet, in den lezten fünfzig Jahren eine fast ununterbrochene bedeu= tende Zunahme. So betrug die Einfuhr nach offiziellem Werte durchschnittlich in den Jahren von 1800 bis 1805 nahe 256 Millionen Thlr. (wovon für 62 Mill. Thlr. Kolonialwaren), in $18^{14}/_{20}$ schon 296 Millionen (wovon für 87 Mill. Kolonialwaren), in $18^{31}/_{35}$ aber $400^{1}/_2$ Millionen, $18^{36}/_{41}$ sogar über 607 Millionen Thaler (wovon für $108^{1}/_4$ Mill. Kolonialwaaren). Die Außfuhr an britischen Erzeug= nissen stieg der Menge nach in dem nämlichen Verhältnisse, dem eigent= lichen Werte nach freilich in einem weit geringern, weil die Warenpreise fielen. Nach dem deklarirten Werte stieg die Außfuhr nämlich von 267 Millionen Thlr. im Durchschnitt der ersten fünf Jahre dieses Jahr= hunderts auf $410^{1}/_2$ Million Thlr. im Jahresdurchschnitt von $18^{36}/_{41}$.

Die Fortschritte der Seeschiffahrt giengen Hand in Hand mit denen des auswärtigen Handels. Schiffe liefen in englische Häfen ein im Jahr 1800 nur 13,581 von etwas über 1,910,000 Tonnen, davon unter britischer Flagge 1,200,000 T.; 1820 schon 21,844 Schiffe von 2,680,000 T., davon unter britischer Flagge 2,270,000 T. (demnach stieg die englische Schiffahrt in noch weit höherm Verhältnisse als die allgemeine); im Jahr 1840 liefen 28,081 Schiffe von 4,660,000 Tonnen ein, davon unter britischer Flagge 3,200,000 T., 1841 ungefähr ebensoviel, 1842 aber nur 27,041 Schiffe von nicht ganz 4,500,000 Tonnen. Küstenfahrer liefen außerdem ein: 1841 131,321 von 10,870,000 Tonnen; 1842 nur 127,840 von 10,790,000 Tonnen, bekanntlich bloß englische Schiffe.

In den amtlichen Angaben nimt man, wie gesagt, bis zum Jahre 1841 im Allgemeinen eine stätige, mitunter erstaunlich schnelle Zunahme der Erzeugung, Außfuhr und Schiffahrt wahr. Das Jahr 1842 zeigte dagegen einen bedeutenden Rückgang der Geschäfte, in Folge der Stockung der Außfuhr von Fabrikwaren, besonders nach den Vereinigten Staaten, und der von dort außgegangenen Handelskrisis. So betrug die Außfuhr von Baumwollgeweben 1841 für 110½ Millionen Thaler, 1842 nur für 84½ Mill. Thlr. (die Außfuhr von Twisten war jedoch von 49½ auf beinahe 53 Millionen Thlr. gestiegen); die von eigentlichen Metallwaren 1841 für 11,043,000 Thlr., 1842 nur für 9,472,000; die von Eisen und Stahl resp. nahe 20,000,000 und 17,000,000 Thlr.; die von Leinwand 22,800,000 und 16,050,000 Thlr. (doch stieg die Außfuhr von Flachsgarn von 6,613,000 auf 6,970,000 Thlr.); die von Wollgeweben 39,100,000 und 35,400,000 Thlr.; die von Seidenwaren 5,400,000 und 4,010,000 Thlr; die von raffinirtem Zucker 3,730,000 und 3,000,000 Thlr. Schon nahm man davon Anlaß zu sagen, der veredelnde Pflug habe in England den höchsten Gipfel erklommen und gehe nun wieder zurück; schon sah man das ganze Gebäude des englischen Reichs in seinen Grundvesten erschüttert, schrieb von dem brennenden Hunger der Arbeiter, die brodlos seien, malte die Folgen des Maschinenwesens schrecklich auß; ja, man kündete in Frankreich schon den Untergang der britischen Herschaft an und ermahnte Herrn Thiers, sich zum Empfang derselben als eines französischen Erbes bereit zu halten. Inzwischen bewies das Jahr

1843 und mehr noch der Gewerbeaufschwung von 1844 das Leere dieser Einbildungen, und daß die Stockungen von 1842 nur vorübergehenden Ursachen beizumessen sind. Der Verbrauch an roher Baumwolle war 1843 größer als je vorher, nahezu 27,000 Ballen in der Woche, zwischen 1,300,000 und 1,400,000 Ballen im ganzen Jahre. Die Fabriken erhielten volle Beschäftigung, und schon im Februar 1844 nahm man an, daß die Spinnereien 30 Prozent mehr wert waren als zwei Jahre vorher. England hat 1843 92,000,000 Pfund Garn mehr gesponnen als 1842. Nach den Angaben Porters, des Vorstehers des statistischen Bureau's im britischen Handelsamt in seiner neuesten Schrift „Progress of Great Britain" betrug der Wert der englischen Erzeugung aus Baumwolle ungefähr 60 Millionen Pf. St., zehn Jahre früher, 1833, noch nicht ganz 31½ Mill. Pf. St. Die Einfuhr roher Baumwolle erlief damals auf 282 Mill. Pfd., jetzt 585 Mill. Pfd. Die Ausfuhren an Baumwollenwaren und Twisten sind von 12,450,060 Pf. St. im Jahre 1833 auf das Doppelte in 1844 gestiegen. Außer Vermehrung des innern Verbrauchs nahm besonders die Ausfuhr zu nach China (von 1,169,906 Pf. St. im Jahre 1842 stieg sie auf 1,719,239 Pf. im J. 1843), nach Calcutta (von 2,187,076 in 1842 auf 2,963,695 Pf. St. im J. 1843), nach Bombay (von 1,110,498 auf 1,983,177 Pf. St.), sodann nach Deutschland, Rußland, der Levante, Westindien, Australien und den Vereinigten Staaten[*]). Die Mehrausfuhr an Wollwaren nach den Vereinigten Staaten betrug in dem einem Jahre nicht weniger als 65 Prozent! Am meisten jedoch nahm die Ausfuhr der gemischten Baumwoll= und Wollenwaren zu: sie betrug 1842 nur 232,000, 1843 aber nahe eine Million zu einem Werte von 10½ Millionen Thaler. An Kammwollgarn wurden 1842 etwa 5 Millionen Pf. ausgeführt, 1843 fast das Doppelte, und dennoch giengen die Preise der Zeuge und Garne um 25 Prozent in die Höhe.

Nach dem deklarirten Werte erlief Großbritanniens Ausfuhr in den Haubtartikeln in den letzten neun Jahren:

---

[*]) Nach letzter Berichtigung erlief der deklarirte Wert der Ausfuhr im J. 1843 auf 44,812,020 Pf. St.

Benennung der Waren.	1836	1837	1838	1839	1840	1841	1842	1843	1844
	Pf. St.	Pf. St.	Pf. St.	Pf. St.	Pf. St.	Pf. St.	Pf. St.	Pf. St.	Pf. St.
Steinkohlen	332,861	431,545	485,950	542,609	576,519	674,929	733,574	685,331	665,584
Fabrikate auß Baumwolle	18,511,692	13,640,181	16,715,857	17,692,183	17,567,310	16,209,241	13,910,084	16,248,759	18,823,402
Garn auß Baumwolle	6,120,366	6,935,942	7,431,869	6,858,193	7,101,308	7,262,540	7,752,676	7,191,870	7,008,184
Steinzeug (Earthen Ware)	837,774	563,237	651,344	771,173	573,184	590,772	554,221	629,585	751,279
Glaswaren	553,384	477,767	377,283	371,208	417,178	421,271	310,061	336,910	388,608
Fabrikate auß Eisen	2,271,313	1,460,808	1,498,327	1,828,521	1,349,137	1,625,191	1,392,888	1,744,037	2,167,673
Fabrikate auß Flachs	3,645,097	2,133,744	2,730,272	3,414,967	3,306,088	3,356,030	2,360,152	2,816,111	3,055,243
Garn von Flachs	—	479,307	836,163	818,484	822,876	970,840	1,023,978	873,104	1,021,796
Metalle: Eisen und Stahl	2,312,674	2,009,259	2,535,692	2,719,825	2,524,859	2,867,930	2,453,892	2,574,494	3,194,901
Kupfer u. Messing	1,072,344	1,166,277	1,221,732	1,280,505	1,450,464	1,529,488	1,821,754	1,652,991	1,735,528
Blei	224,981	155,251	154,126	197,592	237,312	238,461	357,377	258,660	276,296
Zinn in Stangen ꝛc.	61,874	74,737	101,840	113,319	138,787	86,708	199,911	109,943	76,655
Blech	368,843	350,668	436,577	346,146	336,529	368,049	348,236	480,407	483,607
Salz	173,923	193,621	223,456	218,907	213,470	175,663	206,639	208,207	226,940
Fabrikate auß Seide	917,822	503,073	777,280	868,118	792,648	786,066	589,644	664,661	735,094
Raffinirter Zucker	698,190	453,984	553,247	209,844	440,893	547,834	439,335	415,812	331,264
Brittische rohe Schafwolle	332,374	185,350	434,006	360,849	330,233	557,676	510,965	417,835	532,478
Wollen-Garn	—	333,098	384,535	423,320	452,957	489,344	573,521	697,254	944,515
Fabrikate auß Wolle	7,998,044	4,660,019	5,795,069	6,271,645	5,327,853	5,787,544	5,199,243	6,784,432	8,196,216
Zusammen	46,463,529	36,228,468	43,344,631	45,307,409	43,939,074	44,545,595	40,738,151	44,790,563	50,615,265

Die Außfuhr ist mithin im lezten einzigen Jahre, wo Peels Reformen schon kräftig einwirkten, um beinahe 6 Millionen Pf. St. und noch beträchtlich höher gestiegen als selbst im Jahre 1836, dem bis dahin günstigsten, so lange das englische Reich besteht. Diese überraschend große Zunahme trifft haubtsächlich Ganzfabrikate, namentlich auß Baumwolle, Wolle (das ist um so bemerkenswerter, als die Wollenwarenaußfuhr Jahre lang rückgängig war, und lediglich der Abschaffung der Einfuhrzölle auf Rohwolle beizumessen) und Flachs; ferner Quincaillerie-, Messerschmid-, Metall-, Steingutwaren ꝛc. Die Einfuhr außländischer Artikel bietet gleichfalls die günstigsten Ergebnisse. Zunahme besonders in der Einfuhr von Hanf, Häuten, Bauholz, Melasse, Kupfererz, Seidenkokon, Leinsaat, Reis, Kaffee ꝛc. In Folge der Ermäßigung der Zölle auf Kaffee hat die Einfuhr davon 1844 gegen 1843 um 8 Millionen Pf. St. und der Verbrauch um $1\frac{1}{2}$ Millionen Pfund zugenommen; der Theeimport war um 6 Millionen Pfund stärker (ohne verminderte Zölle); der Tabakverbrauch stellte sich um ungefähr 2 Millionen Pfund bedeutender herauß — zum offenbaren Beweise zugleich der verbesserten Verhältnisse der arbeitenden Klassen. Doch ich komme auf die Peelschen Maßregeln, eine der Haubtursachen jener Fortschritte, obwol nicht die einzige, besonders zurück.

Nach den Daten des Moniteur universel stellte sich die vergleichende Uebersicht des Handels von Frankreich, England und den Vereinigten Staaten Nordamerika's also*):

Jährlicher Durchschnitt.

	von 1825—1830	von 1831—1836	von 1837—1842
Gesamthandel.			
Wert der Einfuhr:			
in Frankreich	235,200,000	283,200,000	400,400,000
= England	436,400,000	492,800,000	624,800,000
= Verein. Staaten .	175,600,000	277,600,000	268,000,000

---

*) Die Werte, in Gulden C. M., wurden für Frankreich nach dem Tarif von 1826, für England nach dem von 1696 und für die Vereinigten Staaten nach der daselbst üblichen Schäzung angenommen. Journal des Lloyd. 1845. Für den Vergleich ist die Richtigkeit des Werttarifs von untergeordneter Bedeutung.

	von 1825 — 1830	von 1831—1836	von 1837—1842
Wert der Ausfuhr:			
v. Frankreich	241,600,000	306,000,000	382,400,000
= England	614,400,000	836,000,000	1,080,800,000
= Verein. Staaten .	170,400,000	218,800,000	251,600,000

Spezieller Handel.

	von 1825 — 1830	von 1831—1836	von 1837—1842
Wert der Einfuhr:			
in Frankreich	178,000,000	197,200,000	285,200,000
= England	339,600,000	379,200,000	490,400,000
= Verein. Staaten .	128,800,000	231,600,000	233,600,000
Wert der Ausfuhr:			
v. Frankreich	198,800,000	216,000,000	263,200,000
= England	517,200,000	722,000,000	946,000,000
= Verein. Staaten .	122,800,000	172,800,000	216,000,000

Der besondere Handel hat sich mithin im Durchschnitt der Jahre 1825 bis 1842 gehoben:

	Frankreich.	England.	Verein. Staat.	Zusammen.
Zunahme der Einfuhr	60 Proz.	44 Proz.	81 Proz.	185 Proz.
= = Ausfuhr	33 =	83 =	73 =	189 =
Zusammen	93 Proz.	127 Proz.	154 Proz.	374 Proz.

Vergleichsweise zeigt sich also für die Verein. Staaten die bedeutendste Zunahme, für Frankreich die geringste; jene ist zuvörderst der Ausfuhr von Baumwolle und Tabak auß der Union beizumessen (seit 1840 nämlich 500 bis 700,000,000 Pf. Baumwolle des Jahres im Werte über 100 Millionen Fl. C. M., und 100,000 bis 150,000 Colli Tabak im Werte über 20 Mill. Fl. C. M.).

Ziehen wir auß obiger Uebersicht der Verkehrszunahme in Prozenten von Ein= und Außfuhr die Bilanz, so ergibt sich zu Gunsten

	Frankreich.	England.	Verein. Staat.	Zusammen.
der Einfuhr	27 Proz.	0 Proz.	8 Proz.	35 Proz.
der Ausfuhr	0 =	39 =	0 =	39 =

Hierauß erhellt, daß der ganze Mehrbetrag von 39 Proz. zu Gunsten der Ausfuhr England allein trifft, während von der verhältnismäßigen Zunahme der Einfuhr um 35 Proz. auf Frankreich 27 und auf die Verein. Staaten nur 8 Prozent fallen.

Die Zunahme des äußern Handels vom deutschen Zollvereine steht im Allgemeinen zwischen der von England und der von Frankreich; die Zunahme des Handels vom österreichischen Kaiserstaat steht dagegen noch unter der französischen, bezüglich also am ungünstigsten. Der Verkehr des Zollvereins würde unzweifelhaft mehr zugenommen haben, wenn er seine natürliche Abrundung schon erlangt hätte. Sein gesundes Gedeihen beruht allerdings zum Theil darauf, daß er sich hütet, Sonderbelange und Monopolgeist in und an ihm zur Stärke gelangen zu lassen. Nicht minder aber bin ich auch überzeugt, daß der Verein mehreren wichtigen Gewerbzweigen bisher einen unzureichenden Schuz hat angedeihen lassen, namentlich der deutschen Linnenerzeugung, den Spinnereien und der nazionalen Schiffahrt, und daß es unumgänglich ist, dem direkten deutschen Verkehr durch eine **kräftige Schiffahrtsgesezgebung** unter die Arme zu greifen. Im Zollverein ist von 1834 bis 1842 die Einfuhr der rohen Baumwolle nur von 133,684 Ztr. auf 317,939 Ztr. gestiegen; dagegen erhielt von den 149 Millionen Pfund Twist, welche England 1843 ausführte, der Zollverein die Hälfte, im Betrage (das Pfd. durchschnittlich zu 10 Sgr. gerechnet) von etwa 24 Millionen Thlr., wovon ungefähr 12 Mill. auf den Rohstoff und ebensoviel für Arbeitslohn und Profit zu rechnen, die England verbleiben. Und wie viel ist Deutschland an Absaz auf den außereuropäischen Märkten und an Schiffahrtsthätigkeit dadurch entzogen worden, daß es die Twiste sich auß England zuführen ließ, statt auf eigenen Schiffen die Baumwolle, jezt der Haubtgegenstand der großen Schiffahrt, gegen heimische Erzeugnisse auß den Ursprungsländern zu holen? Zu dem Haubtgesichtspunkte, der in unserm Rathe immer voranstehn sollte, gehört alles, was die deutsche Einheit fördert und stärkt; alle andere Fragen sind politisch genommen von untergeordneter Natur. Nach außen einig und im Innern stark — aber auch dann nur — brauchen wir den gegenwärtigen Vorsprung, die Maschinenkraft, die Geld- und Kolonialmacht keines Landes zu fürchten. Selbst England kann troz seines außgedehnten Kolonialbesizes sich nicht berühmen, es sei unabhängig von der Handelspolitik der übrigen Staaten. Der Handel Frankreichs und Englands mit ihren Kolonien betrug im Verhältnisse zu dem mit dem Außlande:

im Jahr	Frankreich		England	
	mit den Kolonien	mit dem Außlande	mit den Kolonien	mit dem Außlande
	fl. E. M.	fl. E. M.	fl. E. M.	fl. E. M.
1827	22,800,000	179,600,000	110,400,000	261,600,000
1831	29,200,000	152,800,000	97,600,000	274,000,000
1834	24,800,000	179,200,000	92,800,000	323,600,000
1837	31,600,000	174,000,000	124,400,000	296,400,000
1840	38,400,000	239,600,000	169,600,000	344,400,000
Zusammen	146,800,000	925,200,000	594,800,000	1,500,000,000
Durchschnitt	29,360,000	185,040,000	118,960,000	300,000,000

Der Handel mit den Kolonien verhält sich sonach für jene Jahre zu dem außwärtigen in Frankreich wie 7:43 und in England wie 7:18; mit andern Worten, Frankreich sandte beinahe ⅐, England noch etwas über ¼ von den Gegenständen seiner Gesamtaußfuhr nach den Kolonien. Von 1831 bis 1842 ist Englands Außfuhr nach den Kolonien von 10,254,940 auf 13,261,436 gestiegen, die nach fremden Ländern von 26,909,432 auf 34,119,587 Pf. In beiden Zeitpunkten betrug mithin der ganze britische Kolonialhandel nur zwischen 27 und 28 Prozent des gesamten britischen Außfuhrhandels. Hierauß ist zu ersehen, daß der Verkehr zwischen freien Ländern wol immer, und in der Zukunft vielleicht noch mehr als in der Vergangenheit, den weit wichtigsten Bestandtheil des Welthandels außmachen werde, daß dieser demnach niemals von einer einzelnen Macht abhängig werden könne, man müste denn etwa die Unterjochung aller Völker durch dieselbe annehmen. Der britische Kolonialhandel hat ferner vornehmlich da zugenommen, wo den freiern Handelsgrundsäzen bisher gehuldigt ward: von den 3,006,496 Pf. St., um welche die Außfuhr nach den außwärtigen Besizungen von 1831 bis 1842 zugenommen hat, kommen 1,311,919 auf die ostindischen, 557,693 auf Australiens Märkte, 570,434 auf Gibraltar (meistens zur Einschwärzung nach Spanien), auf alle übrigen Besizungen kömt nur noch die Vermehrung von 566,450 Pf. Die Außfuhr nach den nordamerikanischen Kolonien betrug 1831 für 2,089,327 Pf. und 1842 für 2,333,525 Pf., nach den westindischen Besizungen 1831 für 2,581,944 Pf. und 1842 für 2,591,425 Pf., zusammen eine Vermehrung von nur 253,674 Pf. oder etwas über 5 Prozent, während der britische Außfuhrhandel überhaubt in dieser Zeit um 26 bis 27

Prozent gewachsen war. In solchem ungünstigen Verhältnisse stehen jene Kolonien, Westindien und Canada, zu den britischen Gesamtausfuhren, ungeachtet England für sie die grösten Schuzmittel verschwendet. Zum Theil in Folge der leztern haben sich inzwischen die Ausfuhren der Kolonien nach England bedeutend vermehrt, namentlich:

	1827	1840
von Ostindien . . .	36,620,120 fl. K. M.	—60,215,920 fl. K. M.
= Australien . . .	3,399,580 =	—20,043,940 =
= Neuseeland und Südsee	1,320 =	— 472,400 =
= den nordamerikanischen u. westindischen Kolonien	49,816,020 =	—64,228,030 =

In Betracht der gewaltigen Größe des englischen Seehandels erscheint es auf den ersten Blick auffallend, daß derselbe, die gesamte Fischerei und den Küstenhandel eingeschloßen, kaum 400,000 Menschen auf der See beschäftigt — freilich auf dem Lande wol eine ebenso große Zahl und mittelbar eine viel größere. Das Erstaunen mindert sich aber, wenn man sieht, wie auch die großen stoffveredelnden Gewerbe in Vergleich mit der ungeheuern Erzeugung nur eine mäßige Zahl Menschen erfordern, und wie man sich in dieser Hinsicht die übertriebensten Vorstellungen zu machen pflegt. In den vier großen spinnenden und webenden Manufakturzweigen Großbritanniens, Baumwolle, Wolle, Flachs und Seide, mögen gegenwärtig beinahe 1 Million Arbeiter beschäftigt sein, wovon auf die Baumwollenmanufaktur allein stark die Hälfte kömt. Nach der Zählung von 1841 wird jene Zahl jedoch nur für England und Wales auf 618,508, für Schottland auf 181,738, zusammen 800,246 Personen angegeben. Nach derselben Zählung waren in Großbritannien beim Bergwerksbetrieb beschäftigt nur 193,825 Personen (darunter 6133 weibliche), wovon 20,557 auf Schottland kommen; der weit größte Theil derselben, 118,233, arbeitete in den Kohlenminen. Die bei der Verarbeitung der Metalle beschäftigten Personen wurden, die Maschinenfabriken nicht eingerechnet, auf 36,209 Arbeiter, freilich fast lauter Männer mit Familien und einem hohen Lohne, (wovon auf Schottland nur 4085 kommen sollen); auf Eisenverarbeitung z. B. nur 29,497. Auf die Verfertigung von gebrannten Thonwaren sollten 24,774 (Schottland mit 963) und auf die Glasfabrikazion nur 7464 (Schottland mit 662) kommen; mit Verfertigung lederner Handschuhe beschäftigten sich 9225 (Schottland 72)

Perſonen. In ſofern die ganze induſtrielle Macht Großbritanniens und ſein Welthandel mit eigenen Manufakturerzeugniſſen unmittelbar auf jenen großen Induſtriezweigen beruht, erſcheint die darin beſchäftigte Zahl Arbeiter in der That gering und geeignet den übertriebenen Vor= ſtellungen über die Anhäufung zahlloſer Arbeitermaſſen im engliſchen Fabrikbetriebe zu begegnen. Das Vorurtheil ſchreibt ſich vorzüglich wol daher, daß, wenn die induſtriellen Beſchäftigungen auch mehr oder minder über das ganze Land verbreitet ſind, die verſchiedenen Haubt= zweige ſich doch an einzelnen Orten zuſammengedrängt haben und ſo greller in die Augen fallen. In Deutſchland, wo eine ſolche Konzen= trirung, vermöge ſeiner vielzerſtreuten Waſſerkräfte und ſeines zertheil= teren Grundbeſizes nie ſtattfinden kann, erſcheinen daher die Beſorg= niſſe vor übermäßiger Fabrikbevölkerung ganz und gar leere Geſpenſter= furcht. Das Wunder ſelbſt aber, mit wenig Menſchen ſo Großes zu leiſten, erklärt ſich durch die Maſchinenarbeit, welche viele Millionen Hände erſezt. Die eigentlichen Zauberer ſind die Techniker und Me= chaniker, die in den Maſchinenfabriken arbeiten (1841 wurden ſolche Arbeiter in Großbritannien 16,550 gezählt, wovon 2188 auf Schottland) und deren Lohn natürlich ungleich höher ſteht als der aller andern Ar= beiter. Dieſe bei weitem geſchickteſte und intelligenteſte Klaſſe unter al= len Induſtriellen iſt es eigentlich, die England vor noch ungeheuererem Misverhältniſſe zwiſchen der gewerblichen und ackerbauenden Bevölke= rung, daher vor furchtbarem Nothſtande und Umſturze gerettet und, obgleich einſt viel verleumdet, materiell das Meiſte zur Erhaltung des Staats, ſowie zur Größe Englands, beigetragen hat — im eminentern Sinne als ſich Mancher träumen läßt. Der auß dem preußiſchen Staatsdienſte jezt geſchiedene Hr. Beuth hat, obwol ſonſt auf mancher einſeitigen Anſicht gegen die Forderungen der Zeit beharrend, dieſe Wahrheit in Preußen zuerſt gründlich erkannt und lebendig gemacht, und dadurch, daß er einen ſolchen Kern an geſchickten Mechanikern und Technikern für die geſamte Induſtrie auf jede Weiſe, durch Schule und Praxis, mit ſeltener Beharrlichkeit herangebildet und für deſſen fortwäh= rende Erweiterung geſorgt hat, ſich ein unvergängliches Verdienſt um ganz Deutſchland erworben.

Die beiden wichtigſten Gegenſtände der britiſchen Bergerzeugung, Steinkohlen und Eiſen, verdienen etwas umſtändlicher hervorgehoben zu werden. Im Jahre 1841 wurden in den Kohlenminen 118,233, in den Eisengruben gar nur 10,949 Arbeiter gezählt, was bei der ungeheuern Maffe Eisen die England erzeugt und in Betracht, daß die Kohlen nicht bloß ein Hebel der gesamten Industrie, sondern auch das außschließliche Brennmaterial der Nazion bilden, außnehmend gering erscheint. Dies erklärt sich wol nur auß dem Reichthum und der erstaunlichen Mächtigkeit der britischen Kohlen- und Erzlager, durch die allgemeine Anwendung der Dampfmaschine zur Förderung, sowie durch die natürliche Begünstigung, die darin liegt, daß die Eisensteinlager meist mit den Kohlenflözen verbunden sind und größtentheils in einer zusammenhangenden Formazion, der Eisenstein als das Dach der Kohle, vorkommen. Wegen des lezteren Umstandes können die Arbeiter der Kohlengruben abwechselnd auch zur Gewinnung des Eisensteins verwandt werden.

Der jährliche Durchschnittsertrag der Kohlenfelder Englands wird auf mindestens 26 bis 30 Millionen Tonnen zu einem Werte von 160 Millionen Thaler berechnet (der Belgiens auf etwa 12 Millionen, Preußens auf 6 Millionen Thaler, Frankreichs etwas darüber); die Außfuhr betrug an Kohlen und Koaks 1828 nahe 358,000 Tonnen, 1833 635,000 T., 1836 917,000 T., 1838 1,314,000 T., 1841 1,848,000 T., 1843 ungefähr 2,000,000 Tonnen im Werte von 10 Millionen Thaler. Der Betrieb der Kohlenlager von Northumberland und Durham, welche sich auf 50 engl. Meilen N. u. S. in durchschnitlicher Breite von 12 bis 15 Meilen außdehnen, liefert eine ungeheure Kohlenmaffe, wovon 5 Millionen Tonnen nach London und dem südlichen Theile des Königreichs, 1 Million Tonnen nach dem Außlande versandt werden. Von dem schmalen aber wertvollen Lager Whitehaven zwischen den Cumbrischen Bergen und der irischen See, unter welche sogar Gänge getrieben, wird viel Kohle nach Irland und weiter außgeführt. Die breitern Yorkshire- und Derbylager dehnen sich nördlich und südlich auf 70 englische Meilen von Leeds abwärts; die meisten Kohlen des erstern werden in den Wollen-, Eisen- und Stahlwarengewerben Yorkshires, so wie in den Haushaltungen seiner zahlreichen Bevölkerung verbraucht; das andere versorgt über die Kanäle viele der innern Verbraucher. Durch eine Hügelreihe von dem yorkshireschen getrennt, dehnt sich das Lancashirelager von Macclesfield bis Oldham auß, nördlich bis Rochdale und Colne und westlich bis Prescott bei Liverpool, südlich bis Manchester; seine Kohlen gewähren dem verschiedenartigen Bedarfe der wichtigsten stoffveredeluden Bezirke des Königreichs eine unentbehrliche Unterstützung. Südlich davon liegen noch kleinere Felder in Leicestershire und Warwickshire. Das Staffordshirefeld liefert auch den Töpferthon für die dortigen Töpfergewerke. Das schäzbarste im mittlern Theil des Königreichs ist das Wolverhampton- und Dudleyfeld, zwei Lager Eisensteine durchschneiden es und versorgen die vielen Gießöfen des Bezirks; das Ganze ruht auf Kalkstein, der schön erhaltene Fossilien zeigt. Einige kleine Felder, gleichfalls von Eisenstein durchschnitten, sind auch in Shropshire und Herfordshire. Das in geologischer Hinsicht vollkommenste Kohlenbeken umschließt der Wald von Dean. Das südlichste der englischen Lager dehnt sich ungefähr 25 engl. Meilen bei einer Breite von 5 oder 6 Meilen durch die Grafschaften Gloucester und Somerset auß, an jeder Seite des Avon. Das vielleicht außgedehnteste und wichtigste Lager aber ist das große Kohlenfeld von Süd-Wales, welches sich auf 100 englische Meilen Länge von dem Usk in Monmouthshire durch die Grafschaften von Glamorgan, Carmarthen und Pembroke nach St. Bride's Bai erstreckt und einen Landstrich von 1200 Geviertmeilen einnimmt; es zählt 23 nuzbare Lager von 95 Fuß durchgängiger Stärke, deren tiefster Theil Reath ist, wo die Kohle 700 Lachter unter dem höchsten Rande sich vorfinden (in Belgien gehn bei Bergen Lager bis über 5000 Fuß Tiefe, werden aber nur bis auf 1000 Fuß tief bebaut). Das Kohlenfeld von Wales allein soll den Anforderungen des ganzen Königreichs nach dem jezigen Bedarfe auf 2000 Jahre zu befriedigen im Stande sein.

England hat die außerordentliche Zunahme seiner Eisenerzeugung vornehmlich seiner vollkommenen Gewerbefreiheit auch im Bergbau, der völligen Abgabenfreiheit desselben (mit Außnahme natürlich der Lokaltaren) und der Benüzung seiner wohlfeilen und guten Steinkohlen zu verdanken. Bis zum Jahre 1750, wo man sich noch des Holzes zur Feuerung bediente, überstieg dieselbe nicht 20,000 Tonnen; 1740 erzeugten 59 Hochöfen 17,000 T., 1788 schon 121 Schmelzen 68,000 T.; 1806 bestunden nur noch zwei mit Holz geheizte Hochöfen, 167 mit entschwefelten Kohlen, und die Erzeugung betrug 250,000, 1820 schon 400,000 Tonnen; seit 1827 bediente man sich außschließlich der Koaks und die Erzeugung stellte sich auf 700,000 T.; 1839 wurden durch 379 Ofen ungefähr 1,250,000 T. Eisen gefördert, und 1842 mitelst 350 Ofen, die wirklich in Betrieb waren, etwa 1,330,000

Tonnen oder ungefähr 30 Millionen Zentner. Die Stabeisenerzeu=
gung wird auf 17 Millionen Zentner, die Außfuhr davon auf 4 Millio=
nen Ztr. berechnet. Die jährliche Stahlprodukzion von Europa be=
trägt 12 bis 13 Millionen Zentner, und zwar in England 4½ bis 5
Millionen; in Deutschland, welches in der Erzeugung seines Schmelz=
stahls von der Natur weit mehr als jedes andere Land begünstigt ist,
beinahe eben so viel (etwa 4,600,000 Ztr., wovon auf den Zollverein,
namentlich Nassau, Siegen, Thüringen, 1,800,000 auf Österreich, zu=
mal Steiermark, Kärnthen und Tirol, 2,800,000 kommen mögen); in
Frankreich nur 1,770,000 Ztr., in Rußland 700,000 Ztr., in Schwe=
den ebenso viel, in andern Ländern 120,000 Ztr. England führt für die
Fabrikazion seines Gußstahls auch jährlich über 340,000 Zentner meist
auß Schweden ein, wohlweislich ganz zollfrei. Frankreich befolgt
die entgegengesezte Maxime, (auch der Zollverein hat hohe Zölle auf
Stabeisen und Stahl): statt im wichtigen Interesse der Eisen= und
Stahlverarbeiter den Zoll auf mit Holzkohlen geschmiedetes Eisen mög=
lichst mäßig anzusezen, sucht es dieselben durch enorme Schuzzölle auf
Eisen= und Warenfabrikazion für die Vertheuerung ihres Materials
zu entschädigen. Das geht freilich für den innern Markt, allein der
Schiffbau z. B. ist in Frankreich, besonders weil das dazu nöthige Ei=
sen so hohe Zölle bezahlen muß, theurer als in England, und die franzö=
sische Schiffahrt auch eher in der Ab= als in der Zunahme begriffen.
Dagegen sehen wir die Eisenprodukzion anderwärts auch bei mäßigen
Zöllen, wie namentlich in den Vereinigten Staaten, sich bedeutend ver=
mehren. Sie betrug in Pennsylvanien 1844 etwa 200,000 Tonnen;
für 1845 ward sie dort auf fast das Doppelte geschäzt, für die ganze
Union auf 640,000 Tonnen, der Verbrauch dagegen auf 800,000
Tonnen, wornach 160,000 T. eingeführt werden musten. In den
Jahren 1844 und 1845 hat in England sich die gesamte Eisenerzeugung
bei schwindelnden Preisen noch außerordentlich gehoben, alle ruhenden
Eisenwerke sind wieder in Gang gekommen, neue angelegt worden.
Außer dem ungeheuer gesteigerten Verbrauche von Eisen für Schienen,
Maschinen, Schiffe, Häuser 2c., liegt der große Vortheil Englands in
der gewinnvollen Bereitung des Eisens: ohne die Anwendung der
Steinkohle würde es in dieser Industrie wol nie die Stufe, die es jezt
einnimt, erreicht haben. Man rechnet, daß selbst Belgien, wo gleich=
falls, Luxemburg und Namur außgenommen, die Erze meistens mit

Kohlen außgeschmolzen werden, im Allgemeinen Roheisen nicht gut unter 4 Pf. St., England dagegen für 3 Pf. die Tonne gemeinen Eisens erzeugen könne. Dies beweist auch, daß die Eisenerzeuger des Zollvereins weniger den belgischen als den englischen Mitbewerb zu fürchten haben, und daß man wohlgethan hat jenen vor diesem zu begünstigen. Übrigens sind die deutschen Eisen in der Güte weit feiner und vorzüglicher als die fremden wohlfeilen, deren wir für manche wichtige Zwecke bedürfen. Während der Jahre 1834 bis 1842 ist die Einfuhr des Roheisens in den Zollverein von 207,203 auf 1,195,925, des geschmiedeten von 149,493 auf 930,686 Ztr., der groben Eisenwaren von 10,509 auf 25,632 Ztr. gestiegen; der ganze deutsche Bedarf (Österreich eingeschloßen) an fremdem Eisen beträgt gegenwärtig noch etwa 1,350,000 Ztr. Guß- und 1,100,000 Ztr. Stabeisen. Wenn die Erzeugung in Deutschland, troz der bedeutenden Zunahme bis auf 6 bis 7 Millionen Ztr., sich doch noch nicht zur Deckung des eigenen Bedürfnisses erhoben hat, so ist das verschiedenen Umständen zuzuschreiben, namentlich dem theuern Brennmaterial, den drückenden Bergabgaben und den Zunftbeschränkungen. Höhere Schuzzölle können für unser Bedürfnis verständigerweise nicht in Betracht kommen, zumal Eisen ein zu wichtiger Rohstoff für die gesamte Nazionalarbeit ist und durch den Transport schon übermäßig vertheuert wird. Die englische Eisenerzeugung hat, wie aller britischer Bergbau — und das ist ein Haubtgrund mit seines so riesenhaften Betriebs — den großen Vorzug vor der unsrigen, daß sie durch keine drückenden Abgaben und lästige Bevormundung gehemmt, durch keine Beschränkungen und veraltete Hüttenordnungen gefesselt wird. Hier sollte die deutsche Presse einmüthig nicht auf Schuzzölle, sondern vorerst auf Beseitigung dieser Hemmnisse des Bergbaues hinarbeiten und sich durch das Gerede der Hütten- und Hammermonopolisten nicht irre machen laßen. Macht die Befreiung des Bergbaues, als zur Gewerbefreiheit gehörig, zur Bedingung eines Schuzzolls, und ihr sollet sehen, daß viele von denjenigen, welche jezt am lautesten über Mangel an Schuz klagen, verstummen werden.

Die Gewerbe der Eisenverarbeitung sind in Deutschland weitschichtig über Land und Stadt verbreitet, wie namentlich in den Thälern des Bergischen, Westfälischen, der Eifel, von Naßau, Thüringen und Franken, von Steiermark, Kärnthen und Oberschlesien; in England hingegen wieder mehr in großen Städten zusammengedrängt. Darin aber kommen sie in beiden Ländern überein, daß sie, sich stüzend auf die einheimischen Erzschäze und nothwendig für Krieg und Jagd, als die Quelle und die Grundlage der fabrizirenden Thätigkeit erscheinen, an welche sich allmählich die andern Gewerbe angeschlossen, zulezt die maschinenspinnenden und webenden. Wie in urdeutschen Sizen der Eisenfabrik, z. B. Iserlohn[*]), wo noch das Drath- und Panzerhandwerk lebt, findet man auch in den meisten englischen Fabrikstädten, in deren Alterthum aufsteigend, als solchen Anfang eine Fabrik von eisernen Werkzeugen, von Waffen, Rüstungen und dergleichen. Es erklärt sich auch daraus, daß die meisten Arbeitswerkzeuge zur Verfertigung anderer Waren auß Eisen bestehn, sich folglich in den eisenschmidenden Ortern am frühesten auch andere verarbeitende Gewerbzweige niederlassen und aufblühen mochten. Selbst das Wort „Fabrik‟, ursprünglich nur die Schmidearbeit, jezt jede Maschinenarbeit bezeichnend, deutet auf das Alter der Schmidekunst. Seit Gedenken verarbeitete Birmingham, die englische Metropole der Schmide, Eisen, Kupfer und Messing; in andern Städten erlangten sonstige veredelnden Gewerbe das Übergewicht. Da sich überall in England mehr oder weniger Eisen findet, so haben auch gerade Eisengewerke sich aller Orten festgesezt und bilden in manchen Landstrichen und Städten nach ihren verschiedenen Zweigen die vornehmste Beschäftigung; wie sie denn überhaupt in ihrer großartigen technischen Entwickelung wol immer einen der stärksten Grundsteine des britischen Industriegebäudes außmachen werden.

Die gesamte Metallverarbeitung läßt sich in 4 Abtheilungen bringen: 1) die Verfertigung grober und großer Gegenstände auß Gußeisen, z. B. eiserne Schiffe (von dem Umfang dieses rasch aufblühenden Zweiges gibt einen Begriff, daß ein einziges Haus zu Milwall vom 1. Januar 1840 bis 1. Julius 1844 318 eiserne Dampfbote gebaut hat), Anker, Ketten, Brücken, Häuser ꝛc. Im eisen- und kohlenreichen Süd-Wales finden sich

---

[*]) Iserlohn thut sich gegenwärtig noch am meisten in der Fabrikazion des Messings und von Messingwaren sowol durch die Güte als durch die Menge hervor, welche in Deutschland noch vor etwa dreißig Jahren fast nur auf Stolberg bei Achen beschränkt war, wo sie damals 1300 Arbeiter beschäftigte. Der Zollverein bedarf zu seiner eignen Kupfererzeugung von etwa 20,000 metr. Zentnern noch jährlich 15,000 Ztr. fremdes Kupfer.

hierfür die außgedehntesten Gießereien, welche sich, da eine weite Verfuhr zur Verarbeitung sehr kostspielig sein würde, so nahe als möglich
bei den großen Eisenminen selbst halten. Auch die meisten Schienen
zu den Eisenbahnen liefert Süd-Wales.—2) Maschinenbau und feinere
Gußwaren. Hiefür ist Lacashire und namentlich Manchester, die Seele
des englischen Maschinenwesens wie der Baumwollenmanufakturen
(was beweist, wie genau beides zusammenhängt), der Haubtsiz; Lan-
cashiretools (=Werkzeuge) sind weit berühmt. Natürlich finden sich übrigens bedeutende Maschinenwerkstätten (für welche Staffordshire, wie
auch, für Ackergeräthe rc. viel Eisen liefert) in allen großen Fabrikstädten
vor, als zur Stoffveredelung die Werkzeuge liefernd; ebenso Werkstätten für Anker, eiserne Schiffe rc. in allen Häfen und bei allen Werften.—
3) Messerschmidwaren und schneidende Werkzeuge, Klingen, Scheren,
Pfeile rc. wofür Sheffield mit seinen 70,000 Messerschmiden der Haubt-
ort. — 4) die kurzen oder harten Waren, eine zahllose Menge anderer
kleinerer Gegenstände auß Eisen, Kupfer, Messing und sonstigen Metallen, wofür Birmingham die wahre Heimat ist. Adam Smith hat
seine Beispiele von weitgetriebener Arbeitstheilung, wie beim Anfertigen
von Nadeln und dergleichen, und deren Vortheilen hier hergenommen;
denn die Amboße, von deren Hämmerschlag diese Stadt einst wieder-
tönte, haben sich in unzählige Amböschen, Feile, Hämmerchen, Wal-
zen, Drathzieher rc. zerbröckelt, die nun alle bei vielfach getheilter Arbeit von Dampfmaschinen getrieben werden. Es gibt keine Art von
Schrauben, Nägeln, Knöpfen, plattirten Sachen, die dort nicht in eigenen Werkstätten verfertigt würden und für sich eine Gewerbe bildeten.
Die ganze Erde, auch die Negergebiete Afrikas, besonders aber Amerika
bilden Birminghams Markt. Auf unserm Kontinente sind seine Haubt-
mitbewerber Berg, Mark, Nürnberg, Suhl, St. Etienne in Klingen,
Schlößern, Pfeilen, Drath, Spielsachen rc. (wegen des vorzüglichern deutschen Eisens und Stahls in manchen Artikeln überlegen); Lüttich, was
besonders Gewehre und Nägel betrifft; Paris in Papiermacheearbeiten
und zierlichen Geschmacksartikeln. Birmingham allein soll von 1804
bis 1815 fünf Millionen Stück Gewehre in den Handel geliefert haben,
mehr als alle andern Fabrikstädte zusammengenommen; in der „Höhle"
seines Prüfhauses, das im Interesse des allgemeinen Vertrauens über
preiswürdiger Ware jedes Fabrikanten wacht, werden immer im Durchschnitte wöchentlich 5000 Gewehre erprobt, von welchen 5 bis 6 Pro-

zent springen. Die umliegenden Städte wie Dudley, Wolverhampton, Bilston, Wallsall und andere, die innerhalb der „Kurzwarenlinie (Hardware-line)" liegen, beschäftigen sich vorzugsweise mit denselben Gewerben.

Die englische Außfuhr bloß an Messer- und kurzen Eisen-Waren wird im Durchschnitt bereits auf 15 Millionen Thaler jährlich veranschlagt (in dem für alle Fabrikzweige so gepriesenen Jahre 1836 betrug sie 17 Millionen), der eigene Verbrauch davon erläuft wol noch dreimal höher. Den Produkzionswert sämtlicher Eisenwaren schäzt man gegenwärtig auf mehr als 100 Millionen Thaler, in diesen Gewerben sind sechsmal so viel Menschen beschäftigt als in den Eisenbergwerken und im Eisenhüttenbetrieb zusammen genommen. Da ein ähnliches Verhältnis auf dem Kontinent obwaltet, so folgt darauß die staatswirtschaftliche Maxime, daß wir, um die Metallerzeugung auß den Erzen, die großen Gewerkbesizer zu begünstigen, nicht solche Mittel anwenden dürfen, welche die zahlreichen Gewerbe der Metallverarbeitung benachtheiligen, indem sie ihnen das Rohmaterial vertheuern. Dagegen sind alle übrigen Mittel, die mit den Gesamtinteressen übereinstimmen, nicht bringend genug zu empfehlen, wegen der großen Wichtigkeit der Eisenerzeugung für jedes Volk, das nach Macht und Größe strebt.—Deutschland hat auß England vielleicht schon 5 Millionen Zentner Schienen bezogen, die über 25 Millionen Thaler kosten, und wird in den nächsten Jahren wahrscheinlich noch das Doppelte daher ziehen; d. h. es sendet etwa den vierten Theil seiner Akzienkapitale in Eisenbahnen für Schienen, Dampfwägen ꝛc. nach England, ohne daß deutsche Bahnakzien bisher auch nur Kurs an den englischen Börsen gefunden hätten. Frankreich empfängt zwar auch Eisenbahnbedürfnisse auß England, obwol in geringerm Betrage, denn wir; dagegen wird aber vielleicht die Hälfte der französischen Eisenbahnen mit englischem Gelde gebaut, vor dem man in Würtemberg eine so große Furcht gehegt hat. In England ist es um so leichter, Kapitale für Eisenbahnbauten zusammenzubringen, als es selbst alles zu denselben Erforderliche erzeugt; wer an die Eisenbahnunternehmen, die obendrein die Eisenpreise fortwährend steigern, einen gesicherten Absaz hat, kann auch unbedenklich Akzien zeichnen. Bis Mitte 1845 hatten in Eisenbahnen angelegt:

	Engl. Meilen.	Kapital.	Kosten per Meile.
Großbritannien	2069¼	64,238,630 Pf. St.	31,048 Pf. St.
Belgien	343	5,872,160 —	17,120 —
Frankreich	552	10,276,100 —	18,617 —
Deutschland	1997	15,500,000 —	7500 —
Amerika	3688	17,702,400 —	4800 —
Gesamtsumme	8649½	113,589,290 Pf. St.	13,131 Pf. St.

Außerdem war mindestens ein gleiches Kapital erforderlich, um die in Ausführung begriffenen und projektirten Eisenbahnen zu vollenden. Bei alledem war die Eisenausfuhr Englands von 219,935 Tonnen (wovon 94,384 T. Stabeisen) im Jahr 1835 auf 472,023 Tonnen (worunter 230,935 T. Stabeisen; eine Zunahme binnen zehn Jahren um 245 Proz.) im Jahr 1844 gestiegen, alle Arten Eisen und grobe Eisenwaren zusammengenommen. Von welchem Belang ist doch die englische Eisenerzeugung für die gesamte Gewerkkraft, selbst den Handel und die Schiffahrt dieses Landes!

IV.

Außsehen des Landes, Wohn- und Lebensart; Ähnlichkeiten zwischen Englischem und Niederdeutschem.

> Yes! let the riche deride, the proud disdain,
> The simple pleasures of the lowly train;
> To me more dear, congenial to my heart,
> One nativ charm, than all the gloss of art.
>
> Goldsmith.

Ich beabsichtige hier weder die monumentalen Merkwürdigkeiten Englands, nach die Paläste der Großen in den Haubtstädten und ihre schmucken, mit allem Komfort versehenen Landsize zu beschreiben. Theils ist es schon von Federn geschehen, die gewandter sind als meine plebejische und die derlei Dingen mit behaglicher Scott'scher Außführlichkeit das Pikante abzugewinnen verstehn. Theils ist die britische Prächtigkeit im Allgemeinem Jedem bekannt, der sich in den vornehm = breiten Londoner Vierteln, wo sich Schloß an Schloß, Herlichkeit an Herlichkeit, Wunder an Wunder reiht — Stadtviertel auß lauter Palästen, güldenen Wägen und Livreen — umgesehen und einen Außflug in die Umgegend nach den königlichen oder auch nur herzoglichen Lustschlößern gemacht hat. Überhaubt will ich weniger Beschreibungen von Dingen geben, als das innere Verhältnis, das Allgemeine im Besondern und Eigenen zu ergreifen und gegen die festländischen Zustände hervorzukehren suchen.

Die Städte in Großbritannien sind in der Mehrzahl neugebaut und haben daher einen modernen Anstrich, der ihnen, troz einzelner Eigenthümlichkeiten, im Ganzen viel Übereinstimmendes mit den neuen Städten des Kontinents gibt. Gewöhnlich auß baldvergänglichen Backsteinen und nur zur Vermiethung auf adeligem Grunde aufgeführt, so

daß selten der Hausbewohner auch der eigentliche Besizer seines Grundes ist, können sie nicht wol einen bestimmten alterthümlichen oder gar
monumentalen Karakter erhalten oder sonst durch innere Festigkeit und
Geschmack Imponirendes darbieten. Die Häuser sind mehr nett, rein-
lich, bequem eingerichtet, behaglich-bürgerlich als groß, fest und edlen
Styls. Zwar machen die ältern Städte oder vielmehr die alten öffentlichen Bauwerke derselben eine Außnahme hiervon, sie zeigen ein über
das geschäftige Alltags = und Wohlleben hinaußgehendes, höheres historisches Gepräge und bieten an Erinnerungen und Grandiosem viel;
doch selten erreichen auch sie die stolzen, wie aus unvergänglichem
Stoff gebauten Palaststädte, namentlich des romanischen Südens,
Spaniens und Italiens. Kurz, im Ganzen stehn die britischen Städte
auf Einer Linie mit den Städten unseres Festlandes, und selbst die großen Fabrik = und Hafenorte finden hier mehr oder minder ihr Gegenbild.
Doch London, womit läßt diese Weltstadt sich vergleichen? Mit Paris?
Vielleicht am ersten, obschon dieses nicht halb so groß an Zahl der
Häuser und Bewohner als London ist. Abgesehen davon aber, daß der
französischen Haubtstadt das wichtige Moment des Seehandels fehlt,
geht ihr auch der eigenthümliche Glanz der reichsten und mächtigsten
Aristokratie der Welt ab. Der englische Adel, wenn er nicht auf Reisen oder in Dienstgeschäften ist, wohnt nur auf seinen Landgütern oder
in London. In dieser Hinsicht steht die deutsche Kaiserstadt London
näher. Auch Wien ist der Siz und Versammlungspunkt eines reichbe-
güterten mächtigen Adels, der vier Razionen angehört; zudem stralt
dort noch der Wiederschein des Glanzes der ersten und vornehmsten
Krone der Kristenheit. Wien und London, diese Haubtstädte mächtig-
ster Monarchien, haben ferner darin Ähnlichkeit, daß ihr Grund und
Boden zum größern Theil adeligen Majoratsherrn gehört. Es ist das
ein merkwürdiges Verhältnis, das hervorgehoben zu werden verdient.
Der Grund und Boden in den Vereinigten Königreichen ist, ungefähr
wie in Österreich, in Polen und namentlich in Ungarn (nur besteht hier
meist überall ein „Bauerngrund", der nicht in die Hände des
Adels kommen kann), fast durchweg feudal; daher gehören selbst der
Grund und die Häuser der englischen Städte größtentheils den adeligen
Lehnsherrn, d. h. die meisten Stadtbürger haben an einen Grundherrn
Bodenzins oder Rente zu zahlen. Von den verschiedenen Stadttheilen
Londons ist eigentlich nur die Altstadt, die City, hiervon außgenommen,

indem deren Bewohner ihre uralten Eigenthumsrechte, also noch auß den Sachsenzeiten her vor der normännischen Eroberung, im Ganzen zu erhalten und vor dem Lehnswesen zu schüzen gewust haben. Mit dieser Unabhängigkeit der Altstadt von dem Lehnsadel steht ohne Zwei= fel ihr beständiger Einfluß auch in frühern Zeiten im Zusammenhang, so wie noch heute der Umstand, daß die City, die also zahlreiche Grund= eigenthümer umfaßt, das einzige Wahlviertel unter allen britisch = iri= schen Wahlbezirken ist, das nicht, wie sämtliche übrige, nur zwei oder einen, sondern vier Parlamentsmänner wählt. Die andern Wahlvier= tel — deren London nach dem umfaßenderen Gebrauch dieses Namens, sieben enthält, City, Westminster, Southwark, Marylebone, Lambeth, Towerhamlets und Finsbury—stehen noch fast durchgängig im grund= herrschaftlichem Verhältniße. Von Wien gilt daßelbe, auch in dieser Haubtstadt ist der meiste Grund noch Majoratsbesiz. Doch waltet der wesentliche Unterschied ob, daß in Österreich dieses Verhältnis noch ein unwürdiges „unterthäniges" ist, das mit der Patrimonialgerichts= barkeit bisher noch verknüpft geblieben, ja das sogar die Polizei über die Bürger in die Hände der adeligen Majoratsherrn legt, während diese in England nichts als den Grundzins beziehen, sonst aber kein Privilegium außüben. Ob Grundeigenthümer oder nicht, alle Bürger Londons haben daßelbe Gericht, die nämlichen Behörden, gleiche Pflichten und gleiche Rechte; sie sizen, erfüllen sie sonst nur die nöthi= gen Bedingungen, ohne Unterschied als Geschworne im Volksge= richte, wählen ihre Vertreter ins Parlament und können hineingewählt werden.

Die beiden merkwürdigsten Städte der Welt sind wol London und Rom. Ihrer Bedeutung selbst aber steht einander, wie zwei Pole, ge= genüber. Denn zwei Städte können in jedem Betracht des Lebens wol keinen tiefern Gegensaz bilden als Rom und London — die trümmer= haft große Siebenhügelstadt mit dem ganzen Ernste der historischen Vergangenheit, und die blühend mächtige Siebenwahlviertelstadt mit ihrer bedeutungsschweren lautpulsirenden Geschichte der Gegenwart.

Noch deute ich für den mit London unbekannten Leser einige her= vorspringende Punkte dieser Weltstadt an. Die Wahlviertel sind von sehr verschiedener Bedeutung, in Bezug sowol auf Beschäftigung und Schönheit als auf Wohlstand und Politik. Während die City, wo bei nur 121,000 Seelen die Zahl der eingeschriebenen Parlamentswähler sich auf 19,100 beläuft, und Westminster, das bei einer Bevölkerung von 220,000 Seelen 14,500 Wähler hat, die wählerreichsten Bezirke des Reichs sind, zählt das Viertel Towerhamlets bei 420,000 Einwohnern nur 13,560 Wähler, und in gleichem Verhältnisse ungefähr Finsbury. Die City ist der Siz der Geldaristokratie und des konservativen Mittelstandes. Westminster dagegen, das nur zwei Unterhausmitglieder ernennt, ist das vornehm-prächtigste, der stolz-adelige Stadttheil Londons. Es umschließt das sämtliche Personenthum der Regierung und des Hofes, auch nebst dem Viertel Marylebone fast den ganzen Adel Londons und des Vereinten Königreiches. Mit einem Theil von Marylebone das „Westend" bildend, breitet es sich südwestlich der City als eine weite glänzende Vorstadt aus, und entwickelt auf einem Grunde, der von seinen ehemaligen Auen und ländlichen Anlagen noch in drei zusammenhängenden Spaziergängen (St. James-, Green- und Hyde-Park) sowie in zahlreichen einzelnen Gartenplätzen innerhalb der „Squares" die grünen Spuren bewahrt hat, die vielfältige Pracht und Größe seiner Gebäude und Erinnerungen. Hieher gehören vor allen die Westminsterabtei, die Paläste der Königin und von St. James oder Buckingham. Die moderne Laden- und Wohnungspracht zeigt sich mehr im Westen des Viertels, in den säulengezierten Straßen und Plätzen von Trafalgar und Waterloo, Regentstreet, Grosvenor Square und andern; während sich östlich, mehr politisch merkwürdig, Downing Street, St. Stefan, Exeter Hall, Coventgarden darstellen. Lezterer, der den berühmtesten, für Augen und Geruch so angenehmen Blumen-, Gemüse- und Früchtemarkt Londons enthält, bildete schon im dreizehnten Jahrhundert einen zur Westminsterabtei gehörigen Klostergarten; Heinrich VIII., der „Glaubensvertheidiger" und „Reformator", verweltlichte mit dem größten Theil der geistlichen Güter auch dieses Besizthum, das im Jahr 1552 als erb und eigen den Grafen (jezt Herzögen) von Bedford — Haus Russell — zufiel, die noch heute die dortige Grundherrschaft halten und auf dem Gartengrunde die vortheilhaft vermiethbare Häuseranlage herstellen ließen. Ebenso ist seit kurzem ein neuer vornehmer Stadttheil bei Belgrave Square, ganz auf dem Grund und Boden des Marquis von Westminster entstanden. Für den ungemeinen Reichthum und Aufwand der in diesen Stadttheilen angesessenen Einwohnerschaft spricht auch der Ertrag der vom Westminsterviertel erhobenen Grundlasten, der über 300,000 Pf. St. er-

läuft und den in jedem andern Wahlbezirk erhobenen weit überbietet.

Doch genug von der englischen Pracht. Offen gestanden, mich
dünkt dieselbe nicht eben die prächtigste Seite der englischen Zustände.
Meinem Geschmack behagt es nicht und meinen Beifall findet es nicht,
daß, während Großbritannien etwa 280,000 Bewohner auß höhern
Ständen — educated Men — zählt, es beinahe fünfmal so viel
häusliche Dienstboten enthält, mithin sieben Prozent seiner Gesamtbevölkerung der Bedientenklasse angehören. Nach der Volkszählung
von 1841 beträgt die häusliche Dienerschaft in England und Wales
999,048 Personen, in Schottland 158,650, zusammen, die kleinen Eilande im englischen Seegebiete eingeschloßen, 1,165,233 Personen,
worunter 256,408 männliche; dazu kommen noch etwa 150,000 als
Thürsteher, Kutscher, Waschweiber ꝛc. In Irland beträgt die Gesamtzahl der häuslichen Diener 328,889 oder stark 4 Prozent der Bevölkerung. Jenes mag zwar vom Reichthum und Wohlleben der vornehmen Klassen in England zeugen, aber es gehört, däucht mir, ein ange-
bornes aristokratisches Gefühl dazu, um wirkliches Wohlgefallen an
einer so großen Zahl Bedienter zu finden, wie z. B. die edle Lady
Esther Stanhope es empfand. Obgleich diese merkwürdige Frau in
ihrer Jugend die französische Revolution erlebte, erinnerte sie sich doch
noch im Alter mitten in der Wüste Syriens mit inniger Befriedigung
an die zweihundert Diener im väterlichen Hause, an die riesigen Plumpudding, welche zwei Menschen kaum tragen konnten, an all das
Schlachten, Kochen und Braten, da man allein für das Schloß ihres
Vaters Lord Stanhope wöchentlich einen Ochsen, täglich einen Hammel
brauchte. Für die Nazion kann dieser Überfluß an scharwänzelnder
Dienerschaft wol nicht viel Ersprießliches haben, zumal ein englischer
Domestik, wie jene stolze Pitt bemerkte, mehr Bedürfnisse hat als vier
Araber.

Der geistreiche Verstorbene, der uns in England mit Beschreibung
der Schlößer, Park und Landschaften so angenehm unterhält, ist natürlich auch voll Sympathie für die Gentlemen, ein Wort das unübersez-
bar sei und was alles außdrücken soll. Andere Reiseschilderer fließen
gleichfalls, obwol nicht in des Verstorbenen bezauberndem Style, denn
man um seiner Anmuth willen die romanische Verquickung fast gern
verzeiht, von Bewunderung über für den Allerwelts-Gentleman, den

Außbund von feinem, höfischem, gesittetem Menschen. Leider kann ich
hierin nicht allerwege einstimmen, obgleich die Außenseite des Gentleman allerdings viel Blendendes hat. Ohne vornehme Bekanntschaf-
ten fand ich in England um so häufiger Gelegenheit nach den Herzen
zu forschen, die unter dem Kleide schlagen, von welcher Beschaffenheit
dieses auch war. Das entsprach meiner Neigung; denn mein Geschmack zieht für täglich allerdings Hausbrod dem Kuchen vor. Ich
finde noch mehr Poesie an dem Herde des Landmanns, wo gute Sitte
und Gottvertrauen walten, als an den koketten Landsitzen der Großen;
— mehr Ergreifendes in dem frommen Abendgebet einer gottesfürchti-
gen Familie als in den schlaffen Reizungen der von ästhetischem Dunst
umzogenen „Thees.‟ Mir ist der Sinn für die reiche prächtige Form
versagt, der Griffel für malerische Darstellung — zu Zeiten quält mich
wol das Gefühl dieses Mangels; dafür fehlt mir vielleicht auch die
Sinnesart, die sich gern an der prunkenden Oberfläche und dem Scheine
der Dinge kizelt. So habe ich mich denn in England bemüht, den
schlichten Gewerbsmann, den Bauer, Matrosen dem Gentleman gegen-
überzustellen, und bin zu dem Ergebnisse gekommen, daß er sich vor
demselben nicht zu schämen braucht. Verbindet sich natürlich auch ein
sehr schöner Sinn mit jenem Worte, ein wahres Mannesideal von feiner angenehmer Erziehung und Liebenswürdigkeit; so liegt im Allgemeinen ihm doch ein Begriff unter, der einerlei ist mit dem aristokratischen Geiste der Mittelklassen, soweit er sich auf das Aeußerliche und
Hoffärtige bezieht und darin besteht, in feinen Kleidern zu gehn, gelb-
lederne Handschuhe zu tragen, durch kavaliere Trinkgelder zu glänzen
und sich in der konvenzionellen Mischsprache hervorzuthun. Diesen
Gentlemen zunächst in Karakter und Bildung steht die zahlreiche und
wichtige Klasse der eigentlichen Bedienten, welchen daher in Schriften
obengedachter Art auch manches Lob gespendet zu werden pflegt. Ich
meine natürlich bloß die Privatbedienten; denn der englische Staat
selbst braucht nur bewährte, pflichtgetreue und selbständige Diener,
keine Lakaien. Als Stand mögen die englischen Bedienten, wie man
rühmt, gebildeter sein und ehrenwerter gehalten werden als auf dem
Kontinente, wozu freilich wenig gehört; nichtsdestoweniger ist ihr Einfluß, besonders wegen ihrer großen Zahl, verderblich. Nicht bloß in
manchen Städten, sondern, was schlimmer ist und mit dem Grund=
besitzherrenthum Englands eng zusammenhängt, durchgehends auch auf

dem Lande äußert sich das Bediententhum spezifisch stark. Da nämlich auf dem Lande, statt bäuerlicher Besizer, meist vornehme Farmer und Yeomen wohnen, die ganz abhängige Bediente und Taglöhner, kein eigentliches Gesinde und noch weniger durch längere Zeit- oder Erb-pacht unabhängige Hintersassen haben; so hat sich natürlich der Masse der englischen Landbevölkerung fast durchgehends in ihrer äußern Er-scheinung ein bedientenhaftes Gepräge aufgedrückt, das selbst noch in Manieren und Kleidung hervortritt. Die Männer tragen Röcke und Hosen wie des Grundherrn Lakaien, nur gewöhnlich etwas unsauberer; die Weiber halbmodische Kleider wie Kammermägde. Landes- und Standestrachten, wie sie in Deutschland ganz oder theilweise und wär's auch nur im Kopfpuze noch bestehn, gibt's in England nicht. Uebri-gens entschuldigen gerade jene Umstände die Gentlemensucht, welche mitunter auch die reisenden Engländer so unangenehm macht. Sie er-scheinen wirklich oft abstoßender als sie sind, nur um dem Verdachte zu entgehn, der Bedientenklasse anzugehören; denn im Grunde sind die Engländer, wie durchweg e h r l i c h, so auch wohlwollend, menschen-freundlich, derb und gutmüthig.

Doch weder das Gentlementhum noch das Bediententhum habe ich hier besonders im Auge, vielmehr das eigentliche Volk, das die Reichthümer schafft, und wie es im Ganzen wohnt und lebt im Lande seiner Väter. Um solches kennen zu lernen, thut man wohl daran, in verschiedenen Theilen des Eilands Ausflüge zu Fuße zu machen. Frei-lich sind diese Art Wanderungen in England nicht so angenehm wie am Rhein oder in der Schweiz und in Tirol, weil sie dort wegen der andern raschern Reisegelegenheiten ganz ungebräuchlich sind, Jedermann auch schon um der Kostspieligkeit der Zeit willen — time is money — fährt oder reitet. Auch sezt sich ein Reisiger zu Fuße in dieser unaposto-lischen Zeit leicht dem Mistrauen der englischen Gastwirte aus, als könne er seine Zeche nicht bezahlen, oder gar dem Verdachte, eine Art Landstreicher oder Highwayman zu sein; ohne daß deshalb jedoch die Sbirren je nach ihm fahnden oder an jedem Stadtthor ein Polizei-diener, des Trinkgelds halber, seinen Paß zum Visiren verlangt, wie auf dem polizirten Festlande. Allein an derlei Kleinigkeiten darf man sich nicht stoßen, man muß als Fremder einmal für einen Frembling im Lande gelten, will man recht wirklich erfahren, daß der alte gast-freundliche Sinn des sächsischen Volkes, der uns oft so bezaubernd von

englischen Schriftstellern geschildert wird, bedeutend nachgelassen hat,
welche Tugenden sonst in ihm noch hervorstechen, wie es denkt und handelt, sinnt und grübelt, lacht und weint; will man erfahren, wie es
noch treuherzige Züge, offenes derbes Wesen, so Manches in Sitte
und Sprache bewahrt hat, was lebhaft an sein deutsches Stammland
erinnert, wie es endlich seine Felder so umsichtig bearbeitet, wie hoch-
entwickelt im Allgemeinen der Bodenbau in England besteht.

Als die Angelsachsen, von den Briten (Vortigern) gegen die Pi-
cten und Scoten zu Hülfe gerufen, unter Hengist und Horsa nach Britannien kamen, fanden sie dasselbe Klima, denselben Boden, ungefähr
die gleichen Naturverhältnisse wie zu Hause. Nur war das Land mehr
angebaut und fruchtreicher, in Folge davon weniger rauh, also an-
lockend für sie. Es mochte ihnen bald ganz behaglich dort vorkommen,
zumal sie gewis der Mehrzahl nach die jüngern Söhne waren, deren
ältere Brüder nach altsassischer Sitte daheim im Hofbesitze blieben; und
sie, gerufen um den Briten beizustehn, kehrten nun die Waffen gegen
die Eingebornen, von welchen nur ein Theil sich in Northumberland,
Wales, Cornwales und Hochschottland erhielt. Wegen der großen
Landesverwandtschaft haubtsächlich wol schlugen ihre Ansiedelungen,
mit gründlicher Verdrängung der Eingebornen auß allen niedern Landen, also ohne Vermischung mit ihnen, auch erstaunlich schnell feste
Wurzeln, und fühlten sich ebenfalls alle nachfolgenden Germanen bis
auf die wegen der Religionszwiste vertriebenen Flamingen, ja bis auf
die heute einwandernden Niederdeutschen dort bald heimisch. England
und Schottland bildeten deutsche Königreiche, welche das Deutsche
Meer nur wie ein breiter Kanal vom Mutterlande trennte, mit dem sie
im lebendigen Bewustsein ihrer Abkunft und durch das Nachsichziehen
von immer frischen Kräften lange Zeit in organischem Verbande blieben.
Wie verschieden später, seit der Eroberung Englands durch Wilhelm
von der Normandie, die Einwirkungen auf die Entwickelung der Stam-
mesgenossen auf den beiden Meerseiten auch gewesen sind, in den
Grundzügen der Länder und Völker erkennt man noch immer das Verwandte wie in den Grundtönen ihrer Sprache. Die Aehnlichkeit zwischen England und den blühendern Theilen Niederdeutschlands ist, was
Landschaft, Anbau und Bevölkerung betrifft, überraschend. Die Nie-
derungen, wo Wiesenbau und Viehtrift vorwalten, gleichen auf ein
Har den holländisch-friesischen Gegenden; andere Landschaften mehr

6*

den flämisch-brabantischen und den limburgischen mit ihren das Land vielfach durchflechtenden Laubholzhecken; mitunter nähert sich das hügeligere Land den mildern Strichen Thüringens und Frankens, namentlich dem weidereichern Oberfranken, wo es mit Altbaiern grenzt; einige Theile ähneln den nördlichen Abhängen des rheinischen Gebirgs, den kohlenreichen Ruhr- und Maasbezirken, der Avon erinnert oft an die westfälische Ruhr, Bath an Achen; die Gebirge von Wales und Schottland entsprechen unserm Hochlande, obschon sie, kahl wie sie sind, dessen erhabene Schönheit nicht erreichen. Kurz, die brittischen Bodenverhältnisse zeigen, soweit sie unabhängig vom Besize betrachtet werden, viel Uebereinstimmendes mit den unsrigen, nur sind die den Niederlanden entsprechenden Gegenden am umfangreichsten, und die Steigung des Bodens geht in entgegengesezter Richtung den beiderseitigen Hochlanden zu.

Die vielen Straßen und Kanäle der Niederlande sezen sich gleichsam fort in England. Die Kanäle sind hier meist einfacher und schmuckloser gebaut, die Hochstraßen dagegen breiter und mit erstaunlicher Sorgfalt gepflegt; ihre Fahrbahn ist glatt und hart, fast ohne Unebenheit, zu beiden Seiten laufen erhöhte Fußwege; zur Aufspeicherung der Wegebaustoffe liegen seitwärts besondere Räume. Fast überall stoßen in ihrer ganzen Länge an die Straßen hohe grüne Hecken (in Irland dagegen breite Mauern) womit Ackerland und Weidepläze eingefaßt sind und über welche man oft stundenlang kaum wegsehen kann; Thore, hier und da durchgebrochen, führen auf die Felder und zu den Landsizen. Zwischen diesen grünen Laubgehegen wandert es sich gar angenehm auf der schönen Straße durch das reichbebaute Land. Man sollte in England nur wenn man mit der Zeit geizen muß auf Eisenbahnen fahren, schon um die Freundlichkeit der Wege und ihrer ländlich schmucken Einfassungen zu genießen. Besonders lohnt es sich die Outside (zur Nachahmung empfehlenswerte Size auf dem Wagendeckel) der federleichten Diligenz zu erklettern und so im frischen Luftbade das Land zu durchfliegen. Denn rasch geht's in England auch mit Postrennern, doppelt so schnell als in Deutschland, unaufhörlich in gestrecktem Laufe bergauf und bergab, bei sehr kurzen Posten und fünf oder sechs Pferden Anspann. Die leichten Wägen rollen ohne Mühe auf den glatten Straßen dahin; die Klagen der englischen Korrespondenten Londoner Blätter über die schlechten deutschen, resp. baierischen

Straßen und die Schwerfälligkeit unsrer Postfuhrwerke, bei Gelegen=
heit des Besuchs der Königin Victoria waren gewis aufrichtig empfun=
den. Die schnellen Roße und ihre sorgfältige Behandlung geben zu=
gleich einen Begriff von der weitgediehenen Pferdezucht in England.
Ich legte z. B. die 75 engl. Meilen eines sehr hügeligen Bodens von
Oxford nach Birmingham mit der Diligenz in noch nicht 7 Stunden
zurück; auf den längsten Strecken rechnet die Post mit dem Aufenthalt
nie weniger als zwölf engl. Meilen auf eine Stunde, und nach diesem
Verhältniße müste der „Eilwagen" von Köln nach Berlin statt drei
Tage nur anderthalb gebrauchen. Um auf den Eisenbahnen, die alle
zweigleisig sind, große Entfernungen möglichst schnell zurückzulegen,
finden zu gewissen Tagsstunden durchgehende Züge statt, die nur an
den Haubtplätzen rasten; so fährt man in England auch auf der Eisen=
bahn am schnellsten. In der äußern Außstattung hat mir die große
Ost=Westbahn von London nach Bristol und ferner nach Exeter am
besten gefallen. Alle zugehörigen Gebäude, Brücken, Höfe zeigen den
kastellartigen normännischen Styl, die Eingänge zu ihr gleichen festen
Burgen; da sind staunenswerte Riesenwerke, die großartigsten Tunnel,
namentlich zwischen Bristol und Bath, wo man ganze Felsberge durch=
brochen hat; natürlich daß man deshalb mitunter auch durch den selt=
samsten Wechsel der Landschaft — jetzt mild und weit, dann plözlich
eng, felsig und grotesk — überrascht wird.

Der gediegene Anbau des Landes macht einen äußerst angeneh=
men Eindruck auf den Reisenden. Selbst in den hügeligen mittlern Ge=
genden der Insel ist so zu sagen kein Fleck unbestellt. Außer in den hö=
hern Gebirgsstrichen sieht man nur in den weniger dichtbevölkerten
ackerbauenden Grafschaften des Südens neben den reichsten Fluren mit=
unter Brachland, ja selbst Haide= und Sumpfboden; in den gewerb=
reichen Theilen nirgends ein Beweis von dem günstigen Einfluße der
stoffveredelnden Thätigkeit auf den Bodenbau. Der große Grundbesitz
hat alle Verhältniße der Landwirtschaft großartig gestaltet. Auch an
sich, ackerwirtschaftlich, ist der Boden wenig zerschlagen: weite Kämpe
und Wiesen wechseln mit ebenso großer Feld= und Gartenflur. Jeder
Garten aber, jedes Feld und jede Weide beinahe ist grün umhegt und
mit Laubholz, Buchen, Akazien, Eichen umpflanzt oder durchflochten.
Die vielen Baumhecken, die zwischen Obstbäumen und Gehölz versteck=
ten Landhäuser, die Parks der Herrensize — mit den im Ganzen ver=

waltenden grünen Viehtriften für das Auge ungemein reizend — das
alles gibt dem Lande, gerade wie in den Niederlanden, das Ansehen,
als habe es Holz in Ueberfluße, obgleich zusammenhangende Waldun=
gen selten sind. So reihen sich meilenweit in großen abgehegten Vier=
ecken Weide an Weide, Feld an Feld, Wiese an Wiese; überall zur
Seite der Wege sieht man Rindvieh grasen schwerster Gattung, oder
spielen lustig flüchtige Pferde, oder hüpfen auf den Feldern Herden
Schafe und Hämmel umher, fetter und größer als sie bei uns sind.
So ist alles angebaut, Hügelland und Ebenen, alles ländlich belebt;
überall leuchten Wohlstand und Ueberfluß, und nirgends begegnet man
auf dem Lande schmuziger Armuth, sechtenden Gesellen oder grinsender
Bettelhaftigkeit — nirgends im fröhlichen England. ·Der Anbau
des niedern Schottlands, zum Theil sogar noch reichlicher lohnend,
stimt hiermit überein; doch ist der Wohlstand, die Unabhängigkeit und
der äußere Schmuck der bäuerlichen Bevölkerung in Niederschott=
land etwas größer als in England.

Die ländliche Wohnart hat ebenfalls viel vom niederdeutschen Ka=
rakter bewahrt: die äußere sächsische Form ist geblieben, wenn auch der
Inhalt durch das Lehenswesen zum Theil umgewandelt. Bäuerliche
Dörfer mit zusammenhangenden Häuserreihen kennt man in England
so wenig als im alten Friesen= und Sachsenlande. Die ländliche Be=
völkerung wohnt zerstreut, um die Edelsize umher, auf Pachthöfen und
zuweilen noch auf kleinen Freithümern. In der Mitte der Gemeine
(parish) ungefähr stehn Kirche und Schulhaus; in großen Gemeinen
oder wo eine Menge Pachtgüter sehr abseits liegen, befindet sich häufig
noch eine Kapelle, wo an Feiertagen gemeinsam gebetet und gesungen
wird. In der Regel hat jede Gemeine ein Schulhaus, das freilich,
wie die Kirche, oft ärmlich genug ist und gegen die stolzen Edelsize
völlig verschwindet; mitunter haben zwei Gemeinen auch nur eine
Kirche und ein Schulhaus. Die Gemeine, die politische wie die kirch=
liche, hat ihre Vorsteher und Streitschlichter, ihre Vertretung, ihr
Steuer= und Armenwesen, ihre Almosensammler und dergleichen. Auch
die weitere Gliederung zu den Grafschaften, den Gauen, aufwärts,
welchen ein Lord=Lieutenant vorsteht, der Graf, der erste Ministeriale
derselben, enthielt früher, da noch das Militär= und Milizwesen ganz
Sache der Grafschaften war, viel Gesundes und Altbewährtes; jezt
hat die Eintheilung in Unionsbezirke für die Armenverwaltung mehr

praktische Bedeutung. Der Graf, die höhern Richter und die Bischöfe sind im Grunde die einzigen weltlichen und geistlichen Beamten, welche die Regierung unmittelbar ernennt. Sonst verwalten Gemeinen und Städte ihre Angelegenheiten selbst, schreiben dafür Steuern und Taren auß; überhaupt haben die Munizipalrechte in England noch einen großen umfassenden Sinn, nicht bloß einen erztönenden Klang.

Das urgermanische Zerstreut= und Einzelnwohnen, welches wol selbst auß sittlichen Gründen alte deutsche Geseze zu unterstüzen suchten, hat indessen in einem englischen Karakterzuge mit der Form auch noch den Inhalt bewahrt, nämlich in dem Bestreben jeder Familie, ein eigenes Haus für sich zu bewohnen. Enges Zusammenwohnen und Unreinlichkeit, der englischen Nazion als solcher fremd, beschränken sich lediglich auf die in den Fabrikplätzen zusammengedrängte Arbeiterbevölkerung. Die Zahl der Wohnhäuser ist in England im Verhältnis zur Gesamtbevölkerung sehr groß, was auf die Gesundheit und die Sitten der Nazion höchst günstig einwirken muß; und da sie während der lezten zehnjährigen Zählungsperiode noch mehr zugenommen hat als die Bevölkerung, so liegt darin zugleich ein Beweis für den Fortschritt des allgemeinen Volkswohlstandes und der Bequemlichkeit der Lebensweise. Auf eine Gesamtbevölkerung von 13,897,187 Seelen in England und Wales im Jahr 1831 kamen 2,481,939 bewohnte Häuser, auf jede 100 Personen also 17,8 oder 5,6 Bewohner auf eines; 1841 kamen auf 15,911,757 Seelen 2,943,939 bewohnte Häuser oder 18,5 auf jede 100, oder 5,4 Menschen auf ein Haus. Die Häuserzahl hatte daher in den zehn Jahren um 18,6 Proz., die Bevölkerung nur um 13,75 Proz. zugenommen, auf jede 100 Menschen war 0,7 Haus mehr gekommen. London besaß 1831 196,666 Häuser mit 1,471,941 Bewohnern, 1841 schon 250,908 Häuser mit 1,873,676 Bewohnern oder 13,3 Häuser auf 100 Einwohner, 7,4 auf jedes. Die minder genauen Angaben von Schottland lauten weniger günstig; es hätte darnach daselbst 1841 nur 502,852 bewohnte Häuser gegeben, oder 11,55 Häuser auf jedes 100 der Gesamtbevölkerung. Irland kann nicht iu Vergleich kommen, weil dort die meisten menschlichen Wohnungen, zumal auf dem Lande, nur in elenden Lehmhütten bestehn. In England dagegen bewohnt der Pächter in der Regel ein zweistöckiges zierliches Haus, dessen Fenster und Thüren häufig Spizbögen bilden oder das doch sonst ein wenig normännischer Schmuck außzeichnet; es gleicht

einem Herrenhause, ohne Schloß zu sein, mit getrennten Wirtschafts-
gebäuden zur Seite. Jenes ist vornehm eingerichtet für die „Lady,"
diese sind einfach, rein und geräumig. Ein solcher Pächter hält selbst
nicht unter 30 Milch gebende Kühe, häufig dreimal soviel; die Scheu-
nen fassen selten seine Vorräthe, und viele haushohe Haufen Heu oder
Garben umher, sorgfältig aufgespeichert und mit einem Strohdache oder
Zelttuche bedeckt, deuten auf die Erntefülle der Besizung. So wohnt
der Pächter inmitten des Pachtguts. Diesem gleichen die kleinen freien
Besizungen, deren es verhältnismäßig jedoch wenige gibt, in Irland
gar keine. Häufiger noch sind die Besizer einzelner Häuser mit höchstens
einem Blumengärtchen an der Straße, die in der Regel ein Gewerbe,
Schenkwirtschaft ıc., treiben. Zwischen jenen Pachtgütern, die mit ihren
Anhängseln oft Gemeinden, auch Burgflecken und kleine Städte bilden,
liegt denn das Schloß des Grundherrn, welches, ob alt oder neu,
gewöhnlich im normännischen Burgstyl erbaut und mit einem Parke
umgeben ist. In dem Parke werden jedoch nicht immer Rehe und Hir-
sche gehegt für das edle Waidwerk, weit häufiger weiden friedlich darin
nur nüzliche Schafe und Rindvieh. Damit soll nicht gesagt sein, daß in
dem Eilandreiche die „normännische" Jagdliebhaberei aufgehört habe,
das Steckenpferd vieler Großen zu bilden. Namentlich erwecken häufige
Klagen die englischen Jagdgesetze (game laws), welchen noch jüngst
der talentvolle Quäker Bright, liberales Mitglied für Durham, im
Parlament zu Leibe gieng. Tausende Menschen der ärmern Klassen,
bemerkte er, würden jährlich wegen Wildfrevels verurtheilt, blutige
Händel zwischen Parkhütern oder Jägern und Wilddieben fielen sehr
häufig vor und endeten nur allzuoft mit Todschlag, so daß manche
Deportazion oder sonstige schwere Strafe als Folge der unmenschlichen
normännischen, auß der Feudalzeit des rohesten und unnüzesten Junker-
thums überlieferten Jagdgeseze zu betrachten sei. So nachtheilig deren
Einfluß auf die Moralität des Landvolks, nicht minder groß sei der
ökonomische Schaden, welchen das gehegte Wild den Feldfrüchten der
Pächter zufüge. Die arbeitenden Klassen hätten ein Recht sich zu beklagen, daß die Grundherrn, ihres vornehmen Vergnügens wegen,
Wild hegen, welches die ohnehin unzureichende Menge der im Lande
erzeugten Frucht noch verringere. Jene Geseze dienten dazu, die Begriffe von Recht und Unrecht in den Seelen des Landvolks zu verwirren, sie regten in diesen Menschen einen dunkeln Widerstreit des Natur-

rechts gegen das positive auf. Zudem pflegten wol die Landmagi-
strate, die entweder selbst Grundherrn und Jagdberechtigte seien oder
öfters die Ehre hätten, vom gnädigen Gutsherrn zum Essen geladen
zu werden, die Jagdfrevel mit rüksichtloser Strenge zu behandeln.
Dagegen meinten die Gebrüder Berkeley, eifrige Pfleger des Waidwerks: das Vorgebrachte sei Uebertreibung, die Jagdgesetze seien so
wenig an den gegen sie verübten Freveln Schuld, als die Zollgesetze
am Schmuggel; in einigen nordamerikanischen Staaten, wo kein Lehenswesen bestehe, seien die Jagdgesetze strenger als in England, z. B.
in Neuyork und Pennsylvanien. Sir Robert Peel glaubte, mehr als
von legislativen Maßregeln sei in dieser Sache von einer sozialen und
moralischen Aenderung zu erwarten. Im Ganzen hersche im Volke Unzufriedenheit gegen die Jagdgesetze nur da, wo ein übertriebener Wild-
stand gehegt werde, was selten geworden. Hier würde eine Ermäßigung des Pachtschillings von den zunächst an den Gehegen liegenden
Feldern jedesfalls billig sein. Der Verfall des für den Krieg kräftigen-
den Waidwerks, dieses alten Ruhms von England, sei nicht zu wünschen, wol aber das Abkommen der jezt Mode gewordenen grausamen
Treibjagden und die Rükkehr zu dem Sport der Väter. Die hochkirchliche Times faselte außerdem von „jenem trozigen Normannenelement
im Engländer," welches daheim das Wild jage und draußen die Feinde
schlage, und das für Englands Ruhm und Größe unendlich mehr geleistet als „alle Quäkerei und Lämleinbrüderschaft." Wie übrigens
der englische Adel im Allgemeinen den Boden besser als zum Wildhegen
zu nüzen weiß, erfährt man schon in London, in dessen Parktriften
man Schafherden weiden sieht, und wo man sich Sommers, mitten
in der Weltstadt, an der köstlichsten Milch von prachtvollen Kühen,
die vor den eigenen Augen gemolken werden, erquicken kann. (Ich habe
nirgends auf der Reise so rein ländlich gefrühstückt wie gerade in London.) Mehrere Gutsbesizer, z. B. der Herzog von Bedford, Lord
John Russells Bruder, haben von freien Stücken auf das Recht verzichtet, Wild zu hegen, und ihre Pächter ermächtigt, alles Wild, das
ihnen vorkömt, zu erschießen.

An die beiden Niederlande erinnert ferner die weitgetriebene Blu-
menzucht, sowol auß Liebhaberei als im Handelsbelange. Jedes Haus
sucht in Blumen einen Schmuck. In London findet man den Grundzug
davon, namentlich in jenen geräumigen Vierteln, wo jedesmal in der

Mitte des Plazes der gemeinsame Blumen- und Baumgarten für die
umliegenden Häuser zum Spiel der Kinder und zum Lustwandeln sich
befindet, und vor jedem Hause fast ein niedliches Gärtchen lacht und
Blumen bis in die Flur hinein duften und prangen. Auf dem Lande
machen die Blumenbeete, oft selbst vor den Häusern der ärmsten After-
pächter an der Landstraße, einen überaus freundlichen Eindruck. Man
sieht, daß die Bewohner, wenn auch nicht in Ueberflusse lebend, doch
noch Zeit und Mittel gewinnen können, auch dem Angenehmen einige
Sorgfalt und Pflege zu widmen. Inzwischen sind Holland und Flan-
dern in dieser hübschen Zierde England noch voraus. Wie sehr die
englischen Häuser sich im Allgemeinen auch durch Reinlichkeit, Nettigkeit und sinnigen Schmuck vor denen vieler andern Länder auszeichnen,
der Sinn und Eifer dafür sind doch namentlich in Nord-Holland noch
größer, das in dieser Hinsicht nicht seines Gleichen hat.

In einigen Landestheilen mindert sich jenes reiche schmucke Aus-
sehen, wie besonders in den bloßen Ackerbaugegenden, wo man häufig
auseinandergezogene Gehöfte sieht, die an die westfälischen Bauerschaf-
ten erinnern. An gediegenem allgemeinem Wohlstande fehlt es dort
übrigens am wenigsten. Andere Landschaften, besonders die gebirgigen
und wasserreichen, stechen durch Freundlichkeit und Anmuth hervor.
Ungemein lieblich sind die Vorreihen der Gebirgszüge von Wales. Als
echt Ländliches hat mich am meisten das untere Thal des Severn ergezt, das ich zu Fuße durchwandert; namentlich die Strecke von Gloucester nach Bristol, wo sich alles, Wasser und Höhen, reicher Anbau
und Verkehr, köstliche Obstgärten und Gehölz, Einsamkeit und Ge-
räusch vereint vorfindet. Der Strom dehnt sich allmählich meerbusen-
weit aus, Thal und Gelände prangen in üppigem Bodenbau wie die
schönern Rheinfluren; die Höhen auf beiden Seiten ziehen sich in ge-
fälligsten Formen hin und bieten manigfache Abwechselung. Viele
Oerter, zerstreute Häuser und Landsitze schmücken und beleben die Landschaft. Dort an freundlichem Sommertage zu wandern, zumal den
Höhen entlang mit der Aussicht über Thal und Strom, ist bezaubernd.
Auch im Einzelnen erfreut mancher Obstbaumhof, der fast jedes Haus
umgrünt, manches hochlaubige Wäldchen, manches stattliche Bauwerk
sowie die duftige Frische der Gründe Herz und Sinne. Die schönsten
Punkte der Gegend bietet das alte Castle Berkeley dar (der kürzlich
verstorbene alte Graf von Berkeley war Lordlieutenant der Grafschaft

Gloucester), unfern der Stadt gleiches Namens. Das mit etlichen Feuerschlünden bewaffnete Schloß ist wohlerhalten, und nimt sich gar stattlich auß mit seinen Thürmen, Gräben, Warten und Zinnen alt-normännischen Styls.

Indessen ersezen einem die Schlösser Englands mit ihren meistens geschmackvollen Parkanlagen doch nimmer den schattigen Naturwald mit seinem kräftig frischen Kräuterdampfe; das Wehen der künstlich ge-pflanzten Baumgruppen erhebt nicht wie das Rauschen der frei im Walde wachsenden Buchen und Eichen; der hübschberänderte Fischteich hält keinen Vergleich auß mit dem Alpensee, der Kunstgraben mit dem Bett eines Stromes; — auch haben viel Erquickliches die unabsehbar wogenden Kornfluren in Deutschlands Ebenen. All die ländlichen Herlichkeiten englischer Großen fordern zulezt doch nur die Ironie des Naturfreundes herauß, und oft hab' ich unwillkührlich lachen müssen, erinnerte ich mich der überschwänglichen Schilderungen derselben. Wahr bleibt es immer, das Beste und Schönste in der Welt hat Gott erschaffen, und ist menschliches Gemeingut: die großen Naturgestal-tungen, die wunderbaren Formen der Gebirge, die Thäler mit ihren manigfachen reizenden Gehängen, die Ströme königlichen Laufes, spie-gelnd alter stolzer Städte Bild, das majestätische Meer, die Pracht des gestirnten Himmels, Schönheit und Liebe — das alles genießen wir ohne Vorrecht der Geburt, ohne Gunst des Glücks. Der Lord des reichsten britischen Landsizes zaubert doch nicht die Niemand verschlosse-nen Reize z. B. einer Rheinlandschaft herbei, und diese naturfreie An-muth fühlend, fühlt er zugleich die Eitelkeit seines Privatbesizes in Vergleich mit dem, was durch höhere Fügung der Menschheit gemein-sam angehört. Vor dem Großen und Ewigen, vor allem, was das Siegel göttlicher Herkunst trägt, verschwinden Einbildungen und Nich-tigkeiten, und der Mensch erscheint nur noch im Werte seines Wesens.

Oekonomisch genommen, ist die englische Landwirtschaft jezt im Großen auf Ersparnis von Arbeitslohn, der dort sehr hoch steht, ge-gründet. Rind- und Schafzucht und Wiesenbau geben zwar einen ge-ringern Bruttoertrag als Feldbau, der Getraide, Flachs x. erzielt; sie werfen jedoch, besonders weil sie die Ergiebigkeit der Aecker außneh-mend erhöhen und verhältnismäßig den mindesten Arbeitslohn kosten, eine ebenso hohe Bodenrente ab. Auch machen sie das Zerstückeln des Bodens, das Zerschlagen an viele kleine Pächter, wozu sich die stolzen

englischen Grundherrn nicht so leicht verstehn wie die irischen Absen=
ters, am wenigsten nöthig. Bei größerer Vertheilung des Bodens und
vorherschendem Feldbau könnten ungleich mehr Nahrungsmittel und
eine viel größere Bruttoeinnahme gewonnen, also auch eine weit zahl=
reichere Landbevölkerung ernährt werden als gegenwärtig. Eine Um=
gestaltung der englischen Ackerwirtschaft in diesem Sinne, zum Vortheil
nämlich der Arbeiter und Besizlosen oder so, daß sie anstatt einer gent=
lemänlichen eine bäuerliche würde, ist eine der wichtigsten Fragen der
Zukunft, die vielleicht dann ihre Lösung erhalten wird, wenn für die
englischen Arbeiter einmal eine viele Jahre lang anhaltende Noth her=
einbricht. Ich werde später hierauf näher eingehen.

Wenn in England die Extreme, z. B. Arm und Reich, sich viel=
fach berühren; so ist das besonders in Bezug auf die Wohnart der
Fall. Im Ganzen ist dort, wo in England Landbau vorwaltet, die
Bevölkerung ebenso dünn gesäet, als sie übermäßig dicht gedrängt ist,
wo die Industrie blüht. Aber auch in den Städten ist der Gegensaz
auffallend. In den bessern Vierteln herscht durchauß, wie in den Nie=
derlanden, Westfalen, den Hansestädten, die Sitte, daß jede Familie
ein abgeschlossenes Haus bewohnt, und nicht nach französischem und
neudeutschem Brauche ein jedes Stockwerk von andern Leuten besezt ist.
Dagegen leben die Arbeiter durchgängig dicht aufeinander gepfercht.
Wenn man auf den großen englischen Kämpen das wohlgenährte Vieh
behaglich weiden sieht, und man denkt dann daran, wie viele Arbeiter
leiblich und geistig verkümmern wegen Mangels an Raum auch nur für
eine gesunde Schlafstelle und an frischer Luft; so wird einem freilich die
Freude an den fetten Triften sehr verbittert. Die Schuld liegt nicht an
dem Fabrikwesen, das sich auß allen Kräften von solchem Jammer zu
befreien trachtet; nein, sie liegt an dem starren Grundbesizwesen. Doch
der Fremde gewahrt nicht bald etwas von jenem Elend, wenn er es
nicht absichtlich aufsucht. Er hört nicht das Seufzen und Stöhnen
selbst von vielen Tausenden Kinder, die in den Kerkern der Fabriken,
von dem Vampyr der Habgier bis auf den lezten Blutstropfen außge=
sogen, an Leib und Seele dahinschmachten und verderben. Indessen
will ich in diesem Kapitel nur erzählen, wie sich Land und Stadt über=
haupt dem Blicke darstellen, welche Eindrücke der Reisende unwillkür=
lich empfängt.

Im Allgemeinen ist die englische Wohnart auch in den Städten ungemein bequem und anständig. Auß der Neigung zum Einzelwohnen entspringt die zur Einwohnerzahl unverhältnismäßige Menge Häuser, die freilich im Durchschnitte — ich spreche nicht von den Palästen der Großen, noch von den neuen Arbeiterkasernen — nur mäßig geräumig sind, gewöhnlich nur ein oder zwei Stockwerke haben, mitunter nur ein Erdgeschoß, oft auch, z. B. in der Straßenreihe, bei größerer Höhe bloß die Breite von zwei oder drei Fenstern messen. Unterirdisch befinden sich gewöhnlich die hellen Keller und Speisekammern; die Räume zur Erde sind zu Empfangszimmern oder Läden, der erste und zweite Stock zu Wohn- und Schlafzimmern eingerichtet. In gleicher Art wohnt man in den Niederlanden und Belgien. Die Stadt Brüssel z. B., ohne Vorstädte, hat nur ein Drittel der Einwohner Berlins, aber fast ebenso viele Häuser, an 14,000. Ohne Zweifel beruht diese Neigung zur abgeschlossenen Wohnart, womit in Niederdeutschland in der Regel ein ganz selbständiger, vom Markte unabhängiger Haushalt in Küche und Keller verknüpft ist, auf einem tief sittlichen Bedürfnisse. My house is my castle, sagt der freie Engländer. Das Heiligthum der Familie erhält in dem eigenen Hause eine höhere Weihe — ihr Friede, ihre Würde, ihre Innigkeit erscheinen gesicherter; einmal die Hausthüre abgeschlossen, ist sie allein mit ihren Penaten, und kein fremdartiges Getöse tönt störend in das eigene Hauswesen hinein. Am wichtigsten aber ist diese Abgeschlossenheit für die Sittlichkeit, die nichts so sehr gefährdet, als wenn Kinder und Dienstleute mit verdorbenen oder andersgesinnten Leuten zu nahe zusammenstoßen. Der einzelne tüchtige Familienvater kann die Luft im Hause, welche seine Kinder athmen, leicht rein erhalten; findet er einen Schuldigen, so mag er ihn außstoßen und das Haus vor Ansteckung bewahren. Nicht so, wenn mehrere darin herbergen, er ist nicht mehr Herr und Priester im Hause; und wo das Laster einmal nistet, da dringt sein spezifischer Hauch bald durch alle Räume, und es wird leicht das schreckliche Erbtheil der Eingesessenen. Endlich steht auch die selbständige Karakterausbildung des Engländers wie des Niederdeutschen in inniger Wechselwirkung mit dieser Art von Häuslichkeit. Uebrigens ist dieser ganze bedeutsame Zug seinem Ursprunge nach durchaus deutsch, er findet sich weder bei den Kelten, noch bei den Romanen und Slaven. Schon Tacitus hat ihn uns bezeugt, indem er von der Neigung unsrer Väter erzählt, ihre Häuser getrennt von einander zu bauen und vereinzelt zu wohnen; auch

die altdeutsche Gesezgebung bezeugt ihn, unter anderm selbst in einzel=
nen Bestimmungen gegen das Zusammenhausen bis in einem gewissen
Grade verwandter Familien. Wo fände sich endlich jener ganze Karak=
terzug sinniger außgesprochen als in dem westfälischen Bauerhause, das
sich mitten erhebt auf dem eigenen freien Grunde, ein kleines König=
thum, umgeben von Hof, Garten, Feld, Wiese und Wald — als
überhaupt in der ganzen=sassisch=friesischen Hofverfassung, welche Ele=
mente gediegenen Wohlstandes, der Sittlichkeit und Freiheit zugleich
enthält wie keine andere? Die Bauergehöfte der alten sächsischen Ein=
wanderer in England sind freilich dort längst in Lehenwesen aufgegan=
gen; aber jener Karakterzug ihrer Väter prägt sich auch bei den moder=
nen Engländern doch in Wohn= und Lebensart noch auß.

Wie tief das Städtewesen in England wurzelt, so tritt es doch in
den Niederlanden, namentlich Belgien, noch viel bedeutender hervor,
weil es hier zu gleicher Zeit bisher die stärkste Seite des nazionalen
Lebens war; wogegen England sich mehr einer allgemeinen politischen
Entwickelung durch die Reichsparlamente erfreute. Auch sprechen sich
religiöser Eifer und Liebe zur Gemeinde in den monumentalen Pracht=
bauten der niederländischen Kirchen und Stadthäuser — den ersten Ge=
bäuden jeder belgischen Stadt — weit bestimmter und bürgerlich stolzer
auß als in den englischen Städten. Hierin stehen Belgien und Spa=
nien einander am nächsten. Liebe zu den Gemeindefreiheiten bildete in
Belgien, wo schon im 13. Jahrhundert (in Spanien noch früher) die
Gemeindefreiheit vollständig außgebildet erscheint, der Macht der Für=
sten gegenüber, das vorzüglichste gemeinschaftliche Band für die ver=
schiedenen flämischen, wallonischen und deutschen Gebietstheile; in
England dagegen war das Haubtband immer das Königthum und die
politische Verfassung des ganzen Reichs. In England nehmen die Size
des Königs und der Reichspeers mithin den ersten Rang ein (in Spa=
nien geschieht dies erst seit Karl V. und Filipp II.); die Kirchen und
Stadthäuser erst den zweiten. In vielen englischen Städten verschwin=
den alle Bauten von mehr öffentlichem Karakter, selbst die der Aristo=
kratie eingeschlossen, vor den breiten Sizen der Industrie und des Han=
dels. In dieser Hinsicht stehen England und Holland am nächsten.
Es sind überhaupt zwei Handelsstaaten mit vielen übereinstimmenden
Kaufmannsgewohnheiten. In beiden wird die wohlgeregelte Zeit
überall, wie Wechsel über Geld, pünktlich eingehalten; und wie die

Menschen selber, so ist das ganze Land zu Geschäften gleichsam vorge= richtet. Niemand weiß die Zeit besser zu schäzen als der Kaufmann, dessen Gewinn, bei unbeschränktem Geschäftshorizonte, um so größer ist, je rascher er arbeitet, je thätiger er jeden Augenblick benüzt. Eine große Geschäftsgewandtheit und Geschäftsfreudigkeit ist Engländern wie Holländern eigen; die kaufmännische Pünktlichkeit hat sich dort allen andern Klassen mitgetheilt. Der Kaufmann besorgt natürlich auch seinen Sonntag pünktlich wie seinen Werkeltag; er ist gottesfürchtig und kirchengängerisch. Engländer, Holländer, Hanseaten, bei wel= chen Frömmigkeit immer zu Hause war wie Geschäftseifer, halten mit den kaufmännisch = religiösen Juden die strengste Sabbathfeier; und die Quäker sind die frömmste und industriellste Sekte von der Welt. Eine weitere Folge der vom Handel eingeführten Ordnungsliebe und Wohl= habenheit ist eine entschiedene Reinlichkeit und Nettigkeit. Man findet sie zwar in allen Handelsstädten, doch nirgends in dem Grade wie in England und Holland — hier auch selbst in den Dörfern bis zum Aeu= ßersten hinaufgeschraubt; übrigens macht sie in beiden Ländern das feuchte Klima besonders wünschenswert und vortheilhaft, sie ist dort daher zugleich eine vom irdischen Himmel. bedingte, eine klimatische Tugend. Kurz, alle äußern Verhältnisse, die ganze Wohn= und Le= bensart sind in England wie in Holland mit durch den Handelsgeist gemodelt oder doch gefärbt worden.

V.

Die englische Aristokratie; ihre Wurzeln im Volke und Staate, im Gegensaz zu dem Geburtsadel des Festlandes; Rückblick auf ihre Entwickelung bis zu dem Höhepunkte ihrer Macht, mit Bezug auf die englische Staatsverfassung.

> „Nicht ob ein Adel bestehn soll, sondern wie er recht für das Gemeinwesen besteh', kann vernünftiger Weise die Frage sein."

Bei der Aehnlichkeit mancher Landeszustände auf beiden Seiten des deutschen Meeres, gibt es in wesentlichen Stücken auch große Verschiedenheit, welche eben durch den Gegensaz Licht und Schatten für beide Theile greller erscheinen läßt. Es trifft sich nämlich, daß in dem, worin die Entwickelung, besonders vom zwölften Jahrhundert an, auseinander gegangen ist, gerade die Lichtpunkte in Großbritannien die Schattenseiten in Deutschland hervorheben, und die deutschen Lichtpunkte das Schadhafte der englischen Zustände schärfer spiegeln. In Deutschland gieng die innere Entwickelung auf Zerbröckelung der Reichseinheit aus zu Gunsten der Fürstengewalt; in England führte der Kampf zwischen der königlichen Gewalt, dem Adel, den Städten und der Kirche zu einer auf Verträge und in der innern Entwickelung selbst beruhenden Staatseinheit, im Allgemeinen zu Gunsten einer Aristokratie, die einzig dasteht in der Geschichte der Völker. Eine andere Verschiedenheit besteht darin, daß sich in England der dritte Stand der Gemeinen, oder richtiger gesagt, die besizenden rührigen Mittelklassen, bald zur Vertretung in der Gesezgebung, also zu Ansehen und Einfluß dadurch erhuben, daß von ihnen, freilich unter Anführung des Adels, unmittelbar die Geldbewilligungen an den Staat abhiengen; während

der Kaiser hierin durchauß von den unmittelbaren Reichsständen ab=
hängig war, darüber mit eigentlichen Gewerbständen aber gar nicht in
Verhandlung kam, und die Reichsfürsten zulezt allein über die dem
Kaiser zu bewilligenden Steuern entscheidenden Einfluß erlangten.
Ueberhaubt macht in England die Bewegung der Arbeit ihren Einfluß,
selbst auf die Reichsverfassung und Gesezgebung, frühzeitig geltend;
was in Deutschland, wo die Hanseaten für sich groß wurden und wie=
der hinsanken, nicht geschieht, mit Außnahme einiger sich zum Theil
auß diesem Grunde vom Reich ablösender Glieder. Merkwürdig er=
scheint dabei jedoch, daß, während z. B. in Belgien auf der katholi=
schen Erde durch die Bewegung der umrollenden Gewerbe Munizipal=
freiheit und demokratische Gleichheit siegreich vorbrachen, im protestan=
tischen England dieselbe Bewegung den Feudalismus bisher wesentlich
bestehen ließ. Keinen größern Beweis für die Macht des englischen
Adels kann es geben. Fürwahr, er ist mächtig durch seinen Grund=
besiz, seine Bildung, seine Sitten und staatsrechtliche Stellung; der
Mehrheit nach liberal in der Anwendung des Vermögens, in der Liebe
zur Litteratur, in einem aufgeklärten Verständnisse der Freiheit; er ist
groß und heilsam als Bollwerk gegen Uebergriffe des Thrones auf der
einen, gegen die entfesselte Wuth des Demos auf der andern Seite,
besonders noch durch den aufgeklärten Patronat, den er über die An=
liegen der Volkswohlfahrt übt. Aber er haubtsächlich repräsentirt auch
die britische Selbsucht, er verschuldet das bis jezt freilich immer nur
vorübergehende Elend zahlreicher Arbeiterklassen, besonders die trauri=
gen Zustände Irlands, dessen Leichnam er während acht Jahrhunderten
mit sich schleppt, ohne dessen geistige Wiederbelebung ernstlich versucht
zu haben. In dieser Hinsicht lebt er heute noch in einer solchen Ver=
blendung, daß sogar Lord Brougham (freilich der Henry Brougham
hätte das nicht geschrieben) in seiner neulichen Zuschrift an einen fran=
zösischen Edelmann behaubten konnte: alle die Standreden und Ver=
sammlungen in der Nachbarinsel für die Repeal seien nur Schall und
Rauch, die Agitatoren machten bloß Lärm, um Geld zu bekommen,
und wenn auch nicht zu läugnen, daß Irland Beschwerden habe, so
erwachse doch der größere Theil davon auß Misbräuchen, welche Ge=
sezgeber nicht zu heilen wüsten. „Diese Uebel," sagte er, „haben
ihre Quelle im gesellschaftlichen System und in der Vertheilung des
Eigenthums — Uebel, welche selbst der Wahnsinn der irischen Agita=

toren nicht zu berühren gewagt hat" — wie wenn Uebel durch Ignoriren geheilt würden.

Um das aristokratische Prinzip in England in seinem historischen
Verhältnisse zu dem Staatsprinzip überhaupt zu begreifen, muß man
in den Beginn der normännischen Adelsherrschaft aufsteigen, bis zu dem
folgenschweren Siege, den Wilhelm der Eroberer, Herzog der Normandie, über Harald bei Hastings am 14. Oktober 1066 davon trug,
und womit die Einführung des normännischen Lehenswesens, sowie
die gewaltsame Theilung des Landes in 700 Baronien, 60,000 Ritter-
lehne und 1400 königliche Domänen (Doomsdaybook) zusammenfällt.
Vielleicht hat die Geschichte keines Volkes einen so verhängnisvollen
Tag aufzuweisen. Die Herschaft und Kämpfe, welche er hervorrief,
haben allen Verhältnissen des angelsächsischen Reichs jenen eigenthümlichen merkwürdigen Stempel aufgedrückt, den sie noch jezt zeigen, und
bei vielen Lichtseiten einer großartigen Entwickelung des Staats auch
die langen Schatten über das Land geworfen, die bis auf den heutigen
Tag seine Lage verdüstern. Ja, heute noch ist die alte Raubschuld
nicht gesühnt, die Herschaftsfrage zwischen normännischem und sächsi-
schem Elemente nicht völlig gelöst, der Kampf nicht durchaus entschieden, und eben an diese glückliche Lösung und Entscheidung ist Englands
Zukunft geknüpft. Die gesamte innere Geschichte Englands seit
dem eilsten Jahrhunderte ist am kürzesten als ein Vermittelungs-
prozeß zwischen Deutsch-Sächsischem und Französisch-
Normännischem unter den gegebenen insularischen Einflüssen zusammen zu fassen.

Von jener Zeit her entstehn die drei großen miteinander ringenden
und vertragenden Potenzen, auf deren Gleichgewicht, Trennung und
Verbindung bisher Englands Freiheit und eigenthümliche Verfassung
sich stüzte: Aristokratie, Demokratie, Monarchie. Auf diesen drei Prinzipien und ihrer lebendigen Durchdringung beruht der britische Volksstaat. Jede gibt der Nazion, mithin auch den beiden andern Potenzen
ihr Gepräge; jede, lebenskräftig für sich, dringt eben deshalb auch
wirksam in die andern ein, so daß alle drei zu einem organischen Ganzen verwuchsen. Das englische Reich ist darum, weil diese drei Prinzipe in ihm gleich mächtig wirksam sind, zugleich ein monarchischer,
aristokratischer und demokratischer Staat. Indessen binden sie sich nicht
bis zum Verschwinden der Gegensäze zwischen ihnen; im Gegentheil,

diese ziehen sich, troz der Verschlingung, von den Wurzeln durch das ganze Leben und bedingen ein fortwährendes Fibriren. Als ursprünglich zugleich nazionelle Verschiedenheiten bilden den Haubtgegensaz natürlich Aristokratie und Demokratie; das Königthum ist der zum Gleichgewichte, zur Stabilität der Entwickelung nothwendige dritte Punkt, der Angel für die beiden andern, um welchen das Pendel der Volksbewegung nach den beiden Seiten hin seine Schwingungen macht und das Maß bewahrt. Jene kommen hier vorzüglich in Betracht.

Alles im britischen Gemeinwesen trägt mit das normännisch-aristokratische Gepräge, eben weil die Aristokratie, als lebendig wirkendes Prinzip im Staate und seiner Entwickelung, nothwendig auch alle Verhältnisse desselben durchhaucht. Hierin gerade liegt das Leben und die Kraft der englischen Aristokratie. Sie gleicht weder dem durch und durch unfreien Adel Rußlands, dem Seelen besizenden, der despotisch herscht und beherscht wird, noch dem Beamtenadel bürokratischer Staaten, noch dem romanischen und deutschen Geburtsadel, der seine Vorzüge lediglich in Ahnen und Titeln sucht und der, seines staatsrechtlichen Inhalts entkleidet, als solcher aufgehört hat, ein Staatsprinzip zu sein. Dieser Verschiedenheit wegen findet sie häufig eine schiefe Beurtheilung, besonders von Seite des französischen Liberalismus und seiner Nachtreter, die alles auf französische Verhältnisse beziehen und deren Anschauungs- und Gefühlsweise innerhalb der Grenzen derselben wie festgebannt ist. Die englische Aristokratie ruht nicht mehr auf einer Klasse von Menschen, die etwas Appartes vor den übrigen Gliedern des Volkes haben wollen und hartnäckig auf persönlichen Vorrechten bestehn, welche das Blut fortpflanzt, die aber ohne Einfluß auf die Geschäfte und die Entwickelung des Staats sind. Sie beruht vielmehr auf dem Wesen des Staats selbst, als ein in seiner Verfassung Thätiges, sie ist Geist und Leben vom Volke, ein Prinzip, das mehr oder minder jeder Engländer mit tragen hilft, und das nicht auf moderiger Ahnengruft, sondern in den vorragenden lebenden Staatsmännern, die der Geburt nach jedem Stande angehören, immer von Neuem zu Fleisch und Blut wird. Darum ist es abgeschmackt, wenn wir uns, fremden Vorurtheilen nachwälschend, anstellen, in der englischen Aristokratie nur adelssüchtige, geburtseitle Menschen zu sehen, einen Popanz, wie so häufig auf dem Festlande, da sie doch wesentlich ein in großen Männern aller Stände, ich meine ohne Ansehen der Geburt, vorzugsweise verkörpertes Prinzip des britischen Staats selbst ist. Sollte nicht schon der Umstand, daß die stolzesten Aristokraten kein Bedenken tragen, den Sohn einer Schauspielerin, Canning, oder den Sohn eines Spinners, Peel*), als ihren Leiter anzuerkennen, eines Bessern belehren? Oft hört man sagen, solche „Emporkömmlinge" seien wol die schlimmsten, je jünger der Adelsbaum, desto eifersüchtiger beschatte er seine Vorrechte, während der alte Adel deren Wert minder hochschäze, wie denn Mirabeau, Lafayette und andere Männer auß altadeligen Geschlechtern die glühendsten Vertheidiger der Volksrechte gewesen. Aber man stelle einen Peel nicht auf gleiche Linie mit den „neuen" Menschen, deren Ehrgeiz das Wörtchen von befriedigt. Die englische Aristokratie unterscheidet sich eben dadurch vom Festlandsadel, daß sie, im Staatsorganismus wurzelnd, ihr natürliches Band mit dem Volksleben nicht hat zerreißen und sich von keiner andern Potenz, weder der königlichen noch der demokratischen, hat zur Seite werfen oder vereinzeln lassen; daß sie vielmehr, auf breiter, zum Theil demokratischer Grundlage im Staat organisirt, der Demokratie ebenso wohl ihr Gepräge aufgedrückt, als sie von ihr mit ihre Gestaltung empfangen hat. Während jener, abgespeist mit einem historischen Denkzeichen, höchsten Falls mit einem zierlichen Krönlein darüber, seine Wurzeln auß dem grünen Boden der unsterblichen Völker hat außroden und in die Ahnengrüfte wohlversiegelt einpflanzen lassen, wo sie verwelken und absterben müssen; lebt diese in allen Ständen, treibt sie Säfte im Stamme selbst und entfaltet sich mit jedem Zweige. Im Volke wurzelnd, saugt sie fortwährend neue und beste Lebenssäfte auß ihm auf und gibt ihm ihre Glieder wieder zurück. Die Vertreter ihres Prinzips erwachsen ihr auß allen Volksklassen und haben nicht nach Ahnenzahl, sondern nach persönlichem Werte und Verdienste Bedeutung. Die Enkel der Großen sind als solche nicht auch Große, sondern, außer dem Erben des Hausguts, Bürger wie alle übrigen, die erst durch Außzeichnung im Dienste des Landes zu Rang und Einfluß gelangen; wohingegen es auch keinem Lord einfällt, sich seiner Verwandten Meister Schneider und Handschuhmacher zu schämen. Im gleichen Geiste kennt der englische Adel nicht die Misheirathen des

---

*) Peels Vater, von Hause freilich ohne Geldvermögen, hatte sich jedoch zum begüterten Mann aufgeschwungen, auch im Parlament einen Siz eingenommen.

Kontinents, der vornehmste Lord reicht ohne jeden Anstoß dem Bürger-
mädchen seine Hand, und seine Gattin genießt dieselbe Achtung, wie
wäre sie eines Herzogs Tochter. Eine Aristokratie, die im Staate mächtig und heilsam bleiben soll, muß durchaus mit dem Volke verwachsen, also volksgemäß, „demokratisch'' im besten Sinne des Worts organisirt sein, um auch mit ihm dauern und leben zu können; vor allen
Dingen muß sie sich daher vor Blutes=Abgeschloßenheit hüten, in welcher ihr Todeskeim unfehlbar liegt. Auß diesem und andern Gründen
war die neue autonome Adelsschöpfung am Rhein eine Fehlgeburt.
Wollte die preußische Regierung einen einflußreichen Adel schaffen, so
mußte sie ihn mit dem einen Beine in den Staat hinauf, mit dem andern ins Volk hinein stellen — das Ansehen der baierischen Reichsräthe
steigt, und sie haben sich nicht lächerlich gemacht. — Was die englische
Aristokratie ferner rühmlich außzeichnet, ihr Stärke und Dauer verleiht,
ist daß sie anführt, d. h. den Beruf jeder wahren Aristokratie dadurch
erfüllt, daß sie auf die öffentlichen Angelegenheiten leitenden Einfluß
übt, indem sie den geringern Volksklassen Schirm und Stüze ist und sie
auf diese Weise an den Staat und dessen Gewalt, d. h. hier an das
Königthum durch die Bande der Liebe und des Vertrauens fesselt.
Nur auf solche Art war es auch Venedig, jener berühmtesten Aristokra-
ten=Republik, möglich, eine Dauer von dreizehen Jahrhunderten zu erhalten. Allerdings gibt es Fälle, wo jener Ruhm der englischen Aristokratie streitig gemacht werden kann, wo ihre Sympathie für die erwer-
benden Klassen im eigenen Interesse nachzulaßen oder doch der einen sich
mehr zuzuwenden scheint als der andern; allein selbst diese Außnahmen bestätigen jene Wahrheit, daß sie alle Klassen der Gesellschaft anführt und die Staatsgeschäfte im Ganzen zu Gemeinbestem leitet. War
es nicht die stolze Whigpartei, welche das Palladium der Freiheit Altenglands gegen die Stuarte rettete, welche die „Declaration der Rechte'',
das wichtigste Staatsgrundgesez Englands, nach der glorreichen Revoluzion von 1688 zu Stande brachte, welche, obwol auß den reichsten
und größesten Aristokraten des Landes bestehend, doch nicht minder die
Volksfreiheiten liebte und sich als den tüchtigsten Schild derselben bis auf
den heutigen Tag betrachtet und bewährt hat? Führte nicht die Aristokratie, unter deren außschließlichen Leitung auch das Unterhaus bis zur
Reformbill stund, seit der Regierung Wilhelms III. die eigentliche Herschaft, also während der glänzendsten Periode der englischen Entwicke-

lung in gewerblicher und handelsmännischer, wie in politischer Hinsicht? Sehen wir nicht unter unsern Augen das interessante Schauspiel aufführen, wie die Häubter der Tories und Whigs sich im edlen Wettstreit untereinander beeifern, die Handelsgeseze des Reichs zu verbessern, die Zustände des Pauperismus zu erleichtern und die vielen großen Leiden Irlands zu mildern?

Als der französische Adel in der gefeierten Augustnacht des Jahres 1789, angeweht von dem bewältigenden Frühlingshauche der neuen Zeit, auf seine Vorrechte Verzicht leistete, da bejahte er im Grunde nur selbst, daß er aufgehört, als solcher Bedeutung zu haben. Das Kommende ahnend, von seinen ersten Schauern durchdrungen, fühlte er ihm gegenüber seine innere Ohnmacht. Er verzichtete in Wahrheit auf keine Macht, kein lebenskräftiges Prinzip, keine staatsrechtliche Bedeutung, denn er war bereits seit Richelieu's Zeiten durch die absolute königliche Gewalt politisch erschlagen. Ich will das Große und Schöne, was in jenem Entschluße liegt, nicht herabsezen; denn Einbildungen und Vorurtheilen zu entsagen, ist oft schwieriger als wirklicher Macht. Wesentlich aber war derselbe nur ein Akt der Selbsterkenntnis, ein Moment des licht auflodernden Bewustseins, daß er als Adel in den außgelebten Formen für die neuerwachende Zeit nichts mehr zu gelten vermöge, und diese selbst mit ihrem Freiheitsprinzipe jedem Bürger einen höhern Wert gebe als das Opfer hatte. Sein Verdienst war die Einsicht und dann die Resignazion. Man kann, wie paradox es klingen mag, sogar behaupten, daß jener Akt der Selbstverläugnung die erste That eines neuen Adels von Frankreich war, ein Akt der Erhebung auß langer Demüthigung und frivoler Abhängigkeit von einem verdorbenen Hofe zu edlerm Selbstgefühl — ein Erwachen des bürgerlichen Bewustseins über eitle Vorrechte hinauß, das die Bedeutung des Adels an die Entwickelung und die Anliegen der Nazion wieder anzuknüpfen sucht. Noch war der Stoff zu einer tüchtigen erblichen Pairie in Frankreich vorhanden. Ein zweites aristokratisches Moment im neuen Frankreich war weniger der dienstbare Verdienst= und Ruhmesadel Napoleons, der neue Herzöge und Fürsten schuf, als daß mit der Charte von 1814 die direkten (Grund= und Klassen=) Steuern die Grundlage für die Theilnahme an den eigentlichen Staatsrechten wurden. Aber dieser neugeschaffenen aristokratischen Berechtigung eines bestimmten Reichthums, welche nach der Juliusrevoluzion blieb, und zwar auf etwa 150,000

Wahlherren beschränkt, ward durch Abschaffung der Erblichkeit der Pairs das selbständige Gegenmoment genommen, und dadurch das Geldinteresse außschließlich geadelt, der Materialismus mithin auf den Thron gehoben.

In England wäre eine solche Augustnacht im französischen Sinne annoch 'eine Unmöglichkeit, eben weil die englische Aristokratie ein Staatsprinzip ist und einige Personen, die zufällig dessen Haubtträger scheinen, nicht die Macht haben auf etwas zu verzichten, was nicht ihnen, sondern Volk und Staat angehört. Das Prinzip würde bestehn, auch wenn Tausende auf die darauß fließenden Gerechtsame zufällig verzichteten. Zwar kann es in seiner Wirksamkeit gehemmt oder gefördert, verstärkt oder geschwächt werden, dann aber erst, wenn es im Organismus selbst zerstört ist, von ihm als Krankes und Faules außgestoßen werden. Geist und Leben sind nicht zerbrechlich wie ein irdenes Gefäß; nur eine Form ohne lebendigen Inhalt kann versteinern. Erst muß ein Prinzip sich in sein Gegentheil veräußerlicht, in starrer Form sich abgetötet haben, eh' es Besitz Einzelner werden kann, die nun im Stande sind, ihm als einem Nichtigen zu entsagen.

Die englische Aristokratie und unser Geburtsadel sind mithin etwas sehr Verschiedenes. Jene ist lebendiger Inhalt des Staats, dieser das Gegentheil davon, eine petrifizirte Schale; jene ein geistig Konkretes, dieser ein Abstraktes, Leeres. Weit entfernt zu behaubten, der Entwikkelung unserer Staaten fehle das aristokratische Moment, sag' ich nur, dieses werde nicht durch unsern Geburtsadel vertreten, sei nicht einerlei mit ihm. Der reine Geburtsadel als Aristokratie außer dem Volksstaate will in einer Welt für sich schweben, auß der man höchstens bei mangelndem Erbgut, äußerlich bequem an den Staat oder vielmehr an Aemter und Sinekuren hinankommen kann. Er ist also der Gegensaz der englischen Aristokratie, welche auß dem Herzen des Staats herauß die ganze Gliederung desselben geistig zu durchdringen sucht; — er hat sich selbst auch aller volkthümlichen Bedeutung entäußert. Ein so Außgeschiedenes, darum Verächtliches, für das eigentliche Staatsleben Nichtiges, absolut Selbsüchtiges, das sich mit Titel und Hofdienst schminkt, kann niemals mehr Gegenstand des geschichtlichen Kampfes, Gegensaz und Moment der Entwickelung werden; eine Verpuppung, der nimmer ein Schmetterling entflattern wird, eine Mumie, kann sie nur noch wie ein Stein im Wege liegen oder wie ein Stock hemmend in den Speichen des Staatswagens. Daran ändert nichts, daß Adelige die ersten Rollen im Staate zu spielen scheinen, selbst wenn sie ihre Stellung haubtsächlich ihrer Geburt verdanken. Was sein Wesen in eine bloße Fikzion sezt, sich lossagt von Kampf und Bewegung, kann an sich für das Staatsleben keine Bedeutung gewinnen. Ihn dennoch heute als ein der Entwickelung feindseliges mächtiges Prinzip bekämpfen wollen, wie einige unsrer jungen Dichter noch den Ehrgeiz haben, troz des erfindungsreichen Ritters Don Quijote und des betrunkenen Ritters Sir John Falstaf, das ist ein Anakronismus, ein Kampf mit Windmühlen, die man für Feinde hält, mit Gespenstern, die man für wesenhaft nimt. Der Haß soll nicht über das Grab währen, nur bemitleiden mag man ihn wegen der ruhmlosen Art, womit er politisch verblichen.

Werfen wir nun einen raschen Rückblick auf die Entwickelung der britischen Aristokratie. Sie steht natürlich in stäter Wechselwirkung mit den andern Staatspotenzen. Eine mächtige Triebfeder im Staate, hat sie die nicht minder stahlkräftige der Demokratie sich gegenüber, von der sie schlechthin oder in ihrem Übergewichte bekämpft, gemäßigt und erhoben wird. An diesen großartigen Kampf, wofür das Königthum Halt und Maß gewährt, knüpft sich Englands Vergangenheit und Zukunft. Er ist nicht von heute, sondern Jahrhunderte alt; seine Entfaltung ist die britische Verfassung und gesezliche Freiheit. In ihm liegt das Geheimnis der dauernden Macht der englischen Aristokratie.

Nirgend sonst in Europa waren die Elemente des Kampfes zwischen einem kräftigen Adel und einem nicht weniger kräftigen Volke so eigenthümlich gegeben wie in England. Nirgend waltete ein ähnliches Verhältnis ob, daß Fremde das Land erobern, es beherrschen, doch nicht zu unterdrücken, sondern nur der Kern eines Lehenadels, die Träger eines sich dem Staat allmählich einlebenden Prinzips zu werden vermögen. Die in der Heimat gebliebenen deutschen Stämme hatten in ihren Ursizen niemals zu ringen mit der übermüthigen Herschaft eingewanderter Eroberer; bei ihnen konnte sich also ein Kampf wie in England nicht gestalten, ihre politische Entwickelung muste einen andern Weg einschlagen, der leider mit Entartung des aristokratischen wie demokratischen Prinzips zu Gunsten fürstlicher Territorialhoheit und ministerieller Polizeigewalt endete. Überall da zwar, wo Deutsche erobernd vordrangen, hätten sich den englischen ähnliche Verhältnisse bilden können; allein hier fehlte auf slavischer wie auf romanischer Seite der

starke bewegende Gegensaz: die westlichen slavischen Gegenden, noch
auß früherer Zeit von deutscher Bevölkerung durchflochten, wurden ger-
manisirt und geriethen in Hörigkeitsverhältnisse, und in den kelto-wäl-
schen Ländern unterlagen die an Zahl vergleichsweise schwachen deutschen Herrn, hier früher dort später, der romanischen Kultur. Der Adel
verweichlichte in diesen Ländern mehr und mehr; endlich lag er, nachdem auch der lezte Rest von Ritterthum im Hofthum untergegangen
war, gänzlich geschwächt an moralischer Kraft und politisch völlig gebrochen als die elegant-kokette, perfid-graziöse Fäulnis der Zeit vor den
Stufen des Thrones. So konnte und muste denn auß diesen politisch
und moralisch völlig entadelten Zuständen das so lange zurückgehaltene
demokratische Prinzip zügellos hervorbrechen, wie wir es in Frankreich
gesehen haben, um so unaufhaltsamer und zerstörender im Guten und
Bösen als das gegenwirkende aristokratische Prinzip vernichtet war, und
sich die Macht des absoluten Thrones in kristlichen Staaten als etwas Wesenloses, Hohles, Unhaltbares, ein leeres Blendwerk erwies.
Der königlichen Staatspolitik, eifersüchtig auf die Macht und jeden
selbständigen Einfluß der Aristokratie, war es in den romanischen Ländern gelungen, diese völlig zu vereinzeln und mit Hülfe des dritten
Standes zu vernichten; aber nicht, wie sie meinte, zum Vortheil ihrer
Unumschränktheit, sondern um der auß dem Volke drängenden Demokratie alle Bahnen zu lichten und selber ihr anheim zu fallen. Schon
ist diese Wahrheit in das Bewustsein der Gesezgebungen eingedrungen.
So hat England ein weit demokratischeres Wahlgesez als Frankreich,
und dennoch ist das auß demselben hervorgehende Unterhaus weit aristokratischer als die französischen Kammern. Die Gesezgebung fühlt sich
gedrungen das gefährliche Übergewicht des einen Prinzips über das
andere zu mäßigen, hier jenes, dort dieses anzufeuern. In England ist
der Geist des Volkes aristokratischer, das Wahlgesez daher ohne Nachtheil demokratischer und von einem Zensus unabhängig, zumal das
Oberhaus durch Erblichkeit seiner meisten Mitglieder selbständig dasteht;
in Frankreich ist der öffentliche Geist demokratischer, das Wahlgesez daher von vorsichtigen Gesezgebern aristokratischer abgefaßt. Seit 1814
blieb das Vermögen und der direkte Beitrag zu den Staatslasten in
Frankreich die einzige Norm für Wahlrechte, also der höchsten politischen Berechtigung; nach der Juliusrevoluzion ward nur der Zensus
etwas herabgesezt, das Prinzip blieb ungeändert. Hängt daher auch,

nach Napoleons Außspruch, das französische Volk mehr an der Gleichheit als an der Freiheit; so wird doch mit Wahrheit behaubtet, daß
„die Ungleichheit der Bürger die Basis des französischen Staatsrechts sei."*)

Die Angelsachsen, in Britannien einwandernd, hatten die Eingebornen nicht unterjocht und zu Hörigen gemacht, sondern außgerottet
oder in die Gebirge verjagt, und einen neuen ganz deutschen Staat
gebildet, der indessen wie auß Erschöpfung über der ungeheuern Anstrengung allmählich in Schwäche fiel. Es scheint ihm nach seiner völligen Kristianisirung und nach Besiegung des äußern keltischen Gegensazes an einer innern Reibung gefehlt zu haben, die seine Kräfte wach
erhalten und im Kampfe groß gezogen hätte. Solche nun ward ihm,
nach den blutigen und furchtbar verwildernden Kämpfen mit den Dänen, an dem normännischen Abel. Die Schwäche des Staats und ein
Sieg, der die Blüte der Sachsen dahin raffte, erleichterten den einbre-

---

*) In England kömt ein Wähler jezt schon auf 28 Einwohner, in Frankreich erst
auf 178 Einwohner, in Belgien, dem verfaßungsgemäß freiesten Staate unsers Festlandes, auf durchschnittlich 86 Einwohner (in den Städten nämlich ein Wähler auf 54,
auf dem Lande auf 105 Einwohner). Das belgische Wahlgesez verlangt zur Wahlbe-
rechtigung auf dem Lande und in kleinern Städten viel geringere Steuersäze als in
größern, dort variirt der Wahlzensus von 20 bis 30 Gulden, hier von 30 bis 80 Gulden, indem man von dem Grundsaze, den die besonders auf dem Lande-fußende katholische Partei festhielt, außgieng, daß Jemand mit 500 Fr. Einkünfte in einem Dorfe dem
mit 1000 Fr. Einnahme in einer größern Stadt gleichstehe. Die englische und die belgische Verfaßung verlangen eigentlich keine Art von Steuerbarkeit, um durch das Vertrauen des Volkes in die Kammer gewählt zu werden; dagegen verlangt die französische Charte einen hohen Steuersaz von den Deputirten, und sezt ihr Alter auf 30
Jahre fest. (Jeder belgische Repräsentant erhält während des Landtags eine Entschädigung von 200 Fl. monatlich, damit Vermögenlosigkeit ihn nicht hindere, dem Vertrauen seiner Mitbürger zu entsprechen). Die britische Reformbill hat in England beinahe allgemeines Stimmrecht zu Wege gebracht, indem die Zahl der Wähler dort noch
täglich zunimt, namentlich in Folge der Klausel über die 40 Shilling-Freeholders, durch
welche Jeder, der irgend Haus- und Grundeigenthum mit einem jährlichen Ertrage
von nur 40 Sh. oder 24 Fl. erwirbt, Wähler wird. Auch ist noch zu bemerken, daß
die Verfaßung in England und Belgien keine „Caution" für Außgabe von Zeitungen verlangt und die volle Freiheit der Assoziazion verbürgt, während die französische
Charte die Preßfreiheit durch das Verlangen solcher „Cautionen" wieder beschränkt,
ja fast vernichtet, auch die alten Strafbestimmungen gegen die Assoziazionsfreiheit aufrecht hält.

chenden Normannen die Eroberung und Festsezung. Allein immerhin
war in dem eroberten deutschen Lande weit mehr volksthümlicher Widerstand vorhanden als in den keltischen Romanen, deren ursprüngliches
Wesen bereits durch die Römer gebrochen war; die Angelsachsen konnten zwar besiegt, aber nicht unterdrückt werden. So bildete sich das
eigenthümliche Verhältnis aus, daß eine mächtige Lehnsbaronie fortwährend mit einem tüchtigen Volke sich gegenseitig in Übung ihrer
Kräfte erhaltend, zu ringen hatte, ja daß sie dessen zu keiner Zeit entbehren konnte, und noch weniger das Königthum. Von Beginn an
hatten die Normannen den schwierigsten Stand, und sie sowol als der
König waren gezwungen, bald von dem Gedanken zurückzukommen, die
Sachsen als Unterworfene zu behandeln. Schon Wilhelm des Eroberers Sohn, Heinrich I., sah sich im Anfang des zwölften Jahrhunderts
genöthigt durch seinen berühmten **Freiheitsbrief** die Lehnsverhält-
nisse zu mildern. Auch die Kreuzzüge schwächten die Macht der Aristokratie, der dritte Stand erhub allmählich sein Haubt; die Streitigkeiten
über die Thronfolge, die innern und äußern Kriege, die Unruhen und
Verschwörungen der Barone, die Fehden zwischen weltlicher und geistiger Gewalt unterstüzten das Volk in seinem Widerstande zur Behaubtung seiner Rechte. Die Könige oder Prätendenten und Usurpatoren
musten bald dem Volke und der Kirche ihren Beistand gegen die Großen leihen, um nur sich selbst zu behaubten; dann auch stüzten sie sich
auf den hohen Lehensadel, der seinerseits sich wiederum gezwungen sah,
die Sachsen bei sich einzulassen, um der königlichen Tyrannei sich zu erwehren, so daß an eine starre Absonderung der Stände und ihrer Interessen nicht zu denken war. Diese Verhältnisse, die keineswegs bloß
in zufälligen glücklichen Umständen, sondern lediglich auf der innern
Kraft der verschiedenen Stände beruhten, sezten jeder einseitigen Herschaft wie jeder einseitigen Knechtschaft einen unüberwindlichen Damm
entgegen; das beständige Streben nach Übergewicht zwischen König,
Lord-Vasallen und Geistlichkeit ließ keinen Theil einschlummern und in
Schwachheit sinken. Solches stätige Mit- und Gegeneinanderstreben,
so unruhig und lärmig es sich anließ, rief doch ein höheres Gleichgewicht der Potenzen hervor, freilich kein ruhendes, sondern ein rastlos
fortschreitendes — ein sich allmählich zum Selbstbewustsein erhebendes
Wirken Aller gegen Übergriffe des einen Theils, also gegen das Ungleichgewicht und die Tyrannei. Als bleibend wichtiger Außdruck von

Gleichgewichtsmomenten in diesem Kampfe sind eine Menge Geseze, Privilegien und Verordnungen über die Reichsstände anzusehen, wie namentlich die Herstellung des Landfriedens, die Erbfolgeordnung, das Scutagium, die Konstituzionen von Clarendon, vor allem die **Magna Charta libertatum** (vom Jahre 1215), viele den aufblühenden Städten verliehenen **Charters**, das Hervortreten des Parlaments (im Jahre 1265 erschienen im Parlamente zu London zum erstenmal Abgeordnete der Gemeinen), das House of Commons (1283), die Durchführung des Grundsazes als G e f e z, daß keine Steuern mehr ohne Bewilligung des Parlaments zu erheben sind (schon im Jahre 1297), Theilung in Oberhaus und Unterhaus (1343). Jezt wird der Entwickelungsgang allmählich, ungeachtet vieler gewaltthätiger Unterbrechungen, geordneter; sind die ersten Zeiten des Kampfes in Dunkel und Dämmerung gehüllt, liegt namentlich ein noch immer nicht ganz gehobener halbmythenhafter Schleier auf dem Ursprunge der großen Freiheitsakte selbst, so wird jezt alles licht und klar; der große verfaßungsmäßige Gang war gewonnen, und der dunkle Ursprung ward der Freiheit selbst vortheilhaft. Die Stände waren zusammengewachsen, die ihnen zu Grunde liegenden Prinzipien in Geist und Blut des Volkes, sowie in den Organismus des Staats übergegangen, auß welchem keines von ihnen mehr zu scheiden war. Die dann von dem gesamten Staatsorganismus hinwieder getragene und verstärkte Lebenskraft der einzelnen Prinzipien bewährt sich besonders dadurch, daß diese alle nachfolgenden politischen und kirchlich-reformatorischen Bewegungen und die damit verknüpften Umwälzungen überdauerten. Wie ganz anders in Deutschland, wo Kaiser und Städte, Adel und Ritterschaft durch die politisch-kirchlichen Stürme zerknickt wurden und wo nach dem westfälischen Frieden innerhalb der deutschen Reichsverfassung das aristokratische wie das demokratische Prinzip zu Gunsten fürstlicher Allgewalt verlosch! Die englische Aristokratie dagegen, im Volksgeiste die Reformazion mit durchkämpfend, wie sie alle Kämpfe des Inselreichs mit durchsicht, gewöhnlich an der Spize, wohin echtabeliger Sinn in jedem Streite führt, gieng ihrem Prinzipe nach ungeschwächt und unversehrt, ja, was erstaunlich ist, noch in ihrer ehemaligen feubalen Gewandung auß derselben hervor — so tief war sie eingedrungen in das Mark und den Lebenskern des Landes.

In den frühern stürmischen Zeiten erscheint indessen Manches in einer Gestalt, die uns jezt fremd geworden. Die bewegenden Fragen spielten auf andern Gebieten als dem des Handels und der Finanzen, die Gewerbe waren noch wenig entwickelt; nach der Roheit des Zeitalters waren die Lords gewaltthätiger, die Außbrüche der Volksleidenschaft ungestümer; furchtbare Krämpfe suchten oft das königliche Haus heim, und das Land zuckte von den Erschütterungen. Das demokratische Prinzip fand während langer Zeiträume noch wenig Anhalt in den verfassungsmäßigen Rechten, es flüchtete häufig in die Arme der ursprünglich demokratischen Kirche, weil sie allein jeden Stand umfaßt und alle Menschen gleichstellt. Die Könige von England, die sich damals noch so wenig wie die deutschen, auf die Gemeinen zu stüzen verstunden, erlagen sogar dem Bündnisse Roms mit der französischen Krone: durch Befreundung erst mit dem (sächsischen) Volke, welches die langen Kriege mit Frankreich auch den Normannen näher führten, vermochten sie auch wieder fester gegen die römische Hierarchie aufzutreten, und wurden nun wahrhaft englische Monarchen. Wie aber das demokratische Prinzip von unten auf allmählich die Verfassung, die Krone und die Aristokratie durchhauchte, mäßigte die Kirche ihr demokratisches Wesen und gab sich nun ihrerseits mehr als billig dem Einflluße der Aristokratie und Krone hin; noch jezt ist die Hochkirche oder die eigentliche Staatskirche hoch aristokratisch, während sich in den zahlreichen Sekten aller Dissenter vorzüglich das demokratische Prinzip bewegt. In dem Maße jedoch wie die Demokratie und ihre großen Anliegen erstarkten und in die elastische Verfassung eindrangen, näherten sich ihr die weltlichen Barone, um die Leitung der öffentlichen Angelegenheiten ihren Händen nicht entschlüpfen zu lassen. Die englischen Grundherrn, nicht auf leere Titel, sondern auf wirklichen Einfluß und wirkliche Macht gewiesen, machten frühzeitig die Erfahrung, daß Pflege und Schuz der Industrie ihren Belangen nicht weniger entspreche als denen der Gewerbtreibenden selbst; der eigene Vortheil half ihnen die dem grundbesizenden Adel sonst eigenthümliche Abneigung gegen das Aufkommen eines wohlhabenden Standes von Fabrikanten und Kaufherrn leichter überwinden.

Vorher aber muste natürlich der alte selbsüchtige Geist des normännischen Adels gebrochen und veredelt werden, der, geburtsstolz, habgierig, herschsüchtig, Anfangs auch, wie der Adel des Kontinents, in Niederhaltung des Bauerstandes, in Gewaltthätigkeit und eitlem

Flitter seine Größe suchte. Man muß nämlich den ungezähmten normännischen Adel unterscheiden von der spätern englischen Aristokratie:
jener, auf Eroberung fußend, hat kriegerische Selbstsucht zum Prinzip;
diese, im nazionalen Sinn umgewandelt, Vaterlandsliebe. Zwischen
beiden liegen wirre Zustände, eine große politische, ins Graue ver-
schwimmende Umgestaltung. Schon mit Eduard III. begann zwar der
Gewerbfleiß Wurzel zu schlagen, England schickte nicht mehr alle selbst-
erzeugte Wolle nach dem Festlande, um dafür Tücher einzutauschen;
doch vergieng noch ein Jahrhundert, ehe der normännische Adel seine
Aufmerksamkeit darauf hinwandte, und auch dann noch war sein erstes
Gefühl, troz der merklichen Zunahme der Bodenrente, Widerwillen gegen eine neue Macht des Bürgerthums, gegen einen Nebenbuhler der
mit regstem Wetteifer aufstrebte. Die Krone, ihrerseits in den Baro-
nen noch Rivale fürchtend, verbündete sich indessen entschiedener mit
Gewerbfleiß und Bürgerthum. In diesen rohen Formen bewegte sich
zuerst der noch ganz unvermittelte Gegensaz zwischen Aristokratie und
Demokratie. Bürgerthum und Adelthum waren damals noch wie
Feinde in verschiedene Lager geschart, furchtbare Zusammenstöße unvermeidlich. Lange hatte das Feuer des wechselseitigen Haßes zwischen
den beiden Gegnern unter der Asche geglommen, bevor sie zur lezten
Entscheidung handgemein wurden. Der Sieg entschied zu Gunsten
des Bürgerthums und der Krone: der reiche mächtige Graf von Warwick, das Haubt der normännischen Herrn, zubenannt der „Königs-
macher", *) verlor Macht und Leben, weil er, die Natur der neuauf-

---

*) Bezeichnend ist der Auftritt im dritten Theile von Shakspere's Heinrich VI.
vor Coventry, welches der alte Warwick besezt hielt. König Eduard langt mit
Truppen an und fordert Warwick auf, die Thore zu öffnen und das Knie zu beugen vor dem Könige gegen Verzeihung.
Warwick: Vielmehr willst du hier wegziehn deine Scharen,
          Bekennen wer dich hub und niederstürzte,
          Den Warwick Gönner nennen und bereun;
          So sollst Du ferner Herzog sein von York."
Herzog Gloster wundert sich, daß er nicht mindestens König sagt. Warwick: „Ist
nicht ein Herzogthum ein schön Geschenk?" Gloster: „Ja, wahrlich, wenns ein
armer Graf vergibt." Warwick: „Ich war's ja, der das Königreich ihm gab."
König Eduard: „Nun, so ist's mein, wenn auch durch Warwicks Gabe."
Warwick: „Du bist kein Atlas für so große Last,
          Dem Schwächling nimt die Gabe Warwick wieder,
          Und Heinrich ist mein Herr, Warwick sein Unterthan."

strebenden Macht miskennend, die Städte von sich abwendig gemacht
hatte. In ihm bricht groß die Kraft des alten Kriegsadels. Shak=
spere legt dem Sterbenden auf dem Schlachtfelde bei Barnet, wo auch
sein tapferer Bruder Montague gefallen, die stolzen Worte in den
Mund:

> „Wer hat gesiegt: York oder Warwick?
> Weswegen frag' ich? Mein zerstückter Leib,
> Mein Blut, mein krankes Herz, die Ohnmacht zeigt,
> Daß ich den Leib der Erde laffen muß,
> Und meinem Feind den Sieg durch meinen Fall.
> So weicht der Axt die Zeder, deren Arme
> Dem königlichen Adler Schuz verliehn,
> In deren Schatten schlafend lag der Leu,
> Die mit dem Wipfel Jovis breiten Baum
> Weit überschauet hat, und niedere Stauden
> Vor dem gewalt'gen Wintersturm gedeckt.
> Die Augen, jezt vom Todesschleier umdüstert,
> Sind hell gewesen wie die Mittagssonne,
> Den heimlichen Verrath der Welt zu spähn.
> Die Falten meiner Stirn, jezt voller Blut,
> Sind Königsgrüften oft verglichen worden:
> Denn welches Königs Grab konnt' ich nicht graben?
> Wer lächelte, wenn Warwick finster sah?
> Nun ist mein Glanz befleckt mit Staub und Blut.
> Von Lustgeheg und allen Länderein
> Bleibt nichts mir übrig als des Leibes Länge.
> Was ist Pomp, Hohheit, Macht, als Erd und Staub?
> Lebt, wie ihr könnt, ihr seid des Todes Raub."

Der lezte König seiner Wahl, der schwache („heilige", nennt
Shakspere ihn) Heinrich VI., stürzte ihm nach mit seiner Krone, wäh=
rend der Gegenkönig Eduard IV., troz seiner Fehler beim Gewerb = und
Handelsstande beliebt, sie zum andern Mal gewann. Diese gewaltige
Katastrofe bildet den eigentlichen Wendepunkt zwischen dem alten nor=
männischen Adel und der neuen englischen Aristokratie: die furchtbare
Schlacht, in der Graf Warwick fiel, war der Gegenschlag des verhäng=
nisvollen Tags von Hastings, an welchem König Harald nebst seinen
besten Sachsen verblutete und den Normannen der Sieg blieb. Mit
dem Königmacher fiel auch die Blüte der normännischen Herrn, und
ihre Herschaft in der alten Form hatte für immer ein Ende. Shakspere
hat diese wichtige Wendezeit der englischen Geschichte, in welcher sich
das Ende des kriegerisch=normännischen Lehenstaats und der Anfang

des neuen englischen Volksstaats berühren, mit furchtbar großartiger Reibung, in seinen vaterländischen Dramen für alle Zeiten verherlicht, wie kein anderer Dichter einen bedeutenden Abschnitt seiner Volksgeschichte. Seinem Genius konnte sich keine reichere und denkwürdigere Epoche darbieten. Nach dem donnernden Sturze jener hochwipfeligen Zeder, tritt das selbsüchtige normännische Wesen nur noch in seiner ganzen Fäulnis auf, in der widrigen Misgestalt König Richards des Dritten, der an der Menschheit durch Frevel rächen will, daß Natur ihn roh geprägt, ums schöne Ebenmaß verkürzt und von Liebesmajestät entblößt hat. Grauenvoll ist das Bild dieses Bösewichts, der auß Herschsucht und Kurzweil, und weil er müde, seinen Schatten in der Sonne zu spähen und seine eigene Misgestalt zu erörtern, nur noch schlimme Anschläge und Mordgedanken hegt. Schaudern erregt das Schicksal eines Volkes unter solchem Tyrannen, den keine Kunst je so abschreckend wahr gezeichnet wie die Shakspere's. So unglücklich erscheint Englands Loß am Ende der normännischen Wirren! Aber wie die Geschichte, so versöhnt uns auch der Dichter mit demselben; Richard endet verzweifelnd fechtend in der Schlacht, und das Volk, das Bürgerthum siegt unter der Fahne des jungen Grafen von Richmond, Heinrichs VII. Dieser vereint die weiße und rote Rose und endet damit den blutigen dreißigjährigen Bürgerzwist; eine schönere Zeit beginnt. Versöhnend schließt Shakspere das große Drama von der alten wüsten Adelszeit, indem er den jungen Richmond, profetisch auf die Zukunft hindeutend, also sprechen läßt:

„England war lang' im Wahnsinn, schlug sich selbst:
Der Bruder, blind, vergoß des Bruders Blut;
Der Vater würgte rasch den eignen Sohn;
Der Sohn, gedrungen, ward des Vaters Schlächter;
All' dies entzweiten York und Lancaster,
Entzweiet selbst in gräulicher Entzweiung. —
Nun mögen Richmond und Elisabeth,
Die echten Erben jedes Königshauses,
Durch Gottes schöne Fügung sich vereinen!
Mög' ihr Geschlecht (wenn es dein Will' ist, Gott!)
Die Folgezeit mit mildem Frieden segnen,
Mit lachendem Gedeihn und heitern Tagen!
Zerbrich der Bösen Waffe, gnäd'ger Gott,
Die diese Tage möchten wiederbringen,
Daß England weinen müßt' in Strömen Bluts!

Der lebe nicht, und schmeck' des Landes Frucht,
Der heim des schönen Landes Frieden sucht!
Getilgt ist Zwist, gestreut des Friedens Samen:
Daß er hier lange blühe, Gott, sprich Amen!"

Die Nebenbuhlerschaft der Barone mit der Krone selbst war gebrochen, ihre Macht schien über den langen Kriegen für immer zerrüttet. Gleichwol sollte sich ihnen in der Folge ein edlerer Schauplaz
des politischen Ehrgeizes aufschließen, auf dem die Aristokratie, dann
im innigen Bunde mit dem allmählich zum Bewustsein seiner Macht
kommenden dritten Stande, einen Glanz erreichte, der blendend über
die halbe Welt stralte. Denn die Krone hatte durch ihren vollständigen
Sieg über die Vasallen ein gefährliches Uebergewicht erlangt, das die
öffentliche Freiheit um so mehr bedrohte, als sich auch noch kein demokratisches Gegenmoment zu organisiren Zeit gehabt hatte, und das
Parlament zu einem Spielball der Parteien entwürdigt war: eine fast
absolute Ministerial-Regierung mit parlamentarischen Formen war die
Folge dieses Zustandes. Hierauß gieng nun mit der Zeit der hochwichtige Bund zwischen Aristokratie und Demokratie hervor,
der zu den außerordentlichsten Ergebnissen führte, in Betreff sowol der
politischen Freiheit als der Handelsgröße und der Seegewalt Englands. Zwar suchte die Krone, welche sich durch den dritten Stand
emanzipirt hatte, durch ihn sich auch fortwährend geborgen und gekräf-
tigt fühlte, ihm Anfangs solches durch eifrige Pflege seiner Interessen
zu vergelten; allein auch die nun unterwürfige Landaristokratie lernte
die großen Vortheile kennen, welche ihr auß der Industrie erwuchsen,
und suchte daher jezt, mit jener wetteifernd, einen nicht minder wichtigen und unendlich wohlthätigern Plaz in der neuen Ordnung der
Dinge außzufüllen als früher in der alten. Es bewahrte die Krone
unter solchen Fortgängen zwar das Uebergewicht bis zu den Lebzeiten
der Königin Elisabeth, unter welcher zugleich der Grundstein zu dem
Handels- und Schiffahrtssystem gelegt ward, welches England im
Laufe der folgenden Jahrhunderte mit zum reichsten und mächtigsten
Lande erheben sollte. Unter den sich mehrenden Gewaltschritten der
nachfolgenden Regenten aber wurden Volk und Aristokratie des Will-
kürschaltens satt, der kirchliche Independentismus gesellte sich zu der
politischen Opposizion, ihr größere Energie verleihend, und nun erhuben sich die religiös-politischen Stürme, auß welchen endlich Englands

freie Staatsverfassung in geläuterter Gestalt und jezt mit einem natürlichen, entschiedenen Uebergewicht der Aristokratie hervorgieng. Damit
beginnt die Glanzperiode der englischen Aristokratie.

Edmund Burke, gewis ein großer Freund des Rechts, der Freiheit und des echten Adels, sagt in einem Briefe an den Herzog von
Richmond (November 1772): es sei eine alte Bemerkung, daß es zu
Rom zwei außgezeichnete Familien gab, die mehrere Zeitalter hindurch
vollkommen durch entgegengesezte Karaktere und Grundsäze unterschie-
ben waren, die Claudier und Valerier; erstere hoch und stolz gesonnen,
aber von staatsmännischem Geiste, fest und thätig und an die Aristokratie gebunden; lezte volksgemäß in ihrer Gesinnung, Art und
Grundsäzen. Er fügt hinzu, daß Jeder, der aufmerksam ihre Geschichte betrachtet, sehen werde, daß das Gleichgewicht jener berühmten
(römischen) Konstituzion ganze Zeitalter hindurch aufrecht erhalten worden durch die persönlichen Karaktere, die Anordnungen und trabizionelle
Politik gewisser Familien ebenso sehr als durch die Staatsgrundgeseze
und -Ordnungen. Die Beziehung auf England ist klar. Auch hier
gab es ein langes Zeitalter hindurch und gibt es noch die beiden außgezeichneten Adelsfamilien der Tories und Whigs mit vorragenden persönlichen Karakteren und überlieferter Politik der einzelnen Familien,
deren Kämpfen, Strebnissen und Anordnungen der englische Staat
seine großartige Entwickelung im lezten Jahrhunderte und das Gleichgewicht seiner organischen Verfassung wesentlich mit verdankt. Burke
lebte mitten in jener aristokratischen Glanzperiode, in einer Zeit, wo
die großen Karaktere der Tories und Whigs sich in persönlicher Wirksamkeit am meisten geltend machen konnten und der Mittelstand, fast
durchauß noch von jenen und ihnen durch Geist ebenbürtigen Männern,
wie Burke selbst (sein auß normännischer Familie abstammender protestantischer Vater war Anwalt in Dublin), geleitet, den öffentlichen
Geschäften noch ferner stund. Weniger durch Geburt, als durch Karakter, Ueberzeugung und Lebensgeschick ursprünglich der alten Whigpartei angehörend, hatte er das Wesen der englischen Aristokratie vielleicht tiefer durchbrungen als irgend einer vor ihm oder nach ihm: keiner übersah schärfer die Geschichte und Außbildung ihrer Macht, wie
sie in der gesamten Staatsverfassung begründet, keiner wußte ihre
Lichtseiten heller und leuchtender herauszustellen. In der englischen
Aristokratie fand er die jeder großen politischen Entwickelung unentbehr-

lichen Karaktere, die da allein außreichen, ja gerade ihre Größe entfalten, wo die Lage der Dinge verzweifelt wird in Bezug auf die Gewalt. Anstand aber, Festigkeit, Dauerbarkeit, Muth, Geduld, männliche Beharrlichkeit — das sind ihm die Tugenden der Verzweiflung.
„Ihr Männer der großen Familien, des erblichen Vertrauens und
Vermögens," schreibt der stolze Burke an den Herzog von Richmond,
um diesen von Natur und auß Ekel vor einer scheinbar fruchtlosen Op-
poſition zur Zurückgezogenheit neigenden Karakter zu spornen, sobald
möglich in London auf dem politischen Kampfplaze zu erscheinen: „Ihr
müßt lang dauernde Gesichtspunkte festhalten. Ihr seid nicht gleich
denen, zu welchen ich gehöre, die, was wir auch gelten mögen, durch
die Eile unseres Wachsthums und sogar durch die Frucht, die wir bringen, selbst wenn wir uns auch schmeicheln, daß, während wir auf
dem Boden kriechen, wir zu Melonen anschwellen, die wegen ihrer
Größe und ihres Wohlgeschmacks gesucht sind, doch immer jährige
Pflanzen bleiben, die mit ihrer Jahreszeit vorübergehn und keinerlei
Spur hinter sich laſſen. Ihr, wenn ihr seid, was ihr sein sollt, seid
in meinen Augen die großen Eichen, die das Land beschatten und ihre
Wohlthaten von Enkel zu Enkel fortsezen. Die unmittelbare Macht
eines Herzogs von Richmond oder eines Marquis von Rockingham ist
kein Werk des Augenblicks; sondern wenn Führung und Beispiel ihre
Grundsäze ihren Nachfolgern überliefern, dann werden deren Häuser
die öffentlichen Niederlagen und Archive der Verfaſſung, nicht ähnlich
dem Tower oder der Rollskapelle, wo diese hervorgesucht, aber oftmals
vergeblich gesucht wird, in verfaulten Pergamenten unter feuchten und
verfallenen Mauern, sondern in voller Kraft, mit lebendiger Energie
und Macht handelnd, im Karakter leitender Männer und in den natürlichen Intereſſen des Vaterlandes[*]."

Als Burke diese Worte schrieb — drei Jahre vor dem Außbruche
des nordamerikanischen Unabhängigkeitskrieges, siebzehn Jahre vor dem
Beginn der franzöſischen Revoluzion, den Außgangspunkten der größten
politischen Bewegungen, die fort und fort wirken — war Manches in
England noch ganz anders als gegenwärtig. Im britischen Reiche hat
sich seitdem, wenn auch nicht gewaltthätig wie auf dem Festlande, doch

---

[*] S. den intereſſanten Auffaz über Edmund Burke im 1. und 2. Hefte der Mo-
natsblätter zur Allg. Ztg.

gewaltig Viel und Bedeutendes verändert und umgestaltet. Der Mittelstand hat an Intelligenz, Reichthum, Einfluß, Macht und Bedeutung außnehmend gewonnen, die Glanzperiode der alten britischen Aristokratie scheint dagegen im Erbleichen zu sein. Ich will hiermit weder
Tadel noch Lob außsprechen, sondern einfach nur andeuten, daß die
große Periode ihres geschichtlich begründeten vorwiegenden Einflusses
im Staat in einem Uebergange begriffen sei zu einer neuen Zeit, wo
andere Bedürfnisse und Interessen auch veränderte Formen und Gestaltungen heischen. Dies braucht sogar der Wirksamkeit des aristokratischen Prinzips keinen Eintrag zu thun, wenn auch dessen alte Träger
nicht mehr so außschließlich wie früher die ersten Rollen im Staat übernehmen; im Gegentheil, es kann gerade die tiefere Durchdringung desselben mit den andern Staatsprinzipien beweisen, und sofern die Aristokratie selbst zur Vermittelung des Ueberganges beitrug, den schönsten
Beleg für ihre innere Tüchtigkeit abgeben. Je mehr Kenntnisse und
Vermögen, Wissen und Bildung Gemeingut werden, je mehr kenntnis-
reiche karaktervolle Männer auß den untern Ständen im öffentlichen
Leben auftauchen, desto mehr schwindet der bisherige größte Vorzug der
alten Aristokratie: manche Seiten derselben nehmen eine demokratischere
Färbung, während die Demokratie ihrerseits geistig mehr aristokratisch
wird. Die alten Adelsfamilien hören nach und nach auf, allein die
Haubtgefäße für Bewahrung gesezlicher Freiheit zu sein, die „öffentlichen Niederlagen und Archive der Verfassung‟ im Karakter leitender
Männer, ungefähr wie die Klöster und später die abgeschlossenen lati-
nisirenden Gelehrtenrepubliken aufgehört haben die alleinigen Pfleger
und Hüter des Wissens und der geistigen Bildung zu sein, nachdem
diese mehr Gemeingut geworden. Während sie mithin für die gesezmäßige Staatsentwickelung nicht mehr von der Wichtigkeit erscheinen
wie früher, hat zugleich die Verstärkung des demokratischen Prinzips
seit jenen wichtigen Ereignissen auf dem Festlande Europa's wie dem
Amerika's, namentlich in Frankreich und den auß einst verachteten
Gleichheitsmännern und Independenten großgewachsenen Vereinigten
Staaten, nicht ohne mächtigen Einfluß auf die Emporhebung des demokratischen Prinzips auch in England bleiben können. Endlich ist ja
die englische Verfassung gerade durch die hundertjährigen Anstrengungen der Aristokratie nach innen und außen fester, einiger, außge-
bildeter geworden, sie umfaßt jezt die drei britischen Königreiche in

einem, hat bedeutende Reformen erfahren und ist für weitere empfänglicher worden; so hat sie sich noch inniger denn früher in das ganze Volkswesen versenkt und schon in sich selbst, also unabhängig von dem Zuthun persönlicher Karaktere auß bevorrechteten Familien, eine größere Spannkraft zur Erhaltung des Gleichgewichts gewonnen.

Uebrigens ist wol kein Zweifel, daß eine Aristokratie wie die englische, welche durch festen Landbesitz das Moment der Unabhängigkeit, der Dauer und Stätigkeit, durch Aufnahme von Talent und Verdienst das Moment der Verjüngung und Bewegung hat und beide auf glückliche Weise miteinander vereint, sich in großen Staaten immer am besten dazu eignet, Anführerin des Volks zu sein. Jeder Landesadel kann, im eigenen Vortheil, ein natürliches gesundes Verhältnis zu den übrigen Volksklassen nur dadurch erlangen, daß er in allem was groß und nazional ist, an die Spize des Bürgerthums tritt, und nicht ihm gegenüber. Selbst das englische Majoratwesen läßt sich, in Verbindung mit dem Zurücktreten der jüngern Kinder in den Bürgerstand, für diesen Gesichtspunkt bis auf einen gewissen Grad rechtfertigen. Denn der güterbesizende Stand ist der politischen Stellung, selbständigen Wirksamkeit und Bedeutung am gewissesten, insofern sein Vermögen ebenso unabhängig vom Staatsvermögen als von der Unsicherheit des Gewerbes, der Sucht des Gewinns und der Veränderlichkeit des Besizes überhaubt — wie von der Gunst der Regierungsgewalt, so von der Gunst der Menge und selbst gegen die eigene Willkür dadurch festgestellt ist, daß die Mitglieder dieses Standes des Rechts der andern Bürger theils über ihr ganzes Eigenthum frei zu verfügen, theils es nach der Gleichheit der Liebe zu den Kindern an sie übergehend zu wissen, entbehren. Ihr Vermögen selbst ist gleichsam ein vom Staate verliehenes Pfand für ihre politische Berechtigung, ein unveräußerliches mit dem Majorate belastetes Erbgut, welches zugleich über die Natur des Privatguts hinaußgeht und im gewissen Sinn auch als Staatsvermögen betrachtet werden kann.

Eine Geldaristokratie dagegen ist mehr oder minder nur ein Außwuchs der Demokratie, sie sucht sich wenigstens immer an ihre Formen anzuschließen, um mittelst derselben zu herschen. Durch die Natur ihrer Verhältnisse zur Selbsucht und Absonderung ihrer Interessen von denen der arbeitenden Klassen getrieben, geräth sie unvermeidlich in Zwiespalt

mit der großen Volksmaſſe, der ſie untauglich macht, ſie zu vertreten,
ihre Reigungen zu gewinnen und ſich zu erhalten. Unter den manig=
fachen hiefür ſprechenden Gründen ſteht der einfache Saz der Volks=
wirtſchaftslehre obenan, daß der Arbeitslohn ſteigt, wenn der Kapi=
talgewinn fällt, und umgekehrt; wonach es offenbar im Intereſſe der
Kapitalbeſizer liegt, den Arbeitslohn, d. h. das Einkommen der un=
tern Volksklaſſen, niedrig zu halten. Dagegen ſtehn Bodenrente und
Arbeitslohn nach dem Naturgeſeze im geraden Verhältniſſe (es iſt eben
eine Verkehrtheit der Zuſtände, wenn engliſche Landlords durch Erſpar=
nis von Arbeitslohn die Bodenrente zu erhöhen trachten), und je tiefer
der Zinsfuß fällt, deſto beſſer ſtehn ſich die Grundbeſizer ſowie ſämt=
liche erzeugenden Klaſſen der Nazion dabei. Hier iſt alſo Einklang der
richtig erkannten Intereſſen; dort nicht. Seit den Zeiten Eliſabeths,
beſonders mit dem Beginn des achtzehnten Jahrhunderts und noch
mehr ſeit der Mitte deſſelben mit dem Aufkommen der Maſchinen und
der ungeheuern Außdehnung der ſtoffveredelnden Gewerbe hat ſich die
Bodenrente in England fortwährend erhöht, und bezeichnend genug,
ungefähr in demſelben Verhältniſſe, als der Zinsfuß dagegen gefallen
iſt. Auch übernahmen die Grundbeſizer ſelbſt die Sorge für Gewerbe=
ſchuz, für Handel und Schiffahrt, im Geſamtintereſſe wie in ihrem
eigenen; denn von dieſen Quellen des Reichthums führten auch Kanäle
in den Schoß der Landintereſſen zurück, und der engliſche Adel ward
nicht nur der politiſch glänzendſte, ſondern auch der reichſte und mäch=
tigſte der Erde. Weil Grundrente und Arbeitslohn, abgeſehen von ſon=
ſtigen Einflüſſen, miteinander ſteigen und fallen, ſo iſt das wahre In=
tereſſe der Landbeſizer identiſch mit dem der arbeitenden Klaſſen; jeder
legislative Einfluß, welcher daher Arbeit im Preiſe herabdrückt, ſchmä=
lert auch die Bodenrente. Freilich hat ſich in dieſer Hinſicht nicht alles
naturgemäß in England geſtaltet; die Grundbeſizer fangen an ihr Land
in fabrikmäßiger Weiſe außzubeuten, und der zu große Grundbeſiz wird
ein um ſo ſchlimmeres Uebel, je mehr der Geiſt der Geldariſtokratie in
die grundbeſizende eindringt. Allein dieſen Mißſtänden liegt kein Na=
turgeſez zu Grunde, wie etwa den vielen Klagen, die faſt gleichzeitig
in England, Frankreich, Belgien, Schleſien, Böhmen, Catalonien
u. ſ. w. gegen die Fabrikherren erſchollen ſind, daß dieſe nämlich über
alle von ihnen Abhängige die Gewalt des Kapitals mit einem in neuern
Zeiten im Feudalismus unerhörten Drucke außzuüben drohn. Die

Gesezgebung sah sich in manchen Ländern schon aufgefordert, den Arbeitern gegen die Geldmacht der Unternehmer zu Hülfe zu kommen, und ein solcher gesezlicher Schuz wird je länger, desto dringlicher. Eben ob der innern Unvereinbarkeit der Geldinteressen mit den Arbeitsinteressen ist unserm Zeitalter die Aufgabe der Arbeitsorganisazion gestellt, d. h. die Aufgabe, die innern Widersprüche zwischen Kapitalprofit und Arbeitslohn dadurch zu lösen, daß die Arbeit in organischen Verband mit Kapital, wo möglich auch mit Eigenthum, gebracht wird. Die Arbeiterklassen sind bereits dem Kapitalreichthum gegenüber, in dessen Abhängigkeit sie gekommen, tief hinuntergedrückt und, wie's scheint, völlig außer Stande, sich auf gesezmäßigem Wege selbst auß der Erniedrigung wieder emporzuarbeiten. Wie das Bewustsein der Gemeinschädlichkeit eines solchen Zustandes für die gesamte bürgerliche Gesellschaft wach wird, muß auch die Dringlichkeit der Abhülfe einleuchten.

Das monarchische Prinzip durchhaucht, wie das aristokratische und das demokratische, gleichfalls die ganze englische Verfassung und alle Volkszustände des Inselreichs. Nur war in frühern rohern Zeiten die Persönlichkeit des Königs natürlich vorwiegender und wichtiger, in dem Verhältnisse als das Prinzip selbst noch weniger wirksam war; das Landesglück hieng mehr von der persönlichen Bedeutung des Monarchen ab, in welchem die Vorzeit den unmittelbaren Führer des Volkes anerkannte. Montesquieu's äußeres Gleichgewicht der Gewalten, wie's heute gewöhnlich aufgefaßt wird, findet sich in der britischen Verfassung keineswegs außgebildet; — für die wissenschaftliche Erkenntnis mag eine solche Trennung vortheilhaft sein, für die Wirklichkeit hat sie weniger Wert. Nach Brechung des alten herrischen Lehnadels war natürlich die königliche Gewalt in Gesezgebung wie Außübung vorwiegend; in den reformatorischen Kämpfen erhub die Demokratie das Haubt; die Revoluzion von 1688 begründete für mehr denn ein Jahrhundert das Uebergewicht des aristokratischen Prinzips, an welches sich Wilhelm III. anschloß. Dies hatte Anfangs wenig Einfluß auf die Königsmacht, weil Krone und (whigische) Aristokratie, beide im Bunde mit der protestantischen Staatskirche, eng verknüpft blieben und die Aristokratie es ihrem Interesse gemäß fand, die königliche Macht zu stüzen. Wilhelm III. regierte noch gleichsam persönlich, unter ihm war von einer Ministerverantwortlichkeit im modernen Sinne noch nicht durchauß die Rede. Leztere, nämlich die Regel: „daß die Minister bei allen Regierungshandlungen die Mehrheit des Parlaments für sich haben müssen," ward erst unter Georg II. fest geltend. In Folge dieser Regel wurden die alten sogenannten Prärogativen*) der Krone zum Theil zwar trügerisch, das königliche Veto in der Gesezgebung ward unmöglich, selbst die Leitung der außwärtigen Angelegenheiten vom Parlament abhängig, dessen Urtheil sie unterlag, die Theilung zwischen legislativer und exekutiver Gewalt war nur noch ein leerer Begriff, beide Gewalten nun in einer Regierung auß Parlament, Krone und Rath untrennbar vereint; aber das alles doch unbeschadet des monarchischen Prinzips, das vielmehr gerade durch sein Aufgehn in die naturwüchsige Landesverfassung und durch seine wechselseitige Durchdringung mit den andern Staatspotenzen neue tiefe und unrottbare Wurzeln in Volk und Boden trieb. Die Wirksamkeit des monarchischen Prinzips ward eben mit der Zeit unabhängig von der Persönlichkeit des Monarchen, gerade wie, wegen der Durchdringung aller Volksklassen mit dem aristokratischen Prinzip, auch die aristokratische Anführung nichts weniger als noch außschließlich an den Adel geknüpft erscheint. Kann man daher auch England als eine große Republik in monarchischer Gewandung darstellen — aristokratisch, so lange das Oberhaus durch seinen Einfluß auch auf die Besezung des Unterhauses leitende Macht war, der Demokratie sich zuneigend durch die steigende Macht des mehr und mehr von den Mittelklassen besezten Unterhauses, besonders in Folge der Reformbill; so ist das doch nur das äußere Gesicht dieses Staats, da er sonst, im Volksgemüthe wie in der Verfassung, den gewaltsamen Gegensaz jener Prinzipe überwunden hat. Gerade die wechselseitige Durchdringung derselben, welche Verfassung und Regierung von den Personen unabhängig macht, ist Englands wichtigster und größter politischer Vorzug.

---

*) Die englische Verfassung war ursprünglich auch darin andern germanischen ähnlich, daß nur die Bewilligung neuer direkter Steuern, die in alter Zeit bloß eine außhülfliche und beiläufige Quelle der fürstlichen Einkünfte bildeten, von dem Willen der Stände abhieng. Noch Blackstone zählt eine ganze Reihe, dem Könige, unabhängig vom Parlamente, zustehender Einnahmequellen auf. Jezt sind sie aber dem Parlamente bei Festsezung der Zivilliste überlassen, die zuerst dem Könige Karl II. bewilligt ward, wobei man gerade die Absicht gehabt haben soll, ihn unabhängiger von Steuerbewilligungen zu machen. Das Unterhaus hat die Schnüre des Geldbentels der Regierung in Händen — die Grundlage seiner Macht.

Das also ist kurz der Lauf in England. Der hohe Lehensadel ver=
mochte zu keiner Zeit das Volk zu unterdrücken — der gewisse Schritt
zu seinem eigenen Grabe — noch auch das Königthum zum Schatten
abzuschwächen; die demokratischen Bewegungen auf politischem wie
kirchlichem Gebiete, wenn auch oft mit auflösenden Grundsäzen im
Bunde drängend, vermochten doch ebenso wenig weder das aristokrati=
sche noch das monarchische Prinzip unterzuordnen; endlich das König=
thum nicht die beiden andern Grundpotenzen, oder mit Hülfe der einen
die andere. Bei gefährlichen Versuchen der leztern Art trat die Kirche
das Gleichgewicht vermittelnd ein, indem sie dem gefährdeten Theil
beisprang; indessen verlor sie später, als sich die weltliche Ordnung
befestigte, diese heilsame Stellung durch eigene Verweltlichung. Im
Allgemeinen identifizirte sich die bischöfliche Kirche, als Staatskirche
den herschenden politischen Einwirkungen nachgebend, mehr mit dem
aristokratischen, die Dissenter, protestantische wie katholische, mehr mit
dem demokratischen Prinzipe. Bei dem allen aber ist wesentlich die fort=
schreitende Ueberwindung der natürlichen und im Staat gegebenen Ge=
gensäze durch die Nazion selbst, so zwar, daß diese nicht völlig besei=
tigt, sondern in ihrer Schärfe immer mehr gemildert und vermittelt
werden durch die Landesverfassung, in welcher sie als Momente der
Entwickelung überhaupt fortwirken. Diese fortwährende freie Vermit=
telung der Gegensäze, um ihnen die Gewaltsamkeit zu nehmen, dieses
stäte Vertragen ist eben der große Bildungsprozeß des englischen Volks=
staats. Bald erscheinen die politischen, bald die kirchlichen Gegensäze
vorwiegend (nur in Irland besteht auch noch ein nazionaler, der die
kirchlichen daselbst verschärft), und auf beiden Gebieten ist für die Ver=
mittlung zu Frommen der englischen Gesamtentwickelung schon Großes
geschehen. Der Lebensborn des englischen Volksstaats quillt also darin,
daß die Grundpotenzen, sich gegenseitig mäßigend und stärkend, ein=
ander durchdringen, mit ihren Wurzeln in der Natur, mit ihrer Entfal=
tung im Geiste; hiedurch bildeten sie, unter zwar immer umfassen=
deren, aber auch mehr und mehr sich mildernden Parteikämpfen, den
Organismus für die großartige Entwickelung des Inselreichs. Wäre
die eine unterlegen, so nahte auch für die andere Gefahr, und die sieg=
reiche hätte sich zulezt, um die auflösenden und anarchischen Prinzipien
zu bewältigen, genöthigt gesehen, zum dürren eisernen Verwaltungs=
mechanismus ihre Zuflucht zu nehmen; auch England wäre dann ein

mechanisch verwalteter Polizei- und Beamtenstaat geworden. Das
Glück war, daß jedes Prinzip gerade in der Lebenskraft der andern seine
Haubtstüze fand. Daher kann man mit Wahrheit sagen — und das
wäre, dünkt mich, von den Vertretern des bloß negirenden Liberalismus wohl zu bedenken — die Demokratie, von deren Lebensäußerungen
wir in unserm Polizeistaate nichts kennen noch dulden, würde im englischen Volksstaate minder mächtig und gewaltig sein, als sie wirklich
ist, wenn ihm das aristokratische Prinzip gefehlt hätte. Mit andern
Worten: die englische Aristokratie saugt ihre Lebenskraft auß dem voll-
saftigen Boden der Demokratie, worin sie ihre Wurzeln getrieben, und
ihr Prinzip ist um so fester begründet, als es mit der Nazion selbst geistig und leiblich verwachsen ist; indem die Demokratie aber mit ihrem
Volksmarke die Aristokratie durchquillt, in sie ihre Blüten und Kronen
hinauftreibt, findet sie hinwieder an der Aristokratie ihren Halt, ihre
besonnene Leitung und ihre karakterfeste Stüze gegen jedwede Be-
drückung.

Ich füge noch ein par Notizen bei. Es erklärt sich auß Obigem,
daß nirgend sonst die Geschichte und Verhältnisse des eingebornen Adels
so allgemein bekannt sind wie in England. Es gibt dort aber zwei
Adelsklassen, die **Nobility**, der höhere oder eigentliche Adel, und
die **Gentry**, Edelleute und „Commoners;" entsprechend etwa im
Französischen dem Unterschiede zwischen „Seigneurs" und „Gentils-
hommes." Die höhere Adelsordnung (primates, proceres, magnates
et generosi s. nobiles) bilden die „Barons," die „Viscounts,"
„Earls," „Marquisses" und „Dukes." Der zwischen beiden Klassen
stehende Baronet ist der Baron vom niedrigsten Grade, dem diese
Würde nebst Besiz, auf den sie sich stüzt, erblich gehört. Die untere
Ordnung sind die „Knights" (ihnen gebührt schon, wie den Baronets,
das Sir vor dem Vornamen), „Esquires," die Gentlemen. Doch
hat gerade diese Gentry in gar vielen Fällen vor dem hohen politischen
Adel, den Peers, die oft eben emporgekommene verdienstvolle Männer
des Volkes oder deren nächste Nachkommen sind, den kontinentalen
Vorzug „altangesehene" Familien zu sein. Jährlich erscheinen
für den Adel und die zwischen ihm und den Commoners stehenden erblichen Ritter, die Baronets, drei dicke Adelslerika, das „Peerage"
von Debrett (in neuer Verarbeitung von Collen), das älteste derselben,
das von Burke, das „Baronetage" einschließend (mit mehr als 1500

Wapen), das dritte von Lodge. Für die Geschichte und Genealogie der Gentry aber dient Burke's umfangreiche „history of the Commoners." Auf dem Kontinent schweben die Adelstitel in der Luft, Vollblut genügt für Altadeligkeit. Der Stammbaum ist hier die Haubtsache, und es gibt in Frankreich selbst altadelige Familien ohne Prädikat und Titel, welche das glänzende Vorrecht der „Carrosses du Roi" genossen, während andere mit Baronen= und Grafentiteln, die von gekauften oder geerbten Gütern herrühren, wegen ihres gemeinen Bluts nicht zum Adel gehörten. Die neue Pairie non titrée hört durch die vielen Titelschenkungen allmählich auf diesen Namen zu verdienen. Die Charte vérité sagt in Art. 62: „Der alte Adel erhält seine Titel zurück, der neue behält die seinigen; der König schafft Adelige nach seinem Willen." Doch sind im Jahre 1832 folgerichtig die auf unrechtmäßige Anmaßung von Adelstiteln gesetzte Strafen in Frankreich abgeschafft. Auch in Italien gibt's adelige Familien ohne Titel, sie wurden adelig durch senatorischen Rang oder Einschreibung ins goldene Buch; aber der Titel von einem Adelslehen verleiht dort zugleich den Adel selbst. Zahlreiche altberühmte Namen schmücken zwar die Adelsalmanache von Frankreich, Spanien und Italien, aber ein Adel, der als solcher keine Aufgabe im Staate zu erfüllen hat, ohne sich forterbende politische Stellung und bis auf einen gewissen Punkt gesicherten Grundbesiz, der weder im Staate noch im Volke steht und lebt — ein solcher Adel ist nach jeder Richtung ohnmächtig, und weder eine Stüze des Volkes gegen die Uebergriffe der Regierenden, noch ein Schild dieser gegen den Andrang des demokratischen Geistes und der Falangen der industriellen Klassen. Unter solchen Umständen erscheint es ein doppeltes Glück, wenn in einem tüchtigen Bauernstand, wie Skandinavien und Deutschland im Ganzen ihn besitzen, ein anderes kräftigeres, nämlich volkmäßiges Adelselement sich vorfindet. Das Grundeigenthum, ob einem Majoratsherrn oder einem Odelsbauern gehörend, ist überall konservativ: Festhalten am Prinzip der Selbstverwaltung, der Grundlage staatlicher Freiheit, und eine von engen Gränzen umzogene Anschauungsweise bilden immer seinen Karakter.

––––––––––

VI.

Kehrseite der britischen Grundbesizverhältnisse, ihre nachtheiligen Wirkungen auf das Verhältnis der Nährstände, das Befinden der Masse
der Bevölkerung, namentlich auf die Arbeiterzustände; die Gesellenschaften; mildernde Reformen.

"Viel Licht, viel Schatten."

Bei den schönen und großen Seiten der englischen grundbesizenden
Aristokratie fehlt ihr doch nicht die Kehrseite. Das Streben der im
englischen Staate wirksamen Triebfedern nach Gleichgewicht ist dieses
noch nicht selbst. Denn sie wirken im Staatsorganismus nicht bloß
zusammen, sich beschränkend und haltend, sondern auch gegeneinander.
Das Moment der Trennung — des Kämpfens und Ringens — ist
darin kaum minder wesentlich, als das der Verbindung. Nur liegt in
der Trennung die Gefahr, es sei, daß die Stahlkraft der einen oder
andern Triebfeder nachlasse, es sei, daß sie durch übermäßige Anspan-
nung zerrissen werde. Man darf den Kampf nicht scheuen, als nothwendig für Erhaltung des Gleichgewichts; doch muß verhindert werden, daß durch zu heftiges Reiben der Triebfedern der Organismus
des Staats selbst nicht leide. Auf unserm Festlande herscht die Ansicht
vor, das demokratische Prinzip nehme in England an Macht zu, das
aristokratische ab, und dieses sehe insofern schon bedeutsamen Aenderungen entgegen, als jedesfalls seine Träger ihm mehr und mehr in
andern Ständen erwüchsen, besonders in dem Mittelstande, der überhaupt auf dem Punkte stehe, die eigentliche Herschaft in England an-
zutreten. Doch hierin liegt, wie bedenklich es Manchen vorkommen
mag, keineswegs die wirkliche Schwierigkeit für England. Sofern
Monarchie, Aristokratie und Demokratie nicht bloße Abstrakzionen sind,

sondern Prinzipe, sittlich = volkthümlicher Inhalt einer Razion, sofern
sie die Faktoren der Entwickelung derselben bilden, wie's in England
der Fall ist, erscheint allerdings ihr Gleichgewicht auch ein Erfordernis
des gesunden Razionallebens; allein andrerseits wird dieses Gleichgewicht nicht schon dadurch wesentlich gestört, daß die Träger des einen
oder andern Prinzips dem Stande nach wechseln und sich in Zukunft
mehr auß verschiedenen Volksklassen ergänzen als in der Vergangenheit.
Kann dies doch lediglich die natürliche Folge einer tüchtigen Entwickelung selbst sein. Wie Schlangen sich alljährlich häuten, ohne ihre
Natur zu ändern, so können auch volkliche Bildungen, organische
Staatsverfassungen ihre Gewandung wechseln, ohne den Kern, die
Natur und Prinzipien derselben zu beschädigen. Ja, eine solche Häu-
tung erscheint für die Gesundheit und Fülle des innern Staatslebens
von Zeit zu Zeit um so ersprießlicher, je mehr schon die ursprünglichen
gewaltsamen Gegensäze durch Wechseldurchbringung der Staatsprinzipien gemildert sind. Die Vermittlung der neuen zu Tage brechenden
Gegensäze sucht auch wol eine neue Form, ohne daß deshalb das Wesen des Entwicklungskampfes selbst sich änderte. Ist eine solche Zeit
des Umschwungs nun auch für England angebrochen, die eigentliche
Gefahr liegt durchauß nicht hierin, sondern ganz anderswo, und zwar
vorzüglich in den unfreien Verhältnissen seines Grundbesizes und in den
kirchlichen Zuständen. Von diesen beiden alten engverschwisterten
Grundübeln, die sich so außgebreitet haben, daß Zaudern mit gründ=
licher Abhülfe den Staat in seinen Grundvesten erschüttern kann, reicht
das eine in die Normannenzeit, das andere in die Reformazion hinauf.
In beiderlei Hinsicht sind allmählich klaffende Gegensäze hervorgetreten,
deren Vermittlung, bereits die ganze Kraft des Britenreichs in Anspruch nehmend, einen neuen Prüfstein für die Güte und den Klang
der altenglischen Verfassung bilden wird.

Mich zunächst mit den Bodenbesizverhältnissen befassend — die
kirchliche Frage erspar' ich bis zulezt, da sie neben der englischen auch
noch eine allgemeine Seite hat — muß ich im vorauß meine Ueberzeugung dahin außsprechen, daß, falls der Uebergang zu gesündern kirchlichen und Besizzuständen auf verfassungsmäßigem Wege durchgeführt
wird und nicht in anarchische auflösende Strebnisse gegen Aristokratie
und Staatskirche umschlägt, England dann, weit entfernt von einem
Rückgange, auß dieser Krise frischer, mächtiger und größer denn je her-

vorgehn wird. Ueberhaubt kündet sich der Verfall eines Reichs, wie das britische, nicht durch zeitweilige Stockung der Fabriken und vorübergehende Noth der Arbeiter an; in England bewirkt eine länger anhaltende Arbeitstockung bald den Abfluß von Menschen in Kolonien, welche den Gewerben des Mutterlandes erweiterte Absazmärkte bieten, jeder Geschäftsebbe folgt im natürlichen Lauf wieder eine Geschäftsflut, kurz wegen des großartigen Zusammenhangs der Verhältnisse erwächst dort auß bloß temporärer Noth von selbst auch das Heilmittel. Ein Staat wie der englische verfällt nur durch Entartung seiner Parteien, Schwächung seiner innern Triebfedern und durch Sittenverderbnis. So lange die Engländer das unternehmendste, regsamste, rüstigste, ·seemächtigste, thatkräftigste, von ihren Pflichten für das Gemeinwesen am meisten erfüllte Volk sind, hat es mit ihrem Verfalle noch so bald keine Noth, und dürften ihre Nebenbuhler sich vergeblich anschicken, ihre Erbschaft in Empfang zu nehmen. Wichtige Umgestaltungen aber in Staat und Kirche heischt die Lage des Volkes in allen drei vereinten Königreichen. Die feudale Form der Grundverhältnisse muß sich umgestalten, sie hat ihre Zeit erfüllt, und ich glaube ihre Tage sind gezählt. Gleiches gilt von der Gestaltung der Hochkirche und ihrer Herschaft, namentlich in Irland. Vielleicht wird beides zusammentreffen, weil die politische Reform ohne die kirchliche selten Kraft und Schwung genug erhält, um alle Tiefen und Höhen des Volkes zu durchdringen, wie's doch geschehen muß, soll eine Reform sich bis auf die Prinzipe des Staats selbst erstrecken, soll dieser sie als frischen Lebenssaft mit den Wurzeln aufsaugen und heilend durch die Glieder des ganzen Körpers treiben. Kann jene Form, mit Außmerzung des Schadhaften, sich erneuern ohne Beeinträchtigung des Prinzips und ohne Gewaltthätigkeit, um so glücklicher für England. Begreifen aber die Hauptträger der Aristokratie nicht die Lage des Landes, oder bleiben sie taub gegen die Schmerzensrufe des Volkes, indem sie unklug genug sind, nach dem Schatten zu greifen, statt am Wesen festzuhalten, wie der Adel des Festlandes; so bringen sie das Prinzip selbst in Gefahr und sezen den Staat furchtbaren Erschütterungen auß.

Die britischen Grundbesizverhältnisse werden nachgerade unverträglich mit den Bedürfnissen der Masse des Volkes. Wichtige unabweisbare Interessen bringen zwischen die bestehenden Feudal- und andere öffentliche Zustände und drohen sie außeinander zu zerren. Die

demokratischen und aristokratischen Elemente, so lange heilsam verbunden im Staate, beginnen sich in Volksklassen und Nährzweigen zu lösen
und wie in feindliche Lager auszuscheiden; namentlich treten Ackerbau
und Fabrikindustrie, die von Natur zusammengehören, sich scharf gegenüber. Diese feindselige Scheidung und in Folge davon die übermäßige
Konzentrirung der Fabrik- und Handelsgewerbe, gegenüber dem wenig
zerschlagenen Grundbesitze, ist Englands Krebsschaden. Bei weiterem
Fortschreiten dieses Uebels kann die auflösende und zentrifugale Kraft
im Staat bei ungünstigen Zeitläuften dermaßen anwachsen, daß sie
stärker wird als die Zähigkeit der Fäden, welche die Staatspotenzen
bisher verbanden und das Gleichgewicht sicherten. Damit aber begönne
eine Revoluzion, deren wahre Urheber nicht diejenigen wären, welche
dem Triebe der Natur, dem Gebote der Noth folgen, sondern die, so
diese verkennen und sich, wie's doch ihr Beruf heischte, nicht anschicken
die Ursachen davon zu beseitigen. Jene Lebensfäden bis zum Zerreißen
auf beiden Seiten anspannen zu lassen, wäre ein heilloser politischer
Fehler, dem vorzubeugen vielleicht eine der geschichtlichen Aufgaben ist,
welche dem Königthum durch entschiedenes Eingreifen in England vorbehalten sind.

Das Uebel wird in seiner ganzen Größe dem Leser durch folgende
statistische Nachweise der Bevölkerungsverhältnisse einleuchten. Hier
kömt nämlich besonders das Verhältnis der Nährstände seit einer möglichst langen Reihe von Jahren in Betracht. In das vorige Jahrhundert jedoch kann ich dabei nicht zurückgehn, da die Volkszählungen in
Großbritannien erst seit 1801, in Irland seit 1821 alle zehn Jahre mit
der größten Sorgfalt und vielfachsten Berücksichtigung verschiedener
Umstände stattfinden. Namentlich ward die lezte Volkszählung von
1841 mit nie gesehener Genauigkeit innerhalb eines Tages (7. Junius)
durch die Aufstellung besonderer Kommissionen vollzogen, deren allein
in England und Wales 35,000 waren; die bezügliche Parlamentsakte
vom 10. August 1840 ernannte zu dem Behuf eine besondere Vollzugs-
kommission und wies sie an, das Königreich in so viele Erhebungs-
bezirke zu theilen, daß jeder derselben nicht über 200 und nicht unter
25 bewohnte Häuser enthielt. Die Bevölkerung betrug (seit 1821 ist
zu Großbritannien auch die Bevölkerung der kleinen Eilande im britt-
schen Seegebiet gezählt):

	in Großbritannien.	in Irland.	zusammen.
1801:	10,942,646	—	—
1811:	12,596,803	—	—
1821:	14,481,139	6,801,827	21,282,966
1831:	16,643,028	7,767,401	24,610,429
1841:	18,844,434	8,175,124	27,019,558

Von 1801 bis 1811 hat die Bevölkerung Englands um 14½, von Wales um 13, von Schottland um 14 Prozent (mittlerer Durchschnitt 14,1) zugenommen; in dem zehnjährigen Zeitraum von 18$^{11}/_{21}$ bezüglich 17½; 17 und 16 (Durchschnitt 16,8) Prozent; in dem von 18$^{21}/_{31}$ bezüglich nur 16; 12; 13 und der Inseln des britischen Seegebiets 15,8 (Durchschnitt 14,9) Proz., und im lezten von 18$^{31}/_{41}$ bezüglich nur 14½; 13; 10,7; 19,6 (Durchschnitt 13,2) Prozent. Zieht man Irland mit in Betracht, so stellt sich die Progression des Anwachses für die lezten zehn Jahre noch ungünstiger. Die Zunahme der Gesamtbevölkerung des Reichs betrug nämlich von 18$^{21}/_{31}$ 3,127,463 oder über 14 Proz., und von 18$^{31}/_{41}$ nur 2,609,129 oder etwas über 10 Prozent. Zum Theil mag dies vielleicht in der schwieriger gewordenen Gründung eines selbständigen Haushalts begründet liegen, zum Theil gewis auch Folge der anwachsenden Auswanderungen sein, welche im Vereinten Königreiche seit 14 Jahren viel bedeutender sind als in irgend einem andern europäischen Lande, selbst Deutschland nicht ausgenommen. Von 1825 bis 1842 incl. sind aus Großbritannien und Irland im Ganzen 1,128,077 Menschen (nach den britischen Kolonien in Nordamerika 504,944, nach den Vereinigten Staaten 497,638, nach Australien und Neuseeland 115,458, nach andern Ländern 10,037) ausgewandert, die meisten in den Jahren 1841 (118,592) und 1842 (128,344). In England waren im Jahrzehent 18$^{31}/_{41}$ 282,322 Personen m e h r ausgewandert als im vorhergehenden, während der dortige Bevölkerungszuwachs nur eine Minderung der Zunahme von 208,998 Personen erfahren hatte; und jene betreffen zudem meist Personen in der Blüte der Jahre. Dagegen waren aber auch weit mehr Irländer eingewandert, woraus sich zum großen Theil die geringe Zunahme der irischen Bevölkerung erklärt. In England und Wales leben ihrer über 300,000 oder 2 Prozent, in Schottland sogar etwa 5 Prozent der ganzen Bevölkerung, welche wieder in einzelnen Orten und Grafschaften mehr zusammengehäuft sind als in andern. Mir scheint daher der Haubtgrund der verminderten Bevölkerungszunahme in dem wachsenden Misverhältnisse zwischen der ackerbauenden und der stoffveredelnden Bevölkerung zu liegen, ja dieses ist in Wahrheit der einzige Grund, da sich auß ihm auch sowol die Außwanderungen als die vermehrten Schwierigkeiten für Begründung eines eigenen Hausstandes am natürlichsten erklären laßen.

In dieser Hinsicht muß ich zuerst auf die auffallende Verschiedenheit der Dichtheit und der Zunahme der Bevölkerung zwischen vorzugsweise ackerbauenden und vorzugsweise gewerbtreibenden Distrikten und Oettern hinweisen. Im Durchschnitt für England und Wales wohnten 1841 auf 100 Ackern 43 Menschen, mit einem Bevölkerungszuwachs in der zehnjährigen Epoche von $18^{31}/_{41}$ von 14,4 Prozent; es waren beschäftigt im Ackerbau (Pächter, Viehzüchter, Gemüsegärtner, Baumgärtner ꝛc.) 7,9 Proz., in Gewerben, Kram und Manufakturen (beides ohne das Dienstpersonal und die Lohnarbeiter) 16,5 Prozent der Gesamtbevölkerung. In Middlesex (London) treffen dagegen auf 100 Acker 875,6 Einwohner, mit einem Bevölkerungszuwachs von 16 Proz., die Verhältniszahl der Ackerbauer beträgt nur 1,1, die der Gewerbtreibenden dagegen 20 Proz. der Bevölkerung. Im gewerbreichen Lancaster wohnten auf 100 Ackern 147,5 Menschen mit einer Zunahme von 24,7 Prozent während der Periode von $18^{31}/_{41}$, Ackerbauer waren nur 3, Gewerbtreibende 28,1 Prozent. In der Grafschaft Surrey waren diese Verhältniszahlen 120 Einwohner mit 19,8 Proz. Zuwachs, 4,4 Ackerbauer, 16,2 Proz. Gewerbtreibende; in der Grafschaft Warwick 70 Einwohner mit 19,3 Zuwachs, 6 Ackerbauer, 21,9 Proz. Gewerbtreibende; in der Grafschaft Stafford 67,4 Einw. mit 24,3 Proz. Zuwachs, Ackerbauer 5,7, Gewerbtreibende 18,7 Proz.; in der Grafschaft Chester 58,8 Einw. mit 18,3 Zuwachs, Ackerbauer 6,7, Gewerbtreibende 23,5 Proz. Dagegen hatte die mehr ackerbauende Grafschaft Westmoreland nur 11,6 Einwohner auf 100 Ackern und einen Bevölkerungszuwachs von nur 2,5 Proz., im Ackerbau waren beschäftigt 11,6 Proz., in Gewerben und Kram 13,8 Proz. der Bevölkerung. Ebenso hatte die Grafschaft Wilts nur 29,6 Einwohner mit 7,7 Proz. Zuwachs, 14,1 Proz. Ackerbauer, 10,8 Proz. Gewerbtreibende; die Grafschaft Sussex 31,9 Einw. mit 10 Proz. Zuwachs, 11,9 Proz. Ackerbauer, 9,7 Proz. Gewerbtreibende; die Grafschaft Suffolk 32,5

Einw. mit 6,3 Zuwachs, 13,9 Ackerbauer, 10 Proz. Gewerbtreibende;
Grafschaft Salop 27,8 Einw. mit 7,2 Zuwachs, 11,7 Ackerb. und
11,9 Gewerbtreibende; Grafschaft Rutland 22,3 Einw. mit 9,9 Zuwachs, 15,6 Ackerbauer und 9,2 Gewerbtreibende; Grafschaft Orford
33,4 Einw. mit 6,2 Zuwachs, 12,9 Ackerbauer und 10,7 Gewerbtreibende; Grafschaft Norfolk 31,9 Einw. mit 5,7 Zuwachs, 12,2 Ackerbauer und 11,8 Gewerbtreibende; Grafschaft Essex 35,2 Einw. mit
8,6 Zuwachs, 14,8 Ackerbauer und 9,3 Gewerbtreibende; Grafschaft
Bucks 33 Einw. mit 6,4 Zuwachs, 14 Ackerbauer und 12,6 Gewerbtreibende; Grafschaft Hereford auf 100 Ackern 20,6 Einwohner mit
einem Volkszuwachs von nur 2,4 Proz., Ackerbauer 14,6 und Gewerbtreibende 9,9 Prozent. Hier wird in Zahlen das bestätigt, was ich
früher über den Gewerbezusammenzug geäußert, und wie die Dichtheit
der Bevölkerung fortwährend unglaublich mehr in den Manufaktur-
distrikten als in den Ackerbaugegenden wächst. Die ackerbauende Bevölkerung kann sich wegen der starren Grundbesitzverhältnisse und des
auf Ersparnis von Arbeitslohn ausgehenden landwirtschaftlichen Betriebs nicht naturgemäß vermehren, ja, sie muß dieser Umstände halber
ihren Volks-Ueberschuß fort und fort an die Gewerbe abgeben; die in
Großbritannien bloß im Bergbau beschäftigten Personen betragen stark
den achten Theil der gesamten ackerbauenden Klasse. Jenes Misverhältnis des Bevölkerungszuwachses der verschiedenen Grafschaften
würde noch größer sein, wenn industrielle Beschäftigungen nicht über
fast alle Gegenden des Landes verbreitet wären, indem auch in den
Grafschaften mit vorherschendem Ackerbau, wie Essex, Rutland, Hereford, Huntingdon, Lincoln, neben diesem noch ein sehr erheblicher Ge-
werbs- und Manufakturbetrieb stattfindet, der nirgends auch nur um 6
Prozent der ackerbauenden Bevölkerung zurücksteht. Aus obigen Angaben läßt sich mit Gewisheit schließen, daß, gäbe es eine englische Grafschaft ohne Manufakturbetrieb, ihre Bevölkerung eher ab- als zugenommen haben würde. In Nordwales stellen sich jene Verhältniszahlen
also: auf 100 Ackern 19,4 Einwohner, Zuwachs 10 Proz., Ackerbauer
12,7, Gewerbtreibende 9 Proz.; in Südwales 19 Einwohner, 15
Proz. Zuwachs, 10,3 Proz. Ackerbauer und 10,5 Proz. Gewerbtreibende. Auch hier nimt also die Bevölkerung im Süden, wo mehr Industrie, in weit höherm Verhältnisse zu als im Norden.

Die Thatsachen stehn demnach fest: die **Klasse der Gewerbe** und Manufakturindustrie begreift im Durchschnitt von ganz England und Wales über die doppelte Einwohnerzahl (16½ Proz.) gegen die Agrikulturisten (7,9 Proz.), und die Volks-Zunahme der verschiedenen Grafschaften steht in geradem Verhältnisse zu dem Vorwiegen der Gewerbe über den Landbau. Am auffallendsten sind Dichtheit und Zunahme der Bevölkerung in den Bezirken des großen konzentrirten Fabrikbetriebs, den Grafschaften Chester, Lancaster, Derby, Leicester, Nottingham, Stafford, Warwick und York (West Riding).

Nach den Angaben Porters (in seinem Werke „Progress of the nation") lebten im Jahre 1835 in England und Wales 2,911,870 Familien, wovon 834,543 im Landbau, meist Lohnarbeiter, 1,227,614 in Gewerben, im Handel und sonst 849,717 beschäftigt waren. Es kamen mithin schon damals auf 1 Ackerbauer ungefähr 2½ sonst Beschäftigte, während im Zollverein ungefähr 3 Ackerbauer auf 1 Nichtackerbauer zu zählen sind. Verhältnismäßig sind also in England und Wales 7½ mal weniger Menschen in der Landwirtschaft beschäftigt als im deutschen Zollverein. Dieses Verhältnis ist allerdings für die englischen Grundbesitzer ungemein günstig und spornt sie natürlich zu den großartigsten Verbesserungen an, keineswegs aber für die Gewerbtreibenden. Man rechnet daß die Agrikulturisten in England, so gering auch ihre Zahl ist, bloß Lebensmittel — von den Rohstoffen Wolle, Flachs, Häute ꝛc. abgesehen — an Wert fünfmal mehr an die einheimischen Nichtagrikulturisten absetzen, als sie selbst verbrauchen, und daß dieser Wert beinahe viermal so groß ist als alle Werte, welche England an die ganze Welt absetzt und die man jährlich auf 48 Millionen Pf. St. rechnen kann. Insofern die landwirtschaftlichen Produkte mit Gewerbserzeugnissen bezahlt werden, ist eine wohlhäbige ländliche Bevölkerung der größte Vortheil für die Gewerbtreibenden selbst; aber dieser Vortheil schrumpft für sie in dem Maße ein, als die ackerbauende Bevölkerung verhältnismäßig wenig zahlreich, d. h. dünn ist, und ihre Erzeugnisse künstlich vertheuert werden. Beides ist in England der Fall, und ersteres so sehr, daß nicht die Ackerbauer, sondern gerade die Nichtackerbauer auch für ihre eigenen Kunsterzeugnisse, wie für die Naturprodukte, die Hauptabnehmer im Innern bilden. Weil aber der einheimische Absaz eben für jede Erzeugungsart quantitativ die Hauptsache ist, so muß eine sehr ungleiche Bevölkerung in den Haupterzeugungszweigen ein Misverhältnis hervorrufen, das lästig und im-

9*

mer läſtiger auf den übervölkerten Zweige drückt. Iſt in Deutſchland annoch die ackerbauende Bevölkerung zu überwiegend, ſo in England noch mehr die induſtrielle, und dies bewirkt, daß dort die Lebensmittel am theuerſten, (auch nach Abſchaffung der Kornzölle werden ſie theuer ſein) die Fabrikate am wolfeilſten ſind, daß die Bodenrente verhältnis⸗ mäßig weit höher ſteht als der Arbeitslohn, daß, während in England auf jede Agrikulturiſtenfamilie durchſchnittlich ein innerer Abſaz von ungefähr 350 Pf. St. kömt (wovon ſie 50 Pf. ſelbſt verzehrt), jede der 1,227,614 Manufakturiſtenfamilien, einſchließlich der Arbeiter und Ge⸗ hilfen, am innern wie äußern Totalabſaze nur mit etwa 230 Pf. St. betheiligt iſt. In Deutſchland ſtellt ſich das Verhältnis umgekehrt zu Gunſten der Induſtrie, nur ſtehen beide Theile an ſich hier viel un⸗ günſtiger als in England. Durchſchnittlich dürfte eine deutſche Acker⸗ baufamilie bei der Geſamterzeugung und dem Geſamtverkaufe noch nicht mit 100 Thaler, eine Manufakturiſtenfamilie aber mit etwa 300 Thlr. betheiligt ſein. In England ſteht der Agrikulturiſt dem Manufakturiſten gegenüber im Vortheil wie 3:2 oder gar wie 5:3, in Deutſchland ſteht er gegen ihn im Nachtheil, ungefähr wie 1:3. Daraus ergibt ſich was beiden Ländern in volkswirtſchaftlicher Hinſicht fehlt: Eng⸗ land nämlich eine wenigſtens um die Hälfte ſtärkere Ackerbaubevölke⸗ rung, welche das Gleichgewicht zwiſchen Land und Städten und deren Beſchäftigung herſtellen würde; Deutſchland aber eine induſtrielle Verſtärkung an Köpfen bis um 100 Prozent der jezigen Gewerbtrei⸗ benden, welche hinreichen würde, dem deutſchen Landbau als Stachel zu dienen und ihm, ſelbſt bei großer Erweiterung, einen ſichern Abſaz ſeiner Erzeugniſſe im Innern zu gewähren.

Wollte man entgegnen: die Verhältniſſe hätten ſich nun einmal in England auf natürliche Weiſe ſo und nicht anders geſtaltet, und England habe nur fort und fort den daheim mangelnden Fabrikatenabſaz bei einer zahlreichen ackerbauenden Bevölkerung auswärts zu ſuchen, um mittelſt eines großen Ausfuhrhandels das innere Misverhältnis zu ſei⸗ nen Gunſten auszugleichen? Nun, ich würde mich dabei nicht beruhi⸗ gen. Denn einmal hat ſich dieſes Misverhältnis nicht auf eine natür⸗ liche Weiſe, ſondern ſehr künſtlich entwickelt, und zwar in Folge der be⸗ ſtehenden feudalen Grundgeſeze. Gegenwärtig findet in England eine wohlhäbige und zahlreiche Bevölkerung auf den großen Gütern gar kei⸗ nen Raum. Von kleinern Grundbeſizern, Selbſtwirtſchaftern auf eige⸗

nem abgeschloßenen Gute, von Bauern, Kürthern und Hinterfaßen, von all den ländlichen Stufen und manigfachen Zuständen, wie sie in Deutschland sich finden, kann dort kaum noch die Rede sein. Von unserer ganzen reichgliebrigen Oekonomie zur Sicherung einer zahlreichen ländlichen Bevölkerung besteht in England nichts. Das Land schickt seinen Bevölkerungsüberschuß eben in die so schon übervölkerten Städte, namentlich in die großen Mittelpunkte der Gewerbthätigkeit. Daher die auffallende Thatsache, daß außer London, welches in seiner Bevölkerungszunahme der von ganz England am nächsten steht, die Städte mit konzentrirtem Fabrikbetrieb einen ganz ungewöhnlichen Volkszuwachs während der Periode von 18³¹/₄₁ erlangt haben, und zwar, wie Untersuchungen klärlich dargethan, nicht etwa durch ein ungewöhnliches Verhältnis der Geburten zu den Todesfällen, sondern haubtsächlich durch Zufluß vom Lande. Ja, in den Graffchaften oder einzelnen Orten, deren Volkszuwachs den mittlern Durchschnitt bedeutend überschreitet, bleibt dagegen die Verhältniszahl des Geburtsorts jeder Person zur Gesamtbevölkerung, welche für ganz England 80⁷/₁₆ Prozent beträgt, unter dem mittlern Durchschnitt zurück. Im Jahr 1841 hatte London   1,873,676 Einwohner und 14,8 Proz. Zuwachs seit 1831.

Manchester	296,183	=	=	30	=	=	=
Liverpool	286,487	=	=	39,6	=	=	=
Birmingham	182,922	=	=	29,6	=	=	=
Leeds	152,054	=	=	23,1	=	=	=
Bristol	122,296	=	=	17,7	=	=	=
Plymouth(bloß Kriegshafen)	80,059	=	=	6	=	=	=
Sheffield	68,186	=	=	15,5	=	=	=
Preston	50,131	=	=	51,4	=	=	=
Wolverhampton	36,382	=	=	47,1	=	=	=
Southampton	28,000	=	=	43,7	=	=	=
Edinburg	138,182	=	=	2,8	=	=	=
Glasgow (Schottlands Hbtfabrikplaz)	274,533	=	=	35,6	=	=	=
Aberdeen	64,767	=	=	11,6	=	=	=
Dundee	62,794	=	=	38,5	=	=	=
Greenock	36,936	=	=	34	=	=	=

Sodann ist es ein Irrthum, wenn man glaubt, der innere Markt könne je vollständig durch den auswärtigen ersezt werden, oder ein Misverhältnis, das den Fabrikatenabsaz im Innern schmälert, könne durch äußern Handel dauernd in ein ganz günstiges umgewandelt werden. Denn der innere Handel ist nicht nur unter allen Umständen der vortheilhafteste, sondern auch der gefahrloseste, am wenigsten Konjunkturen unterworfen, über die er keinen Einfluß übt. Eine Razion, deren hochentwikkelte Industrie zum größten Theil auf auswärtigem Absaze beruhte, könnte keinen ruhigen Tag mehr haben, und müste vom Abend zum Morgen fürchten, das ganze, auf schwankendem Grunde gebaute Industriegebäude erschüttert und einstürzen zu sehen. Es gibt ein richtiges gesundes Verhältnis unter den Nahrungsständen einer Razion, ein heilvolles Gleichgewicht auch der Produkzionszweige, und wo es fehlt, da sizt ein tiefes Uebel im Staate, welches der staatskundige Arzt zu heilen suchen muß, so lange es noch Zeit ist. Das Uebel wird von den britischen Staatsmännern gefühlt, allein sie erkennen entweder nicht die richtigen Mittel es zu heilen, oder sie scheuen sich doch sie anzuwenden. Sie alle suchen mehr oder minder es dadurch zu umgehn, daß sie den auswärtigen Handel so viel möglich ausbreiten und die in der Heimat fehlende ackerbauende Bevölkerung durch die auswärtige, es sei in Kolonien oder mittelst Verträgen in selbständigen Staaten, künstlich ersezen. Darum diese einseitige, schneidende britische Handelspolitik nach außen, deren Ziel das sein würde: alle Länder in das ackerbauende Kolonialverhältnis gegen das riesenmäßig fabrizirende England herabzudrücken. Und was geschähe dann? Auf dem Gipfel seiner Macht endlich müste das englische Fabrikreich in seine, dann für die Entwickelung der Menschheit unfruchtbare, ja verderbliche grasse Unnatürlichkeit zusammenbrechen! Ein englischer Staatsmann kann deshalb seinem Vaterlande keine größere Wohlthat erweisen, als wenn er das stäte Dichten und Trachten nach Erweiterung seines auswärtigen Marktes dadurch mäßigte und auf eine natürliche gesunde Grundlage zurückführte, daß er durch Beseitigung der Hindernisse, welche der Zunahme der Zahl und des Wohlstandes der ackerbauenden Bevölkerung im Wege stehn, den Fabrikatenabsaz im Innern mehrte. Wie unermeßlich müste sich dieser erweitern, wenn die jezt in Masse verarmte irische Bevölkerung durch angemessene Pacht- und Besizverhältnisse zu Wohlstand emporgehoben würde, wenn die Zahl der selbständigen

Ackerbauer in England und Schottland sich vervielfachte! Denn unzweifelhaft könnte bei größerer Vertheilung und entsprechender Bewirtschaftung des Bodens der Ackerbau in England reichlich doppelt, ja
dreimal soviel Menschen beschäftigen und nähren als gegenwärtig, die
mithin auch das Dreifache an städtischen Erzeugnissen verbrauchen würden. Damit wäre denn zugleich dem Arbeiterüberfluß eine gründliche
Ableitung, ihrer zeitweiligen Noth eine unerschöpfliche Hülfsquelle gewährt; die Zunahme der Bevölkerung würde sich nicht mehr ausschließlich auf die Städte vertheilen und deren Sorgen in schlimmen Zeiten
mehren. Doch nicht nur der Noth der Arbeiter, sondern auch den Gefahren ihrer Verbindungen und großer Handelskrisen würde dadurch
abgeholfen und der demokratischen Bewegung der Arbeit gleichsam ein
erhaltendes Prinzip eingehaucht werden. Ueberhaupt hangen alle
Uebel im Inselreiche zusammen mit dem zu starren und zu großen
Grundbesitze.

Das Misverhältnis zwischen der ackerbauenden und gewerbtrei-
benden Bevölkerung ist fortwährend in Zunahme begriffen. Nach den
Zählungen von 1831 und 1841 waren die männlichen Bewohner
Großbritanniens von 20jährigem Alter und drüber (mit Ausnahme des
Heers, der Kriegs- und Handelsflotte) wie folgt beschäftigt:

	1831.	1841.	Zunahme.	Abnahme.
1) In der Agrikultur	1,251,751	1,215,264	—	36,487
2) In Handel, Gewerben und Manufakturen	1,572,292	2,039,409	467,117	—
3) Lohnarbeiter (mit Aus-schluß der im Feldbaue)	611,744	610,157	—	1587
4) Kapitalisten, Wechsler, Fachgelehrte und andere Personen höherer Aus-bildung	216,263	286,175	69,912	—
5) Andere männliche Be-wohner, mit Ausnahme der häuslichen Diener	237,337	392,211	54,874	—
6) Häusliche Diener .	79,737	164,384	84,674	—

Während also die Zunahme der industriellen Klassen sehr bedeutend war, nämlich 29,6 Prozent, einigermaßen entsprechend dem Auf-

schwung der Industrie in dieser Periode (dieser Aufschwung war allerdings viel größer, weil die Fabriken in Verhältnis zu ihrer Erzeugung immer weniger Menschen beschäftigen), zeigt die Zahl der in der Agrikultur beschäftigten Menschen noch eine Abnahme. Zwar scheint dieser Umstand noch von keiner nahen Gefahr begleitet zu sein, und es deutet die bedeutende Zunahme (nahebei um ein volles Drittel, 32,3 Prozent) der Personen höherer Außbildung und reichlicherer Mittel, welche so zu sagen die Blüte der Nazion umfaßen, auf ein erkleckliches Fortschreiten der Wohlfahrt der Mittelstände. Allein diese freundliche Außsicht wird doch wieder getrübt durch die ungeheuere Zunahme der **männlichen** Bedienten, um mehr als 100 Prozent, so wie durch die in Verhältnis zu den übrigen Volksklaffen immer **rascher** erfolgende Abnahme der ackerbauenden Bevölkerung. Es war nämlich das Verhältnis der Familien in **Großbritannien** der Haubtsache nach:

	Ackerbau.	Haubel und Gewerbe.	Verschiedenes.	Zusammen.
1811	35	44	21	100
1321	33	46	21	100
1831	28	42	30	100
1841	22	46	32	100

Hier tritt die stark fortschreitende Abnahme der ackerbautreibenden Bevölkerung schneidend vor die Augen: während die betreffende Zahl in den zehen Jahren von $18^{11}/_{21}$ nur 2 beträgt, erläuft sie in den lezten zehen Jahren auf 6, das Dreifache.

Vor der Hereinbrechung des normännischen Lehenwesens war England von den Angelsachsen ganz so bewohnt, wie's in ihrer alten Heimat Brauch war und wie die Niederdeutschen, die Friesen, die Normänner noch heutiges Tags auf ihren Gehöften wohnen. Diese Höfe waren die Size der Freien, welche auf den Volksversammlungen und zu Gericht erschienen, und der Name Bauer war nicht minder geachtet als der Edler, der nur in der Regel bei größerm Hofe auch mehr steuerte. Sehr bezeichnend ist seit der Normannenherschaft das englische Wort „Boor (Bauer)" in völlige Misachtung gesunken, und dafür das französische Wort farmer in Ansehen gekommen. In Westfalen und den meisten altsassischen Ländern ist der Bauer noch eben so gut eine Würde, aber eine Würde, die sich immer auf den freien Besiz eines Hofguts stüzt, wie der Edelmann, und beides steht in näherm Zusammen-

hang als sich viele Adelige träumen lassen. Ueberhaupt darf man an=
nehmen, daß da, wo Altenglands Zustände wurmstichig sind, Fremb=
wörter vorwalten; wo sie gesund sind, es sie auch noch deutsch benennt.
Im englischen Seewesen ist alles so ziemlich germanisch geblieben.
Uebrigens hat sich der bäuerliche Stand in England von Jahrhundert
zu Jahrhundert verschlechtert. Noch bis zum Anfang des sechzehnten
Jahrhunderts besaß jeder (sächsische) Bauer in England, der nie hörig
gewesen, einigen Antheil an Grund und Boden; seitdem aber ist er
durch eine lange Reihe von ungünstigen Ereignissen fast ganz davon
losgerißen worden*), wozu denn namentlich die Einhegungen der Ge=
meinbegründe, die Zusammenwerfung kleiner Pachtungen in große, das
fast gänzliche Aufhören der Pachtverträge auf Lebenszeit und das poli=
tische Vorwiegen der Landlords, beigetragen. Kurz, der große Uebel=
stand ist: England hat keinen Bauernstand mehr. Das ist
die schlimmste tief freßende Wunde, welche die romanisch=normännische
Aristokratie dem altgermanischen England geschlagen hat. Fast alle
Besitzungen zerfallen der Haubtsache nach in große Pachtgüter, die Rit=
tergütern gleichen und deren Farmer gleichsam zur Yeomanry (zum
Stande freier Lehnsherrn) zählen und zum Unterschiede von kleinen
Pächtern, die indessen auch noch wol 30 Kühe zu weiden haben, sehr
bezeichnend „Gentlemen Farmer" genannt werden, ungefähr wie
man im gemeinen deutschen Wandel Gutsbesitzer und Bauer zu unter=
scheiden pflegt. Bäuerliche Wirtschaften sind in England selten; alles
ist groß oder nichts. Die Landaristokratie, deren Vorurtheilen der
große zusammenhangende Grundbesitz schmeichelt, findet auch ihre Rech=
nung dabei, namentlich so lange sie überwiegenden Einfluß auf die Ge=
sezgebung äußert; denn bei der vorwaltenden, auf Ersparung von Ar=
beitshänden gerichteten Bewirtschaftungsart — weite Triften für Rind=
vieh, Pferde, Schafe und verhältnismäßig wenig Getreideland — bei
dem vergleichsweise zwar geringen Bruttoertrag aber hohem Reinertrag
wird die Bodenrente weit abhängiger von Korn= und Schuzgesezen, als
wenn der Boden einer größern Zahl kleinerer Eigenthümer angehörte
oder anders verpachtet und bewirtschaftet würde, ungefähr wie der Fab=

---

*) Ebenso ist der Lehensbauer in Frankreich und Italien durch die „großen
Veränderungen" des lezten Jahrh. um sein Eigenthum gekommen und zum Heuer=
mann oder bloßen Taglöhner herabgesunken.

rifant von Schuzzöllen abhängiger ist denn der Handwerksmann.*) In dieser Hinsicht erscheint es ein Glück für England, wie die Folgezeit erst recht herausstellen wird, daß seit der Reformbill das Unterhaus mehr unabhängige Mitglieder auß andern Ständen erhält und ein weniger grundherrliches Ansehen gewinnt. Oder glaubt man durch ein nichtreformirtes Parlament wäre jemals eine Bill gebracht worden, die alle Getreidezölle aufhebt und zu längerer Pachtzeit zwingt? Inzwischen bilden die großen Eigenthümer, Yeomen und Farmer, verbunden mehr durch Vorurtheile als durch ein besonderes Interesse, das dem der Arbeiter gegenüberstünde, noch immer eine mächtige Falanx, nicht nur auf ihren jährlichen Versammlungen, sondern vornehmlich bei den Parlamentswahlen, wegen vorwiegenden Einflußes auf dem Lande.

Tiefe Schäden bergen sich mithin unter der prunkenden Außenseite der englischen Landschaft und Bodenbewirtschaftung. Auch hier gilt das Sprüchwort: nicht alles was da glänzt, ist Gold. Man kann jene Verhältnisse nicht scharf genug faßen, denn sie sind wirklich schneidend. In Deutschland gehört der ohne Vergleich größere Theil des Bodens freien Eigenthümern, die selbst ihre Aecker bestellen. Ja, Gott sei Dank! unser Vaterland ist noch bäuerlich und so wenig gentlemanlich bebaut wie England, als von armen Pächtern mit Leidenthränen

---

*) Nach dem „Mechanics-Magazine" beträgt die ganze Oberfläche des Vereinigten Königreichs von Großbritannien und Irland, ziemlich genau, 77,374,434 Acker, die sich also vertheilen:

	Angebaut.	Für den Anbau geeignet.	Unfruchtbar.
England und Wales	28,749,000 Acker	3,984,000 Acker	4,341,000 Acker.
Schottland . . .	5,265,000 =	5,950,000 =	8,523,000 =
Irland	12,525,000 =	4,500,000 =	2,416,664 =
Brit. Eilande . .	383,970 =	166,000 =	569,469 =
Zusammen: . . .	46,922,970 =	14,600,000 =	15,870,533 =

Nun, Schottlands und Irlands nicht näher zu gedenken, sind von den 37,094,000 Acker, welche England und Wales umfaßen, bloß Weideland 17,300,000 Acker die Privateigenthum bilden, und 5,029,000 Acker, die Gemeinen gehören, zusammen mithin 22,329,000 Acker Weidegründe; außerdem sind mit Klee = und Grasfutter bestellt 1,200,000, mit Weizen, dem Haubtnährmittel Englands, nur 3,250,000, mit Gerste und Roggen 1,250,000, mit Hafer, Bohnen, Erbsen 3,200,000, mit Kohl und Rapps 1,200,000, brach liegen 2,100,000; mit Hopfen sind bebaut 47,000; bloße Vergnügungsgärten nehmen eben so vielen Raum ein, Waldung 1,200,000, Wege und Flußbette die lezten 1,300,000 Acker.

und unfruchtbarem Schweiß gedüngt, wie Irland. So große Güter-
komplexe wie im britischen Reiche gibt es bei uns vergleichsweise nur
sehr wenige, in den urdeutschen Sitzen, den sassischen, friesischen und
andern Marschgegenden, gerade in den fruchtbarsten Landestheilen fast
gar keine; hier überall hat sich der Bauer noch auf seinen uralten Allo-
dialsitzen in angestammter Ehre frei und recht behauptet. Aber auch in
deutschen Gegenden, namentlich mit gemengter slavischer Bevölkerung,
wo Hörigkeitsverhältnisse hingedrungen waren, ist neben dem großen
Grundadel ein freier Baueradel im Aufwachsen, und nirgends ist der
ursprüngliche Landwirt allgemein zum bloßen Heuermann herabgedrückt
oder beraubt und verjagt worden, wie im britischen Reiche. Selbst die
deutschen Pächter sind zumeist Erbpächter, und nicht, wie in England
und besonders dem armen Irland, Zeitpächter, die von der Gnade des
Grundherrn abhangen und von Haus und Hof vertrieben werden können. Außerdem gibt es bei uns eine Menge kleiner Leute (worunter
die geschicktesten Arbeiter, Schmide, Bergleute, Uhrmacher, Fuhrleute
2c.) die mit Land und Vieh und Obst für ihre reichliche Nothdurft versehen sind, es sei auf eigenem freien Boden oder als Einsassen einer
bauerschaftlichen Mark oder als Erbpächter. Ferner gehört auf dem
Festlande zu jedem Hause, jeder Gastwirtschaft an der Landstraße, auch
Grundbesiz und Vieh; eine Familie auf dem Lande, die nicht mindestens ihr eigenes Korn einherbstete und zwei Stück milchgebende Kühe
hielt, ist bei uns eine Seltenheit. Gleiches gilt von unsern sogenanten
Landstädten, die nebst Handwerken und andern Geschäften Ackerbau
treiben; Städte ohne jede Mark und Landflur, wie im Inselreiche,
kennt man in Deutschland nicht. Dieser Verhältnisse wegen kann sich
denn auch bei uns die Gewerbthätigkeit über das Land weit und breit
ausdehnen, worauf zudem noch der Reichthum an Wassergefäll günstig
einwirkt; während die englischen Grundverhältnisse die Gewerbe zwingen, sich auf einzelnen Punkten dicht aufzuhäufen, was nur die Erfin-
dung der Dampfmaschinen materiell möglich gemacht hat. Allerdings
liegt hierin für die Fabriken manche Bequemlichkeit und mancher Vortheil, indem sie gewöhnlich alles ihnen Nöthige, Werkzeuge, Rohstoffe,
Arbeiter, zur größern Auswahl bei der Hand haben; die moralischen
Nachtheile aber sind überwiegend, die Handelsstockungen gefährlicher,
die Uebergänge von Ueberfluß zu Noth rascher, die Gegensäze zwischen
Land und Stadt, Gewerben und Bodenbau schroffer, und endlich gehn

die großen Vortheile für die Sitten wie die Gesamtökonomie des Landes verloren, welche auß dem vielseitigen unmittelbaren Zusammenhange
zwischen Land und Stadt, von Arbeit und Grundbesiz sprießen. Von
dem Außeinander, das in dieser Hinsicht in England obwaltet, gewinnt
man ohne eigene Anschauung schwerlich einen richtigen Begriff. An
festes Eigenthum für Arbeiter ist dort gar nicht zu denken; außer der
kleinen Zahl eigentliche Grundbesizer und den Pächtern besteht der
Haubttheil der ländlichen Bevölkerung auß bloßen Feldarbeitern, Löh-
nern, die in der Regel nicht einmal ein Stückchen Feld für eine Kuh
pachten können, weil von den großen Pachtgütern ihnen auß Grundsaz
nichts überlaßen wird. Der Fußreisende wandert auf der Landstraße
meilenweit zwischen Viehtriften, ohne in den hier und dort einzeln stehenden Wirtshäusern oft nur ein Glas frische Milch bekommen zu können, wenn er verschmäht, es in der Wohnung eines Farmers zu begehren, dieweil es ihm vielleicht wie eine milde Gabe von der Magd der
Kammerjungfer der Lady dargeboten werden könnte. Denn die Wirte
und andere Anwohner haben keine Kuh, noch Futter für sie; sie kaufen
ihre Milch selbst vom Farmer, der freilich Herden Kühe besizt. Vom
großen Grundbesizer ist im Allgemeinen über die Pächter hinweg nur
ein Sprung bis zu dem Besizlosen und dem Lohnarbeiter. Der gediegene selbständige ländliche Mittelstand, welcher den Kern unseres Volkes bildet, und deßen Wohlergehn hinwieder die Haubtbedingung des
Gedeihens unsers Gewerbstandes ist, fehlt England. Der große
Grundbesiz, die große Pacht- und Güterwirtschaft mindert die ländliche
Bevölkerung und hindert zugleich die Vertheilung der Gewerbe über
Stadt und Land; der hierauß folgende gezwungene Zusammenzug der
Gewerbe fördert hinwieder zahlreiche riesenhafte Fabrikunternehmen, die
bei guten Geschäften viel Arbeiter reichlich beschäftigen, bei schlechten
sie der Noth außsezen. Auf diese Weise hängt die Konzentrazion der
Gewerbe mit der des Ackerbaues wie Wirkung und Ursache zusammen,
das Unsichere der überschwänglichen Fabrikthätigkeit mit der Bewirtschaftung des Bodens im Großen, die kleine Zahl Eigenthümer mit der
großen Zahl abhängiger Löhner, der hohe Reinertrag des Bodens mit
der häufigen Noth der Arbeiter. In diesem Zusammenhange bilden
demnach die wichtigsten Anliegen der Nazion bestimmte Gegensäze, die
ohne zeitige gründliche Vermittelung zum Kriege führen müßen. Seht
da Englands größtes Uebel!

Die Gefahr wird von Vielen erkannt, und manche vereinzelte Anstrengungen geschehen, ihr zu begegnen. Die Abschaffung der Getraidezölle, von dem intelligentesten Theile der Nazion mit Erfolg erstrebt,
muß einen bedeutenden Ruck zu Wege bringen, weil sie Bodenrente
und Arbeitslohn wieder ziemlich miteinander aussöhnt und das Interesse der Grundbesizer mehr mit einer größern Theilung und andern Bewirtschaftung des Bodens in Einklang sezt. Auch tauchen besondere
Pläne auf, die auf größere Vertheilung des Bodens hinzielen. Den
Grundherrn wird das Ablaßen von Feld an Arbeiter, behufs der Zwergwirtschaft als Nebenbeschäftigung, zur Erzielung einer höhern Bodenrente sehr ans Herz gelegt. Die Erbpacht wird dringend empfohlen
an Stelle der Zeitpacht, und Reform der Pachtverhältnisse in England,
und noch mehr in Irland, dürfte bald allgemeines Losungswort werden.
Gesellschaften bilden sich, zu dem Zwecke Tagelöhner von gutem Rufe
durch Zutheilung kleiner Stücke Landes oder durch Verpachtung von
„Feldgärten‟ vor Arbeitsmangel zu sichern und ihnen überhaupt ein
sorgenfreieres Loß zu bereiten; ein noch so kleiner Besiz verbeßert die
Lage des Arbeiters nicht bloß ökonomisch, sondern auch moralisch.
Das „Allotmentsystem‟ ist der allgemeine Name für dieses neue agrarische Mittel, zwanglose Zutheilung von Feldstücken, um die Arbeiter in
den Pfarreien vor Noth zu bewahren und sittlich emporzuheben. In
Folge davon dürften sich in England neben der ökonomischen Riesenwirt-
schaft ähnliche Verhältnisse bilden, wie sie in verschiedenen Gegenden
Deutschlands bestehn, wo Viele neben einer Zwergwirtschaft noch Hand-
werke treiben, oder für ihre reichern Nachbarn arbeiten, und in der Re-
gel gerade die verläßigsten Werkleute sind. Nur dürften sie in England
nicht Eigenthümer, sondern nur Pächter kleiner Grundstücke oder Häus-
linge werden, und das wäre schlimm genug. Das Unterhausmitglied
Cowper hat schon im Jahr 1844, und von neuem 1845, diesmal mit
Zustimmung der Regierung, eine Bill zu dem Zwecke eingebracht, die
Verpachtung kleiner Landparzellen an arme Arbeiter zu befördern.
Auch die Geistlichkeit scheint dem Plane hold und geneigt, da, wo sie
Kirchenland besizt — und das ist gewöhnlich der Fall — es stückweise
an die Aermern in ihren Gemeinen zu verpachten.

Sind das alles auch nur Palliativmittel, so erscheinen sie gleichwol bedeutungsvoll, schon als Symptome davon, daß die Krankheit

erkannt und es auf ihre Heilung angelegt wird. Das richtige Erkennen der Ursachen eines Leidens, ist der erste Schritt zur Heilung.

In keinem der drei britischen Königreiche sind die Grundbesizverhältnisse so drückend und empörend als in Irland, ohne daß hier weder
eine zahlreiche Fabrikbevölkerung daneben, noch dieser ein riesenmäßiger
Außfuhrhandel helfend zur Seite stünde. Nirgends ist die Abhülfe
daher dringender als dort. Alle parlamentarischen Untersuchungen
haben dargethan, daß die tiefe irländische Armuth ihren vorzüglichsten
Grund in den schlimmen Verhältnissen zwischen abwesenden Grund-
eigenthümern und ihren Pächtern hat, und in dem daselbst eingenisteten
Landvertheilungssystem. Die Bodenbewirtschaftung in England und
die in Irland bilden einen merkwürdigen Gegensaz, der auf der Abwe-
senheit des Besizers in Irland beruht; es sind zwei, dem Gemeinwesen
gleich schädliche Extreme, mit einer gemeinsamen Ursache, dem zu großen Grundbesiz, der in England nur in zu stattliche Pachthöfe, in Irland in die kleinsten Parzellen zerfällt. Der irische Eigenthümer läßt
seine Domäne, die er oft nie gesehen, durch Intendanten verwalten, die,
nur sinnend die möglich größten Einkünfte daraus zu ziehen, das Land
in Stücke theilen, welche eine Familie nicht mehr nähren können. In
England wird ein Pachthof von 80 Ackern für sehr geringfügig gehalten, die meisten umfaßen mehrere hundert Acker; in Irland gilt ein
Pachtgut von 25 Acker schon für eine Ungerechtigkeit, sein Inhaber für
einen Aufkäufer. Wegen des ungemeinen Zudrangs der hungernden
Bevölkerung zu dem Außgebot werden die kleinen Stücke doch an die
Meistbietenden zu so übermäßigen Preisen verpachtet, daß den armen
Landwirten, nach Entrichtung der Rente, höchstens Erdäpfel zur küm-
merlichen Ernährung bleiben. Was Wunder, daß in jenem unglücklichen Lande Bettler alle Straßen, alle Thüren belagern! Sind doch die
Landarbeiter oft noch mehr zu beklagen in ihren einräumigen schmuzigen
Lehmhütten, wo eine nimmersatte, in Lumpen gehüllte Familie sie um-
gibt. Zur Verbeßerung dieser traurigen Lage ist von der Gesezgebung
im lezten Jahrzehnt einiges Wenige geschehen, nichts Durchgreifendes.
Statt das Uebel an der Wurzel, bei den Grundherrn, anzugreifen, um-
geht man es, ja gewährt jenen noch wol Vortheile, wie die Aufhebung
des geistlichen Zehnten, ohne Nuzen für das arme Volk. Der außerordentliche Unterschied zwischen den ländlichen Verhältnissen der beiden
Nachbarinseln springt auß folgenden Angaben Lord Stanley's grell in

die Augen: das angebaute Land nimt in England und Wales eine
Oberfläche von 34,254,000 Acker ein, in Irland bloß von 14,603,000;
der mittlere Ertrag (der Lord muß den Reinertrag gemeint haben) wird in
England auf 4 Pf. 7 Sh. 6 P. der Acker, in Irland nur auf 2 Pf.
9 Sh. 3 P. geschäzt; dagegen sind auf den 14,603,000 Ackern be=
bauten Landes in Irland noch 100,000 Arbeiter mehr beschäftigt, als
auf den 34,254,000 angebauten Ackern in England. Welch ein Mis=
verhältnis in einem und demselben Reiche!

Fällt bei solchen unnatürlichen Thatumständen noch ein ernster
Vorwurf auf die irischen Agitatoren? Zwingt man sie nicht zu einem
Verfahren, wie der auf dem Volksschilde emporgehobene O'Connell es
einhält, wenn sie nicht ehr= und vaterlandsvergeßen sein wollen? Würde
eine gründliche Reform der Pacht= und Bodenverhältnisse in Irland
nicht auch England zu größtem Vortheil gereichen? Müste die wach=
sende englische Fabrikbevölkerung, die jezt noch Zufluß aus Irland er=
hält, bei andern agrarischen Zuständen nicht einen vortheilhaften Abzug
finden in das offene Land aller drei Königreiche? Würde sich das In=
selreich nicht wieder in den Stand gesezt sehen, bei einem größern Fa=
brikatenabsaz im Innern, seinen Bedarf an Getraide auß der eigenen
Erzeugung zu decken?

Es ist freilich leicht, von einer den Bedürfnissen genügenden agra=
rischen Gesezgebung für England und Irland, als einer unabweisbaren
Aufgabe der Zeit zu sprechen. Die Schwierigkeit ist nur, sie auf ver=
faßungsmäßigem Wege und ohne innere Erschütterungen durchzufüh=
ren, damit der Versuch, ein Uebel zu beseitigen, nicht andere herbeiführe.
Annoch ist der Mann nicht gefunden, welcher jener Aufgabe sich ge=
wachsen fühlte. Kein englischer Minister würde bis jezt mit einem agra=
rischen Geseze, dessen Zweck in England auf größere Vertheilung und
Einführung einer mehr Menschen beschäftigenden Oekonomie gieng, vor
das Parlament zu treten wagen. Indessen was die Zeiten bringen,
steht dahin: im rechten Augenblicke wird auch der rechte Mann da sein.
Waren Sir R. Peel und Lord John Rußell nicht noch vor wenigen
Jahren von der Nothwendigkeit wenigstens mäßiger Kornzölle über=
zeugt, die sie jezt geradezu für eine Ungerechtigkeit erklären? Die eng=
lische Aristokratie, die sich häutet wie eine Schlange, ist auch listig wie
eine Schlange: sie weiß es am besten wie bedenklich es ist, ein Uebel
so weit um sich greifen zu laßen, daß endlich vielleicht außer dem Geseze

Hülfe dagegen gesucht werden muß. Man wird daher noch eine lange
Zeit mit mildernden Mitteln sich behelfen, wie da sind Armengeseze,
das Allotmentsystem, die Feldgärten, Sparkassen, Mäßigkeitsvereine,
besonders aber Außbreitung des äußern Handels, Herabsezung der
lästigsten Steuern und Zölle, allmähliche Umbildung des gesamten
Steuerwesens; alle diese Mittel halten noch eine geraume Zeit vor,
und werden von den wohlthätigsten Wirkungen begleitet sein. Allein
auf der Bahn der Reform also Schritt vor Schritt zurücklegend, wird
man doch endlich auf die graue Tiefe jener Frage stoßen. Denn jene
Reformen können die schlimmen Wirkungen des Grundübels wol aufhalten, doch sie heilen es selbst nimmer, und früh oder spät, bricht es
nur mit verstärkter Heftigkeit hervor. Allerdings liegt die so oft bewährte Kraft der englischen Verfassung gerade darin, daß sie der dringenden Sprache der Thatsachen und der Bedürfnisse offene Bahn und
Wirkung verschafft und wie unwiderstehlich zur Anerkennung verhilft;
rühmt man von ihr doch als den entscheidendsten und triumfirendsten
Beweis ihrer Kräftigkeit, daß selbst alle kriegerische, sonst so blendende
Größe gegen die verfaßungsmäßigen Bewegungen des volkthümlichen
Willens, ohnmächtig sei. Allein daß sie auch für jenen äußersten Fall
außreichen sollte, ohne vorher neue bedeutende Reformen erfahren zu
haben, dagegen scheinen Bedenken vorzuliegen. Bei der jezigen Gestalt
der Verfaßung müste das agrarische Gesez von den großen Grundherrn
selbst oder doch mit ihrer Zustimmung außgehn. Ich weiß, die britische
Landaristokratie ist von keinem selbstmörderischen Ehrgeize beseelt, sie
ist zu großen uneigennüzigen Opfern für das Gemeinwohl fähig, darin
bestund ja gerade ihr höchster Glanz. Ob sie sich jedoch zu der Höhe
zu erheben vermag, daß sie selbst auf das was sie bisher als ihr theu-
erstes Kleinod pflog, was alle ihre Gefühle am meisten schmeichelte,
ihren Stolz am süßesten kizelte — auf die mancherlei mit dem großen
festen Landbesitze verwachsenen Rechte und Verhältnisse — freiwillig
Verzicht leisten sollte, das dürfte doch noch erst die Frage sein. Sie
würde nicht bloß materielle Opfer zu bringen haben, sondern auch fa-
miliäre und geistige, und auch jene würden zu gering angeschlagen,
wollte man sie bloß auf die hohe Bodenrente beziehen. „Die britische
Aristokratie‟, äußerte jüngst ein Mitglied der Antikorngesezlichen, W. J.
Fox, in einer öffentlichen Versammlung derselben: „die englische
Aristokratie weiß recht gut, daß das Ackerland ihr mehr vom politischen

als vom kommerziellen Gesichtspunkte wert ist. Nicht Waizen und
Gerste ist es allein, was da wächst, sondern da wachsen auch Aemter
und Salarien, rote Röcke und schwarze Röcke, Offizierspatente, Uni-
versitätstalare und Korhemden, alles lustig und in Eintracht zusammen.
Aber dieser stolzen Aristokratie von England steht ein demüthiges Sterbestündlein bevor — sie wird sterben an der Brodtaxe. Der Adel Frankreichs fiel für die Monarchie; der polnische Adel für die Sache der Nazionalität — das war etwas; aber Macht und Größe opfern um den
Laibbrod des armen Mannes, das wird in der That ein lahmer und
matter Schluß sein für ein so langes und prächtiges Spektakelstück in
Hermelinmänteln, Ordenskrägen und Grafenkrönlein.'' In der nämlichen Versammlung ergieng sich auch Cobben in starken Außdrücken
über den britischen Grundadel. ,,Ohne revoluzionär oder demokratischer als andere Leute zu sein, sage ich: je bälder die politische Macht
in England der Aristokratie, die sie misbraucht hat, abgenommen und
a b s o l u t in die Hände der gewerbfleißigen Mittelklasse gelegt wird,
desto besser (langer Zuruf). Wir sind bestrebt, eine moralische Kraft zu
schaffen, die der Dampfkraft Watts an gewaltiger Wirksamkeit nichts
nachgeben soll. Ich hoffe, jeder wackere Mann, der es möglich machen
kann, wird auf dem betretenen Wege das Wahlrecht erwerben. Und
bereits sind die Wahlregister des Landes in unserm Interesse um 4000
bis 5000 Namen guter und treuer Männer vermehrt. Nicht bloß die
großen Wahlflecken müssen unser werden, sondern auch die Grafschaften.''

Vorderhand freilich steht die britische Feudalverfassung noch fest,
und wird vielleicht feststehn, so lange es gelingt, durch Außdehnung
des außwärtigen Marktes das heimische Misverhältnis zwischen ackerbauender und gewerbtreibender Bevölkerung außzugleichen und den
immer wachsenden Fabrikatenabsaz nach außen ungestört flott zu erhalten. Sollte hierin aber durch unvorhergesehene Zeitläufte anhaltender
Stillstand eintreten und die Maschine ins Stocken gerathen, so würden
auß jenem unnatürlichen Verhältnisse auch unnatürliche Geburten auftauchen und die Wehen einer neuen agrarischen Ordnung erschütternd
beginnen. Keine Hand dürfte mächtig genug sein, England vor einer
solchen Krisis zu schüzen, welche die Möglichkeit in sich trüge eines großen heftigen Kampfes zwischen der Aristokratie und dem Volke, und
welche alle Schleußen demokratischer Agitazion öffnen würde; wenn die

Verfassung selbst durch ihre zähe Umbildungsfähigkeit derselben nicht
vorzubauen und den Gegensaz zwischen Grundbesiz und Arbeiterthum
zu vermitteln vermag. Es liegt gewis in dieser Verfassung eine wunderbare Art, in kritischen Zeiten die Gefahr zu vermeiden: vorragende,
vielgeprüfte Persönlichkeiten bieten durch das Ansehen ihres Geistes,
Karakters und ihrer politischen Stellung, in Anerkennung einer dringenden öffentlichen Pflicht, den Uebertreibungen der Parteien die Stirn
und legen beiden Theilen Opfer auf, Mäßigung und Nachgeben der
Aristokratie, Geduld und Vertrauen dem Volke. Auch hat die Noth
der Zeiten die Regierung jezt mehr als früher diese weise und patriotische Bahn einzuschlagen gelehrt, der Widerstand alter Vorurtheile ist
im Schwinden; jene äußere Abzeichen einer Zeit, da man sich im
Staate wüthend um einen Namen oder eine Ueberlieferung stritt, sinken
nachgerade in zweite Linie oder in Vergessenheit, selbst die Parteiung
der Whigs und Tories ist bereits wesentlich der Geschichte angehörig —
magni nominis umbra. Allein es ereignet sich nicht immer, daß große
Gelegenheiten und die Fähigkeit zu großen Handlungen in der Welt
zusammentreffen. Und sollte dieses Unglück sich zutragen, sollte keine
Regierung dasein, die furchtlos ihre Pflicht thut, ihr Verfahren mit
freiem Blicke nach den Zeiterfordernissen regelt und ebenso weise zu
neuern wie vorsichtig zu erhalten wagt; dann wird ein innerer Kampf
unvermeidlich werden, auß dem die Demokratie ihr Haubt erheben
muß, und wo dann ein englisches Volkstribunat in dem Sinne wie
O'Connell ein irisches außübt, d. h. den Demos wachhaltend und
mäßigend, noch ein Glück erscheinen dürfte.

Die Frage wäre endlich noch nach dem Rechte des Staats zur
Einführung einer neuen agrarischen Ordnung an die Stelle der jezt bestehenden feudalen. Ohne mich in weitläufige Betrachtungen über das
feudale Eigenthumsrecht der Lords einzulassen, spreche ich nur meine
Ansicht kurz dahin auß, daß ich keinen unwidersprechbaren Grund für
die Verneinung der Frage erblicke, und daß die öffentliche Wohlsahrt
das höchste Gesez ist. Das Privateigenthum muß allerdings heilig
sein, ein Enteignungsgesez aber zum öffentlichen Nuzen besteht bereits
in allen gebildeten Staaten, und der Privatbesiz muß gegen gesezliche
Entschädigung weichen, wo das Gemeinbeste solches heischt. Die mit
den großen Lehen im britischen Reiche verbundenen Majorat- und andern Rechte haben jedoch nicht bloß eine privatrechtliche, sondern auch

eine staatsrechtliche Natur. Die Reichsbarone verwalten politische Befugnisse, die nimmer Privatgut werden können, unter Entsagung auf das Privatrecht anderer Bürger, z. B. über ihr ganzes Eigenthum frei zu verfügen, für das Staatsheil; und eben für dieses kann jene Verwaltung auch an andere, den heutigen Zuständen entsprechende Bedingungen geknüpft werden. Sie erhielten auch ihre Lehen, deren Grund und Boden dem sächsischen Volke gehörte, ursprünglich nur als Lohn für die an den Staat zu leistenden Dienste, und wenn sie dieselben später in ihr Privateigenthum umwandelten, auß welchem ihnen dann ein oft mißbrauchter, außschließlich parlamentarischer Einfluß erwuchs (so haben sie diesen mit dazu benützt, alle Staatslasten möglichst auf die übrigen Klassen der Bevölkerung zu wälzen und ihr eigenes Einkommen auf deren Unkosten zu vergrößern); so bildet doch selbst ihr Grundvermögen noch immer gleichsam ein vom Staate verliehenes Pfand für die angemessene Außübung jener Befugnisse. Will man daher nicht durch den schnöden Grundsaz, jedes Unrecht werde durch Verjährung geheiligt, den Fortschritt an der Wurzel außreißen; so muß auch dem Staat rechtlicher Anspruch auf Verfügung über die Lehen, als über die Natur des Privatguts hinaußreichend, als Staatsvermögen, dessen Verwalter die Barone sind, natürlich gegen Entschädigung derselben, zuerkannt werden. (Wäre diese z. B. nicht theilweise durch Besizverleihung in den Kolonien zu erreichen?)

Nachdem ich den Grund des Haubtübels von England und die Heilmittel beleuchtet, übrigt mir noch, auch dessen nachtheilige Wirkungen auf die Zustände der Arbeiterklassen an Thatsachen nachzuweisen. Die umfangreichen parlamentarischen Aktenstücke, welche die Ergebnisse manigfacher öffentlicher Untersuchungen enthalten, liefern die Quellen dazu. Was die Wirkungen im Allgemeinen betrifft, kann ich mich kurz fassen. Die Volksmassen, die hier zur Fabrikarbeit, dort zur Außbeutung der Minen zusammengedrängt sind und die sich auß den Ackerbaubezirken noch immer dichter zusammenziehen, rufen eine überreizte Kraftentfaltung hervor, die einer unerhörten und künstlichen Macht entgegenstrebt. Es zeigt sich in Folge davon eine geistige und fysische Ueberspannung, die auf der einen Seite übermächtigen Reichthum, auf der anderen bitteres Elend erzeugt. Jede Krisis im Welthandel wird für die zusammengehäuften Arbeiterklassen höchst empfindlich, oft verderblich: auf Perioden schwunghafter und gewinnreicher Thätigkeit, die zu

10*

Außschweifungen verlocken, folgen regelmäßig Epochen der Stockung, der gezwungenen Ruhe, der Noth und tiefen Unglücks. Auß dem allen erwächst, unter dem Einflusse der sonst so heilsamen Industrie, eine Art wilder Existenz, etwa wie sie im Mittelalter unter dem kriegerischen Einflusse des kristlichen Ritterthums erschienen; an dieselbe schließen sich Unvorsichtigkeit, Immoralität, Roheit, anarchische Zustände. Das freilich ist nicht das Leben der Nazion, die sich troz dem im Ganzen wohl befinden mag; es sind eben nur die Außwüchse davon, die unseligen Folgen der oftgenannten Uebel, welche die Nazion in ihrer Ganzheit bisher noch zu verschmerzen weiß. Die Außbrüche der Wildheit stehn noch vereinzelt da, ohne höhern Plan und höhere Absicht, sie kommen und verschwinden, man weiß nicht wie. Banden vereinigen sich im Gluthschein der Hochöfen oder in den Kohlengruben, und schreiten, die Fackel und die Haue in der Hand, zur Zerstörung des Eigenthums ihrer Brodherren. Nun zieht wol eine Handvoll Soldaten heran, sie zersprengen die Unglücklichen, töten einige, machen ein par Gefangene und ziehen sich still zurück. Es liegen darin keine Anzeichen einer bevorstehenden gewaltsamen Umwälzung, Englands Lage gleicht nicht im mindesten der Frankreichs, so wenig vor als nach der Revoluzion; es sind eben nur die Symptome örtlichen Misbefindens und Nothstandes, die von Zeit zu Zeit, furchtbar genug, an das Vorhandensein jener Staatsübel erinnern. Die Gefahr droht nicht von metafysischen Theorien, sondern von Noth, Mangel und Hunger.

Doch gehn wir in Einzelheiten. Die ärmern Klassen der Bevölkerung sind im Allgemeinen weit mehr Krankheiten und einer größern Sterblichkeit unterworfen als die reichern; am traurigsten indessen ist dies Verhältnis für die Fabrikarbeiter. Die britischen Inseln zeigen in Vergleich mit andern Ländern überhaupt eine geringe mittlere Sterblichkeit; nach dem dreijährigen Durchschnitte 1839—1841 trifft alljährlich ein Todesfall auf 45 Personen, eine Geburt auf 31 und eine Heurath auf 128 Personen der Gesamtbevölkerung von Großbritannien. Während nun aber die Küstengrafschaften und dann die damit in Verbindung stehenden ackerbauenden die geringste Sterblichkeit zeigen — die Küstengrafschaft Devon z. B. nur 1 auf 56, Suffer und Cornwall beide 1 auf 55, Southampton 1 auf 53, York (North Riding) 1 auf 52, Kent 1 auf 49 Personen — haben die Grafschaften mit vorwaltendem Manufakturbetrieb die größte, und zwar steht Lancaster mit der stärksten

Fabrikbevölkerung (28,1 Prozent der Gesamtbevölkerung Englands) obenan, dort kömt ein Todesfall schon auf 36 Bewohner, die Sterblichkeit ist dort also beinahe um 60 Prozent größer als in Devon. Dies bestätigt in Zahlen, was ich früher von der größern Rüstigkeit der mit der See in Berührung stehenden Bevölkerung gesagt habe: das sind wahre Athleten gegen die verkrüppelten Fabrikarbeiter, welche, dicht zusammengepfercht wie sie wohnen, schon in frühester Jugend den Keim lebenslänglichen Siechthums eingepflanzt erhalten. Die Sterblichkeit der Kinder unter einjährigem Alter betrug 1841 in England und Wales 14,1 Prozent der sämtlichen Geburten, 21,5 Proz. der sämtlichen Todesfälle genannten Jahres; auch hier zeigen die Manufakturbezirke eine um 3 bis 4 Prozent gegen die Mittelzahl höhere Sterblichkeit der kleinen Kinder.

Auß einer Uebersicht der Todesfälle in England und Wales durch Krankheiten, welche von Lokaleinflüssen, Beschaffenheit der Wohnungen, Schmuz, Wassermangel, Abzug der Feuchtigkeit und schlechter Luft beherscht werden, also Krankheiten der Respirazions- und Verdauungsorgane, der Nerven und Sinne, epidemische, endemische und kontagiöse, ergibt sich schlagend, daß in Grafschaften mit großen Fabrikstädten verhältnismäßig weit mehr Todesfälle dieser Art vorkommen als in Grafschaften mit vorherschendem Agrikulturbetriebe.

Die Gesamtzahl der Todesfälle im Jahr 1838 betrug 342,529 (1839 nur 338,979) oder 21 auf 1000; davon 35,564 Fälle wegen hohen Alters und 12,055 gewaltsame Todesfälle abgezogen, bleiben 282,940 auf alle spezifizirten Krankheiten oder 18 auf 1000 der Bevölkerung (von 1841). Die Todesfälle aber durch Krankheiten, welche von oben angedeuteten abwendbaren Lokaleinflüssen beherscht werden, betrugen 216,299 oder 14 auf 1000. Diese Verhältniszahl nun war jedoch in den einzelnen Grafschaften sehr verschieden, in Middlesex (London) am höchsten 20, in Lancaster 18, in Southampton 17, in Worchester und Monmouth 16; dagegen in Cumberland, Lincoln, Oxford, York (North Riding) nur 9, in Hereford sogar nur 8, und in vielen andern vorwiegend ackerbauenden Grafschaften nur 11 und 12. Die Anzahl der Personen, welche jährlich in England in der Blüte der Jahre von abwendbaren Krankheiten (epidemische, endemische, kontagiöse, einschließlich Fieber, Tyfus und Scharlachfieber) hingerafft werden, beträgt doppelt soviel, als die alliirten Heere in der Schlacht von Waterloo Menschen verloren — in einem Jahr 56,461. Noch vor einem Menschenalter herrschten die gleichen Krankheiten, welche nun im Lande ihre Verwüstungen üben, häufig auf den Kriegs- und Handels- schiffen, wo sie durch zweckmäßige Bauart und angemessene Vorrich- tungen zu Gunsten der Matrosen beseitigt sind. Die Sterblichkeit der eingeschifften Truppen zur Verwendung in den überseeischen Besitzungen wird angegeben: 1779 im Verhältnisse wie 1 : 8; 1811 wie 1 : 32; im Durchschnitt der Jahre 1830—1836 nur noch wie 1 : 72.

Die Verbreitung jener abwendbaren Krankheiten, die fast nur die Arbeiterklassen heimsuchen, erscheint überall in den Stadttheilen am stärksten, in welchen die gröste Unreinlichkeit, Mangel an Luftwechsel und Abzügen herscht, und die Arbeiterbevölkerung sich am dichtesten in engen Behausungen angehäuft findet. Die Untersuchung hat darüber die betrübendsten Thatsachen beigebracht. So findet man in der Lon- doner Pfarre St. Georg (Hannover-Square) 1465 Familien, die in 2175 Zimmer zusammengepfercht wohnen und nur 2510 Lagerstätten besitzen. Davon haben nämlich 929 Familien nur e i n e Stube, 408 zwei, 94 drei, 17 vier, 8 fünf, 4 sechs, 1 sieben und 4 acht Räume; weiter haben 623 Familien nur e i n Bett, 638 zwei, 154 drei, 21 vier, die übrigen mehr. Dieser Zustand gebiert sittliche und körperliche Krankheiten; skrofulöse Uebel und Auszehrungen herschen zumal vor. Die Größe der von den Armen in der Umgebung von Field-Lane be- wohnten Stuben ist 8 auf 10 Fuß, ungefähr mit einer Höhe von 6 bis 8 Fuß; darin finden sich ganze Familien zusammengepreßt. Der Miethpreis dafür beträgt 1 bis 2 Fr., bei etwas geräumigen Zimmern 4 bis 5 Fr. die Woche. Um die verhältnismäßige Sterblichkeit zu mes- sen, hat man eine gewisse Zahl Straßen und Plätze genommen, die nur von Kaufleuten, Gelehrten ꝛc. bewohnt werden; binnen fünf Jahren starben daselbst auf 1432 Einwohner 95. In einem andern Viertel, wo die Bevölkerung dichter ist, doch nicht übermäßig, und das von „respektabeln Tradesmen" bewohnt wird, war die Sterblich- keit im nämlichen Zeitraum 119 auf 1465 Einwohner. In Cramer- street, wo schon viele Arbeiter wohnen, 155 auf 1448. In einem vierten von Arbeitern dicht bevölkerten Theile endlich starben 189 (wor- unter 55 Kinder unter einem Jahr alt) auf 1386 oder doppelt so viel als im ersten. — Nur da, wo jene nachtheiligen örtlichen Einflüsse

durch Wafferabzüge, Luftreinigung, gerdumigere Arbeiterwohnungen
vermindert wurden, bemerkte man auch eine Abnahme der Krankheiten.
Ohne diese Vorsorge gewährte bloß ein höherer Grad der Prosperität
der Arbeiterklassen in Löhnung und Nahrung denselben keine Erleichterung in den Anfällen epidemischer Krankheiten, welche vielmehr in Perioden hohen Aufschwunges in Fabriken und Handel ebenso häufig und
verderblich auftreten als zu jeder andern Epoche. Nach einem Bericht
der Zentralarmenkommission muß der größte Theil der Todesfälle, welche
43,000 Wittwen und 112,000 hülflose Waisen dem Unterhalt durch den
Armenfond in England und Wales überliefern, den oben bemerkten
und andern Einwirkungen, die gleichfalls zu entfernen sind, zugeschrieben werden. Diese Todesfälle aber rafften Familienväter von einem
durchschnitlich kaum 45jährigem Alter hinweg, also um 13 Jahre früher als die wahrscheinliche Lebensdauer berechnet und z. B. in Schweden von den Arbeiterklassen wirklich erreicht wird. Auch bemerkt jener
Bericht, durch die Verwüstungen epidemischer und anderer Krankheiten
würden die Drangsale der untern Volksklassen nicht gemindert, sondern
vermehrt. Allerdings übertreffen auch in Bezirken, wo die Sterblichkeit am größten, die Geburten noch die Sterbefälle; allein die jüngere,
unter schädlichen physischen Einflüssen heranwachsende Bevölkerung besizt
nicht nur eine geschwächte Gesundheit, sondern ist auch für moralische
Eindrücke minder empfänglich. So tragen jene traurigen Einflüsse wesentlich zur Erzeugung eines Geschlechts bei, das, neben kurzer Lebensdauer, sorglos, leichtsinnig, unmäßig und sinnlichen Genüssen ergeben ist. Diese Gewohnheiten aber führen zum Verlassen jeder anstän-
digen Lebensweise, zu einer eigenen Art Wildheit, und vermehren noch
die der Sittlichkeit und Gesundheit so höchst nachtheilige Ueberfüllung
der Wohnungen. Noch ein Umstand ist dabei hervorzuheben. Von
den 20,893 Geisteskranken, die man zulezt in England und Wales
zählte, 11,031 Frauen und 9862 Männer, gehören über zwei Drittel der dürftigen Klasse an, die auf öffentliche Kosten behandelt werden.
In England kömt ein Irrsinniger auf 980 Einwohner, in Schottland
auf 573, in Belgien auf 816, in Frankreich auf nur 1733 Einwohner;
doch sind hier die Geisteskranken in Privatanstalten nicht mitgerechnet.
Wie überall, sind auch in Großbritannien die Haubtursachen dieser
schrecklichsten Krankheit Stolz, Eitelkeit, Schmerz, plözliche Freude
oder Leid, Spiel, Unmäßigkeit, Leidenschaften, Laster; bei den armen

Klaſſen aber vorzüglich Uebermaß der Arbeit, Elend und, furchtbar zu denken — der Hunger!

Merkwürdige Aufſchlüſſe gewährt auch der, einen ſtarken Band umfaſſende, Bericht über „die Lage der großen Städte und volkreichen Bezirke" von einem Unterſuchungsausſchuſſe, der beauftragt war, den Urſachen über das Misbefinden derſelben nachzuforſchen und Mittel zur Verbeſſerung der öffentlichen Geſundheit und Wohlfahrt vorzuſchlagen. Seine Arbeiten erſtreckten ſich über 50 der bevölkertſten Städte von England und Wales. Die Geſundheitspolizei, immer von der Orts= behörde ausgehend, wird als Gemeineangelegenheit in dieſen Städten auf ſehr verſchiedene Weiſe verſtanden und ausgeübt; häufig fehlt auch, wie in Deutſchland durchgängig, jedes regelmäßige Syſtem der Reini= gung, gedeckte Abzüge in Straßen wie Häuſern. Gleiche Verſchieden= heit beſteht in Bezug auf die Beſchaffung des Waſſerbedarfs. In man= chen Städten, wie Mancheſter, Coventry, Norwich unter andern, erhalten die Armen keine genügende Menge Waſſer; in Chorlton, Bol= ton, Portsmouth ꝛc. ſind die Dürftigen, bemerkt der Bericht, genö= thigt, Waſſer — das unentbehrlichſte Bedürfnis — zu betteln und zu ſtehlen; in Dudlei, Kidderminſter, Nottingham und vielen andern gibt es nur hartes Brunnenwaſſer*). Unter jenen funfzig Städten

---

*) Abgeſehen von der mechaniſchen Unreinigkeit und Zumengung, läßt ſich das Waſſer nämlich den chemiſchen Nebenbeſtandtheilen nach unterſcheiden in hartes, welches beträchtliche Theile Salze von Kalk, Magneſia und Metallen auch Kohlen= ſäure enthält, und weiches, welches von jenen Salzen nur geringe Mengen chemiſch beigemiſcht enthält. Herr Clark, Profeſſor der Chemie in Aberdeen, hat die Waſſer nach den in ihnen enthaltenen Kalktheilen geordnet; enthält die Gallone z. B. 16 Gran Kalk, ſo ſagt er, das Waſſer hat eine Härte oder Schärfe von 16 Grad. Die zu har= ten Waſſer eignen ſich weder zu häuslichem Gebrauch, noch zu einer Menge techniſcher Anwendungen; in Dampfkeſſeln z. B. ſezen ſie ſchnell eine dicke Kalkkruſte ab. Bei der Bleiche und Wäſche bedarf man bei hartem Waſſer einer viel größern Menge Seife als bei weichem, und das Leinen nüzt ſich weit ſchneller ab. Das durch gußeiſerne Röhren fließende Waſſer für London, das eine Privatgeſellſchaft beſorgt, hat 11 bis 16 Grad (auch das nach Paris in eiſernen Röhren geleitete Waſſer ſoll zu den härteſten gehören), das von Mancheſter 12, von Edinburg und Newcaſtle (upon Tyne) 5, von Glasgow nur 4½ Grad. Nach genauen Beobachtungen ſollen Leinen und alle ähn= liche Dinge in Glasgow doppelt ſo lange dauern wie in London. Viele andere Ur= ſachen, die Jahreszeit, das Leitungsmaterial u. ſ. w. wirken auf die Schärfe ein; durch Sieden wird das Waſſer weicher. Herr Clark hat Vorſchläge gemacht zur Er= weichung der harten Waſſer, wonach z. B. London, das jezt jährlich für etwa 17,750,000 Fr. Seife verbraucht, in Zukunft nur ein Drittel davon nöthig hätte;

erfreuen sich die ärmern Klassen eigentlich nur in fünfen, z. B. London, eines für ihren Bedarf ausreichenden gesunden Wassers. Dieser Mangel zeigt die schlimmsten Folgen, er befördert Unreinigkeit und ruft die schwersten Krankheiten hervor. Nach den Aussagen mehrerer Aerzte verwenden die Armen dasselbe Wasser häufig zu verschiedenen Zwecken, bis zum ekeln Schmuze. In den meisten großen Städten befassen sich Privatgesellschaften mit der Versorgung der Häuser an Wasser, jedes empfängt durch Röhren eine gewisse Menge; da die Kosten aber im Allgemeinen beträchtlich sind, so sehen die Armen sich davon ausgeschlossen. Der mittlere Verbrauch erläuft in Glasgow ungefähr 60 Liter täglich für jeden Einwohner, in Perth 35, in Greenock und Paisley 50 Liter; dafür bezahlt in diesen Städten eine Familie aus fünf Gliedern jährlich an 50 bis 60 Sh. — Die Vorschläge zur Verbesserung der öffentlichen Gesundheit bestehn nun vornehmlich in guter Anlage und Lüftung der Häuser und Fabriken, in Vorrichtungen für den Abzug der Unreinigkeiten und in hinreichender Wasseraustheilung in den dichtbevölkerten Städten. Die Armenkommission unterstüzt dieselben aus allen Kräften. „Mangel an Reinhaltung der Städte," sagt sie unter anderm, „erzeugt Gewohnheiten tiefster Entartung der menschlichen Natur und bewirkt die Demoralisazion einer Menge Menschen, welche aus dem in den Straßen und Seitenplätzen angehäuften Unrathe ihre Nahrung ziehen." — Solche Thatsachen sind um so empörender als gerade die Engländer im Ganzen die wohlhabendste, die reinlichste und bekanntlich auch die der Häuserzahl nach geräumigst wohnende Nazion bilden, alle die Misstände also lediglich auf die dichtgedrängte Fabrikbevölkerung, deren Behausungen die Paläste der Reichen höhnen, beschränkt sind. Unverkennbar hängt die Beseitigung jener schädlichen äußern Einflüsse auf den Gesundheitszustand und die Reinlichkeit zusammen mit der innern sittlichen Verbesserung des Volkes: Moralität und Verfeinerung der Sitten ist mit Schmuz und unreinlicher Lebensweise bei jeder Volksklasse unvereinbar. Auch wo auf dem Kontinent Gegenden sich durch allgemeine Volksbildung, Religiosität und reges

---

dieser Gewinn von 10 Millionen Fr. soll mit einer Ausgabe von nur 100,000 Fr. jährlich zu erreichen sein. Das Verfahren, beispielsweise für die Erweichung des Themsewassers für London, das übrigens viel weicher ist als Brunnenwasser, ist in dem Bericht beschrieben. Das Londoner Brunnenwasser hat bis zu 80 Grad; je tiefer die Brunnen, desto weniger hart ist das Wasser.

kirchliches Leben am meisten hervorthun, wie z. B. Holland, das Wupperthal ꝛc., da herscht gleichfalls die größeste Reinlichkeit.

Die stattgefundenen Untersuchungen haben inzwischen schon manche Frucht getragen. Man beklagt die Armen nicht bloß auf dem Papier (wann wird man aufhören, mit den Lumpen des Elends ein poetisches Spiel zu treiben und die sozialen Wunden auszubeuten zum Zwecke des litterarischen Erfolgs?), man ist ihren Leiden auch thätig zu Hülfe gesprungen. Von dem seit 1834 in vielfachem Sinn verbesserten öffentlichen Armenwesen wird ein späteres Kapitel besonders handeln. Unter dem Ministerium Peel ist der für dasselbe bezeichnende Building-Act hervorgegangen, bestimmt, zahlreiche auf die Bauart und Gesundheit der großen Städte bezügliche Fragen zu regeln. Der Haubtzweck ist die Anhäufung von Menschen in ungesunden Wohnungen zu verhindern und die Anlage von Abzügen und gewissen Besonderheiten an den Häusern für Arbeiterfamilien zu bewirken, damit die Arbeiter frische Luft und Tageslicht haben. Bei der Errichtung neuer Wohnplätze, Stadttheile und anderer Anlagen sollen wissenschaftlich gebildete Baumeister mit Rücksicht gegen jene Einflüsse die Leitung übernehmen, und Aerzte zur Ueberwachung der öffentlichen Gesundheit in großen Bezirken angestellt werden. Die öffentliche Anlage größerer Wasserabzugs- und Zuleitungskanäle nach wissenschaftlichen Prinzipien würde jedem Privaten erleichtern, seinen eigenen Grundbesitz mit denselben wohlfeil und sicher in Verbindung zu sezen, und dadurch diese für die Gesundheit der Arbeiterklassen so ersprießliche Maßregel, eine allgemeine Verbreitung erhalten mit verhältnismäßig geringen Kosten, die der Bevölkerung vielfach ersezt würden durch Ersparnis der Kosten häufiger Krankheiten und des Verlustes vieler frühzeitigen Todesfälle von Familienvätern. Ständige Kommissionen, bestehend auß den ersten Magistratspersonen, den mit der Sorge für Straßen und Wege beauftragten Behörden und tüchtigen Baumeistern, sind zur Erreichung dieser Zwecke gebildet worden. — Rühriger noch als die öffentliche hat sich bereits die Privatwohlthätigkeit erwiesen. Namentlich sind in London die arbeitenden Klassen jezt der Gegenstand wirklicher Sorgen, und die öffentlichen Bäder und Waschanstalten daselbst, die ihnen für wenige Pence die Mittel der Reinlichkeit (zugleich des Leibes wie der Kleidung) und der Gesundheit darbieten, verdienen allgemeine Nachahmung. In mehreren großen Städten, namentlich Glasgow und Edinburg, findet der

Arbeiter ferner in den „Arbeiterfamilienhäusern" für eine sehr mäßige Summe, kaum die Hälfte des sonst geringsten Miethzinses, eine seinen Bedürfnissen angemessene Wohnung; eine gemeinsame Küche wird von sämtlichen Frauen der Arbeiter benüzt, die Geräthschaften gehören dem Hause; jeder Bewohner hat sein nöthiges Wasser in seiner Wohnung, zwei Badesäle befinden sich im Erdgeschosse. Bis 10 Uhr Nachts muß Jedermann zu Hause sein; Trunkenheit, schlechte Aufführung zieht augenblicklich die Verabschiedung des Arbeiters nach sich, der außerdem sich in seiner wohlfeilen Wohnstätte unabhängig und frei bewegt und nicht länger Haß nähren kann gegen eine Gesellschaft, die ihn beschützt. Wie weit übrigens die Privatmildthätigkeit in England von einzelnen Menschenfreunden oft geübt und wie sie dort zu der höchsten Virtuosität getrieben wird, beweist das wahrhaft erhebende Beispiel der Quäkerin Elisabeth Fry, von der man gerühmt hat, daß sie das mißbrauchte Wort Filanthropie wieder zu Ehren gebracht. Sie war die unmittelbare persönliche Wohlthäterin vieler Tausenden, solcher besonders, die, von der menschlichen Gesellschaft wie Außsäzige verstoßen, ohne Hoffnung auf einen rettenden Arm in sittlichem und leiblichem Elend unterzugehn im Begriff stunden. Sie ist die Stifterin des segensreich auch nach ihrem Tode fortwirkenden „britischen Frauenvereins zur Besserung weiblicher Gefangenen (British Ladies' Society for the reformation of female prisoners)," dessen Thätigkeit sich, unterstüzt von allen Behörden, über fast alle Haubtgefängnisse in Großbritannien und Irland außdehnt. Doch vergaß sie über den Verbrechern nicht das Loß der ehrlichen Armuth, und sie wuste es, troz allen Schwierigkeiten, in vielen englischen Haubtstädten zu Bildung von „Distriktsvereinen" zu bringen, welche sich der Bedürftigen und Kranken freiwillig annahmen. Auch widmete sie sich eifrigst der Sache der Negersklaven, der Heidenbekehrung, der Bibelverbreitung. Sie hat manche vortreffliche Schrift verfaßt und dadurch weithin im In= wie Außlande gewirkt. Sie starb am 13. Oktober 1845, mehr als dreißig Kinder und Kindeskinder hinterlassend — zum Beweise, daß Nonnenthum nicht gerade nöthig sei für Frauenbarmherzigkeit. Ihr Name wird für England eine nicht minder unvergängliche Zierde sein als der Name des Negerbefreiers Wilberforce.

Noch eine andere Erscheinung muß ich hervorheben, die wichtiger und gefährlicher ist, weil systematischer und verbreiteter, als die wilden

vereinzelten Außbrüche der Noth und des Hungers. Ich meine die
Gesellenschaften und ihre Kämpfe mit den Meistern, die in Eng=
land gleichfalls wegen der Zusammengedrängtheit der Arbeiter an ein=
zelnen Brennpunkten im Allgemeinen viel heftiger sind als auf dem Fest=
lande, Frankreich nicht außgeschlossen. Sie finden dort in allen Ge=
werbzweigen statt und haben ihren natürlichen Grund in der totalen
Abhängigkeit der besizlosen Arbeiter von den kapitalreichen Unterneh=
mern. Die manigfachen parlamentarischen Untersuchungen haben be=
wiesen, daß die Gesellenschaft, eine Art gesezloser heimlicher Zunft,
mit Außschluß also der Meister, anerkannter Vertretung und jeder poli=
zeilichen Ueberwachung, haubtsächlich zum Zweck hat, einen außrei=
chenden Lohn aufrecht zu halten, die Zahl der Lehrlinge in den Werk=
stätten zu beschränken und die Angehörigen desselben Gewerbes einer
Regel zu unterwerfen. Die Arbeiter verbünden sich, legen sich selbst
Opfer auf, bilden eine Hülfskasse für schwierige Zeiten, um dadurch
ihrer absoluten Unsicherheit den Kapitalisten und Unternehmern gegen=
über entgegenzuwirken. Die Spinner von Manchester waren z. B. zur
Zeit der Enquête von 1838 also organisirt: der ganze Körper zerfiel in
Abtheilungen, deren jede ein Haubt hatte, das den Ertrag der Unter=
schriften empfieng und Samstag Abends an den Zentralaußschuß ablie=
ferte; jede Abtheilung hatte gleichfalls einen Curator für 25 Genossen,
der dem Rath alles, was ihm wichtig schien, mittheilte und drei Mo=
nate fungirte; 5 Curatoren ernannten ein Mitglied des Raths, dieser
wählte seinen Vorsizer jedesmal für einen Monat, der in den allgemei=
nen Versammlungen den Vorsiz führt; jeder Arbeiter bezahlt einen von
der ganzen Gesellschaft votirten Wochenantheil, und der Genosse, der
schuldlos seine Stelle verliert, hat Anspruch auf Hülfe. Die Verbin=
dung der Drucker von Dublin dehnt sich gegenwärtig über ganz Irland
auß und erzwingt den Vollzug ihrer Geseze durch die Drohung, die
Werkstätte zu verlassen. Dahin gehört z. B. die Bestimmung, daß
eine Druckerei nur vier Lehrlinge haben darf. Ebenso wird häufig der
Lohn und die Arbeitsdauer des Tags geregelt. Wenn ein Gesell die
Regeln der Verbindung verlezt, wird er niemals durch seine Genossen,
sondern im Auftrage dieser durch die Gesellen eines andern Gewerbes
bestraft. Die Strafe geht nicht selten bis auf Todschlag, den Meistern
aber, die den Abtrünnigen Arbeit geben, wird in der Regel die Werk=
statt zerstört. So ist unter andern ein Holzsäger mit Stockschlägen ge=

mordet worden, und dieses Verbrechen haben vier Schuldige mit dem
Tode gebüßt. Auß Dublin hat das Verbot der Gesellenschaft alle
Schiffszimmermeister verjagt, weil sie den Forderungen der Arbeiter
hinsichtlich des Lohns und der Zahl Lehrlinge nicht nachgeben wollten.
In der Regel leiden übrigens die Gesellen mehr darunter als die Meister. Im Jahr 1836 forderten und erhielten die Spinner von Glasgow
einen höhern Lohn, den die Fabrikanten jedoch 1837 in Folge der von
Nordamerika außgegangenen Krisis zurückführen wollten. Die Arbeiter,
diese Bedingungen verwerfend, hörten alle zu arbeiten auf. Das
währte 4 Monate, während denen die Fabrikanten beträchtliche Verbesserungen in ihren Maschinen einführten. Als die Arbeiter sich endlich wieder zu arbeiten entschlossen, musten sie sich noch einen Abzug
von 30 Prozent zu dem frühern gefallen lassen; sie hatten über 700,000
Fr. geopfert, die meisten waren zur äußersten Armuth gebracht worden.
In Manchester und andern englischen Städten bestunden Arbeiterverbindungen in noch großartigern Verhältnissen; in Manchester zählte
die Gesellenschaft 100,000 Leute, außgebreitet über fünf bis sechs Grafschaften. In sehr wenigen Fällen haben die Arbeiter über die Meister
den Sieg davongetragen, indem diese nur bei überfüllten Magazinen
Lohnabzug vorschlagen und jene bald mit der Noth kämpfen. Die Unternehmer suchen die Gesellenschaften so viel möglich zu lähmen; auch
hat man Beispiele, daß Arbeiter entlassen wurden, weil sie zu denselben gehörten. Im Allgemeinen besteht jedoch ein regelmäßiges Verhältnis zwischen Gesellen und Meistern: im Fall von Klagen verhandelt eine Abordnung des Außschusses jener mit diesen, und wenn ein
Arbeiter Unrecht hat, so wird seine Sache aufgegeben. Auch unterstüzen sich die Gesellenaußschüsse der verschiedenen Städte gegenseitig;
so empfieng 1837 der von Glasgow beträchtliche Summen von dem zu
Manchester. Häufig wird im Augenblicke, wo die Gesellen eines Gewerbes zu arbeiten sich weigern, das Beispiel von andern Körpern befolgt. Zu jener Zeit weigerten sich in Glasgow 10,000 Genossen der
Arbeit, und in Folge davon kamen 15,000 andere Arbeiter außer Ver-
bienst, ja man gieng so weit, jede Art Arbeit mit Gewalt zu hindern.
In mancher Hinsicht hat die Gesellenschaft auch gute Wirkungen. Die
Drucker von Dublin zahlen 20 Sh. Eingangsbeitrag in die Verbin-
bung, monatlich 1 Sh., und erst nach Verlauf eines Jahrs hat der
Eintretende alle Rechte als Mitglied. Ist er ohne Arbeit, so erhält er

8 bis 10 Sh. wöchentlich während der ersten sechs Wochen, dann un=
gefähr 6 Sh. während der sieben folgenden Wochen; hat er 100 Sh.
erhalten, hört die Hülfe auf. Will er nach England auswandern,
empfängt er ungefähr 100 Sh., nach Amerika 200 Sh. Die Gesel=
lenschaft zahlt auch 80 bis 90 Sh. für die Beerdigung jedes Genossen,
ausnahmsweise auch Unterstüzungen an diejenigen, welche auf Arbeit
reisen.

So drängt sich denn das Problem der Arbeitsorganisazion, das
noch nirgends im Großen seine Lösung gefunden, überall auf, in Eng=
land noch mehr als in jedem andern Lande, weil dort der Haubtsiz ist
der neuen Weltindustrie neben den starresten Verhältnissen des großen
Grundbesizes. Was in dieser Hinsicht dort geschehen, sind immer nur
schwache Verbesserungen in Vergleich mit den großen Bedürfnissen, die
noch unbefriedigt vorliegen, ja auch bloß mit den Verbesserungen, die
sich auf wirtschaftlichen sowie moralischen Wegen voraußsichtlich erlan=
gen ließen. Wie's jezt steht, kann die englische Gesezgebung nicht ein=
mal füglich die Gesellen in ihrem verzweifelten Kampfe gegen die Verle=
ger unterstüzen, ja, die lediglich nach Erweiterung des außwärtigen
Marktes strebende britische Handelspolitik muß sich den besten selbstän=
digen Interessen derselben wegen ihrer andern entgegenstemmen. Denn
so lange die Boden= und Grundverhältnisse Englands bleiben wie sie
sind, ist es mehr als irgend ein anderer Staat der Welt gezwungen,
die Geseze der Konkurrenz, troz den erhöhten Schuzzollsystemen der
Festlandsstaaten, siegreich zu bestehn, mit im Interesse der Fabrikbevöl=
kerung selbst. Würden diese Geseze im Innern gestört durch willkürliche
Erhöhung des Lohns von einer Seite, so dürfte die englische Erzeugung
sich bald unter Bedingungen gestellt sehen, welche ihr Uebergewicht auf
dem Weltmarkte empfindlich schmälerte. Darin läge die Möglichkeit des
Ruins der Industrie, d. h. des Verderbs für Meister und Gesellen.
Jede gründliche Untersuchung muß daher unter obwaltenden Umständen
Arbeiter, Unternehmer und Land nur tiefer von der Unmöglichkeit über=
zeugen, die Bedingungen der Arbeit auf eine künstliche und gewaltsame
Art festzustellen. Dieselben stehn in unlösbarem Zusammenhang mit
allen übrigen Verhältnissen und Gesamtzuständen der Völker: diese
überhaubt verbessern, materiell und sittlich, heißt vorerst auch die Auf=
gabe, welche unter der Arbeitsorganisazion vorschwebt, auf die ange=
messenste Weise lösen.

Was jedoch geeignet scheint, die Schwachmüthigen wieder aufzurichten, sie an den Grundsaz mahnend, nie am öffentlichen Heil zu verzweifeln, und die Strebnisse der Unverzagten noch zu stärken und zu erhöhen, ist die Wahrnehmung, daß die bisherigen Anstrengungen für das Wohlbefinden der arbeitenden Klassen nicht ohne bedeutende Ergebnisse geblieben sind. Selbst die Bemühungen der legislativen Gewalt, unter Vorkämpfen des edlen menschenfreundlichen Lord Ashly, für die Verminderung der Kinderarbeit in den großen Baumwollenmühlen, und die seit dem lezverflossenen Jahrzehent erlassenen zahlreichen Parlamentsakten über diesen wichtigen Gegenstand — der Anfang einer Arbeitsregelung auf legislativem Wege — haben bereits gute Früchte getragen. Denn die Anzahl der in den vier großen spinnenden und webenden Manufakturzweigen von Baumwolle, Wolle, Flachs und Seide beschäftigten Kinder unter 13 Jahren betrug 1835 noch 55,453, dagegen 1839, in Folge der Bill von 1835 und anderer (Factory-Bills), nur 33,566 oder 21,889 weniger, ungeachtet die Gesamtzahl der in jenen Manufakturen beschäftigten Arbeiter beträchtlich zugenommen hatte. Nebst der Kinderarbeit hat sich auch die Verwendung des weiblichen Geschlechts in den großen Spinnfabriken, welche für die Moralität so nachtheilig wirkt, bedeutend verringert, und hinsichtlich beider ist nach den Berichten der Fabrikkommissäre eine fortwährende Abnahme bemerkbar. Von der halben Million Arbeiter in den Baumwollmanufakturen Großbritanniens übersteigt gegenwärtig die Zahl der männlichen über 20 Jahren um mehr als das Doppelte die der weiblichen, und sind die Arbeiterinnen über 20 Jahren darin wieder um stark ein Drittheil zahlreicher als die unter 20 Jahren. Bei der Wollmanufaktur sind dreimal mehr männliche Arbeiter über 20 Jahren beschäftigt als erwachsene weibliche, und nur eine verhältnismäßig geringe Zahl Kinder beider Geschlechter. Dasselbe Verhältnis besteht in der Strumpfwirkerei; nur in den Flachsmanufakturen wird eine beträchtliche Zahl junger Personen unter 20 Jahren verwandt. Bei der Spizenfabrikazion herschen die weiblichen Arbeiter vor; bei der Seidenverarbeitung ist die Zahl der Geschlechter des ganzen Arbeiterpersonals ungefähr gleich. — Schließlich möge hier noch, nach den auß amtlichen Quellen über die Ergebnisse der Volkszählung von 1841 geschepften Angaben Hrn. Kleinschrods, eine Uebersicht der Bevölkerung von Großbritannien eine Stelle finden, wie sie sich nach der Beschäftigung vertheilt.

Uebersicht der Bevölkerung von Großbritannien nach den Hauptkategorien der Beschäftigung im Jahr 1841.

Beschäftigung.	England und Wales.	Schottland.	Inseln im britischen Seegebiete.	Ganz Großbritannien.	Prozent der Gesammtbevölkerung.
1. Agrikultur { Landbebauer und Viehzüchter	248,231	54,873	3,960	307,005	
Lohnarbeiter	966,271	168,046	4,246	1,138,563	
Gärtner, Baumzüchter, Blumisten	45,945	6,418	287	53,650	
Gesamtzahl aller in der Bodenkultur beschäftigten Personen					7,9
2. Handel, Gewerbe und Manufakturen	1,261,448	220,337	8,493	1,499,278	16,5
3. Lohnarbeiter verschiedener Zweige (Bergleute, Steinbauer, Arbeiter ohne Angabe spezieller Beschäftigung, Spinzenleute, Arbeiter bei den Gaswerken, Eisenbahnen, Docken, Kanälen, Fischweiber, Zuckerbäcker, Wegegeldnehmer u. s. w.)	2,619,206	473,581	17,589	3,110,376	
4. Landheer (sowol die in England als auswärts stehenden Truppen, die der ostindischen Kompagnie, auf Halbsold gesetzte Militäre)	673,922	84,573	3,373	761,868	4,1
5. Bemannung der königlichen Flotte und Handelsmarine (nebst Fischern und Bootsleuten. 96,799 Mann werden davon als abwesend auf der hohen See berechnet)	125,993	4,631	840	131,464	0,7
6. Fachgelehrte { Geistlichkeit	261,992	24,359	2,279	288,630	1,2
Rechtsgelehrte	20,450	2,056	137	23,543	
Aerzte, Chirurgen, Apotheker	14,155	3,185	114	17,454	0,3
7. Andere Personen höherer Ausbildung verschiedenen Berufes	18,436	3,568	183	22,187	
8. Zivilbedienstete der Regierung	123,878	18,099	859	142,836	0,7
9. Bedienstete der Gemeinen, Städte- und Kirchenverwaltungen, Polizei und Gerichtsbeamte	14,088	2,777	94	16,959	0,1
10. Häusliche Dienerschaft	22,125	3,085	65	25,275	0,1
11. Als unabhängige Personen angegeben	999,048	158,650	7,535	1,165,233	6,2
12. Von ständigen Almosen Lebende, Pensionäre, Irre, Gefangene	445,973	58,291	7,176	511,440	2,7
13. Uebrige im Obigen nicht begriffene Bevölkerung (meist Kinder und Frauen)	176,206	21,690	1,173	200,026	1,1
	9,390,866	1,531,402	74,130	10,997,365	58,4

VII.

Handels - und Finanzpolitik unter dem Einflusse des Grundbesizes; — Sir Rob. Walpole's System, dessen Vervollständigung durch William Pitt; die neue Weltindustrie; Huskissons Reformen; organisirte Kolonisirung; die Getraidezölle, ihre Wirkungen; Budget; Einfluß dieser Verhältnisse auf die Zersezung der alten aristokratischen Parteien und die Bildung neuer demokratischer; Staatsschuld, öffentlicher Kredit; Mittelstand, Reichthum und Armuth.

Die allgemeinen Ursachen der Ueberlegenheit Englands in Gewerben und Handel, in Reichthum und Macht liegen, wie wir früher gesehen, in seinen geografischen und geologischen Eigenthümlichkeiten nicht so sehr als in der Stärke und Kraft, womit die politischen Instituzionen das englische Königthum bekleiden, als in der politischen Freiheit, die überall aus dem Kaos die Ordnung, aus Unmacht die Macht schafft. Doch kommen auch andere wesentliche Momente in Betracht, namentlich die Handelspolitik und die neuerstandene Maschinenkraft. Vermöge seiner freiern Verfassung war England eben mehr im Stand als andere Völker, sich all der neuern Triebkräfte des Aufschwunges zu bemeistern, und so kömt es, daß sein, jezt schon in der Geschichte beispielloses Uebergewicht durch rasches Anwachsen der Kapitale und der industriellen Bevölkerung, durch die technische Bildung, die Fortschritte der Erfindungen und des Unternehmungsgeistes noch immer im stäten Wachsthum begriffen ist. Mit dieser Entwickelung jedoch treten auch die alten Uebel, die nicht vernarben, weil sie zu tief ins Blut gehn, schmerzhafter denn je hervor, und sie drohen die Kräfte, troz ihrer Zunahme, am Ende zu überwachsen, falls es der englischen Politik nicht gelingen sollte, ihre Wurzeln zu tilgen oder doch ihren Einfluß zu mil=

dern. Auch neue Uebel traten hinzu, die früher fast Vortheile geschienen, wie der große Staatsgeldverbrauch während der Kriege mit Frankreich, dessen Verzinsung jezt die arbeitenden Klassen, in Form von Verbrauchsabgaben, schwer drückte. Beim Aufkommen der Maschinenkraft war der Umstand, daß die großen Güter den Bevölkerungszuwachs in die neuen Manufakturwerkstätten trieben, sogar der Industrie und dadurch wieder dem Ackerbau zu statten gekommen; die hohen Preise der Fabrikerzeugnisse, die noch keinem drückenden Mitbewerb unterlagen, gestatteten hohe Arbeitslöhne, Jedermann befand sich wohl. Allein die großen Gutsbesitzer, mit jenem Vortheil nicht zufrieden, beschwerten bald auch noch die Einfuhr fremder Lebensmittel mit hohen Zöllen; die Lebensnothdurft vertheuerte sich, während die Löhne, wegen vermehrten Mitbewerbs fielen und die Zahl der Arbeiter, die man früher gesucht hatte, über Bedürfnis sich vermehrte. So geriethen die Arbeiterklassen von allen Seiten ins Gedränge, und es entstund jenes Fabrikelend, welches man, statt die Ursachen desselben zu beseitigen, nach Art der Quacksalber heilen wollte, die durch äußerliche Mittel zwar die Haut von Außschlägen befreien, dadurch aber den giftigen Stoff auf die edleren Theile des Körpers zurückdrängen. Erst jezt erkennen die englischen Staatsheilkünstler die Aufgabe: vor allen Dingen die Agrikulturerzeugung des Mutterlandes und der Kolonien mit seiner Fabrikerzeugung ins Gleichgewicht zu bringen. Doch die Haubtschwierigkeit, die wahre Ursache des großen, auf England noch lastenden Drucks — der Feudaladel mit seinem starren Grundbesiz — kann durch die Handelsgesezgebung nicht allein, sondern zugleich nur durch weitere politische Reformen beseitigt werden.

Die Anliegen der arbeitenden Klassen sind im Parlament nur so weit vertreten, als sie mit denen der Begüterten zusammenfallen. Selbst nach der Reformakte von 1832 ist im Unterhause noch das Vermögen an Grund und Boden weit überwiegend vertreten. Zwar hatte der große Commoner Pitt in den amerikanischen Fragen den staatsrechtlichen Grundsaz aufrecht erhalten: „Besteuerung, Taren, sind die freiwillige Gabe und Bewilligung der Gemeinen allein, und zwar von ihrem Eigenthum." Allein die nicht repräsentirten Gemeinen und Volksklassen musten gleichwol wie die vertretenen Flecken die vom Parlament aufgelegten Taren zahlen, und die gesezgebenden Grundherrn und reichen Monopolisten, in deren Händen größtentheils die Regie-

rungsgewalt lag, vergaßen nicht, sich selber Vortheile durch die Besteu-
erungsart und prohibirende Maßregeln zu sichern. Zum Theil allerdings entsprach ihre Handelspolitik dem Gemeinwohl; zum Theil aber
auch nicht.

Die Begründung der englischen Handelspolitik von Elisabeth bis
Cromwell darf theils als bekannt vorausgesezt werden, theils ist ihrer
den Haubtzügen nach schon im Frühern Erwähnung geschehen. Nur
die Haubtmomente ihrer weitern Außbildung will ich hier noch kurz hervorheben, besonders seit der Revoluzion von 1688, wo innere und
äußere Politik Englands anheben, eine neue, für lange Zeit entschei-
dende Gestaltung anzunehmen. Wilhelm III., schon in Holland gewöhnt, dem Handel eine geziemende Aufmerksamkeit zu schenken, fühlte
sich um so mehr gedrängt, den Aufschwung von Industrie und Handel
zu fördern, als seine kostbaren Kriege, namentlich gegen Frankreich, für
damals unermeßliche Summen heischten. Auß Furcht sich verhaßt zu
machen, vermied die Regierung möglichst die Auflagen zu erhöhen, und
suchte ihre Bedürfnisse durch Anleihen zu decken (von daher Schulden-
wesen und Bankeinrichtungen), welche unvermeidlich den Handel und
den Geldleuten einen erhöhten Einfluß gestatteten. Auch das Haus
Hannover sah sich dadurch, daß die meisten Widersacher der neuen Dy-
nastie dem Landinteresse angehörten, genöthigt, das Handels = und In-
dustrieinteresse als eine Haubtstüze zu betrachten. Schon im Jahr 1721
sagte der König in seiner Thronrede an das Parlament: ,,In der gegenwärtigen Lage der Dinge würden wir unsere größten Anliegen verkennen, wenn wir die Pflege des Handels, des Grundsteins der Macht
und des Reichthums dieses Landes, vernachläßigten. Nichts aber fördert denselben so sehr, wie die Vermehrung der Außfuhr unsrer
Fabrikate und der Einfuhr fremder Rohstoffe. Hierdurch
sichern wir uns eine günstige Handelsbilanz, vergrößern wir unsere
Marine, verschaffen wir einer Menge unsrer Armen Arbeit und Brod.''
Daneben jedoch war der Minister Sir Robert Walpole, dem England dieses denkwürdige Programm verdankt, ganz im Geiste der vorwaltenden Aristokratie und um die noch widerstrebenden großen Grundbe-
sizer auf die Seite der Regierung herüberzuziehen, unabläßig bemüht, die
Auflagen auf das Grundeigenthum zu vermindern, und dagegen die
Einkünfte des Staats auß dem Handel, Zölle und Akzise zu vermehren.
Die Mittel, welche er durch Gründung des Sinking = Fund gesammelt

11 *

hatte, sezten ihn in Stand, die Landtare, die er schon vorher von 20 Prozent auf 15 zurückgeführt hatte, sogar auf 10 Prozent zu vermindern — eine Maßregel, die ihm die Mehrheit des Parlaments sicherte. Auf den untern Stufen der Repräsentativverfaßung oder so lange diese das ganze Leben einer Nazion noch nicht geistig erfüllt hat, scheint ihr der Nachtheil anzuhangen, daß die Regierung nicht immer ihre Maßregeln allein für das Gemeinbeste, sondern auch nach den Wünschen, Interessen und selbst Vorurtheilen der Mehrheit der Parlamentsglieder zu modeln sucht, sowie der, daß die öffentlichen Aemter nicht immer durch die Würdigsten, sondern durch die Einflußreichsten im Parlament besezt werden. Indessen auf dieser Welt gibt es nichts Vollkommnes, und jene Nachtheile verschwinden in demselben Grade wie die Verfaßung alle Zustände des Volks lebendig durchdringt. Sir R. Walpole ist also der eigentliche Begründer jenes indirekten Steuersystems, welches nach ihm so große Außdehnung erhielt und dem erst Sir R. Peel wieder Gränzen steckte. Es hatte vorübergehend das Gute, daß es die Regierung, schon um ihren Haushalt bestreiten zu können, nöthigte, auf alle mögliche Weise den Handel zu heben; denn nur in dem Maße als dieser sich vermehrte, stiegen die Staatsrevenuen. Um zu Gunsten der Grundbesitzer die Landtare völlig abzuschaffen, verfiel Walpole auf den Plan des „Akzise = Systems.‟ Er wollte die Waren in zwei Klassen theilen, wovon die eine besteuert, die andere, nämlich alle nothwendigen Lebensbedürfnisse und alle für die Fabriken erforderlichen Rohstoffe, ganz abgabenfrei gelaßen werden sollte. Die freie Einfuhr dieser Artikel sollte die englischen Fabrikanten in Stand sezen, ihre Erzeugnisse möglichst wohlfeil auf die fremden Märkte zu bringen. Dagegen wollte er den Handel mit den besteuerten Artikeln sowol durch Milderung des Tarifs als auch durch ein Freilagersystem begünstigen; die Einfuhrzölle sollten erst beim Uebergange der Waren auß dem Freilager in den Verbrauch entrichtet werden, gleichsam wie Akzise, wodurch dem Kaufmann nicht nur die Voraußlage des Kapitals erspart, sondern auch die zollfreie Wiederaußfuhr der übrigen Waren nach der Konjunktur gesichert worden wäre. Zwar scheiterte dieser vortreffliche Entwurf damals noch an den Vorurtheilen der Aristokratie und den Interessen zahlreicher Monopolisten, die zum Theil mit dem Schmuggelhandel auf vertrautem Fuße stunden; man wollte in ihm weniger eine auf die Förderung des Handels abzweckende Maßre-

gel als eine fiskalische Plusmacherei erkennen; — Walpole sah sich gezwungen, seine Tabaksbill, womit er das System beginnen wollte, zu-
rückzunehmen, und bald darauf erfolgte sein Fall. Allein das englische
Abgabensystem hat sich dennoch im Allgemeinen nach seinem Plan ausgebildet: die Mittel zu Bestreitung der Staatsbedürfnisse erhub man
auf eine, in Zeiten der Prosperität freilich dem Lande wenig beschwer-
liche indirekte Weise, und suchte durch Vermehrung der Absazwege und
vielartige Förderung der Industrie und des Handels, die Kanäle für
das Einfließen dieser Einkünfte immer breiter, ergiebiger und freier zu
machen. Selbst das Freilagersystem ward eingeführt und allmählich so
ausgebildet, daß es einen großen Theil des Festlandshandels in die
englischen Häfen (Docks und Entrepots) leitete und überhaupt dem
englischen Seehandel, sowie der englischen Schiffahrt vor denen des
Kontinents die bedeutendsten Vortheile verlieh, unter andern, große Bequemlichkeit und sichere Frachten bei der Außfahrt, daher geringe Fracht-
preise; sogar die englische Industrie zog nachhaltigen Gewinn auß den
von allen Seiten herbeiströmenden, in die Entrepots lagernden fremden
Waren, indem sie dadurch Gelegenheit erhielt, sich mit allen Erzeugnissen des Außlandes, ihren Eigenthümlichkeiten und Vorzügen bekannt
zu machen, und Aufmunterung darin nachzueifern, was gewöhnlich
eben so schnell als mit glücklichem Erfolg geschah. Obendrein gewähren
die „Warrants", d. h. Pfandscheine für die in die Entrepots niedergelegten Waren, die durch den einfachen Weg der Endossirung, wie Wechsel, übertragbar sind und dem Inhaber im Betrage der Summe einen
unbedingten Krebit leihen — authentische Dokumente, übrigens mit
voller Gesezeskraft zwischen dem Käufer und Verkäufer — dem Handel
in England die größten Erleichterungen, ohne irgend Nachtheile mit
sich zu führen. Auf dem Kontinent hat jezt erst Belgien das Freilagersystem ganz so vollständig, wie's in England besteht, durchgeführt;
doch bin ich überzeugt, daß alle Festlandsstaaten ihm folgen werden,
darum schon, weil in demselben das einzige Mittel gegeben ist, die Interessen von Handel und Industrie, von freier Verkehrsbewegung und
von mäßigem Zollschuz völlig zu verschmelzen. Es ist fast unbegreiflich,
daß der Kontinent so lange Zeit England den unermeßlichen Vorzug
der Einheit dieser Interessen überlaßen und sich selbst in der möglich
größten Zersplitterung derselben gefallen hat. Ohne Zweifel liegt ein
Haubtgrund der deutschen Inferiorität sowol in der Seemächtigkeit als

in der Gewerkkraft gegen England gerade in der bisherigen unglückseligen Trennung beider, und keine größere Wohlthat kann unserm Vaterlande geschehen, als die gründliche innige Verbindung der Seegebiete mit dem innern Lande.

Unter dem großen William Pitt trat die englische Handelspolitik entschieden in die verrufene Richtung: durch Abschluß von klugen Handelsverträgen mit den Staaten beider Welttheile diese künstlich in ein ackerbauendes Verhältnis zu dem fabrizirenden England herabzudrücken. Der Verlust der wichtigen Kolonie in Nordamerika und der bald nach dem Friedensschluße frisch auflebende Handel mit derselben, hatten ganz natürlich darauf hingeführt. Man merkte, daß zulezt der unmittelbare Besiz zur Ausdehnung der Handelsbeziehungen und des Fabrikatenabsazes weniger erforderlich sei, als günstige Handelsverträge. Die neue Richtung bekundete aufs glänzendste der sogenannte Eden=Vertrag mit Frankreich vom Jahre 1786 — ein Meisterstück William Pitts. Derselbe sollte den Absaz französischer Weine nach England, wo man die Weine der pyrenäischen Halbinsel vorzog, und den englischer Manufakturwaren nach Frankreich befördern; zugleich waren die wechselseitig stipulirten Einfuhrzölle ungemein gering: Quinkaillerie=, Eisen=, Stahl= und Kupferwaren zahlten 10 Prozent, Woll= und Baumwollenwaren 12 Prozent des Wertes, ebenso Porzellan= und Töpferwaren. Der englische Minister konnte seinem Lande nicht genug Glück wünschen zu den Bewilligungen eines so mächtigen Gegners, unmittelbar nachdem derselbe durch den amerikanischen Unabhängigkeitskrieg ihm so tiefe Wunden hatte schlagen helfen. Pitt hatte dabei zuerst jenen falschen Unterschied aufgestellt, der seitdem von englischen Publizisten oft wiederhohlt worden, daß die Festlandsstaaten, namentlich Frankreich und Deutschland, von der Natur haubtsächlich für den Ackerbau, England dagegen zur Gewerbsindustrie bestimmt sei. Dieses, meinte er, sei von der Natur, im Boden und Klima nicht so begünstigt wie jene; dagegen habe es durch Kunst und Arbeit, die freie Verfassung, die Thatkraft und den Unternehmungsgeist seines Volkes einen hohen Grad kommerzieller Entwickelung erlangt und sich in Stand gesezt, die reichen Naturprodukte seiner Nachbarn mit seinen Kunsterzeugnissen, die zum Wohlsein beitragen, einzutauschen. Indessen nahm er keinen Anstand, während noch der Vertrag schwebte, öffentlich zu behaubten, daß England durch denselben in viel größerm Maßstabe gewinnen werde als Frankreich.

Diesem werde ein Markt von 8 Millionen Menschen aufgeschloßen, jenem ein Markt von 24 Millionen; der Vertrag werde Frankreichs Industrie, Handel, Schiffahrt und Staatseinnahme nur wenig vermehren, der Mehrabsaz an englischen Manufakturwaren dagegen werde Hunderttausende beschäftigen, die Zufuhr der dazu erforderlichen Rohstoffe die englische Schiffahrt und Seemacht vergrößern, die Staatseinnahmen bedeutend wachsen. Man berechnet nämlich, daß wegen des indirekten Steuersystems in England fast drei Fünftheile des Arbeitslohns der Schazkammer zu gut kommen; auf dem Kontinent, wo direkte Steuern vorwalten und der Taglohn viel geringer ist, kann der Staatsschaz auß der vermehrten Arbeit keinen so großen Nuzen ziehen. Es war daher nichts weniger als übertrieben, wenn Pitt den Gewinn Frankreichs an Einkünften auf kaum 100,000 Pf. St., den Englands dagegen auf das Zehnfache anschlug; wie denn überhaupt der Natur der Dinge nach, alle Handelsverträge zwischen Manufakturländern und Agrikulturländern am Ende zum Vortheil der erstern außschlagen werden. Der Irrthum Pitts bestund nur darin, daß er wähnte, Frankreich würde, weil es damals noch zu keinem verfaßungsmäßigen Zustande gelangt war, für alle Zukunft der politischen Freiheit und damit der industriellen Größe beraubt bleiben. Merkwürdig genug sprach daher Pitt, der große Gegner des revoluzionären Frankreichs, zu jener Zeit in den süßesten Worten vom absolutistischen Frankreich, während die liberalen Whigs, Fox, Sheridan, der junge Graf Grey, der Vater der Reformbill, sich damals gegen den alten Erbfeind Großbritanniens in heftigen Reden ergiengen.

Die bald folgenden Kriege von 1793 bis 1815, welche den Kontinent größtentheils mit Elend und Verarmung heimsuchten, bürdeten England zwar eine Schuldenlast auf, die sein Budget jährlich um beinahe 20 Millionen Pf. St. an Zinsen beschwerte; allein sie vermehrten zugleich seinen Nazionalreichthum, durch Agrikulturverbesserungen, Außbreitung des Handels, der Marine und der Manufakturen, und befestigten seine Suprematie im Weltverkehr und auf der See. Das Geheimnis dieser Erscheinung liegt zum großen Theil in dem Aufkommen der Maschinen, den Fortschritten der Wißenschaften und den großen Entdeckungen der Chemie und Mechanik, womit eine Revoluzion in den wichtigsten Gewerksverhältnißen eintreten muste. Vor dem Kriege stunden sich England, Frankreich und Deutschland in ihrer gewerblichen

Entwickelung zwar nicht mehr ganz gleich, allein die beiden leztern thaten es doch noch in dem einen oder andern wichtigen Zweige der Stoffveredelung jenem zuvor; wenn England vornehmlich in der Tucherzeu-
gung vorstach, so Frankreich in der Seidenfabrikazion und Deutschland
in der Linnenbereitung, sowie in der Gewinnung und Verarbeitung von
Eisen und Stahl; deutsche Leinwand deckte damals einen großen Theil
des Bedarfs von England, Spanien, Portugal und ihren Kolonien,
von Frankreich und Italien. An der Erzeugung von Kolonialwaren
hatten Holland, Spanien, Portugal, Frankreich nicht minder Theil als
England, obwol der Verbrauch davon ein viel geringerer war als jezt.
Ueberhaupt stunden Industrie und Weltverkehr auf weit beschränkterm
Fuße, um so mehr, als die mittlern und niederen Volksklassen meist nur
Stoffe verschlißen, die in den Familien selbst oder doch im nähern
Kreise des eigenen Wohnorts nach altem Herkommen und der herschenden Landestracht veredelt worden waren. Der eigentliche Großhandel
erstreckte sich lediglich auf den Verbrauch der höhern Stände und auf
den Verkehr mit den Kolonien, welcher im vorigen Jahrhundert einen
verhältnismäßig größern Antheil des Welthandels ausmachte, denn in
dem gegenwärtigen. Zwischen den verschiedenen Ländern bestund in
Bezug auf technische Ausbildung, Kapitalienreichthum und Erzeugungskosten noch eine ziemliche Gleichmäßigkeit; so lange Handarbeit vorwal-
tete, konnte ebenso der kleine Gewerbsmann noch wetteifern mit dem
mittlern, sich durch Geschicklichkeit und Fleiß emporschwingen. Das
alles ist anders geworden, seit die Maschinenkraft und die Kapitale die
Uebermacht über die Handarbeit erlangt haben, und der Dampf den
Weltverkehr über Land und See beflügelt. Jezt erst trat die Weltindustrie auf, mit ihr eine allgemeine Länder- und Weltkonkurrenz, die
sich allerdings mit etwas andern Gesezen regelt, als der frühere Mitbewerb zwischen Hand und Hand. Der große Unterschied besteht darin,
daß jezt ein Land, welches sich nicht befähigt für den Mit bewerb auf
dem Weltmarkte, auf die Dauer auch seine innere Stärke einbüßen
und so gewerblich in Abhängigkeit kommen muß; gerade so wie der
unbemittelte Gewerbsmann dem großen Fabrikanten unterliegen wird.
Das größere Geschäft verschluckt gleichsam die kleinern mit Hülfe der
Maschinen, weil nun die Erzeugungskosten um so geringer sind, die
Preise also um so niedriger gestellt werden können, je großartiger das
Gewerbsunternehmen ist. Die außerordentlichen Verbesserungen der

Verfuhrmittel aber haben die sonst größeste natürliche Schranke des Ab=
sazes, die in den Transportkosten liegt, für Fabrikate so gut wie aufge=
hoben und dem Verkehr überall offene Bahn gebrochen. Auf diese
Weise sind die in der Industrie und Ansammlung von Vermögensstock
und Maschinenkraft meistvorgerückten Völker, jezt mehr als früher im
Stande, mittelst des freien Mitbewerbs die Manufakturen und Ge=
werbe minder entwickelter Völker nieder zu drücken. Auch können sich
vereinzelte Industriezweige im Lande nicht mehr für sich erhalten wie
früher, wenn sie in der allgemeinen nazionalen Handels = Schiffahrts =
und Gewerbekraft desselben keine Stüze finden, weil jezt das Gewerbe=
leben einer Nazion ein zusammenhängendes Ganzes bildet und auf
ihrer technischen Kraft und ihrem Vermögensstock beruht.

Unter diesen neuen Verhältnissen nun war es England, welches
gegenwärtig mittelst seiner Maschinen mit den Erzeugnissen von fast
einer halben Milliarde Menschenkräfte auf dem Weltmarkte konkurrirt,
möglich die Baumwollindustrie nicht bloß an sich zu reißen, sondern
sie auch zu dem wichtigsten Manufakturzweige der Welt zu erheben, auf
Kosten aller übrigen Länder und der ihnen eigenthümlichen altheimischen
Zweige der Stoffveredelung, vor allen der Leinwandbereitung. Nach
Huskissons Zeugnis hat das Aufkommen der Baumwollenindustrie
England allein in den Stand gesezt, den großen Kampf gegen Napoleon
durchzuführen. Während Frankreich sich in dem Bemühen, seine Ober=
herrschaft über Europa auszudehnen, erschepfte, begründete England, wo=
hin, seiner sichern Lage wegen, von allen Seiten Kapitale strömten,
seine Ueberlegenheit in den großen Manufakturen und zur See. Es
ward gleichsam die einzige Handelsnazion. Denn die Kolonien der
Festlandsstaaten hatten sich entweder unabhängig erklärt, oder waren
mit ihrer ganzen Erzeugung in seine Hände gefallen, und als 1810 auch
der Handel der Vereinigten Staaten von England wie von Napoleon
fast vernichtet ward, konnte das europäische Festland seinen Bedarf an
Rohstoffen doch nur auß den Händen der Engländer beziehen. Das
Pfund Baumwolle, welches in Liverpool ⅔ Thlr. kostete, galt in
Hamburg 2 Thlr., in Paris fast 3 Thlr., und alle Baumwollenwaren
wurden auf dem Kontinent um 100 bis 300 Proz. theuerer verkauft als
in England. Auf so hohlem Grunde beruhte die neue gepriesene Fest=
landsindustrie, künstlich gezogen auf Kosten und durch den Umsturz aller
frühern Gewerbsverhältnisse. Natürlich stürzte sie daher zusammen

wie ein Kartenhaus, nachdem die Kontinentalsperre gefallen und die englischen Baumwollenstoffe dann, wegen ihrer großen Wohlfeilheit durch keinen Tarif abhaltbar, ganz Europa überfluteten. Doch die Nazionen des Festlandes hatten sich nicht frei gekämpft, um sich nun in die baumwollenen Fesseln Englands schlagen zu laßen.

In dem Bewustfein durch Geld, Flotten, Armeen und Anstrengungen aller Art wesentlich zur Herstellung des Friedens beigetragen zu haben, gab sich England, gestüzt auf seinen unermeßlichen Kolonialbesiz, seine Allgebietendheit zur See, seine Maschinenkraft und Kapitale, jezt gern der Hoffnung hin, Europa und den Frieden nach Gefallen außbeuten zu können. Es täuschte sich, in dieser Hinsicht fieng der Krieg erst eigentlich an. Die seefahrenden Völker reklamirten den ihnen gebührenden Antheil an der Weltschiffahrt, die innern Staaten beschüzten ihre Manufakturen durch Einfuhrzölle, alle fühlten alsbald das Bedürfnis, sich von dem mächtigen Inselreiche nicht in das abhängige Kolonialverhältnis herabbrücken zu laßen und sich von dem englischen Welthandelsdrucke zu befreien. Ueberall sah man in dieser Richtung wirken, überall Schuzsysteme für die heimische Industrie aufstellen, und der Gedanke der Kontinentalsperre, freilich in geläuterter Gestalt und nicht auf unnatürlichem Zwangswege, schien sich ohne allgemeine Verabredung zu erneuern. Nicht wie Napoleon wollte man England jezt verderben, sondern sich nur selbst vor Abhängigkeit vom englischen Schlepptau schüzen; man wollte den Seehandel nicht mehr vernichten, sondern nur einen selbständigen Antheil daran gewinnen. In diesem neuen Handelskriege fielen natürlich viele Fehler vor, auf britischer wie auf kontinentaler Seite. Hier griff man mitunter, besonders in Frankreich und Rußland, statt nach einem gemäßigten Schuzsystem, wieder im Napoleonischen Sinne nach Prohitivzöllen und feindlichen Abschließungen, welche den Verkehr nicht förderten, sondern beengten. In England vermochte die Verwaltung, war es auß Ermattung oder weil man die Vorbereitungen des Kontinents nicht begriff, nicht so viel Einfluß über die Monopolisten zu gewinnen, um einen freiern Handel mit den europäischen Ländern durch geeignete Maßregeln zu fördern. Es geschah von englischer Seite vielmehr alles, besonders durch Aufstellung enormer Getraidezölle und von Unterscheidungszöllen auf Holz zu Gunsten der Kolonien, um namentlich die Deutschen auß ihrer Geduld und leidenden Zerrißenheit zur einenden Gegenwehr gegen die britische Han-

delspolitik aufzustacheln. Glücklicher Weise walteten damals sehr gemäßigte Ansichten über Zollschuz in Deutschland vor, die es erleichterten, daß die meisten deutschen Staaten sich allmälich zu freiem Außtausche und ungebundenem Wirken im Innern, sowie zu gemeinsamem
Schuze und Widerstande gegen außen verbanden, und bewirkten, daß
man sich zugleich hütete, auß einem Extrem in das andere zu fallen.
Troz dem, daß der Zollverein einzelne Folgewidrigkeiten und Halbheiten
sich zu Schulden kommen ließ, wie namentlich hinsichtlich der Seeschiffahrt und der damit wegen Beschaffung des Rohstoffs zusammenhangenden mechanischen Spinnereien, hielt man im Allgemeinen doch an
Grundsäzen fest, welche Deutschland zum Heile gereichten.

Während England so einen lebhaftern Mitbewerb der andern Völker zu bestehen hatte, blieben die seit 1793 verdreifachten Schulden und
ein durch mehrere Mangeljahre und Theuerung vermehrter ungeheurer
Pauperismus auf ihm lasten. Bald zeigten Handelskrisen und Arbe-
teraufstände die Nothwendigkeit an, daß man der Handelspolitik eine
andere Richtung zu geben habe, die Industrie durch Zollminderungen
erleichtern und mehr wieder zu einem Theil der Politik Walpole's und
Pitts zurückkehren müße. Huskisson war der Vorkämpfer dieser
Reform, welche vorerst an die Stelle des Prohibitivsystems das Schuzsystem sezte. Er errang den geläuterten Grundsäzen der politischen Oekonomie, troz des Widerstandes der Tories und der ganzen Monopolisten-
partei, auch thatsächlich größere Anerkennung, ohne daß er sich jedoch
für Theorien, deren Unsicherheit er kennen gelernt, geradezu enthusias-
mirt hätte. Als er im Jahre 1824 den Vorschlag machte, an die Stelle
des Verbots der fremden Seidenwaren einen Wertzoll von 30 Prozent
zu sezen, erklärte er sehr bezeichnend: „Wenn ich gegen andere Nazionen freigebig bin, so werde ich durch die Interessen meines Vaterlandes
geleitet.‟ Im Jahre darauf stellte Huskisson in einem allgemeinen
Zollrevisionsplan den Grundsaz auf, daß die Schuzzölle für die englischen Manufakturen künftig 30 Prozent des Wertes nicht übersteigen
sollten. Denn werde, sagte er mit Recht, im Außland ein Fabrikat
um so viel billiger und beßer erzeugt, daß mit 30 Prozent Zoll die
Industrie nicht geschüzt wäre, so würde ein höherer Zoll nur als
Schmuggelprämie wirken, und in solchem Falle wär's unweise mit dem
Außlande in Bewerb treten zu wollen; da handle der Staat klüger,
den Nuzen, den bisher die Schmuggler gezogen, sich selbst zuzuwenden,

indem er den Verzehrern erlaube, eine beßere und minder theuere Ware zu erwerben, ohne sie zu nöthigen, tagtäglich die Geseze des Landes zu verlezen. Kurz, unter den neuen Verhältnissen liege es in Englands eigenem Interesse, das überspannte Schuzsystem allmählich aufzugeben. Wie grundverschieden desungeachtet in Bezug auf Beschränkung der frühere englische Zolltarif bis auf die neuern Maßregeln Sir Robert Peels von dem Zollvereinstarife blieb, geht schon darauß hervor, daß dieser nur ungefähr 43 verschiedene Artikel eigentlich besteuert, die frem- den Rohstoffe im Allgemeinen gar nicht belastet und als Grundlage für andere Gegenstände nur einen (freilich oft vielfach überschrittenen) Zoll von 10 Prozent des Wertes feststellt, während der englische 1150 Ar- tikel theils außgeschloßen, theils sehr hoch besteuert hatte.

Inzwischen sind die meisten Länder beider Halbkugeln in ihren Tarifen weniger mild als Deutschland, und England muß erwarten, sein früheres Verfahren mehr oder minder überall gegen sich angewandt zu sehen. Eine Art Handelssperre aber gegen britische Waren in Eu- ropa und Amerika, wäre für England von ungleich größerm Nachtheil als alle frühern Kriege und könnte furchtbare Erschütterungen im In- nern hervorrufen. Das fühlt England, und darum die erstaunlichen Anstrengungen seiner konservativen Staatsmänner, zu immer weiterer Außbreitung und Sicherung des englischen Handels, als des Ableiters ernster Konflikte zwischen den zu Hause gegenüberstehenden Interessen; darum ihr mitunter alle Schranken der Mäßigung überstzürender Eifer im Vorbauen gegen ungünstige Einflüße auf den englischen Handel. Gegenwärtig sucht es den Markt, der möglicher Weise auf beiden Ufern des Atlantischen Meeres auf dem Spiele steht, in China wieder zu ge- winnen. Dahin hat der Verkehr in den lezten Jahren ungemein zu- genommen. Der Gesamtwert der nach China beförderten englischen Erzeugnisse (die indischen nicht eingeschloßen), bestehend in Kleidern, Waffen und Munizion, Glas -, Metall- und Quinkaillteriewaren, Eisen, Blei, Baumwollenstoffen und -Garn, Leinwand, Wollzeugen, Uhren, Papier, Bijuterien, Bier, gesalzenen Fischen und Anderm, betrug in den Jahren 1840 bis einschließlich 1844 steigend: 524,198; 862,670; 969,381; 1,456,180 und 2,305,617 Pf. St. Dagegen bezog Eng- land an Thee in denselben Jahren: 22,576,405; 27,639,817; 37,409,544; 42,779,265 und 51,754,485 Pfund. Welch eine Zu- nahme! Im Jahre 1843 sind in China 84 Schiffe unter englischer und

3 unter andern Flaggen, und im Jahr darauf 104 englische und 5 andere Schiffe eingelaufen! Ein fast noch wichtigeres Hülfsmittel als
dieses ist für England unstreitig die organisirte Kolonisirung.
Mancher britische Staatsmann baut hierauf am meisten; namentlich
hat Gladstone neuerdings die großartigsten Pläne darüber aufgestellt.
Irrig hört man auf dem Kontinent oft behaupten, England kranke an
seiner Kolonialgröße, weil es mitunter beträchtliche Summen dafür
opfern muß. Genau betrachtet, sind die Opfer verhältnismäßig nicht
so sehr groß. Unter allen Reichen beherscht das britische die meisten
Unterthanen, die obendrein über die ganze Erde zerstreut wohnen.
Dennoch unterhält es kein viel zahlreicheres Landheer als Preußen!
In Wahrheit aber darf es das für die Eroberung, Gründung und Erhaltung seiner auswärtigen Besitzungen aufgewandte Geld, abgesehen
von der höhern Mission, die es dabei vollführt oder doch vollführen
kann, als bloße Auslagen betrachten, wodurch es sichere Absazmärkte
für seine Erzeugnisse, Stüzpunkte und Häfen für seine Schiffahrt und
einen scharfen Ansporn für seine große Industrie gewonnen hat und noch
immer gewinnt. Von einem solchen Stimulus aber, dem freiwilligen
Antriebe zu gewinnbringender Arbeit, hängt die Blüte des Fleißes vorzugsweise mit ab. Britische Besitzungen außer Europa, die fast nur
englische Fabrikate verbrauchen, sind folgende:

In Asien	34,350 deutsche Geviertm. mit 110,000,000 Einw.			
= Afrika	8,700	=	=	300,000 =
= Nordamerika	135,560	=	=	1,900,000 =
= Westindien	672	=	=	720,000 =
= Südamerika	4,860	=	=	100,000 =
= Ozeanien	24,700	=	=	301,000 =
Summa:	208,842	=	=	113,321,000 =

Troz dieses ungeheuern Besizes ist bis jezt freilich der britische
Handel mit fremden Ländern noch weit beträchtlicher, beinahe dreimal
so stark, als der mit seinen Kolonien, und wird es auch wol immer bleiben. Allein einen Stüzpunkt von unermeßlichem Belang bieten ihm
die Kolonien immer, und je mehr diese sich ausbreiten an Größe und
im Anbau von Rohstoffen, je lebhafter die Auswanderung dahin fortschreitet, ein desto größeres Gewicht gewinnt der Kolonialhandel für
England. In demselben Verhältnisse als die Märkte selbständiger Län-

der sich ihm verengen sollten, würde es noch schärfer den Antrieb auf Kolonisirung und Erweiterung seiner auswärtigen Besizungen fühlen und ihm nachgeben müßen. Daß die Kolonien jedoch ihm seinen Antheil am übrigen Welthandel ganz ersezten, wäre allein dann vielleicht denkbar, wenn es seine heimischen Bodenverhältniße von Grund auß umgestaltet, daburch allmählich einen vermehrfachten innern Verbrauch gewönne und sich befähigte, zugleich eine verstärkte Kolonisirungskraft zu entwickeln. Indessen streitet der Erfahrungssaz, daß eigentliche Kolonien, auf einem gewissen Entwickelungspunkte angelangt, münbig werden und sich unabhängig machen, gegen eine solche Annahme. England kann sich daher niemals außschließlich auf seinen Kolonialbesiz stüzen und seinen Handel mit den fremden Ländern auß den Augen verlieren. Es muß daher auch in seinen innern Zuständen der Rothwendigkeit sich fügen, die im allgemeinen Völkerverkehr liegt. Auß diesem Grunde schon wird es allmählich, troz Grundherrn und Monopolisten, seine Handels = und Zollgesezgebung in eine ganz liberale, die Staatseinkünfte am meisten berücksichtigende umwandeln. Der schüzende Tarif der selbständigen Länder spornt deren Kapitalisten zur Anlage neuer und zur Außdehnung der bestehenden Fabriken, und durch den erhöhten Wetteifer der alten mit den neuen Fabriken werden die Preise im Inlande allmählich herabgebrückt. Wollen nun die englischen Waren noch den Weg zu ihren frühern Kunden finden, so müßen sie, bei Entrichtung eines höhern Zolles, noch wohlfeiler als früher angeboten werden, und im Angebote des auf diese Weise überfüllten Marktes, sinkt der Preis mancher Waren viel tiefer, als er vor der Zollerhöhung stund. Offenbar kann England, bei der Theuerung seiner Lebensmittel, einen solchen Handel auf die Dauer nicht führen, ohne daß die Roth der englischen Fabrikarbeiter vermehrt, und selbst die Ruhe des Staats gefährdet wird. Es ist daher durch seine e i g e n e Lage genöthigt, den Zoll von fremden Nahrungsmitteln allmählich ganz abzuschaffen, um seine Armenlasten zu erleichtern und wohlfeil erzeugen zu können.

Verweilen wir hier einen Augenblick bei den bald nach dem Frieden eingeführten Kornzöllen — einem der auffallendsten Beispiele der grundherrlichen Selbsucht in der Gesezgebung. Nach dem dieselben ermäßigenden Gesetze, welches Sir Robert Peel auf dem Landtage von 1842 gegen den Widerstand der Grundherrn mit Mühe durchsezte, trat, wenn der sechswöchentliche Durchschnitspreis des britischen Weizens die folgenden Säze erreicht hatte, der dabei genannte Zoll auf fremden Weizen ein:

Unter 51 Sh. der Quarter*) . . Zoll 20 Sh. der Qutr.

51 Sh. und unter 52 Sh.	. . . .	= 19	=	=	=
52 = = = 55 =	. . . . .	= 18	=	=	=
55 = = = 56 =	. . . . .	= 17	=	=	=
56 = = = 57 =	. . . . :	= 16	=	=	=
57 = = = 58 =	. . . . .	= 15	=	=	=
58 = = = 59 =	. . . . .	= 14	=	=	=
59 = = = 60 =	. . . . : = 13	=	=	=
60 = = = 61 =	. . . . .	= 12	=	=	=
61 = = = 62 =	. . . . .	= 11	=	=	=
62 = = = 63 =	. . . . .	= 10	=	=	=
63 = = = 64 =	. . . . .	= 9	=	=	=
64 = = = 65 =	. . . . .	= 8	=	=	=
65 = = = 66 =	. . . . .	= 7	=	=	=
66 = = = 69 =	. . . . .	= 6	=	=	=
69 = = = 70 =	. . . . .	= 5	=	=	=
70 = = = 71 =	. . . . .	= 4	=	=	=
72 = = = 72 =	. . . . .	= 3	=	=	=
72 = = = 73 =	. . . . .	= 2	=	=	=
73 Sh. und drüber	. . . .	. 1	=	=	=

Die Zölle auf andere ausländische Getraidearten waren nach einer proporzionirten Wandelskala unter andern auf

Gerste	Maximum 11 Sh. — P. —	Minimum 1 Sh. der Quarter.
Hafer	= 8 = — =	= 1 = = =
Rocken, Erbsen, Bohnen	= 11 = 6 = —	= 1 = = =

Der Maximumszoll kam niemals in Anwendung, da z. B. 20 Sh. per Quarter Weizen immer über 60 Prozent des Wertes desselben an den ausländischen Märkten betrugen, wozu dann noch die Verfuhrkosten kamen. Das Maßlose selbst dieser reduzirten Zölle leuchtet auf den ersten Blick ein. Ihre Nachtheile traten jedoch wegen der drei ungemein

---

*) Eine Last in Danzig ist = 10½ englischen Quartern.

reichen Getraideernten von 1842, 1843 und 1844 in England wenig
hervor, bis gegen Ende des Jahres 1845, welches kein reichliches Korn=
jahr war; um so drückender machte sich dann der große Abstand zwischen
Ueberfluß und Mangel fühlbar. Auch hatte die Erlaubnis erleichternd
eingewirkt, von Canada aus auf englischen Schiffen Getraide (und unter
diesem canadischen Namen auch den Weizen der westlichen Staaten
Nordamerika's) gegen Erstattung des festen Zolls von 3 Sh. das Quarter
in England einzuführen; außerdem war den Schiffen gestattet worden,
sich mit ihrem Mehlbedarf zollfrei zu versehen. Indessen hatten die vier
knappen Erntejahre von 1838 bis 1841 die Nachtheile der Kornzölle
schon hinlänglich dargethan. Die hohen Preise, fluktuirend von 60 Sh.
bis nahe 80 Sh. der Quarter, drückten die arbeitenden Klassen, Gold
strömte fortwährend ins Ausland gegen den fremden Weizen, daher
hoher Zinsfuß bis zu 6, ja 8 Prozent, schwacher Verbrauch aller Ge=
genstände, da die Nazion einen größern Theil von ihrem Gelderwerb
wie in wohlfeilen Jahren für Brod zahlen mußte, also Abnahme der
Fabrikindustrie. Durch die Anordnung, daß nicht die Durchschnittspreise
des Tages, sondern die der vorhergegangenen vollen sechs Wochen den
Zoll bestimmen, wurden die Aussichten auf hohe Preise vermehrt, die
auf wohlfeile vermindert — Beweis, wie aufmerksam die Landaristokratie
für ihren Vortheil zu sorgen gewußt. Nach der Schäzung des sel. De=
chants Hume vor dem Zollausschusse des Unterhauses kostete das Mo=
nopol der Grundherren in Jahren mangelhafter Ernte England 40 Mil=
lionen Pf. St. Diese ungeheure Bürde, die fortwährend ungefähr
auf die Höhe der sämmtlichen Staatseinkünfte Preußens sich belaufen
möchte, floß nur zum kleinsten Theil als Eingangszoll in die Staats=
kasse, zum größten Theil als Bodenzins in die Taschen der Grundherren.
Bei vertheilterem Grundbesize und einer davon abhangenden Ackerwirth=
schaft, die mehr Menschen beschäftigte und mehr erste Nahrungsmittel
erzeugte, würde die Bodenrente auch ohne Korngeseze wahrscheinlich
eben so hoch und noch höher als jezt stehen. Es würde dann vielleicht
Niemand in England an Erhöhung der Landrente durch so ungerechte
Getraidezölle gedacht haben, die das seltsame Schauspiel hervorriefen,
daß zu Zeiten auf der reichen Insel Tausende Noth litten, wegen der
Theurung der inländischen Nahrungsmittel, während die Staaten der
beiden Kontinente über zu große Wohlfeilheit und Mangel an Absaz
ihres Nährmittelüberflußes klagten.

Noch heb' ich das nahe Verhältnis der Korngesetze zu dem Geldwesen hervor. In jedem Lande wirken die ersten Lebensmittel, der
Mangel und der Ueberfluß daran zunächst und kräftig auf den Umlauf
und den Wert des Geldes; je volkreicher das Land, desto grösser ist diese
Wirkung des einen oder des andern Extrems, welches auß Wohlfeilheit
oder Theurung entspringen muß. Die Grundlage aller künstlichen Geldmittel muß durchauß wirkliches und unveränderliches Eigenthum sein,
und wo es in den grösten und am meisten gesicherten Massen vorhanden
ist, da finden sich auch die grösten Mengen von Gold und Silber, auf
welches sich die Sicherheit des umlaufenden Papiergeldes gründet. Insofern nun Weizen der Gegenstand ist, welcher in England und Frankreich das Haubtnährmittel gewährt für fünfundsechzig Millionen Menschen, erscheint diese Getraideart oder Getraide überhaubt das Geld des
Welthandels, es wird gleichsam das Zahlungsmittel im Großen, wie
Münze im Kleinen. England erzeugt in guten Jahren mindestens
20 Millionen Quarter Weizen, Frankreich 25 Millionen, Wert nach
mäßigem Anschlage 100 Millionen Pf. St. Mit Hülfe fiskalischer Geseze hatte man sich in beiden Ländern bemüht, den Wert dieses nothwendigen eigenen Produkts so hoch als möglich zu erhalten zu Gunsten
der Landeigner. In Folge der hohen Kornzölle konnte bei ergiebiger
Ernte so gut wie gar kein Handel in Weizen mit dem Außlande stattfinden; stiegen jedoch bei ungünstiger Ernte die Getraidepreise und fielen
die Zölle, so entstund plötzlich eine konvulsivische Bewegung, die sich
von England auß über alle Länder ausdehnte. — Weizen strömte ein,
Geld auß. Die nächste Folge war, daß alle Banken und Geldinstitute
Englands — und es zählt deren über 1200 große und kleine — ihre
Fonds zurückhielten, um gesichert zu sein. Zugleich mußte sich eine Krisis
in jenen spekulativen Handelszweigen entwickeln, welche, wie Fonds,
Eisenbahnakzien, Eisen ꝛc., in neuerer Zeit einen so gefährlichen Umfang
gewonnen haben, sich aber mehr auf imaginäres als wirkliches Eigenthum gründen; und diese Krisis muste um so umfaßender und zerstörender werden für den ganzen Verkehr, je mehr der Vorrath von Bullion
(d. h. Gold und Silber) außer Landes floß. Lezteres zu verhindern,
war unmöglich, so lange plözliche Getraideeinfuhr stattfand, d. h. so
lange die Wandelskala bestund. Denn bei entstehendem Getraidedärm,
wenn der Weizen 30 oder 40 Prozent im Preise steigt, entspringt Spekulazion, oder was der Kaufmann Konjunktur nennt, in allen Ländern,

wo Weizen zu haben ist von Westen bis Osten, bis nach Polen, Rußland, der Türkei. Es sind dann nicht mehr die zwei oder drei Millionen Quarter, im Werte von etwa 6 Millionen Pfd. St., die für den Bedarf Englands in Jahresfrist gekauft werden müßen, sondern es ist die ganze Weizenmasse in Europa, die von der Konjunktur erreicht wird und auf mindestens sechzig Millionen Quarter geschäzt werden kann, welche im Werte steigt. Sezen wir, daß bei englischem Miswachs nur etwa der Umfang einer halben Ernte in Europa zum Gegenstand der Spekulazion wird, und daß der Preis dadurch nur 10 Sh. der Quarter steigt, so wird alsbald ein vermehrtes Kapital von 15 Millionen Pf. St. gefordert, und zwar meist in Gold, welches durch die Kursoperazionen sich schrittweise vom Westen nach dem Osten von Europa zieht. In der sehr sichern Bank von Frankreich sind in der Regel nur 8 bis 9 Millionen Pf. St. in Bullion, in Hamburg nur etwa 1½ Millionen, in Amsterdam etwas mehr, doch viel weniger als in Paris. Das Gold wird unter solchen Umständen, da sämtliche Getraidespekulazionen auf England, den Weltmarkt für den Weizenüberfluß aller Länder, zurücktreiben, von dort abfließen nicht allein für jenen Weizen, den England kauft, denn der bildet nur einen mäßigen Theil, sondern für vielleicht zehnmal soviel Weizen, den Andere kaufen, um damit zu speculiren. Die Erfahrungen der Mangeljahre von 1838 bis 1841 lehren, daß diese Wirkungen im größten Umfang eintreten könnten: in den Momenten des größten Drucks und Mistrauens, im Herbst 1839, war der Vorrath von Bullion in der englischen Bank bis auf weniger benn drei Millionen Pf. St. gesunken. Im August 1845 betrug dagegen, in Folge der vorhergehenden günstigen Erntejahre und der Bankmaßregeln Peels, dieser Vorrath von Bullion wenigstens 15 Millionen Pf. St.; doch schon wenige Monate später hatte er wieder um einige Millionen Pf. abgenommen, in Folge des drohenden Mangels. Nur ein niederer fester Zoll oder gar keiner konnte diesen Mißstand heben, indem dadurch alle konvulsivische Spekulazion auf Fallen des Zolls und die Anhäufung des Weizens unter Königs Schluß vermieden wird.

Alle diese Nachtheile der Kornzölle mußten zu deren Aufhebung führen. Die öffentliche Meinung in England durchdringt sich allmählich mit der Wahrheit, daß die Blüte seines Fleißes überhaupt vom Tarif unabhängig geworden. Selbst die veredelnde Industrie fühlt sich dem-

selben wie einem Knabenrock entwachsen. Auch begreift sie, daß kein
Tarif die Zauberkraft hat, den englischen Waren die übrigen Länder zu
öffnen, daß diese Kraft eher auß der Abgabenerleichterung quillt. Ihrerseits fühlt sich die Regierung noch gespornt, bei Bestimmung der Zollsäze
auf die großen Bedürfnisse des Schazes Rücksicht zu nehmen; nur ein
mäßiger Tarif aber sichert eine verhältnismäßig bedeutende Einnahme,
und schüzt vor Verlusten durch Zollbetrug. Genug, im Bewußtsein
seiner Ueberlegenheit in der Technik und Maschinenkraft, in Kapitalen
und auf der See glaubt England sich dem freien Handel nähern zu
müßen; zeige doch die Erfahrung, daß Fabriken ohne hohe Schuzzölle
auch dort schon gedeihen könnten, wo der Arbeitslohn der Leistung angemeßen und die zu verarbeitenden Rohstoffe, das Brennmaterial für
die Dampfmaschinen oder Waßer zum Treiben der Räder nahe zur Hand
seien. Doch John Bull ist staatsklug und vorsichtig; der politische Verstand regiert das mächtige Reich. Jeder große Uebergang geschieht daher
mit Besonnenheit und ohne Erschütterung; es liegt in der Elastizität
der britischen Verfaßung, daß sie plözlichem Wechsel, Schwanken von
Extremen zu Extremen vorbeugt. Außerdem flüsterte eine selbsüchtige
Politik, daß man jede Erleichterung des eigenen Verkehrs möglichst wie
ein Zugeständnis gegen fremde Länder erscheinen laßen müße, um mit
diesen die Unterhandlung „vortheilhafter" Handelsverträge zu erleichtern. Wie lange hat England mit Herabsezung seiner Holz- und Kornzölle Preußen genarrt! Doch hiemit ist es zu Ende — Peel hat es jüngst
offen gestanden.

Wenn nun auch England wegen seines überlegenen Standpunktes
am ersten Handelsfreiheit ertragen und vor allen Völkern Vortheile darauß ziehen wird, so hat es doch, troz seiner durch die Reformakte gereinigten Verfassungsorgane, dazu noch große Schwierigkeiten zu überwinden, darum weil es gerade auf dem Wege der Beschränkungen und
der indirekten Besteuerung am weitesten gegangen ist. Das bestehende
System im Laufe von Jahrhunderten entstanden, mit allen Zuständen
des Staats und den manichfaltigsten Intereßen verwachsen, ist auß dieser
Verwickelung nur mühsam zu vereinfachen. Schon vermöge der Kraft
der Trägheit widerstand es lange den Forderungen der Freihandelslehre.
Ein anderes Hindernis liegt darin, daß Grundbesiz, Reichthum, Monopole bisher im Parlament stärker vertreten sind als die sonstigen

12*

Volksklaffen, deren Belange in größerm Einklang mit freiem Verkehre zu stehn scheinen. Auch die Rücksicht auf die Bedürfnisse des Schazes, welche haubtsächlich auß Zöllen und Verbrauchsabgaben gedeckt werden — was die künstliche Vertheuerung der Lebensmittel zu Gunsten der vom Staate sehr wenig besteuerten gesezgebenden Grundherrn nur noch unbilliger erscheinen ließ — hindert die Milderung mancher Zollsäze, wiewol auf der Mauth 2 mal 2 oft nur 1 und noch weniger macht.

Werfen wir zu klarerem Verständnisse einen Blick auf die Einkünfte und Außgaben des englischen Staats in den lezten Jahren; die örtlichen Taren, Armensteuer ꝛc. natürlich nicht eingerechnet.

Vergleichung des englischen Budgets von den Jahren 1838, 1842, 1843 und 1844 in Pfund Sterling.

Einnahmen.

	1838	1842	1843	1844
Zoll und Accise:				
Gebrannte Wasser { fremde			1,210,154	1,210,915
{ Rum			981,906	1,026,007
{ britische			4,938,223	5,241,457
Malz und Hopfen			4,963,004	4,996,618
Wein			1,703,721	1,922,791
Zucker und Melasse			5,200,406	5,493,959
Thee			4,407,042	4,524,093
Kaffee			697,376	681,607
Rauch- und Schnupftabak			3,711,227	3,952,422
zusammen:	37,080,861	26,829,776	27,928,659	29,040,929
Getreide			758,293	1,098,383
Sonstige hieher gehörige Steuern		9,311,138	8,661,222	9,535,755
Stempel	7,212,488	7,139,783	7,076,752	7,327,803
Taxaren:				
Von Grund und Boden			1,159,149	1,164,042
Von Fenstern			1,545,281	1,584,910
Von Gesinde			200,252	200,458
Von Pferden, Wägen, Hunden			930,763	949,406
10 Prozent Aufschlag und Sonstige	3,903,066	4,485,410	523,623	530,994
			4,385,066	4,429,870
Posteinkommen	2,346,278	1,578,145	1,535,216	1,705,068
Eigenthums- und Einkommensteuer		582,038	5,387,455	5,329,601
Ertrag der Kronländereien		368,161	409,377	441,583
Andere laufende Einkünfte	832,807	825,589	256,065	394,598
Kontribuzion von China			1,315,208	385,008
Summa	51,376,520	51,120,040	56,955,023	58,590,217

Ausgaben.

	1838.	1842.	1843.		1844.	
Oeffentliche Schuld	29,260,239	29,419,989		29,261,012		30,486,721
Erhebungskosten und Akzise			1,391,810		1,400,486	
Aufsichtsdienst, Landmacht, Seewachtschiffe			572,655		561,098	
Sonstige Steuererheb	4,042,061	2,705,497	819,077	2,783,542	892,052	2,860,536
Zivilliste, Zivil- und Militär-Pensionen		1,686,735		1,626,219		1,018,265
Auf die Justiz	2,404,139	1,640,642		1,782,469		1,857,205
Auf die Landesvertheidigung:						
Armee	6,815,641	5,987,921	5,997,256		6,178,724	
Flotte	4,520,428	6,640,163	6,686,057		5,858,219	
Geschützwesen	1,384,081	2,174,673	1,910,704	14,513,917	1,924,312	13,961,245
Auf die Diplomatie und Konsulate		344,275		361,426		380,609
Armee in Canada		253,343		25,300		404,961
Chinesische Expedition		830,008		416,036		11,793
Opiumvergütung		—		1,245,823		
Chinesische und indische Armee und Flotte		272,921		11,286		17,762
Prämie zur Beförderung der Fischereien		19,410		406,246		
Oeffentliche Werke		419,519		211,561		430,208
Auf die Kronländereien		193,607		966,834		227,085
Auf das Postwesen		967,195		130,586		974,804
Quarantäne und Vorrathshäuser		127,941				139,123
Verschiedene Ausgaben	3,292,539	1,511,360		1,760,463		1,733,328
Summa	51,720,748	55,195,159		55,501,740		55,103,647

Von den Betrachtungen, die sich von selbst an diese Finanzübersicht knüpfen, heb' ich die vornehmlichsten hervor. Die innere Verwaltung, mit Einrechnung der Zivilliste, kostet nicht mehr als 1½ Millionen oder ungefähr 2½ Prozent der Einnahme (die Königin mit ihrem Hofstaat nebst der ganzen königlichen Familie verbrauchte 689,000 Pf. oder ungefähr 1⅕ Proz., die Königin mit ihrem Hofstaat insbesondere nur 371,800 Pf. oder ungefähr ⅔ Prozent). Auf die Justiz wurden verwandt 2⅞ Proz., auf die Diplomatie ⅜ Proz., auf die Landesvertheidigung auch nur 23 Proz. (Heer 10, Flotte 10, Geschütz 3 Proz.) der Gesamteinnahme. Die Kosten der Staatsschuld dagegen verhielten sich zu der Gesamteinnahme 1838 wie 292 zu 513 oder wie 10 : 17½, d. h. sie verschlangen 57 Prozent derselben; 1842 wie 294 : 511 oder wie 10 : 17¼ (ein etwas ungünstigeres Verhältnis) 1844 wie 304 : 585 oder wie 10 : 18, d. h. sie verschlangen nur noch 55 Proz. der Gesamteinnahme. Während die Ausgaben sich seit 1842 ziemlich gleich geblieben, ist das Einkommen des Jahres 1844, abgesehen von der Eigenthumssteuer, nahezu um 2½ Millionen Pf. St. größer als das von 1842. Von diesem Zuwachs kommen 2⅕ Millionen auf Zoll und Akzise; demnach hat der Verschleiß der besteuerten Artikel in diesem Zeitraume um mehr als 8 Prozent zugenommen, da die Zölle für dieselben im Allgemeinen gemildert worden sind. Sonst ist die durchschnittliche Gleichmäßigkeit der Akzise- und Zolleinnahmen bemerkenswert. Dieselben beruhen auf einer kleinen Anzahl Artikel: die Akzise auf Brantewein und Biermalz (nicht auf Fleisch und Mehl — ein großer Vorzug Englands, nur sollte Biermalz auch geringer besteuert sein;) Zucker, Thee, Tabak, Wein, Kaffee und Bauholz gewährten allein 19 Millionen Pf. St. oder etwa 85 Prozent der Gesamtzolleinnahme. Zucker und Thee, das Lieblingsbedürfnis des englischen Volks, spielen im britischen Finanzsystem die bedeutendste Rolle, ungefähr wie im Zollverein, Belgien und Frankreich Zucker und Kaffee. Unter jenen Artikeln hat allein die Akzise von Gebranntem, die 1840 schon 5,208,041 Pf. St. betrug, nicht zugenommen, wahrscheinlich durch den bedeutenden Einfluß der Mäßigkeitsvereine. Aufmerksamkeit verdient unter den Einnahmerubriken auch das Postwesen, in welchem durch das auf den Antrieb von Rowland Hill eingeführte Penny-Portosystem für das ganze Reich eine glückliche Umwälzung statt fand. Die Einnahme sank zwar von 2,390,764 Pf. St. des Jahres 1839 im folgenden auf 1,342,604 Pf.

war 1844 aber schon wieder auf 1,705,068 Pf. gestiegen — eine Differenz, die gegen die unermeßlichen Vortheile des Pennysystems für Handel und Wandel gar nicht in Betracht kommen kann. Die Briefkorrespondenz nahm außerordentlich zu: 1839 giengen durchschnittlich auf vier Wochen 1,622,147 Briefe durch das Londoner Generalpostamt, 1843 schon 5,850,000. Die Zahl der durch die Post versandten inländischen Briefe betrug 1839 nur 75,468,000, dagegen 1840 schon 168,768,000 oder 123 Proz. mehr, 1843, 210,000,000 oder 288 Proz. mehr, 1845 sogar 265,000,000 oder 350 Proz. mehr als 1839. *)

Die mächtigste Thatsache jedoch, welche auß der Finanzübersicht erhellt, ist die: von den im Jahr 1844 zur Einnahme gekommenen 58½ Mill. ist noch nicht ½ Mill. oder der hundertundbreißigste Theil auß Kronländereien und nahe 1½ Mill. oder der fünfzigste Theil der ganzen Staatseinnahme als fixe G r u n d s t e u e r erhoben worden; alles übrige, mit Außnahme der 5 Mill. Einkommensteuer (gleich dem eilften Theil der Einnahme) floß auß i n d i r e k t e n Steuern. Während also die Verzinsung der Staatsschuld über die Hälfte sämtlicher Außgaben umfaßt, betragen die Zölle, und Verbrauchsabgaben ungefähr 70 P r o z e n t d e r G e s a m t e i n k ü n f t e des britischen Reichs. Bedenkt man nun, daß diese Abgaben nicht die Reichen, sondern grade die arbeitende Masse des Volkes am härtesten treffen, daß diese Masse daher, indem sie den reichen Staatsgläubigern vermittelst der von ihnen selbst beliebten indirekten Steuern ihre Kapitale verzinst, den vornehmen Klassen der Gesezgeber zinspflichtig ist; so wird man zugeben müßen, daß ein unbilligeres und naturwidrigeres Steuersystem als das britische wol in keinem andern Staate der gebildeten Welt besteht. Nach der Berechnung des belgischen Finanzministers kommen im Jahr 1844 an regelmäßigen Abgaben auf den Kopf in Belgien 19 Fr. 87 Cent., in Frankreich 30 Fr. 60 C. oder über 50 Prozent mehr als in Belgien, in Holland 39 Fr. 63 C. oder 100 Prozent mehr, im britischen Reiche sogar 56 Fr. oder über 250 Prozent mehr; an den drückendsten Abgaben aber auf Gegenstände allgemeinen Verbrauchs und erster Nothwendigkeit, Akzise und Zöllen, kommen auf den Kopf, in Belgien nur 8 Fr., in Frankreich 12 Fr., in

---

*) Hiernach kann man annehmen, daß eine Minderung des Briefporto um das Dreifache, auf einen festen Portosaz vertheilt, dem öffentlichen Einkommen nur während der ersten fünf Jahre ein Opfer auflegen werde, im sechsten wegen der vermehrten Korrespondenz schon nicht mehr.

Niederland 16 Fr. 65 C., in England dagegen über 38 Fr. oder beinahe 500 Prozent mehr als in Belgien. Diese Zahlen enthalten das Verdammungsurtheil gegen das britische Steuersystem, damit zugleich eine Anklage gegen das Parlament, dessen Werk dasselbe ist. Parlament und Steuerwesen hangen aber mit den englischen Boden- und Grundbesitzverhältnissen eng zusammen, und so lange diese sich nicht zum Bessern gestalten, steht daher eine durchgreifende Umbildung des jezigen Systems kaum zu erwarten. So führt alles auf das Grundübel des englischen Staats zurück, in welchem der beständige Zwiespalt der Interessen der Landaristokratie mit denen der Masse der Bevölkerung keimt: durch Beseitigung desselben würden die arbeitenden Klassen eine sichrere Stellung gewinnen, die Bodenrente hoch stehn auch ohne künstliche Mittel, die Abgaben ließen sich nach einem billigern System erheben und dem Tarif ohne Schwierigkeit die von den Umständen geheischten Verbesserungen geben.

Diese Verhältnisse, welche zum Verständnisse der englischen Zustände nicht scharf genug zu fassen sind, werden mit der Außbreitung der Weltindustrie immer mehr schneidend und für alle Theile weniger befriedigend. Sie haben bereits einen Umschwung im Parteileben Englands bewirkt, und stürmen jezt auch auf die Regierung ein, oder doch auf die Besezung der Ministerialgewalt, welche seit der Revoluzion von 1688 nur zwei Parteien abwechselnd angehört hat, den Tories und den Whigs. Die Abschaffung der Test-Akte und die Emanzipazion der Katholiken griffen, wann sie auch die unmittelbaren Interessen der Aristokratie nicht berührten, doch das aristokratische Prinzip der alten Verfassung an, welches mit der Hochkirche und ihrer Herschaft aufs innigste verschmolzen war. Die Reformbill schwächte die Macht des Oberhauses, indem sie den unmittelbaren Einfluß der Aristokratie auf die Wahlen des Unterhauses zerstörte (obwol es noch Außnahmen gibt, wie denn z. B. Woodstock noch ganz in den Händen des Herzogs von Marlborough ist), tastete in diesem aber den Einfluß der Grundbesizer kaum an. Ja, sie ließ diesen in sozialer wie politischer Hinsicht bestehn, indem sie den unmittelbaren Einfluß der Aristokratie auf die Unterhauswahlen durch einen mittelbaren ersezte, durch die Chandos-Klausel, vermöge welcher das Wahlrecht einer Klasse der Zeitpächter (tenants-at-will), diesen modernen Vasallen der Aristokratie, übertragen wird. Allerdings brachte die Reformbill statt der faulen Flecken auch das moderne französische Prinzip der Repräsentazion nach der Besteuerung in die englische Verfassung; da Grundsteuern jedoch im britischen Reiche nicht durchgängig bestehn (Irland hat gar keine Landtare), überhaubt die direkten Abgaben geringfügig sind, so können diese darum schon nicht, wie in Frankreich und andern Kontinentalstaaten, den allgemeinen Zensus für das Wahlrecht bilden. Diesen gibt vielmehr in der Regel der Miethzins und die Armensteuer her, welche eine Lokaltare ist (in England und Wales allein beträgt sie etwa 6 Mill. Pf. St.) und der Rente auß festem Eigenthum, Boden, Häusern, Bergwerken 2c. zu Last fällt, wenn sie auch, soweit die Bodenrente betheilt ist, unmittelbar gewöhnlich vom Pächter entrichtet wird. Doch diese Lokallast weiß dem Grundbesiz Niemand Dank, weil man im Pauperismus mit Recht eben die Wirkungen des Landmonopols sieht. Die Korngeseze haben aber der Landaristokratie, deren Einkünfte alle auß ihrem Grundbesize fließen und deren Grundeigenthum im Durchschnitt verschuldet ist, die hohen Renten aufrecht erhalten, welche sie während des Kriegs gegen Frankreich bezog. So begreift sich, daß die Abschaffung der Korngeseze einem großen Theil der Aristokratie furchtbarer dünkte als alle bisherigen Reformmaßregeln, weil sie einerseits die Grundlage ihrer Macht, nämlich ihr Einkommen vorerst zu beschränken droht, und andererseits das feudale Verhältnis zwischen Pächtern und Grundherrn lockern oder ganz aufheben wird. Die Gutsbesizer sind gezwungen, um ihre Einkünfte nicht zu sehr vermindern zu laßen, mit den Pächtern nicht mehr Verträge von Jahr zu Jahr, sondern auf eine Reihe von Jahren einzugehn, wodurch die Pächter von den Grundherrn unabhängig werden, der auf dem frühern Verhältnisse beruhende Einfluß der Aristokratie auf die Wahlen des Unterhauses also mehr und mehr aufhören muß. — Es sind ungefähr ein halbes hundert Mozionen für Aufhebung oder Verbeßerung der Korngeseze im Parlament gestellt worden: die erste im Hause der Lords von Graf Fizwilliam am 14. März 1833, die einstimmig durchfiel; die vorlezte im Hause der Gemeinen von Hrn. Villiers am 10. Juli 1845 „auf unverweilte Abschaffung der Korngeseze," welche mit 254 gegen 122 Stimmen zu Boden fiel, und gegen die damals noch Lord John Ruffell, Hr. Labouchere, Sir Robert Peel 2c. stimmten; die lezte endlich von diesem Staatsmann gleichfalls auf Abschaffung der Kornzölle nach drei Jahren. Die leitenden Häubter der Whigs wie Tories haben sich darein ergeben, schon um nicht Thor und Riegel zur Macht und Gewalt den

Parteien zu öffnen, die sich neu gebildet haben. Eigensinn und Selbstsucht haben so die Landaristokratie, die Majoratsherren dahin geführt,
daß sie, obschon vom Staate wenig belastet und auf alle Weise durch
Würden und Aemter bevorzugt, nicht bloß für ihren Einfluß, sondern
bereits auch für ihre ganze Existenz zu ringen haben. Man verstehe
mich recht, ich meine der politische und soziale Einfluß nur jener Aristokratie stehe auf dem Spiele, welche aus einigen hundert Lords und
etwa einigen tausend Grundbesizern vom kleinern Adel, der Gentry,
besteht, und die ihre Sonderinteressen in Widerspruch gebracht haben
mit den Gesamtanliegen der Nazion — nicht der englischen Aristokratie
überhaupt, deren politisches Gewicht noch auf andern Grundlagen beruht als dem Feudalismus, und noch weniger des aristokratischen
Prinzips als einer alle Volksklassen Englands durchdringender Potenz.
Hierin ist Englands Zustand von dem französischen grundverschieden.
Dort ist von Alters her das ganze Volk von oben bis unten, vom
Handwerker bis zum Lord hinauf, aristokratisch konstituirt; im Erstge-
bornen wurzelt die englische Familie, die Nachgebornen haben sich ihre
Lage selbst zu schaffen. In Frankreich sind alle Familien demokratisch
konstituirt von oben bis unten, vom Geringsten bis zum Höchsten.
Unter solchen Umständen gibt es in den innern politischen Verhältnissen
beider Länder keine Analogie.

Mittlerweile haben sich in England, den altherschenden aristokratischen Parteien, oder richtiger gesagt, den landaristokratischen Interessen gegenüber, seit der Reformbill neue Parteien mit demokratischer
Färbung und vorwiegend ökonomischen Zwecken gebildet, welche anfangen Haubtrollen in der Politik zu übernehmen. Dahin gehören die
entschiedenen ökonomischen Liberalen, die Freetraders, welche seit
1839 unter dem Banner der Anti-Korngesez-Liga und der Anführung
Richard Cobbens einen Feldzug gegen die alte englische Zoll- und
Steuergesezgebung führen. Diese Partei der League, die eigentliche
Repräsentantin der Interessen der industriellen Mittelklassen, besteht
haubtsächlich aus den Fabrikanten und dem bedeutendsten Theile der
Kaufmannschaft; während die alten Whigs ihr theilweise noch entge-
genstunden, konnte sie auf die Unterstüzung der ganzen radikalen Partei
rechnen. Ueber bedeutende Geldmittel verfügend, fehlt ihr doch Popu-
larität unter den Arbeiterklassen der Fabrikstädte wie des offenen Landes.
Ihr ist es nicht allein um die Abschaffung der Korngeseze, sondern auch

um politische Herschaft zu thun. Die radikale Partei, auß der kleinen, nicht sehr energischen Mittelklasse haubtsächlich bestehend, unter
Anführung Josef Sturge's, stimt in Hinsicht auf Handelspolitik mit
den Freetraders gänzlich überein, unterscheidet sich aber dadurch von
ihnen, daß sie eine Wahlreform auf der Basis des ganz allgemeinen
Stimmrechts, also der Demokratie wie in den Vereinigten Staaten,
verlangt. Früher in bald engerer, bald loserer Verbindung mit den
Chartisten, der bloß demokratischen Partei, im Gegensaz zu aller
Aristokratie, die sich fast außschließlich auf die Arbeiterklasse stüzt, trennte
sie sich nach der Insurrektion von 1842 aufs entschiedenste von diesen,
und schloß sich mehr und mehr den Whigs, namentlich aber dem Ge-
genkorngesezbund an. Die Chartisten verlangen gleichfalls das allgemeine Stimmrecht, allein, getreu ihrem Wahlspruche: „Political power
the means, social happiness the end," nur als Mittel, um die Arbeiterklassen in den Stand zu sezen, selbst die Maßregeln durchzuführen,
wodurch ihr soziales Interesse sicher gestellt werde. Der Chartismus,
dessen Haubtwortführer Feargus O'Connor ist, enthält zahlreiche kommunistische Elemente auß der Owen'schen Schule in sich. Fast nur auß
Nichtwählern bestehend, ist er machtlos im Parlament, stark aber außerhalb desselben, weil ihm die Masse in allen Fabrikbezirken und großen
Städten angehört. Praktisch handelt es sich für die beiden ersten Parteien, namentlich die der League, welche stark ist durch die ganze Geldmacht und den Einfluß des industriellen Bürgerthums, auch durch ihre
Herschaft über die Radikalen und die Sturge'sche Partei, um Theilnahme an der Regierung, d. h. um Eintritt ihrer Mitglieder ins Kabinet; für die dritte um Erweiterung des Wahlsystems, wodurch sie
erst bestimmten Einfluß auf die Regierung erlangt. Die Chartisten haben über die Macht der Massen zu verfügen, und in den öffentlichen
Meetings der Haubtfabrikstädte überstimmten sie stäts die League. In
allen diesen verschiedenen Kreisen des Volkes bereiten sich „neue Männer" zur Seite der aristokratischen Whigs und Tories für die Ministerialgewalt vor, um die großen Maßregeln, welche das Volk unver-
weigerlich fordert, gegen die aristokratischen Sonderinteressen mit der
Zeit durchsezen zu helfen. Freilich wird mit dem ersten demokratischen Minister, d. h. einem solchen, der durch die demokratischen Parteien ins Kabinet gehoben worden, eine neue Zeit für England herein-

brechen, wo seine Konstituzion einer Erschütterung vom Grunde bis zum Gipfel zu trozen haben dürfte.

Als Zugeständnisse gegen die Forderungen dieser neuen Parteien sind mehr oder minder alle die das englische Steuer- und Zollsystem erleichternden Maßregeln zu betrachten, welche die Ministerien in neuerer Zeit ergriffen haben. Huskisson, der schon 1821 im Parlament auf Erleichterung der Abgabenlast für die Arbeiter und die Industrie gedrungen hatte, erklärte im Jahr 1830: um Industrie und Handel zu erleichtern geb's kein anderes Mittel als die Einführung einer Eigenthumstaxe, und unterstüzte diesen kühnen Vorschlag mit den triftigsten Gründen. Ihm noch schwebten haubtsächlich staatswirtschaftliche Gründe vor, er fürchtete nämlich, daß die Kapitalisten zwar nicht auß dem Lande ziehen, aber ihre Kapitale der schwer besteuerten englischen Industrie und dem Handel entziehen möchten. Inzwischen stiegen die Finanzverlegenheiten. Als aber 1840 der damalige Kanzler der Schazkammer Baring (jezt Lord Ashburton), um das Defizit zu decken, eine Erhöhung der Zölle und Akzise um 5 Prozent der bereits bestehenden Abgabensäze durchgesezt hatte, brachte dieser Zuschlag nicht einmal ½ Million Pf. St. ein — ein handgreiflicher Beweis, daß man in der indirekten Besteuerung, d. h. der Arbeit und der Profite, schon vorher zum Aeußersten gekommen und Hülfe nur in der Umkehr zu hoffen war. Man fühlte sich daher gedrungen, den Huskissonschen Plan wieder aufzunehmen. Wirklich trat das damals am Ruder befindliche Whigministerium mit Vorschlägen zur durchgreifenden Erleichterung der vier ersten Verbrauchsartikel Getraide, Zucker, Kaffee und Bauholz hervor, die jedoch an dem Widerstande der Grundbesizer und der westindischen Eigenthümer, sowie deshalb scheiterten, weil sie zu wenig auf Deckung der Außfälle des Schazes berechnet schienen. Glücklicher in dieser Reform war das Haubt des nachfolgenden Toryministeriums, Huskissons früherer Kollege. Die mislichen Erfahrungen Barings hatten gelehrt, daß die Deckung des Finanzbedürfnisses, als das bringendste, nicht durch Erhöhung der Einfuhrzölle zu erreichen war, wenn derselben auch nicht die wünschenswerten Handelsreformen, d. h. Erleichterung der Manufakturen, im Wege gestanden hätten. Sir Robert Peel sah sich also genöthigt, wieder zu der Einkommensteuer zu greifen, die freilich, wie jede direkte Steuer, im reichen England bei den Mächtigen wenig beliebt ist, unter deren temporärem Schuze aber eine junge Pflanzung kleinerer Steuern zu solcher Kraft aufschließen sollte, daß man nach wenigen Jahren ihrer selbst wieder entrathen könnte. Da man statt deffen später jedoch eine Menge kleinerer Steuern aufgehoben hat, so muß die Hoffnung, daß man der Einkommensteuer wieder bald los werde, wol schwinden. Dagegen sezte der Ertrag derselben (5 Millionen Pf. St., Peel hatte ihn nur auf 4 Mill. geschäzt) ohne jede Gefahr für den Schaz die Regierung in Stand, den Tarif zu mildern und zu vereinfachen, die lästigsten der mit der Akzise verbundenen Abgaben abzuschaffen und die Einfuhrzölle auf Rohstoffe aufzuheben. Die Steuer belegt das Pfund Sterling Einkommen, welches über 150 Pf. beträgt, mit 7 Pence oder mit 3 Prozent (2 Pf. 18 Sh. 4 P. per 100 Pf.), und da die Einkünfte unter 150 Pf. St. ganz frei sind (in Irland wird sie gar nicht erhoben), so fällt sie haubtsächlich auf die Schultern der Wohlhabenden und Reichen. Die Maßregel hat ihren Zweck auf glänzende Weise erfüllt. Das Verhältnis der Gesamteinnahme zur Gesamtausgabe während der lezten sieben Jahre (von einem andern Monat wie in der obigen Finanzübersicht gerechnet) war folgendes:

	Einnahme.	Außgabe.	Außfall.	Ueberschuß.
	Pf. St.	Pf. St.	Pf. St.	Pf. St.
1838:	51,375,520	51,720,748	345,228	—
1839:	52,382,948	53,764,886	1,381,938	—
1840:	52,009,641	53,760,184	1,750,543	—
1841:	52,621,545	54,771,430	2,149,885	—
1842:	51,396,555	55,471,676	4,075,121	—
1843:	56,935,043	55,501,740	—	1,433,303
1844:	58,600,000	55,100,000	—	3,500,000*)

Die Einkommentare, von der englischen Razionalökonomie mit Recht als ein großer Fortschritt zu einem razionellen Staatshaushalt begrüßt, hat mithin den regelmäßigen jährlichen Außfall in einen Ueberschuß verwandelt, und gibt die Mittel zu weitern Ermäßigungen und Verbesserungen des Zolltarifs sowie zur Milderung der Verbrauchssteuern an die Hand. Beim Mangel einer angemessenen Grundsteuer und anderer direkten Steuern steht der Regierung kein anderer Weg

---

*) Der Ueberschuß der Einkünfte des Vereinigten Königreichs für das am 10. Oktober 1845 abgelaufene Jahr beträgt 5,246,500 Pf. St.

offen als die großen Einkommen zu belasten, und es dürfte in England
zweckmäßiger und gerechter sein, die Einkommentaxe noch zu erhöhen
oder sie in eine reine Eigenthumssteuer von großem Grundbesitze
und geschlossenem Vermögen — denn jetzt besteuert sie zugleich noch die
Industrie — umzuwandeln, als sie wieder abzuschaffen. Erblicken
Viele indessen in ihr den Anfang, den von Ricardo (übereinstimmend
mit dem System Quesnay's) aufgestellten Grundsäzen über die vorwiegenden Vortheile der Herbeischaffung der Staatsmittel durch direkte Besteuerung des Besizes allmählich praktische Geltung zu verschaffen; so
ist das nur im beschränkten Sinne zu fassen. Wie unausführbar Quesnay's System ist, alle öffentlichen Ausgaben von einer einzigen Abgabe
von Grund und Boden zu bestreiten, beweist Macculloch durch die
Thatsache, daß das gesamte Jahreseinkommen der Landrente in Großbritannien und Irland etwa 49 Millionen Pf. St. sei, während der
jährliche Betrag der Staatsbedürfnisse mit Einschluß der Armentaxe sich
über 68 Millionen Pf. belaufe! Macculloch, obwol ein eifriger Ver-
fechter der free trade principles, entfernt sich hinsichtlich einer weitern
Erhöhung der direkten Abgaben, um dafür die indirekten Auflagen noch
mehr zu ermäßigen, von der großen Mehrzahl der Freetraders, als
deren Hauptorgan der „Economist" anzusehen. Namentlich hält er
die höhere Besteuerung des Landeigenthums und besonders der Rente
davon für unbillig und nachtheilig, weil sie dahin wirke, die Kapitale
von der Verwendung auf diesen wichtigsten Theil der Erzeugung abzu-
leiten. Steuern, welche sich nach dem größern oder mindern Reinertrag
der Landgüter verändern, gehören ohne Zweifel zu den verderblichsten
aller Abgaben, weil sie gewissermaßen eine Bestrafung für die vorge-
nommene Verbesserung der Ländereien und die Fortschritte in der Agrikultur in sich schließen (das gilt auch von den Zehnten und Laudemien,
die leider auch in vielen deutschen Staaten noch floriren); jedenfalls
müsten sie fest und unveränderlich bestimmt werden, weil nach Ueberwindung des ersten Verlustes sie sich mit dem Preise der Güter identifiziren und auf deren Anbau keinen besondern Einfluß mehr üben.
Auch die Einkommensteuer hat ihre Schattenseiten und verstößt besonders dann, wenn sie nicht mäßig ist, gegen den Grundsaz, daß jedes
vernünftige Besteuerungssystem vor allem zu vermeiden suchen müsse,
das Interesse und die Pflicht der Individuen in Konflikt zu bringen.
Da Gleichmäßigkeit in der Praxis bei ihr nicht zu erreichen ist, so wirkt

sie leicht dahin, daß Kapitale ihrer natürlichen und vortheilhaftesten Verwendung entzogen werden; sie ist zugleich ungerecht, insofern der Gewissenhafte für den minder Rechtlichen mit bezahlen muß und der Unrechtlichkeit eine Prämie zu Theil wird — „a tax on honesty, a bounty on fraud!" Auf jeden Fall gewährt sie allein nicht das Heilmittel gegen die von Jahr zu Jahr mehr hervortretenden Mißverhältnisse in der Vertheilung des Reichthums, gegen den schroffen Gegensaz zwischen einer kleinen Anzahl Reicher und den Millionen Proletarier, der auf den großen Erfindungen von Watt, Arkwright und andern und dem dadurch begründeten Weltmanufaktursystem mit beruht. Was sich aus der Natur der Fabrikindustrie zu ergeben scheint, bestätigt die Thatsache, daß, obschon während der lezten 30 Jahre eine bedeutende Zunahme der Produkzion im Allgemeinen, sowie des Reichthums und Komforts der obern bei diesem Geschäfte betheiligten Klassen, außerdem eine beträchtliche Ermäßigung der Abgaben stattgefunden haben, die Lage der arbeitenden Klassen während dieses ganzen Zeitraums sich nicht allein nicht verbessert, sondern vielmehr merklich verschlimmert hat. Mögen auch schon entgegenwirkende Prinzipien thätig sein, deren Einfluß man für jezt noch nicht erkennt; so fehlt doch die Erfahrung von den empirischen Mitteln, wodurch die nachtheiligen Folgen, mit denen das Manufaktursystem bei den übrigen jezt bestehenden Verhältnissen England bedroht, abgewandt und die entgegengesezten Resultate gesichert werden. Vorläufig bleibt es daher allerdings Aufgabe und heilige Pflicht der Regierung, durch Abschaffung unbilliger und lästiger Steuern die Bürde der arbeitenden und industriellen Klassen zu erleichtern und ihnen so viel möglich den Markt für den Absaz ihrer Erzeugnisse zu erweitern. Sonst hat die indirekte Besteuerung den Vorzug der Leichtigkeit ihrer Erhebung und des allmäligen Abtragens durch den Verzehrer nach Maße seines Verbrauchs. Die mittelbaren Abgaben, besonders solche, die bereits in dem Preise der Waren enthalten sind, werden weniger bemerkt und empfunden und gewissermaßen freiwillig getragen. Ja, sie enthalten, wenn sie nur mäßig sind, in vielen Fällen einen starken Antrieb für die Fortschritte der Industrie, wogegen hohe direkte Abgaben mit Veranlassung geben können, daß Kapitale aus dem Lande gezogen und auswärts angelegt werden.

Das Jahr 1844 war für die Gewerbe, den Handel, die Finanzen Englands das günstigste, welches es bis dahin erlebt hatte; die Zunahme des Einkommens in dem am 5. Januar 1845 abgelaufenen Jahre gegen das des frühern beträgt 1,305,453 Pf. St. auf die Zölle, 365,304 Pf. auf die Akzise, 185,235 auf die Stempelgefälle, 83,000 auf die Post 2c., und würde im Ganzen 2,162,370 Pf. St. betragen, wenn nicht in Abzug kämen: 57,664 Pf. Mindereinnahme an der Einkommensteuer, und 998,775 Pf. an den gemischten Einnahmen, worunter sich im Jahre früher die chinesischen Kriegsgelder im höhern Erlauf befanden. Die Einkommensteuer erläuft 1844 auf 5,191,570 Pf. St., was ein jährliches reines Nazionaleinkommen von allermindestens 180 Millionen Pf. St. erweist; dieses Einkommen, zu 3½ Prozent berechnet, ergibt das Dasein einer Eigenthumsmasse oder eines Vermögens Reichthum zu schaffen in England und Schottland von mehr als 5000 Millionen Pf. St., ohne die ungeheure Masse britischen Eigenthums zu rechnen, welches in Irland, den Kolonien und fremden Ländern besteht und von der Einkommentare nicht erreicht wird. Dagegen beträgt die englische Staatsschuld dermal nahe 800 Millionen Pf. St. oder doch 15 bis 16 Prozent jenes Nazionalvermögens.

Die Geschichte der öffentlichen Schuld Englands ist in manchem Betracht lehrreich. Im Jahr 1727 erforderte ihre Verzinsung nur noch die Summe von 2,217,550 Pf., und in den zwölf folgenden Friedensjahren bis 1739 wurden an 5 Millionen vom Kapital abgetragen, so daß sie sich am Ende derselben auf 47 Millionen (20 als konstituirte permanente und 27 in ablaufenden Annuitäten und unfundirten Papieren) belief, und ihre Verzinsung nur noch um 2 Millionen heischte. Von 1739 an nahm sie auß verschiedenen Ursachen wieder stark zu. Der Versuch des Prätendenten Karl Eduard in Schottland, bei Culloden am 26. April 1747 scheiternd, kostete manches Geldopfer, um dem Hause Hannover die Krone zu sichern. Nach dem Achener Frieden (30. April 1748) erreichte die Staatsschuld die Summe von 76 Millionen Pf., also binnen zehn Jahren eine Vermehrung um 29 Mill. Am 29. November 1749 wurden die 4 vom Hundert zinsenden Stocks zurückgeführt, man sezte sie in bestimmten Terminen, die bis 1757 zu laufen hatten, erst auf 3½ und dann auf 3 Prozent herunter. Um jene Zeit, da das Budget Großbritanniens nur noch ungefähr 6,800,000 Pf. St. betrug und die Staatsschuld noch nicht 80 Millionen erreichte, meinte Lord Bolingbroke in seiner Schrift: „Reflections on the present stade of the nation," diese Summen würden den spätern Geschlechtern

unglaublich vorkommen, und bis sie nicht um einen bedeutenden Theil
abgetragen, werde es schwer sein, Großbritanniens Ansehen und Macht
ferner aufrecht zu halten! Und gegenwärtig betragen die Zinsen der
Staatsschuld allein etwa das Vierfache der sämtlichen Staatseinnah=
men jener Zeit, und Englands politische Bedeutung ist größer denn je
zuvor! Der siebenjährige Krieg (1756—1763) brachte eine Zunahme
der Schuld um nahe 64 Millionen, nach dem Pariser Frieden (ratifi=
zirt am 10. Februar 1763) schuldete England 139 Millionen Pf., zu
deren Verzinsung nahe 5 Millionen aufzubringen waren. In den zwölf
Friedensjahren bis zum Außbruch der Feindseligkeiten mit den nord=
amerikanischen Kolonien wurden wieder 10½ Millionen abgetragen, so
daß sich die ganze Schuld 1775 noch auf 128½ Millionen erlief; dann
aber verdoppelte sie sich binnen wenigen Jahren durch den Aufwand des
zweiten siebenjährigen Krieges mit den abgefallenen Kolonien, Frank=
reich, Spanien und Holland. Am 5 Jänner 1786 war sie auf 268
Millionen angeschwollen mit einer jährlichen Zinsenlast von 9½ Mill.
Die Friedensjahre wurden benützt, eine allmähliche Reduktion der als die
Kräfte der Nazion übersteigend verschrieenen Schuldenlast einzuleiten.
Damals ward zuerst ein Tilgungsfond (sinking fund) jährlich von
einer Million eingeführt, am 5. Januar 1793 ward die Schuld als
schon etwas vermindert auf 261,735,059 Pf. mit einem Zinserforder=
nis von 9,471,675 Pf. nachgewiesen — da begann der französische
Revoluzionskrieg, und mit ihm eine neue schwindelnde Epoche in der
Geschichte der britischen Finanzen. In den 21 Kriegsjahren (Friedens=
pause war vom 1. Oktober 1801 bis 18. Mai 1803) wuchs die Schuld
in so ungeheurer rascher Progression, daß sich kaum die Möglichkeit,
wie so enorme Summen in so kurzer Zeit zusammengebracht worden
sind, begreifen läßt. Das Kapital der gesamten fundirten und schwe=
benden Schuld erlief nämlich am 5. Januar 1816 auf 885,186,323
Pf. St. mit einer Zinsenlast von 32,457,141 Pf., während die Amor=
tisazion gänzlich gestört worden war. Die öffentliche Schuld hatte sich
mithin gegen 1739 — binnen noch nicht hundert Jahren — beinahe
verzwanzigfacht (ihre Zinsen betrugen jetzt ¾ des damaligen Schuld=
kapitals) und gegen 1793 mehr als verdreifacht. Glücklicher Weise
folgten der 23jährigen Kriegsperiode 30 Friedensjahre, die denn auch
mit bewundernswerter Außdauer benützt worden sind, die Finanzen
wieder in Ordnung zu bringen. Die Täuschung mit dem sinking fund

hat man aufgegeben; eine Afte vom 5. Julius 1829 verfügte, daß nur die reinen jährlichen Ueberschüsse der Staatseinnahmen über die Ausgaben auf Tilgung verwandt werden sollen. Die Schuld betrug am 5. Jänner 1835 772,196,850 Pf. St., worunter für 28,521,550 Pf. Schazkammerscheine; seit 1816 hatte sie sich also über 12 Prozent vermindert. Ist dagegen in den lezten zehn Jahren wieder eine Vermehrung eingetreten, doch nur um nahe 18½ Millionen Pf., so erklärt es sich haubtsächlich auß der inzwischen für die Emanzipazion der Negersklaven in den britischen Kolonien den frühern Sklavenbesizern bewilligten Geldentschädigung — einer der großsinnigsten Nazionalhandlungen Englands — die eine außerordentliche Anleihe nöthig machte, sowie auß dem beträchtlichen Außfall in dem Budget, namentlich der ungünstigen Jahre von 1838 bis 1842. In Summa war das Verhältnis der britischen Staatsschuld:

	Kapital. Pf. St.	Zinsen ꝛc. Pf. St.
im Anfang des französischen Kriegs (1793) . . .	244,440,306	9,624,088
während des Kriegs wurden kontrahirt	603,842,171	22,829,696
Betrag der Schuld bei der Konsolidirung im Anfang des Jahres 1817	848,282,477	32,453,784
mehr abbezahlt von 1817 bis zum 5. Januar 1844 .	65,942,584	3,184,624
Schuld am 5. Jänner 1844	792,339,893	29,269,160 *)

Auffallend ist hierbei die Raschheit, womit die Schuld immer zur Kriegszeit anwächst, und die Langsamkeit, womit sie im Frieden wieder abgetragen wird. Jene hohe Schuldenprogression erklärt sich indessen

---

*) Gegen die Verschuldung der europäischen Länder bildet der blühende Finanzstand der Vereinigten Staaten einen sehr merkwürdigen und sehr beachtenswerten Abstand. Nach der am 2. Dezember 1845 an den Kongreß in Washington gerichteten Botschaft des Präsidenten Polk erlief die öffentliche Schuld der Vereinigten Staaten am 1. Oktober 1845 auf 17,075,445 Dollar, und sollte binnen wenigen Jahren ganz abgetragen sein. Die Einnahmen in dem am 13. Januar 1845 abgelaufenen Finanzjahr betrugen 29,769,133 Dollar, nämlich 27,528,112 Dollar Zolleinnahme und 2,770,022 Dollar Erlös auß dem Verkauf von Staatsländereien; die Außgaben 29,968,206 D., wovon 8,580,175 D. zur Abzahlung an der öffentlichen Schuld verwandt wurden; in der Staatskasse war am 1. Junius ein Ueberschuß von 7,658,306 Dollar. Jene Zolleinnahme war meist erhoben worden von 117,254,564 D. Einfuhr, wovon 102 Mill. zum inländischen Verbrauch; die Außfuhr erlief auf 114,646,606 Dollar, worunter für 99,291,776 Dollar einheimische Artikel.

zum Theil auß dem Leichtsinn in Abschluß der Anleheverträge, wie Mac
Culloch im Einzelnen nachgewiesen hat. Dieser behauptet, durch eine
verhältnismäßig nicht bedeutende Anstrengung der jährlichen Steuern
in den ersten Kriegsjahren hätte jener ungeheure Anwachs der Staatsschuld um mehr als 600 Millionen Pf. St. gänzlich vermieden werden
können. Es beläuft sich nämlich die wirkliche Mehrausgabe über die
Staatseinnahme während der Kriegsjahre 1793 bis 1817 nur auf
151,327,007 Pf. Wollte man sogar die Voraußsezung gelten laßen,
daß die Summen, welche bei Nichtabschluß von Anleihen durch erhöhte
Steuern aufzubringen gewesen wären, und nun in der Tasche des Volkes blieben, als nuzbringendes Kapital verwandt, den Nazionalwohlstand vermehrt hätten, und veranschlagte man für jene nicht erhobenen
Steuern einen jährlichen Ertrag von 5 Prozent und Zinsen auf Zinsen;
so ergebe sich doch ein schließlicher wirklicher Verlust von 52 Millionen
Pf. St., welcher dem Lande durch das Anleihesystem bereitet worden.
Dieser Nachtheil ist durch Misgriffe bei Abschluß der Anleihen mehrfach
vergrößert worden. Da der Zinsfuß in Verhältnis steht zu dem größern Risiko und der vermehrten Nachfrage, so müßen natürlich in
Kriegszeiten bei großen wiederholten Anleihen die Bedingungen derselben erschwert werden; und wenn die britische Regierung vor 1793 zu
3 Prozent Anleihen abschließen konnte, muste sie während des Krieges
sich zu 5 Prozent und mehr verstehn, die dann freilich mit dem Fallen
des allgemeinen Zinsfußes in der folgenden Friedenszeit allmählich auf
3 Prozent zurückgeführt sind (1854 ist der Termin, wo schließlich zu
Gunsten des Staatsschazes allgemein dieser Zinsfuß eintreten wird).
Der größere Theil der britischen Anleihen ist jedoch nicht auf diese
Weise abgeschloßen worden, sondern der Nominalzinsfuß von 3 Prozent ward beibehalten und dagegen dem Darleiher Staatsobligazionen,
von beträchtlich höherm Belaufe außgestellt, als er Kapital hergab.
Für den Augenblick war es dem Staate zwar gleich, ob er 100 Millionen Nominalkapital zu 3 Prozent anlieh oder 50 Millionen effektives
Kapital zu 6 Prozent. Für die Folgezeit trat aber der große Unterschied
ein, daß im erstern Falle die Staatsschuldscheine von 50 auf 90 Prozent, ja al Pari stiegen und den Inhabern außerordentlichen Gewinn
verschafften, dem Staate dagegen die Verbindlichkeit obliegt, noch fortwährend die hohen Zinsen der Kriegsjahre zu bezahlen. Diese Art
Anleihen, die leider auch in andern Staaten vorgewaltet, mit niederm

Zinsfuße und unvollständiger Einzahlung des nominellen Kapitalbetrags ist allerdings den Wechslern und Spekulanten für ihren Privatvortheil erwünschter und daher leichter zu erreichen; allein für den Staat und die öffentliche Wohlfahrt ist es ohne Zweifel vortheilhafter die Anleihe offen, unter Anerkennung des wirklichen Zinsfußes abzuschließen, selbst wenn dieser auch so etwas höher kömt, als bei jenem künstlichen System, das nur dem nächsten Augenblick Rechnung trägt.*)

Von wesentlichem Interesse für die Beurtheilung des britischen Nazionalwohlstandes ist einmal der glückliche Umstand, daß die Nazion jenes große Kapital fast allein sich selber schuldet, die Zinsen dafür also nicht außer Landes fließen (sollte solches auch mit einigen geschehen, so strömen dafür die mehrfachen Summen an Renten für die von Engländern an beinahe alle Staaten beider Kontinente, es sei in Vorschüßen oder in industriellen Unternehmen, dargeliehenen Kapitale wieder nach dem Inselreiche zurück); sodann das Verhältnis, wie viele Personen an dem Zinsengenuße der Staatsschuld theilnehmen, und zu welchen Summen. Dieses Verhältnis ist sehr günstig und spricht aufs deutlichste für das Dasein eines zahlreichen bürgerlichen Mittelstandes in England. Denn nach Porters Tabellen wurden Zinsen erhoben, am 5. Januar 1835 von 180,582 Personen und am 5. Januar 1843 von 190,196 Personen, worauß zugleich abzunehmen ist, daß im Ganzen genommen die Vertheilung des Reichthums sich ziemlich gleich geblieben. Lezteres erhellt auch darauß, daß von jenen Personen im Jahr 1835 385, im Jahr 1843 aber 390 jede über 1000 Pf. St. an Zinsen erhuben.

Für das Vorhandensein eines zahlreichen bürgerlichen Mittelstandes in England und Schottland ist ferner die Einkommensteuer ein wichtiger Beleg, von der Personen mit einem jährlichen Reineinkommen unter 150 Pf. St. oder 1050 Thaler frei sind. Unter den Steuerpflichtigen dieser Taxe sind über 200,000 Personen, welche ihren Angaben zufolge jenes besteuerungsfähige Minimum Einkommen haben, und nicht mehr; so daß also ein ganzes Fünftel der Taxe, eine Million Pf., von der Klasse getragen wird, welche in England nicht für arm gilt. Bei alle

---

*) Viele Stimmen verlangen für jene nur unvollständig eingezahlten Anlehen Herabsezung des Zinsfußes unter den gewöhnlichen; sie würden vollkommen Recht haben, wenn die jezigen Inhaber der betreffenden Papiere noch die alten Darleiher wären, der Nachtheil also auch diejenigen träfe, welche den Vortheil genossen haben.

dem ist das Armenwesen eine nicht viel geringere Last für die englische
Nazion, als die ungeheuere Staatsschuld. Nur hat man Unrecht, den
Pauperismus in England dem übertriebenen Fabrikwesen Schuld zu
geben, insofern dieses in seinem Misverhältnisse zum Ackerbau nur die
bittere Frucht jenes tiefern englischen Grundübels ist, welches in den
Bodenverhältnissen und dem, was damit zusammenhängt, liegt. Auß
diesem Grunde haben auch die neuern Armengeseze von 1834, die nöthig geworden, wegen der eingerißenen Misbräuche, der Hoffnung nicht
ganz entsprechen können, daß ihre folgerichtige Durchführung die Armentaxe in gleicher Weise allmählich verringern werden, wie sie bei der
frühern Gesezgebung unaufhaltsam angewachsen war. Zwar waren
in den ersten Jahren nach ihrer Einführung die zur Unterstüzung der
Armen verwandten Summen bedeutend geringer als vor 1834, und
verminderten sich bis 1837, wo sie in England allein nur noch
4,044,741 Pf. St. betrugen; aber seit 1838 steigen sie wieder und erlaufen jezt über 6 Millionen Pf. St., indem die Anzahl der allein in
England unterstüzten Armen über anderthalb Millionen beträgt. Daß
der Pauperismus lezter Zeit in nicht noch größerm Verhältnisse um sich
gegriffen, verdankt man wol den vorwaltend günstigen Ernten, der
Außwanderung und besonders der wohlthätigen Einrichtung der Sparkassen, die sich gerade in Großbritannien einer besondern Theilnahme
erfreuen und gewis viel für Aufrechthaltung der Ruhe beitragen. Indem Sparkassen theils auch den Fleiß der Arbeiter ermuntern, theils
die Ansammlung von Kapitalien fördern, die ohne sie in den meisten
Fällen für die ärmern Volksklassen unterblieben wäre, so sind sie zugleich für die öffentliche Sittlichkeit und für die Industrie von Belang.
In Ländern, wo Nüchternheit und Sparsamkeit nicht eben zu den na-
zionellen Tugenden gehören, wie bei den germanischen Völkern, werden
Einrichtungen, die in dieser Hinsicht den Sitten zu Hülfe kommen,
also Sparkassen, Mäßigkeitsvereine und ähnliche, sich am wirksamsten erweisen, besonders wenn sie mit zweckmäßigen Mitteln
zur Veredlung der ärmern Klassen und namentlich zur Erziehung
der Arbeiterjugend verbunden werden; einen geringern moralischen
Wert haben sie für Länder, wo Nüchternheit und eine zu weit ge-
triebene, oft an Geldgier gränzende Sparsamkeit, fast nazionelle Fehler
bilden. In vielen Gegenden Italiens z. B. würden sie haubtsächlich
wol nur als Stachel dienlich sein zur Ueberwindung einer gewissen Ar-

belätsscheu, in Verband mit andern Anstalten, Verbreitung von guten Büchern und nüzlichen Kenntnissen, Ersparnisprämien und dergleichen.

Bemerkenswert ist bei den englischen Sparkassen noch die Summe der kleinern Einlagen, die beweisen, wie tief dieses Institut dort bereits im Volke Wurzel geschlagen hat. Es betrug nämlich in England-allein die Zahl der

	einlegenden Individuen.	Gesamtbetrag der Einlage.
1830	414,217	13,507,565 Pf. St.
1834	499,207	15,369,844 = =
1837	636,066	19,624,015 = =
1842	874,715	25,319,336 = =

Hiervon betrugen die Einlagen unter 20 Pf. St.

1830	210,247	1,509,820 = =
1834	260,363	1,841,755 = =
1837	334,489	2,291,471 = =
1842	491,616	3,193,234 = =

Von 1830 bis 1842 ist mithin die Anzahl derer, die sich der Sparkassen bedienen, um 112 Prozent, die Einlage um 87 Prozent gestiegen, und dieses Verhältnis stellt sich hinsichtlich der kleinern Einlagen noch günstiger, nämlich um bezüglich 134 und 111 Prozent. An reinem Ueberschusse der Sparkassenverwaltung ist im vereinten Königreiche bis Mai 1844 ein Fond von 322,798 Pf. St. zurückgelegt.

Wie groß übrigens die britische Schulden- und Armenlast an sich erscheint, man würde sich täuschen, wollte man daraus ungünstige Schlüsse auf den Stand der englischen Finanzen und den Staatskredit ziehen. Dieser ist befestigter und höher als der aller übrigen Großmächte, und überragt selbst den französischen um ein Bedeutendes. Aus hohem Staatskredit aber und niederm Zinsfusse, d. h. wohlfeilen Kapitalen, entspringen manigfache Vortheile für Gewerbe und Verkehr, und in dieser Hinsicht hat England einen beneidenswerten Vorsprung vor dem Kontinente. Die Notirungen des Haubtstocks zeigen auf beiden Seiten ein großes Misverhältnis, die französischen 3prozentigen sind an der Pariser Börse selten über 82 gestiegen, die englischen Consols (3proz.) schon auf und über Pari, also 20 Prozent höher. Was dermalen in der Finanzwelt und in der Einkünfteverwaltung der beiden Staaten vorgeht, erklärt hinreichend diesen Unterschied. Auch hängt das französische Prohibitivsystem, so wie der Mangel eines gehörigen umfaßen -

den Kreditwesens in Frankreich, damit zusammen. Hier herscht das Monopol nach allen Richtungen, und das unterhöhlt, was zu Gunsten des französischen Handelssystems auch angeführt werden mag, die ganze französische Verwaltung. Erleichterungen, größere Freiheit im Verkehr und Handel haben es Großbritannien ermöglicht, seine Staatsschuld binnen 25 Jahren um sechzig bis siebzig Millionen Pf. St. zu vermindern, während in den meisten andern Ländern, zumal in Frankreich, die öffentliche Schuld sich in viel größerm Verhältnisse vermehrt hat. In den lezten Jahren ward das englische Staatseinkommen durch kräftige Maßregeln von einem Außfall zu einem beträchtlichen Ueberschuß erhoben, während man gleichzeitig sorgsam darauf bedacht war, daß keine Anläße zu neuen Außgaben dem Schazkanzler seine frischen Hülfsmittel allzu rasch erschepfen möchten. In Frankreich haben zwar die Staatseinkünfte während der lezten fünfzehn Jahre stätig sich vermehrt und betragen jezt 12 Millionen Pf. St. mehr als im Jahr 1830; allein gleichzeitig sind die Außgaben in einem noch größern Verhältnisse gestiegen, und die Voranschläge von 1847 übertreffen um 22 Millionen Pf. St. die der frühern Periode. Mittlerweile hat sich die Zinsenlast der permanenten Schuld Frankreichs um mehr als zwei Millionen Pf. St. vergrößert, ohne daß eine Zinsenredukzion durchgebracht wäre; die Außgaben für Heer und Flotte um vier bis fünf Millionen, die für andere Departemente um zwei Millionen; wozu kommen acht Millionen Pf. St. für verschiedene öffentliche Werke, namentlich die Befestigung von Paris, und zulezt Anleihen und Vorschüße zu dem großen Eisenbahnsystem, ohne daß der Staat es doch eigentlich in die Hand nahm. So veraußgabt die französische Regierung, nicht zufällig oder unüberlegt, sondern systematisch, viel mehr als sie wirklich einnimt; so muß sie nothwendig von Zeit zu Zeit ihre Zuflucht zu schweren Anleihen nehmen. Freilich ist das Außgabenübermaß mehr oder minder öffentlichen Werken von nazionaler Nüzlichkeit gewidmet, auch muß in Frankreich vieles die Regierung übernehmen, was in England durch Privatspekulazionen befriedigend geleistet wird. Immerhin aber darf man jene Finanzpolitik als gefährlich bezeichnen. Votirt die Kammer auch, so lange das Land sich in blühendem Zustande befindet, die großen Budgetziffern ohne viel Widerstreben, kann in schwierigern Zeiten eine ernste Ruhestörung in Europa Frankreich nicht in die schlimmste Finanzkrisis stürzen?

In Vergleich mit dem englischen Nazionalvermögen und Nazio=
naleinkommen erscheint die britische Abgabenlast, andern Ländern ge=
genüber, sogar noch sehr erträglich. Ueberhaubt besteht die Haubtbürde
weniger in der Größe der Schuld und der Abgaben, als in der unrich=
tigen und unbilligen Vertheilung der Lasten, im Steuersystem.
Wenn die Engländer auf jeden Kopf auch doppelt so viel Steuern ent=
richten als die Franzosen, dagegen durchschnitlich das Vierfache ein=
nehmen, so bezahlen sie verhältnismäßig noch um die Hälfte weniger
als jene. Der Nazionalwohlstand muß mit berücksichtigt werden, und
für den Englands spricht nichts deutlicher als die erstaunliche Größe des
innern Verbrauchs. England und Wales allein verzehren jährlich auf
den Kopf an Weizen ungefähr ein Quarter (das ganze Inselreich 20
Millionen Quarter, wovon nahebei ⅘ auf England kommen) oder 300
bis 360 Pfund Weizenmehl, an Fleisch 150 Pfund, an Zucker 20 bis
22 Pfund, an Thee 1¾ bis 2 Pfund, an Kaffee 1 bis 1¼ Pfund (an
tropischen Erzeugnissen durchschnittlich fünfmal mehr als in Verhältnis
Frankreich und Deutschland), an Bier 90 Flaschen, an Brantwein 4½
bis 5 Flaschen, an Tabak nur ¾ Pfund, an Wolle 9 bis 10 Pfund
(dreimal mehr als im Zollverein), an Baumwolle 8 bis 10 Pfund, an
Eisen ⅔ Zentner. Nach überschlägiger Schätzung stellt sich die wahr=
scheinliche Verbrauchsmenge der erheblichsten Lebensbedürfnisse in Groß=
britannien (und dem armen Irland) Frankreich und dem Zollverein auf
den Kopf der Bevölkerung, nach Preußischem Maß und Gewicht, also:

Staaten.	Ge=traide. Schfl.	Fleisch. Pfd.	Wein. Quart.	Bier. Quart.	Bran=tewein. Quart.	Kaffee. Pfd.	Thee. Loth.	Zucker. Pfd.
Großbritannien u. Irland · · ·	5¼	80	1,2	49	3,8	1,8	45	17,2
Frankreich · · ·	6	40	60	9,7	1,8	1	¼	6,8
Zollverein · · ·	5¼	45	15,4	30	8	2,9	⅓	5,8

Wie man sich auswärts häufig eine übertriebene Vorstellung von
der relativen britischen Schuld= und Abgabenlast macht, so auch in
Bezug auf den Pauperismus und das Fabrikelend in England. Wenn
der öffentliche Kredit bei der größesten Schuld doch nirgends höher steht
als dort, so verdienen auch bei der größesten Ausdehnung der Fabriken
doch keine Arbeiter, wenigstens in Europa, im Allgemeinen mehr als
die englischen. Unser Jammer über die Noth englischer Arbeiter beruht

häufig auf Misverständnissen. In England versteht man unter ersten Lebensbedürfnissen nicht bloß Kartoffeln mit Salz, eine Suppe mit Brod geschmälzt, Mehlklöße und nur an Festtagen ein Stück frisches Fleisch oder Braten, wie's strichweis selbst bei der doch nicht eben dichten ländlichen Bevölkerung in Baiern und andern Gegenden des südlichen, mittlern und nordöstlichen Deutschlands der Fall ist; dazu gehören bei einer beschäftigten englischen Arbeiterfamilie von fünf Personen durchschnitlich 5 Pfund Weizenbrod oder = Mehl, 3 Pfund Fleisch, Gemüse und Kartoffeln, Butter, Käse, Zucker, Thee, Bier und Sonntags der Plumpudding. In dem neuen berühmten Pentonville= Gefängnisse bei London, einer vielleicht sonst nirgends erreichten Musteranstalt, bestimmte, nach manigfachen Versuchen über die im Durchschnitt zuträglichste Kost, der Normalspeisezettel, bei drei Mahlzeiten täglich, fünfmal wöchentlich zum Frühstück 1½ Loth Kakaoschale mit 4 Loth Milch und 1½ Loth Syrup zu ¾ Pinte flüssigem Kakaotrank bereitet; zu Mittag 8 Loth Fleisch ohne Knochen (gekocht gewogen), ½ Pinte Fleischbrühe, ½ Pfund Kartoffeln (gekocht gewogen); zum Abend 1 Pinte Haferschleim mit 1½ Loth Syrup; zweimal in der Woche dieselbe Kost, Mittags 4 Loth Käse; täglich 1 bis 1¼ Pfund Brod und hinlänglich Salz. Die Gesamtkosten des Baues dieses Gefängnisses erlaufen auf 90,072 Pf. St., so daß auf jede seiner 520 Zellen über 173 Pf. kommen; die Jahresgehalte der Beamten betragen ungefähr 12 Pf. St. auf jeden Gefangenen; dazu die Kosten für Kleidung, Kost 2c. *) Nach Porter verzehrte man in einem Zufluchts=

---

*) Das in diesem Gefängnisse befolgte System der vollkommenen Absperrung der Sträflinge von einander, während sie übrigens den Besuch solcher empfangen, deren Zuspruch ihnen Trost bringen, ihre Besserung fördern kann, wie des Vorstehers und des Werkmeisters täglich, des Kaplans, Arztes und Lehrers wenigstens zweimal in der Woche ist vielleicht dasjenige, welches nach vielen Erfahrungen dem Zwecke sittlicher Besserung am besten entspricht. Der Sträfling ist mit Arbeit (jeder lernt ein oder auch zwei Handwerke) und Büchern zum Behuf sittlicher und religiöser Unterweisung versehen, und durch die Besuche, den Gottesdienst u. s. w. bleibt zwischen ihm und der äußern Welt eine Brücke geschlagen — er ist kein Lebendigbegrabener, den diese Welt nichts mehr angeht, und der sich, wie die so trostlosen Fälle beim strengen unmenschlichen pennsylvanischen System zeigen, jener Muthlosigkeit hingibt, welche am Ende zu unheilbarem Stumpfsinn, zu gänzlicher Asthenie der Körper- und Seelenkräfte führt. Uebrigens darf in Pentonville kein Gefangener zugelassen werden, und nur auf höchstens anderthalb Jahre, der nicht zur Deportazion bestimt ist; jeder weiß, daß alle seine Verbindung mit dem Mutterlande zu Ende ist, und er

hause, wo 9 weibliche Aufseherinnen und 158 weibliche Kinder sich befanden, 99½ Pfd. Fleisch, 250 Pfd. Weißbrod, 8¾ Pfd. Reis, 20½ Pfd. Mehl, 10⅗ Pfd. Butter, 8 Pfd. Käse, 130¾ Pfd. Kartoffeln, 79 Quart Milch, 97½ Quart Bier; in einem andern Zufluchtshause für ältere Kinder beiderlei Geschlechts kosteten die Lebensmittel auf den Kopf 15 Pf. St. 13 Sh. 2 P., nach welchem Maßstabe die ganze britische Nazion etwa 400 Millionen Pf. St. für Lebensmittel ausgäbe. Nach demselben Statistiker, der eine Menge derlei reichlicher Küchenrezepte mittheilt, gebrauchten 114 Personen, weiblichen und männlichen Geschlechtes, in einem Londoner Gewerbsgeschäft jährlich auf den Kopf nebst anderm Zubehör 306½ Pfd. Fleisch und 355 Pfd. Weißbrod. In Zeiten der Fabriknoth (1842) erklärte ein Parlamentsmitglied, Eigenthümer großer Spinnereien: bei Summirung der Taglöhne seiner Arbeiter hab' er gefunden, daß die Familie im Durchschnitte doch immer noch über 93 Pf. St. (652 Thlr.) jährlich verdiene, da könne die Noth doch nicht aufs höchste gestiegen sein. Freilich, eine solche Noth erscheint gegen die, welche in einigen Gegenden Deutschlands unter den Arbeitern aus Mangel an Verdienst hervorgetreten und leider noch immer nicht beseitigt ist, wie Wohlstand. Indessen hat auch England, namentlich bei großen Handelskrisen, sein bitterstes Elend (ich verweise auf das Kapitel über den Pauperismus), der heillos verkümmerten Zustände der großen Masse der irischen Bevölkerung gar nicht zu gedenken; und ich bin, trotz der viel gepriesenen englischen Armenküchenrezepte, fest überzeugt, daß verhältnißmäßig in Deutschland eine weit größere Anzahl Arbeiter, auch bei geringerem Küchenaufwande an Zucker, Thee und Weißbrod, sich eines gesichertern und unabhängigeren Loses erfreut als in Großbritannien und Irland. Ja, die Bodenverhältnisse und selbst die Besizzustände einer großen Zahl Arbeiter sind bei uns im Allgemeinen so viel glücklicher als dort, daß, wenn erst durch einen angemessenen und umfassenden Schuz des deutschen Fleißes, durch Einigung der deutschen Anliegen in Han-

---

einem neuen Leben in einem fremden Welttheil entgegengeht, wo seine künftigen Verhältnisse von seinem Verhalten im Gefängnisse abhängen, indem hiernach seine Aufnahme in die eine oder andere Klasse der Deportirten abhängt. 1844 betrug die Gesamtzahl dieser Sträflinge 741, die größte gleichzeitige Zahl 505. Von 382, die nach Vandiemensland entlassen wurden, kamen 288 in die erste Klasse, nur 3 wurden als unverbesserlich nach einem Pönitenziarhause versandt.

bel und Wandel, also durch Abrundung und Vervollständigung des
Zollvereins mit den dazu gehörigen Schiffahrts = und Differenzialzoll=
gesezen dem Mangel an Arbeit und Verdienst in Deutschland gründlich
abgeholfen, seinen Gewerben, Ackerbau, Handel und Schiffahrt die
gehörige Ermunterung zu Theil wird, gewis kein Land in Europa —
nicht Frankreich, nicht England — hinsichtlich der günstigen und ge=
sicherten Stellung, hoffen wir auch der geistig = sittlichen Bildung der
Arbeiter, sich mit uns wird messen können. Wie dem sei, jedenfalls ist
das Loß des englischen Fabrikarbeiters in der Regel nicht beneidens=
wert, und troz seiner guten Kost steht er, wie schon früher hervorge=
hoben, an gesunden, sehnigen Gliedern, an Stärke und Frische selbst
weit hinter dem mit trockenen Kartoffeln aufgefütterten Irländer zurück.

Fassen wir das Gesagte zusammen, so ist gewis, daß das Bedürf=
nis zu großen Reformen des britischen Handels = und Finanzwesens
unweigerlich vorliegt. Doch es ist nicht minder wahr, daß, wenn die=
selben auf verfassungsmäßigem Wege durchgeführt werden können, dann
England in Gewerben und Handel noch einer unermeßlichen Entwicke=
lung entgegensieht. In dem Maße, als solches geschieht, erscheinen
alle Nazionallasten minder drückend, minder drohend nach innen. In
England kommen auf den Kopf ungefähr 1 Pf. 15 Sh. Abgaben; sezte
man die eine ärmere Hälfte der Bevölkerung bei Seite ohne alle Be=
steuerung, indem man etwa die Zölle und Verbrauchsabgaben auf die
ersten Bedürfnisse zum Unterhalt und zur Kleidung abschaffte und dafür
die direkten Steuern erhöhte, so würde die andere Hälfte ohne Anstren=
gung die nöthige Summe (3½ Pf. St. auf den Kopf) zahlen können
und dem Pauperismus wäre vorerst auf ziemlich gründliche Weise ent=
gegengewirkt. Freilich eine solche plözliche Umwandlung erscheint nicht
rathsam, und Niemand würde die Macht haben, sie durchzuführen;
aber auch eine allmähliche zweckmäßigere Besteuerung wird schon gün=
stig auf die ärmern Volksklassen einwirken und die Menge des Handels
vermehren, folglich die Mittel einer wachsenden Bevölkerung Unterhalt
und razionellen Lebensgenuß zu verschaffen. Man kann es deshalb als
die vorläufige Aufgabe der wichtigsten Bestrebnisse in England, unter
dem Panier der Freihandelsfreunde, bezeichnen, den vorwiegenden par=
lamentarischen Einfluß der großen Landlords zu brechen, in Folge da=
von die Staatslasten auch ihnen mehr als bisher mit aufzubürden,
kurz, das ganze Finanz=, Zoll=, und Handelswesen zur Erleichterung

des Volkes von dem herschenden Einflusse des Grundbesitzes zu befreien. Bewegen sich aber Finanzen, Industrie und Handel erst in dieser Freiheit, so werden sie bald Elemente der Stärke genug entwickeln, nicht bloß, um alle Begünstigungen zur künstlichen Erhöhung der aristokratischen Bodenrente aufzuheben, sondern auch um die starren Grundbesitzverhältnisse in lösende Bewegung zu bringen, also endlich eine Umgestaltung des Feudalwesens zu bewirken. Ist dies das eigentliche Ziel der jezigen großen liberalen Bewegung in England, so besteht der aufgeklärte englische Konservatismus, der jenes Bedürfnis an sich nicht läugnet, es nur auf seine Weise zu befriedigen sucht, gegenwärtig darin, jener Bewegung **thätig** durch Mittel entgegenzuwirken, welche die vorhandenen Mängel erträglich machen und gewaltsamen Krisen und Erschütterungen vorbeugen, vor allen durch milde Reformen und stäte Handelserweiterung, welche das Ungleichgewicht in den englischen Volksklassen und sonst bestehende Misverhältnisse minder empfinden läßt. An der Spize des leztern steht Sir Robert Peel.

VIII.

Englands auswärtige Handelsverhältnisse; Wechselbeziehungen zwischen innerm und äußerm Handel; Kolonialpolitik; Rothwendigkeit schüzender Schiffahrtsgeseze für Deutschland, sowie der Kündigung des Vertrags vom März 1841; der deutsche Bodenbau hat nichts von England, alles vom Aufschwung der deutschen Industrie zu erwarten; ein Handelsvertrag oder Krieg Englands mit Nordamerika; übermüthige Sprache gegen den ersten englischen Handelskunden, die natürliche deutsche Antwort darauf; Schiffahrtspolitik und die Sklavenfrage.

„Auf Gleichheit, Ehr' und Heil
Bau'n Völker festen Bund; —
Sonst bloß ein Hänfelseil
Ist Freundschaft, Leim im Mund."

Die Frage, ob England seine Seegröße vorzüglich der berühmten Cromwellschen Schiffahrtsakte und seiner frühzeitig und im Ganzen verständig durchgeführten Zollpolitik verdanke oder nicht, ist ziemlich müßig. Unzweifelhaft hat dieselbe Großes dazu beigetragen, das läugnet kein Verständiger, auch Adam Smith nicht. Man könnte ja ebenso gut der Sonne an trüben Tagen das Licht absprechen, als einzelner ungünstiger Erscheinungen halber in Abrede stellen, daß die britische Handelspolitik im Ganzen riesenhafte Ergebnisse erwirkt. Hieraus aber folgt freilich noch lange nicht, wie man oft fälschlich behaupten hört, daß wir nur durch Nachahmung britischer Politik zu ähnlichen Resultaten gelangen können, daß wir mithin nichts Gescheidteres und Eiligeres zu thun hätten als zu dieser späten Stunde seinem Vorbilde in allen Handelsdingen zu folgen. Die Zeiten und Weltverhältnisse sind andere, unsere Mittel, Zustände, die Völker und Länder sind verschieden. Bei jenem Streite wird nur zu häufig das wahrhaft Große zurückgesezt oder seiner innern Bedeutung entkleidet, und auf Nebendinge der Haubtnachdruck gelegt. Der Smith'schen Lehre wird

vom praktiſchen Standpunkte auß nicht mit Unrecht vorgeworfen, daß
ſie die Volksindividualität, die verſchiedenen Verhältniſſe und Bedürfniſſe, Zeiten und Länder, das organiſch Gewordene, kurz die Ungleichheit der Entwickelungselemente nicht überall gehörig beachtet. Ein
Vorwurf übrigens der wohl jedem wißenſchaftlichen Syſteme, das als
ſolches nach Allgemeinheit ringt, bei etwaiger praktiſcher Durchführung
zufallen dürfte; weshalb man auch Lehre und Praxis nie verwechſeln,
ſondern auß der Theorie nur die Naturgeſeze der Arbeit und des Reichthums, die allgemeine Erkenntnis und Richtung ſchepfen, bei der Anwendung aber die gegebenen Verhältniſſe und vorhandenen Bedürfniſſe
zumeiſt befragen ſollte. Oder paßt alles das, womit England heute
beglückt wird, unmittelbar auch für Deutſchland? Die Wißenſchaft der
Volkswirtſchaft unterſcheidet ſich von der Volkswirtſchaftspflege ebenſo
ſehr wie die Wißenſchaft des Rechts von der praktiſchen Rechtspflege,
wie die Wißenſchaft des Staats überhaupt von der außübenden
Staatskunſt. Dieſe freilich ſtößt jeden Augenblick auf Bedingungen,
die jene nicht kennt, ohne daß ſie deshalb jedoch in geraden Widerſpruch
zu einander gerathen ſollen. Beide können und ſollen ſich zwar auf Erfahrungen ſtüzen und berufen, die einen um ſo größern praktiſchen
Wert haben, je näher ſie uns ſtehn, und daran verlieren in dem
Maße als die aufgerufenen Zeugen einer fernen Vergangenheit angehören; aber die Wißenſchaft führt ihr Gebäude auf ihnen allein
nimmer auf, weil ſich auß den Erfahrungen der Zeiten widerſprechende
Folgerungen ziehen laßen.

Wenn es alſo nicht rathſam iſt, die allgemeine, wißenſchaftlich
auch noch ſo geläuterte Theorie eines Briten, der mehr oder minder
auß den Zuſtänden ſeiner Nazion herauß urtheilt und danach unwillkürlich ſeine Abſtrakzionen zuſtuzt, für Deutſchland in Anwendung
bringen zu wollen; ſo erſcheint es doch wahrlich noch weit unrathſamer,
die Handelspolitik, welche ein einziges Land bisher mit Glück befolgt
hat, nun Deutſchland wie das außſchließliche Muſter und Geſez vorzu-
ſtellen, ihm zu predigen, auf keinem andern Wege als durch Nachahmung deſſelben ſei Heil zu erhoffen und ſolchen als die alleinige
nazionalökonomiſche Weisheit anzupreiſen, als das ganz untrügliche
nazionale Syſtem der politiſchen Dekonomie. Denn jene, die Smithin-
gen, ſtüzen ſich bei ihren theoretiſchen Schepfungen doch in der Regel
mindeſtens auf die Wißenſchaft, dieſe nur auf ein Beiſpiel, eine That-

ſache die für andere Zeiten und Verhältniſſe an Bedeutung verliert.
Wirft man der Smith'ſchen Lehre vor, daß ſie in ihrer Abſtraktheit das
Verſchiedene in den Völkerverhältniſſen und Entwickelungsmomenten
nicht in gründlichen Betracht ziehe, wie kann man ſelber dann das
Eigenthümliche eines Volkes für das Geſeß aller übrigen, das ſich hier
in gleicher Weiſe wie dort bewähren würde, das Beſondere für das
Allgemeine und die Abſtrakzion vom Einzelnen für abſolute Wahrheit
erklären? Die Schule, die von einer äußern Thatſache auß die Wißenſchaft des Staats reformiren und konſtruiren will, hat mich wohl an
einen ſonſt ganz tüchtigen Filoſofen erinnert, der, weil er mit dem ab-
ſoluten Geiſt nicht fertig werden konnte, nun umſchlug und allerdings
mit großem Scharfſinn von der „reinen‟ Materie als Urweſen und
thatſächlicher Voraußſezung außgieng, die nicht geläugnet werden
könne — von wem? von keinem der Verſtand hat, alſo doch eben vom
G e i ſ t e nicht. Man übertrage Englands altes oder neues Zollſyſtem
auf ein Land, dem die übrigen Bedingungen der engliſchen Größe und
Freiheit fehlen, und das Ergebnis wird anders lauten.

England verdankt die Blüte ſeiner Gewerbe und Handlung allerdings zum Theil ſeiner beharrlich ſchüzenden Handelspolitik, zum Theil
auch ſeiner für ungeſtörte Gewerbentwickelung günſtigen Lage — eilän-
diſch abgetrennt, iſt es doch hinwieder mit allen Ländern am bequemſten
verbunden — ſowie ſeinen Bodenſchäzen. Weit mehr aber noch ſeinen
Volksfreiheiten, ſeiner naturwüchſigen Verfaſſung, ſeinen großen Parteikämpfen, hervorgehend auß Trennung und Verbindung der Staatsprinzipien und zielend auf ſtäte Vermittlung der Gegenſäze, ſeiner
fleißigen, ſeetüchtigen, unternehmenden, durch fortwährende Uebung
und Kampf geſtählten Bevölkerung. Kurz, ſeine Macht, geiſtige wie
materielle, entſprießt auß ſeinem ganzen öffentlichen Leben, nicht auß
einzelnen Richtungen deſſelben. Was England iſt, kann es nur als
freier Volksſtaat ſein, und in dieſer Hinſicht ſtimme ich Adam Smith
vollkommen bei, wenn er dem Umſtande, daß im vierzehnten Jahrhunderte die Pächter und andere bürgerliche Klaſſen bereits das Wahlrecht
zum Parlament erlangten, einen heilſamern Einfluß auf die Entwickelung des britiſchen Reichs beimißt als irgend welcher beſondern Schuz-
maßregel für Gewerbe und Schiffahrt.

Es iſt bekannt, daß der innere Verkehr ſelbſt der erſten Seehandels-
länder vielmal größer iſt als der außwärtige. Deshalb verdient dieſer

jedoch nicht geringere Aufmerksamkeit als jener, darum weil er eben auf
den innern Verkehr nach allen Richtungen belebend einwirkt. Der
innere Handel eines gewerbreichen, mit allen Ländern in unmittelbarem
Austausche stehenden Landes muß vielmal größer sein als der eines
Landes das, in Folge seiner wenig entwickelten Industrie, mit den
Ländern anderer Zonen nicht in lebhaftem direktem Bezuge steht. Zwischen dem innern und äußern Handel eines Volkes besteht eine Durch-
bringung und fördernde Wechselwirkung, die gar nicht zu trennen und
und zu scheiden. Ob der innere Verbrauch und Verkehr in England
seinen weltumspannenden Absaz nach außen auch sechsmal und mehr
übertrifft, so ist dennoch das Gedeihen der Industrie, das Wohlbefinden
des Landes an diesen gebunden, und Störungen in den auswärtigen
Handelsverhältnissen rufen Krisen, gefährliche Nothstände und Unruhen über das ganze Inselreich hervor. Diese Abhängigkeit des innern
Gedeihens vom äußern Handel tritt in England allerdings mehr als
in andern Ländern und um so entschiedener hervor, als die großen Gewerbe der Stoffveredlung dort an gar keine Oertlichkeit gebunden und
auf den Absaz nach außen, besonders bei dem der Zahl nach schwachen
Landvolke, durchaus hingewiesen sind. Bei einer doppelt so starken
bäuerlichen Bevölkerung z. B. würde England schon eine weit breitere
und gesichertere Grundlage, eine weit größere Stabilität für seine Ge-
werbszustände im Inlande selbst erlangen, und von den Aenderungen
und Erschütterungen im Welthandel in demselben Verhältnisse unabhängiger werden, als sich der innere Markt für seine Fabrikate ausdehnte. Wie wichtig ein solches innere Gleichgewicht zwischen Ackerbau
und Industrie für beide Theile ist, namentlich so lange die gepriesene
Handelsfreiheit noch nicht zur Weltordnung geworden, liegt auf der
Hand. Die Erzeugungskräfte der Landwirte und Manufakturisten desselben Landes, der Verkehr zwischen Land und Stadt, zwischen Provinz
und Provinz, können sich gegenwärtig am meisten wechselseitig unterstüzen und emporheben, weil keine Zölle, keine fremde Gesezgebung,
keine gute oder schlechte Ernten sie trennen und hemmen, weil ihr Verkehr ein freier, ungehemmter, unmittelbarer, gesicherter und stätig
wachsender ist und sich alle Verbeßerungen der eigenen Industrie in
Verfahren zc., alle Vermehrungen ihrer Kapitale und Arbeiterzahl gleich
zu Nuze macht. Es waltet zwischen den großen produktiven Nähr-
ständen, demjenigen, der die Stoffe hervorbringt, dem, der sie veredelt,

und dem der ihren Umtausch und ihre Verfuhr je nach Bedürfnis und
Nachfrage besorgt, eine ununterbrochene belebende Wechselwirkung ob,
welche die Nazion fort und fort zu höherer Thätigkeit, zu vermehrter
Erzeugung und größerer Prosperität auf allen Gebieten emporhebt.
Beweise für die Leben verbreitende Kraft dieser Wechselwirkung liefern
alle Gegenden, in welchen sich große gewerbfleißige Städte oder wichtige
Emporien befinden. Der Zunahme der Gewerbbevölkerung folgt wachsende Nachfrage nach Getraide und Fleisch, diese vervielfacht den Vieh-
stand, der Anbau von Futterkräutern und Wurzelgewächsen keimt empor,
die Melkereiprodukte mehren sich, die Küchengewächse, Gemüse und
Obstarten. Die Landwirtschaft wird im ganzen Sinne des Worts ra-
zionel, die Chemie, die Kapitale, die Mechanik verbünden sich mit dem
Ackerbau, und früher sterile Landesstrecken werden durch Bodenmischung,
Düngung, Entwäßerung in fruchtbare Felder umgewandelt. Mit diesem Gedeihen des Landes geht das der Städte und Gewerbe Hand in
Hand: die Landwirte kleiden sich beßer, richten sich gemächlicher ein,
vermehren ihre Feldwerkzeuge und Einrichtungen, mithin den Verschleiß
städtischer Erzeugnisse und Arbeit. Kurz, die emporblühende Gewerbekraft hebt die aufstrebende Landwirtschaft, diese fördert jene; beide
steigern Verkehr und Handel ins Unermeßliche und dieser ist wiederum
ein neuer mächtiger Hebel für jene.

Hierauß geht zweierlei von selbst hervor. Einmal nämlich wird
auch der außwärtige Handel um so ersprießlicher für die Völker sein,
je mehr er sich jenen Bedingungen des innern Verkehrs nähert, d. h. je
u n g e h e m m t e r, f r e i e r, g e s i c h e r t e r und d i r e k t e r sich auch in
ihm jene belebende Wechselwirkung zwischen den verschiedenen Erzeu-
gungszweigen äußern kann. Dieser Saz scheint mir unumstößlich zu
sein, in Bezug auf alle und jede Produkzion, und nicht bloß auf den
Außtausch zwischen den tropischen Erzeugnissen der heißen Zone und
den Gewerbserzeugnissen der gemäßigten; und wenn ein Staatswirt,
der den heilsamen Einfluß des äußern Handels sehr gut zu würdigen
weiß, besungeachtet die Schuzzölle auf eine Höhe treiben will, wo sie
in ihr Gegentheil, d. h. in Prohibitivzölle umschlagen, so begeht er eine
befremdende Inkonsequenz: er will den Zweck, d. h. den äußern Handel,
aber nicht die Mittel, obgleich diese an sich löblich sind. Noch einmal,
je unhemmter, freier und direkter der äußere Handel im Allgemeinen
sich gestalten kann, desto vortheilhafter wird er sich für jedes Land er-

weisen; denn alsdann nähert er sich mehr und mehr der Natur des innern Handels, nur in einem großartigern Verhältnisse, und muß also in demselben Maße der Vorzüge des leztern theilhaft werden, die Niemand läugnet. Wer also den äußern Handel, und durch diesen den innern Fleiß fördern will, der wird bedacht sein müßen, ihm, so viel in seinen Kräften steht, frei und direkt zu machen, mit andern Worten ihn aller Fesseln und aller Umwege und Hindernisse soviel möglich zu entledigen. Dieses Bemühen nun bezeichnet gerade mehr als alles Andere die britische Handelspolitik im Großen, natürlich zum Vortheil der britischen Nazion, und es hat bewirkt, daß kein anderes Volk den äußern Handel mit gleichem Vortheil, d. h. gleich ungehemmt, frei und direkt betreibt wie das englische.

Zweitens wird dagegen der innere Verkehr da, wo einer der Haubterzeugungszweige in Fessel geschlagen ist, wo mithin in jener Vermehrungsrechnung ein Faktor wegfällt oder doch ob der bestehenden Verhältnisse gelähmt wird, es sei wie in Deutschland leider noch durch innere Zoll- und Schlagbäume und durch Mangel an Gewerbefreiheit in den meisten deutschen Staaten, oder wie in England*) durch die starren Besizzustände des Grund und Bodens, welche die natürliche Vermehrung der Zahl und des Wohlstandes der Landbevölkerung nicht gestatten, auch nicht die ganze belebende Wechselwirkung derselben erfahren, also nicht seine volle Entfaltung erhalten und alle die Früchte tragen, die er bei voller Freiheit tragen könnte. Eben das große Ungleichgewicht im innern Verkehr Englands, beruhend auf dem bestehenden Misverhältnisse zwischen der ackerbauenden und gewerblichen Bevölkerung, trieb den englischen Staat mehr als einen andern mit innerer Nothwendigkeit in die Bahnen des äußern Handels, und zwingt ihn fortwährend, den Erzeugnissen seiner Fabriken durch organisirte Auswanderung, Erwerb auswärtiger Besizzungen, Kolonialpolitik und Verträge mit fremden Ländern der umfaßendsten Markt offen zu halten. Es liegt dies weniger in einem ursprünglichen Plane, in einem festen wundervollen Willen, als in der innern Nöthigung der Umstände. Was wäre England, bei seinen kläglichen Zuständen des Grundbesizes, jezt ohne Kolonien, ohne seinen blühenden äußern Handel? Die ganze

---

*) Noch schlimmer sind diese Verhältnisse in Irland bestellt, wo sie überdem durch das Gegenwirken günstiger Triebfedern nicht gemildert werden.

britische Kolonialpolitik läßt sich einfach auf den Grundsaz zurückführen: die Kolonien und außwärtigen Besizungen sollen ackerbauende Länder sein, welche dem Mutterlande Lebensmittel und
Rohstoffe zuführen und ihm dafür Gewerbserzeugnisse abnehmen. Durch diese innige Hereinziehung ackerbauender Gebiete soll
eben jenes Misverhältnis in den Nahrungsständen des Mutterlandes
außgeglichen werden. Dieser Grundsaz hat sich dem britischen Staate
als leitender Gedanke seiner Kolonialpolitik einimpfen müßen wegen
der Verhältnisse seines Grundbesizes, die zwar gestatten, daß große Kapitale sich auf Verbeßrung der Ertragsfähigkeit des Bodens und der
Erhöhung der Grundrente hinwenden, nicht aber daß auch die ländliche
Bevölkerung sich in gleichem Verhältnisse zu Gunsten der Fabriken
mehre, vielmehr die Menschen nöthigen, vom Landbau weg in die Städte
und Gewerbe sich zusammenzudrängen. Es zeugt daher nicht gerade
von tiefer Einsicht in das englische Staatswesen, wenn man die Maßregeln, welche dem Baumwollgewerbe in Ostindien den Todesstoß ver-
sezten, der früher oder später doch erfolgen muste, wie das Handspinnen
von Linnengarn erliegen wird, als rein willkürig betrachtet und deshalb
die britische Regierung empörender Grausamkeit zeiht: schon um seiner
Selbsterhaltung willen sah sich England, wollte es die Verhältnisse
des Grundeigenthums nicht völlig umkehren, gezwungen, den Eingang
der ostindischen Baumwollenwaren so gut wie zu verbieten, und wollte
es anders die Roherzeugung Ostindiens, namentlich die von Handels-
pflanzen, großartig fördern, so muste es sich des Baumwollgewerkes
mit fabrikmäßigem Betrieb bemächtigen, wie zu gleichem Streben es
auch in den übrigen großen Manufakturzweigen gedrängt wird. Allerdings würden außwärtige Besizungen, einige gut gelegene sichere Stüzpunkte für den Handel in den fernen Meeren auch für Deutschland ein
höchst wohlthätiger Sporn sein, und Jammer, daß dafür bei uns im
Großen und Ganzen nichts geschieht; allein daß Deutschland nicht
längst zur Organisazion seiner Außwanderung und zur Gründung von
Pflanzstaaten, zur Herstellung also auch einer Kriegsflotte durch die
Umstände von innen genöthigt worden ist, hat wesentlich, nächst
unserer Schwäche auß Zerrißenheit, darin seinen Grund, daß bei uns
das Verhältnis zwischen der ackerbauenden und gewerbtreibenden Bevölkerung noch zu Gunsten der erstern weit
überwiegt. Sobald ein umgekehrtes Verhältnis einträte, würden

ohne sichere und bedeutende Erweiterung des Marktes für unsere Fabrikate die innern Störungen und Kämpfe nicht aufhören; was man um so eher begreift, wenn man bedenkt, daß den Mangel an Absaz in der Heimat nur ein verhältnismäßig vielmal größerer äußerer Markt ersezen kann. Für England bilden also die Kolonien zugleich eine Ergänzung der ländlichen Bevölkerung des Mutterlandes, sie stellen im engen Zusammenhang mit diesem das ihm für sich fehlende Gleichgewicht zwischen den Nahrungsständen wieder her, welches nicht ohne Nachtheil und Gefahr gestört werden kann. Giengen ihm die Kolonien ohne anderweitigen Marktersaz wieder verloren, so würde der englische Staat unaußbleiblich bis in seine Grundvesten erschüttert werden. Denn alsdann könnte jenes Misverhältnis im Mutterlande nicht länger bestehn, und eine unabsehbare gewaltige Umwälzung würde in den Grundbesizzuständen, auf welchen jenes beruht und sich aufgethürmt hat, und die mit allen übrigen Zuständen des Staats verwachsen sind, beginnen und währen bis das volkswirtschaftliche Gleichgewicht im Staate wieder errungen wäre.

Hieran knüpfen sich von selbst eine Menge Betrachtungen, und es springt gleich der Irrthum derjenigen in die Augen, welche die britische Handelspolitik ohne weiteres auch als die beste für Deutschland adoptiren möchten. Insofern die britischen außwärtigen Besizungen in volkswirtschaftlicher Hinsicht jezt eine nothwendige Ergänzung des Mutterlandes bilden, erscheint ihre Erhaltung so gut wie außschließliche Versorgung mit britischen Fabrikaten eine Lebensaufgabe für England. Eine fremde Macht geht daher vornherein von einem irrigen Gesichtspunkt auß, wenn sie sich schmeichelt, durch Handelsverträge mit Großbritannien und Gott weiß welche Zugeständnisse ihren Fabrikaten und ihrer Schiffahrt den englischen Kolonialmarkt auf eine wirklich und dauernd vortheilhafte Weise zu erschließen. Höchstens wird England einige Scheinvortheile preisgeben, in allem Wesentlichen aber sich seinen Kolonialmarkt allein vorbehalten, und vermag dieses auch um so leichter als industrielle Länder, deren Gewerbserzeugung eine gränzenlose ist, immer vorschießende gegenüber den Agrikulturländern sind, und hiedurch namentlich Kolonien in wirtschaftliche Abhängigkeit vom gewerbekräftigen Mutterlande gerathen. Hiernach sind die Bestimmungen einiger neuern Handelsverträge zu beurtheilen, in welchen England den vertragenden Staaten gewisse Vortheile auf seinem Kolo-

nialmarkte zugestanden haben will. Andrerseits ist daher auch Deutschland vor allen Dingen auf Abschluß von Handelsverträgen mit den
freien Staaten des neuen Welttheils hingewiesen; dort kann es bei
kräftigem Verfahren um so größere Vortheile erlangen als es ihnen
eben so gewichtige zu gewähren hat mittelst Differenzzöllen, was England und Frankreich sowie alle Länder, die ihre eigene Kolonialerzeugnisse begünstigen müßen, nicht vermögen. Deutschland ist aber durch
die Natur der Verhältniße nicht bloß auf jene Länder hingewiesen, sondern es begeht auch eine unverzeihliche Unterlaßungssünde, wenn es die
großen, darauß für seine Gesamtentwickelung zu erzielenden Vortheile
auß Fahrläßigkeit sich nicht aneignet.

Der äußere deutsche Handel ist für unser Vaterland gegenwärtig
bei weitem nicht so fördernd als der englische für Großbritannien.
Denn dieser nähert sich in seinem Haubttheil den Vorzügen des innern
Handels, er geht für England möglichst frei und immer direkt von
statten, während wir durch allerlei Feßeln gehemmt, ihn auf Umwegen
führen und ihn weder durch Schiffahrtsgeseze noch durch Differenzialzölle im Großen begünstigen. Vor allen Dingen eine kräftige einige
Gesezgebung zu Gunsten unsers Seehandels in Verbindung mit vortheilhaften Verträgen würde der mächtigste Sporn für unsere Gewerbserzeugung sein und diese in Stand sezen, mit den Ländern aller Zonen
direkten Verkehr zu treiben, der schon den großen Vorzug vor dem
mittelbaren Handel hat, daß ihm die Eigenschaft des stäten Wachsens
beiwohnt, während dieser sein Leben kümmerlich fristet und von den
Nebenumständen abhängt. Der direkte Verkehr z. B. zwischen Deutschland und Brasilien sezt unmittelbar Beide in Stand wechselseitig ihre
Erzeugung und ihren Verbrauch mit jedem Jahre zu steigern; unsere
vermehrte Einfuhr an Fabrikaten würde gleichsam einen Vorschuß
bilden, der Brasilien zu Vermehrung seiner Roherzeugung anspornt,
und je mehr dieses uns an Lebensmitteln und Rohstoffen zu bieten hat,
desto mehr werden wir uns angetrieben fühlen, unsern Verbrauch von
tropischen Erzeugnissen und zugleich unsere Manufakturprodukte für die
tropischen Märkte zu vermehren. Im direkten Verkehre muß der Fortschritt des einen der beiden Länder immer den des andern hervorrufen,
gerade wie im innern Handel gewerbliche und landwirtschaftliche Fortschritte sich bedingen; und insofern England mit allen überseeischen
Ländern in direkter Verbindung steht, vereint es gewißermaßen die Fort-

schritte aller in sich, zu Gunsten seiner Industrie. Indem sich so jene
belebende Wechselwirkung zwischen den verschiedenen Produkzions-
zweigen auch in den verschiedenen Ländern ziemlich ungehemmt äußern
kann, und England für diese ganze Bewegung gleichsam das Herz
bildet, von dem sie außströmt und in das sie zurückfließt; so zieht es
auch verhältnismäßig viel größere Vortheile auß dem äußern Handel
als die übrigen Staaten und namentlich Deutschland, welches seine
außwärtigen Beziehungen noch durch Fremde regeln läßt. Ja, England
behaubtet eine einzige Stellung zu dem ganzen Welthandel. Eben weil
es, gestüzt auf seine Marine und seine Besizungen, seinem weltumspannenden Handel durch fast ungehemmten und immer direkten
Verkehr zu den Vorzügen und zu der Natur des innern Handels verhilft, erscheint der größeste Theil des Welthandels buchstäblich in englischen Handel umgewandelt — gewis das höchste Ziel, welches eine
Handels- und Seemacht erreichen kann.

Doch nicht genug das Große anderer Länder zu erkennen, es soll
auch unsern Willen stärken und unsere Thatkraft spornen im Dienste
des eigenen Volkes. Allerdings ist die universelle Auffaßungsweise
dem sittlichen Grundtone des deutschen Genius angemeßen, der Horizont entwölkt sich uns häufig erst, wenn wir vom allgemein menschlichen Standpunkte auß unsern Blick über Pfahl und Scholle und
manchen Jammer hinweg auf das große Ganze richten; wir urtheilen
dann unbefangener und finden wol den Trost über das Unbefriedigende
unsrer eignen Zustände, den Frieden einer moralischen Weltordnung
und eine heitere Vertheilung von Licht und Schatten. Wahrlich, wir
dürfen hier aber bei dem Kosmopolitismus des Bestehenden, dem falsch
sentimentalen oder diplomatischen, der sich fürchtet vor dem bewegungs-
reichen Wirken nazionaler Triebfedern, nicht stehn bleiben, sondern
müßen zu dem Kosmopolitismus des Fortschritts vordringen; denn
dieser begreift nicht bloß, sondern handelt auch, er ist thätiger Wetteifer
Aller mit Allen, und das nazionale Element wirkt frei in ihm. Nur
von diesem kosmopolitischen Standpunkt auß sollen wir auch England
betrachten, nur mit Thatendurst hinblicken, wie seine Schiffahrt und
seine Politik beide Halbkugeln umfaßt, wie seine Herrschaft auf einer
strategischen Linie gutgewählter fester Punkte beruht, womit es den
Schlüßel zu allen Ländern und Meeren, von einem Pole zum andern

inne hat; nicht von dem gleichgültigen auß oder von dem träger Entsagung.

Wollen wir aber, wie England, direkt, ungehemmt und vortheilhaft handeln, soll durch Handel und Schiffahrt die gesamte gewerbliche Industrie Deutschlands mächtig gefördert werden, so müßen wir zu einer gemeinsamen schüzenden Schiffahrtsgesezgebung fortschreiten. Legen wir endlich doch die falsche kindische Scheu ab, durch Geseze zum Schuze unseres Seehandels das Prinzip der abstrakten Freiheit des Handels zu verlezen, das ja so schon durch den schüzenden Zolltarif hundertfach verlezt wäre! Deutschland befindet sich schon auß Rothwehr in der Lage, zum Schuze seines Handels und seiner Schiffahrt wirksame Maßnahmen zu ergreifen; die selbst dazu dienen können, die durch sie benachtheiligten Länder zu nöthigen, daß sie sich einer freien Handelspolitik gegen uns zuwenden. Die Gesezgebung der meisten Staaten begünstigt sehr wesentlich den eigenen Handel und die eigene Schiffahrt vor denen fremder Nazionen, wirkt dadurch hemmend auf die Entwickelung des deutschen Handels und der deutschen Rhederei, und erschwert den Absaz deutscher Fabrikate in fremden Ländern. Durch Verträge allein werden wir diese Ungunst der Dinge für uns nie umzuwenden vermögen, ja ohne vorgängige schüzende Schiffahrtsgeseze dürften wir niemals im Stande sein, auf die Dauer vortheilhafte Verträge abzuschließen. Die transatlantischen Staaten werden es entweder häufig nicht ihrem Interesse angemeßen finden, unserer Fabrikindustrie Vorzüge vor gleichartigen Fabrikaten anderer Länder einzuräumen, oder die Wichtigkeit ihrer Beziehungen zu England, die kommerzielle Abhängigkeit von diesem Lande wird sie nöthigen, den Zoll auf englische Waren gegen entsprechende Zugeständnisse in gleicher Weise herabzusezen. Die deutsche Industrie würde sich nur bald auf denselben Standpunkt der Gleichheit der Rechte dieser Haubtindustriemacht gegenüber zurückversezt sehen, wie vor dem Abschluße des Traktats, und die Zugeständnisse von unsrer Seite würden mithin am Ende umsonst geopfert oder vielmehr zu Gunsten Englands geschehen sein; darum hat Belgien, das sich mit uns in gleicher Lage befindet, Recht gehabt, in seinem Vertrage mit den Vereinigten Staaten keine besondern Begünstigungen für einzelne Artikel zu stipuliren, sich vielmehr auf möglichste Erleichterung des wechselseitigen Verkehrs, auf der Grundlage seines Differenzialzoll- und Freilagersystems, zu beschränken, um so mehr als die Vereinigten

Staaten vertragsmäßig gezwungen find, England unter allen Umständen so wie die am meisten begünstigte Nazion zu behandeln, welche
Stipulazion nun auch auf Belgien außgedehnt ist. Ohne Zweifel sicherer
und in außgedehnterm Maße als durch alle Verträge läßt sich der
Zweck derselben, Belebung der direkten großen Schiffahrt und Beförderung des Abfazes deutscher Fabrikate auf dem transatlantischen
Markte, durch einen Akt der Gesezgebung erreichen, welche die direkte
Einfuhr auß jenen Ländern auf nazionalen Schiffen durch Differenzialzölle begünstigt. Deutschland mit seinen 50 Millionen Menschen verbraucht in bedeutenden Massen die wertvollsten Erzeugnisse der überseeischen Länder, Zucker, Kaffee, Tabak, Reis, Baumwolle ꝛc., ohne
Kolonien zu besizen, die sie ihm liefern; es fabrizirt dagegen eine Menge
Waren, von welchen jene Länder ihren steigenden Bedarf größtentheils
auß Europa beziehen. Wenn sein Antheil an ihrer Versorgung mit
Manufakturwaren gleichwol nicht jenem Verhältnisse entspricht, wenn
vielmehr deutsche Waren sich von jenen fremden Märkten mehr und
mehr verdrängt sehen; so ist der Haubtgrund hiervon darin zu suchen,
daß es an regelmäßigen, fortdauernden direkten Handelsbeziehungen
zwischen uns und den überseeischen Ländern fehlt, während der direkte
Verkehr zwischen diesen und andern europäischen Handels- und Fabrik-
ländern, durch die Gesezgebung der leztern begünstigt, immer mehr zunimt. Was von deutschen Staaten noch nach transatlantischen Ländern
geht, findet seinen Weg dahin fast außschließlich durch Vermittelung des
Handels und der Schiffahrt der Hansestädte. In Wechselwirkung mit
diesen Außfuhren stehn die direkten Beziehungen von Kolonialwaren
nach den Hansestädten. Allein ein großer Theil dieser direkten Einfuhren, besonders in Hamburg, begründet keinen Außtausch mit deutschen Erzeugnissen, indem sie zum größern Theil in englischen, dänischen,
schwedischen Schiffen geschehen, die meist mit den Produkten ihres eigenen
Landes oder doch nicht des Zollvereins nach den transatlantischen Ländern gehn, dafür dort Produkte eintauschen, die in England wegen der
bevorzugten gleichartigen Produkte der eigenen Kolonien nicht einmal
zu erwarten sind, und für die daher der deutsche Markt gesucht werden
muß. Ein großer Theil dieser Ladungen besteht in den „schwimmenden‟
die, vom Produkzionslande für englische Rechnung abgesandt, erst in
Cowes ꝛc. ihre Bestimmung nach einem Kontinentalmarkte bekommen.
Das ungünstigste Verhältnis besteht aber darin, daß von dem gesamten

Verbrauch des Zollvereins an Kaffee über die Hälfte, an Zucker etwa ein Drittel auß Java über holländische Häfen, und von Baumwolle nur ein sehr kleiner Theil auß dem Erzeugungslande direkt ankömmt, dagegen der überwiegend größere Theil von Baumwolle, theils roh, theils als Garn, sowie fast aller Bengal-Indigo über England einge-führt werden, diese Zufuhren mithin ihren Wert als Tauschmittel für den Absaz deutscher Fabrikate ganz verlieren. *) Indem England sich des Handels zwischen den außereuropäischen Ländern und Deutschland bemächtigt hat, erschwert es den Absaz deutscher Waren auf den über-seeischen Märkten und versorgt dieselben mit seinen eigenen Fabrikaten, welche es als Rückfrachten auch für die zum deutschen Verbrauch be-stimmten Kolonialwaren verwertet. So kömt unser Verbrauch an Ko-lonialwaren als Tauschmittel wesentlich der englischen Industrie zu gut, und dient dazu, den mächtigsten Nebenbuhler des deutschen Fleißes noch mehr zu stärken. Das wirksamste Mittel zur Beförderung der di-rekten Verbindungen zwischen Deutschland und den überseeischen Län-dern würde sein, wenn die Einfuhr ihrer Erzeugnisse auß europäischen Entrepots (mit Außnahme der in das deutsche Vereinssystem aufge-nommenen Häfen) gesezlich verboten würde — wie's in England nach der Schiffahrtsakte selbst für britische Schiffe der Fall ist. Indessen sagt Hr. v. Rönne mit Recht, neue Handelswege ließen sich nur all-mählich anbahnen, und Zustände, welche sich, wenn auch ohne innere Nothwendigkeit (denn eine solche spricht nicht dafür, daß Deutschland seine Kolonialwaren durch Vermittlung dritter Nazionen beziehe, statt direkt), zur Grundlage vieler bestehenden Interessen herangebildet haben, dürften, auch wenn sie für das Ganze als nachtheilig sich heraußstellen, nur mit Vorsicht abgeändert werden. Wenn der deutsche Kaufmann vorzieht, den Bedarf an einzelnen überseeischen Artikeln auß englischen Entrepots zu entnehmen, so liegt der Grund nur darin, daß England durch regelmäßige Handelsverbindungen mit den Ursprungsländern sich im Besize eines großen Marktes befindet, der das Inland außschließlich versorgt, und dem unsere Gesezgebung zugleich den Vortheil des Ab-sazes nach Deutschland bietet; der englische Markt gewährt stäts assor-tirte Vorräthe auß den verschiedenen Erzeugungsländern, während die

---

*) Vergl. die vortrefflich abgefaßte Denkschrift des Hrn. v. Rönne, betreffend die Begünstigung des direkten Verkehrs zwischen dem Zollverein und den außereuropäi-schen Ländern.

deutſchen Verbindungen mit denſelben noch nicht regelmäßig und viel-
fältig genug ſind, um jederzeit die Befriedigung des manichfachen Bedürfniſſes auf direktem Wege zu ſichern. Dieſer Vorzug des vermitteln-
den fremden Marktes würde aber verſchwinden, wenn alle außereuropäiſchen Importe direkt nach Deutſchland geführt und hier ein großer
ſelbſtändiger Markt gebildet würde, wozu der deutſche Verbrauch vollkommen hinreicht. In der Regel würden auf dieſem eigenen Markte die
überſeeiſchen Erzeugniſſe für uns wohlfeiler ſein müßen als in den engliſchen Freilagern, weil die Koſten des Zwiſchenhandels erſpart werden;
doch da in England bei ſtockendem Abſaze der Fabrikate und Ueberfüllung des Marktes die Preiſe, z. B. der Baumwolle, oft plözlich zu-
rückweichen, ohne ſogleich ein entſprechendes Sinken der Preiſe im
Erzeugungslande nach ſich zu ziehen, ſo kann es in manchen Fällen
auch für die Folge vortheilhaft ſein, den nahegelegenen Zwiſchenmarkt
zu benüzen. Es ſcheint mir daher rathſam, nur die Einfuhren von
Kaffee, Zucker ꝛc. auß engliſchen (europäiſchen) Entrepots zu verbieten, nicht aber auch die von Rohſtoffen für die Fabrikazion, dieſe
vielmehr nur mit einem ſolchen Zoll zu belaſten, daß bei dem normalen
Zuſtande des Handels der direkte Bezug der außereuropäiſchen Erzeugniſſe vortheilhafter iſt. Ferner müßen, da der direkte Außtauſch der Erzeugniſſe nur durch die eigenen Schiffe der betreffenden Länder gefördert
wird, und Handel und Schiffahrt aller Küſtenländer in der engſten
Verbindung miteinander ſtehn, von der den direkten Einfuhren zu ge-
währenden eigentlichen Zollvergünſtigung die Schiffe dritter Nazionen
in der Regel außgeſchloßen bleiben. Erfahrung gemäß beſorgen engliſche,
holländiſche ꝛc. Schiffe, welche tropiſche Erzeugniſſe direkt deutſchen
Häfen zuführen, weit ſeltener die Außfuhr deutſcher Fabrikate, als
deutſche Schiffe, oder auch als die Schiffe der Erzeugungsländer, weil
ſie eben dem Dienſte ihres Heimatlandes gewidmet ſind und dahin zurückkehren. Nur bei regelmäßigem Verkehr zwiſchen zwei Ländern auf
den eigenen Schiffen derſelben kann der Außtauſch der Waren mit
dauerndem Vortheil betrieben, ohne Gränze vermehrt werden; Frachten
und Rückfrachten, Verbrauch und Erzeugung unterſtüzen ſich dann
wechſelſeitig, beinahe wie im freien innern Handel. Das Geſez müßte
mithin die Zollbegünſtigung bei direkten Einfuhren nur für die Na-
zionalſchiffe und die ihnen vertragsmäßig gleichgeſtellten auß-
ſprechen, indem vorbehalten bliebe, das Vorrecht der Nazionalflagge

nach Umständen solchen Staaten zuzusichern, welche ihrerseits die deutsche
Flagge nicht nachtheiliger behandeln als ihre eigene; womit zugleich
das wirksamste Unterhaltungsmittel, um Staaten, die unsere Schiffahrt
durch ihre Gesezgebung beeinträchtigen, zur Nachgiebigkeit zu bestimmen,
in der Hand behalten würde. Diese Staaten, welche gegenwärtig uns
gegenüber alle Vortheile eines freien Handelsverkehrs einseitig genießen, haben keinen Grund eine Veränderung des Statusquo zu
wünschen; sie werden sich dann erst zu Zugeständnissen bewogen finden
können, wenn Deutschland ihnen gegenüber auch wieder erst etwas zu
gewähren hat.

Wahrlich, es ist Zeit, daß Deutschland einen männlichen Entschluß
faßt. Wenn die Fortschritte in der Entwickelung unsrer Industrie, vorzugsweise wegen Beseitigung inneren Verkehrsschranken, im Allgemeinen auch unverkennbar sind; so haben doch einzelne, für die Nazionalwohlfahrt sehr wesentliche Zweige derselben, besonders solche gerade,
die für das Ausland viel arbeiteten, einen erheblichen Rückgang erfahren. Der Wert unsrer Leinenausfuhr ist von 19 Millionen auf 7 Millionen Thaler gesunken. Unsere Exporte als Zahlungsmittel für unsern Bedarf an überseeischen Erzeugnissen müßen sich vermindern, wenn
wir nicht darauf Bedacht nehmen, leztere aus solchen Ländern direkt zu
beziehen, welche wir mit unsern Waren bezahlen können. Ob ein blo-
ßes Zollsystem sich auch als zweckmäßig für die Industrie im innern
Verkehr des Binnenlandes bewährt haben mag, es kann nicht mehr
ausreichen, sobald diese auf den Standpunkt gekommen ist, wo sie lebhaften Antheil am Welthandel fordert, und noch weniger für die Interessen der deutschen Seehandelsgebiete. Das ist der tiefere Grund, warum der Zollverein noch nicht an das deutsche Meer vorgerückt ist: vervollständigt seine Gesezgebung für die Weltindustrie und den Welthandel, gewährt der großen Schiffahrt den so dringenden gesezlichen Schuz,
macht daß wir selbständige Baumwollen- und Kolonialwarenmärkte
erhalten können, durch Abwehr englischer Twistzufuhren und Warenzu-
fuhren aus englischen Entrepots, gebt den praktischen Kaufleuten der
Hanse durch geeignete Vertretung der Gewerbs- und Handelsinteressen,
durch ein gewisses Maß Selbstregierung Sicherheit vor den Fehlern
einer bürokratischen Leitung des Zollvereins, Gewähr vor den Greueln
eines fiskalischen Systems und ihr werdet sehen, wie der deutsche Han-
delsbund, troz allen jezigen Vorurtheilen in Hannover und den Hanse-

städten, mit Riesenschritt an das deutsche Meer hineilt. Ja, die Handelspolitik verdient den Vorzug, welche durch Verkettung unsrer wichtigsten Interessen dem großen Ziele einer politischen Einheit Deutschlands uns näher bringt. Sie ist die nämliche, durch welche der Zollverein zugleich einen wirksamern Einfluß auf seine Vorländer, selbst die
nicht zu dem deutschen Bunde gehören, wie Belgien, Holland, Sardinien, ausüben würde, denn bisher. Durch Annahme eines Differenzialzollsystems sehen sich die Vorländer bedroht, die Vortheile des bisher
zum Theil durch ihre Schiffe vermittelten Verkehrs mit dem Hinterlande
zu verlieren, sie werden daher zunächst suchen, sich wenigstens die Spe-
dizion und den, mit dem bloßen Schiffahrtsverkehr verbundenen Verdienst zu erhalten. Belgien und unser Vertrag mit ihm, haben uns die
Wege bereitet. Die Hansestädte sind geneigt, einem deutschen Han-
dels- und Schiffahrtsbunde mit gemeinschaftlichen Differenzialzöllen
zu Lasten fremder Flaggen und mittelbarer Einfuhren beizutreten. Die
hannöverschen Stände haben Anträge in gleichem Sinn gestellt; sie
scheinen in den, durch den Vertrag mit England vom 22. Julius 1844
übernommenen Verpflichtungen sich keineswegs jede thätige Theilnahme
an einer nazionalen deutschen Schiffahrtspolitik verbaut zu haben. Jedenfalls ist Hamburgs und Bremens Beitritt zum Zollverein, bei der
freien Verbindung auf Weser und Elbe und bei den ihrer Außführung
entgegenreisenden Eisenbahnen nach dem Binnenlande, nicht unmöglich
gemacht. Wenn die Kräftigung der Hansestädte als der ersten natürlichen Vermittler des überseeischen Handels des Zollvereins diesem wieder zu Gute kömt, so verspricht andrerseits ein Verband mit ihm, nicht
nur ihrer Rhederei einen größern Gewinn, sondern er gewährt ihnen
auch den wichtigen Vortheil, dem Auslande gegenüber als Glieder einer
großen Handelsmacht auftreten zu können. Immerhin müßen die
Hanseaten im eigenen Interesse einem Differenzialzollsystem des Vereins
allen wünschenswerten Vorschub leisten.

Wir können ein Beispiel an Belgien nehmen, dem kleinen und
jüngsten Staate, dessen Handelspolitik sich auf eine für Deutschland fast
beschämend rasche Weise vervollständigt. Die Einführung der Differenzialzölle, die Errichtung der Freilager, der Vertrag vom 1. September 1844 mit dem Zollverein und der am 10. November 1845 mit
den Vereinigten Staaten abgeschlossene Vertrag bilden ein vollständiges,
sich gegenseitig ergänzendes und in sich einiges System. Was Antwer-

pen früher die holländische Handelsmarine gewährte, das werden ihm
in Zukunft deutsche und amerikanische Schiffe, sowie eine eigene anwachsende Marine ersezen; die Vortheile, welche Antwerpen durch die
Markt- und Handelsfreiheit vom 15ten und 16ten Jahrhundert zu-
floßen, werden ihm jezt auß einem außgedehnten Freilagersystem erwachsen, ohne daß dieses den Gewerbsbelangen des Hinterlandes oder der
Nazionalschiffahrt irgend Abbruch thun könnte; was für Belgien früher
der niederländische Kolonialmarkt war, das können, das werden ihm in
Zukunft in weit großartigerm Verhältnisse die freien Staaten Amerika's
sein. Die Handelsgesezgebung Belgiens hat diese Fortschritte unter
vergleichsweise sehr ungünstigen Umständen gemacht. Ihm gehn für
sich allein alle natürlichen Bedingungen zur Bildung einer zahlreichen blühenden Handelsmarine ab, namentlich ein außgedehntes
Küstengebiet, eine zahlreiche maritime Bevölkerung und eine große Außfuhr für ein weites, selbständiges Hinterland. England hat ungefähr
700 Lieues Küsten oder eine Lieue auf etwa 35,000 Seelen, die Vereinigten Staaten 12,000 bis 15,000 Lieues oder eine auf 18,000 Einwohner, Frankreich ohne die Inseln 350 Lieues oder eine auf 100,000,
Belgien aber, da das holländische Gebiet den ganzen Küstenstrich der
Schelde umfaßt, nur 15 Lieues oder ungefähr eine Lieue Seegestade auf
300,000 Einwohner. Außerdem besizen jene Länder eine große Zahl
Busen, Baien, Rheden, Meerengen, wo die Schiffe vor den Stürmen
leicht Zuflucht finden, eine Menge Fischer und Küstenfahrer, mithin
eine nahe wichtige Schule für Bildung des Seevolkes. Schweden,
Norwegen, Dänemark, besonders Holland, sind in dieser Hinsicht noch
reicher außgestattet, und sie haben von allen Ländern verhältnismäßig
die zahlreichste Seebevölkerung. Allein ihnen fehlt das andere nicht
weniger wichtige Element — ein außgedehntes Hinterland für große
Ein- und Außfuhren, welche den eigentlichen Seehandel nähren. Dergleichen Länder — zu ihnen gehören bis auf einen gewissen Grad auch
Portugal, die italienischen Staaten, namentlich Sardinien mit ihren
schönen Küsten und zum Theil trefflichen Häfen — haben daher haubtsächlich nur Küstenschiffahrt und Fischerei, keine bedeutende Rhederei für
die ferne Schiffahrt und den großen Seehandel. England hat, außer
seinem umfaßenden Kolonialhandel, Kohlen, Eisen und allerlei Manufakte, die Ostseeländer Holz und Getraide, Nordamerika Baumwolle
und Tabak zu versenden. Mehr als die Hälfte aller Exporte auß den

Vereinigten Staaten besteht in roher Baumwolle, und umgekehrt beinahe die Hälfte aller englischen Außfuhr dem Werte nach in verarbeiteter Baumwolle. Die preußischen Ostprovinzen haben von Natur ein außgedehntes Hinterland, allein es ist abgeschnitten durch die russische Gränzsperre, die alle übrigen Vorzüge jener Provinzen für die Seeschiffahrt lähmt; von welcher Bedeutung übrigens die ungehinderte Verbindung des Hafens mit dem Hinterlande ist, zeigt sich auch dort an Stettin, dessen Theilnahme an den transatlantischen Fahrten jezt vor allen übrigen Ostseehäfen steigt, indem 1842 nur 8 Stettiner Schiffe von 1,661 Lasten, 1843 bereits 24 Stettiner Schiffe von 3,773 Lasten außereuropäische Häfen besuchten. Der für die französische Schiffahrt wichtigste Außfuhrartikel ist Wein, ohne welchen sie kaum eine zweite Rolle spielen würde; Gleiches gilt in Bezug auf Spanien und Portugal. Sardinien hat nicht einmal seine Schiffe mit Weinen zu beladen, haubtsächlich nur mit Baumöl und Seide: wie wichtig aber müste Genua werden, wenn es nicht nur Piemont, sondern auch einen Theil der Schweiz und des südwestlichen Deutschlands zu seinem freien Handelsgebiet zählte? Am ligurischen Gestade wohnt ein wackeres Seevolk, das Genua einst so groß gemacht hat, wie die seetüchtigen Istrier und Dalmatiner der baien- und inselreichen Küste Venedigs Seegröße mit begründet haben, und jezt die Triest's mit aufbauen helfen; allein Triest blüht in dem Grade mehr auf wie Genua, als sein Hinterland größer ist, in welchem es frei und mit Vortheil verkehren kann. Belgien endlich führt seine Haubtartikel bisher zu Lande auß, an sich kann es keinen umfaßenden Seehandel beleben, also der Vortheile nicht theilhaft werden, die damit verknüpft sind. Was folgt auß dem allem? Unsere Vorländer im Süden und Norden müßen ihre Häfen zu Außfuhrhäfen des weiten Hinterlandes geeignet zu machen suchen, und das wird vor allen im eigenen Intereße geschehen, wenn der Zollverein sich zu einer kräftigen Schiffahrtspolitik ermannt. Die germanischen Küsten- und Vorländer haben vereint und im festen Bunde mit dem innern Deutschland alle Elemente, die zur Entwickelung ihrer Seegröße nöthig sind, also auch eine große Zukunft — jedes für sich einzeln nimmer. Die innern Staaten aber sollen bedenken, daß die Schiffahrt mit dem Handel und der großen Fabrikazion in so enger Verbindung steht, daß diese auch nimmermehr zu einem vollkommenen Aufschwung gelangen können, so lange die Rhederei an einer kräftigen Entwickelung gehindert

ist. Nur von eigenen Rhedern steht der rechte Eifer beim Vertrieb einheimischer Fabrikate auf den Märkten des Außlandes zu erwarten, und
das engste Verhältnis waltet ob zwischen der Industrie, die daheim
spinnt und schafft, und dem Seemann, der nach außen wettet und wagt.
Der direkte Verkehr aber mit überseeischen Ländern, begünstigt die deutsche Industrie in doppelter Weise, einmal, indem er die Außfuhr deutscher Erzeugnisse dahin befördert, dann, indem ihr auf dem Kontinent
selbst nähere Märkte für den Bezug der Fabrikmaterialien geschafft werden. Oder ist es nicht ein leidiger Mißstand, daß der deutsche Fabrikant jezt z. B. im Bezuge roher Baumwolle von allen Fluktuazionen
des englischen Marktes abhängig und genöthigt ist, auf lange Zeit
vorauß dort mit seinem Bedarf sich zu versehen, daß er dazu eines viel
größern Betriebskapitals bedarf als der englische Spinner und Weber,
der jede vortheilhafte Konjunktur sogleich zu seinen Einkäusen benüzen
kann? Ja, eigene, von Liverpool, Havre und London unabhängige
Märkte, müssen unsere Manufakturen und unsere gesamte Industrie bedeutend und nachhaltig begünstigen. Was wäre Manchester ohne Liverpool? Unsere jezigen Nachtheile würden sich außgleichen, wenn an
der Schelde und am Rhein, an der Ems, der Weser und Elbe, durch
Zollbegünstigungen auf direkte Einfuhren hervorgerufen, Vorräthe an
Baumwolle und andern Materialien außereuropäischen Ursprungs sich
ansammeln. Nein, nicht länger dürfen wir den Engländern im gesamten transatlantischen Verkehr ein Handelsmonopol gegen unsern
wichtigsten Anliegen einräumen; nicht länger dürfen dreimal so viel
Schiffe, und sechsmal so viel englische, von Brasilien mit Kolonialer-
zeugnissen nach Hamburg gehn, als von hier Schiffe mit deutschen Erzeugnissen nach Brasilien fahren.

Ein Gesez thut also noth, welches die Verfuhr außereuropäischer
Erzeugnisse unter deutscher Flagge direkt nach Häfen des Zollvereins
oder seiner Vorländer in den Eingangsabgaben begünstigt, um Schiffahrt und Handel zu fördern, Deutschland von fremden Zwischenmärk-
ten unabhängig zu machen, einen Anschluß der Hansestädte an den
Zollverein herbeizuführen und dadurch die politische Einheit Deutschlands wesentlich zu fördern; es thut noth, um die Handhabung einer gemeinsamen thatkräftigen Handels = und Schiffahrtspolitik dem Außlande
gegenüber zu begründen und fremde Staaten, welche eine den deutschen
Anliegen nachtheilige Handelspolitik befolgen, zu angemeßenen Zuge-

ſtändniſſen zu bewegen. Dies iſt der Weg Deutſchland ſeemänniſch,
und jene Staaten geſchmeidig und fügſam für unſere billigen Wünſche
zu machen. Indem der Zollverein aber ein Syſtem annimt, welches
die meiſten europäiſchen Staaten und England ſelbſt in weit größerer
Strenge und Außdehnung längſt angewandt haben, bietet es durchauß
keinen gerechten Grund zu Retorſionen dar, und es wäre mehr als er-
bärmlich, ſich einer derartigen Beſorgnis wegen davon abhalten zu
laßen. Vielmehr muß der beklagenswerte, am 2. März 1841 zwiſchen
Großbritannien und den Zollvereinſtaaten geſchloßene Schiffahrts-
und Handelsvertrag, der die Engländer hinſichtlich der Einfuhr von
Zucker und Reis außbrücklich den meiſt begünſtigten Ländern gleichſtellt,
bei der nächſten Gelegenheit, d. h. ein Jahr vor dem 1. Januar 1848
gekündet werden, da er ſonſt fernerweit bis zum 1. Januar 1854 läuft.
Es wäre Felonie an Deutſchlands heiligſten Anliegen, geſchähe die
Kündigung nicht. Eben ſo müßen auch alle übrigen, zwiſchen Großbritannien und deutſchen Staaten geſchloßenen Verträge ſo bald möglich aufgeſagt werden. Ueberhaupt ſollten die deutſchen Regierungen
das Außland, ſowie ihre Völker, früh genug daran gewöhnen, ſich, wie
im Kriege, ſo auch im Frieden nach außen als eine Einheit, als einen
großen einigen Staat darzuſtellen. Sie ſollten daher nicht länger zögern, einen Schiffahrts- und Flaggenbund zu ſtiften, in der Zukunft
aber Handelsverträge immer nur gemeinſchaftlich abſchließen, ſich ſtüzend
auf den ganzen Einfluß eines ſo mächtigen Körpers. In weſſen Vortheil wäre das nicht? Nicht in dem der Völker wie der Fürſten? Und
welche Schwierigkeiten könnten ſich dem ernſten Willen entgegenſtellen?
Man wähne nicht, die Kriegs- und Friedensintereſſen ſcheiden zu können; nur in den Anliegen des Friedens, der Volkswohlfahrt, wird das
nationale Band gewoben, das in Zeiten der Stürme und der Gefahr
ſich als unzerreißbar bewährt, nur in ihnen gedeiht das friſche ſtolze
Nazionalbewuſtſein, das zu allem Großen ſpornt, zur höchſten Entfaltung. Unſere Verträge mit England ſind zu oft gewürdigt, als daß ich
mich hier noch einmal mit ihnen im Einzelnen befaßen wollte. Nur
das will ich bemerken, daß der Löwenvertrag vom 2. März 1841 ſchwerlich zu Stande gekommen wäre, würden in Deutſchland die Nazional-
fragen in öffentlichen Unterſuchungen verhandelt, würden bei uns, wie
in England, die Vertreter der betheiligten Intereſſen gehört und die
Protokolle hierüber gedruckt der öffentlichen Erörterung der Nazion

überlaßen, ehe die Gesezgebung einen definitiven Schritt thut. Uns fehlen gemeinsame Räthe des Ackerbaues, des Gewerbfleißes und Handels, welche auß den ersten volkswirtschaftlichen Notabilitäten des Landes zusammengesezt, die Regierungen über jede Frage der Zoll= und Schiffahrtsgesezgebung, die Verhältnisse zum Außland in Handelsdingen zu berathen haben, uns fehlen selbst Fabrik= und Handelskammer von allgemeiner Geltung, sowie ein umfaßendes wirksames System von Konsulaten — uns fehlt mit einem Wort die handelspolitische Organisazion. Vor allen Dingen entbehren unsere Geseze und Verträge über Zoll= und Schiffahrtsabgaben der Feuerprobe einer öffentlichen Berathung und einer entscheidenden Beschlußnahme durch eine Nazionalvertretung. Dürfen wir uns da wundern über unsere traurige schuzlose Stellung zum Welthandel, oder über die seltsame Antwort des Finanzministers Flottwell auf das Gesuch von acht rheinischen Städten um Einführung eines Differenzialzollsystems? Wozu sind denn Handelskammern da, wenn sie keine Meinung äußern sollen, zumal in einer so dringenden Sache? Wahrlich, so lange das beanspruchte Vertrauen nicht durch die That gerechtfertigt wird, so lange noch Verträge bestehn, über die wir erröthen müßen, so lange wir Deutschlands Handels= und Schiffahrtsanliegen gewöhnlich auß keinem höhern als dem bloß finanziellen Gesichtspunkte betrachtet sehen — so lange ist kein Wort überflüßig, das an jenen erinnert.

Ueberhaubt ist aber, bei dem Uebergewicht der Gewerkkraft Englands und seiner innern Nöthigung auf Beherschung des äußern Handels, keinem Staat in seinen Handelsbeziehungen mit England genug Vorsicht anzurathen. Ein Staat, der sich in das Nez der englischen Handelspolitik verstricken läßt, geräth in Gefahr, sich in die Lage einer britischen Kolonie herabgebracht zu sehen. Zwar hat man die Frase: „England möchte uns zu einer Kolonie herabwürdigen" im Zollverein wie in Spanien, Frankreich und andern Ländern oft nur auß Gehäßigkeit gesprochen und nachgesprochen; deßenungeachtet hat sie nicht bloß einen tropischen Sinn. Daßelbe Ungleichgewicht der innern Beschäftigungszweige, welches England zur Gründung oder Erwerbung ackerbautreibender Besitzungen drängt, nöthigt es auch, mit unabhängigen Staaten möglichst in Beziehungen zu treten, welche geeignet sind, es wieder außgleichen zu helfen, nämlich so, daß England die landwirtschaftlichen Erzeugnisse dieser selbständigen Staaten begün-

ftigt gegen Zugeständnisse bei der Einfuhr britischer Fabrikwaren. Portugal hat sich durch einen Vertrag solcher Art während eines Jahrhunderts buchstäblich in die abhängige Lage einer britischen Kolonie bringen
laffen, und so wird es jedem Lande ergehn, das den englischen Fabrikaten übermäßige Vortheile für Begünstigung seiner Naturprodukte in
England zugesteht. Die ackerbauende Bevölkerung des selbständigen
Staats wird dadurch gleichsam eine Ergänzung der englischen, und
trägt gerade so, wie die Kolonie, bei, das Misverhältnis zwischen
den Nahrungsständen in Großbritannien auszugleichen; der fremde
Staat ordnet sich mithin einem rein englischen Staatszwecke unter, und
diese freiwillige Unterordnung wird durch den Einfluß der britischen
Kapitale und Gewerbkraft allmählich eine gezwungene und schwer auf-
zuhebende. England streckte auch Portugal Kapitale für seinen Wein-
bau vor, damit dieses in den Stand komme, ganz, wie es bei einer
Kolonie rechnet, um so viel mehr britische Fabrikate verbrauchen zu
können. Das Ergebnis war, daß, während England den Haubtge-
winn zog, Portugal arm blieb und abhängig, die alten Gewerbe verkümmerten, neue Manufakturen nicht aufkamen, und, was das
Schlimmste war, daß es von seinem natürlichen Hinterlande Spanien
in Zoll und Handel entfernt gehalten ward, zu unberechenbarem Nachtheil der Zustände der ganzen iberischen Halbinsel. Welche Verluste
hat die ähnliche Trennung der deutschen Nordseestaaten von dem übrigen Deutschland schon unserer Nationalentwickelung gebracht! Daher
seien wir auf der Hut, keinen Vertrag einzugehn oder beizubehalten,
der diesen heillosen Spalt verlängern kann. Eben wegen der Auß-
nahmstellung Englands, wegen des nur dort obwaltenden Misver-
hältnisses zwischen den Nahrungsständen bieten die Verträge mit allen
übrigen Ländern weniger Gefahr dar, und jeder europäische Staat, der
auf Selbständigkeit und Ehre hält, der an Heranziehung eines eigenen
nazionalen Handelssystems denkt, muß alle britischen Anträge entschieden von der Hand weisen, welche die alte Saite anklingen: „Wir begünstigen euern Bodenbau, euer Getraide und Holz, räumt dafür unfern Fabrikerzeugnissen Vortheil ein.‟

Das Märchen von der Begünstigung der deutschen landwirtschaftlichen Produkzion durch den englischen Tarif ist zu Ende. Durch Peels
erste Ermäßigung der gleitenden Zollsäze ward gerade das Gegentheil
erreicht. Indem sie die Korneinfuhr bei minder hohen Getraidepreisen

als früher möglich machte, hat sie zugleich die Brodpreise ermäßigt und
den Zollertrag von fremdem Getraide gesteigert; auch zielte sie auf den
Bezug des britischen Einfuhrbedürfnisses an Korn auß andern Ländern
als deutschen. Während der vierzehn Jahre, daß die ältere Kornbill
herschte, 15. Julius 1828 bis 29. April 1842, wurden 13,458,079
Quarter fremden Weizens mit 3,739,284 Pf. St. zum Verbrauch verzollt, es bezahlte der Quarter mithin durchschnittlich 5 Sh. 7 P.; unter dem folgenden liberaleren Geseze stellte sich bis 1844 dieser Durch-
schnitszoll auf einen doppelt so hohen Betrag. Der durchschnitliche
Verbrauchszoll von britischem Kolonialweizen sank dagegen von 3
Sh. 7 P. unter der vorigen Kornbill auf fast 1 Sh. unter der neuen,
der für britisches Kolonialweizenmehl, worunter auch das in Canada auß nordamerikanischem Weizen gemalene, sogar von 1 Sh. vom
Zentner auf weniger als ein Drittel. Die Canada-Kornbill begünstigte
durch einen firen Zoll von nur 5 Sh. per Quarter die Kornländereien
Canada's an den Ufern der großen Seen, welche mittelst des Kanals
und des St. Lorenzstroms in leichtem Verkehr mit dem Meere stehn.
Ihr Ergebnis war, daß 1844 nahe 1 Million Quarter Weizenkorn
und 200,000 Zentner Mehl auß Canada in England eingeführt wurden — eine Zufuhr, die fast seinen ganzen Bedarf an fremdem Getraide
deckt. Endlich hatte die alte Zollskala für den Kornhandel der deutschen
Häfen den Vortheil, daß sie mehr als die entfernter liegenden Häfen
des südlichen Rußlands, Amerika's ꝛc. die wegen der großen Unstätig-
keit der Preise und Einfuhren rasch wechselnden Konjunkturen benüzen
konnten. Indessen läßt sich andrerseits nicht verkennen, daß dieser Vortheil von Nachtheilen begleitet war und daß die Landwirtschaft nachhaltig nur gedeihen kann, wenn ihr Absaz ein regelmäßiger, gesicherter
und stätig wachsender ist. Fällt daher mit der Wandelskala auch das
Privilegium der Ostseeprovinzen hinweg, Englands Getraidebedarf
zum großen Theil zu decken, und geht es vorzüglich an Nordamerika
über; so wird derselbe doch auf den Getraidebau dieser Länder wohlthätig zurückwirken, weniger zwar durch unmittelbaren Absaz als durch
regelmäßigern Verkehr und gleichmäßigere, im Ganzen auch etwas
höhere Getraidepreise auf allen Märkten. Unser bisheriger Getraide-
verkehr mit England war mehr ein Lotteriespiel als ein Handel, ein
Spiel, wobei, wie immer, selbst der Gewinn von Unsegen begleitet
war — für unsern Landbau, weil er Produkzionsvermehrungen hervor-

tief, für die sich später keine Nachfrage zeigte; für unsere Industrie, weil ein ungewöhnlicher Abfluß von deutschem Getraide nach England häufig auch, früher oder später, einen ungewöhnlichen Andrang von englischen Manufakturwaren nach Deutschland zur Folge hat. Während unserm Ackerbau mithin auß solchen Glücksfällen kein dauernder Wohlstand erwachsen konnte, sah sich unsere Fabrikazion badurch meist für eine Reihe von Jahren empfindlich getroffen, wie nach fast jeder Misernte und Krisis in England.

Für die deutschen Landwirte ist unter allen Umständen der innere Markt der sicherste und wichtigste. Gerade ihr Vortheil am meisten heischt daher das Emporblühen der Städte und Gewerbe. Der vermehrte Absaz in Folge des innern gewerblichen Aufschwungs wird nicht bloß in den Jahren des Mangels und der Noth statthaben, sondern jedes Jahr wiederkehren und stätig wachsen. Worauf es ihnen mithin vorzüglich ankommen muß, ist Anlegung von Eisenbahnen und Kanälen zur leichten Verbindung der verschiedenen Landestheile, ist Erweiterung der Dampf- und Segelschiffahrt zwischen dem Rhein und den Häfen der Nord- und Ostsee, ist vor allen Dingen das Emporkommen der Gewerbe im ganzen Lande. In keinem Fall wird die Abschaffung der englischen Kornzölle die deutsche Getraideaußfuhr nach England steigern. Denn einmal werden die englischen Pächter, Leute von Energie und Unternehmungsgeist, und die Grundbesitzer vereint auß allen Kräften dahin wirken, den darauß in ihren Einkünften entstehenden Außfall durch Verbesserungen der Landwirtschaft, deren wissenschaftlicher Betrieb sich noch in der Kindheit befindet, zu decken, und in diesem Bemühen durch die ungemeinen Kapitalkräfte und großen technischen Mittel des Landes, sowie durch Vorschüsse der Regierung bestens unterstüzt werden. In sehr guten Jahren haben Großbritannien und Irland Brodkorn genug für ihr Bedürfnis, ungeachtet Englands übrige landwirtschaftliche Produkte, wie Vieh und alles, was mit der Viehzucht zusammenhängt, Garten- und Wurzelgewächse, Obst, Oel- und andere Pflanzen, mindestens dreimal mehr an Wert außmachen als sein Getraidebau. Die razionelle Landwirtschaft ist mit Verwertung ihrer meisten Erzeugnisse auf den nächsten Absaz angewiesen. Mac Queen schäzt den Wert der Kartoffeln, des Grases, der Futterkräuter, der Rüben und der Weide im ganzen Inselreich, der also auß dem internazionalen Handel fast völlig wegfällt, auf 203 Millionen Pf. St., den des

Getraides dagegen nur auf 134 Millionen — ein Beweis zugleich, wie der Getraidebau vor der großen Viehzucht zurücksteht. Den Wert alles im Inselreich erzeugten Fleisches von Rindvieh, Schafen, Schweinen, Geflügel, Melkereiprodukten, Talg schäzt er, ohne Einrechnung der Wolle (etwa 18 Mill. Pf. St.), auf 126½ Millionen Pf. St., beinahe so hoch als den Wert des Getraides. Alle diese Artikel sind Gegenstände des innern Verbrauchs; an Butter und Käse führt England noch beträchtliche Mengen ein, meist auß dem weidereichen Niederland (besonders Vriesland), das verhältnismäßig die größten Mengen davon erzeugt und für welches die Außfuhr von Butter und Käse freilich ein wichtiger Gegenstand ist (sie hat schon über 16 Millionen Gulden in einem Jahre betragen, wovon wenigstens 75 Prozent durchschnitlich auf die Außfuhr nach England kommen). Den Wert der Küchengewächse und des Obstbaues im Inselreiche schlägt Mac Queen auf 16 Millionen Pf. St. an; achtmal höher als der deutsche Getraidehandel nach England, der an Werte fast nur der holländischen Außfuhr bloß an Butter und Käse gleichsteht. Seit dem Aufkommen der mechanischen Flachsspinnereien ist der Flachs- und Hanfbau namentlich in Irland so sehr emporgekommen, daß man der bisher immer steigenden Einfuhr auß Rußland und Belgien bald wieder entbehren zu können glaubt, zumal auch in den Kolonien der Anbau von Flachs und Hanf zunimt. So hat sich das Inselreich einen neuen wichtigen Zweig der Landwirtschaft angeeignet in der nämlichen Zeit, wo derselbe anderwärts kränkelte. England erzeugt beinahe viermal mehr Wolle als Deutschland, und die Wollzufuhr auß seinen Kolonien wächst schnell: nach Porter betrug die Erzeugung bloß von England und Wales im Jahr 1828 schon 136½ Millionen Pfund, die Zufuhr auß den Südseekolonien stieg von 2 Millionen Pfund im Jahr 1830 auf 22 Millionen Pfund. 1843, während Deutschlands Wollaußfuhr nach England, 18 30/31, noch 27 Mill., auf 17 Mill. Pfund sank. Dagegen führte England 1843 7½ Mill. Pfd. wollene Garne auß, wovon die Hälfte beinahe nach Deutschland gieng; ebendahin für mehr als 6 Millionen Thaler fertiger Wollwaren. Hierauß ergibt sich, daß auch die Hoffnungen der deutschen Wollproduzenten sich nur auf den heimischen Markt und den Aufschwung der eigenen Wollindustrie stüzen können. Dies bekräftigt Englands Beispiel. Die britische Wollwarenaußfuhr betrug 1750 schon 5½ Mill. Pf. St., stieg später auf 9 Mill., sank dann aber 1840

wieder auf 5½ Mill., stieg 1843 erst wiederum auf 6¾ und 1844 auf
bald 8½ Millionen Pf. St. mit Hülfe neuer modischer Wollzeuge.
Da in dieser Zeit jedoch die Rohwollenerzeugung Riesenschritte gemacht
hat, so muß sich der eigene Wollverbrauch außerordentlich vermehrt haben, und wirklich soll er von 1750 bis 1845 um 28 Mill. Pf. St.,
nämlich von 7 Mill. auf 34 bis 35 Mill. Pf., gestiegen sein. Darf
man noch zweifeln, daß die deutsche Schafzucht wie der deutsche Kornbau, kurz, die ganze Landwirtschaft nur im einheimischen Verbrauche,
in dem Emporblühen der deutschen Industrie also ihr Gedeihen finden
kann?

Zweitens wird England seine Kolonien so lange als möglich vor
den europäischen Staaten bevorzugen. Sir Robert Peel hat die handelspolitischen Grundsäze seiner whiggischen Amtsvorfahren, ja selbst
der Antikorngesezliga, mit Vermeidung des Schroffen, mit geschickter
Zögerung und stufenweis in Anwendung zu bringen verstanden. Doch
der wichtige Unterschied waltet ob, daß Peel, als sehr vorsichtiger
Staatsmann, bei allen seinen erleichternden Maßregeln die Begünstigung der englischen Kolonien fast unverwandt im Auge behalten hat.
In ähnlicher Weise wie Anfangs die Getraidezölle sind die Zuckerzölle
behandelt worden: der eigene Kolonialzucker ward in höherm Verhältnis als früher vor dem Zucker freier Länder begünstigt, und wenn man
in Hinsicht auf den leztern noch unterschied zwischen dem durch freie
Arbeit und dem durch Sklaven erzeugten Zucker, so geht auß der Zulassung zu den niedern Eingangszöllen von Sklavenzucker auß Venezuela
und den Vereinigten Staaten klärlich hervor, daß diese Unterscheidung
haubtsächlich nur den Abschluß vortheilhafter Verträge, besonders mit
Brasilien und Spanien, erleichtern soll. Von den im Jahr 1844 in
England eingeführten 211,300 Tonnen Zucker kamen auß englischen
Besitzungen doch 210,000 (auß Westindien 125,000, Mauritius 35,000,
Ostindien ungefähr 50,000) Tonnen; der geringfügige Rest war fremder Zucker. Ebenso sind die Zölle auf Holz zwar erniedrigt, aber die
Differenz zu Gunsten der Kolonien ist noch geblieben. Allerdings wirkt
das günstige Gesamtergebnis des gemilderten Tarifs — erweiterter
Verbrauch, Zunahme des Verkehrs und der Einkünfte — unwiderstehlich auf die weitere Ermäßigung der Zölle ganz im Allgemeinen hin,
schon um Aequivalente der Einfuhr gegen die steigende Außfuhr zu
schaffen, d. h. die Tauschmittel zu mehren; allein es wird jedenfalls

noch eine lange Zeit dauern, bis alle Zollbegünstigungen für die eigenen Kolonialartikel schwinden. Eine Ausnahme von dieser Regel machen natürlich die Rohstoffe, wie namentlich Baumwolle, welche England für seine Fabrikazion immer dorther beziehen wird, wo es sie am billigsten kaufen kann.

Drittens endlich wird Nordamerika, auch ohne unmittelbar von England begünstigt zu werden, im Getraidehandel den Vortheil vor Europa, namentlich vor Deutschland dauernd erhalten, einfach darum, weil es wohlfeiler produzirt als Europa, und weil England die amerikanischen Tauschmittel für seine Industrieerzeugnisse zu vermehren trachten muß. Gewis, zu den wichtigsten Wirkungen der Aufhebung der Korngeseze wird der Einfluß derselben auf die Industrie Englands, die des Festlands und das Verhältnis beider zu den Vereinigten Staaten gehören. Sie wird England und Amerika fast so nahe wieder zusammen bringen, wie sie vor der Trennung stunden, und der Industrie unsers Festlands den Mitbewerb auf den Märkten der neuen Welt bedeutend erschweren; England wird mindestens in dem Maße, als es mehr amerikanisches Getraide einführt, auch mehr Manufakturen nach Amerika absezen, wahrscheinlich aber in noch höherm Grade, weil es bei wohlfeilerm Getraide auch wohlfeiler erzeugt.

Indessen bin ich weit entfernt, die Meinung derjenigen zu theilen, welche England als eine große Fabrikstadt betrachten, die nur deshalb, weil der Adel das Monopol des Brodes besessen, nebenher den Ackerbau habe bestehen lassen, und welche daher nach dem Fall der Korngeseze schon in Gedanken die Felder Großbritanniens und Irlands (!) sich in Gemüsegärten, und Amerika in das englische Kornfeld umwandeln sehen. Damit dürfte der wahren Wohlfahrt Englands und Amerika's gleich wenig gedient sein. Die Vereinigten Staaten streben nach Gründung eigener Manufakturen, und mit Erfolg. Der strenge amerikanische Tarif von 1842 führt Eingangszölle von 15 bis 50 Prozent des Wertes ein, z. B. 20 Proz. für Hanfgewebe, 25 Proz. für Linnengewebe, ebenso viel für wollene Decken, 30 Proz. für Baumwollengewebe, bis 40 Proz. auf Teppiche ꝛc. Der Gedanke an ein solches Schuzsystem, das 1842 siegte, war erst während des Krieges von 1812 aufgekommen, und dennoch hatte die amerikanische Industrie schon 1840 bedeutende Fortschritte gemacht. Seit 1835 verspann und verwob die kleine Stadt Lowel z. B. jährlich über 30,000 Ballen Baumwolle, und

verfertigte außerdem eine große Menge Tücher, Teppiche und Casmir.
Pittsburg, dessen Erzeugung sich auf reiche Eisen = und Kohlenschäze
gründet, wird mit Birmingham und St. Etienne verglichen, und in
Cincinnati hatte die Erzeugung von Möbeln, Uhren, Papier, Leder,
Seife, Quinkailleriewaren schon vor dem Tarife von 1842 eine große
Entwickelung erfahren. Die Vereinigten Staaten zählten im Jahr 1843
schon an 4000 Wollmanufakturen (der Staat Neuyork allein 1200),
deren Erzeugnis einen Wert von 21 Millionen Dollar darstellte und die
21,000 Personen beschäftigte. Die Baumwollmanufakturen beschäfti=
gen über 70,000 Menschen, die weit besser gestellt sind als irgendwo
in Europa, und ihr Erzeugnis wird auf mehr als 55 Millionen Dollar
berechnet. Man weiß, daß die Bergerzeugung der Vereinigten Staaten
mit Riesenschritten sich entwickelt und nur noch der englischen nachsteht:
Eisen erzeugen sie bereits in größerer Menge als alle europäischen Fest=
landsstaaten zusammengenommen, und stehn hierin selbst gegen Eng=
land nicht mehr um die Hälfte zurück. Das rasche Anwachsen ihrer
Handelsmarine ist weltbekannt, ihre Schiffe durchkreuzen alle Meere
und unterhalten den lebhaftesten Verkehr nicht nur an ihren außgestreck=
ten Küsten und im Innern, der ihnen vorbehalten ist, sondern auch
mit Cuba, Haïti und den übrigen Antillen, mit Mejico, Brasilien,
Rio de la Plata, mit England, Antwerpen, den Mittelmeerländern,
ja mit China, dem ostindischen Eilandsee und allen Küsten Afrika's.
Wahrlich, da sind Elemente auch industrieller Wohlfahrt, die wenig
Außsicht gewähren, daß sich der junge saftstrozende westliche Weltstaat
dem alten England gegenüber, als einer Fabrikstadt, in das abhängige
englische Kornfeld umwandeln ließe! Andrerseits indessen nimt die
Bevölkerung der Vereinigten Staaten und ihre Roherzeugung in einem
noch stärkern Grade zu als ihre stoffveredelnde Thätigkeit, und daher
wird ihr Markt für das industrielle Europa allerdings von noch immer
größerer Wichtigkeit. Jenes wird noch mehr geschehen, sobald das
amerikanische Getraide einen regelmäßigen Abzug nach England findet,
und daß dieses auß allen Kräften streben werde, die darauß entsprin=
genden ungeheuern Vortheile sich selber zuzuwenden, davon wird Jeder=
mann überzeugt sein. Zudem steht zu befürchten, daß die unterneh=
menden englischen Kaufleute bereits auf der neu zu betretenden Bahn
große Fortschritte gemacht haben werden, ehe man in Deutschland nur
erst über die Mittel im Klaren ist zu einer handelspolitischen Einheit zu

gelangen, geschweige denn auf den transatlantischen Märkten schon mit vereinten Kräften und außgerüstet mit schüzenden Schiffahrtsgesezen energisch auftritt.

Wenn englische Blätter sagen: die westlichen Staaten der amerikanischen Union, die jezt um das Oregongebiet schreien, verwandle England auß Feinden in seine Freunde, indem es ihnen, den Ackerbauern der großen Thäler des Mississippi, Ohio und Missouri, seine Häfen zur freien Einfuhr ihres Getraides öffnet; so stüzen sie sich dabei allerdings auf wichtige Thatsachen. Ungefähr die Hälfte der Außfuhren auß dem Hafen von Reuyork nach London und Liverpool in den lezten Monaten 1845 bestuhd auß Korn und Mehl, und zwei Drittel der ganzen Außfuhr der Vereinigten Staaten in diesem Jahre giengen nach Großbritannien*). Welcher von beiden Theilen litte nun am meisten durch Störung dieser Verhältnisse? Der Handel der nordamerikanischen Freistaaten während des mit dem 30. Julius beendeten Jahres 1844, in Geldwerte von 219,635,081 Dollar, vertheilt sich auf die einzelnen Länder, womit sie verkehren, folgendermaßen:

Herkunft und Bestimmung.	Einfuhr. Dollar.	Außfuhr. Dollar.
England und Dependenzen	45,459,122	61,721,876
Frankreich	17,952,412	16,133,436
Spanien und Cuba . .	13,775,451	6,751,811
Brasilien	6,883,806	2,818,252
Westindien	4,931,255	181,448
Holland	2,681,492	3,453,385
Mejico	2,387,002	1,794,833
Hansestädte . . .	2,136,286	3,566,687
Italien	1,559,699	1,023,661
Haïti	1,441,244	1,128,356
Triest	232,089	1,426,020

*) Die Hälfte der englischen Fabrikatenaußfuhr besteht gegenwärtig auß Baumwollwaren; dagegen nahm die englische Einfuhr von roher Baumwolle in den lezten 12 Jahren also zu:

1834:	948,484 Ballen.	1838:	1,431,229 Ballen.	1842:	1,397,668 Ballen.
1835:	1,090,932 =	1839:	1,112,165 =	1843:	1,744,148 =
1836:	1,201,190 =	1840:	1,607,911 =	1844:	1,683,222 =
1837:	1,176,273 =	1841:	1,342,498 =	1845:	1,858,309 =

Herkunft und Bestimmung.	Einfuhr. Dollar.	Ausfuhr. Dollar.
Venezuela	1,435,479	531,232
Argentinische Republik .	1,421,192	504,289
Rußland	1,059,419	555,414
Andere Länder	5,079,087	9,609,352
Summa	108,435,035	111,200,046

War mithin der Handel der Freistaaten mit England allein ebenso bedeutend als ihr Verkehr mit allen übrigen Ländern, so betrug doch ihre Außfuhr nach England, über welches wir die amerikanische Baum= wolle beziehen, 16,262,754 Dollar mehr als ihre Einfuhr von dort. Die englische Außfuhr nach den Vereinigten Staaten hat in den lezten Jahren, nämlich seit Einführung des amerikanischen Tarifs von 1842, bedeutend abgenommen, und beträgt überhaupt einen weit geringern Theil der britischen Gesamtaußfuhren, wie die Außfuhr der Freistaaten nach England von ihren Gesamtaußfuhren. Der deklarirte Wert der englischen Außfuhr im Jahr 1844 erlief auf 58,584,292 Pf. St., die höchste Außfuhr bis dahin (die offizielle Wertung war 131,564,503 Pf. — ein Beweis, daß der Preis der Waren um 55 Prozent unter den amtlichen Maßstab gefallen ist, in Folge der neuen Erfindungen und Verbesserungen, die auf die Verminderung der Erzeugungskosten ge= wirkt haben). Von jenem Werte betrugen nun die Außfuhren nach allen englischen Besizungen, die in Europa mit eingeschlossen, nicht ein Drittel des Ganzen, die Außfuhren nach fremden neutralen Märkten folglich über zwei Drittel. Die Summe der Außfuhren nach den britischen Besizungen im Jahr 1836 (dem bedeutendsten Auß= fuhrjahr vor 1844) war 13,721,379 Pf. St. auf ein Total von 53,368,572; dieses Verhältnis war 1844 16,504,060 zu 58,584,292 Pf., aber mehr als diese ganze Vermehrung ergab sich bloß in dem Handel nach Ostindien und Gibraltar (resp. Spanien), indem die Außfuhr nach Ostindien in dieser Periode von 4,285,829 Pf. auf 7,695,666 Pf. stieg*).

---

*) Von den britischen Erzeugnissen empfiengen die Werte in Thaler:

	1831.	1835.	1840.
Britisch = Ostindien . . }	22,066,402 {	21,709,306	40,956,706
China		7,308,014	3,564,546
Holländisch = Ostindien . .	1,940,013	2,406,466	2,376,743

Nach den verschiedenen geografischen Abtheilungen betrug die britische Außfuhr in Pfund Sterling:

	1836.	1844.
Nord = Europa	9,999,861	14,326,797
Süd = Europa	9,011,205	11,294,388
Afrika	1,468,062	1,615,530
Asien	6,750,842	11,273,721
Vereinigte Staaten	12,425,695	7,938,079
Brit. Nordamerika, Kolonien, Westindien	6,518,744	5,522,338
Fremdes Westindien	1,238,785	1,173,931
Zentral = und Südamerika und Brasilien	5,955,468	5,439,502

Hierauß ergibt sich eine sehr bedeutende Abnahme des englischen Außfuhrhandels nach der ganzen westlichen Welt, einschließlich der dortigen englischen Kolonien, während die größte Zunahme nach Europa hin, die nächstgröße nach den orientalischen Märkten stattgefunden hat.*)

	1831.	1835.	1840.
Gibraltar, Malta, Jonien	3,758,272	5,761,701	9,295,090; dagegen
Spanien	4,291,684	2,921,736	3,060,843
Italien	15,934,557	16,497,963	18,090,298
Portugal	7,184,805	11,180,050	8,079,379
Türkei	6,042,847	9,055,319	7,742,201; ferner
Australien, Vandiemensland	2,709,603	4,735,146	13,629,818
Brit. Kolon. in Nordamerika	14,207,424	14,675,474	20,365,808
= = = Westindien	17,557,253	21,675,272	24,309,796
= = = Afrika	2,037,397	2,435,134	2,903,430

*) Dieses Verhältnis der Abnahme des englischen Handels im Westen, der Zunahme im Osten stellt sich besonders erst seit 1842 herauß, von wo auch der nordamerikanische Tarif datirt. Denn es empfiengen früher britische Erzeugnisse, die Werte in Thaler:

	1831.	1835.	1840.
Brasilien	7,420,923	17,889,216	17,855,800
Rio de la Plata	2,311,116	4,477,970	4,175,520
Chili und Peru	7,212,216	7,123,000	14,517,075
Mejico und Columbien	6,644,334	3,638,422	5,610,496
Fremdes Westindien	7,069,511	7,839,319	7,585,393; dagegen
Deutschland	26,083,222	32,580,425	39,269,339
Holland } Belgien }	14,161,245	{ 18,009,134 { 5,565,698	23,230,092 5,985,945
Frankreich	4,098,278	9,884,725	16,171,413
Rußland	8,102,642	11,918,870	10,898,646

Von 1836 bis 1844 haben die Außfuhren englischer Manufakte nach
den amerikanischen und westindischen Kolonien über 1 Million Pf. St.,
nach Südamerika um 400,000 Pf., nach den Vereinigten Staaten sogar um 4½ Millionen Pf. St. abgenommen. Wahrlich, das ist sehr
bezeichnend, und könnte für die Staaten unsers Festlandes hochwichtig
werden, wenn sie in das Streben Amerikas, sich von England unabhängig zu machen, kräftig einzugehen wüßten. Es scheint, die westliche
Hemißfäre wolle Großbritannien entgehn, seine Kolonien auf dem Festlande sind nur noch mit Gewalt zurückgehalten, Brasilien weigert sich
seinen Handelsvertrag mit England zu erneuern, die südamerikanischen
Republiken suchen ihre Handelsverhältnisse mit andern Mächten Europa's außzudehnen, und die Vereinigten Staaten fangen an, eine unabhängige industrielle Stellung einzunehmen. Gewis, jetzt ist's Zeit für
Deutschland, daß es sich selbst in Handel und Schiffahrt eint und mit
einer Navigazionsakte rüstet, zum Heile beider Kontinente! Auch England rüstet sich, den Schlag abzuwehren, und die kostbaren Augenblicke
sind immer gezählt. Man bedenke wol, England als erste Welthan-
delsmacht, kann nicht gleichgültig zusehen, daß seine Außfuhr nach den
Vereinigten Staaten, die 1836 noch 23⅓ Prozent seiner Gesamtaußfuhren betrug, 1844 nur noch 13½ Prozent derselben erlief; auch er-
wäge man, daß 1844 die Außfuhr der Vereinigten Staaten nach England, einen großen Theil der von uns verbrauchten Baumwolle einschließend, 56 Prozent ihrer Gesamtaußfuhren außmachte. Glaubt
man, England werde nicht alles versuchen, um in der westlichen Welt
seinen Plaz zu behaubten? Entweder die Interessen Englands und
Nordamerikas verschmelzen wieder inniger denn je, durch einen Handelsvertrag, in welchem die Freistaaten ihren Tarif mildern — und dann
dürfte unsere Festlandsindustrie erst den schwersten Kampf in den transatlantischen Ländern zu bestehen haben; oder die Verständigung kömt
nicht zu Stande, und England erklärt Amerika den Krieg, um sich wo
möglich mit Waffengewalt von neuem die günstigsten Handelsbeziehungen daselbst zu sichern.

Es ist abgeschmackt, die Vereinigten Staaten eine „Bank- oder
Geldrepublik" zu nennen. Dies ist nur ihre eine, schwächere Seite.
Die reiche, von europäischen Ansichten durchdrungene Küste mit ihrem
Großhandel und ihrer Industrie, gehört den Whigs an, der große
Westen der Demokratie. Wer nach Handel und Reichthum strebt,

schließt sich mehr jenen, wer nach Gewalt strebt, mehr diesen an. Wäre die Frage mit England in den Händen der Whigs, kein Zweifel, daß sie friedlich gelöst würde; allein die Demokraten mit ihren armen Staatsmännern sind die stärksten, und in den 70 Jahren, daß die Republik besteht, regierten die Whigs, ungeachtet sie die ganze Geldmacht in Händen haben, nur etwas über 8 Jahre, nämlich 8 Jahre unter dem ältern und jüngern Adams und 1 Monat unter General Harrison. Seit dem denkwürdigen Bankrot der Vereinigten-Staaten-Bank, der vorzüglich durch den Sieg der demokratischen Partei über die einseitigen Handels- und Fabrikinteressen der großen Städte herbeigeführt ward, datirt Amerika seine Unabhängigkeit von der Handelspolitik Englands, und es bildete sich fortan ein feindlicher Gegensaz, der sich gleichsam instinktmäßig im Volke, in der Gesellschaft und Presse beider Länder ausspricht. Bei der lezten Präsidentenwahl war die Losung: völlige Unabhängigkeit von Europa; daher denn auch Polk in seiner Antrittsrede sogleich jeder europäischen Einmischung in amerikanische Angelegenheiten, den Krieg erklärte. Bei der Oregonfrage handelt es sich für Amerika lediglich darum, ob England dort Posten fassen soll, entgegen dem allgemeinen Wunsche die lezten, allerdings noch bedeutenden Ueberreste europäischer Macht von dem Boden der neuen Welt zu verdrängen. In Amerika bildet sich ein alle Gemüther durchdringender Gegensaz zur europäischen Welt, welcher bereits einen solchen Grad von Intensität erlangt hat, daß er vorerst ausreicht, bei den Amerikanern das Nazionalgefühl zu vertreten. Schreitet dieses, die Amerikaner unter sich einende Gefühl gegen Europa noch an Stärke fort, so kann man erleben, daß die Losung bei der Präsidentenwahl nacheinander die Besiznahme von Californien, die Wegnahme von Canada, ein Bund mit Mejico, ja die Union von Süd- und Nordamerika sein wird. Wie soll da der Friede erhalten werden? Aber England kann nur einen Seekrieg gegen die Freistaaten führen, und der entscheidet nicht über das Schicksal eines Landes; nicht besiegt aber, bleibt Amerika Sieger. Jeder Krieg mit England ist für Amerika ein Freiheitskampf, für England vielleicht ein Bürgerkrieg mit allen seinen unausbleiblichen Folgen. Er bedroht dieses mit Staatsbankrot und politischer Umwälzung, während Amerika selbst im Kriege blühen, hohe Manufakturthätigkeit entwickeln und dem englischen Handel Schläge auf Schläge versezen möchte.

Indessen erscheint das fruchtbare Oregangebiet, 18,000 geografi-

sche Meilen umfaßend, obwol noch öde und menschenleer, eines der
wichtigsten Länder in der Entwickelung des Menschengeschlechts, weil
es die an Bedeutung rasch steigende Herschaft des stillen Ozeans ertheilen
len kann und mit ihr den Schlüßel zu den alten morschen Kulturstaaten
des östlichen Asiens.   Oregon ist das einzige fruchtbare Stromland an
der amerikanischen Westküste und enthält an dieser eine Reihe von Inseln,
seln, Buchten und Häfen, wie sie an keiner andern Stelle bietet; dort
also ist der Punkt, wo amerikanischerseits sich eine Marine ersten Ranges,
ges, auf dem stillen Ozean bilden kann: auf halbem Wege nach Japan
und China liegen die wirtlichen Sandwichsinseln, Wind und Meeresströmung
strömung sind günstig.   Kaum weiß man zu sagen, ob Oregon wichtiger
tiger sei für England und seine Hudsonsbailänder oder für die Vereinigten
ten Staaten.   Thatsächlich scheint jezt noch die Hudsonsbai-Gesellschaft
das streitige Land zu beherschen.   Ihre Diener haben seit etwa dreißig
Jahren die Pelzjagd und den großen Pelzhandel gänzlich monopolisirt
und jedem amerikanischen Bürger auß dem Geschäft entfernt gehalten.*)
Die Republikaner besorgen vorgeblich eine Wiederholung des „politischen
schen Taschenspielerkunststücks‘‘, wie sie‘s nennen, worin das britische
Kabinet in Asien eine wunderbare Fingerfertigkeit erlangt hat. Wie beim
großen ostindischen Becherspiel, seien jezt im amerikanischen Westen Apparat,
rat, Maschinerie und Hokuspokus ganz dieselben: eine Handelskörperschaft,
schaft, über Millionen Kapital verfügend, mit der Gewalt, Geseze zu
machen, eine Zivilniederlaßung zu unterhalten, sich mit einer Militärmacht
macht zu schüzen, Revenüen einzutreiben, Vesten zu errichten, bewaffnete
Schiffe an der Küste zu halten, Landgebiet zu besizen — alles das natürlich
türlich bloß auf dem Wege des Handels und unter den Augen des britischen
tischen Parlaments, ohne Verantwortlichkeit für dieses — kurz, eine
große Reichskörperschaft mit der Fähigkeit, auf einen Wink der Zauberruthe
ruthe des Ministers, sich in eine höchst sittsame, harmlose Genoßenschaft
gewerbsfleißiger Individuen zu verwandeln, die im Pelzhandel einen
ehrlichen Penny zu verdienen suchen. Zur Zeit des „lustigen Königs‘‘
Karl schon habe sich die englische Politik damit ergezt, diese prächtigen
Spielsachen aufzubauen, eine für den Osten — die ostindische Kompagnie;
pagnie; eine für den Westen — die Hudsonbai-Kompagnie, die jedoch

---

*) Schon im Jahr 1828 ertrug dieser Handel der Hudsonbai-Kompagnie 900,000
Dollar, und ihre Aktien stunden 140 Prozent über Pari.

vor nicht langer Zeit erst in hübsche Ordnung gebracht worden, durch Vereinigung mit der Nordwestgesellschaft. Die Nordamerikaner können bei solchem Spiele keine ruhigen Zuschauer abgeben. Kömt's aber zum Kriege, mit welchen Kräften wird das britische Reich auf der ausgedehnten Angriffslinie von 600 bis 700 Meilen in Amerika erscheinen? Wie muß es den Irländern im britischen Heere — denn wie verächtlich auch mancher Engländer auf den Armen Iren herablickt, dieser hat doch an allen seinen Siegen den wesentlichsten Antheil — zu Muthe werden, wenn sie an ihr unterdrücktes Heimatland zurückdenken und in den Reihen ihrer Gegner ihre ehemaligen Landsleute sehen, die sich in der Republik ein neues glückliches Dasein errungen haben — in der Republik, deren gefeiertste Präsidenten zum Theil, wie Jackson und Polk, auß irischen Familien stammen? England und die Union sind in gewissem Betracht ein Volk, mit zum Theil verschiedenen, zum Theil gleichen politischen Richtungen; dort ist der Haubtsiz der Aristokratie, hier der der Demokratie. Wie, wenn diese dem unterdrückten Volke in Irland die Hand reichte und der normännischen Aristokratie all ihren Hohn und Uebermuth gegen dieses Inselvolk vergölte?

Auf welchem Fuße wir mit England stehen, erklärt die berüchtigte Note des Grafen Aberdeen an den Grafen Westmoreland, in welcher der sonst so gemäßigte Lord die Beibehaltung des bisher ungenügenden Standes der Zollvereinspolitik, als ein England zustehendes Recht in Anspruch nimt. Ja, wenn noch Palmerston, der ungestüme Whig, eine solche Impertinenz begangen hätte. Aber ein kühler Aberdeen darf die preußische Regierung der Doppeldeutigkeit zeihen, weil sie sich geweigert hat, über die Richterhöhung der Zölle auf dem Karlsruher Vereinstage bestimmte Verbindlichkeiten zu übernehmen? — — Ja freilich, da sieht man, mit welchen Zwangs- und Drangsmitteln der britische Leoparde seine Herschaft außbreitet und Zaghaftigkeit, wenn sie Vortheil bringt, sich dienstbar macht. Also die faktische Schuzlosigkeit der deutschen Erzeugung und Schiffahrt, sowie die dadurch ermöglichte britische Versorgung Deutschlands mit englischen Erzeugnissen und fremden Kolonialartikeln nimt der englische Minister als unumstößliche vollendete Thatsache in Anspruch, als ein erworbenes Recht Englands, dessen Verlezung kriegsfeindlich sei! Um dieser Anmaßung die Krone aufzubrücken, soll sie in den preußischen Zusicherungen — jede Maßregel die den britischen Interessen zum Nachtheil gereichen möchte, zu ver-

meiden — hinlänglich begründet liegen, wie wenn ein Staatsvertrag
bestände, der das zollvereinte Deutschland zu einer englischen Rentei er-
niedrige! Klar ist, daß Unterhandlungen auf solcher Grundlage nicht
frommen. Nein, kein Vertrag mehr mit England, selbst keine Unterhandlung, bis eine Navigazionsakte die deutsche Schiffahrt schüzt und
das in Handel und Wandel einige starke Deutschland, in freier, selbständiger Stellung England gegenüber treten kann! Dies ist die einzige ehrenhafte Antwort auf jenen diplomatischen Uebermuth von jenseits der See, und sie würde mehr für die dauernde Freundschaft beider
Länder beitragen, als jede andere. In politischer Hinsicht können beide
Reiche ihr Bündnis nicht gut entbehren, so lange Deutschland von der
Landseite den Kanal, und England von der Seeseite den Rhein und die
Weichsel mit zu schüzen hat; allein die Freundschaft zwischen Völkern
kann erst eine innige werden, wenn der Grund zu gegenseitiger Achtung
für beide Theile gleich stark ist.

Frankreich unterhält, bei einer Million waffengeübter Nazsional-
garden, ein Heer von 350,000 Mann, und seine Dampfflotte kann auß
uneinnehmbaren Häfen mit 80,000 Mann in wenigen Stunden eine
der Brücken über den Aermelkanal überschreiten, um einen Angriffskrieg
gegen England zu unternehmen. Es ist kein Geheimnis mehr, selbst
die kleine merkwürdige Schrift des Herzogs von Joinville spricht sich
in diesem Sinn auß, daß Frankreichs Hoffnung, in einem künftigen
Kriege mit England nicht abermals zu unterliegen, seine Flotte, seinen
Handel, seine Kolonien und sein Algier nicht von neuem einzubüßen,
darauf fußt, daß es in England oder Irland eine rasche Landung be-
werkstellige und den Seekrieg in einen Invasionskrieg verwandle. Dagegen hat Frankreich auß naheliegenden Gründen niemals eine englische
Landung zu befürchten, die ihm gefährlich werden könnte: England
muß seine Kräfte haubtsächlich auf seine Seemacht verwenden, diese Politik hat lange Erfahrung als die richtige bewährt, es kann mit den großen Landmächten des Kontinents ohne Gefährde für seine Weltstellung
niemals in militärischen Wettkampf treten. Ob man nun die Meinung
theile, daß durch die Dampfschiffahrt die Vertheidigungsfähigkeit Englands eher vermindert als vermehrt worden sei oder nicht — die fortwährend Rüstungen und die Anlage von Küstenvesten in England,
scheinen mittelbar für das erstere zu sprechen — jedenfalls sind Frankreichs Hoffnungen auf einen Landkrieg im Inselreiche gerichtet, und es

scheint diese Gefahr mit der Vervollkommnung der Schiffsmaschinerien zu wachsen. Unter solchen Umständen dürfte Deutschlands Freund-schaft für Großbritannien jezt größeren politischen Wert haben als zu irgend einer frühern Zeit, indem sie allein es der Nothwendigkeit über-hebt, neben der Flotte ein zahlreiches Landheer auf den Beinen zu hal-ten und seine Kräfte zu zerspalten. Und zwar muß sich England um so sicherer fühlen, je höher, freier und mächtiger die Deutschen als eini-ges Volk unter den übrigen dastehn, je weniger sie namentlich die Fran-zosen um ihre Landeszustände zu beneiden und je weniger sie die Eng-länder als Gegner ihrer gewerblichen und handelsmännischen Wohl-fahrt zu betrachten haben. Ein leidiger Irrthum aber ist es, zu glau-ben, unsere Handelsbeziehungen zu England legten uns zarte Scho-nung und Rücksicht für das britische Interesse auf. Auch abgesehen von dem mittelbaren Verkehr, den es für Deutschland betreibt, und durch welchen es uns zugleich vom Mitbewerb im Welthandel nach Kräften zurückhält, steht es schon im direkten Verkehr mit uns im großen Vor-theil, weil es unsere Roherzeugnisse mit veredelten Stoffen bezahlt. Eher hätte also England uns mit zarter Schonung zu begegnen, statt mit Uebermuth. Es bedarf annoch der Erzeugnisse, die es uns abnimt, während wir seiner Fabrikerzeugnisse allenfalls entrathen und mit den überseeischen Ländern ohne seinen Beistand in direkten Verkehr treten könnten. Die englische Handelspolitik richtet sich, wie gebührlich, allein nach dem Bedürfnisse der eigenen Landeswohlfahrt und trifft ihre Maßregeln nie nach den Wünschen des Auslandes. Obgleich man in England der deutschen Wolle (im jährlichen Durchschnitt für 1 bis 1½ Million Pf. St.) unseres Holzes (für 1 Million etwa) und Ge-traides (für 1½ Million Pf. St.) seit hundert Jahren wesentlich be-durfte, so that man doch alles, was Monopolgeist nur erfinden konnte, um die Einfuhr selbst dieser Artikel zu erschweren. Bauholz aller Art muste einen Wertzoll über 100 Prozent zahlen, um das schlechtere Ca-nada-Holz zu begünstigen; in den lezten Jahren ist der Zoll zwar herabgesezt, doch eine unverhältnismäßige Begünstigung Canada's bei-behalten worden. Auf Wolle betrug der Eingangszoll 1813 6 Sh. 8 P., 1819 sogar 56 Sh. vom Zentner, später ward er im Interesse des Wollgewerkes wieder erniedrigt auf 4 Sh. 8 P. für geringe und 9 Sh. 4 P. für feinere Arten. Alles Reklamiren dagegen blieb vergeb-lich, bis Frankreich und Belgien die Zölle auf wollene Zeuge erhöhten

und der Zollverein endlich diesem Beispiel folgte. Was geschah nun?
Der Zoll auf Wolle ward ganz aufgehoben, um den erhöhten Zöllen
der fremden Staaten zu Gunsten des britischen Mitbewerbs entgegenzuwirken. Die Einfuhr fremder Wolle in England ist denn auch von
189,104 Ballen im Jahr 1843, auf 229,167 Ballen im Jahr 1844
gestiegen, wovon Deutschland 70,305, Australien 70,908, die pyrenä-
ische Halbinsel 12,023, die übrigen Länder 75,931 Ballen eingeführt
haben; dabei hat die englische Wolle in Folge der ungewöhnlichen
Manufakturthätigkeit sich noch um 30 Prozent vertheuert. Seht da
denn das rechte Mittel, England zu Zugeständnissen zu bewegen!
Gerade das strengere Schutzsystem und der Aufschwung der Gewerkkraft in
den Ländern unsers Kontinents kommen den Strebnissen und der innern
Nöthigung zur Milderung des englischen Tarifs zu Hülfe. Inzwischen
hat die britische Ausfuhr nach diesen Ländern nicht gelitten, vielmehr,
wie die obige Vergleichung der britischen Ausfuhren von 1836 und
1844 darthut, gerade die nach Frankreich, dem Zollverein und Belgien
am meisten zugenommen. Diese Erscheinung darf ebenso wenig überraschen, wie die bekannte Thatsache, daß der britische Handel mit den
Vereinigten Staaten gerade nach der Unabhängigkeit derselben mit Riesenschritten zugenommen hat. Beides beruht auf demselben Grunde,
dem innern Fortschritte der Vereinigten Staaten und des europäischen
Festlands: in Folge des wirksamern Handelssystems und der größern
Freiheit im Innern, werden die Länder reicher und können mithin von
den Engländern mehr von den Waren eintauschen, die sie selbst nicht
erzeugen. So hat den wichtigen Satz der politischen Oekonomie im
Großen die Erfahrung bestätigt, daß die innern Fortschritte und die Bereicherung des einen Landes, weit entfernt dem andern Lande zu scha-
ben, vielmehr diesem zum Vortheil gereichen, indem sie die Möglichkeit
zu einem ausgedehntern Bedarfshandel zwischen beiden gewähren; daß
also die Interessen der Völker auch auf dem ökonomischen Gebiete in
Einklang miteinander stehn. Hierbei sei daran erinnert, daß der Verkehr zwischen den Vereinigten Staaten und England sich dann erst am
meisten hub, als jene im gesamten Schiffahrtsverkehr ein strenges Ge-
genseitigkeits - und Vergeltungssystem gegen dieses durchführten. Ein
Beweis mehr, daß der Völkerverkehr durch wahrhaft schützende Geseze nicht vermindert wird, daß er überhaupt lediglich von der innern
Entwickelung der verschiedenen Länder abhängt, und daß diese also, nicht

äußere Rückfichten, selbst im Intereffe des außwärtigen Handels, über alle Maßregeln der Handelspolitik entscheiden muß.

Allerdings führte England in den Jahren von 1837 — 1842 über 12,000,000 Quarter Weizen ein, und muste dem Außlande dafür an 30 Millionen Pf. St. zahlen; man könnte verfucht sein, lediglich auß diefem Umstande die vermehrte Fabrikateneinfuhr nach den betreffenden Ländern zu erklären. England führte nämlich auß nach:

		1837.	1842.
Deutschland (direkt)	Pf. St. 5,029,552	6,579,351
Holland	= = 3,040,029	3,573,362
Belgien	= = 804,917	1,099,490
Frankreich . . .	= = 1,643,204	3,193,939
Rußland	= = 2,046,592	1,885,053
Schweden und Norwegen	= = 173,534	344,017
Dänemark	= = 103,448	194,304

Auch ist es merkwürdig, daß diefe Vermehrung der britischen Außfuhr vorzugsweife nach den europäischen Getraideländern in Jahren statt fand, in welchen fie sich nach allen andern Theilen der Welt verminderte. Vergleicht man die Außfuhren von 1836, wo der Geldwert derfelben bis 1843 am höchsten stieg, ohne alle Korneinfuhr, mit denen von 1842, nachdem England in jedem der vier vorhergehenden Jahre über 2 Millionen Quarter Weizen eingeführt hatte, so zeigt sich folgendes Ergebnis:

	1836.	1842.
Wert der englischen Außfuhr nach den europäischen Kornländern	11,581,242 Pf. St.	16,859,516 Pf. St.
Desgleichen nach allen übrigen Ländern . .	41,787,330 = =	30,521,607 = =

Während die Außfuhr also nach den ersten Ländern ein Mehr von 5 Millionen Pf. darbot, zeigte fie nach den andern ein Minder von 11 Millionen Pf. Indeffen stieg die britische Außfuhr nach jenen Ländern 1843 und 1844 in noch größerm Verhältniffe als früher, ungeachtet in diefen Jahren wenig Getraide nach England gieng; wie denn schon das günstige Jahr 1836, wo bereits seit drei Jahren keine nam=

hafte Kornzufuhr stattgefunden, beweist, daß die vermehrte Außfuhr
nicht durchauß mit der größern Getraideeinfuhr zusammenhängt. Je=
denfalls geht auß allem hervor, daß Englands Handel mit unserm Kon=
tinent noch einer großen Außdehnung fähig ist, und daß es sich am
besten dabei stehen würde, wenn es gegen freien Zulaß der Produkte
desselben, einen größern Außtausch der beiderseitigen Waren hervor=
riefe. Die Verhältnisse der meisten europäischen Staaten sind nicht so
sehr verschieden von den deutschen, um nicht mit Gewisheit voraußzu=
sehen — ohne deshalb gerade an eine europäische Zollunion zu denken —
daß in Europa ein ungleich größerer Verkehr stattfinden und eine grö=
ßere allgemeine Wohlfahrt walten würde, wenn Prohibizion und zu
hohe Zölle kein Hindernis weiter dafür abgäben. In der Haltung ge=
gen England aber, ist unserm Kontinent ein gewisses festes Maß zu em=
pfehlen, gleichsam eine Linie der Vorsicht, hinter welcher er nicht zurück=
bleiben und die er nicht überschreiten darf; denn a u f dieser Linie kann
das handelsmächtige Inselreich günstig auf seine Zustände einwirken,
u n t e r oder ü b e r ihr aber zu wenig oder verderblich. Die Festlands=
staaten haben das gemeinsame Anliegen, das Uebergewicht Englands in
den Manufakturen und auf der See in Schranken zu halten, sowol ihrer
eigenen Industrie wegen, als auch zur Erhaltung des politischen Gleich=
gewichts und des Weltfriedens, indem Großbritannien durch fortwäh=
rende einseitige Steigerung seiner Gewerbsübermacht endlich auß Drang
der Selbsterhaltung zu Gewaltschritten gegen die gewerbliche und staat=
liche Unabhängigkeit der Völker fortgerißen werden könnte. Nur dür=
fen sie dies nicht so verstehn, wie's Napoleon nahm und berühmte Na=
zionalökonomen nach ihm, daß sie sich nämlich jezt auß freiem Ent=
schluße zu einer neuen Kontinentalsperre gegen England zu vereinbaren
hätten — sie würden das Ziel noch weniger als Napoleon erreichen und
nur ihre eigene Volkswirtschaft den größten Gefahren preisgeben. Na=
poleon fiel de dato der Kontinentaldekrete von Berlin, welche mit dem
Uebermuthe eines siegreichen Tyrannen Natur und Menschen zugleich
verhöhnten. Eben von jenen Dekreten datirt auch das erdrückende
Uebergewicht Englands in der Weltindustrie und auf der See. Alles
hatte Napoleon besiegt; aber unmächtig ist der Mensch gegen die Geseze
der Natur: er kämpfte gegen die Naturgeseze des Handels an, und er
sank. Auf diesem naturwidrigen Wege sind zum Theil noch heute Ruß=
land und Frankreich befangen — jenes durch seine Absperrung gegen

Europa, dieses durch seine Prohibitivzölle, die es sogar auf die Einfuhr von Maschinen gelegt hat, zu Gunsten einiger reichen Eigenthümer von Waldungen und Eisenwerken. Ein solches Verfahren hat keinen Sinn, wie überhaupt alle Anstrengungen, die einseitig darauf hinauslaufen, der Ausdehnung des Völkerverkehrs entgegenzuwirken.

Englands beste Handelskunden sind Deutschland und die Vereinigten Staaten. Würden sie's aber auch dann sein, würden sie für seinen Handel auch nur die Hälfte der Wichtigkeit wie gegenwärtig haben, wenn Amerika noch eine britische Ackerbaukolonie darstellte und die deutschen Staaten nur tiefer in ein unseliges, von England abhängiges Ackerbauverhältnis gerathen wären? In den lezten Jahren ist Deutschland der allerwichtigste Markt für England geworden — doch wol ein neuer Grund, daß England uns vorzügliche Rücksicht schuldet. Von der oben aufgezählten britischen Ausfuhr des Jahres 1837 nach den Hauptländern Europa's, im Erlaufe von 12,841,276 Pf. St., kamen 5,029,552 Pf., von der des Jahres 1842, im Betrage 16,859,516 Pf., aber 6,579,351 Pf. direkt auf Deutschland. Da aber die Hälfte der britischen Einfuhren nach Rotterdam und Antwerpen weiter nach Deutschland geht (von den 80 Millionen Fr. Werten z. B., die England 1844 gegen nur 15 Mill. allgemeine Zufuhren aus Belgien nach diesem Lande einführte, blieben gerade 40 Mill. daselbst zum Verbrauche, die andere Hälfte gieng weiter nach deutschen Ländern), so kamen uns in jenen beiden Jahren mindestens für bezüglich 7 und 9 Mill. Pf. St. englische Erzeugnisse zu, wie denn auch Dr. Bowring schon 1838 sie auf 8 bis 9 Mill. Pf. berechnet. Im Jahr 1844 betrug diese Summe jedenfalls 10 Mill. Pf. St. (während die britische Ausfuhr nach den Vereinigten Staaten auf etwas unter 8 Mill. Pf. hinabgesunken war), d. h der Absaz Englands nach Deutschland — bestehend meist aus Fabrikaten und aus Kolonialwaren, die von Engländern gegen ihre eigenen Manufakturwaren eingetauscht werden — beträgt jezt über ein S e c h s t h e i l seiner Gesamtausfuhren, mehr als die H ä l f t e aller englischen Ausfuhren nach allen seinen Kolonien und Besizungen und selbst ein par Millionen mehr als die ganze englische Ausfuhr nach Britisch-Ostindien, obschon es diesen unermeßlichen Markt monopolisirt hat! Geht hieraus nicht zugleich hervor, daß Deutschland auf seinem eigenen Industriegebiete noch die größte Eroberung machen kann? Sollte es unsern Staatsmännern dennoch schwer fallen, die englischen Anmaßungen zurückzuweisen und den Engländern thatsächlich begreiflich zu machen, daß kein Volk mehr Ursache habe als sie, gegen Deutschland gerecht und billig zu sein? Das kleine Belgien ergreift alle diejenigen handelspolitischen Maßregeln, welche ihm zu Förderung seiner Wohlfahrt geeignet scheinen, ohne im mindesten zu berücksichtigen, ob sie England angenehm seien oder nicht — und die deutschen Staaten, deren Freundschaft für England so unermeßliche Wichtigkeit hat, sollten sich nicht mit gleicher Freiheit und Selbständigkeit bewegen können? Freilich, die belgische Regierung wird unterstüzt durch die Volksvertretung — nur in politisch freien Ländern sind die Regierungen mit jener Kraft, welche allein die öffentliche verfassungs-mäßige Volksstüze gewährt, außgestattet.

Was Engländer auch reden, England befrägt bei allen seinen Maßnahmen nur seine eigene Wohlfahrt. Thun wir desgleichen! Die berühmte Akte zur Ermuthigung der britischen Schiffahrt ist vom Parlament im Jahr 1845 revidirt und aufs neue beliebt worden, die Beschränkungen zum Nachtheil der fremden Flaggen sind im Wesentlichen geblieben; nur ist die Abfassung der Akte in Einklang mit einigen seit der lezten Bekanntmachung derselben (im Jahr 1833) erlassenen besondern Parlamentsakten gebracht worden. Die Mehrheit eines parlamentarischen Außschusses, der zwei Jahre lang gesessen, hat sich entschieden für Beibehaltung des bisherigen Schiffahrtssystems in seiner vollen Strenge erklärt. Gleiches gilt im Ganzen hinsichtlich des britischen Kolonialsystems. Dagegen kann kein Vertrag, sondern nur eine schüzende und vergeltende Schiffahrtsakte helfen. In den Ergänzungs-schiffahrtsübereinkünften Englands mit Preußen und den Hansestädten ist bestimmt, daß preußische und hanseatische Schiffe, auß ihren nazionalen oder denselben gleichgestellten Häfen kommend, in die außwärtigen britischen Bestzungen (British possessions abroad) mit ihren Ladungen unter gleich günstigen Bedingungen, als die britische Flagge unter ähnlichen Umständen zugelassen werden sollen. Desungeachtet werden Güter, in preußischen und hanseatischen Schiffen eingeführt, in den Häfen des britischen Ostindiens doppelt so hohen Zöllen unterworfen, als wenn sie in britischen Schiffen verladen sind; weshalb bei den einzelnen Verschiffungen von Hamburg auß nach Bombay und Calcutta keine deutschen Schiffe verwandt werden konnten, sondern britische Schiffe zu theuern Frachten gemiethet werden mußten. Der schnöde

Vorwand ist: die Handelsgesezgebung in den Besizungen der „ostindischen Compagnie" sei durchauß unabhängig von der britischen Regierung, und jene ostindischen Besizungen seien in dem Außdruck der Verträge „britische Besizungen" nicht mit einbegriffen. Dieser Außlegung
zufolge müste es nun andrerseits den deutschen Schiffen freistehn, von
Großbritannien nach den Häfen des britischen Ostindiens wie nach
jedem andern fremden Hafen Frachtfahrt zu treiben, denn die Navigazionsakte verbietet fremden Schiffen nur die Außfuhr von dem Vereinigten Königreich nach den außwärtigen britischen Besizungen, sowie den
Handelsverkehr zwischen verschiedenen britischen Besizungen, ohne der
Länder der „ostindischen Compagnie" dabei zu erwähnen. Auch haben
die meisten Ortsbehörden in den ostindischen Häfen das Verhältnis so
aufgefaßt, daß die Schiffahrtsakte für sie, nach Analogie der Verträge,
keine Verbindlichkeit habe, und deshalb sowol fremden Schiffen, die
von britischen Pläzen Waren einführen, keine Schwierigkeit in den
Weg gelegt, als auch das Außklariren derselben nach andern britischen
Besizungen, namentlich auch nach Hongkong, früher gestattet. Allein
nicht nur haben die britischen Rheder in Calcutta und Bombay sich an
den Direkzionshof gewandt, um den Verkehr zwischen Britisch-Ostindien und Hongkong in fremden Schiffen zu hindern, sondern auch das
englische Handelsamt ist anderer Meinung. Nordamerikanische Schiffe
haben zwar in Folge einer besondern Parlamentsakte das Privilegium,
von England nach Ostindien exportiren zu dürfen, also auch die Schiffe
der übrigen Nazionen, in deren Verträgen mit Großbritannien der
Schiffahrtsverkehr mit Indien auf den Fuß der meistbegünstigten
Nazion gestellt ist, wie Rußland, Schweden, Oesterreich *), Griechen-
land; hansischen und preußischen Schiffen aber wird sogar dann in den
englischen Häfen die Außklarirung nach Britisch-Ostindien versagt,
wenn sie mit einer Ladung von Steinkohlen, deren Verbrauch in Ost-

---

*) Zwar ward die österreichische Brig Airone, welche in London einige Güter für
Sincapore eingenommen hatte, bei ihrer Ankunft verhindert, sie daselbst zu löschen,
die Waren musten auf der, Sincapore gegenüber liegenden unabhängigen kleinen Insel
Bulan Bay gelöscht und von dort auß in Leichtenschiffen nach Sincapore gebracht wer-
den. Allein der Misgriff ward bald darauf erkannt, da in dem Vertrage zwischen
Oesterreich und Großbritannien vom 3. Julius 1838 außdrücklich bestimmt ist, daß
den österreichischen Schiffen die gleichen Begünstigungen hinsichtlich des ostindischen
Verkehrs wie der meistbegünstigten Nazion zustehn sollen.

Indien bei der aufblühenden Dampfschifffahrt sehr zugenommen hat, nach Sincapore, dem zum Präsidium Bengalen gehörigen völligen Freihafen, gehn wollen. So gibt England in Außlegung seiner Verträge und Geseze demselben Außdruck bald diese, bald jene Bedeutung, je nachdem sie die fremden Schiffahrtsinteressen am meisten beeinträchtigt!

Freilich war der Absaz deutscher Fabrikate nach Britisch-Ostindien von keiner großen Bedeutung bei der Ungunst der Differenzzölle (für die vorzüglichsten Einfuhrartikel betrugen die Zölle: für britische Erzeugnisse in britischen Schiffen 3 Proz., für fremde Erzeugnisse in britischen Schiffen 6 Proz. und in fremden Schiffen 12 Proz.); aber es war doch ein Anfang gemacht, und eine allmähliche Erweiterung dieser Geschäfte, namentlich in deutschen Wollwaren in Außsicht gestellt. Deshalb eben schien es klug, diese neuen Handelsanfänge fremder Völker auf dem Festland Indiens schon im Keime zu ersticken. Zu derselben Zeit demnach, da die englischen Staatsmänner im Parlament fast einmüthig gegen das Monopol sprachen und sich vor ganz Europa mit neuen Riesenschritten der Handelsfreiheit zu brüsteten, gieng im britischen Asien der vom dortigen gesezgebenden Rathe gemachte Vorschlag zur Erhöhung der Eingangszölle auf die vorzüglichsten, in die drei „Präsidentschaften" einzuführenden Artikel nebst ungeheurer Bevorzugung der englischen Flagge durch. Das betreffende Zollgesez, vom Gouverneur von Indien am 21. Mai 1845 bekannt gemacht, besteht seit dem 1. Junius desselben Jahres in Kraft. Darnach bezahlen englische Schiffsgeräthe, Metalle, Woll-, Baumwoll-, Seidenwaren einen Zoll von 5 Prozent, wenn sie unter britischer Flagge eingeführt werden, dieselben fremden Erzeugnisse in britischen Schiffen 10 Proz., fremde Erzeugnisse in fremden Schiffen 20 Proz. (Ebenso werden englische Twiste mit 3½ und 7 Proz., fremde mit 7 und 14 Proz., Bier, Zyder und ähnliche gegohrne Getränke mit 5 und 10 Proz. vom Werte, Weine und Liqeure mit 1 und 2 Rupien, Spiritus mit 1½ und 3 Rupien per Gallone, und alle nicht aufgezählten Manufakturerzeugnisse mit 5 und 10 Proz. vom Werte besteuert, je nachdem sie unter britischer oder fremder Flagge eingeführt werden.) Während also die deutschen Waren auf dem ostindischen Markte in Mitbewerb mit den britischen früher eine Zolldifferenz von 3 bis 9 Proz. zu überwinden hatten, haben sie jezt einen Unterschied von 5 bis 15 Prozent gegen sich!

Auch Frankreich befolgt eine Schiffahrtspolitik mit der unumwundenen Absicht, die fremden Flaggen von der Frachtfahrt von entferntern Ländern nach französischen Häfen durch hohe Differenzzölle so weit nur irgend möglich auszuschließen. Wir achten nicht auf seine Beschränkungen unserer Schiffahrt. Die Gesezgebungen Belgiens, Hollands, Schwedens, Dänemarks, Spaniens, Portugals, Sardiniens, Neapels ꝛc. suchen durch Differenzialzölle gleichfalls die heimische Rhederei und den unmittelbaren Seehandel zu begünstigen. Die durchgreifende Maßregel Rußlands vom 19. Julius 1845 hat jezt auch eine russische Schiffahrtsakte ins Leben gerufen, in Betracht, daß „russische Schiffe und die Waren, welche sie führen, in vielen außländischen Häfen mit Differenzabgaben belastet sind, der Außbildung der russischen Handelsmarine möglichst Schuz zu gewähren.“ Mit Außnahme der Länder, wo auf den Grund besonderer Verträge oder anderer Anordnungeu die russische Flagge einer gleichen Behandlung mit der nazionalen oder der Flagge der „am meisten begünstigten“ Nazion genießt, müssen alle fremden Schiffe in den russischen Häfen ein Extralastgeld und die in ihnen eingeführten Waren einen Zuschlagzoll von 50 Proz. auf den tarifmäßigen Zoll entrichten. England hat sich jedoch durch seinen Schiffahrts- und Handelsvertrag mit Rußland vom Jahr 1843 im vorauß gegen die neue Maßregel gesichert, indem Rußland in demselben von Großbritannien der „meistbegünstigten“ Nazion gleichgestellt wird, welches Zugeständnis freilich bei dem allgemeinen gesezlichen Außschließungssystem der britischen Navigazionsakte nicht eben viel einräumt. Sonst sind derlei Maßregeln am besten geeignet, der selbsüchtigen Schiffahrtspolitik einzelner Staaten entgegenzuwirken und einen auf billige Gegenseitigkeit begründeten allgemeinen Völkerverkehr hervorzurufen. Wenn aber alle Nazionen sich mit einer schüzenden Schiffahrtsgesezgebung bewaffnen, so kann natürlich eine einzige darin nicht zurückbleiben, ohne sich nach allen Seiten empfindlichen Verlusten außzusezen. Dies ist das gegenwärtige Loß Deutschlands.

So kann es aber nicht bleiben. Deutschland muß sich um jeden Preis aufraffen. Weh uns, wenn bloße Besorgnisse, die Furcht vor mächtigen Widersachern unsere Staatsmänner davon zurückschreckte! Ueberall in der fysischen wie moralischen Ordnung der Dinge umwogen uns Gegensäze, Kampf, und diese Gegenstrebnisse sind nüzlich und nothwendig, denn an ihnen wächst die Kraft — ohne sie kein Fortschritt. Der Geschichtschreiber Hume sagt: „ein fortwährender Krieg würde die Menschen in wilde Thiere verwandeln, ein beständiger Friede aber in zahme Haus= und Lastthiere." Der Antagonismus der Ideen und Interessen unter den Völkern, der zu allen Zeiten damit geendet hat, sich zu Unterdrückungsversuchen zu gestalten, ist gleichsam der Einschlag, auf welchen die Weltgeschichte sich webt. Darum ist es ein heilloser Wahn, zu glauben, dadurch, daß man sich nicht rüste, könne man den Krieg vermeiden; dadurch, daß man sich nicht wehre, mache man den Feind wehrlos; dadurch, daß man kein Interesse als sein eige= nes verleze, vermeide man alle Kränkungen von außen. Keine Macht= losigkeit aber bestraft sich mit der Zeit sicherer und bitterer als Schwäche und Ohnmacht zur See. Und warum denn auf diesem Felde schmäh= lich verzagen, auf dem unsere Altvordern sich doch so groß erwiesen? Einst rief Holland sich zum Beherscher der Meere aus, und zum Zeichen dessen, daß es die Meere fege, führte es in seinem Uebermuth an den Masten seiner Schiffe einen Besen. Doch dieses Zeichen ist verschwun= den. Mit Hülfe der Navigazionsakte Cromwells erlangte England das Uebergewicht zur See, und es beweist nun seit geraumer Zeit den Völ= kern die Wahrheit des europäischen Verses:

Le trident de Neptune est le sceptre du monde.

Glaubt man, England sei berufen, den Dreizack immer über der Welt zu schwingen? Glaubt man, die Staaten unsers Festlands, Frankreich, Spanien, Deutschland, Skandinavien, Rußland, die Ver= einigten Staaten Amerika's würden es dulden, daß nicht bloß in Kriegszeiten ihre Unterthanen auf der See ihres Eigenthums beraubt werden, sondern daß auch, in ihrer Eigenschaft als Neutrale, ihre Flaggen nicht die Ware schüzen? Mit aller seiner Macht hat England diese Frage nicht zu seinen Gunsten zu entscheiden vermocht, und der Grundsaz: „die Flagge deckt die Ware" wird siegreich bleiben, sollte England auch seine ganze Weltstellung dran wagen. Gegen die Geseze der Natur und des Geistes, gegen Freiheit und Fortschritt zerschellt auf die Dauer jede Gewalt, und mit dem Untergange der britischen Her= schaft stirbt die Menschheit nicht.

Ich will hier nicht in die Umwege näher eingehen, auf welchen England jenes Ziel bisher verfolgte. Auch will ich das nicht verklei= nern was einzelne von Pietät und Religion beseelten Menschenfreunde in England für Aufhebung der Negersklaverei gethan haben und noch immer thun, die Geschichte wird ihnen Gerechtigkeit widerfahren laßen.

Doch hervorheben muß ich, daß die Engländer bei ihren desfälligen Bemühungen mindestens noch wichtige Nebenzwecke verfolgten. Ich erinnere hier nur an die Feldzugspläne gegen die Vereinigten Staaten, die sich auf die Empörung der Negersklaven daselbst stüzen; ich erinnere an die englische Kolonialpolitik, welche in Asien wieder zu finden und fester zu begründen hofft, was sie in Amerika eingebüßt — dazu erscheint allerdings denn die allgemeine Emanzipazion der Neger das geeignetste Mittel. Geht in allen diesen Fällen Englands Interesse Hand in Hand mit den Forderungen der Humanität und des Kristenthums? Zu Gunsten der Sklaverei wirkt leider noch die alte Ursache fort, welche zuerst auf den unglücklichen Negerhandel nach Amerika und Westindien führte, nämlich die Leibeskräftigkeit und Gesundheit dieser Menschen, auch bei anhaltenden Feldarbeiten im tropischen Klima. Die sogenannte „afrikanische Außwanderung" von Sierra Leone nach Britisch-Westindien, der Malayen nach Guiana ist, wenn auch nicht eine Wiederbelebung des Sklavenhandels unter britischer Flagge, so doch ein Genügeleisten des alten Negerbedürfnisses unter dem tropischen amerikanischen Himmel in milderer Form. „Auf diese Weise" — es sind die Worte Junius' an Lord Mansfield — „macht der Verstand eines Briten die Irrthümer seines Herzens wieder gut." Die in Westindien einwandernden Neger werden als „Lehrlinge" verdingt. Indessen kann dem Neger nach einigen Jahren seine volle Freiheit nicht vorenthalten werden; auch wird bei der Außwanderung das materiell Scheußlichste des Negerhandels vermieden, nämlich die Verpackung der Neger wie Häringe auf den Schiffen, so daß gewöhnlich ein Drittel von ihnen das Leben einbüßt. Wenn die Vereinigten Staaten aber sich rühmen wollen, dieserhalb die Todesstrafe auf den afrikanischen Negerhandel gesezt und die Negereinfuhr in die Union durchauß verboten zu haben, so erweckt das nur ein widriges Gefühl, so lange sie die Sklavenzucht gestatten und nicht minder den innern Handel damit, jenes Verbot daher zugleich als ein Monopol für die einheimischen Züchter erscheint — für kristliche Väter, die ihre eigenen Kinder verkaufen! Wahrlich, vom moralischen Standpunkte ist dies ungleich scheußlicher und verdammenswerter als der rohe afrikanische Negerhandel selbst. — Die Bevölkerung von Sierra Leone besteht auß zwei Klassen, auß den kleinen Eigenthümern und Krämern, wovon jeder einen oder mehrere befreite Negerlehrlinge hat, von deren Arbeit er haubtsächlich lebt, und auß diesen Negerlehrlingen. Die besitzende Klasse ist natürlich gegen die Außwanderung, die andere, von Sklavenschiffen dort ans Land gesezt, erinnert sich der erduldeten Leiden und scheut die Weißen. Auch die Missionäre, sowol von der Episkopalkirche als die Methodisten, stimmen mit ihrem bedeutenden Einfluß die ihrer Kirche zugethanen Neger ge=gen die Verdingung nach Westindien, und sehen sie noch lieber, auß Rücksicht für den Missions= und Bildungszweck, in ihre heimatlichen Sklavenstaaten zurückkehren. Im Parlamente bediente man sich hin=sichtlich der Behandlung der von Sklavenschiffen befreiten Neger des Außdrucks „Despotismus der Humanität". Dagegen versicherte der Unterstaatssekretär der Kolonien, Hr. Hope, das Verfahren gegen die Neger entspreche ganz und gar der durch die Parlamentsakte von 1842 beabsichtigten wohlthätigen Fürsorge für die befreiten Sklaven. Der Statthalter von Sierra Leone sorge dafür, daß die Negerkinder, welche nach Westindien außwandern zu wollen erklären, wohlbehalten und wohlgenährt dahin gebracht werden, und daß die Pflanzer, bei denen sie dort Unterkommen finden, sich vertraglich verpflichten, ihnen zwei Jahre lang guten Schul= und Religionsunterricht ertheilen zu laßen. Die Lage der erwachsenen Neger könne sich durch die Außwanderung nur verbeßern, da es in Westindien Arbeit genug zu außnehmend ho=hem Lohne und viele Gelegenheit zur Außbildung gebe, während sich in Sierra Leone keine Beschäftigung und Brod genug für so viele Neger finde. Andere Parlamentsglieder belobten das System, die Einwan=derung freier Neger in Westindien zu befördern, weil es unter allen Mitteln zur Unterdrückung des Sklavenhandels das wirksamste sei, in=dem die westindischen Pflanzer mit Hülfe einer zureichenden Zahl freier Arbeiter im Stande sein würden, auf allen Märkten die Erzeugnisse der Sklavenarbeit zu verdrängen. Sollte da vielleicht der Schlüßel liegen zu dem amerikanischen Zorne gegen das neue System der Einfuhr freier Neger? Freilich, der wohlerwogene englische Vortheil mag bei dem al=len Hand in Hand gehn mit der englischen Filanthropie, gerade wie die Briten jezt nicht mehr, wie früher, auß dem Welthandel durch Zwang ein Monopol für sich machen wollen, weil sie daßelbe Ziel auf ihrer Höhe der Macht jezt durch den freien Mitbewerb zu erreichen hoffen. Wahrlich aber, den niederträchtigen amerikanischen Sklavenzüchtern, die den Namen Kristen beschimpfen, steht es am wenigsten zu, die britischen Maßnahmen zu verdächtigen und die Anstrengungen von Männern, wie

Wilberforce, Howard, nur Versuche eigennütziger Utilitarier zu nennen. Im Ganzen bleiben die englischen Strebnisse und Opfer gegen die Sklaverei immer edel und hochsinnig, besonders ist die humane Wirksamkeit der Anti = Slavery = Society, von der einzelne Agenten, wie Sir Thomas Reade in Tunis, sich rühmen können, Tausende Unglücklicher grausamen Herren entrißen, ihnen Freiheit und wahres Leben gegeben zu haben, für jedes menschlich fühlende Gemüth erhebend. Gewis, wenn irgend etwas die Humanität versöhnen kann mit der mehr als alles Andere empörenden Sklavenzüchterei im kristlichen Amerika, so ist es eben die schöne Wirksamkeit dieser britischen Gesellschaft. Wenn aber jener Giftkeim in den Vereinigten Staaten, die jezt schon von einem großen vollendeten Loße des Glücks träumen, endlich zu schwellen und alle Säfte des dortigen Lebens zu durchdringen beginnt, dann spreche man nicht von unersättlichem Jammer der auß heiterm Geschick hervorsproße — jede Schuld will ihre Sühne.

,,Denn ein unheiliges Werk zeugt in der Zeit andre,
die gleich ihrem Geschlecht sind.''

Indem wir Deutschen uns aber von der Nothwendigkeit durchdringen, uns zu einen und zu wappnen gegen die Listen und schlauen Künste fremder Politik, wollen wir doch den Haß nicht nähren gegen die übrigen Nazionen, noch ihnen im Eifer Unrecht thun. Wir wollen uns vielmehr der schönen Seiten ihrer Zustände innig erfreuen und gern von ihnen lernen zu Frommen des eigenen Vaterlandes. Vor allem aber wollen wir uns erinnern, daß das englische Volk in der Entwickelung seines historischen Rechts, in seinen Volksgerichten, in seiner naturwüchsigen Verfaßung die Bewahrerin urdeutscher Einrichtungen sei, und daß wir, ihm darin mit Ernst und Liebe nachfolgend, nur in unser ureignes Wesen zurückgehn und Fremdaufgedrungenes wieder abstreifen. Fühlen wir häufig auch drückend die britische Macht, tritt sie uns in der Fremde, ja selbst in der Heimat oft hemmend entgegen; so darf das uns doch nicht abhalten, gegen die englische Nazion als solche gerecht zu sein. Es liegt ja mit an uns selber, daß wir hier ihren Einfluß nicht ernster bekämpfen, dort nicht eifriger, nicht männlicher mit ihr wetteifern — daß wir schwächer sind als sie. Besonders sollen auch die in einer gewissen Schule angezogenen Neigungen uns nicht hindern, anzuerkennen, daß die viel gehaßte und noch mehr beneidete reiche und selbständige britische Aristokratie eben doch eine Aristokratie des Fort-

schritts und nicht der Stabilität, daß der englische Adel zugleich Volksadel und eben deshalb so mächtig ist. Bekannt ist das Wort eines unserer Dichter: in einem englischen Tory sei noch immer Holz genug, um
zehn deutsche Liberale daraus zu schneiden. Selbst der Stolz des englischen Aristokraten, namentlich der Whigs, ist patriotisch gefärbt und
mit einem vaterländischen Eifer, einer gewissen Größe verknüpft, die wir
in den politischen Kreisen Deutschlands einheimischer wünschten. Oder
wo finden wir unter lebenden festländischen Staatsmännern jenen Zug
des Lord John Russells, wenn ein Engländer also von ihm sagt:

> How formed to lead, if not too proud to please —
> His fame would fire you, but his manners freeze.
> Like or dislike he does not care a jot;
> He wants your vote but your affection not;
> Yet human hearts need sun, as well as oats —
> So cold a climate plays the deuce with votes.
> And while his doctrines ripen day by day,
> His frost nipp'd party pines itself away*).

Das Erkennen der innern Triebfedern des englischen Lebens wird
uns vor der weitverbreiteten Monomanie des Scharfsinnes bewahren,
in allen Schritten und Tritten englischer Staatsmänner abgefeimten
Machiavellismus zu wittern, in ihren liberalen Theorien der Staatskunst und des Handels z. B. nur eine Spekulazion auf die Gutmüthig-
keit anderer Völker, erfunden, damit sie ihnen im Mammonserwerb weniger im Wege stünden, in der Negerbefreiung nichts als die verdeckte
Absicht, die andern europäischen Kolonien zu Grunde zu richten, im
Durchsuchungsrecht gegen Sklavenschiffe, welches England jetzt gegen
Frankreich wie gegen Nordamerika so gut wie aufgegeben, nur die Anmaßung der Seeübergewalt, ja in den britischen Missions- und Bibel-
gesellschaften nur eine andere Art von Handelsanstalten. Derlei
Schmähungen treffen nicht den Karakter einer mannhaften und hoch-
herzigen Razion, sondern die, von welchen sie ausgehn. Wahrlich, besonders wir Deutschen haben Grund, sie um jene Durchbildung des

---

*) „Wie gemacht würd' er zum Leiter sein, wär' er nicht zu stolz, um zu gefallen.
Sein Ruhm würd' euch befeuern, doch seine Manieren erkälten. Um Beifall oder Mis-
fallen kümmert er sich nicht ein Jota; er braucht euer Botum, aber nicht eure Zuneigung. Doch das Menschenherz bedarf der Sonne so gut wie der Haber — ein so kal-
tes Klima spottet der politischen Bota. Und während seine Lehren von Tag zu Tage
reifen, schwindet seine vom Frost beschädigte Partei dahin." A. Z. 11. Januar 1846.

öffentlichen Lebens, wo die Regierung stark und die Bürger mächtig sind, wo die Freiheit rasch und laut pulsirt und doch Maß und Ordnung hält, zu bewundern und zu beneiden, wir dürften uns selbst Glück wünschen zu Aristokraten wie die Pitt, Fox, Canning, Palmerston, Russell, Peel — Staatsmänner, die auch Volksmänner sind und auflösende Prinzipien zwar auf gesezlichem Wege bekämpfen, aber nicht um ihrer eigenen Vortheile, sondern um des Gemeinbesten willen.

———

Druck von Breitkopf und Härtel in Leipzig.

In demselben Verlage ift erfchienen:

Die Ergebnisse

des

Handels und Zolleinkommens

der öfterreichifchen Monarchie

im Jahre 1842.

Von

Dr. Siegfried Becher.

———

Nebft 4 Tabellen.

Brochirt. 16 Bogen. gr. 8. 2 Thlr.

———

Druck von Breitkopf und Härtel in Leipzig.

Englands

Zustände, Politik

und

Machtentwickelung;

mit

Beziehung auf Deutschland.

Von

Gustaf Höfken.

Zweiter Theil.

Leipzig,

Verlag von Gustav Mayer.

1846.

Inhalt.

IX.

Peels Verwaltungs-, Geld-, Zoll- und Handelsreformen; — Rückblick mit Bezug auf die innere Nöthigung dazu; Wirkungen der Einkommentaxe und der Tarifmilderungen von 1842; Bankwesen, Papiergeld, die Bank von England, die Bankbill von 1844; Kapitalverwendung auf Eisenbahnen ꝛc., ihr Einfluß auf Geldkrisen und Zinsfuß; Zettelbanken für Deutschland.

> „Freier Handel, soweit er möglich ohne bestehende Interessen zu gefährden."*)
>
> Peel.

Es bereitet sich in der Finanz- und Zollgesezgebung, mithin auch in den Welthandelsverhältnissen Englands ein hochwichtiger Umschwung vor, dem besonders Deutschland, das noch vielgespaltene und gegen drohende Schläge wenigergerüstete, seine volle thätige Aufmerksamkeit zuwenden muß. Die Uhr der englischen Korngeseze ist abgelaufen, alle Zölle auf fremde Lebensmittel, alle Abgaben auf die ersten Lebensbedürfnisse schwinden mehr und mehr hin, eine neue Aera der Riesenfortschritte auf der Bahn der Gewerbe, des Handels und des Reichthums wird für das Eilandreich beginnen und den Siegeswagen Britannia's von neuem beflügeln. Möchte dieser Umschwung, diese Revoluzion mit ihren unermeßlichen Folgen Deutschland nicht unvorbereitet treffen! Dazu aber ist es Zeit, daß wir, uns stüzend auf alle die moralischen und materiellen Elemente, welche unser Volkthum bietet, mannhaft eine politisch ökonomische Organisazion anstreben, die, von andern großen Völkern schon längst erreicht, auch für unsere Größe, ja für unsere Unabhängigkeit und unser Bestehen nothwendig ist.

Es erscheint gewissermaßen ein Glück für Deutschland, daß einer

---

*) „Principles of a free trade, without compromising interest."

schnellen, völligen Umbildung des britischen Zoll- und Steuerwesens noch viele Hindernisse im Wege stehn, die, wie wir früher gesehen, samt und sonders mit den Grundbesitzzuständen zusammenhangen und ohne bedeutende Veränderungen darin schwerlich ganz hinwegzuräumen sind. So gewinnen wir Zeit, wenn wir sie anders benützen, uns zu organisiren und dem Haubtstoße zu wehren. Zweifelsohne ist der Wille zu den umfaßendsten Reformen in dem einsichtsvollen Theile aller politischen Parteien Englands vorhanden. Auch macht sich das Bedürfnis danach mehr und mehr fühlbar. Allein der Zusammenhang der Steuer- und Zollverhältnisse mit dem Grundbesitze ist zu stark, der leztern staatsrechtliches und thatsächliches Uebergewicht in der Gesezgebung noch zu befestigt als daß es wahrscheinlich wäre, es würde das Handels- und Finanzsystem für sich allein völlig umgeformt werden. Wie gesagt, wir können dies als eine Art Glücksfall für uns ansehen, der uns Zeit zur Stärkung verschafft; ohwol wir offenbar am meisten wünschen müsten, das englische Feudalwesen selbst möchte fallen und sich hierauß in Großbritannien und Irland freiere Verhältnisse gestalten, in deren Folge das Gleichgewicht zwischen der ackerbauenden und gewerbtreibenden Bevölkerung wieder hergestellt und dadurch der fortwährende unwiderstehliche Drang nach Außdehnung des äußern englischen Handels gemildert würde. Englands Geschichte ist kein Räthsel, ihre Schickungen stehn in genauem Zusammenhang, und nirgends sonst vielleicht als unter dem goldenen Dache der englischen Größe zeigt sich in tiefen Gebrechen lebendiger das Walten göttlicher Nemesis. Die alte Schuld, welche zuerst das angelsächsische Volk, dann das irische um Grund und Boden gebracht und diesen in die Hände weniger mächtigen Geschlechter als Eigenthum vereint hat, auf dem die Masse der Bevölkerung spärlich in zum Theil schmählichem Pacht und niederer Dienstbarkeit lebt — diese Schuld ist nicht gesühnt, und ohne neues Ungemach wird sie nicht gesühnt werden. Der sonst heilende Einfluß der Zeit hat diese tiefe Wunde nur noch klaffender aufgerißen, troz dem, daß die alte Gewaltthat mit der Glorie politischer Freiheit umspannt worden — die Bewegung, der Groll, mitunter die furchtbare Noth der Maßen geben Zeugnis von der fortdauernden innern Krankheit der englischen Zustände. Bis an die Wurzel des Schadens muß das Messer des Arztes, in die Tiefen der Zustände der ländlichen und städtischen Bevölkerung in das Heiligthum des historischen Besizes — in die Vertheilung des Bodens

muß die Reform siegend bringen, damit alle Volksklassen dauernd ver=
söhnt, damit Englands Staatsverfaßung und Volkswesen wieder ganz
heil und gesund werden können.

„Nur im rechtübenden Hause ja blühn stäts herliche Kinder."

Die Reformbill, welche das erstarkte Volk in einen Theil seiner
Rechte wieder einsezte, war ein Sieg der Mittelklasse, erfochten mit
Hülfe und Beistand der arbeitenden Masse. Sie gab den Manufaktur=
klassen, welche in Folge der neuen Weltindustrie reich und selbst den
Grundbesizern gegenüber bedeutend geworden waren, eine politische
Existenz; sie gab dem betriebsamen und volkreichen Norden Englands
seinen gebührenden Antheil an der Gesezgebung. Auß der Parlaments=
reform muß sich organisch=nothwendig ein staatlicher wie ein finanzieller
und handelsmännischer Umschwung entwickeln, die beiden aristokrati=
schen Parteien müßen aufhören, allein die Ministerien zu bilden, ja die
Zerwürfnisse werden nicht enden, bis auch der Mann auß dem Volke
zum geheimen Rathe des Königs ebenso zugelaßen wird, wie zu den
Berathungen der Gesezgebung. Nach dem ersten Siege indes schüttelte
die Mittelklasse die Helfer wieder ab, die sich abgetrennt in die Tiefe des
Chartismus verloren, unter dem Regiment der Whigs; dagegen machte
sie, von diesen unterstüzt, Gebrauch von ihren neuen Rechten im Stre=
ben dahin, den verhaßten Zoll aufzuheben, durch welchen die Erzeugnisse
des eigenen, der Nazion entrißenen Bodens, vertheuert werden. Die
Regierung der Whigs schlug die Umwandlung der Wandelskala in einen
festen Schuzzoll vor; doch die Verblendung der Landaristokratie trieb
sie vom Amte. Wer aber folgte ihnen? Nicht die Landlords, welche da
meinten, mit unverhülltem Eigennuze, das Landinteresse dürfe seinem
Selbstvortheil die Landesinteressen opfern. Auch nicht die Landaristo=
kratie als Torysmus, deßen Führer Wellington ist, sondern dieser im
Bunde mit einem Emporkömmling, Peel, den die Partei als ihren
ersten Geschäftsmann, als ein geschicktes Werkzeug zu nuzen gedachte,
um das Unterhaus zu leiten und auf die Tories in der Mittelklasse, die
eigentlichen „Conservatives", und die Mittelklasse überhaupt einzuwir=
ken. Wenn Peel nun auch sich bald genug in die Bahn gedrängt sah,
auß der er die Vorgänger im Amte warf — denn Naturgesezen, welche die
Alten das waltende Schicksal nannten, entwindet sich Niemand — so
war er doch gerade der geeignete Mann, der eine Versöhnung der Mit=
telklasse als Geld= und Handelsaristokratie mit der Landaristokratie ver=

suchen und die Geschäfte mit Besonnenheit dahin leiten konnte. Dieser Staatsmann, den ein Dichter mit der einen Zeile zeichnet:

„And still the cautious trot the cautious mind betrays".[*]

war gleichsam von der Vorsehung erlesen zu der großen Rolle tief eingreifender Vermittelung zwischen den zunächst sich schroff gegenüberstehenden Interessen und zur Befriedigung der dringendsten öffentlichen Bedürfnisse. Wirklich hat Peel den Weg der Reform, so weit er unter den gegebenen Verhältnissen offen steht, auf eben so umsichtige als kühne Weise betreten.

Doch um klar in das Getriebe der neuen politischökonomischen Bewegung zu schauen, wird ein Rückblick nöthig. Bis zum Jahre 1787 war die Zollgesezgebung in England eine verworrene Masse vereinzelter und ganz verschiedenartiger, im Laufe der Jahrhunderte allmählich entstandener Zollsäze, in jenem Jahre brachte Pitt hierin eine durchgreifende Reform zu Stande, welche die Aufhebung aller frühern Zölle und dagegen eine Vereinfachung der Zollerhebung nach einem allgemeinen Tarif bezweckte. Während der Kriegsperiode und der ersten Friedensjahre blieb im Ganzen das System von 1787, jedoch wurden allmählich eine große Anzahl Tariffäze erhöht, theils zum Schuze der inländischen Erzeugung, theils und haubtsächlich, doch mit geringem Erfolge, zur Bestreitung der so ausnehmend gestiegenen öffentlichen Ausgaben. Im Jahr 1819 fand eine Durchsicht des Tarifs statt, worauf denn auf Huskissons Veranlaßung die ersten Schritte zu einer Ermäßigung der Zollsäze geschahen, während bis dahin fast jede Veränderung nur eine Zollerhöhung herbeigeführt hatte. Die leitende Idee von Huskissons Vorschlägen war die Einführung eines freisinnigen Zollsystems, doch war die Aufstellung dieses Prinzips in den damals vorgenommenen Tarifänderungen von größerer Bedeutung als der praktische Einfluß derselben auf den Handel. Huskisson war überhaupt der Staatsmann, welcher zuerst die Bedingungen der neuen Weltindustrie gründlich durchschaute und die Aenderung der bisherigen Grundlage der englischen Zollgesezgebung für nothwendig erkannte, damit sein Vaterland den beginnenden Industriekampf zwischen den Völkern siegreich bestehe und

---

[*] „Und immer verräth der vorsichtige Trott die vorsichtige Seele." A. Z. (Bekanntlich pflegt Sir Robert auf einem sehr ruhigen Paßgänger ins Parlament zu reiten.)

das während der lezten fünfzig Jahre gewonnene Uebergewicht an
Macht behaubten ,oder noch vergrößern könne.   Der Beweggrund zu
allen seinen Reden für freiern Verkehr, zu allen seinen Vorschlägen war
weniger eine blinde Vorliebe für A. Smith's Freihandelstheorie, als
eben die klare staatsmännische Einsicht in die erweiterten Industrie = und
Handelsverhältnisse und in die ganze neue Weltlage. Bei Einbringung
seiner Reziprozitätsbill zu Gunsten der auf fremden Schiffen ein = und
ausgeführten Waren erklärte er: vielleicht wär's nicht klug, diesen Theil
der Gesezgebung zu ändern, wenn die fremden Mächte sich nicht in der
Lage befinden, mit Erfolg gegen die durch dieselbe eingeführte Ungleich=
heit Repressalien zu ergreifen, die auf die englischen Handelsbelange
verderblich wirken müßten.   Wirklich hatten damals bereits die Ver=
einigten Staaten und das Vereinigte Königreich der Niederlande den
Handel unter britischer Flagge mit höhern Zöllen beschwert, und Preu=
ßen hatte gedroht, diesem Beispiel zu folgen.   Die Zeit war vorüber,
wo es außerhalb Europa kein unabhängiges Handelsvolk gab und wo
die alten Regierungen unsers Festlands auß Gleichgültigkeit oder Un=
kenntnis ihre Handelsangelegenheiten vernachläßigten.   Huskisson
konnte nicht umhin, außzusprechen, daß das System der Differenzialzölle
jezt, nachdem England das Erfindungspatent für dasselbe außgebeutet
habe und die erste Handelsmacht der Welt geworden sei, nur noch da=
zu dienen könne, in der Handelspolitik zurückgebliebene Länder vorwärts
zu bringen.   Auch, meinte er, müsten die Zölle, als Auflage auf Han=
del und Schiffahrt oder den Produktentausch, natürlich das Land am
meisten bedrücken, welches den außgedehntesten Handel treibt, beson=
ders wenn dieses, wie England, meist nur unentbehrliche Rohstoffe ein=
führt und Fabrikate und Kolonialwaren außführt.   Denn die Zölle auf
Rohstoffe könnten die fremden Zölle auf Fabrikate nicht außgleichen, sie
würden vielmehr als weitere Prämie für die mit England wetteifernden
außländischen Fabriken wirken, weil die englischen nur um so theuerer
zu kaufen und zu verkaufen hätten. Kurz, Huskisson war durchdrungen
von dem Grundsaze, daß in der neuen Weltindustrie für jedes Land
alles darauf ankomme, auf dem Weltmarkte, d. h. auf dem
eigenen wie allen fremden Märkten, den Mitbewerb be=
stehn zu können, und daß man daher vor allen Dingen durch Ge=
sezgebung und alle möglichen Erleichterungen in den Abgaben, die
Fabrikindustrie in Stand sezen müße, so wohlfeil als

möglich zu erzeugen. Das aber sei für England um so nöthiger, als nicht nur von Tag zu Tag der Wetteifer der Festlandsstaaten wachse, sondern als es auch mit steigenden Nachtheilen zu kämpfen habe, indem seine Erzeugung an Getraide und andern Lebensmitteln nur noch bei seltenen ergiebigen Ernten zur Ernährung seiner Bevölkerung zureiche; während also die Preise der englischen Fabrikate durch den Weltmitbewerb bestimmt würden, theilen die englischen Fabrikanten nicht mit denen des Auslandes den Vortheil wohlfeiler Nahrungsmittel, zum Nachtheil der Taglöhne wie des Gewinnes. Diese Ansichten Huskissons sind gleichsam als das Programm zu betrachten zu allen spätern liberalen Maßnahmen, die den Zweck verfolgen, Industrie und Handel durch Verminderung der Zölle und Akzise und durch Besteuerung der Kapitale zu erleichtern.

Wenig Erheblichkeit hatten die unter Lord Grey 1832 und 1833 beschloßenen Erleichterungen und Lord John Russell scheiterte in seinem kühnen Plan, durch einen entscheidenden Schritt zur Handelsfreiheit die Lage zu ändern. Desto wichtiger erscheinen die gleich im Jahre 1842 auf Peels Antrag stattgefundenen Aenderungen des britischen Zollsystems. Bei Antritt des Ministeriums fand Sir Robert im Schaze einen bedeutenden Rückstand, Gewerbe und Handel in leidendem Zustande, die Arbeiterklassen in Noth. Er sah klarer als ein anderer ein, daß er nur auf größere Handelsfreiheit die Regierung, die Politik, die Wohlfahrt des Landes stüzen könnte. Um aber an den Zollsäzen bedeutend ändern zu können, war die erste Bedingung ein Ueberschuß in der Staatseinnahme, welcher den Versuch gefahrlos machte. Sofort sezte er zu dem Zwecke drei große Maßregeln durch: die Einkommentare, die Aenderung der Getraidezölle (die bei scheinbarer Milderung ein größeres Einkommen ermöglichte), und eine Tarifrevision. Bei der leztern hielt man vorzüglich an folgenden Grundsäzen fest: Aufhebung aller Verbote, Ermäßigung des Zolles von Ganzfabrikaten auf 20 Proz., von Halbfabrikaten auf 10 Proz., und von Rohstoffen auf 5 Proz. des Wertes und darunter; die Zahl der ermäßigten Tarifsäze betrug ungefähr 670, worunter freilich eine Menge unwichtiger Artikel. Die zollamtliche Wertschäzung der Gesamteinfuhr in das Vereinte Königreich im Jahr 1843 beträgt 70,100,000 Pf. St., und von diesen sind es Handelsartikel zum Erlaufe von 61,600,000 Pf., welche von den Zolländerungen des Jahrs

1842 mehr oder minder betroffen wurden. Die Außnahmen trafen damals vorzüglich solche Artikel, welche bei der Zolleinnahme am meisten in Betracht kommen, wie Thee, Tabak, Wein, Gebranntes.*)

Der Erfolg entsprach vollkommen der Erwartung, war er theilweise auch die natürliche Rückwirkung der vorhergegangenen mehrjährigen Geschäftsebbe: die Rückstände wurden gedeckt, ein Ueberschuß der Einnahmen erzielt, die Lage der Arbeiterklassen verbeßerte sich, die Lebensmittel wurden wohlfeiler, Industrie und Handel nahmen 1843 und noch mehr 1844 einen Aufschwung wie nie vorher. Den Außfall durch die Tarifermäßigungen hatte man auf 1,450,000 Pf. St. veranschlagt, wozu 1844 noch andere Zollminderungen von etwa 273,000 Pf. kamen; der bei weitem bedeutendste Theil davon zu Gunsten der Rohstoffe oder vielmehr der Industrie, ein Viertel für die Verbrauchssteuern. Indem bei manchen Artikeln jedoch die vermehrte Einfuhr der beträchtlichen Zollermäßigung entsprach, kam es, daß der Durchschnitt der Zolleinnahme in den beiden ersten Jahren nach Eintritt des neuen Tarifs, nämlich 22,720,886 Pf. St., verglichen mit dem der beiden vorhergegangenen Jahre, nämlich 22,637,494 Pf., sogar noch ein kleines Mehr außweist. Unter 252 Rohstoffen für die Industrie, welche der Tarif aufführt, ist 1842 für 215 Artikel der Zoll ermäßigt worden; hiefür war der durchschnitliche Zollbetrag der beiden Jahre vor 1842: 2,195,080 Pf. St., im ersten Jahre nach der Milderung 1,368,330, im zweiten 1,461,252 Pf. Unter 95 Halbfabrikaten waren 89 im Zoll ermäßigt, hiefür der Zollertrag vor 1842: 1,051,229 Pf., der Außfall 1843: 530,085 Pf., lezterer 1844 nur noch 269,396 Pf. Unter 196 Ganzfabrikaten 181 im Zoll ermäßigt, hiefür der Zollertrag vor 1842: 479,570 Pf., der Außfall 1843: 41,933 Pf., 1844 schon ein Ueberschuß von 33,844 Pf. St. Unter 121 Verzehrungsgegenstänben 66 im Zoll ermäßigt, hiefür der Zollertrag vor 1842: 18,687,617 Pf., schon 1843 ein Ueberschuß von 915,871 und 1844 sogar von 1,862,581 Pf. St. Von 149 andern Artikeln 121 im Zoll ermäßigt, Zollertrag vor 1842: 223,998 Pf., Außfall 1843: 125,502 Pf. und 1844: 118,114 Pf. St. Hierauß springen schon die wohlthätigen

---

*) Das Zollerträgnis dieser vier Artikel erlief 1844 auf bez. 4,524,000; 3,977,000; 1,991,000; 2,211,000 — zusammen 12,703,000 Pf. St. oder über die Hälfte der gesamten Zolleinnahme von 23,864,494 Pf.

Folgen der Tarifmilderung für den Handel in die Augen. Die durchschnittliche Zolleinnahme der beiden frühern Jahre betrug von den 672
Artikeln, für welche die Ermäßigung eintrat, im Ganzen 4,666,550
Pf., der muthmaßliche Außfall in Betreff derselben ward — sehr genau
— veranschlagt zu 1,450,000 Pf., der wirkliche betrug im ersten Jahr
1,458,986, im zweiten nur 1,133,264 Pf., die aber durch das Mehr
der anderweitigen Zolleinkünfte in Folge des allgemeinen Aufschwungs
reichlich ersezt wurden.

Der Handelsminister Gladstone hat in seinem Kommentar zu
diesen amtlichen Angaben, betitelt: Remarks upon recent commercial
legislation, merkwürdige Belege dazu mitgetheilt, wie übertrieben in
fast allen Fällen die Besorgnisse der bei den Tarifänderungen von 1842
betheiligten Geschäftszweige waren. Den meisten Lärm hatten die Viehzüchter erhoben, die in Folge der zu erwartenden Einfuhr von Millionen
Stück fremdes Schlachtvieh auß Dänemark und Deutschland den Ruin
der altenglischen Viehzucht profezeiten; die ganze Einfuhr an Hornvieh und Schweinen 1843 und 1844 reichte jedoch kaum für das durchschnitliche Bedürfnis von 3000 Personen zu von den 26 Millionen
Einwohnern des Vereinten Königreichs. Die Ermäßigung des Zolls
von 63 Sh. 4 P. auf, 23 Sh. 4 P. vom Zentner Stearinlichter sollte
diesen Zweig unaußbleiblich zu Grunde richten, die ganze Einfuhr davon 1843 und 1844 erlief auf nur bez. 10 und 20 Zentner. Mit gleichem Ungrund wurden ähnliche Voraußsagungen für Tauwerk und
andere Artikel mit größter Zuversicht geltend gemacht. Wenn seit 1842
die Preise der meisten Produkte, sowol des Bodens als der Gewerbe,
im Durchschnitt gesunken sind, so geschah das übrigens nicht bloß in
Folge der Zollermäßigung; denn bei manchen Artikeln, z. B. Stärke,
Handschuhe, Kastorhüte, hat troz der Herabsezung der Zölle die Einfuhr sogar abgenommen, besonders im zweiten Jahr nach der Reduk-
zion, nachdem im ersten die Einführer sehr mittelmäßiger fremder Ware
sich die Finger verbrannt hatten — zum Beweise, daß die Güte am
Ende doch den Wert und Absaz bestimmt, nicht die Wohlfeilheit nach
dem bloßen Geldmaße. Es wirkten dazu mancherlei Umstände zusammen, im Ganzen die nämlichen, welche der Handelskrisis in der
lezten Hälfte 1842 ein Ende machten. Diese Krise hatte ihren Grund
besonders in den Verlusten der vier schlechten Ernten von 1838 bis
1841, die Gladstone jährlich auf 10 Mill. Pf. St. schäzt, und in der

plözlichen Abnahme der Außfuhr nach den Vereinigten Staaten, die 1842 in Vergleich mit 1841 nahezu 4 Millionen Pf. St., oder den eilften Theil der ganzen Außfuhr betragen hatte. Sie schwand als die Getraidepreise in Folge einer reichern Ernte sanken und die Fabrikaten-außfuhr nach den Kornländern Europa's bedeutend zunahm. Denn wie schon früher erörtert, die erhöhten Tarife unsrer Kontinentalstaaten haben bisher die englischen Einfuhren nicht zu mindern vermocht. Nach Gladstone erlief die deklarirte Außfuhr auß dem Vereinten Königreiche nach allen Ländern im Jahr 1831 zusammen auf 37,164,372 Pf. St., im Jahre 1843 auf 52,279,709 Pf. St., Zunahme in zwölf Jahren 15,115,337 Pf. oder 40,6 Proz.; die Außfuhr nach außereuropäischen Gegenden 1831 auf 23,523,932 Pf., 1843 auf 28,295,750 Pf., Zunahme 5,771,818 Pf. oder nur 24,5 Proz.; die Außfuhr nach europäischen Ländern 1831 auf 13,640,440 Pf., 1843 dagegen auf 23,983,959 Pf., Zunahme in zwölf Jahren 10,343,519 Pf. oder 75,8 Proz. Großbritanniens Verkehr mit unserm Festlande hat sich demnach in der zwölfjährigen Periode um beinahe das Zweifache gegen den Verkehr Englands mit der ganzen Welt, um das Dreifache gegen den Verkehr mit den übrigen Erdtheilen gehoben. „Zuweilen," meint Gladstone, „kömt uns der Schmugler zu Hülfe (zumal in Spanien), zuweilen gewinnen wir was wir durch besondere Beschränkungen in einem Lande verlieren, · durch die verminderte Fähigkeit dieses jezt theurer gewordenen Landes, mit uns durch seine Erzeugnisse an dritten Märkten der Mitbewerb zu bestehn. Zuweilen gestattet die Erhöhung des Preises, welche der Erhöhung des Zolles gleichkömt, dem brittischen Kaufmann sein Geschäft fortzusezen, und die ganze Last wird von dem geduldigen Volke jenes Staats getragen. Im Ganzen ist unser Handel troz der schnell hintereinander folgenden Beschränkungsmaßregeln gewachsen, und wächst immerfort. Indessen meint derselbe Gladstone doch auch: „die verderblichen Folgen der Ueberprodukzion, die größten Gefahren für die britische Manufakturindustrie erwüchsen auß der Beschränkung des englischen Handelsgebiets." Dennoch will er dasselbe nicht durch Handelsverträge erweitern, wofür freilich die Völker schwieriger geworden, sondern er glaubt, nichts als das Beispiel und die Zeit könne die Nazionen von der ursprünglich von England gelernten Meinung zurückbringen, daß alles Heil in hohen Zöllen liege.

Die obenangeführten Thatsachen waren ganz geeignet, den neuen

Tarifreformen das allgemeine Vertrauen Englands zuzuwenden. Sie ermuthigten zum Vorschreiten auf der betretenen Bahn. Allgemein ward erkannt, das hohe Schuzsystem habe für England seine Zeit gehabt, für die Industrie handle es sich in Zukunft wesentlich nur noch um wohlfeile Erzeugung, die zum Mitbewerbe auf allen Märkten befähige, nicht um Tarifbestimmungen, die auf theures Verkaufen abzielen; gegen die Erhöhung der fremden Tarife gebe es im allgemeinen Wettkampfe kein anderes wirksames Mittel als niedere Preise und gute Ware. Den Erfolg für sich habend, konnte Peel kühn in der Umgestaltung weiter gehn. Die Manufakturklassen hatten um so mehr Ursache mit ihm zufrieden zu sein, als das Haubtmoment seiner ersten Tarifreform nicht in Ermäßigung der Schuzzölle bestund, vielmehr in Begünstigung der inländischen Industrie hinsichtlich des erleichterten Bezugs der Rohstoffe und durch Ermäßigung der Zölle auf Kolonialprodukte. Das Landinteresse muste ihm wider Willen folgen, weil es allein in ihm die Sicherheit suchen konnte, die Korngeseze bis auf das lezte aufzusparen. In der That, Peel stund, insofern er sich auf etwas Dauerndes, das Gemeinwohl stüzte, in der Mitte aller Parteien — auch in politischer Hinsicht eine wichtige Erscheinung, die fast an eine neue Form des alten Parteiregiments glauben läßt, dessen Außdruck früher immer das Ministerium gewesen. Diese neue Stellung der Regierung war durch die Whigs zwar vorbereitet — gerade durch den Versuch sich in die gleichsam parteilose Mitte zu stellen verfeindeten sie sich mit ihren eigenen Anhängern — aber erst vollständig begründet und erreicht durch Peel mit Hülfe der Whigs und der „Peel-Conservativs." In genauem Verbande damit steht das Streben, die Befugnisse der Regierung als innerer Verwaltungsbehörde zu erweitern. So ward in der Schazkammer eine eigene Mittelbehörde für das Eisenbahnwesen gebildet und in nahe Verbindung damit gebracht der treffliche Körper der königlichen Ingenieure, deren Wirksamkeit im Großen zuerst für die Aufnahme des Landes angesprochen ward, für die neue große Karte von Großbritannien, sodann bei der Kommission zur Ablösung des Zehentens oder vielmehr für Umwandlung, auf Verlangen nämlich, des Zehentens in eine feste Geldrente. Sodann ward die haubtsächlich für schon früher besprochene öffentliche Gesundheitszwecke bestimmte Baubehörde geschaffen, ebenfalls ein Gesundheitsrath (council of health) zur Ueberwachung der ärztlichen

Praxis, Rathertheilung bei Epidemien ꝛc.; ferner ward die irische Behörde für die charitable bequests (von der später mehr) errichtet, die dahin führen möchte, alle die vielen milden Stiftungen des Landes überhaubt unter Leitung einer besondern Staatsbehörde zu stellen. Hierher gehörten ganz besonders auch die neuen Armengeseze von 1834 für England, von 1838 für Irland, welche das gesamte Armenwesen beider Länder unter Leitung einer Zentralkommission stellen, die eigentliche Verwaltung desselben von den Gemeinden auf die Bezirksvereine übertragen. Diese Art Zentralisazion, wenn man die gedachten Verwaltungsreformen so heißen will, ist offenbar im Allgemeinen ein konstituzioneller Sieg des Staats und der Mittelklasse über persönliche und klerikalisch-aristokratische Einflüsse, denen früher jene Dinge unterlagen; es ist ein volksmäßiges, kein autokratisches Element dabei, die Nazion ist unmittelbar bei dieser Erweiterung betheiligt, und nur die oberste Leitung und Aufsicht wird von der Regierung selbst beansprucht. Ueberhaupt sind unter Peel die innern Angelegenheiten, Handel und Finanzen mehr als je und in jedem Betracht die Haubtsache der britischen Regierungskunst geworden; selbst die auswärtige Politik Englands hat sich vereinfachen und jenen unterordnen müssen.

Inzwischen blieb so wenig von außen als von innen der Drang auß zu weitern Fortschritten. Die Handelskrisen, woran England seit dem Eintreten des allgemeinen Friedens wie an einer kronischen Krankheit leidet, waren früher nur Wirkungen zufälliger Stöße von außen, wie z. B. die von 1837 eine Folge der Kreditverwirrung in den Vereinigten Staaten gewesen ist. Allein sie drohen für die Zukunft um so gefährlicher und häufiger zu werden, je strenger die übrigen Länder ihr Zollsystem außdehnen und je mehr sie in der Industrie fortschreiten. In der hierauß unaußbleiblich folgenden Verminderung des Ertrags der Arbeit und der Kapitalprofite liegt eine Grundursache aller englischen Handelskrisen, wenn dazu auch die Korngeseze, schlechte Ernten, die Vermehrung der Akzienbanken, die englische Theilnahme an fremden Anleihen ꝛc., besonders die sogenannte „Ueberprodukzion" mitgewirkt haben. Die Ueberprodukzion selber folgt auß der Verminderung der Profite, indem die Fabrikanten, wenn diese anhaltend abnehmen und die Gränzen berühren, jenseits welcher der Handel nicht mehr die Zinsen des Kapitals abwirft, sich dann mit dem den Engländern eigenthümlichen Starrsinn in einen Wettkampf stürzen, der die Verlegenheit vermehrt. Sie wollen durch Vermehrung der Erzeugung, welche der starke Zudrang der Kapitale begünstigt, die Profitverminderung bekämpfen, und vergrößern so auf die Dauer natürlich die Krise. Indem sie zulezt mit ihren spottwohlfeilen Waren die fremden Länder troz der hohen Zölle überschwemmen müßen, führen sie freilich diesen oft die größten Verlegenheiten erst zu, wenn sie bei ihnen bereits wieder im Verschwinden sind. Die Haubtgefahr liegt immer darin, daß die übrigen Völker theils den Engländern ihre eigenen Märkte verschließen, theils ihnen die freien Märkte streitig machen. Das große Beispiel der Handelserleichterungen von 1842 konnte doch nicht verhindern, daß in diesem einzigen Jahre sechs Tarife besonders gegen England verschärft wurden, nämlich die von Rußland, Spanien, Portugal, dem Zollverein, vorzüglich jedoch von Frankreich (Zollerhöhung auf Leinwand und Linnengarne) und den Vereinigten Staaten, deren Tariffäze durchschnitlich von 20 bis 30 auf 40 bis 50 Proz. erhöht wurden. Peel hatte, damals noch in der Hoffnung durch Handelsverträge den Wirkungen dieser feindlichen Tarife vorzubauen, von der allgemeinen Zollherabsezung mehrere Artikel ausgenommen, namentlich Seidenwaren und Weine, deren Einfuhr er nur gegen entsprechende Bewilligungen für die englischen Fabrikate zu erleichtern gedachte. Indeßen die Unterhandlungen scheiterten, und die Freihandelspartei stellte nun den später auch von Peel anerkannten Saz auf: es liege in dem Intereſſe Englands selbst dann, wenn fremde Völker sich nicht auf Gegenbewilligungen einlaſſen wollten, seine Zölle möglichst niedrig zu stellen. Doch ward Ricardo's Antrag auf einen Parlamentsbeschluß „die Zollerleichterungen von fremden Handelsverträgen abhängig zu machen liege nicht im Intereſſe des Landes" zu jener Zeit noch mit 74 Stimmen verworfen. Ohne Widerspruch sei die Tarifmilderung, meinte Sir R. Peel, eine vortreffliche Sache, wenn man jedoch dadurch bewirken könne, daß auch andere Razionen diejenigen Zölle herabsezten, womit sie die englischen Erzeugniſſe beschweren, so erreiche England den Zweck doppelt, und das sei doch beſſer als wenn es ihn durch einseitige Herabsezung nur einfach erreiche. Dieses namentlich in einem Augenblick zu erklären, wo Unterhandlungen schwebten, wäre doch ein unnüzer Akt der Verschwendung.

Sehr wahr, nur kennen die übrigen Völker zu gut Englands innere Lage als daß sie nicht zuwarten sollten. Während sich dort die Kapitale, die in der Industrie Unterkunft suchen, ins Unermeßliche häufen, das wachsende Finanzbedürfnis haubtsächlich vom Handel Befriedigung zu erwarten hat, durch jede Handelsstockung die Ruhe der Fabrikbezirke gefährdet wird — kurz, während kein Land durch die Umstände so sehr wie England gedrängt wird, vergrößerten Absaz für seine Fabrikate zu suchen, schreiten die Haubtstaaten des Festlands in ihrer Industrie gehaltenen Schrittes vorwärts, in der Ueberzeugung, daß sie nichts besseres thun können, als die Zollreformen Englands ruhig abzuwarten, sie durch dieses Hinhalten, da wo sie vortheilhaft erscheinen, zu beschleunigen, ihnen aber da, wo sie nachtheilig wirken könnten, nicht durch Zollerleichterungen noch zu Hülfe zu kommen. Wer wird, ohne Noth, in diesem Jahre mit Opfern erkaufen, was ihm im folgenden umsonst zufällt? In Anbetracht dessen hatte Ricardo mit seinem Antrage doch vielleicht den Nagel auf den Kopf getroffen, und tiefer geblickt als die Besonnenheit Peels, der von der Voraußsezung außgieng, die Festlandsstaaten würden sich nach wie vor von England herumführen laßen — vielleicht hatte der im Jahr vorher mit den Zollvereinstaaten abgeschloßene Vertrag ihm dazu den Muth eingeflößt. Noch ein wichtiger Punkt drängt England. Ein großer Theil nämlich des Vermögensstocks für Industrie und Handel ist, sehr verschieden von dem mit Grund und Boden verknüpften, beweglicher und kosmopolitischer Natur, d. h. er wendet sich dahin, wo die größten Profite locken. Da nun gerade diese Art Kapitale in England überlastet ist, zudem der Profitsaz dort an sich abnimt, dagegen in den jezt höher geschüzten Festlandsstaaten steigt; so liegt die Gefahr vor, ein immer größerer Theil dieser beweglichen Kapitale möchte sich nach den fremden Ländern hinüberziehen und hier der Industrie unter die Arme greifen. Die englische Handelsüberlegenheit beruht wesentlich mit auf der Maße von Reichthümern, welche England unter besonders günstigen Umständen angehäuft hat, und wenn ein Theil davon nach unserm Festlande zurückströmte, so wäre das nur eine billige Außgleichung des jezt bestehenden für uns drückenden Misverhältnißes. Im vorigen Jahrhundert ist auß ähnlichen Gründen ein großer Theil des holländischen Vermögensstocks nach fremden Ländern gewandert. Bewegliche Kapitale können sich dort unmöglich halten, wo sie keine vortheilhafte Anwendung finden, und das einzige Mittel, sie festzuhalten oder anzulocken, besteht daher in fortwährender Außdehnung der heimischen Thätigkeit, deren Sporn ein hoher Ertrag der Arbeit und Profite ist. Wo sie sich aber

wegziehen, da sinken auch die stehenden Kapitale im Werte, und der
Verlust ist ein doppelter. In dieser Hinsicht liefert Venedig, die alte
Meerkönigin, ein trauriges Beispiel. Als die frühere Thätigkeit in dem
Hafen dieser Palaststadt erlosch, da flossen die beweglichen Schäze der
berühmten Republik in die Fremde, und die unbeweglichen sanken dermaßen im Preise, daß die Nobili, welche kurz vorher sich noch für
begütert gehalten, nun sich verarmt sahen und auß ihren Einkünften
nicht mehr die Mittel erschwingen konnten, ihre stolzen Paläste in
Stand zu erhalten. Noch jezt werden die schönsten Gebäude in Venedig
oft für Preise losgeschlagen, welche die Kosten bloß des Unterbaues
nicht decken. So werden Geldreichthümer ein zweideutiges Gut für ein
Land, wenn sie nicht mehr durch eine umfassende Thätigkeit eine nuz-
reiche Anlage in demselben finden.

In der That, man begreift, wenn Herr Gladstone sagte: „Es ist
nicht theoretischer Grundsaz, es ist das unmittelbare praktische Interesse
des Landes, ja die eiserne Nothwendigkeit, die da verlangt, daß
wir uns alle Märkte der Welt erschließen und alle erdenklichen Anstrengungen machen, unsere Erzeugungskosten zu vermindern, indem wir
den Bezug der Rohstoffe und den Handel von allen Lasten befreien.
Wollen wir leben und gedeihen, so müssen wir unsere Industrie in den
Stand sezen, gegen einen Arbeitslohn, der wohlfeiler ist als der unsrige,
gegen Abgaben, die geringer, gegen Landwirtschaften die einträglicher,
gegen Minen, die reicher sind (Amerika?) als die unsrigen, mit Erfolg
anzukämpfen; wir müssen demnach unsere Arbeit und die Materialien,
deren sie bedarf, in jeder Hinsicht soviel als möglich befreien." Also
sah Peel sich gedrungen, in den englischen Handelsreformen doch „einseitig" fortzuschreiten. In diesem Abschnitte bleiben wir indes zunächst
bei dem wichtigen Geld- und Bankwesen stehn, dem Peel gleichfalls
seine volle Aufmerksamkeit widmete.

Münzsystem, Banken, Geldhandel, haben als Theile des öffentlichen Kreditwesens größern Einfluß auf innern und äußern Verkehr
als man sich gemeinhin vorstellt. Beim Münzsystem kömt wesentlich
das wandelbare Verhältnis des Preises zwischen Gold- und Silbermünzen in Betracht. Zur Zeit als die Regierungen den Umlauf von
Gold und Silber noch regelten, stund es eher als jezt in ihrer Macht
dieses Verhältnis festzusezen, auch wenn es dem wirklichen Werte nicht
ganz entsprach; dies ist jezt unmöglich geworden: die zu nieder geschäzte

Münze würde sofort auß dem Umlaufe verschwinden, nur noch gegen Agio (wie in Frankreich das Gold) verhandelt, mithin eine wirkliche Ware werden.*) Unter allen Münzsystemen ist das englische, wie's seit 1816 ins Leben gerufen, wol das vorzüglichste. Es wird allein von Gold beherrscht, wie das französische von Silber (das noch in Kraft bestehende Gesez vom 7. Germinal Jahr XI. nahm das Silber als einzige Grundlage des Münzsystems und den Franken oder 5 Gramm Silber als Münzeinheit an, betrachtete Gold aber nur als Hülfsmünze in Verhältnis von 1:15½). Bis unter Heinrichs III. Regierung kannte man in England nur Silbergeld, und dieser König hatte Mühe Geldmünzen in Gebrauch zu bringen. Bis 1664 bildete Silber noch die Grundlage des englischen Geldwesens, das Verhältnis zu Gold warb durch „proclamation" geregelt, und je nachdem das eine oder andere Metall höher geschäzt warb, floß es ein ins Land oder auß; von 1664 bis 1717 galt Silber sogar als das einzige gesezliche Umlaufsmittel, dann wurden beide Metalle frei zugelassen und das Verhältnis erfuhr mehrfache Veränderungen durch das Parlament, bis 1816 das jezige, den Landesanliegen entsprechende System angenommen warb. Darnach ist Gold das gesezliche Zahlungsmittel für jede Summe über 2 Pfund oder 40 Sh. St., die Zahlung in Silber ist auf diese Summe, die in Kupfer auf 1 Sh. beschränkt. Indem der Nennwert des Silbergeldes über den wirklichen Wert gesezt warb, behielt sich die Regierung das Schlagen desselben außschließlich vor, um die Außgabe ståts auf das Bedürfnis zu beschränken und dadurch dem Sinken der Silbermünzen vorzubeugen; dagegen wird Gold auf der Staatsmünze für Jedermann, der es verlangt, ganz umsonst geprägt, sie brauchen nur Goldbarren hintragen zu lassen, um eine oder zwei Wochen später das gleiche Gewicht Gold in Münze zu erhalten. Dieses Mittel hat sich in Geldkrisen wirksam erwiesen; die Unkosten des Prä-

---

*) Ehedem galt 1 Pfund Gold = 9 bis 10 Pfund Silber, gegenwärtig ist dies Verhältnis ungefähr 1:16 (1 Pf. G. = 15,970 S.). In Frankreich waren seit fast zweihundert Jahren die Goldmünzen gewöhnlich zu nieder angesezt, im 16. Jahrh. wie 12:1 (damals in England, Spanien, den Niederlanden wie 14:1); zur Zeit des Law wie 15,24:1, für damals zu hoch; 1726 wie 14½:1, zu niedrig; nach 1785 und noch jezt wie 15½:1, immer noch etwas zu nieder, wie darauß erhellt, daß sich die Goldmünzen in Frankreich von 1816 bis 1841 um 480 Mill. Fr. vermindert, die Silbermünzen dagegen um 2 Milliarden vermehrt haben.

gens aber deckt die Regierung durch den Gewinn beim Schlagen der
Silbermünzen. Im Jahr 1819 beschloß das Parlament auch die Aus=
fuhr von Gold und Goldmünzen, bis dahin, wie überall, vergeblich
prohibirt, ganz zollfrei zu gestatten; es waren während der Kriegsjahre,
haubtsächlich ob der Ueberausgabe von Banknoten, enorme Summen
außer Landes gegangen. Die wichtige staatswirtschaftliche Aufgabe
dagegen mittelst Durchführung gesunder Bankgrundsäze, die keinen
Vortheil der Banken aufgeben und zugleich zur Befestigung des öffent=
lichen Vertrauens beitragen, das Gold möglichst im Lande zu behalten
und dieses zu einem Mittelpunkte auch des baaren Kapitalreichthums
zu machen, blieb bestehn.

Diesem Zweck scheinen Banken, d. h. im weitesten Sinn Anstalten
zur Gewährung von Kredittiteln, um das blanke Geld nach Möglich=
keit missen zu können, im Allgemeinen entgegenzustreben. Da Banken
indes anderweitige große Vortheile haben, so kömt es auf das richtige
Maß an, um diese Vortheile mit denen eines stäts hinreichenden baren
Kapitalvorraths und eines befestigten öffentlichen Vertrauens zu ver=
binden. Denn große Summen in Münze sind an sich eben kein Vor=
zug eines Landes: um wieviel es seinen Bedarf daran unter sonst
gleichen Umständen ermäßigen kann, z. B. durch (unverzinsliches) Pa=
piergeld, um ebenso viel wird es reicher an befruchtendem Kapital,
wenn auch nicht an Kapital überhaubt; hat es etwa Schulden im
Auslande, so kann es den gleichen Betrag, den es durch Annahme eines
vortheilhaften Systems an Münze erspart, von der auswärtigen Schuld
ins Land hineinziehen und die Zinsen davon selbst genießen oder sie
ganz tilgen. Dem Bankwesen verdankt England, daß es in seinem Ver=
kehr verhältnißmäßig der geringsten Menge barer Münze bedarf, wie
sich denn überhaubt sein Handel wegen des umfassenden Kreditwesens
bedeutender Vorzüge erfreut. Es macht dreimal so viele Geschäfte als
Frankreich mit einem Münzkapital, das viermal geringer ist als das in
Frankreich umlaufende; schon aus diesem Grunde macht es sie mithin
wohlfeiler. In London werden durchschnitlich von etwa 70 Wechslern
6 Millionen Pf. St. des Tags ausgezahlt, und dennoch sieht man
nirgends seltener Geldsäcke tragen als dort; dies wird denn freilich durch
eine leichte Abrechnungsmethode (die in Hamburg die alte Bank ge=
währt) begünstigt. Die Londoner Wechsler schicken nämlich zu einer
bestimmten Stunde des Nachmittags in ein eigens gemiethetes Zimmer

einen Handlungsdiener, und dieser wechselt die in seinem Hause einge-
gangenen Tratten auf andere Häuser gegen die Tratten auf sein eigenes
aus; die Bilanzen werden von einander übertragen und von jedem
Handlungsdiener in eine Bilanz zusammengezogen. So ist der Unterschied zwischen der ganzen Summe, die jedes Bankhaus an alle übrigen
zu bezahlen, und der ganzen Summe, die er von allen übrigen Häusern
zu empfangen hat, alles was in Gelde berichtigt wird; es werden mithin die meisten Kassenzahlungen täglich 4 bis 5 Mill. Pf. St. ohne
alles Geld bewirkt. Einer der wichtigsten Vortheile der Banken besteht
in leichter Herbeischaffung von Darlehen für Unternehmen der Industrie. Doch kann das Vertrauen zu weit ausgedehnt, d. h. zu viel
Papiergeld ausgegeben werden, woraus dem an solchem überhäuften
Lande leicht große Nachtheile erwachsen können, an sich, so wie gegenüber den metallreichen Ländern. Daher die Haubtregel: vollkommene Sicherheit der umlaufenden Noten bei Ausrei-
chung ihrer Zahl für alle Bedürfnisse. Man muß sich vor
dem gefährlichen Wahne hüten, Papiergeld schaffe Kapitale — es ist
nur Repräsentant von Werten; sowie vor dem entgegengesezten, Silber
oder Gold sei so wenig Kapital als das Papiergeld, beide seien nur
Anweisungen auf Kapital, jedem Vorzeiger zahlbar.

England und die Vereinigten Staaten sind die Länder der Banken.
Es gibt kein Banksystem, das dort nicht versucht und erprobt worden
wäre. Während Preußen bisher keine Zettelbank hatte, bei sonst manigfachen Kreditanstalten, die österreichische Monarchie nur eine im Ganzen
trefflich organisirte, während Hamburg und Amsterdam nur örtliche
Giro-Banken haben, um durch bloße Berechnung im Bankbuche statt
der Barzahlung die Geschäfte der eingesessenen Kaufleute zu erleichtern;
zählt Nordamerika eine ganze Menge Banken die unverzinsliche Noten
ausgeben und deren Gesamtkapital Hr. A. Gallatin am Ende des
Jahres 1840 auf 358 Millionen Dollar oder über eine halbe Milliarde
Thaler berechnete. Indessen besizen diese Banken in Wirklichkeit nicht
so viel Geld oder Geldeswert. Ein Bankprivilegium (charter) wird
dort von der Gesezgebung eines Staats ertheilt; die Antheile, welche
von den ersten Besizern oft mit Vortheil verkauft werden, sollen in Ter-
minszahlungen, jedesmal mit etwa 20 Proz., berichtigt werden, allein
nur die erste Zahlung geschieht in barem Gelde. Hiermit wird die Bank
eingerichtet, sofort werden Noten gegen Wechsel oder Verpfändung von

Werten außgegeben; diejenigen, welche Geschäfte mit der Bank treiben, legen ihre laufenden Gelder — das ist allgemeiner Brauch — in der= selben nieder, ohne Zinsen dafür zu erhalten. Diese Deposita, die in den Handelspläzen mehrere Millionen betragen, und sich ziemlich gleich bleiben, benüzen die Banken, um Wechsel zu 6 bis 8 Prozent zu dis= kontiren, indem sie dagegen ihre eigenen Noten in Zahlung geben. Die zweite, dritte und vierte Terminszahlung wird von den meisten Antheilhabern mit Noten der Bank, die sie sich gegen Wechsel von ihr verschafft haben, oder mit andern Papieren, selten in barem Gelde geleistet. Die Vereinigte=Staaten=Bank, deren Kapital auf gleiche Weise zum großen Theil durch ihre eigene Operazionen gebildet ward, hatte nur dadurch etwas mehr Sicherheit, daß ein Theil ihres Kapitals in den Stocks der Bundesregierung und in den baren Geldern euro= päischer, vorzüglich englischer Geldleute bestund. Die auf solcher Grundlage ruhenden Noten geben die Banken als Darlehen auf Zinsen auß, entweder gegen Wechsel oder gegen Verpfändung von Staats= obligazionen, Akzien aller Art, selbst von Immobilien; die Banknoten, die zufällig zu Grunde gehn, und die Dividenden der Akzien, die nicht eingefordert werden, was in Amerika öfter als in Europa zu geschehen scheint, vermehren den Vortheil der Banken. Indessen ist auf solche Weise eine Zuvielaußgabe von Noten unvermeidlich, um so mehr als man häufig im Wahne steht, das Papiergeld vermehre fort und fort das Betriebskapital des Inlandes. Dieses könnte aber gar nicht über das Bedürfnis vermehrt werden, ohne daß es im Werte fallen müßte; zuviel Papiergeld treibt nur alles bare Kapital, welches es ersezt, zum Lande hinauß, und dann sinkt es zum Nachtheil aller Geschäfte. Die nordamerikanischen Banken haben daher zwar zu Zeiten eine riesen= mäßige und fieberhafte Bewegung in alle Unternehmen gebracht, die Außführung großer Bauten und nüzlicher Anlagen gefördert, auß Neu=York den Mittelpunkt der amerikanischen Geldgeschäfte gemacht, wie London der des europäischen Geldmarktes ist; aber sie haben wegen unmäßiger Notenaußgabe auch Unsicherheit in die Verhältnisse der Industrie und des Handels gebracht, den Wohlstand vieler Familien erschüttert, Geld= und Handelskrisen hervorgerufen, durch welche nicht bloß Amerika, sondern auch Europa gelitten hat. Die demokratische Partei, im Westen der Union, sieht in ihnen den Boden, auf welchem die schlimmste aller „Aristokratien‘‘ — die des Geldes — keimt. Prä=

ſident Jefferſon erkannte in dem politiſchen Einfluß der „gelbſchaf-
fenden‟ Banken die gröſte Gefahr für die demokratiſche Freiheit und
Gleichheit der Union, indem ſie, wie die Sirenen der Fabel, gerade
diejenigen, welche die Conſtituzion zu ihren Wächtern beſtellt, am meiſten
verlocken, ihren Pflichten untreu zu werden. Daß Banknoten, meinte
er, Vortheile gewähren, ſei zuzugeben, aber ihre Nachtheile ſeien gröſer.
Nicht minder als die Demokratie des Weſtens haßten die alten ariſtokratiſchen Familien der großen Plantagenbeſizer im Süden die Gewalt
der Banken, welche nach Aufhebung der Majorate und Fideikommiſſe
die vorherſchende Macht in Nordamerika zu werden ſchien. Die Banken,
ſagten ſie, beherſchten ſo ſehr Vertrauen und Unternehmung, daß von
ihrem Einfluſſe oder ihren Vorſchüſſen nur wenig Leute frei wären, ſo-
wol in den geſezgebenden Verſammlungen als auſerhalb: alle ſeien
Theilhaber, Vorſteher, Gläubiger oder Schuldner der Banken, alſo
von ihnen abhängig. Die Demokratie habe die Gewalt der großen
Grundeigenthümer durch Aufhebung der engliſchen Geſeze über Erſtge-
burt und durch das Geſez einer gleichen Erbtheilung unter alle Kinder
zerſtört; die Bankprivilegien hätten jedoch eine gröſere Gewalt als
Grundbeſiz gewähren, wieder eingeſezt — die Gewalt über den Kredit
des Volks, über die Arbeit und den Wertmeſſer alles Vermögens, die
ſich mithin über alle Perſonen und Verhältniſſe erſtrecke. An die Stelle
der engliſchen Inſtitute des Feudalrechts ſei eine viel gewaltigere Ariſtokratie des Bankweſens getreten, welche über den Kredit des amerikaniſchen Volkes gebiete und ſich bemühe, die Staatskunſt in Geldpo-
litik aufgehn zu laſſen. Die Vereinigten-Staaten-Bank iſt, wie Viele
meinen, verfaſſungswidrig, durch einen Charter des Kongreſſes ins
Leben gerufen, nach langem Kampfe jedoch wieder aufgehoben worden.
Nach der Verfaſſung ſoll auch kein Staat Geld prägen, Kreditpapiere
ausgeben oder etwas anderes denn Gold und Silber als geſezliches
Zahlungsmittel behandeln; gleichwol haben ſie alle Schulden kon-
trahirt, Bankprivilegien verliehen und unterliegen mehr oder minder
dem Einfluſſe der ſogeſchaffenen Geldmacht. Da das Bankweſen den
Kredit und die Induſtrie Nordamerika's beherſcht, ſo hatte England
mit Erfolg geſucht, einen Einfluß auf die Bank der Vereinigten Staaten
zu üben, theils durch Bankakzien und den damit verbundenen Antheil
an der Direkzion, theils durch das Uebergewicht der engliſchen Bank;
auch war eine große Summe der amerikaniſchen Staatsobligazionen

von der Vereinigten-Staaten-Bank in London verpfändet, als diese brach und die Staaten mit ins Verderben riß. Seitdem büßte England den großen Einfluß ein, den es durch seine Geldmacht auf Nordamerika übte.

Es wäre übrigens thöricht, die großen Vortheile wohlbegründeter Banken läugnen zu wollen. Außer ihrem laufenden Haubtgeschäft, dem Diskontiren der Wechsel, vermitteln sie die Abrechnung der Kaufleute und halten Kasse für sie; sie leihen auf Pfänder, und zwar in Europa gewöhnlich nur auf solche, wie Staatspapiere, Eisenbahnakzien, die bei Zahlungsunfähigkeit des Schuldners augenblicklich in Bargeld zu verwandeln sind, doch auch an bedeutende Gewerbtreibende und Kaufleute auf persönlichen Kredit. Ein weiteres Geschäft bildeten zuerst die schottischen und englischen Banken aus, sie nehmen nämlich Deposita von Geld oder leicht realisirbaren Werten gegen niedrige Zinsen an, um sie im eigenen Geschäft höher zu verwerten; sie gewähren hierdurch dem Publikum die Möglichkeit, Ersparnisse, wie bei Sparkassen, verzinslich anzulegen. Alle diese Geschäfte des Geldwechsels, wofür „Bank‟ die alte Bezeichnung bildet, sind für Industrielle und Kaufleute unentbehrlich. Indessen können sie auch von Privat-Wechslern nöthigenfalls allein versehen werden. Das unterscheidende Merkmal der Zettelbanken besteht darin, daß sie zugleich Banknoten ausgeben, welche als Papiergeld dienen. Die Ausgabe davon kann natürlich niemals einzelnen Geldwechslern zustehn, sie muß gesetzlich beschränkt sein und von Seiten des Staats kontrolirt werden, damit eine Zuvielausgabe verhütet werden könne. Während der Revoluzionskriege, auch schon zu den Zeiten Laws, hat Frankreich die traurigen Folgen einer solchen, bis auf die Hefen gekostet — zum Beweise, daß dieselbe nicht bloß an Privatbanken geknüpft ist — und in den Vereinigten Staaten haben die Banken mitten im Frieden gleichfalls durch ein Uebermaß von Noten die umfaßendsten Störungen veranlaßt. Gegen reine Privat-Zettelbanken spricht, daß sie weniger den Vortheil des Allgemeinen als den der Eigenthümer der Bankakzien im Auge haben, und daß der finanzielle Vortheil, den der ganze Staat aus dem öffentlichen Kredit durch Ausgabe von Papiergeld erlangen könnte, in die Taschen der Privatunternehmer fließt. Die nordamerikanischen Privat-Banken z. B. sind gesezlich berechtigt, für jeden Dollar, den sie an Geld oder Geldeswert besizen, drei Dollar in Noten auszugeben, also

für das Dreifache ihres Kapitals Zinsen zu ziehen; sie leihen ihre Noten
gegen Wechsel auß, und erhalten dafür wenigstens 6 bis 7 Prozent Zinsen, mithin 18 bis 21 Proz. für 300 Dollar Papiergeld oder 100 Dollar
bares Geld. Dieses einträgliche Geschäft suchten einige Banken noch gewinnreicher zu machen, indem sie in Widerspruch mit den Gesezen zehnmal
mehr Noten außgaben, als sie Geld und Geldeswert besaßen. Solche
Schwindelei indessen, die zur Entwertung der Noten und zum Bankrot
führen muste, ist noch kein Grund, derlei Bankanstalten überhaubt zu
verwerfen. Denn beschränkt sich andrerseits ein Bankinstitut, wie z. B.
bisher das preußische, lediglich darauf, daß es, ohne den Besiz eines eigenen Stammkapitals und daher ohne die Berechtigung zur Außgabe von
Papiergeld, fremdes Geld zu niederm Zinsfuße annimt und zu höherem
außgibt; so müßen Industrie und Handel ihm höhere Zinsen zahlen
als zu welchem sie Geld fänden, wenn es keine Bank gäbe, die auß
naheliegenden Gründen vieles Geld der Privatleute und der Institute
an sich zieht. Eine Landes = Zettelbank dagegen, die bis auf einen gewissen Grad über nicht verzinsliche Werte verfügt, kann für gewerbliche
und kaufmännische Unternehmen zu verhältnismäßig niebren Zinsen
Geld vorstrecken und durch außgedehnte Leihgeschäfte bedeutend auf Erhöhung der Produkzion und auf niedern Zinsfuß einwirken. Auß Besorgnis vor den möglichen Gefahren einer Instituzion soll man doch
nicht auf die sichern Segnungen derselben verzichten. Die Frage bleibt
nur: einmal Gewähr vor Zuvielaußgabe von Noten, sodann das Verhältnis der Bank zum Staat, endlich ob in einem großen Reiche mehrere Banken sein sollen oder nur eine Haubt=Zentral=Bank mit Filialen
in den Provinzen. England befolgt in allen diesen Beziehungen ein
gemischtes, sonst sehr umfaßendes System. In Deutschland erscheint
gleichfalls ein einfaches System, z. B. eine Staats = Zentralbank mit
Filialen, um so schwieriger durchzuführen, als es politisch zerspalten
ist (doch liegt hierin auch wieder eine Aufforderung zu einer „Bundes-
bank", als einem neuen Einungsmittel), keine Zentralstadt hat, wo
der Haubtsiz der Bank zweckmäßig hingelegt werden könnte, dagegen
von vier verschiedenen Münzsystemen und noch verschiednern Handels-
und Wechselgesezen beherscht wird. Doch erscheint mir eine Zollver-
einsbank vom Vereine selbst sondirt auf gemeinschaftliche Rechnung
ebenso wünschenswert als außführbar. Wenn die Kostenersparung
und die Bequemlichkeit, welche alles Papiergeld bietet, die Bankge-

schäfte sichert, so bewirkt das Vertrauen auf die augenblickliche Einlö-
sung der Bankscheine die Möglichkeit derselben. Sie braucht deshalb
nicht so viel Vorrath an barem Gelde liegen zu laßen, als sie Noten
in Umlauf sezt, weil sie durch die Wechsel, Pfänder und Depositen, die
sie gegen ihre Noten in Händen hat, bei gehöriger Geschäftsführung
immer im Stande sein wird, alle ihre Noten zu versilbern. Nur den
Theil ihres Barschazes muß sie vorräthig in der Kaße halten, der nöthig ist, um die durchschnittliche Zahl der ihr zurückgestellten Noten in
Bargeld umzusezen — nach gewöhnlicher Annahme ein Viertel ihrer
außgegebenen Schuldscheine. Erhält sie in solchem Verhältnis ein
Privilegium zur Notenaußgabe, so kann sie von ihrem Barkapital das
Drei- oder Vierfache der gewöhnlichen Zinsen beziehen, und ohne Verwaltungskosten und Verluste würden die Bankakzien, d. h. der Wert
des Bankkapitals, alsbald in gleichem Verhältnisse steigen. Indem sie
zugleich große Kapitale zu Leihgeschäften verfügbar macht, muß sie darauf hinwirken, daß der Leihzins sinkt, das Einkommen durch Arbeit
und der Gewinn produktiver Geschäfte steigen, und die gesamte gewerbliche Thätigkeit der Nazion sich erhöht. Träte bei solider Geschäftsführung und gehöriger Oeffentlichkeit je der Fall einer plözlichen Zurück-
gabe aller Noten oder Schuldscheine ein, so könnte höchstens ein kurzer
Aufschub der Zahlung in barer Münze nöthig werden, bis die niedergelegten Barren gemünzt, die Wechsel bezogen, die außgeliehenen Depositen zurückgefordert und die Pfänder wieder eingelöst wären. Daher ist es auch der Zettelbank untersagt, Leihgeschäfte auf Grundeigenthum oder solche Unterpfänder zu machen, welche ihrer Natur wegen
erst in längerer Zeit in Geld zu verwandeln sind, und für welche meist
auch eigene Kreditvereine bestehn.

Unläugbar erwachsen dem Staat durch Außgabe von Papiergeld
auf eigene Rechnung mancherlei Vortheile. Nicht bloß erspart er die
Prägekosten eines Theils der Münze, erleichtert sich die Herbeischaffung
des Umlaufsmittels und zugleich dem Handel den Umsaz seiner Tauschwerte, sondern er macht auch ein unverzinsliches Anlehen, erspart also
die Zinsen eines gleich großen Kapitals der Staatsschulden. Papiergeld, das seiner Natur nach nur Umlaufsmittel für das Inland sein
soll, vermehrte zwar immer das umlaufende Geld überhaubt, und macht
einen Theil des Metallgeldes verfügbar für den äußern Handel; allein
es schafft, so wenig wie der Kredit überhaubt, kein neues Kapital, in-

dem es nur die Nuzung der bisher für laufende Zahlungen liegengeblie=
benen Barsummen ermöglicht. Diese Summen sind das einzige Ka=
pital, welches die Bank oder der Staat dem Umlaufe wirklich hinzufü=
gen, davon also auch allein dauernd den Vortheil der Unverzinslichkeit
ziehen kann; geht man darüber hinaus, so tritt Entwertung des Pa=
piergeldes ein, welche die nämlichen Nachtheile mit sich führt, wie
Verschlechterung des Münzfußes. Bei einer Notenausgabe über den
innern Bedarf erfolgt zuerst eine nachtheilige Wirkung auf die Waren=
preise, die Nennpreise der Waren in Papier steigen, indem gerade nur
die Menge Papiergeld, welche das fehlende Metallgeld ersezt, den Gleich=
stand mit diesem behaubten kann; das Papiergeld sinkt im Werte.
Der innere Bedarf an Geld wechselt jedoch häufig, und darum eben
sind tüchtig organisirte Bankinstitute, welche dem Bedürfnisse zu folgen
vermögen, in unsrer Zeit unerläßlich geworden. Nicht bloß die grö=
ßere Gütererzeugung, sondern auch die gestiegenen Preise der Waren,
namentlich der ersten Lebensmittel und der Arbeit erfordern mehr Geld,
Münze oder Papiergeld; das Sinken der Warenpreise und der Arbeit,
sowie rascherer Geldumlauf in Folge verbeßerter Wegverbindung, ver=
ringert dagegen den Bedarf daran. Hier kann nur ein in allen seinen
Theilen öffentlich dargelegter und kontrolirter Haushalt des Staats
wie der Banken vor Störungen und Verlusten sichern. So viel ist
also gewis, daß die Regierung die Leitung des gesamten Geldwesens
des Staats, welches von den Geschäften einer Zettelbank nimmermehr
zu trennen ist, in eigenen Händen halten muß, schon darum, weil sie
nur in jedem Augenblick neben dem Zurückströmen des Papiergeldes ge=
gen Bargeld an die Bankkasse zugleich die mehr oder minder häufigen
Zahlungen an allen Staatskassen in Papier übersehen, also den sichern
Maßstab für das richtige Verhältnis der Papiergeldausgabe gewinnen
kann.

Die Bank von London war von Beginn an auf der einen Seite
ein zur Schazkammer gehöriges Staatsschuldeninstitut, auf der andern
eine Privatgesellschaft für die Leihgeschäfte, d. h. Wechseldiskontiren
und Vorschießen von Geld auf Waren, die sie nach Ablauf einer be=
stimmten Frist in öffentlicher Versteigerung verkaufen konnte; andere
Geschäfte blieben ihr untersagt. Die Personen nämlich, welche der
Regierung Wilhelms III. unter schwierigen Umständen eine Anleihe
von 1,200,000 Pf. St. vorstreckten, verlangten, außer der hohen Ver=

zinsung zu 8 Proz. und 4000 Pf. jährlicher Verwaltungskosten, noch ein Bankprivilegium. Hierauß entsprang die Verbindung der Bank mit der Regierung, welche ihr den Vortheil gab, für die Zukunft den Staatskredit zur Stüze zu haben, den Nachtheil aber, immer einen Theil der Staatsschuldscheine wie eigene Schuldscheine honoriren zu müßen. Bei Umprägung der Münzen 1696, in deren Folge ihre Noten fielen, vermehrte sie ihr Stammkapital von 1,200,000 Pf. auf 2,201,171 und bald auf 4,402,343 Pf. St. Ihre Verlegenheiten wiederholten sich verschiedenemal in Folge der Anleihen, welche die Regierung durch Außgabe von Schazkammerscheinen bei ihr machte, auf deren Rückzahlung sie augenblicklich nicht rechnen konnte. Mehr und mehr ward die Bank von England ein Finanzinstitut der Regierung, nur beruhend auf der Thätigkeit von Privaten. Sie betreibt die meisten Geldgeschäfte der Regierung, ungefähr so wie die Wechsler die Kaffirer des Publikums sind; sie besorgt zum großen Theil die Einziehung der öffentlichen Einkünfte und legt in die Hände der Rechnungsbeamten die Summen, deren Außzahlung das Schazamt befiehlt; sie zieht die Gelder für Leibrenten ein und macht die Außzahlungen an die Staatsgläubiger (nur 130 Mill. der Staatsschuld sind ihrer Kontrole entzogen und an verschiedene Verwaltungsbehörden gewiesen); sie sezt die Schazkammerscheine in Umlauf, und schließt dem Schaze den Jahresertrag der Land- und Malztare vor, welche zuweilen erst einige Jahre später eingeht. Natürlich ist daher der größere Theil der Banknoten gewöhnlich in den Vorschüßen und Darleihen an die Regierung außgegeben und in Umlauf gesezt gegen Verpfändung gewisser Zweige des Staatseinkommens. Die Bank von Irland und die königliche Bank von Schottland verrichten die gleichen Dienste in den betreffenden Königreichen; doch sind sie gehalten, der Bank von England für Rechnung des Schazes die Summen einzuschicken, welche auß dem Ueberschuß der Einnahmen über die Außgaben entstehn. Auch die englischen Behörden ziehen im voraus die Verwaltungskosten ꝛc. von der Einnahme ab, so daß der Zusammenlauf der Steuern, den die Bank mit ihren zwölf Zweigbanken und einzelnen, vom Schaze bezeichneten Wechslern bewirkt, bloß auf das Reineinkommen Bezug hat. Für alle diese Dienste erhielt sie früher eine jährliche Entschädigung von 248,000 Pf. St., das Gesez vom 19. Julius 1844, welches das Privilegium der Bank auf 20 Jahre erneuert, hat diese Summe jedoch auf 68,000 Pf. herabgesezt. Indessen tragen die dem Staat gemachten Vorschüße Zinsen, als Entschädiguug für Kursdifferenzen gewährt der Schaz die Frist von 20 Tagen (eine Prämie von ¼ Proz.), endlich erhält die Bank noch die freie Verfügung über die beträchtlichen, dem Staat gehörigen Ueberschüße; der ganze Gewinn, den die Bank von ihrer Verbindung mit dem Staate zieht, ward schon auf ½ Mill. Pf. St. im Jahr berechnet. Natürlich sucht die Regierung, zu Frommen des Schazes, den allzuhohen Gewinn der Bankprivaten von Zeit zu Zeit durch die Gesezgebung zu beschränken. Peek schlug in seiner Darlegung vom 6. Mai 1844 den Gewinn der Bank allein voß der Außgabe der Noten auf 220,000 Pf. an, und richtete es durch ermäßigte Entschädigung für Besorgung des Staatsschuldenwesens so ein, daß dieser Posten der Bank nur nur noch einen Gewinn von 100,000 Pf. St. abwerfen sollte.

Die Gewähr der Bank von England besteht meist auß Schazbons und konsolidirten Renten, welche sie für die Vorschüße an den Schaz als Pfand erhält, oder die sie gegen ihr Gold und Silber ankauft, damit dieses nicht unbenüzt liegen bleibt. Die Kapitale von Privatleuten bilden dagegen den größten Theil der Deposita, welche ihr zinsfrei anvertraut sind, und die sie gegen Zinsen der Regierung leiht. So die verantwortliche Zwischenperson in dem Kreislaufe der Finanzoperazionen, bildet die Bank das vornehmste Werkzeug zugleich des besondern, wie des öffentlichen Vertrauens. Sollen die Zinsen der Staatsschuld herabgesezt werden, so liefert sie dem Schazamt die Summen, welche zur Deckung der etwaigen Einlösungen nöthig sind. Beabsichtigt der Staat eine Anleihe, so wendet er sich zuerst an die Bank; troz der 1833 stattgefundenen Rückzahlung hat diese immer noch theils in der schwebenden, theils in der eingeschriebenen Schuld die große Summe von nahe 30 Millionen Pf. St. angelegt. Das Vorwiegen der Bank von England vor allen andern britischen Banken erklärt sich auß dieser Stellung, auß ihrem großen Geschäftsumfang und vorzüglich auß dem Umstand, daß ihre Noten allein einen gesezlichen und gezwungenen Kurs haben und bei den Staatskassen wie bares Geld angenommen werden. Nach Leon Faucher bestunden am 25. Jan. 1845 die Passiva der Bank auß 21,769,462 Pf. St. in umlaufenden Banknoten und Warrants, auß 11,501,305 Pf. als Belauf unverzinslicher Depositen, theils von Privatleuten, theils von öffentlichen Anstalten, auß dem Grundkapital der Bank 14,553,000 Pf. und noch zu bezahlenden Reften 3,209,696 — zusammen 48,033,463 Pf.; die Aktiva auß 11,015,500 Pf. Staatsschuld, 16,646,592 Pf. in Renteninskripzionen oder Schazbons, 8,561,399 Pf. in Handelseffekten, 14,819,872 Pf. in barem Geld, Gold= und Silberbarren — zusammen 51,032,963 Pf., Ueberschuß der Aktiva also beinahe 3 Millionen Pf. St.

Indem die Bank von England in ihren Kassen das Geld aufhäuft, welches zum Umlaufe nicht nöthig ist, bewahrt sie den wichtigen Vortheil einer Kursregelung für England. In kritischen Augenblicken, wo die Außfuhr der edlen Metalle wegen ungünstigen Kurses wächst, greift die Bank im Interesse des ganzen Landes ein, um das Gleichgewicht wiederherzustellen, indem sie den Diskont erhöht, den Krebit einschränkt, auch wol Schazbons verkauft, um den Umlauf ihrer Noten um ebenso viel zu mindern, oder Silber um Gold zu bekommen. Freilich reicht das alles nicht immer auß, um den Geldbrang in schwierigen Zeiten zu beschwören. Als die 1793 begonnene Gelbkrisis sich von 1795 bis 1797 bedeutend verstärkte, in Folge starker Subsidienzahlung und außergewöhnlicher Kornankäufe, die Handelsbilanz und damit der Wechselkurs sich also gegen England wandte, verminderte die Bank, um sich vor den ungestümen Gelbanforderungen gegen Noten zu schüzen, diese vom Dez. 1795 bis Februar 1797 von 11,975,573 Pf. auf 8,600,000 Pf. St. Desungeachtet wuchsen die Verlegenheiten der Bank von Tag zu Tag. Nun aber erließ die Regierung, anstatt für Herbeischaffung des Bargeldes für die Bauk zu sorgen, die merkwürdige „Restrikzions=akte‟ von 1797, welche die Verbindlichkeit der Bank, ihre Noten mit barem Gelde einzulösen, aufhub, wodurch diese vollkommen den Karakter des Staatspapiergeldes erhielten. Freilich konnte die Regierung nun von der Bank größere Vorschüße von Noten verlangen, ja sogar das Gold und Silber derselben gegen Zinsen erhalten, und alles schien in den ersten Jahren vortrefflich zu gehen, zumal da durch Untersuchung des Parlaments bekannt ward, daß sich, nach Abzug aller an die Bank zu machenden Forderungen, als Ueberschuß 15,513,690 Pf. St. im Eigenthum der Bank befanden, und sich die Wechsler und großen Kaufleute verbanden, das Vertrauen der Noten durch Annahme derselben al pari aufrecht zu erhalten. Allein mit dem Aufhören der Barzahlung verlor die Bank jeden Maßstab dafür, welche Notenmenge mit dem Bedarf des Verkehrs in gehörigem Verhältnisse stund, sie glaubte wegen des günstigen Standes ihrer Noten gegen Geld die Außgabe derselben vermehren zu können, und indem sie diese Geschäfte zu sehr ausdehnte, trieb sie nur das Metall zum Lande hinauß. Man hat die Summe Geld, welche nach der Bankrestriktzion von England ins Außland floß, auf zwölf bis zwanzig Millionen Pf. St. angeschlagen. Im Jahr 1800 verloren die Noten schon 8 Prozent gegen Geld, 1808 sanken sie noch tiefer, 1810 betrug der Verlust 13½ Prozent, und das Fallen währte bis 1814 fort. Seit 1812 betrug der Unterschied ihres Wertes gegen Geld zu Zeiten über 20 Prozent, 1815 und 1816 fast 17, doch 1818 und 1819 nur noch 2½ bis 4½ Prozent. Allerdings kann die Verminderung der Außbeute der amerikanischen Bergwerke an edlen Metallen mit zur Erhöhung des Werts des baren Geldes beigetragen haben; allein schon 1810 hatte ein Parlamentsaußschuß auf die zu große Menge Banknoten als Grund der Schwankungen aller Waren=preise und der darauß folgenden Nachtheile hingewiesen, [*] und die Wiederaufnahme der Barzahlung in zwei Jahren verlangt. Diese kam jedoch erst am 1. Mai 1821 zu Stande, nachdem die Peelsakte von 1819 sie gesezlich auf das Jahr 1823 festgesezt hatte. Wenn die Ver=mehrung der Noten in der Regel auch nur das Doppelte, höchstens das Dreifache der frühern gewöhnlichen Menge erreicht hatte, so waren doch die Noten gegen außländisches Geld um 20 bis 38 Prozent, der Wech=selkurs auf Hamburg und Paris ebenfalls auf 20 bis 36 Prozent un=ter den Gleichstand gesunken. Der Außländer, der Anfangs 1814 sein Geld in englischen Fonds anlegte, gewann mithin auf Kosten der Na=

---

[*] Die nachtheiligen Wirkungen eines über den innern Bedarf vermehrten Papier=geldes hatten schon viele andere Länder vor England erfahren. So die norwegische Staatsbank, die 1657 gegründete Bank von Stockholm (als nach dem Tode Karls XII. eine andere Bank mit ihr vereint ward, welche der Regierung und dem Adel Vorschüsse gewährte), die 1736 gegründete Bank von Kopenhagen, die schon 1745 ihre Zahlun=gen aufhub, die 1791 daselbst neubegründete, die gleichfalls auf Hypotheken lieh (im Oktober 1813 gab man 1800 dänische Papierthaler für 1 Silberthaler), die 1786 von Katharina II. ins-Leben gerufene Bank von Rußland. Leztere gab 40 Millionen Ru=bel in Assignaten auß gegen Kupfer zahlbar, ohne diese Summe binnen 18 Jahren zu vermehren; als die Kaiserin jedoch 1786 die Leihbank schuf zu Darlehen auf Hypothe=ken, vermehrte man das Papiergeld auf 100 Millionen, wovon die Hypothekenbank 33 Millionen erhielt (11 für Darlehen an Städter, 22 für solche an den Adel). In diesem Verhältnisse konnten sich die Produktivkräfte des Reichs nicht erhöhen, viel Papiergeld ward selbst auf Luxusgegenstände verwandt; 1810 waren sogar 577 Millionen Papier=rubel im Umlauf, und der Papierrubel sank unter ¼ des Silberrubels im Werte. Die jüngsten Beispiele des Bankschwindels zeigten die Vereinigten Staaten.

zion mit dem Wiederbeginn der Barzahlung (1821) nicht nur die ganze
Differenz in den gestiegenen Preisen der Fonds, sondern auch die, zwischen dem Kursstande. Denjenigen dagegen, welche durch das zwan-
zigjährige Schwanken in den Preisen der Banknoten ebenso große Ein-
bußen erlitten hatten (natürlich konnte jede Schuld in den gesunkenen
Noten nach deren Nennwert heimgezahlt werden), konnte die Bank bei
Wiederaufnahme der Barzahlung nicht gerecht werden; denn das Verhältnis kehrte sich bloß um, die Gläubiger gewannen nun und die
Schuldner verloren. Was Wunder, daß Viele jezt durch das Steigen
des Notenwertes an den Bettelstab geriethen, wie Andere vorher durch
das Fallen desselben. Die Restrikzionsakte, in deren Folge „die Nazion
zweimal durch die Spizruthen des Bankrotts gejagt ward," hätte die
Regierung dem Lande ersparen können, wenn sie vom Beginn an sich
der Kosten der Herbeischaffung des nöthigen baaren Geldes getröstet
hätte.

Bei der neuen Bankbill vor 1844 hatte Peel nun die Absicht, alle
Mängel, welche erfahrungsgemäß noch an dem englischen Bankwesen
haften mochten, möglichst zu beseitigen. Ob er dieselbe völlig erreicht
habe, darf bezweifelt werden; wenigstens haben bedeutende Stimmen
in der Presse und in der kaufmännischen Welt, unter andern der greise
Lord Ashburton, sich bemüht, die Gebrechen der neuen Maßregel nachzuweisen, die indessen immer eine wesentliche Verbesserung gegen den
frühern Zustand herbeigeführt hat. Ihre Haubtbestimmungen sind folgende: die englische Bank darf künftig außer den 14 Millionen Pf. St.,
welche die Regierung ihr schuldet, keine Noten außgeben, außer gegen
das in den Gewölben der Bank liegende Gold und Silber (von Silber
darf nur soviel als der vierte Theil des Goldes außmacht, folglich der
fünfte Theil des Ganzen zu dem Stock von Bullion gezählt werden,
der theilweise als Sicherheit für die umlaufenden Noten dient). Ferner
besizt jezt nur der ganze Ministerrath (Privy Council; früher drei Re-
gierungsbeamte) die Gewalt, eine Vermehrung von Noten anzuordnen,
wenn die Bank von England es fordert, und auch dann nur unter gewissen Beschränkungen. Die Privatbanken, die bisher Noten außgegeben, dürfen kein weiteres Papier in Umlauf sezen als sie durchschnittlich in den beiden vorhergegangenen Jahren veraußgabt hatten; bei
weiterem Bedarf von Papier sollen sie Noten der Bank von England außgeben, welche sie natürlicherweise bezahlen müssen. Sodann

schreibt das neue Gesez w ö ch e n t l i ch e Bekanntmachungen aller wirklich bestehenden Bankverhältnisse in England vor. Der Zweck war also die Außgabe von Banknoten nicht nur zu begrenzen, sondern sie auch all- mählig der Bank von England allein zuzuwenden. Diese gibt für 14, die Privatbanken für etwas mehr als 8 Mill. Pf. Noten auß, was weiter außgegeben wird, dafür muß Gold oder Silber in der englischen Bank liegen. Durch die Maßregel von 1845 hat Peel auch für Irland und Schottland (hier leihen die meisten Banken selbst auf Grundeigen= thum xc.) die Beraußgabung von Papier beschränkt, für jenes auf 6,271,000 Pf., für dieses auf 3,041,000 Pf. St.; doch gestattete er den Banken dieser Länder „vorerst noch" die Außgabe von Noten unter 5 Pf. und verpflichtete sie nicht, für die Beraußgabung von weiterm Papier sich der Noten der Bank von England zu bedienen, sie dürfen die Anzahl ihrer Noten steigern, soweit sie den Belauf derselben b a r in ihrer Kasse haben. Selbst für das obenangeführte Papier müßen sie ein Sechstheil Gold oder Silber vorräthig haben, die schottischen Banken also fortwährend 500,000, die irischen eine Million Pf. Man glaubt übrigens, Peel wolle in seinen Beschränkungen noch weiter gehn, ja man mißt ihm den kühnen Plan bei alle Privatzettelbanken nach und nach eingehn und nur eine einzige Nazionalbank als Noten= außgeberin bestehn zu laffen, zu noch gründlicherer Kontrolirung des Geldwesens. Indessen dürfte er auf hartnäckigen Widerstand stoßen, wenn er dieser freilich wichtigen Rücksicht alles Andere unterordnen wollte. Wenn die Macht der Bank von England auch ben Zinsfuß niedrig hält, und dies wirksamst dazu beiträgt, die Manufakturthätig= keit, sowie die Verbesserungen beim Ackerbau zu fördern — jedoch erhalten nur die Manufakturisten leicht Vorschüsse an diesem großen Sammel= plaze des Geldes, während die Agrikulturisten meist nur zu höhern Zinsen sich Anlehen verschaffen können; so ist doch auch zu bedenken, daß, wäre das Vorrecht der Bank von England gebrochen und könnten die Privatbanken gleichfalls gegen niedergelegtes Geld ihre Noten vermehren, namentlich solche unter 5 Pf. außgeben, alsdann durch die größere Verbreitung derselben über alle Theile des Landes, wie in Schottland, für jedes Geschäft und Unternehmen viel leichter Geld zu bekommen sein würde. Für den Ackerbau hat Peel dies in seinen jüngsten Vorschlägen durch Kreditgewährung seitens des Staats zu erreichen gesucht. Andrerseits dürfte selbst bei e i n e r Zettelbank im ganzen

Britenreiche das Bankgeſez, troz ſeiner techniſchen Verbeſſerungen, an
ſich allein noch nicht das Problem gelöst haben, dem Gold im Lande
einen bleibenden Siz zu erhalten. So lange wenigſtens die wechſelnden
Getraidezölle beſtunden, war ſchwerlich zu verhindern, daß plözlich ein
Strom von Gold auß England nach der Fremde floß, wenn es nach
mehreren ſchlechten Ernten Millionen Quarter Weizen beziehen muste.
Von 45,686,369 Pf. St. Goldmünzen, die in England von 1816 bis
1829 einſchließlich geprägt wurden, verſchwanden bis 1830 nach ziemlich genauer Berechnung etwa 15 Millionen Pf.; bloß im Jahr 1830
giengen über 5 Mill. Pf. nach dem Kontinent. Peel berechnete die im
Lande umlaufenden Goldmünzen auf 33 Millionen Pf., andere ſchäzen
ſie auf 50 Mill.; nehmen wir mit der Silbermünze und den in den drei
Königreichen außgegebenen Noten, im Betrage von ungefähr 31 Millionen Pf., zuſammen eine Summe von 85 bis 90 Mill. Pf. Münze
und Papier an. Bei günſtigen Ernten kann oft in Jahr und Tag kein
Weizen verzollt werden, in der Bank mag ſich ein bedeutender Barvorrath häufen; ſobald aber das Bedürfnis eiliger Zufuhr entſteht, bei
mehreren aufeinander folgenden Miſernten, wie in den Jahren 1839
bis 1841, wo England bloß an Weizen 2 bis 3 Millionen Quarter
beburfte, können binnen wenigen Jahren 10 bis 20 Millionen Pf. baren
Geldes auß dem Lande gehn, alſo bis 20 Prozent aller Umlaufsmittel,
was wol ohne Erſchütterung nicht geſchehen kann. Der Barvorrath der
Bank war in den günſtigen Erntejahren 1843 und 1844 nie unter
13 Millionen Pf. gefallen, kaum drohte aber im Spätjahr 1845, bei
mittlerer Ernte, eine ernſte Verlegenheit, als ihre Goldvorräthe binnen
wenigen Wochen um mehr als eine Million Pf. St. abnahmen, und
die Bank, um einem noch ſchnellern Abfluß vorzubeugen, ihren Zinsfuß beträchtlich erhöhen muste. Jede 100 Pf. St., die unter ſchwierigen
Verhältniſſen erforderlich ſind, um eingeführtes Getraide zu bezahlen,
werden die Bankvorräthe vielleicht um 200 Pf. St. und noch mehr
vermindern, weil Furcht und Gewinnſucht dabei ins Spiel kommen,
und weil der Grundſaz, nach welchem der Goldwert geſezlich beſtimmt
iſt, Jedermann die Freiheit gibt, ſein Papier gegen das Gold der Bank
zu vertauſchen und es im Geldmärkte zu einer größern oder geringern
Prämie zu verkaufen. Iſt Peel daher auch in Bezug auf ſtrenge öffentliche Rechnungsablage, Kontrole, Beſchränkung der Notenaußgabe
ſeitens der Privatzettelbanken, ſowie darauf den großen Gewinn der-

selben mehr dem Staatsschaze zuzuwenden, sicher auf dem richtigen Wege; so wird die volle Probe für das Ganze seines Bankgesezes, wie weit es immerhin die Bankeinrichtungen aller übrigen Länder überragt, doch erst eintreten, wenn das Gold zum Kornankaufe in Masse auß dem Lande strömt, und der Wechselkurs sich entschieden ungünstig für England stellt.

Ohne Zweifel fühlte Peel sich gedrängt, durch die Geldverhältnisse zu Nordamerika, ohne Zweifel stunden auch schon mäßige Kornzölle, durch welche allein große plözliche Konvulsionen vermieden werden können, im Hintergrunde seiner Gedanken. Er schonte noch der Land-aristokratie, obgleich der Gegensaz zu ihr bereits in seinen Maßregeln lag; denn diese zielen auf Milderung der Preise aller Dinge in Eng-land, während der grundbesizende Adel ein Interesse hat, das erste Le-bensbedürfnis des Volkes hoch im Preise zu erhalten. Das englische Volk fühlte es scharf herauß, daß Peel im Grunde auf seiner Seite stund und zum Danke dafür hatte er die Razion hinter sich. Selbst radikale Blätter rühmten das milde einsichtsvolle Regiment seiner kon-servativen Regierung. Dagegen erglühte die Partei des alten „historisch berechtigten" Vollblut-Parlaments mehr und mehr in Groll gegen den Mann, den sie haubtsächlich in den Sattel gehoben hatte, in der thö-richten Hoffnung freilich, ihn als Werkzeug abzunüzen. Für diese Leute, welche die Wahlreform noch immer bitter beklagen, ist die Volksver-tretung nur ein vortreffliches Mittel, für ihre Sonderbelange zu sorgen, nicht aber die nothwendige Verkörperung einer großen Staatsidee in fortwährender lebendiger Entfaltung.

Als wichtig für die Handelspolitik aller Länder hebe ich kurz den Zusammenhang von Papiergeld und Zolltarif hervor. Mit einer Zu-vielaußgabe von Papier steigen in der Regel nämlich die Preise aller Waren, und zwar oft so hoch, daß ein mäßiger Tarif ganz aufhört als Schuz gegen das Außland zu wirken. So lange die Bank von England in Folge des Aufhebens der Barzahlung zu viele Noten außgegeben hatte, war der Preis aller Dinge in England, besonders der Boden-früchte, außnehmend hoch. In Nordamerika stiegen, wenn die Banken wetteifernd viel Papier in Umlauf sezten, die Warenpreise nicht selten um 50 Proz., während der Zoll nur 20 bis 25 Proz. betrug; an den auß der Fremde eingeführten Waren ward daher nach Entrichtung des Zolls noch ein namhafter Gewinn gemacht. Es kam dahin, daß, z. B.

Getraide ohne Misernte in den Jahren 1836 und 1837 in den Vereinigten Staaten doppelt, ja dreimal so hoch stund als jezt, und in
Folge davon Getraidespekulazionen von Europa auß dahin unternommen wurden! Unter solchen Umständen kann ein Land seine Industrie nur durch die höchsten Tariffsäze schüzen, die dem Schmuggel
Thor und Riegel öffnen; wollte es aber bloß Einkommenzölle einführen,
so würden die künstlich hohen Preise die fremden Kaufleute begünstigen,
welche sich ihre auf dem heimischen Markte durch Papiergeld nicht vertheuerte Waren nicht mit Papier, sondern mit Waren oder Münze
bezahlen lassen. Von einem übertriebenen Papiergeldsystem, wenn es
einmal mit Handel und Wandel verwoben, sich aber wieder loszu-
machen, ist eine schwierige Aufgabe, besonders dort, wo eine große
Staatsschuld auf dem Lande lastet. Als die windige Papierwirtschaft
in Amerika zusammenbrach, trat eine Periode solches Mistrauens ein,
daß man geraume Zeit gar kein Papier, sondern nur bares Geld sehen
wollte. Die Umwälzung in den Vermögensverhältnissen war vollbracht,
die Krise muste überstanden werden. Die amerikanische Regierung,
glücklicher Weise durch eine übermäßige Staatsschuld nicht gehemmt,
ergriff diesen Augenblick, um einer Wiederkehr der Papierüberflutung
vorzubeugen und ihr Handelsverhältnis zu Europa auf einen bessern
Fuß zu stellen: sie nahm in ihren Kassen nur bares Geld oder gleich
darin umzusezendes Papier an, zwang dadurch die Banken zu soliderer
Wirtschaft, und sezte der übermäßigen Einfuhr auß England dadurch
einen Damm entgegen, daß der Einfuhrzoll nicht mehr in sechs- bis
neunmonatlichen Wechseln, sondern bar bezahlt werden muste. Wirklich
fielen die Preise der Dinge, bei beträchtlicher Abnahme der Einfuhren,
auf ihren natürlichen Stand herunter, und dies machte es mit Hülfe
der amerikanischen Produktenfülle möglich, das bare Geld auß England
an sich zu ziehen. Vom November 1842 bis Junius 1843 flossen nicht
weniger als 22 Millionen Dollar bar auß England nach Amerika, und
der Wechselkurs stellte sich ungünstig für England. Gegen diesen
drohenden Geldabfluß muste Vorsorge getroffen werden durch Steigerung der Aufuhr englischer Manufakte nach Amerika, durch Rücksen-
dung der amerikanischen Staatspapiere und besonders durch die neuen
die Notenaußgabe beschränkenden Bankmaßregeln. Leztere, die in den
nächstfolgenden Jahren der Bank von England einen Barvorrath wie
nie vorher zugeführt haben, sind allerdings geeignet, den amerikanischen

Plan das schwebende Handelskapital nach der andern Seite des Meers
hinüberzuziehen, zu vereiteln; vorausgesezt nur, daß die mögliche Ermäßigung des Preises aller Dinge in England bewirkt wird, um in
Manufakturen und Handel den vortheilhaften Bewerb mit der übrigen
Welt behaubten zu können. Hierin, nicht bloß im Vortheil der Arbeiterklaſſen, liegt mithin zugleich ein Zwang zur Abſchaffung der Zölle
auf die erſten Lebensbedürfniſſe, ſelbſt in Widerſpruch mit dem Intereſſe des Staatsſchazes, indem die Nazionalſchuld eigentlich (nach
ihrem Sachwerte) ſteigt und die Abgabenlaſt ſich erhöht, in dem Maße
wie die Geldwerte der Dinge fallen. Man ſieht, die neue **Wohlfeil-**
heitspolitik Englands, d. h. die Ermöglichung einer wohlfeilen
Erzeugung für den Weltmarkt, liegt zum Theil ſelbſt dem Peel'ſchen
Bankgeſeze zu Grunde, an welches wie an einen Pfeiler der Tarif
ſich lehnt.

Die edlen Metalle ſind demnach zwar nur ein kleiner Theil, jedoch
der wichtigſte Theil des Vermögensſtocks einer Nazion, weil ſie als
Weltware troz leichter Preisänderungen, ihren Wert nie und nirgends
verlieren, weil ſie vorzüglich den Tauſch und den Kapitalumlauf vermitteln, und beſonders weil ſie den Grundſtein des Vertrauens im
Verkehr bilden. Dieſes Vertrauen kann auf die nachtheiligſte Weiſe
erſchüttert werden, ohne daß im Geſamtkapital des Landes irgend eine
Abnahme ſtattgefunden hätte, bloß weil die Geldverhältniſſe geſtört
worden ſind. Eben darum iſt es von Wichtigkeit, daß das Barkapital
zwar ſo ſchnell als möglich und mit ſo wenig Verluſt als möglich umlaufe, d. h. nicht müßig liege, daß es immer aber in einer dem Umſaz
entſprechenden Menge vorhanden ſei oder doch zu jeder Zeit herbeige-
ſchafft werden könne. So lange Banken und Papiergeld die Zwecke der
edlen Metalle bis zu dieſer Gränze nur unterſtüzen, ſind ſie Befruchter
des öffentlichen Vertrauens, und um ſo unentbehrlicher je mehr eine
Nazion ihre Thätigkeit in Erzeugung und Umtauſch ausdehnt. Kann
das Hülfsgeld auch nicht ohne Nachtheil das Bargeld meiſtern wollen,
ſo wär's doch thöricht, wenn eine Nazion ſich darum ſeiner Bei-
hülfe nicht nach dem vollen Umfange ihrer Kräfte bedienen wollte.
Auch die gewerbliche Entwickelung Deutſchlands fordert's und die Bewegung ſeiner wachſenden Kapitale ermöglicht's, daß es von dieſen
Mitteln in ausgedehnterm Maße als bisher Gebrauch mache. Das
längſt gefühlte Bedürfnis hat ſich in Folge der neueren Geldkriſis als

unabweisbar herausgestellt, welche mit der fast wunderbaren Vermehrung von öffentlichen Anlagen und Aktienunternehmen aller Art in jüngster Zeit genau zusammenhängt.

Für Englands Kapitalreichthum spricht am klarsten die Menge Eisenbahnen, welche im Inlande wie Auslande mit englischem Geld erbaut worden sind und erbaut werden. Die erste Eisenbahnbill ward im Jahr 1801 vom Parlament angenommen, und betraf die kurze Surrey=Bahn zwischen Wandsworth und Croydon; von da an bis 1825 wurden nur 28 Schienenwege gebaut, meist kurze Strecken in den Kohlengruben und Eisenwerksbezirken zur Privatverfuhr der Mineralien. Am 1. Mai 1830 ward die Bahn zwischen Liverpool und Manchester mit dem ersten Dampfwagen „die Rakete" eröffnet. Hier folgt eine Liste der von 1801 bis 1845 im Parlament votirten Akte nebst den betreffenden Summen in Kapital und Anleihen:

1801 bis 1825	29	1,263,100 Pf. St.
1826 = 1829	34	3,267,386 = =
1830	8	733,650 = =
1831	9	1,799,875 = =
1832	8	567,685 = =
1833	10	5,525,333 = =
1834	10	2,312,053 = =
1835	16	4,812,833 = =
1836	32	22,874,998 = =
1837	27	13,521,799 = =
1838	10	2,096,198 = =
1839	16	6,455,797 = =
1840	17	2,495,032 = =
1841	14	3,410,686 = =
1842	16	5,311,642 = =
1843	21	3,861,350 = =
1844	26	14,793,994 = =
1845	109	59,613,526 = =

Summa: 412 Akte   154,716,937 Pfd. St.

Die Akte betreffen jedoch nur 278 Bahnen, indem einzelne Bahnen durch Ausdehnung, Abweichung von dem ursprünglichen Plane, Kapitalvergrößerung u. dgl. mehrere Akte nöthig machten. Unter obiger

Totalsumme sind 114,513,035 Pf. Kapital und 40,203,902 Pf. Anleihe. Die noch täglich zunehmende Ausdehnung der Eisenbahnunternehmen, die beispiellose Bewegung in derlei Spekulazionen bildet eine
der außerordentlichsten Erscheinungen in der Geschichte unserer Tage.
Die Parlamentsakte von 1844 und 1845 verpflichten zum gleichzeitigen
Bau von mehr als 3500 engl. Meilen Eisenbahn mit einem Kostenan-
schlag von bald 75 Millionen Pf. St. — was zusammen nahe doppelt
so viel ist als alle Eisenbahnen, die in den zwanzig Jahren vor 1844
in England gebaut worden sind. Dennoch veröffentlichten die Londoner
Blätter neuerdings an einem Tage die vorläufigen Ankündigungen von
mehr als 70 neuen Bahnprojekten, die ein Kapital von 80 bis 90 Millionen Pf. St. heischen. Die Gesamtlänge der ganz oder theilweise
eröffneten Eisenbahnen Englands war im September 1845 ungefähr 430 deutsche Meilen, ein Anlagekapital von 500 Millionen Thaler
darstellend (1,100,000 Thlr. für jede Meile); man rechnet eine durchschnitliche Bruttoverzinsung von 8 bis 10 Proz., eine Durchschnitsdividende von 5 bis 6 Proz., für die Betriebskosten etwa 50 Proz. des
Bruttoertrags. Deutschland hat sich bemüht, England in den Eisenbahnen nachzukommen, trozdem daß Banken ihm wenig zu Hülfe
kamen, und es einen bedeutenden Theil der nöthigen Baustoffe aus
England beziehen muste. Im August 1845 hatte es in Betrieb etwa
370 deutsche Meilen, die nur etwa 83 Millionen Thlr. gekostet; im
Bau begriffen oder gesichert für die nächsten vier Jahre waren über
812 Meilen, wozu an 145 Millionen Thlr. erforderlich, also jedes Jahr
36 Millionen. Zwar tragen unsere Bahnen nur ein Viertel der Bruttoeinnahme der englischen ein, allein sie kosten auch nur ein Drittel so viel
als diese, ja der Reinertrag der deutschen Bahnen ist im Allgemeinen
etwas höher. Die Kosten der neuprojektirten englischen Bahnen waren
noch nicht auf ½ Million Thaler die deutsche Meile veranschlagt,
dennoch erlaufen sie auf jene ungeheure Summe von 550 Millionen
Thlr.; um sie binnen drei Jahren zu vollenden, sind in jedem mindestens 180 Millionen Thlr. erforderlich. Dazu kommen etwa 60 Millionen Thlr. als jährliche Ausgabe für die schon im Bau begriffenen
und an 90 Millionen Thlr. für die bisher mit englischem Gelde begonnenen Kontinentaleisenbahnen. Die englischen Kapitalisten werden
also in jedem der nächsten Jahre eine Ausgabe von mindestens
330 Millionen Thlr. (nach anderer Rechnung sogar 60 Mill. Pf. St.)

bloß für Eisenbahnen haben — eine Summe, die selbst englischen Sta-
tistikern außerordentlich erscheinen muß, wenn sie auch den mittlern
jährlichen Kapitalzuwachs, die Ersparnis ihres Gewerbs- und Han-
delsbetriebs, auf mindestens 350 Millionen Thlr. (nach Andern sogar
bis auf 70 Mill. Pf. St.) berechnen. Die Geldkrisen der Jahre 1825
und 1836 waren die Folge einer viel geringern außerordentlichen Geldverwendung, theils für die etwas unberathene Errichtung von Privatbanken und Anleihen, theils, besonders 1836, für Eisenbahnen. Denn
nach dem Railway-Almanack von 1846 betrug die Geldverwendung
für derartige Unternehmen

	Im Inlande. Pf. St.	Im Auslande. Pf. St.	Zusammen. Pf. St.
1824—26:	156,778,630	48,189,000	204,967,630
1834—37:	129,073,700	21,175,000	150,248,700
1843—46:	612,262,200	79,250,000	691,512,200; mithin in

der letzten Periode 487 Mill. Pf. St. mehr als in der ersten und 541
Mill. Pf. mehr als in der zweiten.

Troz dem allem ist die öffentliche Meinung in England entschieden
gegen jede Beschränkung dieser Spekulazionen, und Bestimmungen, wie
sie in Oesterreich und Preußen erfolgt sind, hinsichtlich der Versagung
neuer Eisenbahnbewilligungen 2c., würden dort kaum ausführbar sein.
Hätte der englische Geheimerath auch die Befugnis zu einem ähnlichen
Entschlusse, das Parlament würde denselben nachträglich nicht gut
heißen. „Wir haben zwar früher," sagt der Economist, „von
Geheimenrathsbeschlüssen gehört, welche die Bank von England ermächtigten, ihre Barzahlungen einzustellen, und dazu mochte Grund vorhanden
sein; allein wir bezweifeln dennoch sehr, daß solche Geheimerathsbe-
schlüsse die Bank gegen ein Zahlungserkenntnis der Gerichte geschüzt
haben würden. Jeder erfolgreiche Versuch, der gegenwärtigen Aufregung
und Spekulazion das große Feld der Eisenbahnen zu verschließen, würde
nur die Wirkung haben, sie auf ein anderes vielleicht ungleich mehr Gefahr drohendes Gebiet zu leiten. Ist nicht Uebertreibung in Spekulazionen beim Warenhandel ungleich verderblicher? Der Akzien- und
Papierhandel vernichtet vielleicht das Vermögen vieler Einzelnen zum
Vortheil Anderer, allein die Schwindelei in eigentlichen Waren unter-
gräbt den gedeihlichen Zustand der ganzen Industrie und des ganzen
Handels. Hohe Preise veranlassen übermäßige wachsende Einfuhr,

vermindern die Außfuhr, bewirken eine Stockung auf dem einheimischen Markte, stören den Geldverkehr und führen immer eine höchst verderbliche Rückwirkung herbei." — Manche wollen überhaubt in jener Richtung des Unternehmungsgeistes keinen Grund zu einem Thema der Beunruhigung finden. England sei ein fleißiges, Kapital anhäufendes Volk, die Summe seiner Ersparnisse immer größer als die seiner Verluste: wie solle nun über diesen stäten Zuwachs des Nazionalreichthums verfügt werden? Die alten Gelegenheiten, Kapital anzulegen, seien schon übersezt, der Staat — der sicherste Borger — wolle in seiner Behaglichkeit keine neuen Schulden machen, die Zinsen selbst minder zuverlässiger Privatschuldner, seien niedrig, und ein großer Zutritt neuer Gewerbskonkurrenz würde nur dazu dienen, den betreffenden Erwerbszweig zu ruiniren, ohne den neuen Bewerber zu belohnen. So und in Folge der neuen Prosperität des Handels, sei die gewinnbringende sichere Anlage von Kapitalen schwierig geworden. Angelegt aber müsse das angehäufte Kapital werden, und geschähe es nicht weise und nüzlich, so thöricht, wie in dem „Seifenblasenjahr" 1825. Indem man dann auf den Gedanken sein Geld in fremde Anleihen zu stecken verfallen, seien an diese Thorheit Summen verschleudert worden, die hinreichen würden, das Vereinte Königreich mit Eisenbahnen zu bedecken; ja, alle amerikanischen Eisenbahnen und andere große Werke der Republik seien mit dem von England geborgten Geld gebaut worden. Die Anlage in Eisenbahnen dagegen sei sicher, weil sie ein bleibendes Eigenthum; auch weise unter einem Volke, das an Wohlstand, Intelligenz und Unternehmungsgeist in einem Verhältnisse zunehme, größer als seine Zunahme an Zahl, und wo der innere Verkehr sich selber die Speise schaffe, womit er sich nähre; endlich nüzlich, weil sie Hunderttausenden Arbeit und Brod gewähren, die Vertheidigungsfähigkeit des Landes erhöhen, die Preise der Lebensbedürfnisse außgleichen und das Volk in geistiger Bildung und Weltgewandtheit heben. Wo Kapital und Energie sind, werden immer mehr oder minder gewagte Unternehmen vorkommen, und nüzlichere Zwecke können sie kaum verfolgen als die dauerhafte Verbesserung der Verkehrsmittel im Lande, die den Nazionalreichthum bleibend vermehrt. Können auch diese guten Zwecke, wie alle andere, durch die leidenschaftliche Gewinnsucht zu Schwindeleien misbraucht werden, so liegt hiergegen ein Zügel in dem natürlichen Laufe der Dinge. In dem Verhältnisse nämlich, wie das Verfuhrwesen sich vervollkommnet, werden Ackerbau, Gewerbe, Handel und Schiffahrt mehr fortschreiten, also größere Summen Kapital in Anspruch nehmen. Offenbar wird das Inselreich daher in der nächsten Periode mehr Gelegenheit zur Kapitalverwendung in Eisenbahnen und Gewerben haben, als Mittel das Bedürfnis zu befriedigen, d. h. die größere Nachfrage nach verfügbarem Kapital wird den allgemeinen Zinsfuß steigern. Das Steigen des Zinsfußes aber wird natürlich den Stand der Staatspapiere und der Eisenbahnakzien (auch den Wert des Grundeigenthums) herabdrücken, mithin allmählich der Spekulazion in Eisenbahnen Schranken sezen.

Die Erfahrung der jüngsten Zeit bestätigt das Gesagte. Unverkennbar steht das allgemeine Steigen des Zinsfußes in der lezten Hälfte des Jahrs 1845 in engem Zusammenhang mit dem Eisenbahnfieber, und deutet auf eine Ueberspannung der Geldkräfte in dieser Richtung. Ueberall zog das Geld bedeutend an, die englischen Privatbanken wollten nicht mehr zu 2½ diskontiren, und giengen auf mindestens 4½, endlich erhöhte die Bank von England ihren Zinsfuß auf 3 und 3½. Binnen drei bis vier Monaten wurden an vierthalb Millionen Pf. St. bares Geld auß der Bank gezogen, wovon freilich nach dem Stande des Wechselkurses zu schließen, nur eine Million ins Außland gegangen sein mag; — mit dem übrigen Gelde haben sich haubtsächlich die irischen und schottischen Banken versorgt. Dies beweist, daß jener Abfluß keineswegs bloß der Wirkung der mittelmäßigen Ernte von 1845 oder großen Korneinfuhren beizumessen ist, sondern haubtsächlich einem innern Geldbedarf. Hiefür spricht auch der Umstand: Ende 1844 hatte die Bank 13½ Mill. Pf. Regierungsvaluten in ihrem Besize, und noch nicht für 11½ Mill. Pf. Privatvaluten, Ende 1845 dagegen war die Summe der Regierungsvaluten auf 13⅓ Mill. gesunken, die der Privatvaluten aber auf 16¼ Mill. gestiegen. Das hatte die Bank im Oktober zur ersten Zinserhöhung vermocht. In der Folge sind die Privatvaluten noch höher gestiegen, und so lange dieses Verhältnis währt, wird die Bank den Diskont nicht herabsezen (die Londoner Diskontbanken zahlen selber für Depositen schon 3½ Proz. und sie wollen doch Profit machen), ja sie dürfte ihn im Fall starkzunehmender Korneinfuhren noch mehr erhöhen. Ein günstiger Umstand für England ist dabei der niedere Stand der Preise der Rohstoffe: Ende 1838, wo die lezte Krise begann, stund Wolle um 40, Baumwolle um 80 bis 90

Prozent höher als Anfangs 1846; die Haubtzweige der englischen Industrie haben also für Rohstoffe jezt weit geringere Summen zu zahlen, und namentlich die Baumwollenindustrie ist blühender als je.*) Findet jedoch eine große Einfuhr von Lebensmitteln, namentlich auß Nordamerika statt, so kann der Kurs auf Nordamerika so tief fallen, daß die Geldaußfuhr auß England anhebt. Vom November 1842 bis Mai 1843 sind gegen 5 Millionen Pf. nach Nordamerika gegangen; ein gleicher Abgang würde gegenwärtig den schon gedrückten englischen Geldmarkt noch mehr stören. Indessen wäre das vorübergehend, eine gute Ernte und große Fabrikatenaußfuhr würden die Geldflut in die Gewölbe der englischen Bank wieder zurückströmen. Auch dürfte ein großer Theil der auf unserm Kontinent, namentlich in Frankreich angelegten englischen Kapitale nach dem Eilandreiche zurückfließen, und der Theil des englischen Kapitalzuwachses, der sonst nach andern Ländern gegangen, sich beträchtlich mindern oder ganz zu Hause bleiben. Da beide Ursachen schon zu wirken angefangen, und da auch der Kapitalzuwachs der Kontinentalstaaten von den Eisenbahnunternehmen in Anspruch genommen ist, so musten hier dieselben Erscheinungen eintreten wie in England, ja theilweise in noch weit höherm Maße: die Nachfrage nach Kapitalien vermehrte sich in größerm Grade als das Außgebot, der allgemeine Zinsfuß muste steigen, Staatspapiere und besonders Eisenbahnakzien in Folge davon fallen. In Wien kamen einige Millionen auß einer „mächtigen Quelle" dem Akzienverkehr rasch zu Hülfe, um den Geldmangel etwas minder fühlbar zu machen und die Gemüther wieder in eine leidliche Fassung zu bringen. In Berlin sah sich die königliche Bank, die Reglerin des dortigen Börsendiskonto, veranlaßt, ihren Zinsfuß von 4 auf 5 Proz zu erhöhen, was natürlich auf den Stand der preußischen Staatspapiere sowol als der Eisenbahnakzien weiter ungünstig einwirkte. In Hamburg stieg der Diskont, welcher mehrere Jahre hindurch sich zwischen 2 und 3 Proz. gehalten, sogar vorübergehend auf 8 Proz., indem dort der Kapitalzufluß von außwärts wegen der allgemeinen Verlegenheit stockte.

---

*) 1845 wurden wöchentlich 30,207 Ballen verbraucht, 1844 nur 27,241. England führte 1825 auß Amerika 356,618 Ballen ein, 1845 fast das Vierfache oder ¾ seines Bedarfs; seinen Gesamtverbrauch an Baumwolle kann man mindestens auf 1½ Mill. Ballen schäzen, den der Vereinigten Staaten aber auch schon auf 900,000 Ballen.

Wenn sich übrigens besonders auf den deutschen Handelsplätzen Stockungen und Krisen im Geldverkehr zeigten, so wirkten darauf noch besondere Ursachen ein — die ganze Geldlage Deutschlands. Ein Theil unsrer Finanzmänner scheint jetzt erst die vielen Hülfsmittel, die England dem Geldverkehr bietet, sowie die Vortheile zu erkennen, die daraus für den Handel sprießen. Der Geldumsaz in England ist außerordentlich. Man rechnet, daß die bedeutendsten Londoner Bankhäuser allein eine jährliche Wechselabrechnung haben von weit mehr als 1000 Millionen Pf. St., wobei also der Wechselumsaz der Bank von England, der Akzienbanken und das von den Wechslern der City über den Zahltisch vorgezählte baare Geld gar nicht in Anschlag gebracht ist. Angesichts einer so ungeheuern sichern Geschäftsbewegung in den englischen Banken erscheinen die Besorgnisse vor jeder Krediterweiterung in unserm Vaterlande fast täppisch. Seit längerer Zeit sind die Umlaufmittel bei uns nicht beträchtlich vermehrt, ungeachtet Bevölkerung und Verkehr in schnellem Steigen begriffen waren; der raschere Umsaz und der durch bessere Verbindungswege beschleunigte Geldverkehr verdeckten eine Zeitlang diesen Mangel, konnten aber das Vorbrechen seiner Wirkungen auf die Dauer nicht hindern. Der auswärtige Handel eröffnete uns keine neuen Geldquellen, der Getraideabsaz nach England ward immer prekärer, hochwichtige Zweige unserer Fabrikatenausfuhr schrumpften sogar ein — das muste nachtheilig auf den Vorrath unsrer Umlaufmittel einwirken. Ja, Deutschland hatte sich auch in dieser Hinsicht, bei Vernachlässigung der Volksinteressen zu beklagen, ihm fehlen mit einem umfassenden Handelssystem fast alle Bankeinrichtungen, welche unsern Geldverkehr regeln, ihn überall schnell ausgleichen und dem Auslande gegenüber schüzen und vertreten könnten. So lange wir aber nicht Eins sind in Geld-, Zoll- und Handelswesen, werden wir auch im Nachtheil stehn den einigen Völkern gegenüber, und lassen wir durch Zwiespalt auch in solchen Dingen manigfache Hülfsquellen, die vereint einen mächtigen befruchtenden Strom bilden würden, vereinzelt in sterilen Sand auslaufen. Möchte die jüngste Erfahrung uns eine neue Lehre sein! Das Bedürfnis vermehrter Umlaufsmittel, beruhend auf Zunahme der Bevölkerung und Erzeugung, sowie auf Ausdehnung des innern Marktes und Umsazes, erweist sich in Preußen selbst aus der Vermehrung der Tresorscheine seit den Friedenszeiten. Das preußische Staats-Papiergeld entstund in den Zeiten der

Roth (1806), sank während der unglücklichen Kriegsjahre und unter den französischen Plünderungen auf ¾ seines Nennwertes, stieg später jedoch bald wieder auf pari mit Silber und findet jezt in ganz Deutschland Vertrauen. Ein Edikt vom 19. Januar 1813 beschränkte die Außgabe der Tresorscheine auf 10 Millionen Thaler, und während der Friedenszeit 1814 bis zum 1. März 1815 wurden binnen einem halben Jahre auß Besorgnis für den Staatskredit schon 1½ Mill. Thlr. davon wirklich vernichtet, wogegen indessen bald darauf wieder 1,750,000 Thlr. sächsische Kassenscheine hinzukamen. Bis zum Jahre 1827 betrug die ganze Summe der Tresorscheine nur 11,242,347 Thlr. Dann aber erzwang der allwärts fühlbare Mangel an Papiergeld, eine neue Außgabe von Kassenanweisungen im Betrage von 6 Mill. Thlr.; zugleich ward jedoch bestimmt, einen gleichen Betrag verzinslicher Staatspapiere dafür im Schaze niederzulegen. Eine neue Außgabe von 5½ Mill. Thlr. (Kabinetsordre vom 5. Dez. 1836) behielt die Niederlegung einer gleichen Summe in Staatsschuldscheinen bei, ebenso die weitere Außgabe von 3 Mill. Thlr. 1837. Im Ganzen sind mithin von den 25,742,347 Thlr. Tresorscheinen 14½ Mill. Thlr. in verzinslichen Staatsschuldscheinen niedergelegt, die zur Außgabe gegen Kassenanweisungen bereit liegen. Offenbar wär's sicherer, die öffentliche Schuld in diesem Betrage zu tilgen, weil jene Schuldscheine einen sehr veränderlichen Wert haben und in kritischen Zeiten sinken; allein damit fiele der Vorwand weg, jenes wichtige Gesez zu umgehn, welches zum Abschlusse neuer Schulden die Mitwirkung der allgemeinen Stände des Reichs vorschreibt. Niemand kann in Abrede stellen, daß das Bedürfnis der Erweiterung und der Gründung neuer Kreditanstalten für die Industrie wie für die Landwirtschaft sich bei uns fühlbar macht. In Preußen ist für den Rittergutsbesiz ziemlich viel geschehen, für die bäuerlichen Landwirte aber in dieser wichtigen Beziehung so gut wie nichts; doch ist gerade dem Lande die Herbeischaffung von Leihkapitalien zu niederm Zinsfuß ein um so dringenderes Bedürfnis, als so viele Kapitale der höhern Nuzung in Eisenbahnen und neuen Gewerbsunternehmen zuströmen und dem Landwirte gekündet werden. Zwar können Zettelbanken diesem nicht unmittelbar zu gute kommen, wol aber mittelbar, insofern sie überhaupt das verfügbare Leihkapital vermehren. Vor allen Dingen thut also, um Geschäftsstockungen in gewöhnlichen Zeitläuften vorzubeugen, die Gründung von mehreren oder einer umfaßenden Vereins-Zettelbank noth, welche die für den unmittelbaren Verkehr entbehrlichen Zahlungsmittel in sich zusammenschließen und auf fester Grundlage durch eine dem Bedürfnis entsprechende Notenausgabe in das deutsche Geldwesen belebend und umfassend eingreifen. Flößen die 268,000 Mark Silber, die Deutschland mit Einschluß Oesterreichs jährlich gewinnt, auch sämtlich in unsere Münzen, so reichten sie doch höchstens aus, die laufenden Verluste zu decken; in so glücklicher Lage wie England, das vermöge seiner Handelseinrichtungen und seines gewerblichen Vorsprungs, periodisch auf Kosten anderer Völker große Summen fremden Metalls auf seinen Markt werfen kann, werden wir uns noch lange nicht befinden. Ohne erweiterte Kreditanstalten müssen die hohen Summen, welche Eisenbahnen und Papierhandel fordern, einen schweren Außfall auf den Handelsplätzen erzeugen, zum Nachtheil aller gewerblichen und kaufmännischen Unternehmen, um so mehr als jede dem Handel plözlich entzogene Summe eine Zeit braucht, um sich wieder zu sammeln, und als die Kapitalbildung nur allmählich vor sich gehn kann, während die Zersplitterung plözlich ist. Eben dieses erleichtert aber ein umfassendes Bankinstitut, welches, die Kapitale auf tausend Punkten wieder ansammelnd, sich dadurch in Stand sezt, überall auch eintretendem Mangel nachhaltig entgegenzuwirken und überhaupt das nazionale Geld- und Kreditwesen zu sichern. Die Frage, ob Staats- oder Privatbank (bei natürlicher Entwickelung wird sie meistens gemischter Art sein) ist untergeordnet, wenn sie nur mittelst einer tüchtigen freien Organisazion mit Festhaltung des Prinzips der Bareinlösung und der Oeffentlichkeit, die verständigen Zwecke solcher Anstalten erfüllt, dem Gesamtinteresse dient, nicht bloß einzelnen Privatinteressen, und den Vortheil des Papiergeldes so viel möglich die ganze Nazion in den verminderten Staatslasten oder in dem vermehrten öffentlichen Einkommen mit genießen läßt. Sonst haben beide Bankarten ihre eigenthümlichen Vortheile und Nachtheile. Immerhin müssen die eigenthümlichen Leiter der Bankgeschäfte handelskundige Leute sein, wenn auch zur genauen Kontrole und höhern Leitung der Bankgeschäfte Staatsmänner zuzuziehen wären. Alle Schwindeleien kann freilich die besteingerichtete Nazionalbank nicht verhüten, aber sie kann sie im Ganzen doch mäßigen und zügeln, und das öffentliche Kreditwesen selbst frei davon erhalten. Der Stand der Antheile industrieller Unternehmen ist gewöhnlich von dem augenblicklichen

Werte derselben, der sich nach dem jedesmaligen Reinertrag bemißt, sehr verschieden, indem er sich vielmehr nach den muthmaßlichen Erträgnissen in einer mehr oder weniger entfernten Zukunft regelt; die Rechnung aber mit Vermuthungen und Wechselfällen statt mit Ziffern hat einen um so fruchtbarern Boden als ihr Gebiet, allen Erfahrungen zum Troze, in den luftigen Regionen einer blühenden Einbildungskraft liegt. Ein solches Spiel wird immer fortdauern, sofern es sich in seinen Ergebnissen auf das Wohl und Weh der unmittelbar Betheiligten beschränkt; eine gutorganisirte Bank aber wie England sie besizt, wird mindestens jene künstlichen Operazionen verhindern, welche zahlreiche Existenzen ebenso rasch emporschnellen als hinabstürzen und einen unermeßlich schlimmen Einfluß auf die ganze bürgerliche Gesellschaft ausüben, auch daß durch diese Fluktuazionen der Akzienkurse der Geldmarkt der Gestalt affizirt wird, daß der regelmäßig zwischen 3 und 5 schwebende Zinsfuß wol auf das Zehnfache im Jahre steigt, wodurch die wesentlichen Interessen des Gewerbfleißes und Handels in ihrem Nerf erschüttert werden. Troz der ungeheuern Verstreuung gerade englischer Kapitale in die manigfachsten Akzienunternehmen, hat doch das geregelte, neuerdings durch Peels Maßregeln gekräftigte Bankwesen die Geldlage Englands bisher vor großen Erschütterungen zu bewahren vermocht; die heftigen Zuckungen und die übrigen krampfhaften Erscheinungen eines gestörten Geldverkehrs, welchen Deutschland jüngst preisgegeben war — nicht weil wirkliches Mistrauen an irgend einer deutschen Börse ausgebrochen wäre, sondern lediglich wegen der äußern Umstände und mangelhafter Einrichtungen — haben das Inselreich nur leise berührt.

Viele sehen eine andere Gefahr für England im Anzuge. Bekanntlich herscht dort die Privatindustrie mit dem Prinzip der Assoziazion unbeschränkt, auch in der Anlage von Eisenbahnen und andern öffentlichen Werken. Weit entfernt, an Außführung der Haubtlinie auf eigene Hand zu denken, hat der englische Staat sich nicht einmal den Rückfall der Eisenbahnen nach Verlauf einer gewissen Anzahl Jahre vorbehalten; nur das Privilegium der Eisenbahngesellschaften beschränkt das Parlament auf eine mehr oder minder bestimmte Reihe von Jahren, auch auf die Fahrpreistarife wirkt es ein. Dies liegt im Geiste der englischen Instituzionen und genügt vielleicht für das mächtige Reich. Da nun der gewöhnliche Zinsfuß in England seit langer Zeit

nur 2 vom Hundert, die Durchschnitsdividende der Eisenbahnen aber
in den lezten Jahren 5 bis 6 Prozent, also über das Doppelte betrug,
so erklärt sich bei der großen Freiheit der Privatindustrie die ungeheuere
Masse dermaliger Akzienunternehmen. Alle diese gingen von der still-
schweigenden Annahme auß, daß Reichthum, Gewerbe und Handel und
die natürlichen Hülfsquellen Großbritanniens, gleich seiner Bevölkerung, in stätiger und rascher Progreßion begriffen, daß Handel und
Fabriken zu einer unberechenbaren und fortwährenden Außbreitung bestimmt sein, ohne Pausen und Rückgänge, daß das Brod in Ueberfluß,
bar Geld in Fülle vorhanden bleiben werde. Wie aber, wenn ungünstige Zeiten folgten für den Fabrikatenabsaz, wenn entschieden schlechte
Ernten durch Hinaußziehung des Geldes, den englischen Geldmarkt
beengten und unter den Volksklassen, deren Ueberschußkapital so schwer
verpfändet ist, allgemeine Noth herbeiführten? Eine Warnung der
Art ist bereits erfolgt, und die Gesezgebung schickt sich daher an, zu helfen, einfach dadurch, daß sie die Rückgängigkeit solcher Eisenbahnpläne,
die mit Uebereilung entworfen und noch nicht begonnen sind, auf den
Wunsch der Mehrzahl der Theilnehmer unter billigen Bedingungen gestattet. Durch diese Erlaubnis möchten, unter den veränderten Umständen und dem gestiegenen Kapitalwert, eine Menge Bahnprojekte
niederfallen. Deßungeachtet dürfte eine Handels- und Geldkrisis wie
in den Jahren 1839 und 1840, wäre das Korngesez noch in Kraft, eine
traurige Entwertung eines großen Theils des Eisenbahneigenthums,
besonders für die Theilhaber unvollendeter Bahnen, beträchtliche Verluste herbeiführen. Hierauf deutete schon der Umstand, daß in den
Wochen vor der mittelmäßigen Ernte von 1845 der Londoner Akzien-
markt sich schnell und empfindlich nach dem jedesmaligen Steigen und
Fallen des Wetterglases richtete. Die Korngeseze bedingten diese Abhängigkeit selbst der Akzien und des Geldverkehrs von dem Außfall der
Ernten. Bei einem vollkommen freien Kornhandel aber, wobei England nicht seine eigenen wandelbaren Ernten, sondern den durchschnitlichen Kornertrag der ganzen Welt zu seiner Basis hätte, und bei der
großen Außdehnung der englischen Manufaktur- und Handelsthätigkeit,
welche auß der Abschaffung des Getraidemonopols und anderen Monopolien folgen würde, dürften die Hülfsquellen Großbritanniens sich
stark genug bewähren, um auch der beispiellosen Forderung von einigen
hundert Millionen Thaler ein par Jahre hindurch für Eisenbahnbau zu

genügen und jenen Glauben des Landes an seine Zukunft im Ganzen befestigen. Das hat Sir Robert Peel sehr gut eingesehen, wie wir auß seinen weitern Handelsreformen ersehen werden.

Eben kömt mir noch die Kabinetsordre vom April 1846 zu Handen, welche endlich den Geschäftskreis der königlichen Berliner Haubtbank in der Weise außdehnt, daß sie ermächtigt ist, Noten bis zum Erlaufe von 10 Millionen Thlr. in Appoints von 25 bis 500 Thlrn. außzugeben. Die in Preußen seit zehen Jahren — seitdem die von Kaufleuten außgestellten und von der Bank akzeptirten Giroscheine, die jedoch nach Ablauf ihrer Verfallzeit wertlos werden, in Umlauf sind — unterbliebene Emission von Banknoten ist also wieder gestattet, und das verdient den Dank des Landes. Bisher besorgte die Berliner Haubtbank nebst ihren Zweiganstalten zu Danzig, Königsberg, Stettin, Breslau, Magdeburg, Münster und Köln den Gold- und Silberhandel für die Münze und den Transport der öffentlichen Einkünfte. Sodann machte sie Depositengeschäfte zu 2, höchstens 3 Prozent Zinsen und Leihgeschäfte gegen sicheres Pfand zu höhern Zinsen. Da sie diese Geschäfte im Ganzen nur mit verzinslichem Barkapital machte, das sie im Betrag ihrer Geldscheine im Vorrath hatte, so sah sie sich durch jeden ungünstigen Einfluß genöthigt, ihr Diskontirgeschäft, das Kreditgewähren, einzuschränken und den Zinsfuß zu erhöhen, um nicht zu verlieren. Sie konnte mithin weder dem allgemeinen Interesse noch der Kaufmannswelt irgend genügen. Nur wenn ihr etwa auß Staatsmitteln (z. B. dem ruhenden Staatsschaze) oder auch von Privaten ein bedeutendes Stammkapital überwiesen würde, ließ sie sich als einen festen und sichern Anhaltspunkt für die Erweiterung der unverzinslichen Schuld betrachten. Dies wird nun wahrscheinlich auf beiderlei Weise geschehen. (Ihr jeziger Betriebsfond soll bestehn: 1) in etwa 22½ Millionen Thlr., ihr von den Vormundschaftsbehörden und milden Stiftungen zur Verzinsung anvertraut, 2) in 5½ Mill. Thlr. gegen 2 proz. Obligazionen deponirter Privatgelder, 3) in 6 Millionen Kassenanweisungen oder unverzinslichen Staatsschulden, und in den jedesmaligen Barbeständen der Staatskassen.) Die neuen Banknoten werden von der Haubtbankkasse in Berlin stäts zu voll eingelöst und, wie im Inselreich die Noten der englischen Haubtbank, in allen Staatskassen angenommen. Ein Drittheil der emittirten Noten bleibt immer bar vorräthig, ein

Drittel ihres Wertes muß in diskontirten Wechseln und ein Drittel in verpfändeten, leicht wieder zu versilbernden Gütern oder Valuten in den Koffern der Bank deponirt sein. Bei gehöriger öffentlicher Rechnungsablage ist daher die gröste Sicherheit, Gefahr kaum denkbar. Eine andere Kabinetsordre bestimmt, daß neben der Haubtbank, bei der in Zukunft auch Privatpersonen betheiligt sein werden, ebenfalls Privatbanken in den Provinzen durch Gesellschaften errichtet werden dürfen, wenn dieselben unter ,,solidarischer Haft der Betheiligten'' sichere Gewähr leisten und die nöthigen Bedingungen des öffentlichen Vertrauens erfüllen. Auch diese Verordnung, die sich mit jener zu ergänzen scheint, verdient den Dank des Landes. Offenbar suchen diese neuen Einrichtungen, die sich den englischen Bankinstituzionen am meisten nähern, die Meinungen oder vielmehr die Vortheile von Staats- und Privatbanken miteinander zu verschmelzen. Das ist nur zu billigen, da im Allgemeinen jene, weil sie nicht bloß Einzelnen das Privilegium des Bankgewinnes ertheilen, finanzielle, diese dagegen, weil sie wegen beßerer Kenntnis der kaufmännischen Geschäfte und der Kreditverhältniße Handel und Industrie mehr Erleichterung gewähren können, nazionalökonomische Vorzüge haben. Alles kömt nun auf die Außführung an, um beider Vortheile bis auf einen gewißen Punkt zu versöhnen und zu vereinbaren. Durch die Betheiligung der Privatpersonen tritt die Haubtbank auß ihrem außschließlichen Verhältniße zum Staat und der deshalb unbedingten Verknüpfung ihres eigenen Intereßes und Kredits mit dem des leztern herauß, und muß dagegen ebenso nothwendig einer größern Oeffentlichkeit wie einer gemeinnüzigern Einwirkung auf Handel und Gewerbthätigkeit unterliegen; erfahrungsgemäß sind öffentliche Rechnungsablage binnen kurzen Zeiträumen und eine kaufmännische Mitaufsicht zum Besten des Publikums wie zum Gedeihen der Anstalt selbst gleich nothwendig. Die in die Verordnung über das Privatbankwesen eingefloßene Bedingung — solidarische Verpflichtung aller Theilnehmer — ist bereits getadelt worden, mir dünkt sie durchauß der wünschenswerten Vorsicht zu entsprechen, um unsoliden Bankgeschäften und den tiefgreifenden demoralisirenden Uebeln der Zuvielaußgabe von Noten vorzubeugen; ein umfaßendes Banksystem soll nicht wenige Erwählte schnell reich und reicher machen, soll nicht die Spekulanten in fieberhafte Bewegung bringen, sondern nur dem öffentlichen und Privatkredit zu allgemeinem Frommen

auf solide wirksame Weise unter die Arme greifen. Die 10 Millionen
Thlr. Noten der Haubtbank werden dem Bedürfnisse freilich nicht ab-
helfen, ohne Zweifel auch andere Mängel noch hervortreten; doch das
thut nichts zur Sache, die Mängel, welche die Erfahrung erst recht
herausstellen kann, laßen sich verbeßern. Auch hier können wir ein
Beispiel an England nehmen, deßen Staatsmänner so wenig vor einem
Fehler zurückschrecken — sie bekennen ihn vielmehr laut, und verbeßern
ihn — als sie erst der unabweisbaren Nothwendigkeit nachgeben. Die
beiden Verordnungen konnten im Ganzen nur den günstigsten Eindruck
hervorbringen, das Wort allein, dem die That erst nachfolgen soll,
äußerte gleich die beste Wirkung auf den Geldmarkt, die verschloßenen
Geldkasten öffneten sich, alle Akzien stiegen, das Vertrauen lebte wieder
auf. Ein wichtiger Punkt steht in Frage: ob nämlich durch die Ausgabe der 10 Millionen Thaler in Noten seitens der Staatsbank, und
eine solche ist sie doch, nicht Preußens Staatsschuld erweitert werde?
Muß sie, wie's mir scheint, bejaht werden, dann muß verfaßungsmäßig
dazu auch die Zustimmung der preußischen Reichsstände eingeholt werden. In Preußen ist eine Staatszettelbank, deren Notenausgabe unter Gewähr des Staats das Papiergeld, d. h. die öffentliche Schuld
vermehrt, gesezlich nur mit Hülfe der Reichsstände herzustellen. Zwar
ist eine ähnliche Frage schon früher bei Vermehrung der Tresorscheine
dadurch umgangen worden, daß dafür ein gleicher Betrag in Staatsschuldscheinen im Schaze niedergelegt ward; allein eine solche Aus-
flucht wäre hier nicht mehr am Ort. Wollte man aber den baren
Grundstock der Bank für die Notenausgabe allein auf Akzien begründen.
so würde das Institut dadurch in eine reine Privatlandesbank umgewandelt werden.

X.

Die Handelsreformen von 1845 und Peels denkwürdige Vorschläge von 1846, die Gegenkorngesezliga, die Abschaffung der Kornzölle; die Wirkungen davon, die Bedeutung für Deutschland, die jüngste Gestaltung.

„England ist auf der Höhe, ohne Gefahr für seine Volksanliegen, der Welt die Vortheile des freien Handels durch sein Beispiel beweisen zu können."

Peel.

Die Zollerleichterungen vom Jahr 1842 waren ein Riesenschritt, Peels Vorschläge bei Vorlegung des Budget am 14. Februar 1845 sind von noch größerer Wichtigkeit, namentlich was deren Einfluß auf den Handel im Ganzen anlangt. Es handelt sich bei diesen 1) um völlige Abschaffung der Zölle von Artikeln, die keine oder nur geringe Einkünfte abwerfen; 2) um weitere Ermäßigung oder völlige Abschaffung der Zölle auf Rohstoffe für die Industrie; 3) um Milderung der Zölle von Artikeln, die ein beträchtliches Einkommen gewähren, aber zu hoch belegt sind, deshalb Schmuggel erzeugen und dem Verbrauche Einhalt thun. Die hierdurch herbeizuführenden Außfälle waren veranschlagt auf 3,431,000 Pf. St.; rechnet man hiezu die Zollmilderung von 1842 und 1844, im Erlaufe von 1,723,000 Pf., und die weitere Aufhebung anderer Abgaben, die größtentheils dem Handel zur Last fielen, z. B. Akzise von Glas, Auktionsabgaben ꝛc., im Betrage von 1,162,000 Pf.: so ergibt sich die enorme Summe von 6,316,000 Pf. St. oder über 44 Millionen Thaler, welche im Laufe von vier Jahren, noch ganz ohne Einschluß der wichtigen Abschaffung der hohen drückenden Kornzölle, im Interesse der Industrie und des Handels an indirekten Abgaben in England erlaßen sind. Die dagegen eingeführte direkte

Einkommensteuer, welche nicht, wie jene, vorzüglich Arbeit, Handel und Verkehr, sondern die Reichen und großen Grundeigenthümer am meisten trifft, erläuft nur auf 5 Millionen Pf. St.

Sir Robert erörterte seine Vorschläge in mehrstündiger Rede. Zuerst gab er eine allgemeine Uebersicht von der Finanzlage Englands zur Unterstüzung des Antrags auf weitere Beibehaltung der 1842 aufgelegten Einkommensteuer für drei Jahre, die dazu dienen soll „einmal den Erfordernissen des öffentlichen Dienstes zu genügen, und dann dem Parlament zur Erleichterung des Volks die Ermäßigung derjenigen Steuern möglich zu machen, welche am meisten auf Gewerbfleiß und Handel des Landes drücken.“ Der Schazkanzler hatte Ende Aprils 1844 die gewöhnlichen Einkünfte des am 5. April 1845 ausgehenden Jahrs zu 51,790,000 Pf., die Ausgaben zu 48,643,000 Pf. berechnet, also einen muthmaßlichen Ueberschuß von 3,147,000 Pf. Indessen übertraf der Erfolg die Schäzung, denn schon im Januar 1845 war, ungeachtet der geschehenen Abzahlung eines Rückstandspostens von 700,000 Pf., ein Ueberschuß von 3,375,000 Pf. vorhanden. Diese Mehreinnahme traf haubtsächlich auf die Rubrik der Zölle: statt der erwarteten 21,500,000 Pf. Zolleinnahme waren es am 5. Januar 22,500,000 Pf. Die auf 13,000,000 Pf. vorausberechnete Akzise hatte 13,308,000 Pf. ertragen. Bis zum 5. April schäzte der Minister ganz richtig den muthmaßlichen Ueberschuß der Einnahmen über die Staatsausgaben auf 5 Millionen. (Unter diesen Einkünften waren jedoch 5,190,000 Pf. Einkommensteuer und 385,000 Pf. chinesische Kriegsgelder). Die gewöhnlichen Einkünfte des am 5. April 1846 ablaufenden Jahrs schäzte Peel dann also: Zölle nicht höher als zu 22 Millionen Pf., Akzise zu 13½ Mill., Stempel zu 7,100,000, Grundtaren (assessed taxes) zu 4,200,000 Pf., beide wie im Jahre vorher, die Posterträgnisse zu 700,000 (18⁴⁴/₄₅ trugen sie 691,000 Pf. ein, 18⁴⁵/₄₆ aber 791,000 Pf., fast so viel als vor Einführung der Pennipost, gemischte Einnahmen 250,000 Pf., zusammen 47,900,000 Pf.; hiezu weitere 600,000 Pf. chinesischer Kriegsgelder und das halbjährige früher noch bewilligte Erträgnis der Einkommensteuer gerechnet, verbürgte jedesfalls eine Reineinnahme von 51,100,000 Pf. Die Zinsen der Nazionalschuld mit 28,458,000 Pf. und den consolidated Fond mit 2,400,000 Pf. eingerechnet, waren die Ausgaben von 18⁴⁵/₄₆ auf 48,557,000 Pf. veranschlagt, so daß am 5. April 1846 auch so ein

Ueberschuß von 2,543,000 Pf. verbliebe. Sämtliche Verpflichtungen
des Staats mit der Schuldverzinsung erliefen auf 35,309,000 Pf.,
welche von den regelmäßigen Einnahmen 47,900,000 Pf. abgezogen,
nur eine Summe von 12 bis 13 Millionen Pf. übrig ließen, für Be-
wirkung von Ersparnissen. Seit Festsezung der Zivilliste sei die Königin mit vier Kindern gesegnet und von drei Suveränen besucht worden,
desungeachtet habe sie mit jener weisen Sparsamkeit, welche die Grundlage wahrhafter Pracht bilde, alle Bedürfnisse bestreiten können, ohne
eine einzige Schuld zu machen und ohne einen Shilling mehr vom Parlamente zu begehren. Eine Verminderung des Heers lasse sich nicht
empfehlen bei der Außdehnung der britischen Kolonialbesizungen und
der Nothwendigkeit, die auswärtigen Besazungen von Zeit zu Zeit ab-
zulösen oder zu verstärken. Im Jahr 1792 habe England nur 22 Kolonien gehabt; 1820 schon 33; 1845 aber 45, und zu ihrem Schuze unterhalte es bloß 92,500 Mann, Offiziere und Soldaten. (Die erprobte
Regel bei Ablösung der verschiedenen Heerkörper, deren Befolgung 42
Bataillone im Vereinten Königreich fordere, statt 35 wie jezt, sei daß
die Regimenter 10 Jahre in den Kolonien und 4 Jahre im Mutterlande
dienten; seit ungefähr achtzehn Jahren aber dienten sie 14 Jahre in
den Kolonien und 4 Jahre in England — ein System, besonders für
Indien nachtheilig, wo Regimenter seit 23 Jahren stünden). Dagegen
wäre eine höhere Geldbewilligung für die Flotte wünschenswert, wegen
der wachsenden Nothwendigkeit eines außgedehnten Schuzes für den
britischen Handel in allen Weltgegenden, der sich wie die Kolonien auß-
breite. Die Bildung von drei neuen großen Schiffsrastpläzen sei nöthig geworden: an der Küste von Afrika, im stillen Meere, in den chinesischen Gewäßern. Daher ward eine Mehrverwendung von 4000
Matrosen (Mehraußgabe 184,000 Pf.) beantragt — zum „Schuze des
Handels und für Erhaltung des Friedens.“ Ferner wünschte Peel
votirt zu sehen, daß beständig ein Geschwader von acht bis neun Linienschiffen zur Verfügung der Regierung stehe — angeblich besondes zur
fortschreitenden Erziehung der Offiziere — und ferner die Vermehrung
und Verbeßerung der Dampfmarine. Alles zusammen, einschließlich
des Mehrbedarfs von Geschüzwesen für die Flotte, würde das Marine-
budget um beinahe 1 Million Pf. steigern. Doch diese in Abzug gebracht, würde, im Fall der Beibehaltung der Einkommensteuer, der Ueberschuß der Einnahmen am 5. April 1846 noch immer 3,409,000

Pf. St. betragen. Peel gieng nun an die Frage, wie diese am besten zu
verwenden seien? Die Beibehaltung der Einkommensteuer habe er nur
in der stärksten Ueberzeugung vorgeschlagen, daß das Unterhaus mittelst
derselben in Bezug auf das Steuerwesen Anordnungen treffen könne,
welche zu großer künftiger Handelswohlfahrt den Grund legten. Besonders zu berücksichtigen dabei seien die Ansprüche derjenigen Artikel
auf Steuerermäßigung, welche zum „allgemeinen Verbrauche" gehören;
ferner welche Steuern am schwersten auf die Rohstoffe drücken, auf denen zumeist die Manufaktur des Landes beruht; dann sei zu beachten,
welche Steuerrubriken die größte Zahl Beamten zu ihrer Einsammlung
erheischen und bei welchen in dieser Hinsicht Ersparnisse thunlich wären;
endlich welche Steuerermäßigungen den Handelsunternehmen einen
neuen Wirkungskreis zu eröffnen, eine vermehrte Nachfrage um Arbeit
zu schaffen geeignet seien. Thatsächlich bestund das „große Experiment im Steuerwesen" in Folgendem: vermindert oder erlaßen wurden an Zöllen und Abgaben beinahe 3½ Millionen Pf. St., nämlich:
von Zucker 1, 300,000 Pf.; von 430 Artikeln auß 813, welche noch
Einfuhrzoll entrichteten, der Zoll gänzlich abgeschafft, weil sie mehr
lästig als produktiv wären — 320,000 Pf.; die Ausfuhrzölle von
Kohlen und allen andern Artikeln, 183,000 Pf.; der Eingangszoll von
roher Baumwolle, der am schwersten auf den gröbern, überall in Amerika wie in Europa, verfertigten Kattunen lastete, und den die Fabrikanten auf 10 Prozent des Wertes anschlugen, um welche sie ihre Fabrikate nun also billiger liefern können — 680,000 Pf. oder 4,760,000
Thaler; Akzise von Glas, gänzlich abgeschafft, 640,000 Pf. (4,480,000
Thlr.); Aukzionsgebühr 250,000 Pf. St. Außer den Rohstoffen,
Baumwolle, Hanf, Flachs, Wolle und Seide und den verschiedenen
Garnen davon (wollene ausgenommen), sowie den Färbestoffen umfaßen diese Zollabschaffungen die wichtigen Artikel aller Erze und Mineralien (mit Außnahme des Kupfererzes), Eisen und Zink in ihrem
ersten Fabrikazionsstadium, das Material zu Hausgeräthschaften, thier-
und pflanzenstofflicher Dünger, Barille, Salpeter, Häute, Theer, Ter-
penthin, Opium, Zierhölzer 2c.

„Das ist wirklich eine große Maßregel!" riefen, als Peel in der
Nacht vom 14. Februar 1845 seine Finanzdarlegung beendet hatte,
selbst seine misgestimmten Gegner auß. Gewis, ein hochwichtiger Schritt
für die Umbildung der gesamten englischen Handelspolitik. Bezüglich

4*

des Prinzips liegt darin eine Anerkennung des Grundsazes, daß Zölle zwar die Industrie nicht beschweren und nur wesentlich zum Nuzen der Staatseinnahmen (als Finanzzölle), nicht aber, wie bei den Korngesezen, als hohe Schuzzölle dienen sollen, von deren wirklichem Belaufe der Haubttheil mittelbar in die Taschen von Privatleuten, ohne Außsicht auf Ersaz, fließt durch die künstlich bewirkte Erhöhung der Preise. Die großen Wirkungen auf den Welthandel aber können nicht außbleiben, insofern die Maßregel darauf zielt, denselben nur noch mit den, für das Staatseinkommen nöthigen, nach Maximumgebühren von wenigen Artikeln außwärtiger Erzeugung und großen Verbrauchs erhobenen Abgaben zu belasten.

Peels Vorschläge gefielen in der That den whiggischen Schuzrednern des Handels und der Industrie besser als der strengen Torypartei: die Landaristokraten auf den ministeriellen Bänken saßen nach der Rede still und mürrisch, während das Haus einige Minuten lang von Beifallruf der Opposizion hallte. Bei der Berathung indessen machte Lord John Russell einige Einreden. Er habe sich gewöhnt, sagte er, die Einkommensteuer (für die er übrigens stimmte) als ein äußerstes Nothmittel in außerordentlichen Drangsalen zu betrachten — als nothwendig zur Fortführung eines schweren und kostbaren Kriegs, wie des Napoleonschen; aber an und für sich als eine Steuer, gegen welche triftige Beschwerden sich erheben ließen und an der Unbilligkeit, Plackerei und Betrug klebten. Niemand könne es gleich und billig nennen, wenn ein Mann, der sein Einkommen von einem Landgute oder auß den Fonds bezieht, die er seinen Kindern ungeschmälert hinterlassen kann, in dieselbe Kategorie gestellt werde wie der Mann einer geistigen Berufsarbeit, dessen Brod von der Erhaltung seiner Gesundheit abhängt, der durch den Verlust eines Gliedes oder seines Augenlichts seinen Verdienst verlieren kann. Dann sei es gewis eine Plackerei, wenn ein Gewerbs- oder Handelsmann genöthigt werde, entweder die von ihm verlangte Rata ohne Widerrede zu bezahlen, oder alle seine Wirtschaftsbücher vorzulegen. Nur die Einträglichkeit der Steuer für die Staatskasse sei ihr großer Wert, und die Folge ihrer Beibehaltung ohne Außfall im Budget, sowie der Abschaffung mehrerer Millionen anderer Steuern müsse nothwendig sein, daß sie nicht bloß noch drei Jahre daure, sondern für je und allzeit. Weil man für die abgeschafften Steuern später kein Aequivalent haben werde, gebe das Parlament durch Annahme des

ministeriellen Plans seine Beistimmung zu einer permanenten Eigen-
thums- und Einkommensteuer. Ministeriellerseits ward dagegen er-
widert, mit Berufung auf Pitt, es gelte als Grundsaz bei einer Einkommensteuer zwischen Grundeigenthum und fluktuirendem Kapital nicht
zu unterscheiden, weil sich eine solche Unterscheidung doch nicht mit
Gerechtigkeit durchführen ließe. Auch sei durch den Aufschwung von
Handel und Industrie eine solche Zunahme der ordentlichen Einkünfte
zu erwarten, daß die Einkommensteuer werde entbehrlich werden. (Schon
nach drei Jahren wagte indessen dies Niemand zu behaubten. Mit Recht
meinten whiggische Mitglieder: Nur völlige Entfesselung der Industrie
und des Handels werde die Staatsausgaben ohne die Einkommensteuer decken können). Gegen Roebucks Antrag, sie in eine reine Eigenthumssteuer zu verwandeln, weil sie die prekären Erträgnisse auß Gewerben, Kunst- und litterarischen Thätigkeiten, sowie Amtssalarien,
gerade so besteuert wie Grundbesiz und Kapitalien, hielt Peel eine solche
Scheidung für unthunlich, ganz gleichheitlich sei am Ende keine Steuer
in der Welt vertheilt: werde der Künstler oder Arzt, der über 150 Pf.
Einkünfte habe, so gut besteuert wie der Grundeigner und Fondsin-
haber, so sei zu bedenken, daß jenem, auch so gut wie diesem die auß
den Steuererlassen entspringenden Wohlthaten zu gute kommen. Dasselbe radikale Mitglied stellte gleich vergeblich noch den Antrag, die
Einkommentaxe auf Irland anzuwenden, wie auf Großbritannien, die
reichen, irischen Absenters müsten in die Mitleidenschaft dieser Steuer
um so mehr gezogen werden, als Peel das irische Grundeigenthum ursprünglich nur deshalb davon befreit habe, weil er die Stempelgebühren
für Irland erhöht, welche Auflage, als zumeist bei Eigenthumsüber-
tragungen bräuchlich, vorzüglich auf den mittlern und untern Volksklassen laste. Daher möge man lieber die Stempeltaxe aufheben und
auch in Irland eine Steuer einführen, die mehr die Wohlhabenden
treffe — habe doch der irische Grundherr gar keine direkten Steuern zu
entrichten und obendrein großen Vortheil gewonnen durch den neuer-
lichen Zehntenzuwachs zu seinen Gütern. Das Hinweisen auf Burke's
Rede über Außsöhnung mit Amerika sei übel angebracht, indem dessen
großes Argument für Amerika darin bestehe, daß dieses im britischen
Parlament nicht vertreten, was von Irland nicht gelte. Das irische
Mitglied Shiel antwortete: weder Pitt, noch Fox, noch Perceval, noch
der Graf von Liverpool habe jemals eine Einkommensteuer für Irland

rathsam gefunden. Werde doch schon durch den Absentismus genug
des Geldes aus Irland gezogen, und die irischen Krongefälle nicht für
Irland, sondern zur Verschönerung von London und Windsorschloß
verwandt. Man wisse, welche Ruhestörungen Woods „halbe Pence"
in Irland hervorgerufen, zur Zeit Swifts: wolle man jezt O'Connell'n,
einem zweiten Swift, eine noch gefährlichere Waffe in die Hand geben?
Er wolle dem Parlament sagen, wie es die Staatseinkünfte heben
könne, ohne Auflegung einer Eigenthumssteuer auf Irland: „führt
dort eine bessere Verwaltung ein, und ihr werdet eure dortige Armee
vermindern können. Passet eure Instituzionen dem irischen Volke an,
anstatt das irische Volk euren Instituzionen anpassen zu wollen, und
ihr werdet dauernd Frieden gewinnen. Der Friede wird Wohlstand erzeugen, dieser einen stärkern Verbrauch der steuerbaren Artikel, und den
britischen Fabrikaten einen neuen Markt eröffnen; kurz, Irlands Wohlfahrt wird auf jede Anstrengung, die ihr für sie macht, mit wucherischen
Zinsen lohnen." Für Roebucks Antrag ward ferner geltend gemacht, Irlands Besteurung sei seit der legislativen Union in stätiger Abnahme
gemindert worden, so zwar daß im lezten Finanzjahr die Staatseinnahmen in Großbritannien auf 51,300,000 Pf. St. erliefen, die von
Irland aber nur 4,097,000 Pf., was nach Flächenraum und Seelenzahl kein Verhältnis sei. Warum die irischen hohen Beamten, großentheils Briten, mit ihren reichen Salarien darum steuerfrei ausgehn
sollten, weil sie zufällig in Dublin und nicht in London oder Edinburg
sizen? Der Minister Gründe gegen den Antrag liefen, außer der Erhöhung des Stempels, darauf hinaus: Irland werde bei seinem verhältnismäßig viel geringern Gewerbe, Handel und Verbrauch steuer-
barer Artikel, von den gleichzeitig angekündigten Steuernachlässen auch
viel geringern Vortheil ziehen als Großbritannien; ferner würde dort
ein Mechanismus für Lokalbesteurung, der hier wegen der Assessed
Taxes längst vorhanden, erst mit großen Kosten zu schaffen sein; endlich
sei aus diesen Gründen Irland auch während des Kriegs mit Frankreich von der Steuer verschont geblieben. Lord Palmerston freute sich
über den Antrag darum, weil er dem Hause Gelegenheit gebe, durch
dessen Verwerfung (mit 275 gegen 53 Stimmen) zu beweisen, daß es
Irland freundlich gesinnt sei; die Steuer würde in Irland wenig ein-
tragen, allen Verbesserungen in dem armen Lande hemmend entgegentreten und die politische Unzufriedenheit nähren. Schließlich ward die

Einkommensteuer in der frühern Form auf drei weitere Jahre mit 228 gegen 30 Stimmen (Tories, Whigs und Radikale, ohne Partei= einfluß) angenommen.

In Bezug auf Zucker ward der Zoll vom rohen von Britisch=West= indien und Mauritius von 25 Sh. 3 P. auf 14 Sh. ermäßigt, von Britisch=Ostindien im nämlichen Verhältnisse auf 18 Sh. 3 P. vom Zentner. Mit Beibehaltung des im Jahr vorher angenommenen Un= terschiedszolls von 9 Sh. 4 P., ward der Zoll von dem durch freie Arbeit erzielten fremden rohen Zucker auf 23 Sh. 2 P. ernied= rigt; der Saz für Sklavenzucker dagegen blieb bestehn, doch auch der Zusaz: welches Land einen Gegenseitigkeitsvertrag mit England hat, wie Venezuela und die Vereinigten=Staaten, kann keines Rechts, das es jezt genießt, beraubt werden. Weißer Zucker und diesem gleichge= haltene, wurden im Zolle herabgesezt von den britischen Plantagen (Westindien und Mauritius) von 25 Sh. auf 16 Shill. 4 P., von Ostin= dien auf 21 Sh. 9 P., von fremdem durch freie Arbeit gewonnenen auf 28 Sh.; auf diese feinern Sorten trifft also zu Gunsten Westindiens, ein erhöhter Schuzzoll von 11 Sh. 4 P. Der Zoll von Melassen wird nach denselben Verhältnissen erhoben. Die Zulassung raffinirter Zucker ist endlich von den britischen Plantagen durch Umwandlung der prohibitorischen Zölle in einen Zoll von 18 Sh. 8 P. für einfach, und von 21 Sh. für doppelt raffinirten gestattet worden. Peel berechnete, daß durch diese Zollermäßigungen das Pfund Zucker in England durch= schnitlich um 1¼ bis 1½ P. (nahe 1½ Sgr.) wohlfeiler werden würde; den Außfall in den Zolleinnahmen des nächsten Jahrs durch dieselben aber schäzte er, wie erwähnt, anf 1,300,000 Pfd. oder 9,100,000 Thlr. (Der Reinertrag der Zuckerzölle erlief 1840 auf 4,449,070 Pf. St., 1841 auf 5,114,390 Pf., 1842 auf 4,874,812 Pf., 1843 auf 5,076,326 Pf., 1844 auf 5,203,222 Pf.) Diese Maßregel wird den schon so großen Zuckerverbrauch im Inselreiche noch vermehren, auch eine Zunahme im Verbrauch aller Artikel bewirken, zu welchen Zucker gebraucht wird, wie Thee, Kaffee und Kakao ꝛc.; sie wird also Aequivalente für einen außgebreitetern Fabrikatenabsaz schaffen, Schif= fahrt und Handel außdehnen und die Kolonien begünstigen. Ihre gün= stige Wirkung auf die westindischen Pflanzer liegt auf der Hand, nicht nur ist für sie der Zoll bedeutend ermäßigt, sondern ihnen bleibt auch der alte, verhältnismäßig also höhere Differenzzollschuz gegen fremden,

durch freie Arbeit erzielten, sowie gegen Sklavenzucker; alle ihre Wünsche
wären befriedigt, wenn nur mittelst der neuen „Afrikanischen Emigra=
zion," von Sierra Leone Neger=Arbeiter genug in den Kolonien zu
finden wären und der Taglohn ermäßigt würde. Für Ostindien muß
die Maßregel um so günstiger wirken, als dort Raum und Arbeiter
genug vorhanden sind, um mit der Zeit allein England mit all seinem
Zuckerbedarf zu versehen. Dagegen wird die Menge des in England
zum Verbrauch eingeführten fremden Zuckers, die bisher äußerst gering
war, (1844 verbrauchte es 3,084,421 Ztr. auß Britisch=Westindien,
1,045,474 auß Ostindien und Mauritius, und nur 99 Ztr. fremder
Herkunft — im Jahr vorher 76; doch führte es im Ganzen 788,089 Ztr.
fremden Zucker ein zur Wiederaußfuhr als Raffinade), nicht viel größer
werden. Deswegen dürften auch Brasilien und Cuba in ihrer Zurück=
sezung gegen andere mit freier Arbeit zuckerbauende Länder keinen Sporn
finden, ihr Sklavenwesen abzuschaffen. Schmach diesem und allem, was
damit zusammenhängt! Aber der englische Markt war für Brasilien
und Cuba noch niemals ein vortheilhafter, und wird's auch fürs erste
nicht werden. Der Monopolvortheil der Kolonialzucker hat sich von
41 Prozent des frühern Tarifs auf 70 Prozent beim lezten (1845) er=
höht. Derselbe Fall war, als drei Jahre früher der Zoll von Kaffee
zwar herabgesezt, das Verhältnis aber gleichfalls zu Gunsten der Ko=
lonien verändert ward; denn vor 1842 zahlte fremder Kaffee 9, und
englischer Kolonialkaffee 6 Penc. das Pfund, also 50 Proz. weniger;
nach dem jezigen Tarif zahlt der fremde 8, der englische 4 P. oder
100 Proz. weniger. Reis in Hülsen geht auß den Kolonien bereits
ganz zollfrei ein. Das Bestreben, die Rohstoffe und Lebensmittel mög=
lichst auß den Kolonien allein zu beziehen, bezeichnete bis dahin Peels
sämtliche Maßregeln; das Interesse ist der beste Sofist, und es fehlt
ihm nie an Außflüchten, Widersprüche zu bemänteln. Selbst Freihan=
delsorgane nehmen so wenig in England als in Holland Anstand zu
erklären: die Grundsäze des freien Handels heischten noch eine Auß=
nahme in Bezug auf die Kolonien; natürlich auß keinem andern
Grunde, als weil diese Außnahme eben noch im Interesse dieser
Staaten liegt. Doch trennen sich die Freihandelsfreunde darin von den
„Peel=Conservatives," daß sie mehr unbedingte Zollerleichterungen,
als diese wollen. Deshalb war auch die Bemerkung Hrn. Disraeli's
„Sir R. Peel habe die Whigs im Bad überrascht und sich ihrer Kleider

bemächtigt," nicht treffend. Die Maßregeln, welche das Whigministerium vorschlug und darüber im Jahre 1841 stürzte, waren von allge-
meinerer Haltung und giengen vornehmlich dahin: die Korneinfuhr,
anstatt nach einer Wandelsskala, nach einem gleichheitlichen firen Zoll
von 8 Sh. der Quarter zu regeln, alle fremde Zucker ohne Unterschied
um einen Differenzialzoll von 12 Sh. zuzulassen, und den Unterschieds-
zoll von Zimmerholz zu vermindern. Während Russell die Zuckerzölle
mehr auf Kosten der englischen Pflanzer, nicht der Einkommensteuer-
pflichtigen, ermäßigen wollte, ist das Peel'sche Zuckergesez lediglich für
die Wohlfahrt der Kolonialerzeugung entworfen, und hat es vorzüglich
auf die Begünstigung der Westindier abgesehen. Stieg doch auf die
erste Ankündigung von Peels Plan der Preis der westindischen Zucker-
sorten um 2 Sh. der Zentner! Die allgemeine Herabsezung der Zuckerzölle, hatte auch den Zweck, die Fabrikazion des Rüben- und Kartoffel-
zuckers zu Gunsten der Kolonien zu vernichten, indem von demselben
1843 erst 3,843 und 1844 schon 55,973 Zentner erzeugt wurden.
Offenbar geht also die Politik, welche bisher die gröste Unterstüzung in
England fand, darauf auß, neben allmählicher Befreiung des Handels,
den Bedarf des Mutterlandes an Lebensmitteln und Rohstoffen möglichst von den eigenen Kolonien auß zu decken. Englische Blätter, die
in gleichem Sinne schreiben, wie die Times, haben kein Hehl ihres
Wunsches, alle Zufuhr auß den baltischen Häfen überflüssig zu machen,
indem z. B. Neuseeland und Neuholland natürliche Hülfsquellen genug
besäßen, um England mit jeder Menge Getraide, Hanf, Flachs, Oel-
körner 2c. zu versehen. Lange Zeit wünschte England den russischen
Außgangszoll von Talg verringert zu sehen — jezt kaum mehr, denn
durch die steigenden Zufuhren von Talg auß Australien sind die Talg-
preise seit 4 Jahren um etwa 30 Prozent gesunken. In Betreff des
Zimmerholzes blieb das für Canada allein günstige Prinzip der Ver-
zollung vorerst bestehn, ungeachtet dieses nach Russells Erklärung in
dem Artikel so ungehörig begünstigt war, daß sogar andere große Interessen jener Kolonie darunter litten. Kurz, Peel hält noch an dem Grundsaze: man muß die Kolonien zu englischen Grafschaften
machen.

Wo aber das Manufakturinteresse des Mutterlandes und das
Agrikulturinteresse der Kolonien kollidiren, da wiegt jenes ganz unbedingt vor. Darum sind die Eingangszölle auf Baumwolle, Wolle,

Hanf, Flachs, Seide ꝛc. aufgehoben, ob sie auß den Kolonien oder auß fremden Ländern kommen. Uebrigens hat, obschon früher auch gleiche Zölle von diesen Rohstoffen erhoben wurden, deren Erzeugung in den Kolonien, namentlich von Wolle, Baumwolle und Flachsarten, beträchtlich zugenommen, schon um Remittenzmittel für die eingeführten Fabrikate zu erhalten; daher wird bei der jezt freien Einfuhr derselben England noch rascher dem Ziele zuschreiten, wo es seinen Bedarf davon größtentheils auß den eigenen Kolonien zu decken vermag.

Die Beibehaltung des höchsten Zollsazes auf gewisse Sklaven= zucker ist nur Vorwand — eine Lockspeise, um Brasilien und Spanien zum Abschluß „günstiger" Handelsverträge zu kirren. Cuba, Porto= rico, Brasilien, unterschäzten bisher Deutschlands Wichtigkeit für den Absaz ihrer Produkte, und übertrieben die des englischen Marktes; die Pflanzer stellten wegen der großen Anzahl Schiffe, die jährlich nach Cowes und andern englischen Häfen im Aermelkanal „für Ordres" außklarirt wurden, England in den ersten Rang, ohne zu wissen, daß vielleicht keine Kiste Zucker noch ein Sack Kaffee ihrer Erzeugung in Großbritannien verbraucht ward. Man darf annehmen, daß Deutsch= land ein ganzes Drittel der Erzeugung Cuba's und vielleicht die Hälfte der Außfuhren Brasiliens direkt und indirekt bezieht, unbezweifelt also weit den ersten Plaz als Verbraucher ihrer Produkte einnimt; dennoch muß man sehen, daß England den Absaz deutscher Fabrikate in Bra= silien und Westindien nicht bloß hemmt, sondern nach und nach völlig verdrängt und, begünstigt durch das Zollsystem, mit seinen Manufakturen uns überflügelt. Den Pflanzern auf Cuba sollen neuerdings die Augen aufgegangen sein über ihr wahres Interesse; Brasilien aber scheint leider seine Stellung zu den europäischen Ländern noch nicht zu erkennen und nicht einzusehen, daß direkte Verbindung mit seinem besten Absaz= markt, der dort liegt, wo man seine Haubterzeugnisse, Zucker und Kaffee, wirklich einläßt und verbraucht, ihm zur großen Wohlfahrt gereichen würde. Denn als die brasilische Regierung als Repressalie gegen Eng= land einen Differenzialzoll zum Nachtheil der englischen Fabrikatenein= fuhr den Kammern vorschlug, meinten diese, auch die andern europä= ischen Länder begünstigten ihren eigenen Kolonialzucker und stimmten dem Vorschlage nicht bei. Welch eine Lehre für uns, da auf die ge= rühmte Zollgleichheit in Deutschland, eben weil sie doch einmal besteht, gar keine Rücksicht genommen ward!! Warum aber kommen wir auch

nicht der Einsicht der Brasilianer zu Hülfe, indem wir uns der Kolo-
nialwarenzufuhren über England durch Schiffahrtsgeseze zu Gunsten
unsers direkten Handels erwehren? Warum verwahrlost die deutsche
„Staatskunst" alle deutschen Handelsbelange in Spanien und dessen
Kolonien? Beides ist wahrhaft unerhört in einer Zeit wie die unsrige—
es ist chinesisch. Ach, ich begreife, schamrot, die Verachtung, mit welcher
Whigs und Tories auf eine gewisse Verwaltung hinabschauen, die
ihre wichtigsten Interessen zu verkennen scheint. Wann hätte sich für
deutsche Mächte eine günstigere Gelegenheit dargeboten, einen v o r -
t h e i l h a f t e n Handelsvertrag abzuschließen als seit einigen Jahren
mit Anerkennung der spanischen Regierung? wann wäre mehr Grund
dazu dagewesen, sowol um der inländischen Noth zu Hülfe zu kommen,
als um eine Menge begangener Fehler vergessen zu machen?

Russell sagte es gerade heraus, daß der hohe Zollsaz auf Sklaven-
zucker ein Popanz sei. Ob denn zur Beseitigung dieses abgedroschenen
Vorwandes die Stunde noch immer nicht geschlagen? Was für ein
Possenspiel! Man sage gleichsam: „Wir haben gegen Sklavenkaffee,
Sklavenbaumwolle und Sklaventabak nichts einzuwenden, durchauß
nichts ; auch gegen die Zulassung anderer durch Sklavenarbeit erzeugten
Waren haben wir keine Einrede; ja noch mehr, was den Zucker selbst
anlangt, schicken wir unsere Fabrikate nach Brasilien und tauschen
Zucker dafür ein, den wir dann wieder in Nord-Europa absezen,
etwa in Außtausch für russischen Hanf — wie geschickt ist das Beispiel
gewählt! — Warum nicht in Außtausch für deutsches Korn, Holz,
Wolle?) — darauß machen wir uns nicht die geringsten Gewissens-
skrupel; nur Sklavenzucker zu unserm eigenen Gebrauche, zur Ver-
süßung unsers eigenen Thees oder Kaffees — Gott behüte uns vor
solcher schweren Sünde, das verträgt die Zartheit unsers Gewissens
nimmermehr. Und obgleich wir diesen Skrupel in Bezug auf Brasilien
hegen, so haben wir doch mit andern amerikanischen Staaten Handelsverträge, die sie in die Kategorie der begünstigten Nazionen stellen, und
darunter sind sklavenhaltende Staaten; wir lassen ihren Sklavenzucker
ein, und merken es nicht. Also wir führen brasilianischen Zucker ein,
raffiniren ihn unter Verschluß und verkaufen ihn in Nord-Europa; wir
lassen Sklavenzucker auß Venezuela und den Vereinigten Staaten ein,
den wir selbst verbrauchen, und ebenso Sklavenkaffee, Sklavenbaumwolle und Sklaventabak auß allen Weltgegenden, aber brasilianischer

Zucker zu unserm eigenen Verbrauche, der darf nicht eingeführt werden!
„Gewiß, eine solche Unterscheidung ist kindisch und lächerlich.‟ Ich
füge bei, sie täuscht auch Niemand mehr, sondern empört nur noch wegen
der Heuchelei, die darin liegt. Oder ist nicht Heuchelei dabei im Spiele,
wenn England den verpönten Sklavenzucker unter königlichem Ver-
schlusse raffinirt, und selbst nach seinen eigenen Kolonien wieder außführt, so mit Sklavenarbeit Wucher treibend? — Lord John fand auch
das Revenüenopfer von 9,100,000 Thaler, ohne zu der Gleichstellung
des fremden und Kolonialzuckers zu führen, in Vergleich mit dem, was
auf solche Weise gewonnen wird, zu groß. Er sieht seinen glücklichen
Nebenbuhler nur entschieden bei Handelsreformen, worüber Alle einverstanden sind; schwankend und zaghaft aber in Befolgung eines richtigen
Prinzips. Die Vereinfachung des Tarifs, der um so besser sei, je einfacher, durch Außmerzung von 430 Artikeln, die gänzliche Aufhebung
der sehr beschwerlichen Aukzionsabgabe bei Eigenthumsübertragung,
die Abschaffung der Außfuhrzölle (den auf Steinkohlen hatte freilich
Peel selber erst drei Jahre vorher auß Finanzrücksichten aufgelegt) und
der Abgaben von Glas*), das alles verdiene Beifall und Dank; solche
Maximen der Handelspolitik, keine Außfuhrzölle aufzulegen, die Rohstoffe nicht mit Eingangszöllen zu belasten, stünden seit langem fest
und könne darüber kein Streit mehr sein. Ein anderes Prinzip aber sei
nicht so allgemein anerkannt — so nicht von Sir Robert Walpole und
andern Staatsmännern seiner Zeit; Adam Smith habe es in der
Theorie aufgestellt und Pitt in der Praxis eingeräumt — das Prinzip,
daß keine Schuzzölle dauern sollen, daß man, indem man gewisse Manufakturen und gewisse Volksklassen durch hohe Zölle beschüzt, dem
einen Theile der Gesellschaft Unrecht zufügt zum scheinbaren Nuzen
eines andern, aber eben nur zum scheinbaren; denn auch die Klasse,
welcher man mit dem Schuzzoll wohlthun wolle, habe am Ende bittern
Schaden davon. Aber dieses Prinzip, wiewol ein gleich gesundes, sei
nicht, wie das frühere, keiner Widerrede zugänglich, nicht so leicht von

---

*) Davon wird eine um so größere Wirkung erwartet, als man, troz der 200 bis
300 Prz. betragenden Glasakzise und der störenden Beaufsichtigung der Fabrikanten
seitens der Steuerbeamten, angefangen hatte, mit Belgiern und Franzosen, ja mit den
Böhmen in Glaswaren auf fremden Märkten zu wetteifern, als England ferner ungemein reich an Laugensalz und Kohlen ist, und der Glasverbrauch im Lande selbst außerordentlich zunehmen wird.

allen Seiten eingeräumt. Im Gegentheil, so oft eine darauf gegrün=
dete Aenderung eingeführt werde, entzünde sich alsbald ein leidenschaft=
licher Streit darüber von Seite der geschüzten Klassen, die behaubteten,
nicht bloß ihnen selber, sondern der Nazion im Ganzen komme das
Schuzsystem als eine Wohlthat zu statten. Angesichts dieser Opposizion
haben sowol theoretische Schriftsteller wie praktische Handelspolitiker zu
großer Vorsicht und Mäßigung bei der Anwendung des von ihnen em=
pfohlenen Prinzips gerathen, aber nie dessen Richtigkeit bezweifelt, noch
die Hoffnung aufgegeben, es endlich die Seele einer gesündern Handels=
politik werden zu sehen. Wenn nun Peel demselben Grundsaze huldige,
so hätte er sich auch entschließen sollen, einen ernsten Kampf mit dem
Unwesen des Monopols und des Zollschuzes zu beginnen, namentlich
jedes ungerechte Monopol zu durchbrechen, um einen natürlichen gesün=
dern Zustand der bürgerlichen Gesellschaft wieder herzustellen. Das aber
sei bisher nicht geschehen, das falsche System, das vorhandene Mono=
pol lasse man fortbestehn. Seine feste Ueberzeugung sei: Zollschuz ist
das Gift des Ackerbaues. Dasselbe behaubte er von allen durch Zoll
geschüzten Interessen. Zugleich würde er aber nicht zu einer plözlichen
und raschen, sondern zu einer vorsichtigen und allmähligen Abschaffung
der Monopolien rathen. Wolle man der Einkommensteuer wieder los
werden, so müsse man trachten, den Zustand des Landes dadurch zu
heben, daß man neue Märkte öffne, größere Importe zulasse, ver=
mehrte Nachfrage um Arbeit schaffe, und so die Artikel selbst hebe, de=
nen der Schuz entzogen zu werden scheine. Solle jedoch die Frage bloß
sein zwischen einer beständigen Einkommensteuer und einer Verminde=
rung des Monopols, so erkläre er sich zu Gunsten einer allmählichen,
aber endlichen Aufhebung des Monopols, und hoffe er, daß dem Volke
bald die Augen aufgehn würden über die Nothwendigkeit, die großen
Anliegen des Landes zu entfesseln.

Dieser Wunsch scheint im Sinne Russells, ja in noch stärkerm, der
Erfüllung entgegenzueilen. Doch will ich gleich hier auf den merkwür=
digen Umstand hinweisen, daß die Stimmführer beider großen alt=
englischen Parteien ihr Haubtaugenmerk und alle ihre Hoffnungen an=
noch gerichtet halten auf die Ausdehnung des äußern Handels und ver=
mehrten Fabrikatenabsaz. Durch Verwohlfeilen der Rohstoffe und
Lebensmittel einerseits das Loß der Arbeiter zu erleichtern, andrerseits

und haubtſächlich den Manufakturiſten den Vortheil auf allen Weltmärkten zu verſchaffen und die Kolonien immer enger an ſich zu ketten,
das iſt die Politik. Ob ſich ein Theil dabei auch der Handelsfreiheit
etwas mehr zuneige als der andere, keiner denkt noch ernſtlich daran,
das Grundübel des Staats, welches in den feudalen Verhältniſſen des
Grundbeſizes, nebſt den kirchlichen, aller drei Königreiche liegt, aus-
zuroben. Alle neuen Maßregeln dienen dem einen Zwecke, daß England „die Werkſtatt für die Welt‟ bleibe.

Niemand kann übrigens weiter davon entfernt ſein als ich, die
Wichtigkeit jener Reformen zu läugnen. England hat auf der neubetre-
tenen Bahn, an deren Ziele die völlige Umwandlung ſeiner bisherigen
Handels- und Finanzpolitik geſchrieben ſteht, noch eine große Zukunft
vor ſich liegen — eine unermeßliche Entwickelung ſeiner Macht. Ja,
es iſt möglich, daß gerade derſelbe Weg auch zu den Reformen führe,
auf welche er bisher noch nicht gerichtet ſcheint, daß er durch Erhöhung
der Macht der Mittelklaſſe und des Volkes über die der Landariſtokratie
dem Feudalismus den ſtarren Nacken breche und zu politiſchen und kirchlichen Umgeſtaltungen leite, welche jezt noch Niemand ſieht. Der eigentlichen Freihandelsbewegung liegt übrigens ein erhaltendes Prinzip zu
Grunde, welches durch Befriedigung der für England zeitgemäßen Forderungen dem Staatsgebäude nur noch mehr Stärke, den bewegenden
Triebfedern eine neue Friſche geben will; die Freihandelsmänner Cobden und Bright ſind ſo wenig Revoluzionäre wie Ruſſell und Peel. In
dem entſchiedenen Eintreten aber von Regierung und Parlament in die
neue Bahn liegt ein ſo ſtarker neuer Beweis von der Stahlkraft und
Biegſamkeit der engliſchen Verfaſſung, ſowie von der ihr inwohnenden
Macht, in allen Richtungen zeitgemäße Verbeſſerungen hervorzurufen,
daß man Angeſichts deſſen keine Reform in England für unmöglich halten kann.

Die Wichtigkeit jener Maßregeln erhellt ſchon aus den nächſten
Ergebniſſen. So überſteigt troz der Abſchaffung von 3½ Millionen
Steuern der Finanzausfall aufs ganze am 5. Januar 1846 abgelaufene
Jahr, in Vergleich mit dem vorherigen, nicht 633,550 Pf., während
die Zunahme für das lezte Quartal, in Vergleich mit dem entſprechenden Vierteljahr 18⁴⁴/₄₅, ſogar ſchon 95,105 Pf. beträgt — was einen
ſo blühenden Zuſtand des Handels und der Finanzen vorausſezt, wie

Großbritannien sich vorher noch niemals erfreute *). Die Ueberzeugung befestigte sich, daß die Staatseinkünfte eher durch Verminderung als durch Erhöhung der Zölle einen Zuwachs erhalten können, und daß ein vermehrter Begehr nach verschiedenen Artikeln haubtsächlich von den Erleichterungen für den Verbrauch bedingt ist. Eine derartige Zoll-ermäßigung wirkt, wie die Mildthätigkeit, gleich wohlthuend auf den Geber und auf den Empfänger, indem sie der Regierung mehr Mittel zu Gebote stellt und dem Volke die zu tragende Bürde erleichtert oder auch den minder bemittelten Klassen den Verbrauch nahrhafter und an-genehmer Gegenstände ermöglicht. Die Menge des während der ersten sechs Monate der Jahre 1843 bis 1845 in den Verbrauch gebrachten Zuckers betrug bez. 2,019,825; 1,931,235 und 2,443,298 Ztr., wo-nach sich also ungeachtet der (besonders in Folge der Misernte auf Cuba) gestiegenen Preise eine Zunahme von mehr als 25 Proz. dem Vorjahre gegenüber ergibt, vornehmlich durch den größern Verbrauch der arbeitenden Klassen, indem der Reiche ja immer über die Mittel zur Befriedigung seiner Genüsse gebietet. Ein gleich günstiges Ergebnis zeigt sich beim Verbrauche der übrigen Artikel, die eine Zollermäßigung erfahren haben, während der Verzehr der bei den Zöllen minder berück-sichtigten Artikel kaum mit der Zunahme der Bevölkerung gleichen Schritt gehalten hat. Im Jahre 1824 ermäßigte Huskisson die Zölle auf Kaffee um die Hälfte, und schon 1828 hatte der Staat eine größere Einnahme davon, welche sich 1835 um 50 Proz. steigerte, ja sich bis 1840 schon wieder um 50 Proz. erhöhte, nachdem der Kaffee von Ost-indien dem von Westindien gleichgestellt worden; ähnliche Ergebnisse krönten die neuesten Milderungen. Die merkwürdigen Veränderungen erhellen auß folgender Uebersicht des Kaffeeverbrauchs:

1821:	8,262,943 Pfund. —	Zolleinnahme	420,000 Pf. St.	
1828:	17,127,622 = —	=	440,000 = =	
1835:	23,295,046 = —	=	652,000 = =	
1840:	28,664,341 = —	=	921,551 = =	
1844:	31,394,225 = —		—	

---

*) Das am 5. April 1846 endende Finanzjahr ergibt eine Gesamteinnahme von 52,009,324 Pf. St. gegenüber einer Außgabe von 49,628,724 Pf., also einen Bar-überschuß von 2,380,599 Pf., und zwar um stark 1½ Millionen Pf. mehr als Peel als zu erwartend angegeben hatte; Zölle und Akzise hatten um 902,000 Pf. St., Stempel um 560,000 Pf. mehr eingetragen als Peel in seiner Rede angenommen.

In den ersten sechs Monaten 1845 hat sich der Kaffeeverbrauch neuerdings um 2 Millionen Pfund gehoben. Die Zunahme des Verbrauchs von Kakao ist auß gleichen Ursachen noch erstaunlicher, indem derselbe sich von 286,677 Pfd. 1823 auf 2,599,528 Pfd. 1844 erhöhte und 1845 noch mehr betrug. Natürlich ist der Wunsch allgemein, ähnliche Maßregeln möchten auch auf Thee außgedehnt, überhaubt das neue System fortwährend erweitert werden, welches dem Verkehr einen stäts größern Aufschwung verleiht und nebst den Staatsinteressen zugleich die Industrie und die Wohlfahrt der gesamten Bevölkerung fördert. Außerdem hat die unmittelbare Zollerleichterung von nahe einer Million Pf. St. für die Baumwollindustrie diese auf eine noch vor wenigen Jahren nicht geahnte Höhe gehoben. Die Verarbeitung roher Baumwolle hat sich binnen fünf Jahren, so kolossal sie 1839 schon war, noch verdoppelt, und 1845 beinahe eine halbe Milliarde Pfund betragen; der Wert der Fabrikate wird 1845 auf etwa 68 Mill. Pf. St. berechnet, wovon fast die Hälfte ins Außland geht, so viel als alle übrigen englischen Außfuhren betragen. Ja, die englische Industrie wird auß den Peel'schen Reformen, die den Fabrikherrn günstiger sind als ein ganzes Dußend Handelsverträge, neue Kräfte, neue Energie schepfen; ihr Mitbewerb wird aber den andern Völkern nur um so schwerer zu ertragen werden. Peel hat die richtige Bahn der Zukunft betreten, gegen welche Beschränkungen nicht viel vermögen. Die Industriellen des Festlands müssen sich zu neuen größern Anstrengungen denn je vorher erheben, wollen sie, daß sein Plan nicht gelinge: England von neuem einen solchen Vorsprung in der gewerblichen Entwickelung zu geben, wie der war, den es am Ende der französischen Revoluzionskriege gewonnen hatte. Möchten die deutschen Regierungen ihnen früh genug daʒu die Hand reichen durch einen billigen und wirksamen Schuʒ, durch allmähliche Milderung der hohen Zollsäʒe auf Kolonialwaren, mit Außschluß der Zufuhr derselben auß europäischen Häfen, vor allen Dingen durch Einigung aller deutschen Länder zu gemeinsamen Schuʒmaßregeln für Handel und Schiffahrt!! Mir liegt wahrlich jeder Gedanke an Prohibizion fern — diese gefährlichste aller zweischneidigen Waffen. Sie könnte uns nicht einmal im Innern gegen den englischen Mitbewerb sichern, wenn wir auch unsere Zollwachen verdoppelten und verdreifachten; die Außfuhr aber erreicht dies Mittel gar nicht oder nur auf schädliche Weise. Für die Außfuhr kann jedes

Land nur mit gleichen Waffen kämpfen, billige Preise, gute Ware und eine umsichtige Gesezgebung, welche die Wohlfeilheit der Preise und die Güte der Stoffe fördert durch gute Verbindungsmittel, Freilager, ein festes Kreditwesen, gute Handelsgeseze, Konsulate, Oeffentlichkeit, direkte Schiffahrt nnd direkten Bedarfshandel. Man verwechsele nicht das Wesen mit dem Schein. Ohne Zweifel wird das englische Handelssystem freier, und je mehr es sich der alten Fesseln erledigt, desto weiter wird auch sein materieller wie moralischer Einfluß reichen. Aber was für England wirklich ist, mag für uns nur noch ein ungreifbarer Schatten sein. Wir würden es bitter bereuen, ließen wir uns von der neuen Handelspolitik unbedingt mit fortreißen. Ja, was sie auch sprechen, Russell, Gladstone, Peel, selbst Cobden, Villiers, Bowring — sie alle werden sich noch lange besinnen, ehe sie z. B. Hand legen an das Wesentliche des vielseitigen mächtigen Schuzes, den Cromwells Akte der britischen Schiffahrt gewährt. Sonst hat sich überall, vorzüglich in England selbst, verständiger Zollschuz als wirksames und bestes Erziehungs- und Ermunterungsmittel der Industrie bewährt; auch ist in der That nicht abzusehen, warum er ein solches nicht ebenso gut im Ganzen und Großen abgeben sollte, wie jedes andere direkte Förderungsmittel im Einzelnen, vorausgesezt nur, daß man ihn wahrt, in sein Gegentheil — Monopol — umzuschlagen, d. h. eine Prämie für Trägheit, Nachlässigkeit und Abschließung zu werden. England nimt eine eigenthümliche Stellung zum Welthandel ein, durch seinen Vorsprung in gewerblicher Entwickelung, seine Vermögens- und Maschinenkräfte, seine inländische Lage und Riesenmacht zur See, endlich durch seinen ausgedehnten Besiz von Kolonien, mit welchen es so gut wie allein kraft künstlichen und natürlichen Gesezen Handel treibt. Es besizt gerade in seinen Kolonien unermeßliche Hülfsquellen, die uns andern völlig abgehn. Von Südasien, einem von mehr als hundert Millionen Menschen bewohnten Gebiete, vielmal größer als Europa, das alle Erzeugnisse der verschiedenen Zonen in Ueberfluß hervorbringen könnte, hat sein Handel bisher so zu sagen erst den Saum längs des Meeres ausgebeutet, und auch diesen nur auf nachlässige Weise. Es fehlte dort an gewöhnlichen Landstraßen, an Kapitalen und Unternehmern; der weite Umweg um das Kap hinderte lebhaftere Verbindungen mit Indien und lähmte die Entwickelung des chinesischen Handels sowie die Kolonistrung Ozeaniens. Wie wird das alles sich günstiger ge-

stalten, wenn der große Plan der ostindischen Kompagnie, Hindostan
mit einem Eisenbahnsystem zu beschenken, verwirklicht sein, wenn ein
regelmäßiger Weg über Suez und die Eufratländer, ein großer Kanal
vom Mittelländischen nach dem roten Meere für Seeschiffe und schwere
Güter, eine Eisenbahn für Reisende vollendet sein wird! Südasien
wird England um zwei Drittel, China um die Hälfte näher rücken, ja
mit Dampf zu Lande und zu Wasser wird Bombay von London aus fast
ebenso bald zu erreichen sein wie Neu-York. Niemand wird glauben,
daß Englands Handel mit der westlichen Halbkugel nicht noch bedeutend wachsen werde. Gesezt aber, er werde bedroht durch ein feindseliges Anschwellen der Macht der Freistaaten, desgleichen auch der englische Handel mit dem europäischen Festlande; nun, so bleiben den Briten immer noch unermeßliche eigene Kolonien und Besizungen zu Stärkung ihrer Kräfte. Ihre Anstrengungen für Außdehnung ihrer Kolonialmacht werden zunehmen, im Verhältnis wie sie durch das Wachsen der
Staaten Amerika's und Europa's dazu angespornt werden; je mehr
nun ihre Besizungen in Asien, Afrika und Australien an Bevölkerung
und Wohlfahrt sich aufthun, desto größer wird ihr Fabrikatenabsaz und
ihr Handel dahin.

Freilich werden die eigentlichen Kolonien in Australien, Neuseeland ꝛc., nachdem sie in einem Jahrhundert oder zwei zu großer Bedeutung erstarkt sind, sich wahrscheinlich nach dem Beispiel von Nordamerika unabhängig erklären; das aber steht nicht leicht von Ostindien
zu erwarten*). Dieses erscheint auch darum von höchster Wichtigkeit

---

*) General Montholon erzählt in seiner „Geschichte der Gefangenschaft von St.
Helena" ein bemerkenswertes Gespräch zwischen Napoleon und dem Obristen Wilks,
einem tüchtigen Gelehrten und frühern außgezeichneten diplomatischen Agenten der
„englisch-ostindischen Compagnie." Der Gegenstand desselben war die Entwickelung
der englischen Macht in Asien, die über Haufen zu stürzen zu Napoleons kühnsten Pla-
nen gehört hatte. Wie's scheint, hat Wilks, der auf freundlichem Fuße mit Napoleon
stund, ihn überzeugt, daß diese Macht dort fest begründet ist, auch keine Unabhängig-
keitserklärung seitens der indischen Völker voraußsichtlich zu befürchten hat, indem man
keine eigentlichen europäischen Ansiedelungen, von welchen ein Geist der Unabhängigkeit nicht fern zu halten ist, auf dem Festland Asiens aufkommen läßt. Unter Anderm
läßt der Kaiser gegen den englischen Obristen sich also auß: „vous avez perdu
l'Amérique par l'affranchissement; vous en avez reconnu la cause et vous em-
pêchez, dites-vous, que les Anglais ne deviennent propriétaires dans l'Inde;
vous avez fait sagement, car lorsque les enfants sont devenus grands, il est

für England, als es durch kräftige Regierungsmaßregeln und Pflegung rasch zu fruchtbarem Ertrage zu bringen ist, und als es nicht bloß durch das Schwert, sondern noch mehr durch die Kraft höherer Gesittung der Kern einer neuen großen Kulturwelt im Osten werden kann, die mit der anwachsenden Riesenmacht im amerikanischen Westen wetteifert. Die Engländer haben für das aufgegebene Afghanistan durch die neuern Siege am Sutledsch mehr als eine Entschädigung gefunden: sie besitzen jetzt in Kaschmir und den Umgebungen bis zum Indus einen Schlüssel und die Pässe zu Afghanistan und Bochara, und eröffnen sich eine Aussicht tief nach Asien, im Westen gegen Bochara und Samarkand zu, im Norden gegen Ferghana und Kokand, im Osten durch Klein-Tibet gegen Yarkhand, Khoten 2c. Damit erschließen sie der europäischen Wissenschaft das weiteste Feld, da diese Gegenden des Nordens, der wahre Schoß, auß dem die Ahnen der Indier, Baktrier, Meder, Perser, ja die Väter der europäischen Geschlechter hervorgegangen, noch eine terra incognita in geografischer und ethnografischer Hinsicht sind. Der Menschengeist rückt mit mächtigem Schritt zur Kunde seiner selbst und zur Kunde der Natur, wie er an ihren Quellen emporsteigen kann. Dieses Wissen fruchtbar zu machen, sind Engländer mit ihrem Kristenthum, ihrer Verfassung, politischen und sozialen Freiheit am geeignetsten, nicht ein despotisch beherschtes Volk. Während Absolutismus alle Expansion des Geistes hindert, liegen in der Freiheit die mächtigsten Triebfedern dazu, doch auch die mächtigsten Hindernisse anarchischer Bestrebungen. Wie sehr auch die äußere Außbreitung der angloindischen Herschaft auf Grundpfeilern des Makkiavellismus ruhen mag, so ist sie doch, halb sich selber unbewust, ein religiöses, wissenschaftliches und politisches Werkzeug der Vorsehung zur Weiterbildung der Menschheit. Ja, Ostindien zu einem höhern Dasein zu erwecken, ist ohne Zweifel eine Lebensaufgabe für England, dessen Kraftfülle und Energie hierzu am ersten außreichen. Einen weitern Sporn dafür bildet einmal das Vorbohren des russischen Keils vom Kaukasus her durch die toten Länder des Großtürken und des persischen Schach, sodann das Vordringen Frankreichs über Nordafrika her, endlich das der Freistaaten über die

dans la nature qu'ils fassent bande à part. Votre puissance dans les Indes a couru de grands dangers: constamment attaquée par mes négociations, je l'eusse atteinte par mes armes si j'avais pu m'entendre avec l'Empereur de Russie sur le partage de la Turquie." — —

5*

amerikanischen Häfen des stillen Meeres, welche gegen Ostasien am vortheilhaftesten liegen. Ganz allgemein wird England, Frankreich, Europa, je mehr sich ihr politischer Einfluß auf die westliche Halbkugel mindert, sich von neuem angespornt fühlen, ihn wieder auf Afrika und Asien hinzuwenden. Da andrerseits die amerikanische Bewegung gleichfalls nach Westen, nach dem stillen Ozean geht, so werden sich im Laufe der Zeit der alteuropäische und der jungamerikanische Einfluß in Asien, dem Haubterdtheil, begegnen zu neuen erdumspannenden Entwickelungen.

Zu diesem Wettkampfe rüstet sich England vorerst durch die Reform seines Handels= und Finanzsystems mit klar bewustem Streben. Durch die neuerstehende amerikanische Macht zunächst berührt im Westen selbst wie im Osten, fühlt es sich zu Anstrengungen getrieben, die am Ende der ganzen Menschheit zu Gute kommen werden. Entwickelung wirkt so wenig wie Völkerverkehr einseitig, die britische Freiheit ist zugleich ein politischer Gewinn für die Welt. Auch ist die faule Ansicht, mit der wachsenden Bedeutung Amerika's sei die fallende Europa's eng verbunden, wie wenn Völker und Erdtheile gleich Waren auf kaufmännischen Wagschalen in der Schwebe hiengen und sich einander auf= oder niederschnellten, und nicht vielmehr ihre materiellen wie moralischen Kräfte gegenseitig unermeßlich steigern könnten, längst als Wahn erkannt worden. Jeder Fortschritt auf den Bahnen edler Gesittung, in der Wohlfahrt und Freiheit der Völker in den andern Welttheilen kann nur befruchtend und belebend auf die europäischen Völker zurückwirken, und so umgekehrt; nur mit dem Krebsbach despotischer Gewalt, der verfinsternden, zieht der Menschheit allgemeiner Feind.

Auf dem Standpunkte Englands also erscheint jeder Schuzzoll und jede beschränkende Anordnung zu Gunsten der Industrie und des Handels nur noch wie eine Fessel, die man lösen, nur noch wie ein schädliches Beispiel für andere Völker, das man abstellen muß. Das alte System wird daher Schritt für Schritt fallen, und in dem Maße, als es abgeschafft wird, muß Englands Kraft in Gewerben, Handel, auf der See und im Kolonialbesiz zunehmen. Einfuhr und Außfuhr werden von Jahr zu Jahr steigen, die Nachfrage nach arbeitenden Köpfen und Händen wachsen, die Lage der arbeitenden Klassen sich verbessern; zugleich werden durch die großen Zufuhren und weil die eigene Landwirtschaft zum regsten Wetteifer angetrieben wird, die Lebensbedürfnisse

wohlfeiler, abgesehen davon, daß hierauf auch die Milderung der indirekten Steuern hinwirkt. In dem neuen System liegt mithin bis auf
einen gewissen Grad eine Versöhnung zwischen Armuth und Reichthum,
also eine innere Kräftigung und Befriedigung, sowie natürlich ein wachsender Einfluß nach außen. Ihm zu Grunde aber liegt wesentlich die
Ansicht, daß bei den obwaltenden Umständen, der ungeheuern Kapital-
anhäufung und der entwickelten Industrie das Heil des Landes bloß
im auswärtigen Handel zu hoffen sei. „England ist durch
den **Schuz** reich geworden, durch den freien Handel wird
es reicher werden." (Gladstone.) Mit dem Fallen des Monopols des Grundbesizes (dieses Hemmschuhes für die Erzeugung der Kolonien, indem jede Einfuhr nicht tropischer Produkte als eine Schmälerung der Bodenrente betrachtet ward) sowie des westindischen Zucker-
privilegiums werden die englischen Besizungen in ihrer Erzeugung riesenmäßig fortschreiten, um so mehr als dann nichts mehr im Wege steht,
die großartigsten Kolonisirungsplane ins Werk zu bringen. In Folge
der Vermehrung von Erzeugung und Handel werden Wohlstand und
Bevölkerung Englands schnell zunehmen, die Nachfrage nach inländischen Bodenerzeugnissen wird also steigen, der Wert des Bodens und
die Landrente sich erhöhen; folglich muß der neue Aufschwung am Ende
auch den englischen Grundbesizern zum Vortheil gereichen. Alle diese
Grundsäze hat die nazionale Gegenkorngesezliga seit einer Reihe
von Jahren am entschiedensten vertreten und verbreitet, die Häubter der
Whigs und Tories, Russell und Peel, haben haubtsächlich von ihr,
die die Mittelklasse repräsentirt, den äußern Anstoß zu ihren Reformen
empfangen, überhaubt sich dem Einfluß dieser neuen Macht nicht entziehen können. Doch diese in Englands Gegenwart bedeutsamste Bewegung gegen alles und jedes Monopolwesen, gegen die Misbräuche
und die Unbilligkeiten des Zolltarifs und für die Vortheile des freien
Handels verdient die gröste Aufmerksamkeit, besonders auch deshalb,
weil sie außerhalb der beiden „historischen" Parteien wirkt und mächtig
genug werden kann, diese, wo nicht ganz auß dem Sattel zu heben, so
sie doch zu zwingen, sich umzugestalten.

Der offene Verein ist auß Tausenden von Männern zusammengesezt, die in der Gesellschaft viel vermögen. An der Spize stehn talentvolle liberale Mitglieder des Parlaments, Cobden, Wilson, Bright,
Villiers, Fox, George Thompson, Moore, Gibson, Bowring, welchen

sich noch andere Deputirte, außgezeichnete Gewerbmänner, selbst Theologen zugesellen. Die Liga ist nicht die Schepfung gewisser unzufriedenen und reichen Geschäftsleute, sondern ein entschiedenes Symptom des Zustandes der Gesellschaft, das einen Uebergang andeutet; keine politische Partei hat sie hervorgerufen oder gehegt und gepflegt. Sie erwuchs ohne Gunst weder bei der Aristokratie noch bei den arbeitenden Klassen, ja unter Gleichgültigkeit und Verachtung. Zu keinem waltenden Vorurtheil konnte sie ihre Zuflucht nehmen, keine Religions- oder sonstige Klassenverwandtschaft verband sie mit großen Volksmassen. Ihr Fortschritt war das Werk individueller Ueberzeugung, des Gefühls wichtiger gemeinsamer Anliegen. Die Liga hat agitirt durch Belehrung, aufgeregt durch Beweisführung in Blättern und Flugschriften, durch Kreuzpredigten vor zahlreichen Versammlungen. Selbst ihre staatswirtschaftlichen Lehren hatten nicht den Stachel der Neuheit, waren schon lange das Eigenthum der Welt; aber der Verein machte sie volksgemäß, er ließ durch Staatsökonomen die Grundsäze und Beweise ihrer Wissenschaft in leichtfaßlichen Schriften entwickeln, die wöchentlich zu Tausenden vom leitenden Außschuß versandt werden, und legte in Schrift und Rede dar, welche Masse gemeinschädlicher Privilegien die entgegengesezten Grundsäze in die Hände der Aristokratie und der Monopolisten vereint haben. Es kann des Eindrucks nicht verfehlen, wenn das Volk vernimt, daß die Grundsteuer noch dieselbe ist wie zur Zeit der Königin Anna, während die Verbrauchssteuern, die, wie alle indirekte Lasten, haubtsächlich Industrie und Arbeit aufbringen müssen, seitdem noch mehr als verzehnfacht sind; oder wenn da nachgewiesen wird, daß die englische Aristokratie mittelst der Korngeseze von den Lebensbedürfnissen des Volkes eine jährliche Schazung erhub von einer viertel Milliarde Gulden. Die Freihandelsagitazion war der Fortschritt der Erkenntnis und des Gedankens, ein Prozeß zur Entwickelung und Schulung des Volksgeistes, auß welchem mit dem materiellen Guten auch intellektuelle und moralische Vortheile für das Land hervorgehn müssen. Im Beginne vielleicht nur beruhend auf einer allgemeinen Ahnung des Zusammenhangs zwischen den Beschränkungsgesezen gegen Nahrungseinfuhr und der periodischen Rückkehr von Bedrängnissen für die Kapitalisten und von Noth für die Arbeiter in den Fabrikbezirken, wuchs ihren Urhebern der Gegenstand unter dem Anschauen. Jede Nachforschung gegen Einwürfe endete in tieferer Ueberzeugung und ern-

sterem Entschlusse. Man fragte nach den Ergebnissen der Korngeseze
und fand sie in den Jahrbüchern der landwirtschaftlichen Noth, abwechselnd mit denen der Handelsnoth; in der Vervielfältigung der Banke-
rotte, so oft eine Fehlernte des Getraides eintrat; in der Störung gewinnbringender Verbindungen mit den andern Staaten; in der Menge
der Opfer, welche jedes Theuerungsjahr in die Armenhäuser, die Gefängnisse und das Grab lieferte. Alle Bekehrungen fanden zur Liga
statt; Bekehrungen von ihr sind, in einem Zeitraum achtjähriger
öffentlicher Erörterung, etwas Unerhörtes. Bald zählte der Verein
seine Anhänger nach Millionen (die freiwilligen Beiträge zu der Ver-
einskasse brachten 1841 erst 100,000 fl., 1842 300,000 fl., 1843 eine
halbe Million, 1844 schon eine Million Fl. auf, ja vor kurzem schrieb
er auf einmal eine freiwillige Steuer von 3 Millionen Fl. auß); in seinem Großrath sizen über dreihundert außerkorne Mitglieder, denen es
an Fähigkeiten nicht fehlen dürfte, um auß sich selber ein neues Haus
der Gemeinen darzustellen. Nichts gleicht aber auch dem Eifer, der
Thätigkeit der leitenden Freihandelsfreunde: heute wirken sie in London,
morgen in Manchester, übermorgen in einer andern Stadt. Der
Baumwollspinner Richard Cobden (eines Pächters Sohn, als Knabe
die Schafe hütend — gern rühmt er gegen aristokratische Zuhörer sich
seiner Abkunft) steht jezt, ein Sechsundvierziger, im schönsten Mannesalter; unermüdlich spricht er Abends im Saal von Covent-Garden
stundenlang vor einem außgewählten Publikum der Haubtstadt, andern
Morgens nicht minder beredt auf freiem Felde zu einer Versammlung
Pächter. Nichts kann seinen Muth beugen, seine Thatkraft erschüttern;
gleichwol entwickelt er in hohem Grade jene Nachgiebigkeit und Bieg-
samkeit, welche Männer seines Schlages, die auf agitirendem Wege
ein großes Ziel verfolgen, außzuzeichnen pflegt. Neben ihm verbindet
Hr. Bright, ein junger Quäker, mit den meisten Eigenschaften seines
Freundes vielleicht mehr Welterfahrung und ein tieferes Studium in
der Kunst den Funken der Begeisterung auß den Herzen zu schlagen.
Wohl wissend, daß zur Durchsezung von Reformen zahlreiche Vertreter
im Schoße des Parlaments gehören, wendet die Liga eine Haubtthä-
tigkeit auf die Wähler, die Quelle des Hauses der Gemeinen, und fast
täglich bringt sie, von der Reformbill unterstüzt, neue Namen ihrer
Anhänger auf die Wahllisten. Durch diese manigfaltigen Bemühungen,
diese Unermüdlichkeit im Großen und Ganzen wie im Einzelnen und

Kleinsten durch Geduld und Beharrlichkeit — jene am wenigsten gewürdigten Tugenden des englischen Volkes — hofft sie in nicht gar zu langer Zeit die Mehrheit im Parlament für alle ihre Grundsäze zu erlangen. Schon jezt bildet sie im Unterhaus einen lebenskräftigen Kern, dessen Einfluß auf die Nazion, eben weil er mit der Macht der Dinge geht, ein Ministerium, das durch die Vertreter des Monopols und des Landlordsinteresses emporgehoben ist, gezwungen hat, Grundsäze zu befolgen in Widerspruch mit den Neigungen und Hoffnungen seiner eigenen Partei. Peels Vorschläge von 1845 erkennen bereits das liguistische Prinzip an, daß Gewerbe und Handel als die Grundlagen des britischen Wohlstandes angesehen werden müssen, auch für das Ackerbauinteresse nichts Besseres geschehen könne als jene zu fördern; er empfahl sie dem Parlament in der ,,vertrauensvollen Hoffnung, daß sie zur Ausdehnung der Industrie und zur Aufmunterung des Unternehmungsgeistes beitragen würden, wodurch dann mittelbar Wohlfahrt und Komfort aller, auch der ackerbauenden Volksklassen gehoben werden müsse.'' Erscheinen sie demnach zwar fast wie Huldigungen, die man der Liga bringt, so weiß man doch nicht recht, ob der klug leitende Peel mehr ihr gedient habe, oder die Bewegung der Liga mehr der Schazkammer und dem ersten Lord derselben, um deren vielleicht längst in der Theorie und Erkenntnis fertiges System in volle Wirksamkeit zu sezen. Denn die leitenden Männer der Schazkammer sind gewis von der Wahrheit am tiefsten durchdrungen, daß das Vermögen des Staats das Vermögen der Nazion ist, daß jener von diesem leben muß, und die Privilegien der Landeigenthümer dabei nicht in Betracht kommen. Peels Haubtstärke besteht überhaupt nicht im Beistande der Aristokratie, noch in einer populären Persönlichkeit, sondern in der weisen und leidenschaftlosen Meinung der Mittelklassen, daß er der, durch vollendete Erfahrung regierungsfähigste Mann des Landes sei; eine unermeßliche Menge Leute fühlen ihre Interessen eben mit der Wohlfahrt des Landes identisch und haben keine andere Sorge als die Verwaltung der öffentlichen Angelegenheiten in den tüchtigsten Händen zu sehen. Diese mehr noch solide als glänzende Meinung hat Peel gerechtfertigt durch den seine Verwaltungsmaßregeln immer begleitenden Erfolg, wenn die Nachwelt vielleicht auch dem uneigennüzigen Benehmen Russells und der Whigs bei dem ganzen Kampfe in Bezug auf sittliche Größe den Preis zuerkennen wird. Wie dem sei, die schönste Frucht der politischen

Freiheit besteht ja gerade darin, daß der Staat seine Sache zur Sache der Nazion machen, daß Staatsinteresse auch Volksinteresse sein muß und die höchste Staatsintelligenz sich gezwungen sieht, wenn sie thätig werden will, auch Nazionalinteresse zu werden. Denn hierin liegt eine als Nothwendigkeit gebotene höchste geistige Außbildung der Nazion, sofern sie durch die Verfassung der lezte Richter in allen Staatsfragen geworden. Das nun sind die großen Ergebnisse der unwiderstehlichen englischen Agitazion. Die Kräfte der Liga erweitern sich mit der Erweiterung des Gegenstandes — gleichsam das englische Volk in ein Volk von Staatsökonomen zu verwandeln. Immer größer ward der Gesichtskreis, der sich vor ihnen aufthat, und bald stunden sie da als die Missionäre einer Nazionalpolitik, welche wesentlich ist für die Wohlfahrt des Landes, vielleicht auch für den Frieden der Welt und den Fortschritt der Menschheit.

Welche Lehre zugleich für die Staatsmänner der absolutistischen Schule liegt in dieser denkwürdigen allumfassenden und doch so gehaltenen Bewegung! Die Stärke und Ungeregeltheit der Volksbewegungen nimt ab im nämlichen Verhältnisse als die Volksrechte vermehrt werden. Der langen französischen Revoluzion von 1789 folgte zwar nur die Juliuswoche von 1830; aber in dem freiern England war für eine viel durchgreifendere Umänderung, für fast allgemeines Stimmrecht, welches Frankreich auch nach der Juliusrevoluzion nicht erhielt, nur die Reformagitazion erforderlich, bei der kein Tropfen Bluts vergossen ward. Auf diese folgte nun die noch bei weitem friedlichere und geregeltere Bewegung der Liga, deren Ergebnisse indes die aller frühern Volksagitazion an Wichtigkeit überbieten dürften. „Die Korngesezliga," sagt Hr. Cobden in einem Briefe (Nov. 1845) an ein französisches Blatt, „scheint dem Namen nach außschließlich gegen das Landmonopol gerichtet zu sein, allein ihre Tragweite ist eine weit größere. Sie ist der Apostel der Handelsfreiheit in ihrem umfassendsten und allgemeinsten Sinne. Unsere Doktrin erstreckt sich in gleicher Weise über alle Arten Erzeugnisse, rohe wie veredelte, und wir sind nicht minder die Gegner des den Seidenmanufakturen gewährten Schuzes als unsrer Korngeseze. Allein wir haben unsre Kräfte gegen diese Geseze vereint, weil sie unter allen Monopolien dasjenige bilden, welches auf die schädlichste und unterdrückendste Weise wirkt, und weil, wenn dieses erst abgeschafft ist, dann die erregten Grundeigenthümer uns in ihrem persön-

lichen Interesse zu Hülfe kommen werden, um das Werk zu vollenden.
Dieses Haubtbollwerk erobert, werden die übrigen Privilegien um so
leichter fallen. Mit einem Worte, das Monopol bildet ein unermeß=
liches Gewölbe und das Getraidegesez den Schlüssel dazu; diesen weg=
gezogen, stürzt das schwerfällige Monument durch sein eigenes Gewicht
in sich zusammen. — Wir dürfen uns rühmen, daß unser beharrlicher
Kampf gegen alle Schranken, die sich dem freien Außtausche der Natur=
und Industrieerzeugnisse entgegenstellen, an Wichtigkeit und Macht be=
deutend zugenommen hat. Vor sieben Jahren füllten sämtliche Mitglie=
der der Liga kaum ein mittelgeräumiges Zimmer auß. Heute werden
unsere Prinzipien von der Mehrheit der Mittelklasse in England unter=
stüzt und noch zahlreichere Vertheidiger haben sie in dem aufgeklärten
Schottland gefunden. Unsere Frage schwebt gegenwärtig über dem
Haubte unsrer Reichsverwalter wie ein Problem, dessen Lösung sie be=
herscht und drängt. Diese rasche Entwickelung der öffentlichen Meinung
entspringt vorzüglich auß der von der Liga fortwährend unterhaltenen
Agitazion, sowie auß den Diskussionen, zu deren Mittelpunkt sie sich
gemacht hat. Es ist wahr, unsere Anstrengungen sind vom Außlande
mit weniger Interesse beachtet worden als sie verdienten, weil wir sie
sorgfältigst in den strenggesezlichen Grenzen unsrer Verfassung hielten;
allein wir werden darum von dieser Bahn nicht abweichen, um so we=
niger, als wir für den Erfolg unsrer Sache nicht für nöthig achten,
die übrigen Völker Tritt auf Tritt unsern Fortschritten folgen zu sehen.
Die Zwischenkunft der Diplomaten, wie die der Propagandisten, weckt
gewöhnlich bloß die Eifersucht und die Empfindlichkeiten der Razionen
auf, und verzögert dadurch nur die Außstralung der Freiheitsprinzipien.
Die beste kaufmännische Taktik der Völker wie der Einzelnen besteht
aber einfach darin, dort zu kaufen, wo die Preise am niedrigsten, dort
zu verkaufen, wo die Preise am höchsten stehn, ohne sich von dem, was
die übrigen thun, beirren zu lassen. Und unser Glaube an die Wahr=
heit unsrer Grundsäze ist so groß, daß wir gewis sind, die Prosperität
Englands von dem Tage der Einführung des freien Handels an werde
hinreichen, um die ganze Welt mit sich fortzureißen und im Herzen der
gebildeten Völker eine Art Wetteifer für die Nachahmung derselben zu
entflammen.‘‘

Wie viel Uebertriebenes auch in dieser Sprache herschen mag, die
Grundsäze sind klar, verständlich, für England angemeßen. Daher

ihre Fortschritte. Sodann hat die mittelmäßige Ernte und die Kartof=
felfäule von 1845 die Sache der Freihandelsfreunde außnehmend geför=
dert — da hatte das Sterbestündlein der Korngeseze für immer geschla=
gen. England will Brod, erscholl es tausendstimmig auß den
Blättern, auß den Volksversammlungen. Die Times, die alte warme
Freundin der Landaristokratie, gieng zur Opposizion gegen die Kornge=
seze, zunächst gegen Peels Wandelskala, mit Kling und Klang über.
Die Regierung, sagte sie, ist mit einem starken Posten ihrer Einnahme
von einem Zufall abhängig, den man, so oft er eintritt, als eine Ra=
zionaltrübsal betrachten muß. Wenn das Korn seltener und theuerer
ist, folglich die Masse des Volkes sich in schlimmerer Lage befindet, dann
bekömt die Regierung ihren Windfall von etwa einer Million Pf. durch
die Einfuhr fremdes Getraides. Ist es nicht unrecht den Sturm erre=
gen um des Strandsegens willen? Ist es nicht erfreulicher von der
Wohlfahrt, als vom Unglück seiner Mitmenschen zu leben? Jeder gute
Herbst, wie der reichste von 1844, ist eine besondere Gottessendung,
welche den Unglückstag weiter hinaußrückt, wo das Drama oder viel=
mehr das Possenspiel des Zollschuzes für die inländische Landwirtschaft
mit der Katastrofe einer unheilbaren Hungersnoth schließen wird.‘‘
Die Agitazion gegen die Korngeseze ergriff nun das ganze Land, man
hörte und las von nichts als von den dagegen gehaltenen oder beab=
sichtigten Meetings. Allgemein gieng man dabei von der Ansicht auß,
daß es lediglich diese restriktiven Geseze verschulden, wenn nicht jedes
Jahr ein Getraidevorrath vorhanden sei, groß genug, um die Besorg=
nisse, die von einem Mißrathen der eigenen Ernte unzertrennlich sind,
zu zerstreuen; daß sie haubtsächlich eine Verarmung der arbeitenden
Klassen bewirken. In diesem Sinne ergiengen Petizionen für die gänz=
liche Abschaffung eines Systems, von dem mit Recht gesagt worden,
es sei ‚‚ein freßender Mehlthau für den Handel, ein Gift für den Acker=
bau, eine Quelle bitterer Spaltungen unter den verschiedenen Ständen
und eine Ursache von Armuth, Fieber, Sterblichkeit und Verbrechen im
Volke.‘‘ Endlich schloßen sich auch die Häubter der Whigs, nament=
lich die Lords Russell, Morpeth und Labouchere ꝛc., jedem Beschluß des
Ministeriums Peel zuvorkommend, den Grundsäzen der Antikorngesez=
liga in Betreff der Kornzölle offen an. Bezeichnend ist der Brief des
erstern, auß Edinburg vom 22. Oktober 1845, an die Wähler der City
von London. Der edle Lord beginnt mit der Bemerkung, die bei der

dermaligen Lage des Landes drohenden Uebel könnten durch energische Vorkehrungen abgewandt, durch Unschlüßigkeit aber noch vergrößert werden. An die Kartoffelseuche knüpfe sich ein eigener nachtheiliger Umstand. Die nächste Wirkung einer schlechten Getraideernte sei die Verminderung der innern Zufuhren auf den Märkten, also Erhöhung der Preise, welche von Beginn an auf Beschränkung des Verbrauchs und Vertheilung des Vorraths über das ganze Jahr, mithin gegen eine Hungersnoth hinwirke. Die Kartoffelsäule dagegen führe große Mengen dieser Frucht auf den Markt, um deren nur loszuwerden; troz der Außsicht auf Mangel daran, zeigten sich deswegen niedere Preise. Ein anderes Uebel sei das Ergebnis der vor drei Jahren votirten Parlamentsakte, wonach sämtliche Getraidearten hohen Eingangsabgaben in der Weise unterlägen, daß gerade die schlechteste Qualität Korn den höchsten Zoll zahle. Wenn z. B. der gute Weizen 70 Sh. der Quarter koste, sei der Durchschnitspreis alles Weizens nur 57 bis 58 Sh., der Einfuhrzoll demnach 15 oder 14 Sh. Also zeige das Getraidebarometer auf Schön, während das Schiff mit dem Sturme kämpfe. Der kluge Lord gesteht dann offen ein, daß seine Ansichten über die Kornfrage sich seit zwanzig Jahren bedeutend geändert haben. Er hatte geglaubt, Getraide mache eine Außnahme von den allgemeinen Gesezen der politischen Oekonomie, die Erfahrung habe ihn eines Beßern belehrt: jezt sei er überzeugt, daß weder die Regierung noch das Parlament durch Geseze und Vorschriften jemals auf die Getraidemärkte die glücklichen Wirkungen herbeiführen könnten, welche die volle Freiheit des Getraidehandels von selbst bewirken müßte. Ein firer Zoll sei nicht mehr rathsam, es sei denn mit der Bestimmung, daß er nach Ablauf einer kurzen Zeit völlig hinwegfalle. „Die Anstrengungen", schloß er, „zur Erhöhung des Brodpreises und dadurch des Pachtzinses oder der Bodenrente fügen dem Ansehen der Aristokratie einen unermeßlichen Schaden zu, welche sonst, diese leidige Ursache ihrer moralischen Abschwächung einmal entfernt, mächtig ist durch ihren Grundbesiz, mächtig in der Gesezgebung, stark in der öffentlichen Meinung, stark durch alte Erinnerungen und das Gedächtnis unsterblicher Dienste. Vereinen wir uns denn, um einem Systeme den Garauß zu machen, welches der Ruin des Handels wie der Agrikultur ist, die Quelle tiefer Spaltungen unter den verschiedenen Klaffen der Bevölkerung — einem Systeme, welches Ebitterung, Verwahrlosung, Krankheiten, Tod und Verbrechen unter

dem Volke mit sich führt. Die Regierung scheint eines Vorwandes zu
harren, um das Korngesez aufgeben zu können. Den möge das Volk
ihm durch Bittgesuche, Adressen, Vorstellungen verschaffen. Seinerseits
möge das Ministerium eine solche Revision der Auflagen vorschlagen,
welche es am geeignetsten erachtet, um die öffentlichen Lasten billiger
und beßer als bisher zu vertheilen, dabei alles berücksichtigend was Klugheit und gewißenhafte Zurückhaltung auflegen möchten. Allein immerhin muß man in bestimmten Worten die Abschaffung aller Belästigungen
auf die Häubtartikel fordern, welche der Masse des Volkes zum Lebensunterhalt und Kleidung nöthig sind — dieses muß man verlangen
als vortheilhaft für alle große Anliegen der Nazion, und als unumgänglich für ihre Fortschritte.‟
    In der That, diese Sprache von dem anerkannten Haubte der
Whigs war bezeichnend. Kaum ist noch ein Whigministerium denkbar,
ohne die erklärte Unterstüzung der Mitglieder der Liga, ja selbst ein
Peel-Kabinet kann ihres Beistandes nicht mehr entrathen. Die alte
Aristokratie hat auf dem politischen Gebiete an Boden verloren, die
stolzen Peers beugen sich in finsterer verschloßener Demuth vor dem
Außdrucke des Nazionalwillens; — keiner von ihnen fand sich in der
Faßung, mit dem Sturm zu reiten, der über England losgebrochen. In
Wort und Schrift ward der Landadel, öffentlich meist von hirnlosen
Rednern vertreten, täglich lächerlich gemacht; Blätter wie Times, Morning Chronicle, Examiner, wetteiferten darin miteinander. Wahrlich,
auß diesen und ähnlichen Erscheinungen können Staatsmänner lernen,
wie die Vorenthaltung des Billigen die Menschen allmählich zum Un-
muthe, ja zur Wuth treibe und sie oft auch von ihrer Seite unbillig
mache. Man kann es ein Glück für England nennen, daß die Whighäubter in der eilften Stunde, wo der Kampf um das Korngesez die
ernsthafteste Gestalt gewann, die Bestrebungen der Liga zu den ihrigen
gemacht und dadurch einem gewaltsamen Zusammenstoße der Interessen
der Mittelklasse mit denen der Landaristokratie vorgebeugt haben. Der
Riß der Interessen drohte durch alle Glieder von oben bis unten zu gehen und das ganze Land zu spalten, die einen forderten den Wetteifer
der Welt herauß, die andern schraken vor dem Mitbewerb einiger entfernter kornerzeugenden Gebiete zusammen; jene sahen in der völligen
Entfesselung der industriellen Thätigkeit eine sonnenheitere Zukunft, die
Herschaft über die Erde, diesen war Zollschuz für die Landwirtschaft,

gleichbedeutend mit Schuz des Eigenthums, das Fabrikintereſſe dagegen
iſt ein fürchterlich Ding, das in die Höhe ſchießt wie der Thurm von
Babel und den Zorn des Himmels herabzubeſchwören ſcheint. Die
urſprüngliche Partei des alten Peel'ſchen Kabinets, welche dem Sohn
eines Baumwollſpinners nicht weiter folgen wollte und verwünſchte,
daß ſie ihm ſo weit gefolgt war, fand ſich mit allem, was hinter ihr
ſteht und im Territorialintereſſe verwickelt iſt, nicht im Stande eine
Verwaltung zu bilden. Die Liga freilich iſt ſchon durch ſich ſelbſt ſtark,
ſie ſchreibt noch Millionen Steuern auß und ſie werden ſchnell und,
was ſelten iſt, ſogar freudig bezahlt; immerhin aber wurzelt das Anſe-
hen der Ariſtokratie noch tief im Mittelſtande und im Volke, und erſt
durch Ruſſells entſchiedenen Beitritt hat die Liga gleichſam ihre lezte
Weihe erhalten, ſie iſt von nun an eine ſtarke politiſche Partei — die
parlamentariſche Volkspartei. Stolz ſagte Cobden zur Zeit der
Miniſterkriſe als Peel vorübergehend abgetreten (Ende 1845): „Ich
wußte und ſagte längſt, daß wir ein, zwei, drei Regierungen in den
Staub werfen müßten, ehe wir zum Ziele kämen. Ruſſell hat das Lo-
ſungswort übernommen, es heißt: Vernichtung der Korn- und Schuz-
geſeze, und dann ſtürzt das ganze alte Syſtem. Ich warne die Lords
die induſtriellen Klaſſen noch weiter zu beſteuern. Findet Ruſſell keine
Gefährden, ſo muß ihn die Liga auf den Rücken nehmen und vorwärts
tragen. Der beſte Theil aller politiſchen Parteien hat ſich mit der
League verſchmolzen, ſie geht nicht rechts, nicht links ab, nein! gerade
ihren Weg durch. Noch einige Zeit wie heute, ſo kann unſer Bund
ſich wieder ins Volk anflöſen, auß dem er hervorgegangen, mit dem
Sieg ihrer Prinzipien."

Wenn übrigens Richard Cobden auch darin Recht behalten ſollte,
daß der Abſchaffung des Kornmonopols die aller andern Monopolien
mit der Zeit wie von ſelbſt nachfolgen würde; ſo hatte doch die Times
auch nicht Unrecht, wenn ſie auf die überſpannten Erwartungen, die
man ſich im Guten wie im Schlimmen, unmittelbar von dieſem Schritte
machte, hinwies. „Das wahre und bleibende Gute", ſagte ſie ganz
in Ruſſells Sinne, „welches auß der Korngeſezgebung entſprießen wird,
dürfte ein zweifaches ſein: einmal wird dieſe Maßregel die Handelsope-
razionen von einer gewaltigen Veranlaſſung zu Verlegenheiten befreien;
andrerſeits werden gerade die Grundbeſizer dadurch des peinlichen und
oft ungerechten Vorwurfs eines ſelbſtſüchtigen hartherzigen Monopols

enthoben werden. Diese moralische Wirkung wird der Haubtnuzen sein, und gerade gegen diesen Punkt sollten doch wol die Grundbesizer sich nicht gleichgültig verhalten." Auch war zu bedenken, daß, wenn diese nach dem gescheiterten Versuche Lord John Russells ein Ministerium zu bilden, nun die Aufhebung der Korngeseze Sir Robert Peel möglich machten, dieselbe dann mit Mäßigung und begleitet von wichtigen Erleichterungen für das landwirtliche Interesse erfolgen werde: entgegengesezten Falls aber gewaltsamer und rücksichtloser, da bei der öffentlichen Stimmung doch nur noch die Frage war: wie sie geschehen solle. Im Oberhause stach der Herzog von Wellington der Aristokratie den Staar, indem er ihr fühlbar machte, es sei rathsam die Korngeseze nach dem Wunsche der Nazion aufzugeben, um die Herschaft mit ihren vielen andern Erträgnissen zu behaubten. Peel war durch die Umstände begünstigt. In allen seinen Reformen ward er einerseits durch die Whigs und Liga unterstüzt, andrerseits konnte er der Landaristokratie und den Peers entgegenhalten: „entweder bequemt euch meinen Vorschlägen, oder macht euch auf ein starkes Mittelklassenministerium, mit Russell als Premier, vielleicht auch auf Ernennung einer großen Zahl Peers gefaßt." Sollte eine Mehrheit der Aristokratie ihren ganzen Staatsvortheil, die politische Herschaft, gegen ein einzelnes Interesse, ein Kornhandelmonopol, einsezen? Den Handelsstand bestimmte sein Vortheil, das Manufaktur= und Handelsinteresse; den kleinen Mittelstand und die untern Klassen endlich ein Hausinteresse in Ersparung an den täglichen Bedürfnissen. Kurz, Peel war unter den obwaltenden Umständen der Mann, um das Staatsschiff in den Hafen zu retten, bis der Sturm sich gebrochen hatte. Noch war die Frage zweifelhaft: ob nicht ein, zwischen den verschiedenen Ansichten über die Korngesezgebung liegendes Kolonialinteresse auf Begünstigung vor den unabhängigen Ländern bringen und, nach Analogie der bisherigen britischen Kolonialpolitik, Berücksichtigung finden werde? Doch das Manufaktur= und Handelsinteresse des Mutterlandes hat nebst der Rücksicht für die nordamerikanischen Freistaaten den Sieg über das Kolonialinteresse davon getragen.

In der Unterhaussizung vom 27. Januar 1846 legte Sir R. Peel, bei überfülltem Hause, seine neuen umfaßenden Vorschläge dar. Er gestand, daß seine Ansichten in Bezug auf Schuzzölle große Aenderungen erlitten, daß auch ihm die Erfahrung der lezten drei Jahre, wäh=

rend deren er den Einfluß verminderter Schuzzölle auf die sozialen und
andern Interessen des Landes sorgfältig beobachtet habe, die Ueberzeugung
von der ferneren Unhaltbarkeit seiner eigenen. früheren Beweisgründe
(namentlich für die Kornzölle) aufgezwungen. Durch ein solches Bekenntnis fühle er sich gar nicht gedemüthigt, im Gegentheil beanspruche
er für sich das Vorrecht, der Macht guter Beweisgründe nachzugeben
und nach seiner erweiterten Erfahrung und nach reiferer Ueberzeugung
zu handeln. Niedrige Arbeitslöhne seien nicht das Ergebnis niedriger
Brodpreise, auch habe er die Ueberzeugung erlangt, daß die Uebelstände
einer schweren Staatsschuld und hoher Steuern die inländische Industrie nicht hindern, auch ohne Schuzzölle den Bewerb mit dem Auslande zu bestehn. Während der lezten drei Jahre waren die Brodpreise
niedrig, die Arbeitslöhne aber stunden nie höher als jezt; in den drei
Jahren weiter zurück aber hatten hohe Brodpreise und niedrige Arbeitslöhne einen allgemeinen Nothstand der arbeitenden Klassen zuwegege-
bracht. Also hängen Brodpreise und Arbeitslöhne in ihren Schwankungen nicht von einander ab, vielmehr werden leztere vorzüglich von
der Nachfrage nach der Arbeit regiert. (Indessen besteht der Zusammenhang zwischen der Nachfrage nach Arbeitern und dem Preise der Lebensmittel, daß jene abnimt, wenn diese steigen.) Hierauf warf der
Minister einen Blick auf die günstigen Ergebnisse, die eine liberalere
Handelspolitik seit 1842, wo vom Schuzzollsystem das erste Mal abge-
gangen worden, hinsichtlich des Handels sowol als der Staatseinkünfte
geliefert hat. Troz der Herabsezung der Zölle um vier, der Akzise um
eine Million Pf. St. hat sich eine fortwährende Erhöhung der Staatseinnahme herausgestellt, die Nachfrage nach Arbeiten hat zugenommen,
und mit ihr sind Wohlstand, Ruhe und Zufriedenheit der Bevölkerung
gestiegen. Ja, die aus der Moralität des Landes gezogenen Gründe
sprächen am gewichtigsten für ferneres Abgehn vom Zollschuzsystem;
1842 hohe Brodpreise, hohe Zölle und auch ein beunruhigendes Zunehmen der Verbrechen; 1843 aber nahmen die Dinge eine günstige
Wendung, und 1844 und 1845 zeigten eine bei weitem geringere Anzahl von Verhaftungen. Die Schlußfolge hieraus ist, daß billiges
Brod und gutes Auskommen die Sittlichkeit befördern. Und diese
Vortheile seien erreicht worden*) ohne Nachtheil für die Agrikultur-

---

*) Wenn Peel indessen die herschende „Prosperity“ keck seinen frühern, den Handel

interessen, indem trz der Zollherabsezung auf Flachs, Wolle, Vieh, Speck rc. diese Artikel doch jezt theurer seien, als 1842. Zur Verthei-digung gegen die Anklage eines Verraths an die Ackerbauanliegen er-klärte Peel: man habe ihm immer und immer gesagt, er sei denen, die ihn ins Amt gebracht, dafür zu Dank verpflichtet, und aber und aber hat man ihm gedroht, die Macht, die ihn erhoben, könne ihn stürzen. Nun so wiße man denn, er halte sich keinem Menschen und keiner Körperschaft dafür zu Dank verpflichtet, daß sie ihn zur Uebernahme der Mühen und Lasten des Amtes bewogen. Die Macht, um ihrer selbst willen, habe für ihn keinen Wert; Ehren und Aemter austheilen können, sei kein erfreuliches Vorrecht, erzeuge mehr Unzu-friedenheit als Zuneigung. Ohne persönliche Zwecke oder Belohnung zu verfolgen, habe er vier Monarchen gedient als treuer Unterthan. Mit Ehren seiner Macht enthoben werden, sei für ihn keine Strafe, sondern das größte Gut. „Ich strebe nicht danach, Englands Premierminister zu sein, aber so lange ich es bin, will ich Niemand knechtisch verpflichtet sein, will ich mich durch nichts leiten laßen als durch das Wohl des Staats." (Lauter Beifall.) Er habe gethan was in seinen Kräften gestanden, um eine wahrlich nicht leichte Aufgabe zu erfüllen, nämlich die drei widerstrebenden Elemente einer alten Monarchie, einer stolzen Aristokratie und eines reformirten Unterhauses in einer Staatsmaschine vereint zusammenwirken zu machen. (Anhaltender Beifall.)

Sir Robert kam nun auf seinen neuen Plan. Er wolle nicht auf dieses oder jenes einzelne Interesse das große Prinzip der Herabsezung der Schuzzölle angewandt wißen, fordere vielmehr von allen Interessen des Landes, Fabrikanten, Kaufleuten und Ackerbau, daß sie das Opfer des ihnen bewilligten Zollschuzes — wenn es wirklich ein Opfer sei — dem Gemeinbesten bringen sollen. Da durch seinen Entwurf von 1845

erleichternden Maßregeln ausschließlich beimaß, so ist dagegen doch zu bedenken, daß der Druck, der vom Jahr 1839 bis 1843 auf Handel und Gewerben lastete, wiederum eine günstige Rückwirkung zur Folge haben muste, und daß diese durch die zahlreichen Eisenbahnbauten, welche vielen Menschen Arbeit und Brod geben, sowie durch die reichen Ernten von 1843 und besonders 1844 befördert ward. Sind 1845 auch dem Werte nach mehr Manufakte ausgeführt worden als 1844, so doch vielleicht nicht der Menge nach, indem viele der wichtigsten Waren im Jahr 1845 bedeutend im Preise gestiegen sind. Ohne Frage hat das Peel-Kabinet auch in dieser Hinsicht ebenso sehr eine Gunst anzuerkennen als eigenes Verdienst gegenüber dem Whigministerium zu beanspruchen.

Söften, Englands Zustände. II.　　　　　6

die Eingangssteuern von fast sämtlichen Rohstoffen beseitigt werden, so habe er das Recht an die Fabrikanten jezt die Forderung zu stellen, den Schuzzöllen zu entsagen. Ein Einfuhrzoll laste nur auf zwei Rohstoffen, Talg und Bauholz. Für ersteres schlägt er eine Minderung von 3 Sh. 2 P. auf 1 Sh. 6 P. der Zentner vor; der Zoll auf Bauholz soll allmählich bis auf einen gewissen Punkt sinken (nämlich von 25 auf 15 Sh., aber nicht unmittelbar, sondern erst am 5. April 1847 anfangend um 5 Sh., und am 5. April 1848 wieder um 5 Sh.; bei gesägtem Zimmerholze soll die Ermäßigung 12 Sh. in zwei entsprechenden Terminen betragen; immerhin bleibt eine bedeutende Differenz zu Gunsten des Holzes von Canada gegen das von der Ostsee). Nun so den Fabrikanten alle für ihre Industrie dienlichen Rohstoffe zugänglich gemacht worden, fordere er diejenigen unter ihnen, die sich mit Anfertigung der drei Artikel beschäftigen, die das Volk zu seinen Kleiderstoffen verwendet, Wolle, Leinen und Baumwolle, auf, einen Beweis von der Aufrichtigkeit ihrer Ueberzeugungen zu geben, indem sie auf ihren jezigen Zollschuz Verzicht leisten; und zwar um so vertrauensvoller als es gerade die Fabrikinteressen, und nicht die Landbauinteressen waren, welche zuerst Schuzzölle beansprucht haben. Sein Vorschlag lautete daher, von allen wollenen, baumwollenen und leinenen Stoffen geringerer Gattung die Einfuhrzölle ganz aufzuheben und sie für dieselben Fabrikate feinerer Art von 20 Proz. auf 10 Proz. herabzusezen. Das nächste Item sind die Seidenzeuge; der jezige Zoll (dem Namen nach 30 Proz. vom Werte, in den meisten Fällen aber ein weit höherer) sei nur eine Ermuthigung für den Schleichhandel und Betrug, und werde so leicht umgangen, daß er dem Manufakturisten nur nachtheilig sei; der Zoll soll künftig nur 15 Proz. vom wirklichen Werte der Seidenwaren betragen*).

---

*) Ueberhaupt wird der selbst in Prohibitivmaßregeln verstrickte französische Handel durch den Peel'schen Plan sehr begünstigt. Die französischen Seidenwaren, Merinos, Shawls, Zize, Bänder, auf welchen zum Theil ungeheure Zölle lasteten, werden sich künftig mit großem Vortheil auf dem britischen Markte zeigen. Das Tableau du Commerce von 1844 gibt, abgesehen von den auf Umwegen in England eingeschmuggelten Waren, den Wert der aus Frankreich dahin eingeführten Seidenwaren zu 26 Millionen Fr. an, worunter Bänder für 11 Millionen, den von französischen Brantweinen (worin gleichfalls bedeutend geschwärzt ward) zu 4½ Mill. Bei gefärbten Papieren (Papiertapeten), deren Gebrauch in England noch sehr eingeschränkt ist und worin Frankreich wegen des Geschmacks der Zeichnungen bisher fast keinen Nebenbuhler kannte, ist die Zollminderung außnehmend groß, von 1 Sh. vom Quadratyard auf

Ebenso werden die Eingangssteuern bedeutend ermäßigt von Papiertapeten, Metallwaren (die Zölle sollen in keinen Fall 10 Proz. überschreiten; ein kleiner Vortheil für Deutschland), Wagnerarbeiten (von 20
auf 10 Proz.), Lederwaren (die Zölle auf Schuhe und Stiefeln, Soh-
len ꝛc. um die Hälfte; die Abgabe von gegerbten Fellen wird ganz aufgegeben), Kerzen und Seife (um die Hälfte), Hüten, Strohgeflechten,
Brantweinen (Spiritus von 22 Sh. 10 Pf. auf 15 Sh. die Gallone
= 4 Maß) und verschiedenen andern Artikeln. Die Differenzialzölle
von Zucker, insofern er das Produkt freier Arbeit ist, sollen nur um
3 Sh. 6 P. ermäßigt werden, ungeachtet Peel gestehen muste, die ver-
ringerten Zuckerzölle von 1845 hätten wider sein Erwarten den Verbrauch fremden Zuckers nicht zu mehren vermocht. Dies ist wol die
ärmlichste Aenderung des ganzen neuen Plans. Man sieht, Peel klebt
fest an der Begünstigung der Kolonien, überall dort, wo das Manufakturinteresse des Mutterlandes nicht bawider spricht. Er schreibt übrigens die geringe Zufuhr fremdes Zuckers mittelbar der schlechten
Ernte auf Cuba zu, und glaubt daher, daß auch die mäßige Verringe-
rung des Differenzzolles hinreichen werde, in Zukunft fremde Zucker nach
englischen Häfen zu ziehen. Die Komödie, hinsichtlich des Ausschlußes
von Sklavenzucker, gegen Brasilien und Spanien, spielt fort, in der
Hoffnung vielleicht noch auf Abschluß von günstigen Handelsverträgen
mit diesen Ländern.

Peel gieng sodann zu denjenigen Gegenständen über, welche mit
dem Ackerbau zusammenhängen und bei der Einfuhr besteuert sind. Der
Zoll für alle Arten Sämereien soll 5 Sh. vom Zentner künftig nicht
überschreiten. Mais (türkischer Weizen), ein für die Viehzucht wichtiger
Gegenstand, soll zollfrei eingeführt werden, zum Vortheil des Ackerbaues; ebenso Buchweizen, sowie Mehl auß Mais oder Buchweizen.
In Erwägung der Preise, zu denen die Pächter in lezterer Zeit Raps
und Oelkuchen gezahlt haben, werde Jedermann eingestehn, daß die
Aufhebung der Zölle auf diese Gegenstände dem Ackerbau einen großen Dienst leiste.*) Butter (auf 10 Sh. der Ztr.), Käse (auf 5 Sh.),

2 P. Das J. des Debats hofft, daß die Außfuhr französischer Erzeugnisse nach
England, die bisher 100 Millionen Fr. betragen, sich rasch verdoppeln werde.

*) Das Gestatten der Einfuhr dieser zwei Fruchtarten zu einem bloßen Rennzoll
(1 Sh.), des Mais auß Amerika, des Buchweizens auß Nordeuropa, ist eine wichtige

Hopfen (auf 2 Pf. 5 Sh.) und gesalzener Fische, sollen fortan nur die
Hälfte der Zölle zahlen, denen sie bisher unterlagen. Alle andern Acker=
bauerzeugnisse, welche zur Nahrung dienen (Getraide vorerst ausge=
nommen), alle Arten von Lebensmitteln, sie seien aus dem Pflanzen=
oder Thierreiche gezogen, Rindfleisch, Schweinefleisch, Schinken, Kar=
toffeln, sämtliche Gemüsarten, ebenso alle lebendigen Thiere sollen kei=
nen Einfuhrzoll mehr entrichten. In der Hoffnung, die schwierige
Frage der Kornzölle einer entscheidenden Lösung entgegenzuführen und
um dem Ackerbau die Zeit zu lassen, sich auf die gänzliche Aufhebung
vorzubereiten, beantragte Peel dann sogleich eine bedeutende Herabse=
zung der Getraidezölle, und nach drei Jahren, d. h. vom 1. Februar 1849
an, deren gänzlichen Wegfall, indem alsdann Weizen, Roggen,
Hafer, Gerste nur noch dem Wagezoll unterworfen sein sollen, behufs
der Konstatirung der eingeführten Mengen für statistische Zwecke. Mitt=
lerweile sollen alle Arten von Getraide und Mehl, die das Erzeugnis
britischer Kolonien sind, zu einem bloßen Rennzoll eingehn. Für
fremden Waizen aber soll bis zum 1. Februar 1849 folgende Zollskala
gelten: Wenn der Durchschnitspreis des Weizens in England unter
48 Sh. der Quarter ist, soll der Zoll 10 Sh. vom Quarter sein; beim
Durchschnitspreis zwischen 48—49 sinkt der Zoll auf 9 Sh., zwischen
49—50 auf 8 und so fort, bis der Preis auf 54 gestiegen und der Zoll
auf 4 Sh., als den lezten bleibenden Zollsaz, gesunken ist. Die an=
dern Getraidearten werden in demselben Verhältnisse als Weizen ver=

Maßregel. Für den Augenblick wird durch sie die drohende Noth, aus Mangel, in Ir=
land und zum Theil in England selbst bekämpft; diese Absicht zeigte sich auch in dem
Umstande, daß die Regierung schon früher 250,000 Quarter Mais in Amerika hatte
auflaufen lassen. Sodann beginnt mit ihr eine neue Epoche des Verhältnisses zu den
Vereinigten Staaten. Peels ganzer Vorschlag muß der Kriegspartei in Amerika auf
die Dauer wesentlichen Abbruch thun. Mais tritt in Mitbewerb weder zu Weizen noch
zu Korn; zum Viehmästen sehr geeignet, wird er die hohen Preise von Oelkuchen und
Raps, deren Verbrauch auf den englischen Pachthöfen enorm ist, vermindern. Die
westlichen und nördlichen Staaten der Union erzeugen ihn in so ungeheurer Fülle, daß
sie ihn nicht alle verfüttern und in gesalzenem Ochsen= und Schweinefleisch nach den
südlichen Staaten versenden können. Durch den Aufschluß des englischen Marktes
werden sie nun in seinem Anbau eine große Quelle des Reichthums finden; jene Staa=
ten wägen aber mehr und mehr in der politischen Wagschale der Union, sie vorzüglich
senden in den Congreß einen großen Theil der demokratischen Partei, die in dieser Ver=
sammlung vorwaltet. Eine eigene Zeit, in der That, wo Baumwolle, Weizen und
Mais sich mit dem diplomatischen Geschäft beladen, den Frieden der Welt zu erhalten!

zollt. Eine Folge dieser Besteuerungsweise war, daß Weizen bei sei=
nem damaligen Preise von 64 Sh. statt eines Zolles von 16 nur über
4 Sh. zahlte, und alle andern in Freilagern befindlichen Kornarten bei
ihrer Verbrauchserklärung nur noch einen Nennzoll entrichteten.

Um die landwirtschaftlichen Interessen für die Verzichtleistung auf
ihre frühere Beschützung, wo nicht zu entschädigen, so doch außnehmend
zu begünstigen, schlug Peel verschiedene Erleichterung der Bürden vor,
die auf dem Grundbesitze mittelbar oder unmittelbar lasten. Obenan
unter diesen stehn die Wegezölle, die seither von 16,000 verschiedenen,
über das ganze Land vertheilten Behörden verwaltet werden, indem die
mehrere Kirchspiele verbindende Straße, widersinniger Weise unter der
Aufsicht eben so vieler Behörden steht, als sie Kirchspiele durchschneidet;
jedes hat einen besondern Straßenaufseher, und das ganze System er=
fordert viele unnüze Außgaben. Daher sollen die Kirchspiele sich be=
hufs des Unterhalts der Straßen zu „Bezirken" vereinen, zu den näm=
lichen, welche bereits für die neue Armenverwaltung gebildet worden
sind; so kommen die Straßen unter die regelmäßige Leitung von nur
noch 600 Unions=Behörden zu stehn. Ferner sollen die Gesetze über
Ansäßigmachung in einem, für die ackerbauenden Zahler der Gemein=
desteuern günstigen Sinn geändert werden — zum Nachtheil der Fabrik=
städte.*) Diese Maßregel dünkt mir unbillig, obwol sie für die Fabrik=
arbeiter günstig ist; die Armuth der ländlichen Arbeiter beruht auf den
grundherlichen Verhältnissen. Dagegen wird die weitere Maßregel den
Besitzern und Pächtern von (Lehens=) Gütern öffentliche Vorschüße zu
machen, den Ackerbauinteressen höchst vortheilhaft sein, ohne irgend
einem andern Interesse zu schaden. Der Ackerbau, meinte Peel, sei als
Wißenschaft noch in seiner Kindheit begriffen und deshalb vom Staat
auf alle mögliche Weise zu heben. Der Herzog von Richmond habe eine
Menge wichtiger Erfahrungen und Thatsachen gesammelt, um darzu=
thun, daß alle Arten Ländereien bedeutender Verbeßerungen fähig seien,
Hr. Pusey (Bruder des Orforder Professors) habe mehrere Pläne dazu
vorgeschlagen, besonders können Trockenlegungen noch bedeutende Vor=
theile herbeiführen. Aber den Besitzern mit Hypotheken belasteter Län=

---

*) Statt des Rückfalles verarmter landgebürtiger Gewerbsarbeiter von der Stadt
an ihre Gemeine — bisher ein drückender Theil der Armentare — sollen dieselben jezt
von der Stadt unterhalten werden.

dereien sei es schwer geworden, die zur Ausführung dieser Pläne nöthigen Gelder wohlfeil aufzubringen, die daher seitens des Staats in
Schazscheinen vorgestreckt werden sollen. Hieburch werde der Ackerbau zur Konkurrenz mit den auswärtigen Produzenten befähigt. Be-
treffs der Lokalbürden, welche auf Grund und Boden mit lasten, wie namentlich der Armensteuer, erklärt der Minister, nicht mit einem Schlage
die Erhebungsweise ändern zu können. Doch soll dem Landbau die
Last der Unterhaltung der Gefangenen in den Grafschaftsgefängnissen
abgenommen, und diese Ausgabe durch eine jährlich vom Parlament zu
votirende Summe gedeckt werden. Ferner sollen Prozeßkosten wegen
Beitreibung von Gemeindeumlagen, die Kosten der Verfolgung der
Verbrecher, welche bisher in England und Wales durch Lokalsteuern
vom Grundbesiz gedeckt wurden, auf die Staatskasse übernommen werden; hieburch würde die Regierung zugleich befähigt, diese Verfolgung,
sowie überhaupt die polizeiliche Sicherheit, beßer als bisher zu überwachen, zum Vortheil der Gesellschaft. Die Erleichterung würde für Irland etwa 17,000 Pf. St., für England 100,000 Pf. jährlich betragen.
Wenn irgend ein Theil des Königreichs, meinte Peel, durch das Aufhören des Ackerbauschuzes leiden müße, so sei es Irland, welches nicht
wie England die Möglichkeit habe, seine überschüßige Landbevölkerung
in Fabrikbezirken zu verwenden. In Irland wird die Polizei zur Hälfte
von den Grundbesizern, zur andern Hälfte vom Staatsschaze bezahlt;
fortan sollen die Kosten der Polizei auf dem flachen Lande vom
Schaze allein getragen werden, was auch dem Gemeinbesten entspricht.
Was ferner die ärztliche Unterstüzung der Armen betrifft, so soll den
Gemeinen die Hälfte der ihnen hierburch verursachten Kosten abgenommen und dem Staate zur Last gelegt werden; macht etwa 100,000 Pf.
St. jährlich für England und 15,000 für Irland. In Betracht, daß
für die englischen Arbeitshäuser die zur Erziehung bestimmten Summen
unzureichend sind, will die Regierung behufs Besoldung der Schullehrer und Lehrerinnen der Armenkinder eine jährliche Unterstüzung von
30,000 Pf. St. bewilligen, dafür aber auch das Recht haben, sich nach
der Befähigung dieser Lehrer zu erkunden (die Aufseher der Armenhäuser ernennen sie) und eine sehr ausgedehnte Ueberwachung der Landschulen zu üben. Auch sollen die Besoldungen der Direktoren der Armenhäuser, sowie der Aufseher und Unteraufseher derselben, dem Staate
zur Last fallen. Es knüpfen sich an diese so unschuldig scheinenden

Vorschläge, die dem Staate nur etwa 600,000 Pf. neue Lasten jährlich
aufbürden werden, noch Betrachtungen anderer Art, auf welche ich im
folgenden Kapitel zurückkommen werde. Denn dieselben sind weitere
merkwürdige Fortschritte auf der Bahn zu einer innern administrativen
Umgestaltung, die kaum minder umfangreich ist, als die französische zu
Ende des vorigen Jahrhunderts.

Schließlich warf Peel einen Blick auf die Handelspolitik anderer
Staaten. „Indem wir die Einfuhrzölle,‘‘ sagte er, „auf so viele Er=
zeugnisse ausländischen Bodens und Fleißes bedeutend ermäßigen, kann
ich dem Hause nicht die Versicherungen geben, daß fremde Nazionen
unserm Beispiel folgen werden. Ich habe nur die Interessen unseres
Landes zu Rathe gezogen; ich habe weder andere Nazionen noch uns
selbst durch die Aufrechthaltung der hohen Zölle und der davon unzer=
trennbaren Landplage des organisirten Schleichhandels bestrafen wollen.
Ich kann nicht versprechen, daß fremde Länder uns große Dankbarkeit
bezeigen werden; im Gegentheil, viele Staaten haben unsere Fabrikate
mit höhern Zöllen belastet. Aber diese Thatsache ist nur ein Grund
mehr, auf der richtigen Bahn, die wir betreten, zu verharren. Die
Wirkung der Zollerhöhungen war günstig für unsere Ausfuhr, indem
die Bewohner jener Länder alle Listen des Schleichhandels zu Hülfe
gerufen haben. Ich hege jedoch die Ueberzeugung, daß die fremden
Völker endlich das von uns gegebene Beispiel nachahmen, daß die Ver=
nunft und die Interessen derselben sie endlich bewegen werden, den Ein=
fuhrverboten, sowie den Schuzzöllen, zu entsagen.‘‘ In demselben Sinne
sprachen die Freihandelsblätter. Während der lezten fünfzehn Jahre
seien die englischen Ausfuhren um 20 Millionen Pf. St. gewachsen,
und solches vornehmlich nach den Ländern des Kontinents, welche das
Schuzsystem seitdem am schärfsten angezogen hätten, nach Deutschland
und Frankreich. „Wir gewähren den fremden Ländern die Mittel, ihre
Erzeugnisse auf unsern Markt zu bringen, aber wir geben unsrer eigenen
Nazion das ungleich größere Privilegium, alle Stoffe, deren die Arbeit
bedarf, sowie alle Lebensbedürfnisse in dem möglich größten Ueberflusse
zu besitzen. Wir thun es in der vollkommenen Ueberzeugung, daß,
welche Ausdehnung auch unsere Einfuhren nehmen werden, sie unsere
Ausfuhren mittelbar und unmittelbar in gleichem Maße steigern werden.
Und wie sollten wir den befürchteten Folgen der fremden Zollerhöhungen
entschlüpfen? Gewis nicht dadurch, daß wir die fremden Zufuhren durch

Abgaben von unsrer Seite noch vertheuern, im Gegentheil dadurch,
daß wir die Manufakturisten in Stand sezen, so wohlfeil als möglich
zu erzeugen. Durch Gegenerhöhung unsers Tarifs würden wir alles
was wir vermögen, thun, um den fremden Vorhaben, unsre Erzeugnisse
außzuschließen, volle Wirkung zu geben, durch Milderung unsers Tarifs
treten wir ihnen am wirksamsten entgegen. Die Lehre von der Gegenseitigkeit ist gestürzt. Sir. R. Peel befolgt jezt eine weisere Politik, die
darin besteht, nur die wahren Nazionalanliegen zu Rathe zu ziehen,
ohne Rücksicht weiter auf engherzige Eifersüchteleien gegen das Außland
oder darauf, daß die danach getroffenen Maßregeln auch andern Völkern
vortheilhaft sein können. Das Schuzsystem wird nicht mehr wie eine
Quelle der Wohlfahrt vertheidigt, sein Verlassen nicht mehr wie ein Opfer
angesehen. Der freie Mitbewerb wird andererseits als die einzige
Politik verkündet, welche die verschiedenen, jezt noch entgegenstehenden
Interessen der Gesellschaft wirklich mit einander versöhnen kann. Das
Bekenntnis dieser Lehre durch den ersten Minister des größten Handels-
reiches, durch einen Minister, dessen ursprüngliche Meinungen und
Vorliebe der Aufrechthaltung der entgegengesezten Doktrinen zugewandt
waren, kann eines mächtigen Eindrucks auf die Meinungen und die
zukünftige Politik der fremden Regierungen nicht verfehlen. Es ist unmöglich, daß die Nachricht von Peels Maßregeln, bezüglich Mais,
Weizen und andere Fruchtarten, in den Vereinigten Staaten nicht der
Partei, welche im Congresse für die nämliche Politik streitet, einen
großen Triumf sichern werde. Wie können in Frankreich die Versuche
der Prohibizionisten, die Zölle, z. B. auf unsere Leinwand und Garne
noch weiter hinaufzuschrauben, Angesichts unsrer neuen Gesezgebung
gelingen — Angesichts der Ermäßigung, die sie für Seidenwaren um
die Hälfte, für Brantweine um ein Drittel bewilligt, ja gegen die innere
Stimme von Jedermann und gegen die tiefe Ueberzeugung von Regierung und Land? Welchen Erfolg können in Deutschland die neuen
Anstrengungen zur Erhöhung der Zölle auf englische Manufakte haben,
da die dem Restriktivsystem abgeneigten Regierungen jezt mit der Rede
Sir R. Peels (die in der That mit geringfügigen Außnahmen Hr.
Cobden selber hätte unterzeichnen können) und dem neuen englischen
Tarif bewaffnet sind? Kurz, die Handelsfreiheit wird, abgesehen von
den günstigen Wirkungen, die sie unmittelbar für uns im Innern mit
sich führt, vom britischen Reiche auß siegreich beide Hemisfären durch-

schreiten und unberechenbare Vortheile für die Menschheit im Allgemeinen und für unser Vaterland im Besondern herbeiführen.‟

Hoffentlich werden wir Deutschen uns durch alle diese Vorgänge
die praktische Ueberzeugung nicht erschüttern laffen von der Nothwendigkeit eines gemäßigten und verständigen Schußsystems für unsern Gewerbfleiß, unsern Handel und unsere Schiffahrt, zwiefach nothwendig
für unser Vaterland, weil darin zugleich die Bindemittel liegen für die
vielgespaltenen und außeinanderlaufenden deutschen Interessen, die
Mittel, alle Belange des Handels und der Industrie zu verschmelzen,
und jene Solidarität, jenen innigen Zusammenhang zwischen allen
wichtigen Anliegen unsrer Nazion herzustellen, der einen Haubtgrund
mit bildet von Englands Größe, und der uns annoch fehlt. Ja, thun
wir wie die Engländer und ziehen wir die wahren Nazionalanliegen
u n s e r e s Landes zu Rathe, ohne uns durch Rücksichten gegen das
Außland bestimmen zu lassen! Peel erkannte, daß der wichtigste Schuß,
den er Englands Volkswirtschaft noch gewähren könne, eben in Wohlfeilheit der Lebensbedürfnisse und Ueberfluß an allen Arbeitsstoffen bestehe, daß er mit Gewährung dieser Wohlthaten nicht länger zögern
dürfe, bis etwa die übrigen Länder sich zu einer gleichen Politik ver-
stünden. „Ermüdet,‟ ruft er auß, „von unsern langen vergeblichen
Anstrengungen, mit den fremden Nazionen günstige H a n d e l s v e r-
t r ä g e abzuschließen, ist endlich der Entschluß bei uns gereift, nur noch
unsere eigenen Interessen zu befragen.‟ Fährt Sir R. Peel demnach
wirklich auch mit vollen Segeln in den Doktrinen des Freihandels, so
ist sein Kompaß doch nach wie vor A l t e n g l a n d s I n t e r e s s e u n d
U e b e r g e w i c h t. Nur bläst der Wind jezt für England von einer
andern Seite her. Das Rad der Zeit hat sich um und um gedreht.
Weit liegen die Tage Karls II. und Georgs III. hinter dem heutigen
Eilandreiche, noch weiter vielleicht die von 1816 bis 1830, der Höhe-
punkt prohibitiven Andenkens. Huskiffon, deffen Lehren Früchte getragen
haben, würde vielleicht selber noch zurückgescheucht sein vor dem
„kühnen Experiment‟ Peels. Es ist um so bedeutungsvoller, als dieser
Staatsmann immer einen bewundrungswürdigen feinen Taktsinn für
das Zeitgemäße und die unverweigerlichen Reformbedürfnisse bewiesen
hat — darum auch die glücklichen Erfolge seiner Maßregeln. Er ver-
theidigte immer die in Kraft bestehende Gesezgebung mit größter Beharrlichkeit, bis zu dem Augenblick, wo die öffentliche Meinung ihm

die Nothwendigkeit sie zu ändern darthat. Die Geschichte der Wahlre=
form, die Geschichte der Emanzipazion der Katholiken, die jüngsten
Maßregeln für Irland, die Handelsreformen beweisen es ·allzumal.
Darin liegt kein Vorwurf, denn die Ueberzeugung eines Staatsmanns
bildet sich nicht plözlich auß zeitlich Gegebenem, sie bewegt und ent=
wickelt sich mit den Bedürfnissen, mit der öffentlichen Meinung; der
Staatsmann schaut und entschließt sich vom höhern Standpunkte als
der Privatmann, besonders in England, wo, ungeachtet der aristokra=
tischen Einrichtungen und vielleicht kraft derselben, man die öffentliche
Meinung und die herschende Idee zu Rathe zieht, und wo Personen
und Einrichtungen sich auch vom demokratischen Geiste durchhauchen
lassen. Nirgends übt man mehr die große schöne Kunst, der Nazion den
Puls zu fühlen, als in England. O, pflög man sie nur auch in Deutsch=
land! Will man Peel nicht den justum ac tenacem propositi virum
nennen, nichts destoweniger bleibt er ein großer Minister, ja vielleicht
der gröste, den England besessen. Immerhin zeigt er in seinem Gang
etwas so Festes und Kühnes, beweist er in seinen Entschlüssen den
Parteien gegenüber, eine so bewundernswerte persönliche Macht, daß
man überzeugt sein muß, dieselben seien ihm durch das Gefühl einge=
flößt, eine große öffentliche Pflicht zu erfüllen. Und wenn Peel, des
Erfolgs gewis, weil die öffentliche Meinung ihm die Mehrheit sicherte,
zugleich auch in der festen Ueberzeugung handelte, daß seine Vorschläge
allein das Heilmittel gegen Englands Uebel gewähren, dann mag es
für seine Hingebung keinen Stoff geben, kostbar genug, um darauß das
Standbild zu errichten, das sein Vaterland ihm schuldet. Darum aber
daß Peel in voller Erkenntnis des englischen Vortheils gehandelt,
hat er nicht auch uns Deutschen die Bahn gezeigt, auf die wir uns
stürzen sollen, hat er sich uns nicht auch zu Dank verpflichtet. Laut ja
erklärt er, daß, da schlimmere Zeiten als die von 1845 kommen könnten,
es wichtig sei die Gelegenheit nicht vorbeigehn zu lassen und der Korn=
frage eine Lösung zu geben, die doch unvermeidlich sei und die nicht
länger verzögert werden könne, „ohne den Frieden und die
Sicherheit des englischen Reiches mit schweren Ge=
fahren zu bedrohen." Er übergibt seine Vorschläge in der Hoff=
nung, daß durch dieselben die Gefühle der Freundschaft und des guten
Einverständnisses zwischen den verschiedenen Klassen des Volks werde
befördert werden, daß neue Bürgschaften des Friedens und der Ruhe

darin liegen, daß sie die Zufriedenheit und das Glück des Landes durch Vergrößerung der Quellen des Wohlstandes und durch Verbesserung der Lage des Volkes aufrecht erhalten werden. Möchte dieser Gesichtspunkt nur auch die Maßregeln der deutschen Politik beherrschen!

Ich bin durchaus der Meinung, daß auf freien Mitbewerb allein die Politik sich stützen kann, welche die verschiedenen widerstrebenden Interessen der Gesellschaft mit einander versöhnen will; ich hasse alle Prohibizion und jedes Monopol. Doch eben damit wir Deutschen unsererseits den freien Mitbewerb auf allen Weltmärkten wirklich bestehn können, oder vielmehr, damit wir gegen Englands Uebergewicht erst überall zu demselben gelangen, thun uns gegenwärtig andere Maßregeln noth als dem Inselreiche, Maßregeln der Erziehung und des Schuzes, der Einigung in Handel und Schiffahrt, in Gesezen und Politik. Deutschland fehlt eben noch die ganze politisch-ökonomische Organisazion, die Einheit von Nazion und (Handels-) Staat, zu der wir durchdringen müssen, sollen jemals Ausdrücke wie freier Handel und freier Mitbewerb für uns einen ernsten großen Sinn, nicht bloß Ironie und Hohn über unsere Zersplitterung enthalten. Ferner haben wir uns die Thatsache zu vergegenwärtigen, daß England, so lange die Zustände des Grundbesizes im Vereinten Königreiche nicht gründlich gebessert werden, wegen der Abnahme der daheim seine Fabrikate verschleißenden ackerbauenden Bevölkerung und der immer noch ungeheuer wachsenden Ausdehnung seiner Fabrikindustrie, in die Nothwendigkeit gestellt wird, eine Art Weltmonopol in Anspruch zu nehmen, gegen welches wir uns mit aller Macht stemmen müssen, wenn man es jezt auch „freien Mitbewerb" tauft. Die englische Bevölkerung ist seit zehn Jahren um 4 Millionen gewachsen, ohne daß die Mittel zur Verwendung derselben anders als etwa in den Fabriken zugenommen hätten, für welche sich jedoch die innern Abnehmer in gar keinem Verhältnisse vermehrt haben. „Wir sind jezt," sagte vor kurzem die Times, „zu der Epoche in unsrer Handelsgeschichte gekommen, wo wir bieten und keck bieten müssen, nm die Handelsherrschaft über die ganze Welt zu erhalten, oder wo wir darein willigen müssen, mit zunehmender Bevölkerung und abnehmenden Lebensmitteln, in den jammervollsten aller Zustände zu verfallen — nämlich in den Zustand eines Landes, in welchem es einige reiche Monopolisten gibt, während alle übrigen bettelnde Müßiggänger sind. Diese Alternative ist eine fürchterliche;

aber zu ihrer Abwehr befizt das englische Volk nicht allein die günstige Gelegenheit, sondern auch das Herz und den Muth. Durch dieses Volkes Verdikt allein kann fortan die Politik der Minister bestehn oder fallen — doch das Volk ist ein Gerichtshof, vor dem ein ehrenwerter Staatsmann, ein gerechter Minister nicht zu zittern braucht.'' Daß statt jener fürchterlichen Alternative, wobei England zu Grunde gehn müste — denn zum Kampfe mit der ganzen Welt reicht auch seine Macht auf die Länge nicht auß, noch ein sicherer Außweg zum Heile bestehe, nämlich in Befreiung des Grundbesizes von Großbritannien und Irland und in Wiederherstellung des innern Gleichgewichts zwischen den Haubtbeschäftigungszweigen — das kann freilich einem Blatte wie die Times, noch nicht einleuchten. Allerdings sind Peels Maßregeln gerade in diesem Betracht von der größten allgemeinen Wichtigkeit. Ihre mittelbaren Wirkungen auf die Umbildung der innern Zustände Englands sind noch nicht zu übersehen. Nach außen streben sie offenkundig dahin, die Interessen Englands mehr und mehr mit den Interessen der Welt zu identifiziren, welche im freien Völkerverkehr liegen. Darin, daß sie der Welt ein großes Beispiel geben, welches dieselbe so nöthig hatte, liegt ein verstärktes Element der solidarischen Gemeinschaft zwischen den gesitteten Völkern, ein Unterpfand mehr für die Sache des Weltfriedens und des Fortschrittes. Ein englischer Minister pflanzt die Fahne der Handelsfreiheit mitten in dem Heiligthum auf, wo das scharfe Schuzsystem seine Geburt, seine Pflege und reifste Entwickelung erhalten hat, erklärt dort das Prinzip völliger Verkehrsfreiheit für die einzige Grundlage, auf welche fortan die Handelspolitik dieses Landes sich stüzen könne. Das freilich ist die größte Revoluzion unsrer Epoche. Und doch wie natürlich ist es gekommen, daß, unter der Anführung seiner beiden Heroen, Peels und Wellingtons, der tragische Kor des parlamentarischen Konservatismus den feierlich angestimmten Hymnus zu Ehren der einheimischen Ceres in einem stürmischen Dithyrambus zu Gunsten des universalen Merkurs auf seinen Lippen umgewandelt sieht! Kein Wunder hat diesen gewaltigen Umschwung bewirkt, der fast gleich als vollendete Thatsache, ja zugleich mit einem Theile seiner Ergebnisse die erstaunte Welt überraschte: es ist eben die britische Verfassung, die große Zauberei, es ist der richtige, dem Bedürfnisse der Zeit nachfühlende politische Verstand der durch sie gebildeten Staatsmänner. Was läßt sich von ihr nicht erwarten? —

Natürlich fanden Viele an Peels Plane mancherlei außzusezen. Ein Theil der eigenen erzgrundherlichen Partei, jezt die eigentliche Protekzionistenpartei, klagte ihn eines Treubruchs an, der in den Annalen der parlamentarischen Geschichte Englands seines Gleichen nicht habe. Die Liga bedauerte die Beibehaltung einer Wandelskala noch auf drei Jahre, die Peel gleichsam auß dem Ruin und der Wüste seiner frühern Grundsäze noch auf den fruchtbaren Boden seiner gegenwärtigen herübergeflüchtet. Cobben erklärte sich in einem Sendschreiben an die englischen Pächter für unverweilte vollständige Abschaffung der Korngeseze. Man solle das für richtig anerkannte Prinzip freien Handels in Getraide und Manufakten nicht furchtsam, wie Kinder, sondern kühn, wie es Männern, wie es Briten gezieme, anwenden. Jezt werde der englische Markt nach drei Jahren an einem Tage wahrscheinlich mit einer Masse von Getraide überschüttet werden, die sich bei unmittelbarer Abschaffung der Zölle auf ein oder anderthalb Jahre vertheilt hätte; dadurch werde der Preis künstlich sinken zum Nachtheil von Jedermann, vorzüglich der englischen Landwirte. Dagegen werde bei plözlicher Abschaffung der Zölle, die Niemand außer Landes vorhergesehen und auf die daher Niemand vorbereitet sei, sie ohne irgend einen Stoß oder Nachtheil geschehen können, um so mehr als die lezte Ernte in Europa eine sehr mittelmäßige gewesen und überall Mangel hersche. Niemals sei der Augenblick zur Beseitigung jener Geseze, ohne den englischen Pächtern große Nachtheile zu verursachen, so günstig gewesen als der gegenwärtige, noch könne er es werden; denn in allen Fällen würden die Kornpreise fortfahren, bis zur nächsten Ernte zu steigen, darauf wirke gleichfalls die Kartoffelseuche ein. Sir R. Peel sei, meinte Cobben, ohne Zweifel ganz derselben Ansicht, und er werde den laut außgesprochenen Wünschen des Landes gern entgegenkommen. Der Minister hat indessen noch andere Rücksichten zu nehmen als der bloße Freihandelsmann. Er brauche Geld, meinten die Times, und könne sich über Alles nicht im Einzelnen äußern — die Milizaußhebung sei auß Gründen nöthig, an 600,000 Pf. St. sollten von den Lokaltaxen auf den konsolidirten Fond geschlagen werden, die dreijährige Skala werde das nöthige Einkommen verschaffen. Uebrigens kamen alle Gegner der Korngeseze, Liga und Whigs, überein, Peels Plan einmüthig zu unterstüzen, um die wichtige Angelegenheit durch Zwiespalt nicht zu gefährden. Andere tadelten es ferner, daß Peel die Gewerbe auf einmal dem auß-

ländischen Mitbewerbe bloßstelle, auß Schonung gegen die Grundbesizer
aber den übrigens doch erniedrigten Getraidezoll noch für drei Jahre
beibehalte, während welcher jene noch mit einer verhältnismäßigen
Theurung zu kämpfen hätten. Auch fanden die Ersazvorschläge für den
Grundbesiz Widerspruch, es seien im Grunde meist zwecklose Zugeständnisse, die man alten Vorurtheilen und abgenüzten Lehren bringe. Und
warum Entschädigung? Hätte doch das grundherliche Interesse sich durch
so viele Mittel bereichert, ohne irgend eine besondere Anstrengung seinerseits! Ohnehin wird der Aufschwung der Fabrikindustrie dem Ackerbau
große Vortheile gewähren, er wird der wachsenden Bevölkerung Arbeit
und guten Verdienst geben und Tausende Familien, die sonst dem Pauperismus verfallen und folglich eine schwere Bürde für das Grundeigenthum geworden wären, in Verehrer der Ackerbauerzeugnisse umwandeln. Auß der Außdehnung des Handels und der Arbeit folgt
offenbar von selbst die Möglichkeit einer fortwährenden Milderung der
allgemeinen und besondern Auflagen, eine größere und sicherere Beschäftigung der zahlreichen Arbeiter, die Abnahme des Pauperismus — kurz
eine Menge Erleichterungen für den Grundbesiz.

Peels Rede zur Vertheidigung seiner Vorschläge war eine der
größten Entfaltungen oratorischer Kunst, die jemals die Aufmerksamkeit
des Parlaments gefesselt haben, nicht sowol wegen ihrer innern Bewegungen der Beredsamkeit, als weil jeder ihrer Säze einen Beweis-
grund enthält, und wegen der persönlichen Stellung des Redners. Sir
Robert ist der erste englische Minister, der die Absicht außgesprochen hat,
das Staatssteuer zu führen, ohne auf die außschließliche Stüze irgend
einer Partei zu zählen. Die Springkraft des Geistes, die dies voraußsezt und die er bewährte, ist kein Anzeichen eines erschepften oder wider-
willigen Staatsmannes. Die Anklagen gegen sein Benehmen, daß er
etwas Anderes im Auge gehabt, als die Förderung jener großen Maßregeln, die er als nothwendig erachtet für die Wohlfahrt des Vaterlandes, räumte er wie Spinnenweben hinweg. Ragend „wie ein
Thurm der Schlacht" über dem vorwurfsvollen Hader der Parteien,
entwickelte der Minister von England sein großes Thema, und des
Staates Sicherheit geht über Parteiverpflichtungen. Er räumte ein,
die vorgeschlagenen Regierungsmaßregeln seien für Parteiinteressen un-
befriedigend, und es habe sich unglücklich getroffen, daß die Beantra-
gung und Leitung derselben in seine Hände gelegt worden. Allein über

dem Lande schwebte eine Unglückswolke, und so lange es noch eine Hoffnung gab, sie abzuwenden, war es mit der Pflicht eines Staatsmannes
nicht vereinbar, der Schwierigkeit außzuweichen. Peel erwies auß einem
Briefe an die Königin zur Zeit der Ministerkrisis, daß es keineswegs
seine Absicht war, diejenigen Staatsmänner, welche die Kornfrage ursprünglich angeregt, um die Ehre ihrer Schlichtung zu bringen, noch
auch bei Schlichtung der Frage ihnen Verlegenheiten zu bereiten; er war
bereit Lord J. Russell, wenn er ans Staatsruder trat, eben dieselbe
herzliche Unterstüzung zu leihen, welche ihm geliehen zu haben Russell
sich mit Recht berühmte. Ja, er hatte sich in dem Briefe, in Voraußsicht
der Dringlichkeit der Erhöhung einiger Außgaben, zu noch Anderm verpflichtet: „Sir R. Peel denkt und hält es für seine Pflicht hinzu zu
fügen, daß, wenn die künftigen Räthe Ihrer Maj. glauben, es sei zur
Erhaltung des Kolonialdienstes und wegen unserer Beziehungen zu
Nordamerika, wünschenswert — die Dampfschiffahrt mit der übrigen
Marine und Landesvertheidigung verbindend — die Außlagen für Heer
und Marine zu vergrößern, Sir R. Peel dann diesen Vorschlag unterstüzen und alles was in seiner Macht steht, aufbieten wird, um zu zeigen,
daß es nicht auß feindlichem Gefühle gegen Frankreich geschehe.“ Indem der Premier ferner zugab, die Partei, welche ihn bisher mit ihrem
Beistand beehrt, sei berechtigt, ihm jezt ihr Vertrauen vorzuenthalten,
(Zuruf der Protekzionisten), fügte er bei: „Aber ist es wahrscheinlich,
daß ich diese mir so werte Unterstüzung aufopferte, ohne von den stärksten Beweggründen öffentlicher Pflicht dazu vermocht zu sein? Was
auch die persönlichen Folgen für mich sein mögen, meine Partei kann
mir die Ueberzeugung nicht rauben, daß der Rath, welchen ich während
jener Unterhandlungen der Königin gegeben, mit aller Pflicht, die ich
meiner Partei schulde, verträglich war.“ Von jeher habe das Parlament jedesmal, wenn dem Lande Nahrungsmangel drohte, für einige
Zeit die Kornzölle aufgehoben. Eine solche Nothwendigkeit liege jezt
wiederum vor, und er sei stolz darauf, die Suspension der Korngeseze
schon im November 1845 im Kabinetsrath vorgeschlagen zu haben.
So möge das Haus den Gedanken ins Auge fassen und sich fragen,
was die Folge sein würde? Er habe die starke Ueberzeugung, daß nach
halbjähriger Aufhebung der Korngeseze die Wiedergeltendmachung derselben ganz unthunlich und keiner Regierung möglich sein würde. Peel
fertigte dann mit Laune die verschiedenen Redner ab, welche an den vor-

hergehenden Abenden gegen ihn selbst allerlei Pfeile abgeschossen hatten, besonders Hrn. Scott, der ihn (den Premier) den Rechtsrath einer Partei genannt, sich selbst aber, schein' es, das Privilegium vorbehalten habe, welches einst der berühmte Anacharsis Clootz für sich in Anspruch genommen, nämlich der Generalfiscal für das ganze Menschengeschlecht zu sein. Den Minister unterscheide wesentlich von einem Privat-Rechtsrath der Eid, den er ablege, daß er in allen Fragen, die im Kabinetsrath zur Sprache kommen, seine Ansicht nach Pflicht und Gewissen frei und ohne Rückhalt außsprechen werde. Die Haubtfrage indessen bleibe: ob die vorliegende Maßregel eine richtige ist, ob sie dem Lande segensreich zu werden verspricht. Wo dies, solle man sie annehmen, wo nicht, zurückweisen. Keine der frühern Zollerleichterungen habe die dagegen erhobenen Besorgnisse bekräftigt. So seien die Preise von Vieh und Fleisch nicht gesunken, sondern gestiegen; die gänzliche Aufhebung der Zölle auf Flachs im Jahr 1842 habe den Flachsbau in Irland dadurch emporgebracht, daß die Linneninduftrie sich zu einer Blüte gehoben, welche selbst ihre glühendsten Freunde nicht zu hoffen gewagt hätten; noch vor zehn Jahren seien drei Viertel der Linnenbatiste auß Frankreich, nur ein Viertel auß Irland eingeführt worden, jezt finde das umgekehrte Verhältnis statt, und Irland habe seine Linnenaußfuhren seit vier Jahren mehr als verdoppelt. Die vorgeschlagenen Maßregeln würden den Interessen Aller dienen, besonders aber denen der Landwirtschaft. In Betreff der Kornzölle sei die Regierung gesonnen, bei ihrem Vorschlage zu beharren, denn sie ziehe ihn der plözlichen Abschaffung vor, weil er dem Ackerbau Zeit gewähre, sich durch Verbesserungen auf den freien Mitbewerb vorzubereiten, die Verhältnisse zwischen Grundbesizern und Pächtern zu regeln und besonders die besten Mittel zu dauernder Verbesserung des Bodens aufzusuchen; doch werde sie sich wider die augenblickliche Abschaffung der Kornzölle nicht gerade feindlich stemmen und auch die so amendirte Bill in Vollzug sezen. Er könne zwar nicht sagen, wie die Kornpreise unter der Herschaft des neuen Gesezes stehn würden, doch müsse er einem allgemeinverbreiteten Irrthume entgegentreten, der darin besteht, daß man sich die Interessen der Agrikultur durchaus aufs innigste an die Kornpreise geknüpft denke; vielmehr hange am meisten von dem vortheilhaften Betrieb der Landwirtschaft ab. Hr. O'Brien habe gesagt, nach Annahme der Maßregeln werde der Pächter zum Grundherrn gehn und sprechen: „Ich kann euch meine Rente nicht mehr zahlen; die irdischen Reste meiner Väter ruhen auf dem Kirchhofe dieses alten Dorfes — ich muß die Heimat meiner Voreltern verlassen und im fremden Lande mein Außkommen suchen." Die Kammer sei davon höchlich gerührt worden. Nun, er schlage dem ehrenwerten Mitgliede vor, seinem Pächter Folgendes antworten zu lassen: „Mein guter Freund," (Lachen auf allen Bänken) „es ist sehr wahr, daß eure Voreltern in eurem Dorfe ruhen, und eure und meine Väter in innigen Beziehungen gestanden waren, allein die Interessen der Handelsfreiheit sind mächtiger als diese Erinnerungen. Auch ist es richtig, daß euer Bodenstück nur die Hälfte dessen hervorbringt, was es hervorbringen könnte; mit Hülfe aber eines mäßigen Kapitals und der Industrie kann dies anders werden. Also da eure Väter hier begraben liegen, so lasse ich euch auf dem Pachthofe, doch unter der Bedingung, daß wir im gemeinsamen Interesse die Erzeugung verdoppeln. Hört, ich habe für euch Geld und Wissenschaft, ich unterstüze euch in der Erziehung eurer Kinder, und ihr steigert Fleiß und Thätigkeit." Und wenn der Pächter antwortete: „Ja, aber dazu sind mehr Taglöhner erforderlich;" so könnte der Eigenthümer beifügen: „Um so besser, dann zieht Jedermann Vortheil darauß — der Boden verbessert sich, die Einkünfte wachsen, und eine größere Zahl Arbeiter findet ihr Außkommen." Peel wiederholte, daß es sich nicht bloß um eine Korngesezfrage handle, sondern um eine große Nazional- und Handelsfrage, und daß er als solche, als ein Ganzes, seinen Plan erwogen wünsche. Die Frage ist: sollen wir in Freimachung unsers Handels durch Beseitigung von Schuzzöllen fortschreiten, oder sollen wir stillstehn? Nun, eine dreijährige Erfahrung zeige, daß in allen Fällen die Wegräumung von Prohibitivzöllen nicht nur dem Verzehrer, sondern auch dem Erzeuger zu Gute gekommen, sie zeige neben einer großen Entwickelung des Handels, neben wohlfeilen Preisen und Ueberfluß an Lebensmitteln, erhöhte Wohlfahrt, Verminderung der gesellschaftlichen Uebel und der Verbrechen, Verbesserung der öffentlichen Gesundheit. Man möge ihm eine einzige Milderung der hohen Tariffäze nachweisen, die nicht zum Wohlsein der Massen, ja selbst zu dem des Erzeugers beigetragen? Er schäme sich eine Bittschrift seitens der Rheder gegen die Herabsezung des Differenzolls auf Bauholz zu Gunsten Canada's von 25 auf 15 Sh. vorzulesen. Im Jahre

1842 sei der Zoll von Canadaholz auf Null, der Differenzzoll von 45 auf 25 Sh. zurückgeführt worden. Nun, das Ergebnis sei gewesen, daß zu Liverpool die mittlere Tonnenzahl des Verkehrs mit dem britischen Nordamerika von 153,000 T. in den eilf Jahren vorher auf 194,000 T. während der drei Jahre nachher gestiegen sei, daß daselbst im Mittel der sieben vorhergehenden Jahre 5,749,000 Last Nadelholz, 1844 aber 6,211,000 und 1845 sogar 6,827,000 Last eingeführt worden seien. *) Dieser Vermehrung der Einfuhr canadischen Holzes liege dieselbe Ursache zu Grunde, welche den Preis der einheimischen Wolle in Folge der vermehrten Einfuhr fremder Wolle erhöht hat: die erleichterte Anschaffung des baltischen Holzes habe dem ganzen Zweige einen höhern Aufschwung gegeben und unmittelbar eine größere Nachfrage nach Canada-Holz veranlaßt. Peel bräuchte kaum erst nachzuweisen, daß er weder das Interesse des Schazes, noch das der Kolonien vernachlässigte, indem er etwa sich in Vorschlägen zur Milderung der Differenzzölle für die Kolonialerzeugnisse, Zucker, Kaffee ꝛc. überstürzt hätte; die ganze schüzende Schiffahrtsgesezgebung blieb ohnehin unberührt. Sodann zeigte Peel in schlagenden Beispielen, wie unbegründet sich stäts die Besorgnisse der Beschüzten bei Milderung übertriebener Zölle erwiesen hätten. Als z. B. Huskisson die Zölle auf Seidenwaren vermindert, habe selbst Hr. Baring das Verderben dieses noch zarten Industriezweiges vorhergesagt. Und was sei die Folge gewesen? In den zehen Jahren von 1823, der Prohibizionsperiode, sind durchschnittlich 19,400,000 Pfd. roher Seide eingeführt worden, in den darauf folgenden zehen Jahren aber 39,680,000 Pfd., in den weitern zehen Jahren sogar 52,000,000 Pfd.; in Folge der Zollminderung von 1842 aber sind im Jahre 1844 doch 64 Mill. Pfd. roher Seide eingegangen! Wer denn der rechte Filanthrop gewesen, Huskisson oder seine Gegner? Nun, er habe Spitalfields unter dem Restriktivsystem in Hungersnoth verkümmern gesehen, und jezt blühe es in der frischen Luft des Mitbewerbs. Jezt führe England selbst nach Frankreich mehr Seidenwaren

---

*) Peel bemerkte auch, daß von dem guten, zum Bau der Schiffe erster Klasse nöthigen Holze auß der Ostsee in Liverpool, einem der gröſten Hafen der Welt, nicht der geringste Vorrath vorhanden sei. Er schlage daher eine Erleichterung für die Einfuhr baltischen Holzes vor, damit man gute Schiffe bauen könne, die wenigstens 12 Jahre dauern.

auß, als früher unter dem hohen Schuzzoll je nach allen Ländern.
Welche Handelspolitik einem großen fest in sich ruhenden Handelsstaate
wie England am besten zusagen müsse? Ob es nicht vortheilhafter sei,
den gesezlichen Handel zu stüzen, als den unerlaubten zu ermuntern,
ob man den Manufakturen nicht den stärksten Antrieb geben könne durch
das Leben des freien Mitbewerbs? „Betrachtet," rief er mit Wahrheit
„die sittlichen, gesellschaftlichen, fysischen und geografischen Vortheile,
welche Gott und Natur unserm Vaterlande verliehen haben. An den
Gränzen Westeuropa's bildet es den Ring, der Nordeuropa mit dem
großen Festland Amerika's verbindet; die Fortschritte der Schiffahrt
und der Wissenschaft haben uns auf wenige Tage St. Petersburg, auf
zehen Tage Neu-York genähert. Welche Vortheile bietet unser Boden
mit seinem Ueberfluß an Eisen und Kohlen, dem Fleisch und Nerf eurer
Industrie? Betrachtet auch unsere dazu erworbenen Vortheile — unsern
Vermögensstock, zehenmal größer als das Kapital jeder andern europäischen Nazion, unsere Geschicklichkeit in Künsten, Gewerben und jeder
Hanthirung, die Vortheile, welche uns die Energie des Nazionalka-
rakters, unsere freie Presse, unsere unnachahmliche Verfassung geben,
welche volle Freiheit mit Außschluß aller Willkür vereint, und dann
urtheilt, ob England das Land ist, welches Mitbewerb auf den Märkten,
zumal auf seinen eigenen Märkten zu fürchten hat? (Zuruf.) Was
haben wir nun zu fürchten? Soll unser Wahlspruch heißen Vorschritt,
oder Rückschritt? Andere Länder beobachten mit gespanntem Auge das
von uns zu gebende Beispiel." „Wir haben keinen Grund zu besorgen,
fuhr der Redner fort, „daß man uns überall mit feindseligen Tarifen
entgegentreten werde. Sardinien hat einen freisinnigen Tarif angenommen, Neapel folgt ihm. Preußen ist bereits zum Schwanken gebracht,
die Erfüllung seines alten Wunsches der freien Korn- und Vieheinfuhr
wird seinen Widerstand gegen Erhöhung des Tarifs schärfen, vielleicht
die Verlängerung des Vertrags von 1842 bewirken." (Peel soll bei
diesen Worten selbst ironisch gelächelt haben.) „In Frankreich beginnen
die bedeutendsten Kräfte auf eine willige Regierung einzuwirken, welche
Englands Beispiel zu folgen, wechselseitige Handelsvortheile mit uns
zu tauschen wünscht. In den Vereinigten Staaten wächst der Einfluß
der Partei, die einen Einkommentarif anstrebt, und ich habe allen
Grund, zu glauben, daß die Freistaaten sich mit uns für das System
der Handelsfreiheit verbinden werden. (Zuruf.) Doch selbst, wenn

7 *

diese Hoffnungen nicht erfüllt werden*), so rathe ich dem Hause, sich dadurch nicht selbst zu strafen, daß es Rache an andern sucht. Euch liegt jezt die Entscheidung ob, welches die Grundsäze der allgemeinen Handelspolitik sein werden. (Wiederholter Zuruf.) Ich beschwöre euch, laßt diese ruhmreiche Gelegenheit nicht vorbeigehn, euch den Dank der ganzen Welt zuzuziehen. Das ist mein, nicht bloß auf die Erfahrung der lezten drei Jahre, sondern auf alle handelspolitische Erfahrung gegründeter ernstlicher Rath an alle Gentlemen Englands: Gehn wir auf der von uns betretenen Bahn vorwärts! Durch Annahme der vorgeschlagenen Maßregel gewinnen wir eine neue Bürgschaft für die Zufriedenheit, Liebe und den Gehorsam des Volkes. Freilich haben wir keine Gewißheit, daß die Blüte der Manufakturen für immer gesichert sei, es scheint leider, daß den Epochen des Aufschwungs stäts andere der Beklemmung und des Rückgangs folgen müssen; so unglückliche Zeiten wie die Jahre 1841 und 1842 können rückkehren. Aber sollte eine neue unheilvolle Zeit hereinbrechen, wo wir das Volk ermahnen müssen, sein Schicksal mit Seelenstärke zu tragen, wird es uns da nicht ein Trost sein, zu denken, daß wir in einer von Nothgeschrei und Aufregung noch freien Zeit der Schwierigkeit, die Brodzufuhr zu regeln, zuvorgekommen und jedes Hindernis eines freien Handelsverkehrs weggeräumt haben? Wird es uns nicht ein Trost sein, wenn des Himmels strafende Gerechtigkeit uns heimsucht in einer Absicht, die nur Gott

---

*) Das ist für die nächste Zeit sehr wahrscheinlich. Hr. Disraeli hielt entgegen: in Nordamerika sei, seit Anregung des freien Handels in England, ein kriegslustiger Geist in die Manufakturisten gefahren, in der Ueberzeugung, sich nur durch einen Krieg gegen die englische Mitbewerbung schüzen zu können; in Frankreich sei kein einziges Interesse vorhanden, welches nicht für eine sehr beschränkende Handelspolitik wäre. Hier stünden England zwei Parteien gleich sehr entgegen: die Aristokratie der Fabrikindustrie und die Partei, welche sich durch die Volksleidenschaften rekrutirt. Nachdem Frankreich alles erlangt, was es wünschen konnte, warum es sich noch in Unterhandlungen einlassen sollte? Auch fragte Disraeli: ob der Zustand der Landwirtschaft auf Frankreichs fruchtbarem Boden, wo es keine Majoratsgeseze, keine erbliche Pairie und keine Jagdgeseze mehr gebe, besser als in England sei? Durchschnittlich sei das Volk in England glücklicher gestellt als in jedem andern Lande. In England müsse das Interesse des Grundbesizes überwiegen, weil die Verfassung eine territoriale sei, weil die Einkünfte der Kirche ebenso wohl auf das Grundeigenthum gestüzt seien, wie die Rechtspflege und die Unterhaltung der Armee. In dieser Territorialverfassung des Landes hätten die Altvordern die einzige Sicherheit erkannt gegen jenes zentralisirte Regierungssystem, das in andern Ländern Wurzel gefaßt.

kennt, vielleicht um unfern Stolz zu beugen, uns unfere Nichtigkeit zu zeigen und ein tieferes Gefühl von feiner Allmacht wieder in uns zu erwecken, dann zu denken, daß die von der Allweisheit des Schepfers uns zugemeffenen Uebel nicht erschwert worden sind durch unfern eigenen Starrsinn oder durch die Fehler unfrer Einrichtungen, welche die Lebensmittel zurückstießen, die ein mit den Qualen der Noth und des Hungers ringendes Volk forderte?"

Die erste Hauptdebatte über die Abschaffung der Korngefeze schleppte sich fast drei Wochen lang durch zwölf Nächte hin. Die schärfsten Widerfacher waren keineswegs die eigentlichen Protekzionisten, die um Zeit zu gewinnen, Schwierigkeiten zu bereiten suchten. Tiefere Geister fühlten, daß es sich im Grunde weniger um die Korngefeze handelte, als um die allmähliche Uebertragung der Macht von einer Klaffe mit auf die andere — „auf eine Klaffe, die durch Intelligenz und Vermögen zwar ausgezeichnet ist, die Fabrikanten, aber die der Nazion doch nur ein anderes und vielleicht härteres Joch bereiten würde." Wenn dies das große Werk, die politische Verjüngung unferes erleuchteten Jahrhunderts fein solle, meinte Hr. Disraeli, so werde er eine Aenderung auf festen und breiten Grundlagen vorziehen, die wenigstens von dem gesellschaftlichen Unglück der Klaffeninteressen befreie. Solle eine Kaste von Kapitalisten und Baumwollspinnern, die sich weniger ihrer Intelligenz als ihres Mammons berühme, die junge Kraft fein, die es übernehme, die gemäßigte weltgeschichtliche britische Monarchie fortan zu tragen, so erkläre er, daß diefem neumonarchischen Element er eine aufgeklärte und freie Demokratie vorziehen würde. Die radikalen Mitglieder sprachen dagegen entschieden für Peels Plan. Ja, der Parlamentsmann der Chartisten, Duncombe, nahm in feiner belebenden Rede, welche die bloß negative Protekzionisten=Oppozizion bei fo ernster Krisis in ihrer ganzen Hohlheit zeigte, mit Wärme Peel gegen alle Vorwürfe der Untreue an feiner Partei in Schuz. Er folle Verrath begangen haben? An wem? Am Torysmus? Das fei nur der Beweis, daß der Minister die Interessen einer großen Nazion denen einer armseligen Partei vorziehe. Verrath hätte der Minister nur am Lande begangen, wenn er gegenwärtig in feiner Politik geschwankt hätte. Die jammervollen Ereignisse im Winter von 1842 wären unterblieben, man hätte die Garden und die Artillerie in den Fabrikbezirken nicht gebraucht, wäre das jezige Gefez schon vier Jahre früher vorge=

schlagen. Wer will es sagen, wie viel Elend und Leiden erspart, wie viel Verbrechen verhindert worden wären! Doch das loyale, friedliche, ehrenhafte, verzeihende Volk habe die damals begangenen Irrthümer vergessen und vergeben, und damit es auf jene vergangenen Tage zurückzuschauen nicht veranlaßt werde, seien alle, die ihre Size im Hause nicht dem Belieben von Peers verdanken und nicht nach deren Laune abgesezt werden können, sondern durch die freie Wahl des Volkes dahin gesandt worden, verpflichtet, Peels Maßregel kräftig und nicht bloß in lauwarmer oder eifersüchtelnder Weise zu unterstüzen. — Die Ligamänner, obschon mit ihren Erörterungen und Gründen haubtsächlich auf dem nazionalökonomischen Gebiete verweilend, sprachen ihrerseits mit stolzer Siegesgewißheit. Hr. B right wies umständlich nach, daß der Schuz und das ganze bisherige System gerade die Lebenskräfte des Ackerbaues fast erschepft und es dahin gebracht haben, daß den eigentlichen Bodenarbeitern nur der allerkleinste Theil des Reinertrags von Grund und Boden zufällt. Nachdem in den zwölf Sizungen 47 Mitglieder gegen und 55 für die Kornschuzzölle gesprochen hatten, beschloß bezeichnender Weise das vom Krankenlager eben wiederaufgestandene Haubt der Liga, Cobden, die wichtige Verhandlung mit einer glänzenden Rede. Nicht die Wiedereinführung freien Kornhandels, sagte er, sei eine Neuerung, sondern die Auflegung von Kornzöllen sei eine gewesen, indem sie an die Stelle eines fünfhundertjährigen freien Handels jene Steuer auf den Stab des Lebens gesezt. Je mehr Schmach und Haß die Protekzionisten auf die Minister zu häufen gesucht, desto mehr sympathisire Englands Volk mit denselben, sie hätten auß ihnen die volksbeliebtesten Männer des Landes gemacht, und wollte Sir R. Peel jezt die Fabrikbezirke besuchen, so würde seine Reise durch dieselben ein fortdauernder Triumfzug sein. Seit Vorlegung der Regierungsmaßregel werde Land zu höhern Preisen als je verkauft und verpachtet. Für Landbesiz haben die Gemüther des Menschengeschlechts, und besonders der Engländer, eine angeborne Vorliebe, und es sei Unsinn, zu vermuthen, der Wert des Landes werde fallen, während ein Prozeß vor sich geht, der Vermehrung der Käufer von Landerzeugnissen zur unaußbleiblichen Folge haben und auch die Anzahl der Schultern, welche die Landeslasten zu tragen, vergrößern werde. Der alte „S a c h s e n b r a u c h,‟ die Volksmeinung durch Berufung von Volksversammlungen zu erholen, sei für und wider die Schuzfrage geübt worden, den Protekzionisten sei der freieste Spielraum gelassen, ja ihnen erlaubt worden, was man dem Monarchen selbst versagen würde, auß dem Schoße des Unterhauses die von ihnen abhängigen Mitglieder zu verstoßen, welche ihnen nicht angestanden. Nun möge das Parlament denn erklären, wie das Volk sich entschieden, ob die Korngeseze und das Monopol für immer zu bestehn aufhören sollen. „Wir haben der Welt das Beispiel der freien Presse, der Repräsentativregierung, der bürgerlichen und religiösen Freiheit gegeben, und nun werden wir ihr das noch rühmlichere Beispiel einer Befreiung der Industrie geben, indem wir derselben die Vortheile aller Himmelsstriche verleihen und unsere Bevölkerung in den Stand sezen, auf dem billigsten Markte einzukaufen und auf dem theuersten zu verkaufen."

In der Sizung vom 27. Februar 1846 um 3 Uhr Morgens schritt man zur ersten, fürs Unterhaus entscheidenden Abstimmung. Sie ergab eine Mehrheit von 97 Stimmen (339 gegen 242) zu Gunsten des Ministeriums, welcher der Umstand noch mehr Gewicht lieh, daß sämtliche 18 Unterhausmitglieder, die die Haubtstadt und dazu gehörige Flecken vertreten, sowie die Vertreter von Edinburg, Dublin, Manchester, Leeds, Birmingham, Liverpool, kurz, von jedem Ort über 20,000 Einwohner für den freien Handel gestimmt haben, auf der entgegengesezten Seite aber die Mitglieder für Ripon, Stamford, Woodstock, Marlborough und andere verrottete Pläze stunden, die nur durch Vergünstigung ihre Size haben. Von den 281 Liberalen, die das Unterhaus im Ganzen zählt, haben 227 (worunter bis auf O'Brien die 60 irischen Repealmitglieder) für Peels Antrag gestimmt, 11 abgepaart, 30 gefehlt (der Sprecher stimmt nicht mit) und nur 11 gegen ihn gestimmt; von den 375 Mitgliedern der bisherigen sehr kompakten Torypartei haben 112 (wovon 27 Staatsbeamte) für und 231 gegen Peel gestimmt, 13 haben abgepaart, 15 waren abwesend, 4 Size erledigt. Also befanden sich in der ganzen ministeriellen Mehrheit von 339 Stimmen nur 112 Tories oder Mitglieder der ursprünglichen ministeriellen Partei, in der Opposzion dagegen nur 11 Whigs und 231 Tories. Die leztern werden sobald nicht den entscheidenden Stoß vergessen, den Peel gegen das Monopol geführt hat, wenn ihr hartnäckiges fakzioses Widerstreben auch nur den Todeskampf desselben verlängern kann, der traurig und unerquicklich anzuschauen. Aber wenn es ihrem blinden Eifer und ihrem Groll auch gelingen sollte, Peel zum Rücktritt zu

zwingen, indem die Whigs, in einer und der andern Frage zwar mit
ihm stimmend, doch auf ihr ganzes politisches System nicht verzichten
wollen; so wird es ihnen selbst doch keinen Bortheil tragen und der
Rücktritt ihres ehemaligen Haubtes wird seinen Namen nur vergrößern
und seinen Ruhm erhöhen. Denn die Annalen der modernen Völker
zeigen uns nichts so Edles und Schönes als Männer, welche, wie die
Whighäubter und die Peel-Getreuen, ihre Parteiinteressen dem Gemeinwohl opfern — als einen Minister, der mit wahrer Hoheit im Namen
der großen Prinzipien nicht mehr zu einer Partei, sondern zu dem ganzen Volke spricht — als diese Festigkeit, womit er umfassende Reformen
zum Heile des Landes durchführt, um den Preis selbst der Auflösung
seiner eigenen Partei und der Verzichtleistung auf die sonst immer so
beneidete Gewalt. Doch wer weiß, ob Sir Robert Peel, nachdem die
Hälfte der Tories ihn aufgegeben, nicht mächtiger dasteht als je vorher.
Von nun an kann es nur die Nazion selber sein, welche seine Partei
bilden wird, und das ist die beständigste und unbesiegbarste.

Die Protekzionisten haben durch ihr zwecklos rabbulistisches klein-
liches Verhalten gegen Peels Vorschläge in einer kritischen Zeit dem
Ansehen ihrer Partei, der Landaristokratie, außnehmend geschadet, ja
ihm vielleicht eine unheilbare Wunde beigebracht. Sie haben die öffentliche Meinung gegen sich empört und die Geduld des englischen Volks
wie der ganzen Welt erschöpft. Die Erfahrungen Englands, wie sie
in den Bewegungen der Kornfrage zu Tage getreten sind, haben sogar
unsers Moriz Arndt, dieses nur der tiefsten Ueberzeugung sich beu-
genden Karakters, frühere Ansichten in Bezug auf Adelsmajorate geändert.*) Selbst als die eigentliche offene Schlacht im Unterhause
verloren war, suchten die Protekzionisten den Staatswagen monatelang
am Berge zu halten, was auf den Gang der Regirung und alle Geschäfte des Landes die nachtheiligsten Wirkungen äußerte. Ihr neuer

---

*) Zwar bleibt er dabei, daß eine Monarchie mehr auf Aristokratie als auf De-
mokratie gegründet und befestigt gedacht werden müsse, aber er findet auch, daß die
Demokratie, das Kind der „umrollenden Gedanken und Gewerbe," die eben wesentlich nur in den Städten ihren Umlauf hälten und ihre Belebung bekommen, überall
weit entfernt sei, in unserm Deutschland das Uebergewicht zu haben, und er erklärt sich
gegen Adelsmajorate und jede unnöthige Adelsvermehrung ebenso sehr wie gegen außschließliche Provinzialstände, als welche einen großen Staat wie Preußen, der im eigenen Interesse wie dem Deutschlands vor allem der gedrungenen Kraft bedarf, nur
schwächen könne.

faktiofer Führer im Unterhaufe, Lord Georg Bentinck, der früher bei
Wettrennen eine Haubtrolle gespielt, verschwor sich förmlich mit dem
leidenschaftlichen Repealer Smith O'Brien, den eine Zwangsbill gegen
das von Hunger und schmählicher Entlaßung von Pächtern durch einige
Grundherrn aufgeregte Irland heftig empörte, um mit zusammenge-
steckten Köpfen stehen zu bleiben, damit hinter ihnen und den beiden
unerledigten Bills die Staatskutsche halten müße. Dies ist von dem
Jren eine Untreue an dem Prinzipe des neuern Kampfes in Irland, das
nämlich jezt, unter Leitung O'Connells, der diese Bahn eingeschlagen,
allein auf dem Wege gesezlicher Reform, nicht mehr der Gewalt,
seine Befreiung erstrebt. O'Connell hatte durch seine gesezlichen Bestrebnisse zuerst eine Brücke geschlagen zwischen den, für Fortschritt ernst
strebenden Männern Englands und Irlands: als die Engländer Hülfs-
genoßen zur Durchsezung der Reformbill brauchten, da durfte O'Connell die Schlacht beginnen, und er gewann Emanzipazion der Katholiken. Sein ungestümer Nebenbuhler O'Brien gibt diese heilsame re-
formirende Stellung wieder auf, indem er sich mit den Protekzionisten
gegen die freisinnigen Reformen der Regierung verbündet, um einer un-
angenehmen Maßregel zu entgehn. Da gähnt ein Abgrund sowol für
das toriistische Jung = England wie für das Repealschnaubende demokratische Jung = Irland, deren Verbindung der von Feuer und Oel
gleicht.

Endlich in der Unterhaussizung vom 15. Mai, d. h. am 16.
Morgens 4 Uhr erfolgte nach zwölfstündiger Debatte die dritte Lesung
der Kornreformbill, und zwar durch 329 (223 Whigs und 106 Konservative oder „Peeliten") gegen 231 Stimmen (222 Konservative
und 9 Whigs); ministerielle Mehrheit 98. Es geschah unter dem
Beifallrufe der gesamten politischen Intelligenz unter den britischen Gemeinen. Die lezte Anstrengung der Protekzionisten im Unterhause war
ein bißischer Außfall Disraeli's auf Peel, die lezte Erklärung des Premier eine stolze Berufung an den Patriotismus und die Reinheit seiner
Verwaltung. So lange Englands Verfaßung dauert, wird man sich
dieses Tags erinnern und dieser Abstimmung gedenken, als des schönsten, des unblutigen und sündenlosen Siegs, der Victoria's Regierungs-
zeit ziert, und als des Wendepunktes für den Beginn eines neuen heilsamen Systems. Zwar war das gefährliche Stadium für die Kornbill
erst ihr Eingang ins Haus der Peers, denn dort ist die Landeb Gentry

mit allem ihren Fanatismus für die Erhaltung der selbstsüchtigen Prohibizion vertreten. Möglich, daß die Bill im Hause der Lords einen
schweren Stoß erleide, oder dahin amendirt werde, entweder einen niedri-
gen Getraidezoll zu fixiren, oder Peels dreijährigen Zwischenzoll dauer-
haft zu machen, kurz, daß der Sturz des Peel'schen Ministeriums der
Annahme der Bill vorausgeht. Aber welche Krise auch folgen mag,
die Bill selbst ist nicht in Gefahr, ihr endliches Schicksal durch die Abstimmung des Unterhauses entschieden, und der unverwelkliche Ruhm
davon gebührt vor allen Dingen Cobden, Villiers, Russell und Peel, als
welcher den hohen moralischen Muth besaß, persönliche Bande, Parteimacht und die Lieblingspolitik einer langen Laufbahn aufzuopfern, weil
er den Segen erkannte, der für die Nazion auß der Befreiung des Korns
von Abgaben ersprießen würde.

Den Protekzionisten ward die lezte moralische Stüze ihres Widerstandes geraubt durch die unerwartete, im Ganzen günstige Aufnahme
der Regierungsvorschläge in Canada. Denn die Abschaffung der Kornzölle ist merkwürdig, auch als der erste Riß in das alte Kolonialsystem.
Peel muste von ihren Vortheilen und ihrer Billigkeit aufs tiefste durchdrungen sein, um von dem allgemeinen System der Kolonialbevorzu-
gung, das er gerade bisher festgehalten, ja verschärft hatte, hinsichtlich
des Getraides abzugehn. Er konnte solches jedoch, ohne sich einer Inkonsequenz schuldig zu machen, da er im Grunde nur das Manufakturinteresse über das Kolonialinteresse stellte, wie's ja auch bezüglich der
Rohstoffe geschieht, und da Canada noch immer die Differenzzölle zu
Gunsten seines Holzes verbleiben. Die Sache war so. Seitdem man
anfieng die Wirkung der Schuzsysteme auf den beiden Kontinenten mit
besorgtem Auge zu verfolgen, schlug die Ansicht Wurzel, die Kolonien
müsten gehoben werden, um einen Ersaz für die fremden Märkte zu finden; zugleich kamen großartige Kolonisirungspläne zum Vorschein.
Die Whigs wollten mit ihrem, 1841 durchgefallenen Plan in Bezug
auf Korn und Zucker, von dieser außschließlichen Kolonialrichtung abgehn, während Peel dieselbe in seinem Tarife von 1842 noch strenger
durchführte und 1843 sogar canadisches Korn zu einem Nominalzoll
von 1 Sh. hereinließ. Diese Kornbills waren nicht wegen Wandelskala so ungünstig für die Getraidezufuhr von unserm Festlande, sondern
weil sie dem Kolonialgetraide, und selbst dem amerikanischen, eine Hin-
terthüre zur fast zollfreien Einfuhr geöffnet hatten. Canada sollte, um

es noch enger an das englische Interesse zu knüpfen, zum Haubtsitze des ganzen nordamerikanischen Kornhandels gemacht werden, indem Getraide auß den Vereinigten Staaten zu dem Zoll von 3 Sh. eingeführt werden konnte und, dort gemahlen, als canadisches Mehl frei nach England gieng. Betrachtliche Summen floßen von England dahin, zur Errichtung von Mühlen an den canadischen Seen. Doch dies genügte noch nicht, es musten auch Kanäle und Eisenbahnen zur Verbindung des innern Landes mit den Häfen angelegt werden, damit die Häfen der Amerikaner, die in solchen Anlagen weit vorauß sind, nicht die wohlfeilere Verbindung mit Europa darboten. Diese Außsichten verschwanden zum Theil mit der Ankündung der Absicht des Ministeriums, die Kornzölle abzuschaffen. Dagegen konnte die Regierung — und viele canadische Blätter und öffentliche Versammlungen sprachen sich in ihrem Sinne auß — auf die Vortheile, welche auch für Canada auß freiem Verkehr erwachsen müsten, hinweisen.*) Nach der Meinung angesehener Beamten in Canada dürfte indessen, wenn die Märkte der Vereinigten Staaten an die Stelle der Märkte des Mutterlandes treten, diese Veränderung viele andere nach sich ziehen; die Interessen und Ansichten, ja die politischen Einrichtungen werden sich allmählich nach denen des Volkes gestalten, mit welchem der Haubthandelsverkehr besteht. Nur wenn der direkte Handel Canada's mit England auf alle Weise, besonders durch Eisenbahnen, gefördert wird, ist das Stichhalten der politischen Verbindung dieser Kolonie mit dem Mutterlande zu hoffen; geschieht es nicht, läßt man die Amerikaner ihre Kanäle und Eisenbahnen zwischen den Seen und dem Atlantischen Meere ruhig vervollkommnen, so wird wahrscheinlich der Handel von Ober- und Untercanada über das Gebiet der Freistaaten gezogen, und dann dürfte in die Länge eine Verschmelzung der Ansichten, Interessen und Bestrebun-

---

*) Das canadische Parlament, in welchem die Kolonialregierung sonst die Mehrheit hat, soll sich mit einer Mehrheit von 7 Stimmen gegen die Abschaffung des Zolls von 3 Sh. vom Quarter Weizen, den man drei Jahre früher auf Antrag der Regierung auf außwärtigen Weizen gelegt, erklärt haben, und Lord Bentinck brohte schon mit dem unaußbleiblichen Verluste Canada's. Allein jener Beschluß kann sich nur auf die nächsten Jahre beziehen, so lange der Zwischentarif in England besteht, da selbst die Provinzialversammlung der Mehrheit nach sich günstig für die Regierungsmaßregeln außgesprochen haben soll, in der Ueberzeugung, der freie Verkehr mit der ganzen Welt müße den Kolonien, wie dem Mutterlande, besonders bei energischer Benützung des Vortheils ihres reichen Bodens, vom größten Vortheil sein.

gen unvermeidlich sein. Demnach scheint England mit Aufhebung der Korngeseze zugleich den Vereinigten Staaten ein hochwichtiges Interesse zu opfern, welches seinen frühern Opfern in Betreff des Durchsuchungsrechts, der Abtretung eines bedeutenden Gebietstheils an der Nordostgrenze und der Einverleibung von Tejas — alles zu Gunsten des Friedens — gleichsam die Krone aufsezt.

Der Schlüßel zur Erklärung dieses Verhaltens liegt darin, daß England die Gefahr fühlt, die ihm auß dem, wenn auch vorübergehenden, Verluste des amerikanischen Marktes erwachsen müste, und die es daher um jeden Preis, der sich mit seiner Ehre verträgt, zu entfernen sucht. Es sieht in der Zufuhr von Millionen Quarter Weizen und Mais ein neues kräftiges Mittel, die Republik an sich zu ziehen und zugleich die eigene Fabrikatenaußfuhr außzudehnen. In dieser Hinsicht denken gegenwärtig die leitenden englischen Staatsmänner fast aller Farben so ziemlich gleich. Noch gegen Ende 1845 erklärte Lord John Russell: er halte nicht viel von den jezt schwebenden Streitfragen mit den Vereinigten Staaten und sehe darin keinen Kriegsgrund; wenn England die Erzeugnisse der Vereinigten Staaten und diese die englischen Fabrikate einführen wollten — „wenn sie uns nähren, und wir sie kleiden" — wenn keine schnöde Gesezgebung sich der Erreichung dieses wünschenswerten Doppelzieles in den Weg stellte: dann würden zwei Nazionen gleicher Sprache und gleiches Bluts einig dastehn, vereint durch Bande des Friedens und der Freundschaft — Brudervölker, die sich gegenseitig lieben und achten, indem die Amerikaner die Freiheit der konstituzionell-monarchischen Regierung Englands bewunderten, und die Briten nicht weniger ihre republikanischen Einrichtungen schäzten. Kurz, vor dem Gewichte der englischen Interessen in Amerika, verschwindet so zu sagen jede andere Erwägung, selbst die Besorgnis im Bedarf der Lebensmittel und Rohstoffe von einem fremden Lande abhängig zu werden, von welchem Gesichtspunkte auß sich sonst, wo nicht die Kornzölle, wol aber der Differenzschuz für die Kolonien vielleicht vertheidigen ließe. England sieht im Einverständnisse mit den Vereinigten Staaten die Möglichkeit einer ungeheuern Marktzunahme, ja die um so größer zu werden verspricht, je weiter sich die Union außdehnt und geordnete Verhältnisse begründet. So hat die innere Nothwendigkeit Englands, zu seinem Bestehn die umfaßendsten außwärtigen

Märkte zu besitzen, wesentlichen Einfluß auf die ganze englische Friedens = und Kriegspolitik.

Dies ist die amerikanische Seite der Abschaffung der Kornzölle.
Die europäische besteht lediglich in Verwohlfeilung der eiländischen Erzeugung gegenüber der festländischen, nicht bloß um den Schuztarifen
der europäischen Kontinentalstaaten entgegenzuwirken und ihre eigenen
Märkte leichter mit englischen Waren zu versehen, sondern auch um die
Industrie dieser Staaten im Mitbewerb auf allen übrigen Weltmärkten
zu überflügeln. Haben wir in Deutschland daher zeitig Acht, daß
unsere Außfuhren an Leinwand, feinen Eisen = und andern Waren nicht
vollends schwinden und die Außfuhr von Baumwollen =, Wollen = und
Seidenwaren nicht wieder den Krebsgang nehmen! Die Erleichterungen, welche Sir R. Peel von 1842 bis 1846 durch Abschaffung von
Zöllen und Akzise an jährlichen Abgaben der Industrie und dem Handel
in England verschafft hat, berechnen sich, ohne Einfluß der Kornzölle,
auf etwa 50 Millionen Thaler. Die Abschaffung der Kornzölle allein
hat aber für Industrie und Handel noch mehr Wert als alle jene Ab-
gabenmilderungen zusammengenommen; denn die Erleichterung der arbeitenden Klassen erläuft auch in gewöhnlichen Jahren durch diese Milderung der Brodpreise, wenn nicht im Geldstande, so doch im Verhältnis des Arbeitslohns, auf mindestens 80 Millionen Thaler, in theuern
Jahren aber beträgt sie dreimal so viel und noch mehr. Man darf daher ohne Uebertreibung, mit Rücksicht auf den Belauf der Außfuhr, annehmen, daß in Folge aller der neuen Verbeßerungen, England seine
Waren um mindestens zwanzig Prozent wohlfeiler wird in den Welthandel bringen können, als früher. Dabei ist sein Bergbau von allen
Staatsabgaben befreit, sind seine Maschinen die wohlfeilsten und besten,
bezieht es die Rohstoffe und Kohlen überall auß erster Hand und am
billigsten, und steht ihm nach allen Weltgegenden die bequemste Schiffs-
gelegenheit, überall der mächtigste Einfluß, der wirksamste Schuz zu
Gebote. Kann Deutschland, wenn es sich nicht eint, sich nicht zu einer
starken handelspolitischen Gesezgebung ermannt, unter solchen Umständen den Kampf mit England bestehn? Ist nicht zu befürchten, daß,
wenn in Folge der Abschaffung der Kornzölle das Getraide in England
wohlfeiler wird, die Preise der Lebensmittel bei uns im Ganzen steigen
werden? Während die Erzeugungskosten sich also bei uns vertheuern,

werden sie jenseits des deutschen Meers geringer, und der Vortheil für die englische Fabrikazion ist doppelt.

Ja, die Reformbill fängt an, ihre praktischen Früchte zu tragen — die glänzenden Hoffnungen, die sie 1831 der Nazion einflößte, verwirklichen sich. Eine weitere bleierne Kette von denen, die noch die Brust des englischen Volkes einschnürten, ist in der Nacht vom 15. Mai gelöst worden. Freilich hat kein Geschüzesdonner, wie bei der Geburt eines Prinzen, dies wichtige Ergebnis dem Volke angekündet, kein Lärm störte die feierliche Stille der Nacht; aber darum hat es, als das Grabgeläute des Monopols und als der Triumf der großen Freiheitssache, nicht minder tausendfach laut wiedergehallt in den englischen Herzen, um nie vergessen zu werden. Die neue Aenderung, wichtig an sich selbst, muß noch fruchtreicher in ihren Folgen sein. Sie zieht mit Nothwendigkeit eine Menge anderer Aenderungen nach sich: Aenderungen in Englands ganzem Handels- und Industriekober, der in Einklang mit dem leitenden Prinzip der Handelsfreiheit gesezt werden muß; Aenderungen in der Lebensweise von Millionen, derem Fleiß und Unternehmungsgeiste sich eine neue Laufbahn erschließt; Aenderungen in den wechselseitigen Beziehungen der Volksklassen, die bisher entweder in einer gleichsam feudalen Herschaft vereint gewesen sind, oder getrennt durch einen künstlichen Gegensaz der Interessen; Aenderungen endlich in den Ideen und in der Gesezgebung aller Nazionen. Selten ereignet es sich, daß ein einziges gesezgeberisches Votum eine so umfassende Bedeutung für die Zukunft hat, wie die ist, deren Keim jener Unterhausbeschluß in sich trägt — und ein solches ist nur in einem Lande denkbar, das, vermöge seiner Einheit von Volk und Staat und der darauß entspringenden unermeßlichen Machtentwickelung, sich an der Spize der Bildung und der Politik bewegt. Das ist die glänzende Seite der Peel'schen Reform für England; — sie hat eine andere trübe für uns Deutsche. Nicht als wenn sie auch für das englische Volk alle Fesseln sprengen, alle Uebel heilen würde, sie ist vielmehr in Bezug auf das tiefe Grundübel des englisch-irischen Reichs bloß ein Palliativmittel; aber diese gesezgebende That gibt die Gewähr für nachfolgende Gesezesthaten, und erfüllt die Herzen der Engländer und Iren mit neuem Muth und Feuereifer, weil sie ihnen die Außsicht eröffnet, auf dem Wege der Reform noch alle öffentlichen Leiden mit der rechten Hülfe zu erreichen.

Wir Deutsche aber müssen fest vor Augen halten, daß alle diese neuern Maßregeln, die Aufhebung der Kornzölle, die Befreiung der Fabrikrohstoffe von jeder Staatsbürde, die Erleichterungen in Zöllen und Akzise doch zulezt, dem Außlande gegenüber, praktisch nur einen Wohlfeilheitszweck haben, die sowol erklärte als unerklärte Absicht: von England auß möglichst billige Fabrikate auf alle Märkte der Erde zu bringen und den Mitbewerb der übrigen Völker in jedem Erzeugungszweige siegreich zu bestehn. Wie bedeutend, wie beneidenswert wir auch die innern freien Lebensäußerungen des englischen Volkes finden, der Pflichten für das eigene Vaterland sollen wir vor allen Dingen eingedenk sein. Der Erfolg jener Maßregeln wird zu weiterm Fortgehn auf der betretenen Bahn spornen, an deren Ziele steht: Wegfall aller Schuzzölle und nur Beibehaltung von Zöllen, welche den Staatsschaz füllen, ohne die Handelsbewegung zu beeinträchtigen, sowie Durchführung eines einfachen Steuersystems an Stelle der mancherlei Abgaben, welche im Handel und Wandel störend einwirken. Weiter sind die Dinge in England auch in der Theorie noch nicht gereift. Denn was darüber hinaußgeht, scheint die „historischen‟ Eigenthums = Rechte der Grundherrn selbst in Frage zu stellen, oder diese müsten in eine Schadloshaltung für ihre Verluste durch den Staat einwilligen. Meiner Ansicht nach müssen erst die gesamte Handelspolitik und der Staatshaushalt umgestaltet werden, und nur wenn die hierin noch liegenden ungeheuern Hülfsmittel erschepft sind, wenn die jezt noch zu reich fließenden äußern Quellen der Außhülfe zu versiegen anfangen, dann endlich wird der britische Staat auch beginnen, die stolze Hand fest an seine Grundübel zu legen und durch die umfassendsten innern Umgestaltungen das alsdann unerträglich gewordene Misverhältnis zwischen der ackerbauenden und gewerbtreibenden Bevölkerung zu mildern und die nächsten Anliegen von Stadt und Land, aller Stände und Klassen außzusöhnen.

XI.

Der Pauperismus in England, mit Rücksicht auf die Armengesezgebung und die Arbeitsorganisazion; die Ergebnisse des neuen Armengesezes; das System der Lokaltaxen und die merkwürdige Umgestaltung in den Gemeinde- und Grafschaftseinrichtungen; Heilmittel.

> „La charité publique pratiquée sous forme d'aumône est un cercle vicieux, un sophisme moral."
>
> E. Buret.

Unläugbar sind wir in Deutschland mit den Lichtseiten der englischen Zustände, die sich namentlich in der britischen Machtentwickelung auf fast allen Punkten der Erde scharf hervorheben, durchgängig vertrauter als mit den Schattenseiten derselben, die wol auch den Blicken aufmerksamer Reisenden bei dem reichen blendenden Anstrich des Ganzen entgehn. Wenn jene vor allem geeignet sind, uns anzuspornen zum Wetteifer, so sind diese sehr lehrreich und gemahnen uns besonders, auf dem Wege der Manufakturentwickelung, den auch wir mit Entschiedenheit betreten haben, gewisse Klippen zu vermeiden, wie namentlich das Monopolienwesen, und unsere Zustände vor manchem Krebsübel zu wahren, das anfänglich unscheinbar sich einschleicht und, nachdem es einmal Wurzel geschlagen hat, dann unheilbar um sich frißt. Damit dieses aber geschehen könne, thut uns weniger filanthropische Deklamazion als Erkenntnis der Uebel in ihren Ursachen noth, sowie umfassende Beleuchtung der wirklichen Volkszustände mit der Fackel gründlicher Forschung. In dieser Hinsicht hat sich Hr. C. Th. Kleinschrod in seinem Buche: „Der Pauperism in England in legislativen, administrativen und statistischen Beziehungen; nach amtlichen Quellen bearbeitet, 1845" ein Verdienst erworben. Seine Schrift behandelt eine der wichtigsten Seiten der englischen Zustände, ist durch ihre statistischen

Beigaben zugleich eine Fundgrube für die übrigen. Nur an der Hand umfassender Statistik schreitet die englische Gesezgebung überhaupt vor; die Parlamentsberichte, die Vernehmungen sachkundiger Personen, unter der regsten Theilnahme und Hingebung aller Stände, wo es sich um Mitwirkung zur Förderung des Gemeinwohls handelt, sind erschepfend und wahr, ohne Bemäntelung der bestehenden Gebrechen, daher Muster von Staatsschriften und Eigenthum der ganzen gebildeten Welt.

Die neue Armengesezgebung in England bildet einen der merkwürdigsten und einflußreichsten Versuche der Regierungskunst, welche jemals von einer großen hochgesitteten Nazion unternommen worden sind. Sie hat manigfache Angriffe erfahren müssen und erfährt deren noch, namentlich vom Standpunkte der Filanthropie; die nähere Kenntnis ihrer Wirkungen gewährt jedoch die Ueberzeugung, daß in Betracht der frühern Zustände Nothwendigkeit das neue Gesez eingab und daß, troz aller Einwendungen im Einzelnen, im Allgemeinen ein beachtenswerter Fortschritt der Gesellschaft durch dasselbe erreicht worden ist. Namentlich liegt in der musterhaften Ordnung der englischen Armenhäuser, in der zweckmäßigen Pflege ihrer Bewohner und in der umfassenden Kontrole ein glänzendes Zeugnis für die neue Zentralverwaltung des englischen Armenwesens.

Ehe ich näher auf dasselbe eingehe, will ich einige Bemerkungen voraußschicken. Man muß zwischen Armuth und Pauperismus unterscheiden. Absolute Armuth ist allerdings der Zustand eines Individuums, in welchem es unfähig ist für seine und seiner Familie Eristenz zu sorgen; Armuth überhaupt aber ist keineswegs ein solcher Zustand. Häufig verwechselt man Armuth mit äußerstem Mangel; es gibt hier jedoch eine Grenze, an der man festhalten muß, will man einen richtigen Standpunkt für Beurtheilung von Armengesezen gewinnen. Armuth ist im Grunde der natürliche primitive Zustand des Menschen; sie ist die Quelle der Arbeit, wie diese die Quelle des Reichthums. Daher ist nur absolute Armuth, äußerste Noth das Uebel, dessen Entfernung die Armengesezgebung bezwecken kann; — alle Versuche, die Armuth selbst durch Geseze zu vertilgen, würden völlig verkehrt sein, und das gilt in gleicher Weise von den sogenannten „würdigen“ wie „unwürdigen“ Armen. Nur mit Festhaltung dieses Grundsazes bildet sich die scharfe Gränzlinie zwischen denjenigen, welche der öffentlichen Unterstüzung wahrhaft bedürftig sind und denen, welche es nicht sind. Pauperismus nun ist der Zustand, worin dem bedürftigen Armen die Möglichkeit gewährt ist, auß einem für diesen Zweck bestehenden öffentlichen Fond zu schepfen. Zugleich klebt dem Außdrucke der Begriff von Maſſenverarmung, wie sie in Irland stattfindet, an, oder doch von Verarmung zahlreicher Volksklaſſen, wie in England. Die Bekämpfung desselben durch das Geſez ist allenthalben geboten. Der Staat hat in den Beziehungen der öffentlichen Moral, der Politik und Staatswirtschaft das Interesse dem Gewohnheitsbettel, der sittlichen Erniedrigung und Verderbnis einen Damm entgegen zu ſezen, sich möglichst tüchtige produktive Staatskräfte zu erhalten, die verwahrloseten Kinder aber zu nüzlichen Gliedern der Geſellſchaft heranzubilden; die Vorsorge endlich für die Hülflosigkeit des Alters und körperlicher Gebrechen auf Kosten der Gemeinschaft ist unabweisbares Gebot der Humanität. Doch in diesen Stücken liegt erst der Anfang des modernen Pauperismus. Die zahlreichste Bevölkerungsklaſſe besizt mehr oder minder überall kein anderes Subsistenzmittel, als ihrer Hände Arbeit, weder ein materielles, noch ein geistiges Kapital, Kenntniſſe, Fertigkeiten, welche der Arbeit einen höhern, weniger an vorübergehende Störungen gebundenen Wert verleihen. Sezen Krankheit, Mangel an Beschäftigung, Unglücksfälle jene Klaſſe außer Stand, sich den nöthigen Unterhalt zu verschaffen, so ist ihr Anspruch auf Schuz gegen äußersten Mangel, ob nun auf dem Wege freiwilliger Unterstüzung oder in Folge gesezlicher Bestimmungen, von selbst gegeben, und hiemit zugleich das Problem des Pauperismus.

Offenbar wird inzwischen gerade durch die Einräumung eines gesezlichen Anspruchs des nothleidenden Proletariers auf öffentliche Unterstüzung die Zahl der Hülfsbedürftigen häufig vermehrt und der beſſere Theil der Bevölkerung, der betriebsame und sparsame Hausvater nicht selten mit der Ernährung des Leichtsinnigen und Müßiggängers beschwert; ja, dieses Recht kann sogar als Prämie des Leichtsinns und der Verschwendung wirken. Zudem können aus mißbräuchlicher Verwaltung des gesezlichen Armenfonds enorme Lasten für die Geſellſchaft erwachsen, wie die Geschichte des englischen Armenwesens in abschrekkender Weise zeigt, troz der Bestimmungen desselben, welche die Unterstüzung nur auf die Fälle des bringendsten Bedürfniſſes beschränkt hat. Hierauß erklärt sich das beständige Wiederauftauchen der Frage: **ob nicht gerade den Einrichtungen für gesezliche Armenpflege die Vermeh-**

rung des Uebels zugeschrieben werden müsse, dessen Bekämpfung ihr Zweck war?

Wegen der industriellen Zustände der Gegenwart erscheint diese Frage doppelt wichtig. Die völlige Umgestaltung der Industrie seit dem lezten Viertel des achtzehnten Jahrhunderts durch technische Erfindungen, Maschinenkraft, erweiterten und beschleunigten Verkehr scheint bis jezt gerade den Nothstand der Arbeiterklassen vermehrt zu haben, und man hat sogar den Saz aufgestellt: daß die Zunahme des Pauperismus in geradem Verhältnisse stehe mit dem Umfange der großen Manufaktur = Industrie überhaupt. Bis zu einem gewissen Grade wird dieser Saz in Zahlen bestätigt durch die Uebersicht der Summen, welche in den lezten ungefähr hundert Jahren auf den Unterhalt der Armen in sämtlichen Grafschaften von England und Wales verwandt sind. Dieselben betrugen:

im Durchschnitt der drei Jahre 1748, 1749 und
    1750 jährlich . . . . 689,971 Pf. St.
          im Jahr 1776 . . . 1,530,800 = =
im Durchschnitt der drei Jahre 1783, 1784 und
    1785 jährlich . . . . 2,004,239 = =
         im Jahr 1803 . . . 4,077,891 = =
     = = 1813 . . . 6,656,106 = =
     = = 1815 . . . 5,418,846 = =
     = = 1817 . . . 6,910,925 = =
     = = 1818 . . . 7,870,801 = =
     = = 1819 . . . 7,516,704 = =
     = = 1820 . . . 7,330,254 = =
     = = 1821 . . . 6,959,251 = =
     = = 1822 . . . 6,358,704 = =
     = = 1823 . . . 5,772,962 = =
     = = 1824 . . . 5,736,900 = =
     = = 1825 . . . 5,786,989 = =
     = = 1826 . . . 5,928,505 = =
     = = 1827 . . . 6,441,089 = =
     = = 1828 . . . 6,298,003 = =
     = = 1829 . . . 6,332,411 = =
     = = 1830 . . . 6,829,042 = =

im Jahr 1831 . . . . 6,798,888 Pf. St.
= = 1832 . . . . 7,036,968 = =
= = 1833 . . . . 6,790,799 = =
= = 1834 . . . . 6,317,255 = =

Der vergleichsweise hohe Betrag der Armensteuer von 1817 bis 1821 erklärt sich daraus, daß dieses Jahre allgemeiner Theuerung waren. Ihre Höhe im Jahr 1832, welche alle für die Armen erhobenen Steuersummen seit 1820 übertraf und jener für die Jahre 1818 bis 1820 am nächsten kam, machte die Fortschritte dieses Uebels der Gesellschaft dringend fühlbar und trug viel dazu bei, die Ernennung einer besondern Untersuchungskommission für die Armenzustände zu beschleunigen. Man verglich die Getraidepreise des Nothjahrs 1818 mit denen von 1832, und da diese gegen jene um ein volles Drittheil und die Preise anderer Lebensbedürfnisse verhältnismäßig noch weit niedriger stunden; so war die Schlußfolge, daß die Armensteuer 1832 sich in Wirklichkeit weit höher erlief als je zuvor. Außerdem erkannte man, daß die Verluste der Nazion sich nicht auf die Baarsummen der Armensteuer beschränkten, sondern noch durch die Bezahlung der unfruchtbaren Arbeitsleistungen gesteigert wurden, welche aus dem angenommenen System der Beschäftigung der eingeschriebenen Kirchspielsarmen hervorgieng. So z. B. zahlte ein Eigenthümer von 500 Acker Grundbesiz 250 Pf. St. Armentaxe (10 Sh. per Acker), außerdem aber hatte er noch 21 Kirchspielsarme auf eigene Rechnung fortwährend zu beschäftigen, ungeachtet er für seinen Bodenbetrieb nur 16 Arbeiter bedurfte, so daß er in der That 350 Pf. jährlich steuerte. Doch hiervon abgesehen, ist in den 34 ersten Jahren des laufenden Jahrhunderts bis zur Wirksamkeit der neuen Armengesezgebung die ungeheure Summe von mehr als 202,200,000 Pf. St. an Armentaxe bloß in England und Wales erhoben, ungeachtet deren Bevölkerung im Jahr 1800 nur 9,187,176 Seelen, 1830 aber 13,840,751 betrug.

Indessen man würde sich völlig täuschen, wenn man diese kolossale Last lediglich als eine Wirkung der neuern Fabrikindustrie ansehen wollte, wie auf dem Festlande häufig geschieht. Daß diese zu dem Wurmfraße des Pauperismus beigetragen hat, bin ich weit entfernt zu läugnen; allein Alles gehörig untersucht, überzeugt man sich zugleich, daß doch gerade in jener Industrie auch die Mittel geboten werden, um England vor einer noch weit größern Außbreitung des Pauperismus und vor den Leiden einer allgemeinen Armuth zu bewahren. Irland hat vergleichsweise nur unbedeutende Manufakturen, und dennoch ist die bittere Armuth der Volksmasse daselbst unermeßlich größer als im fabrikreichen England. Ich fühle mich um so mehr gedrungen, jenem weitverbreiteten Irrthume hier entschieden entgegenzutreten, als es in dem vortrefflichen Buche des Hrn. Kleinschrod nicht geschehen ist, das vielmehr jenes Vorurtheil an einigen Stellen eher zu bekräftigen als zu bekämpfen scheint. Die Quelle des Pauperismus liegt an und für sich so wenig im Fabrikwesen, als die Quelle der Armuth in der Arbeit. Wenn in England aber der Manufakturbetrieb, gegenüber dem Ackerbau, übertrieben erscheint, so hat dieses Misverhältnis eben einen und denselben Grund mit dem englischen Pauperismus, abgesehen von dem, was eine ungenügende Armengesezgebung verschlimmert haben mag. Die eigentliche Quelle des Pauperismus in England wie in Irland sind die feudalen und unnatürlichen Besiz= und Wirtschaftsverhältnisse von Grund und Boden. Aber freilich, diese tiefe Quelle zu verstopfen und eine zahlreiche wohlhäbige Landbevölkerung heraufzurufen, dazu ist die Zeit noch nicht gekommen — von ihr sprechen die Parlamentsberichte noch nicht, weil die Gesezgeber eben auch die Grundherren sind. Wie's in England aber einmal steht, trägt offenbar die Manufakturindustrie am meisten noch gegen das verderblichere Umsichgreifen jenes Uebels bei. Allerdings führt der Uebergang von einer Hand= und Lohnarbeit zu Fabrikarbeit nicht selten vorübergehende Misstände und Leiden mit sich, in diesem Arbeitszweige können eine Menge Hände brodlos werden; allein für die Nazion wird dadurch auf die Dauer die Erzeugung nicht vermindert, sondern in doppelter Hinsicht vermehrt, sowol weil die Maschinenarbeit billiger ist, als auch, weil produktive Kräfte für andere, meist edlere Arbeiten frei werden. Ist der Uebergang einmal bestanden, so muß die Nazion, bei sonst gesunden Zuständen, nur gewonnen haben; — für das glückliche Bestehn der Uebergangszeit aber kann eine gute Armengesezgebung unsäglich heilsam wirken. Durch das Aufkommen des großen Fabrikbetriebes an sich mag daher augenblickliche Armuth in einzelnen Arbeiterklassen, nie aber eigentlicher allgemeiner Pauperismus erzeugt werden; ja, dasselbe wirkt der drückenden Armuth dadurch entgegen, daß es mit Hülfe der Maschinen die meisten Stoffe so wohlfeil und in solcher Menge herstellt, daß

sie Gegenstand allgemeinsten Verbrauchs werden, und daß es andrer=
seits durch den Bedarf der Maschinen, großer Gebäude und anderer
Werke, sowie durch die Möglichkeit eines größern Absazes und Han=
bels eine ganze Menge neuer und meist höherer und gesünderer Thätig=
keiten als bloße Handspinn= und Webearbeit hervorruft, von dem reich=
lohnenden Maschinenbau bis zum Schiffbau, vom Durchforschen der
innern Erdschichten bis zu dem der weitesten unbekannten Länder. Auch
haben alle Untersuchungen über den Pauperismus in England nichts
zu Tage gefördert, was gegen das Fabrikwesen spräche oder Wasser auf
der Klappermühle wäre für die Maschinengegner.

Freilich aber befindet sich das Fabrikwesen in Betreff der Stellung
und Sicherheit der Arbeiter noch in einem höchst unvollkommenen Zu=
stande. Darf man hoffen, daß die oft so wundervollen, Arbeit sparen=
den Erfindungen, welche wir Maschinen nennen, allmählich die Mensch=
heit der freudeleersten, verdummendsten Arbeit entheben und zugleich
die Mittel allgemeinen Wohlstandes, die Tauschwerte, endlos vermeh=
ren werden; so ist doch der befreiende Uebergang von erdrückender
Handarbeit zu Maschinenarbeit nichts weniger als vollendet, wir be=
finden uns noch in der Mitte der damit, wie mit jedem großen Ueber=
gange verknüpften Uebelstände, und die dabei nothwendig auftauchen=
den neuen gesellschaftlichen Aufgaben sind noch nicht gelöst. Hierauß
erklärt sich zum Theil die beherzigenswerte Erscheinung, daß, während
die Zahl aller Personen, welche in England auß dem Armenfond unter=
halten oder unterstüzt werden, über neun Prozent der Gesamt=
bevölkerung beträgt, die Zahl derjenigen, welche wegen Alters oder
Körpergebrechen eines ständigen Unterhalts auf öffentliche Kosten be=
dürfen, nur auf ein Prozent derselben erläuft. Zieht man dazu
das früher in Zahlen außgedrückte Verhältniß der Volksbeschäftigungen
in Betracht, so ergibt sich, daß der englische Pauperismus die Hälfte
der Lohnarbeiter aller Kategorien der Haubtbeschäfti=
gungen umfaßt. Das liegt ohne Zweifel mit in den Fortschritten der
Technik, welche viele Zweige der kleinen selbständigen Betriebsamkeit
vernichtet und eine neue Industrie geschaffen haben, die nur durch gro=
ßen Kapitalbesitz und kaufmännischen Unternehmungsgeist betrieben
werden kann, sowie in der unbedingten Abhängigkeit, worin die zahl=
reichen Arbeiterklassen, ohne irgendwelche sichere Basis der Existenz,
von derselben stehn. Soweit dieses auf den Pauperismus einwirkt,

kann offenbar kein Armengesez helfen, da muß das Heilmittel entweder auß der Entwickelung des Fabrikwesens selbst erwachsen, oder es müssen in den sonstigen Zuständen Veränderungen eintreten, welche das Uebel mildern. Gegenwärtig unterliegt das einzige Subsistenzmittel der Arbeiter, der Lohn, der Konkurrenz wie jede Ware, sogar mit Entfernung der Freiheit zwischen Käufer und Verkäufer, welche sonst mit dem Begriffe „Mitbewerb‟ verbunden ist, indem der besizlose Arbeiter sich nicht einmal in der glücklichen Lage als freier Verkäufer seiner Arbeit befindet, gegenüber dem Arbeitskäufer oder Kapitalisten, der seinerseits immer frei ist, Arbeit zu verwenden. So lange diese absolute Unsicherheit der Arbeiter nicht durch irgendwelche Mittel beseitigt wird, werden sie nothwendig durch gesezliche oder geheime Verbindungen untereinander sich eine Wehr, Schuz und Freiheit zu verschaffen suchen, und wird eine Quelle manigfacher Leiden und Uebel fließen. Den bisherigen Arbeiterbewegungen in großen Manufakturbezirken liegt wesentlich die billige Absicht zu Grunde, sich jene Freiheit und Selbständigkeit wenigstens bis zu einem gewissen Grade zu erringen. Der Erfolg war fast jederzeit der entgegengesezte — noch größerer Mangel und gezwungene Rückkehr in die unbedingte Abhängigkeit von den kapitalreichen Unternehmern. In der Fabrikarbeit ist die einfache natürliche Gerechtigkeit nicht zu finden wie im Bodenbau, der im Allgemeinen dem Bebauer seine Gaben nach dem Grade des Verdienstes und Fleißes zumißt: die Regler jener bestehn nur in dem Eigennuze der Fabrikherrn und in den unerbittlichen Kombinazionen des Welthandels, welche nicht selten auch den menschenfreundlichsten Unternehmer zur Abknappung des Lohnes nöthigen. Man sollte meinen, alles weise und dränge hier auf eine angemessene Organisazion der Arbeit in der Manufaktur-Industrie. Das Uebel liegt in der Natur, dem Wesen des Welthandels, ist in den Leidenschaften der Menschen vorhanden und es birgt, läßt man es wuchern, große Gefahren in sich für die Gesellschaft. Oder glaubt man, es genüge für die Wirklichkeit, sich an die abstrakten Begriffe der politischen Oekonomie zu klammern? Darnach freilich regelt sich der Preis der Arbeit, wie der jeder Ware, bloß durch das Verhältnis des Angebots zur Nachfrage, daher als natürliche Folge des zu geringen Lohns Verminderung der Arbeiter erscheint, bis das richtige Verhältnis wiederhergestellt ist. Allein läge hierin auch eine eiskalte Wahrheit, so würde die Verminderung der Arbeiter doch immer nur innerhalb einer längern höchst schwierigen Uebergangsperiode und nicht ohne große Belastung der Gegenwart mit dem Drucke des Pauperismus stattfinden können. Am wenigsten findet jene Lehre Anwendung auf England, weil die dortigen starren Grundbesitzverhältniße den überzähligen Arbeitern die Zuflucht auf das Land verschließen. Freilich noch eine Laufbahn stände ihnen offen — die Auswanderung; allein die Fabrikarbeiter, zumal die nothleidenden, eignen sich unter allen Menschenkindern am wenigsten zu Kolonisten, als welche sie fast immer das traurigste Loß ereilt. Kein Außweg also? Nun, Hr. Malthus, der den Pauperismus auß Uebervölkerung erklärt, will deren Wiederabnahme durch Einwirkung menschenvernichtender Naturereigniße abwarten! Ja, jenen Arbeitern übrigte noch, sich mit der Hoffnung auf solche günstige Naturereigniße zu befreunden. Eine kritliche Außsicht!

Hier zeigt sich einmal klärlich, wie wenig die theoretischen Lehren der politischen Oekonomie außreichen für die vorliegenden praktischen Bedürfniße der Gesellschaft. Die Wißenschaft erzieht, läutert den Verstand, bildet die Diener des Staats, doch die historisch gegebenen Aufgaben und praktischen Probleme löst sie nirgends und nimmer — die rettende heilende That beruht auf einem ganz andern Boden, und kann der Liebe nie fremd sein. Die Aufgabe einer neuen Organisazion der Arbeit, zumal der Fabrikarbeit, ist unabweisbar. Sie darf durchauß nicht zusammengeworfen werden mit dem Gedanken an gewaltsames Eingreifen des Staats in das gesamte Privatleben, an Aufgehn von Familie, Eigenthum, Ehe, Kirche in den einen Begriff Staat; welcher Gedanke freilich in manigfacher Außartung den fantastischen Theorien des modernen Kommunismus und Sozialismus zu Grunde liegt. Die Verwirklichung deßelben würde neben der Umwälzung alles Eigenthums und der Auflösung der staatlichen Bande wahrscheinlich zu allgemeiner Verarmung führen. Allein zwischen diesem Extrem sozialer Umwälzung und dem andern ungesezlicher Arbeiterverbindungen, in deren Schoße kaum geringere Gefahren schlummern, liegt ein weiter heilvoller Spielraum für feste gesezliche Gestaltung der Arbeitsverhältnisse, im Belang zuerst allerdings der Arbeiter selbst, dann aber auch der Unternehmer und der öffentlichen sittlichen Ordnung überhaubt. Dieses Bedürfnis, gleichsam auch der Gesezlichkeit und Zucht der Arbeit, ist zu allen Zeiten von den scharfsinnigsten Männern erkannt worden. Ohne Gesez und deßen gesicherten Vollzug gibt es in kei-

ner Richtung weder wahren Schuz noch wahre Freiheit, und allein die
Industrie, diese wichtige Triebfeder, diese mächtigste Seite unsrer Zu=
stände, sollte gesezlos bleiben, allein die Freiheit der Arbeit sollte darin
bestehn, keinem Geseze unterworfen zu sein? Nimmermehr! In Eng=
land hat das Bedürfnis einer gesezlichen Gestaltung auch der Fabrikar=
beit bereits zu mehreren Parlamentsakten geführt, namentlich in Be=
treff der in den Fabriken arbeitenden Kinder, welche diesen Schuz ange=
deihen laßen gegen den Eigennuz der Eltern sowohl wie der Fabrik=
herrn, und leztere manigfachen Beschränkungen unterwerfen. Freilich,
das ist eben nur ein Anfang, ein Stückwerk; allein es kann allmählich
zu einer umfaßenden, gesezlichen Ordnung anschwellen, wie denn auch
die Armengesezgebung in England sehr schwach begann und zuerst selbst
eine Beeinträchtigung der Gemeindefreiheiten und der Privatrechte zu
sein schien. So gewis die neuen Formen der Arbeit, welche die große
Industrie des Weltverkehrs geschaffen, die Unsicherheit und damit
den Pauperismus der Arbeiter stets in ihrem Gefolge hat, wenn die
Gesezgebung nicht Mittel dagegen ergreift; so gewis dann der Gegen=
saz zwischen Kapitalbesiz und Proletarierthum immer schroffer hervortre=
ten muß — so gewis keimt darin eine unermeßliche Summe von Uebeln,
die eine gesezliche Abhülfe heischen und erlangen, oder in deren Folge
der Staat in seinen Grundvesten erschüttert wird. Noch einmal also,
die Aufgabe, die Arbeiter als solche mit gesezlichem Schuze zu umgeben
und ihnen eine gesicherte gesellschaftliche Stellung zu verschaffen, ist un=
abweisbar, und es kömt nur darauf an, sie früh genug und umfaßend
zu lösen. Dabei ist wohl zu bedenken, daß mit dem Zustande der Ver=
armung, Unsicherheit und Abhängigkeit, nothwendig die Entsittli=
chung der Arbeiterklassen gleichen Schritt hält, welche hinwieder, näm=
lich der Mangel auch an moralischen Stüzpunkten der Ar=
beiter, eine der wesentlichen Ursachen des Pauperismus bildet, d. h.
jener Stimmung, sich rücksichtslos der öffentlichen Wohlthätigkeit in die
Arme zu werfen.

Neben einer solchen Arbeitsorganisazion behält die Armengesezge=
bung natürlich unter allen Umständen ihre volle, selbständige Bedeu=
tung. Sie ist nicht allein um der Armen willen da, sondern eben so
sehr und haubtsächlich des Staats und des öffentlichen Wohles wegen.
Ja, der Haubtzweck der Armengesezgebung ist die Bekämpfung des
Pauperismus, und es fragt sich nur, von welchem Prinzipe der

Staat dabei außgehn soll. So gewis nun gegen dieses Uebel die Wirksamkeit und Vermittlung des Staats angerufen werden muß, so gewis soll der Staat im Allgemeinen sich in seiner Einwirkung lediglich leiten laßen von dem wohl verstandenen Prinzip der Humanität, welches allein auch den Zweck erfüllen kann. Zuerst ist es von diesem Standpunkte auß Aufgabe für die öffentliche Wohlthätigkeit, feste, leitende Regeln ihres Verfahrens, mit Außschluß aller Willkür, aufzustellen und bei ihrer Wirksamkeit mit strenger Konsequenz an denjenigen Grundsäzen festzuhalten, welche Menschenkenntnis und Erfahrung als die sichersten, zur Verbeßerung der moralischen Zustände der Armen an die Hand geben. Der öffentlichen Moral, berufen alle menschlichen Einrichtungen zu vervollkommnen, liegt es auch vorzüglich ob, sowol den Ursachen der Nothdurft vorzubeugen, als die Leiden derselben zu mildern, und zwischen Reichen und Armen Verhältniße zu gründen, die für beide gleich vortheilhaft sind; — so wird sie die Seele der sozialen Wohlthätigkeit, wie die Tugend die Triebfeder ist der Privatmildthätigkeit. Unter der Form von Almosengeben geübt, wird die öffentliche Mildthätigkeit ein moralischer Sofismus: sie tröstet nur den Körper, indem sie die Seele erniedrigt und das Herz vergiftet — wer einmal ihre Gaben empfangen hat, ist ans Elend verkauft, er wird niemals die Macht wiedergewinnen, den fatalen Pakt zu zerreißen. Wie jede prinziplos als Almosen gewährte öffentliche Hülfe, jede Willkür auch hier nur verderblich wirke, nur als Verschwendung seitens des Gebers, als Nachtheil für den Empfänger betrachtet werden müße, hat die Geschichte des Armenwesens am überzeugendsten in England bewiesen. Es erscheint auffallend, wie ein Volk, sonst mit höchster Besonnenheit seinen Staatshaushalt ordnend und eifersüchtig auf seine Rechte, namentlich das der Steuerbewilligung — wie dieses Volk neben einem jährlichen Staatsbudget von 250 Millionen Thaler (für England und Wales allein) freiwillig noch eine weitere Last von 50 Millionen Thaler auf sich lud, für die Ernährung der Armen, erhoben, bloß auf den Grund unbestimmter Vorschriften einer vor Jahrhunderten erschienenen Parlamentsakte, unter dem einfachen Titel von Kirchspielsumlagen (Parochial-Assessment), und verwendet ohne Kontrole, Rechenschaft und Verantwortlichkeit derjenigen, welchen diese große Summe in die Hände gegeben war; ja, geleistet in der allgemeinen Ueberzeugung, daß das enorme Opfer seinen Zweck nicht erfülle,

vielmehr das Gegentheil bewirke — Zunahme der Verarmung und mo=
ralischen Verschlechterung der unterstüzten Klassen.

Die Geschichte der englischen Armengesezgebung von dem Statut
der Königin Elisabeth des Jahres 1601, dem frühern Haubtgeseze des
englischen Armenwesens, bis zum Jahre 1834 enthält, bei allen Fehl=
griffen, wichtige Lehren. Jenes Statut wollte vornehmlich die unru=
higen Herumstreifer und Arbeitsscheuen an Betriebsamkeit gewöhnen —
in Folge seines verkehrten Vollzuges trug es nur dazu bei, die Betrieb=
samen faul und unruhig zu machen; es sollte ferner den Bettel abstel=
len — allein Werkhäuser (zur Beschäftigung und zum Unterhalt, mit
freiwilligem Ein = und Außtritt der Armen) und Gefängnisse, dienten
als Pflanzschulen für Vagabunden und Bettler; es sollte die Belastung
gleichmäßiger vertheilen — doch durch die Versuchung zu Unterschleifen
und andere Mißstände, stiftete es nur Unzufriedenheit und Feindschaft
unter den Gemeinden; es sollte dem unkeuschen Lebenswandel steuern
— seine verfehlte Handhabung gewährte dem Laster vielmehr Prämien.
Spätere Statute waren gegen die Verschwendung der Armenaufseher
und auf wirtschaftliche Verwaltung des Armenfonds gerichtet, allein
die Misgriffe in ihrem Vollzuge verhinderten jede strenge Oekonomie.
Doch gehn wir etwas näher in die ältere Armengesezgebung ein.

Für England und Wales ist ein im Jahr 1536 unter Heinrich
VIII. erschienenes Gesez, veranlaßt durch die Unmöglichkeit mittelst
der frühern Anordnungen der Landstreicherei zu steuern, als der erste
legislative Akt bemerkenswert, welcher ein obrigkeitliches Gebot zur
Beisteuer für die Armen enthält. Unter Strafe des Kirchspiels mit
monatlich 20 Shilling, sollen die Gemeindvorsteher innerhalb ihres
Bezirkes freiwillige Gaben sammeln, um damit wahrhaft Bedürftige
dem Bettel zu entziehen, und die arbeitsfähigen Vagabunden zu unauß=
gesezter Arbeit für ihren Lebensunterhalt anzuhalten. Für den Unterhalt
der arbeitsunfähigen Armen sollen die Kirchenvorsteher eines jeden
Kirchspiels und die Vorsteher der inkorporirten Städte freiwillige Almo=
sen sammeln; die Geistlichkeit aber soll in Predigten, Gebeten, bei
Beichten und leztwilligen Verordnungen zur Wohlthätigkeit auffordern.
Freche Gewohnheitsbettelei war mit harten Strafen belegt, die sich bei
wiederholten Betretungsfällen bis zur Hinrichtung steigerten. Doch
diese Strenge verhinderte die Außführung, wie es in der Einleitung zu
der, jenes Statut widerrufenden Parlamentsakte von 1547 heißt,

„theils auß thörichtem Mitleid, theils wegen unvertilgbaren Hanges der Streuner zum Müßiggange." Es ward daher nach damaligen Begriffen als mildere Strafe verordnet, daß Arbeitsscheue als Landstreicher betrachtet, an der Schulter mit den Buchstaben V(agabund) gebrandmarkt und an Jedermann, der es verlangt, für zwei Jahre als Sklaven verkauft werden sollen, um bloß gegen geringe Nahrung durch jedes beliebige Zwangsmittel zur Arbeit angehalten zu werden; falls ein solcher während dieser Zeit entspringt, soll er an der Wange mit mit dem Buchstaben S(klave) gebrandmarkt und auf Lebenszeit als Sklave behandelt, entspringt er zum andernmal, hingerichtet werden. Will Niemand einen so Verurtheilten in Dienst nehmen, so soll er an seinen Geburtsort geschafft und zu öffentlichen Arbeiten verwandt, oder als ein, der Gemeinde angehöriger Sklave in der Reihe herum in Arbeit gegeben werden. Auch dieses Statut ward bereits nach drei Jahren (1550) widerrufen, und in den folgenden der Haubtnachdruck auf wöchentliche bestimmte Beiträge seitens aller Familienväter des Kirchspiels zum Unterhalte der arbeitsunfähigen Armen gelegt. Falls Jemand, der Almosen zu geben im Stande, solches verweigert oder Andere davon abhält, so sollen Pfarrer und Kirchenvorsteher demselben gütlich zureden, und wenn auch dieses nicht fruchtet, so soll eine solche Person vor den Bischof geladen werden, damit sie von diesem zur Mildthätigkeit gestimmt werde. Ungeachtet diese Vorschriften durch ein Gesez von 1555 neu eingeschärft wurden, brachten die Almosensammler doch nicht die nöthigen Beiträge zum Unterhalt ihrer Armen zusammen.

Um dieses Widerstreben würdigen zu können, muß man erwägen, daß die Kosten der Armenverwaltung in England zwar von frühesten Zeiten an, den Kirchspielen zugewiesen und mit dem Unterhalt der Kirchen verbunden waren, daß sie aber vordem geschepft wurden auß den Einkünften des Klerus, auß vielen wohlthätigen Stiftungen, regelmäßigen Beiträgen von Klöstern, Kollegial- und Kathedralkirchen und freiwilligen mildthätigen Beisteuern, den Kirchspielseinwohnern also unmittelbar nicht sehr zur Last gefallen waren. Nach erfolgter Aufhebung vieler Klöster durch Heinrich VIII. ward das anders, und in demselben Maße als das Einziehen von Kirchen- und Klostergütern um sich griff, fiel die Armenlast lediglich auf die Schultern der begüterten Kirchspielsmitglieder, wie denn überhaubt den Gemeinen selbst kein Vortheil auß dem Raube und der Verschleuderung des Kirchenguts an die Barone erwuchs (der Zehenten blieb); nur wenn es zur Bildung eines zahlreichen ländlichen Mittelstandes — bäuerlicher Selbstwirtschafter auf eigenem Besize, benüzt worden wäre, würden die dann wirklich begütertern Kirchspiele die neue Last auch leicht getragen haben. So erklärt sich, warum das Statut Heinrichs VIII. vom Jahr 1536 z u e r s t der Magistratur der Grafschaften, der inkorporirten und anderer Städte und der Kirchspiele die Verbindlichkeit der Armenunterhaltung, freilich meist nur noch auf freiwilligen Beiträgen beruhend, gesezlich a u f l e g t e. Da die Erfahrungen das Ungenügende der Freiwilligkeit bald genug herausstellten, so machte die Armengesezgebung unter Elisabeth einen großen Schritt weiter, durch die Statute von 1563 und 1572, welche das spätere Haubtgesez vorbereiteten und das System der freiwilligen Leistungen mit Zwangstaren verbanden, die den Friedensrichtern in die Hände gelegt wurden. Nach dem Geseze von 1563 soll der B i s c h o f die Almosen verweigernde Person zu den nächsten Gerichtssizungen vorladen, hier sollen die Richter wiederholt gütliche Mittel versuchen und, bleiben diese fruchtlos, ihr im Benehmen mit den Kirchenvorstehern nach billigem Ermeßen den wöchentlichen Almosenbeitrag auflegen, und falls deren Bezahlung verweigert wird, soll die Person auf Antruf der K i r c h e n v o r s t ä n d e so lange e i n g e k e r k e r t werden, bis die auferlegte Summe nebst den Rückständen bezahlt ist. Jedoch auch diese Vorschriften genügten nicht, und das Statut von 1572 beginnt mit Klagen darüber, daß alle Theile des Reiches England und Wales mit Vagabunden, Spizbuben und unverschämten Bettlern in ungemein hohem Grade belästigt seien, wodurch täglich allerlei Verbrechen, grobe Diebereien und schreckliche Mordthaten begangen würden. Demnach sollen alle solche bei dem ersten Vergehn scharf ausgepeitscht und durch den Knorpel des rechten Ohrs mit einem glühenden Eisen, von der Größe eines Zolls gebrannt, im zweiten Vergehnsfalle als Verbrecher vor Gericht und im dritten mit dem Tode bestraft werden. Dagegen sollen unter Aufsicht der Friedensrichter, innerhalb ihrer Bezirke Register über sämtliche alte, schwache und zur Arbeit unfähige Armen geführt werden, welche in ihren Gerichtsbezirken geboren sind, oder darin die lezten drei Jahre von Almosen gelebt haben, diese Armen des Kirchspiels, in paßende Wohnungen vertheilt, die für ihren wöchentlichen Unterhalt erforderliche Summe ermittelt und deren regelmäßige Aufbringung unter sämtliche ansäßige Personen der betreffenden Bezirke vertheilt werden.

Besonders aufzustellende Almosensammler haben dieseBeiträge, die unter Strafe gesezlichen Zwanges nicht verweigert werden dürfen, in Empfang zu nehmen. Läßt der nothwendige Unterhalt der arbeitsunfähigen Armen noch einen Ueberschuß, so soll dieser dazu verwandt werden,
die Vagabunden und arbeitsfähigen Bettler zur Arbeit anzuhalten.
Auch den arbeitsunfähigen Armen werden strenge Strafen, gleich den
Vagabunden angedroht, wenn sie den ihnen angewiesenen Wohnort
verlaßen, um im Betteln umherzuziehen. Das Statut von 1598 bestimmt außerdem, daß jeder Vagabund, d. h. Arbeitsfähige der ohne
Beschäftigung und Unterhaltsmittel umherzieht und Arbeit um den gewöhnlichen Lohn verweigert, wenn er ergriffen wird, öffentlich bis aufs
Blut gepeitscht und an seinen Geburtsort, oder, wenn dieser unbekannt,
dahin, wo er zulezt im Jahre gewohnt hat, gebracht und zur Arbeit angehalten, nach Umständen auch in ein Verbeßerungshaus gebracht werden soll; Rückfälligkeit und unverbeßerlicher Karakter, alle gefährlich
für die niedern Volksklassen, wird mit Verbannung auß dem Königs-
reiche oder Deportazion bedroht.

Das wichtige Armengesez von 1601, welches 233 Jahre in Kraft
bestund, gab endlich dem Armenfond eine feste Grundlage, indem die
Armenernährung als reine Kirchspielslast erklärt und nach Erfordernis eine wöchentliche gezwungene Beitragsleistung von gewissen Ein-
wohnerklassen und von bestimmten Arten Eigenthum .festgesezt ward,
als Grund und Boden, Häusern, Zehenten, Kohlenminen ꝛc. Es beginnt mit der Ernennung eigener Armenaufseher (overseers of the
poor), welche alljährlich um Ostern durch die Friedensrichter der Grafschaften für jedes Kirchspiel auß den Kirchenvorstehern (churchwardens)
und nach der Größe des Kirchspiels auß mehreren angeseßenen Landwirten gewählt werden und ihre Verhaltsbefehle von jenen Richtern zu
erholen haben. Ihre Pflichten betreffen die Beschäftigung der Kinder
armer Eltern, sowie aller derjenigen Personen, welche keinen Verdienst
haben. Zu dem Zwecke sind sie befugt, nach Einschäzung der Vermögensumstände eines jeden Kirchspielbewohners geistlichen und weltlichen Standes, der Grundbesitzer, Inhaber von Zehenten ꝛc., wöchentlich ein verhältnismäßiges Quantum von Flachs, Hanf, Wolle,
Garn, Eisen oder andere Stoffe zur Verarbeitung zu erheben; gleichfalls eine angemeßene Summe in barem Gelde zum Unterhalt der Lah-
men, Blinden, Alten ꝛc. und um die armen Kinder als Lehrlinge in

den Gewerben unterzubringen. Den Armenaufsehern sind zur Berathung monatliche Versammlungen, an Sonntagen nach dem Gottesdienste vorgeschrieben, und sie haben am Schluße ihrer Jahresverwal-
tung vor zwei Friedensrichtern der Grafschaft getreue Rechnung abzu-
legen über die erhobenen Summen und deren Veraußgabung. Ergibt
sich, daß ein Kirchspiel nicht vermögend genug ist, die Armenpflege nach
diesen Vorschriften zu handhaben, so sollen zur Tragung der erforderlichen Last ein oder mehrere Kirchspiele desselben Gaues (,,Hundred'',
eine alte politische Eintheilung innerhalb jeder englischen Grafschaft)
nach der Schäzung der Friedensrichter beigezogen, und im Fall der
Unvermögenheit des ganzen Gaues die Mittel der Grafschaft beansprucht werden. Die Kirchenvorsteher und Armenaufseher haben das
Recht, auf eine von zwei Friedensrichtern außgestellte Vollmacht, die
Armentare von jedem Pflichtigen zu erheben, nöthigenfalls dessen Besizthum zwangsweise zu veräußern; wo dieses aber nicht außführbar,
sollen die Friedensrichter den Schuldigen in das gemeine Grafschafts-
gefängnis einkerkern laßen, bis zur vollen Bezahlung der Steuer und
Rückstände. Jeden arbeitsfähigen Armen, der die ihm zugewiesene
Arbeit verweigert, trifft Einkerkerung. Für Unterbringung der arbeits-
unfähigen Armen sollen Bauplätze auf Oeden oder Gemeindegründen
erworben und auf Kosten des Kirchspiels oder nach Umständen des
Gaues oder der Grafschaft angemeßene Armenhäuser erbaut werden.
Doch fällt die Pflicht des Unterhalts gebrechlicher, alter Personen zu-
erst den bemittelten Verwandten in gerader, auf- und absteigender
Linie zu. Ueber Beschwerden, in Betreff der Armentare ꝛc., wird bei
den vierteljährlichen Gerichtssizungen der Friedensrichter entschieden.
Den Majoren und Magistraten der inkorporirten Städte, sowie den
Aldermen von London sind bezüglich der Armenpflege die nämlichen
Pflichten und Befugnisse wie den Friedensgerichten übertragen.

Diese Gesezgebung ward jedoch, wie es in dem Gutachten der Untersuchungskommission über den Zustand des Armenwesens bis zum
Jahre 1834 heißt, auf eine, ihrem Buchstaben und noch mehr ihrem
Geiste so völlig zuwiderlaufende Weise vollzogen, daß sie mehr und
mehr ein Wurmfraß ward für die Moralität zahlreicher Volksklassen,
sowie für die Wohlfahrt der Gesamtheit. Die Anforderungen der Arbeitsscheuen an öffentliche Unterstüzung wuchsen zugleich an Größe und
Unverschämtheit und waren nicht selten von Gewaltschritten, Drohun-

gen und Brandlegungen begleitet; es fand eine Art förmlicher Ein-
schüchterung statt, gegen alle diejenigen, von welchen Einsprache gegen
das Unwesen zu erwarten gewesen wäre. Kurz, die Demoralisazion
der Arbeiter und der Pauperismus machten reißende Fortschritte. Die
Geduld der Razion schien endlich erschöpft, das Parlament drang auf
Reform, eine Untersuchungskommission ward ernannt, und deren lehr-
reicher Bericht vom 20. Februar 1834, entnommen dem unermeßlichen
Material der örtlichen Erhebungen in sämtlichen Grafschaften von England und Wales und in 20,000 Exemplaren gedruckt, waren in kurzer
Zeit vergriffen.

Die Unterstüzungen wurden verliehen theils außerhalb der Armenhäuser (Out-door-Relief), theils innerhalb derselben (In-door-
Relief). Jene, sofern sie nicht bloß an Erwerbsunfähige, sondern auch
an Arbeitsfähige oder ihre Familien geschahen, sind nach dem
Urtheile der Kommission als die Haubtquelle der verderblichen Wirkungen der Armensteuer zu betrachten. Sie fanden entweder statt in Kind
(natura), meist in Vorsorge für freie Wohnung — was sogar die Betriebsamkeit in manchen Gegenden auf Erbauung einer Menge Häuser
von der schlechtesten Beschaffenheit warf; — oder am häufigsten in
Geld. Diese Verwendung der Armentaxe geschah auf fünferlei Art.
Bei der ohne Arbeitsleistung muste die tägliche oder wöchentliche
Gabe gewissermaßen wie eine Prämie wirken für Müßiggang. Nicht
minder, ja am meisten nachtheilig erscheinen die Wirkungen des
„Allowance- oder Scale-System“, das in einem Zuschuß zu
dem bei Privaten erworbenen Arbeitslohn besteht, für augenblickliche
Bedürfnisse, wie Hausmiethe, oder für laufende, wo der Betrag dann
nach den Brodpreisen und nach der Zahl der Familienglieder berechnet
wird. Kaum ward in manchen Gegenden ein Lohnarbeiter gefunden,
der nicht für seine Familie Unterstüzung auß dem Armenfond empfing,
was denn hinwieder zur Schließung früher und unüberlegter Heiraten
beitrug; ja, in einer Gegend ward berechnet, daß jedes Kind der sämtlichen Arbeiterklassen von seinem 14. Jahre an 3 Sh. wöchentliches
Almosen kostete. Bei dem „Roundsman-System“ drittens
bezahlt das Kirchspiel an Guts- und andern Realitätenbesitzer für die
Beschäftigung von Almosen suchenden Personen gewisse Summen, berechnet nach den von der Armenverwaltung bestimmten Taglöhnen.
Es soll namentlich auf den Feldbau nachtheilig eingewirkt haben, indem

es die tüchtigsten Arbeiter, welche früher den Gedanken, sich als Bettler beim Kirchspiele zu melden, mit Abscheu verwarfen, allmählich verleitete, auß der Klasse unabhängiger Arbeiter, in jene der Kirchspielsarmen überzugehen und damit zugleich den Unterhalt ihrer Kinder der Armenpflege aufzubürden. Ueberhaupt verringerte es den Wert der Leistungen der Agrikulturarbeiter. Nicht selten war auch der schnöde Misbrauch, daß die Lohnarbeiter für Privaten außschließend auß der Armenkasse bezahlt wurden. Bei dem seltenern „Parish-Employment" übernimt das Kirchspiel die Beschäftigung der Armen auf eigene Rechnung; 1832 sind unter dem Gesamtaufwande für die Armenpflege in England und Wales von 7,036,968 Pf. St. nur 354,000 Pf. als Außgabe für Arbeitsleistungen begriffen, mit Einschluß der Wegarbeiten und jener in den Armenhäusern. Das gewöhnliche Ergebnis der Armenarbeiten war Null, troz der hohen Löhne (bis zu 16 Sh. die Woche) für diese Scheinarbeit. Auch haben sich Versammlungen von Armen in Haufen immer verderblicher für ihre Moral gezeigt als selbst die Unterstüzungen ohne Gegenleistung. Das „Labour-Rate-System" fünftens, bestehend in freiwilliger Uebereinkunft der Steuerpflichtigen eines Kirchspiels, eine gewisse Zahl eingesessener Arbeiter auf eigene Rechnung, anstatt der Entrichtung der Armensteuer, zu beschäftigen, fand nur selten statt, meist bei erhöhtem Steuerzuschlage. Außer dem allem empfiengen die Wittwen häufig Unterstüzung unter dem Namen Pension von 1 bis 3 Sh. wöchentlich für ihre Person, und 1½ bis 2 Sh. für jedes ihrer Kinder, selbst wenn diese unehelich waren. — Die Unterstüzung von Kranken und Arbeitsunfähigen außerhalb der Werkhäuser erfolgt gewöhnlich in der Art, daß mit einem Landarzte (Surgeon) Verträge über deren Verpflegung geschlossen werden. An einigen Orten sind Arbeiterapotheken (in England verordnen die Apotheker bei minder verwickelten Krankheitsfällen gewöhnlich auch die Arzneien), worauß die Arbeiter für Geringes ärztliche Behandlung erhalten, mit Erfolg gestiftet worden.

Die unberechenbaren Nachtheile aller Unterstüzung an Arme außerhalb der Werkhäuser liegen in dem stäts abnehmenden Widerwillen gegen Bettel, der durch Gewohnheit oder Beispiel schnell überwunden wird, in der Unmöglichkeit der Armenaufseher, das wahre Bedürfnis an Almosen zu erforschen, in der Unmöglichkeit, bei dieser Unterstüzungsart die Quellen von Betrug und Unterschleif zu verstopfen und in der auß dem allen folgenden ungemeſſenen Außdehnung derſelben. An vielen Orten beſtund auch der Grundſaz, die würdigern Armen mit höhern Beiträgen zu begünſtigen — eine verkehrte Maxime, die, auf Koſten des Eigenthums Anderer, der Verſchwendung die Thüre öffnet. Die ungeſtümen Beſchwerden der Zurückgeſezten veranlaßten in der Regel eine allgemeine Erhöhung der Armentare, und die lezte Folge ſolchen Verfahrens war nur Vermehrung des Uebels, welches man zu mildern gedachte. Ueberhaubt ſind reichliche Unterſtüzungen, zumal da, wo ſie einen ſcheinbar legalen Karakter tragen, Prämien für Müſſig= gang und jede Art Unordnung.

Was die Unterſtüzung in den Werkhäuſern betrifft, ſo war ihre Wirkung wegen der ſchlechten Verwaltung der meiſten derſelben kaum minder verderblich. Es fehlte an den erforderlichen Abtheilungen der Armen, an gehöriger Beſchäftigung und Zucht; Verſchwendung, Mis= bräuche, Sittenloſigkeit waren an der Tagesordnung. Der Aufwand übertraf die gewöhnliche Nahrung nicht nur der ſelbſtändigen Arbeiter, ſondern auch der Mehrzahl ſolcher Perſonen, welche für den Unterhalt dieſer Armenhäuſer beizuſteuern hatte.

Dieſe Verhältniſſe mußten natürlich auf die geſamten Volkszu= ſtände nachtheiligſt einwirken. Je höher die Armentare ſtieg, deſto tiefer ſank die Landrente wegen der dem tragbaren Boden ſelbſt auf= gelegten Laſt. Mitunter überſtieg ihr Betrag jedes richtige Verhältnis zu dem Reineinkommen vom Eigenthum, und häufig iſt die Pachtrente bis auf die Hälfte ihres Normalſtandes und darunter geſunken. In manchen Bezirken waren um die geringſten Angebote gar keine Pächter mehr zu erlangen, ja in einer Pfarrei, wo die Armentare von 10 Pf. St. im Jahr 1801 auf 367 Pf. St. im Jahr 1832 geſtiegen war, hatte dieſes ein völliges Verlaſſen der Bodenkultur bewirkt, indem die Grund= eigenthümer ihre Rente brangaben, die Pächter ihre Pachtungen, der Pfarrer ſeine Gründe und Zehnten. Ueberhaubt zeigten ſich die Wir= kungen weit nachtheiliger für den Bodenbau, deſſen Gedeihen, zumal in England, von tüchtigen, umſichtigen und redlichen Arbeitern ab= hängt, als für die Manufakturarbeit. Bei dieſer ſind zweckmäßige Ma= ſchinen die Haubtſache; in den einförmigen Verrichtungen der Arbeiter wird der mindeſte Fehler, jede Saumſal augenblicklich entdeckt, der Fleiß hängt entweder nicht von ihrem Willen ab oder die Arbeiten werden ſtückweiſe bezahlt; Unterſchleife ſind leicht zu entdecken. Das für den

Bodenbau verderbliche Allowance=System begünstigte nicht selten sogar den Fabrikherrn, deſſen Arbeiter mit einem Theile ihrer Löhne von An= dern bezahlt wurden; freilich fiel dieſer Gewinn an wohlfeiler Arbeit nicht nur drückend auf die Armenſteuerpflichtigen zurück, ſondern auch auf den Mitbewerb derjenigen Fabrikherrn, welchen die Verwendung von Kirchſpielsarmen in ihrem Unternehmen nicht zu ſtatten kam. Im Grunde hat der engliſche Pauperismus gar nicht im Fabrikweſen ſeinen Haubtſiz, wie denn auch die neueſten Armengeſeze nicht ihm, ſondern weſentlich dem Grundbeſize zu Gute kommen; er hängt mit demſelben zwar zuſammen, doch nicht wie Urſache und Wirkung. Als Haubt= urſache muß immer hervorgehoben werden, daß es der arbeitenden Landbevölkerung dort an allen jenen ſittlichen Haltpunkten fehlt, welche im eigenen freien Beſize von Grund und Boden liegen, deſſen ſorgfäl= tige Verbeſſerung dann auch allen folgenden Geſchlechtern der eigenen Familie frommt; daß es in England gleichſam nur adelige Pächter und Lohnarbeiter gibt, in Irland gar nur arbeitende Bettler=Pächter — nicht aber jenen für jedes Land ſo ſegensreichen Stand zahlreicher klei= ner und mittlerer Grundbeſizer, die ihr Land zwar ſelbſt bebauen, bei fleißiger umſichtiger Wirtſchaft jedoch ihrer Familie ein unabhängiges und ehrenvolles Beſtehn ſichern können. Wo Müßiggang und Auß= ſchweifung ſich nicht beſtrafen, da gibt es auch keine Belohnung für die guten Eigenſchaften. Wo die Armenſteuer zu Gunſten der Trägheit und Unehrenhaftigkeit regiert, wo ſie dem Arbeiter für bloße Schein= arbeit häufig ein beſſeres Einkommen gewährt als der unabhängige Arbeiter ſich verdienen kann, da müſſen die natürlichen Verhältniſſe der Arbeit ſich umkehren und Selbſtändigkeit und Wirtſchaftlichkeit unter der Maſſe der Bevölkerung verſchwinden. Der beſtändige Krieg, in welchem der ſo Unterſtüzte gegen Alle begriffen iſt, von welchen er Un= terhalt erwartet, muß ſeine Gemüthsruhe mit dem moraliſchen Gefühle töten, für ihn geht alle Süßigkeit der Arbeit, das Gefühl errungener Belohnung verloren — ſklaviſcher Widerwille nur erfüllt ihn bei ſeinen aufgegebenen Verrichtungen. Müßiggang iſt aller Laſter Anfang. Während die Väter die Schenken füllen, leben ihre Familien in Schmuz und Unthätigkeit, die Kinder verwildern; dabei gehn Häuslichkeit und Familienleben, die Quelle von Tugend und Glück in allen Ständen, völlig zu Grunde. Doch auch die öffentliche Sicherheit wird bedroht, wie denn die Furcht vor Gewaltthätigkeiten ſchlechter Individuen, welche die äußersten Mittel, selbst Brandlegung (Grundbesitzer hatten deshalb mitunter Mühe, ihre Assekuranzverträge zu erneuern) zur Geltendmachung ihrer Wünsche anwenden, nachtheilig auf die Armenverwaltung eingewirkt hat.

Ferner lag im Vollzuge der Armenpflege viel Schlimmes. Ihre Organe bildeten die Armenaufseher und die Kirchspielsvorsteher als besondere Körperschaften (Vestries), die entweder zusammengesezt waren auß sämtlichen steuernden Mitgliedern des Kirchspiels (Open Vestries) oder auß freiwillig zusammengetretenen (self-appointed-Vestries) oder nach den Bestimmungen einer Parlamentsakte (Georg III.) auß gewählten (representative-Vestries). Die Wirksamkeit der leztern, der gewählten Armenaußschüsse, deren 1827 in England und Wales 2868, doch 1832 nur noch 2391 bestunden, war vergleichsweise noch am günstigsten. Doch fehlte die gehörige Kontrole und Verantwortlichkeit. Die Posten, zu deren Annahme das Gesez nöthigt, sind sämtlich unentgeldlich, Bevorzugung Einzelner, Verschwendungen, Streben nach Popularität fast immer damit verknüpft; jedes Mitglied hat als Arbeitsherr das gleiche Interesse, geringen Taglohn zu zahlen und einen Theil der Löhnung auf die Armentare zu wälzen, als Krämer ihren Kunden, Gläubigern oder Schuldnern besondere Vortheile zu verschaffen, als Lieferanten für die Armenhäuser den Verbrauch an solchen Artikeln zu erhöhen. — Endlich wirkten ungünstig ein die Bestimmungen über Ansässigkeit, wofür bis auf Karl II. nur zwei gesezliche Titel galten, Geburt und Aufenthalt (ein Jahr). Nach einem Geseze unter Karl II. muste das den Friedensgerichten gewährte Recht, neue Ansiedler, die ein Pachtgut unter 10 Pf. St. Pachtzins antreten wollten, zu entfernen, innerhalb der ersten 40 Tage ihrer Ankunft außgeübt werden. Hierauß entsprang ein neuer Titel der Ansässigkeit — 40 Tage Aufenthalt ohne Entfernung oder der Antritt eines Pachtguts zu 10 Pf. St. jährlichen Wertes — wodurch zugleich das frühere Heimatsrecht verloren gieng. Das englische Gewohnheitsrecht (Common-law), in alle Kreise mächtig eingreifend, fügte zu diesen Titeln noch Grundbesiz überhaupt, weil Niemand von seinem Eigenthum getrennt werden kann; ferner Heirath für Frauen und Vaterschaft für legitime, noch nicht emanzipirte Kinder; endlich nach besondern Parlamentsakten die einjährige Verwaltung eines öffentlichen Dienstes und Beisteuer zu den Kirchspielslasten. Später ist das Heimatsrecht durch 40tägigen Auf-

enthalt an beschränkende Bedingungen geknüpft worden, auch soll der
Ankauf eines Grundeigenthums unter 30 Pf. St. keine Ansässigkeit ge=
währen; dagegen ist den Friedensgerichten jene Befugnis, neue An=
siedler innerhalb 40 Tagen zu entfernen, wieder genommen und unter
Georg III., wie billig, angeordnet worden, daß Niemand entfernt wer=
den dürfe, so lange er dem Kirchspiel nicht zur Last fällt. Eine andere
Bestimmung verlieh das Heimatsrecht unter Umständen für einjährige
Lohndienste; sie war nachtheilig für den Landbau, bei welchem die
Arbeiter um so nüzlicher werden — besonders da, wo, wie in England,
die Pachthöfe ungemein groß sind — je länger sie sich mit allen Ver=
hältnissen des Bodens vertraut machen. (Man umgieng die Bestim=
mung häufig, indem man die Lohnarbeiter durch Scheinverträge nur
jedesmal auf 364 Tage oder 51 Wochen miethete oder gar außerhalb
der Kirchspielsgrenze schlafen ließ; viele Arbeiter verweigerten auch jede
Verwendung außerhalb des Kirchspiels, um günstige Heimatsrechte
nicht einzubüßen.) Das alte, den Lehrlingen verliehene Ansässigkeits=
recht ward oft mißbraucht, um die armen Knaben aus den Kirchspielen
in andern Städten unterzubringen*). — Die verkehrten Bestimmungen

---

*) Peels Vorschläge von 1846 haben wesentliche Aenderungen in das Gesez über
die „Unterstüzungsheimat" gebracht. Aus oft genannten Gründen fühlt sich die Land=
bevölkerung, besonders bei schwungvollem Fabrikbetriebe, zur Einwanderung in die
Fabrikstädte ermuntert; in blühenden Zeiten wird es von diesen gern gesehen. Tritt
aber Ebbe im Handel ein und stocken die Geschäfte, so suchen die Städte sich der vom
Lande weggezogenen Arbeiter wieder zu entledigen und die Broblosen, die nicht das
Heimatsrecht erworben, so viel möglich in die Ackerbaubezirke zurückzusenden, wo sie
gewöhnlich wegen der obwaltenden Bodenverhältnisse dem Pauperismus anheim fallen.
Um den Landbau von dieser Last zu befreien, die aber doch nur eine natürliche Folge
des Zustandes des Grundbesizes ist, soll es untersagt werden, einen Landbewohner,
der fünf Jahre in einer Fabrikstadt als Arbeiter gelebt, aus der Stadt fortzuschicken.
Die Kinder eines solchen, eheliche wie uneheliche, die bei ihrem Vater oder ihrer Mut=
ter wohnen, sowie diese selbst können gleichfalls nicht fortgeschickt werden, sowie über=
haupt nicht, wenn der Vater Recht auf Ansässigkeit hat. Ferner kann eine Wittwe,
die zur Zeit, da ihr Mann starb, mit demselben in einem Orte lebte, erst ein Jahr nach
dem Tode ihres Mannes aus demselben entfernt werden. Endlich soll in Folge von
Unfällen oder Krankheiten Niemand entfernt werden können, wenn nicht der Magistrat
die Ueberzeugung erlangt hat, daß die Wirkungen derselben dauernder und unheilbarer
Art sind. Diese Bestimmungen entheben den Landbau einer schweren Bürde zum wei=
tern Nachtheil der Fabrikstädte; doch sind sie für die Arbeiter selbst sehr vortheilhaft.
Aus diesem Grunde sprachen auch Hr. Thomas Duncombe, der Hauptvertreter der
Arbeiterinteressen im Parlament und seine Partei für sie. Besonders bestund er auf

ferner in Betreff der unehelichen Geburten führten häufig halbgezwungene Heirathen herbei, welche sich immer als eine Haubtquelle der Unzucht und Verführung der Frauenspersonen bewiesen haben. Nach den Zeugenaußsagen kamen nicht selten unter 50 Heirathen auf dem Lande 49, und in andern Fällen 19 unter 20 vor, in welchen die Braut bereits Mutter geworden oder schwanger war. Gegen die Fingerzeige der Natur, welche dem weiblichen Theile die Aufgabe des Widerstrebens zu großer Annäherung sezt, irrte das Gesez, indem es dem Vater die Verpflichtung auflegte, das Kirchspiel schadlos zu halten und für das uneheliche Kind hohe Beträge zu zahlen. Um den Kirchspielen Außgaben zu ersparen, ward der Versuchung zu Meineid und Sittenlosigkeit Vorschub geleistet; doch der wirkliche Erfolg war ein entgegengesezter, indem nicht die Hälfte der den Müttern unehelicher Kinder vorgestreckten Summen den Kirchspielen zurückersezt wurden. Obendrein entsprangen den Gemeinen neue Unkosten darauß, daß schwangere Personen nach ihrer gesezlichen Heimat gebracht werden musten. Die Unterhaltsbeiträge aber, welche die Mutter für das Kind erhielt und die sie in der Regel in eine äußerlich günstigere Lage brachte als die ist, in welcher sich die verheiratheten Frauen unvermögender Klassen befinden, wirkten als direkte Ermunterung der Unsittlichkeit. Kein Wunder, daß es Frauenzimmer gab, die mit sieben natürlichen Kindern den Gemeinen zur Last fielen und wöchentliche Unterstüzungen bis zum Betrage von 18 Sh. auß der Armenkasse bezogen!

Auß dem allen erhellt, daß der Pauperismus, welcher England Lokallasten aufgebürdet, größer als die Einkünfte der mittlern Staaten des Festlands, zum Theil wenigstens ein künstlicher war, hervorgerufen durch die Misbräuche einer völlig verkehrten Praxis, die durch den der englischen Nazion inwohnenden Hang zur Mildthätigkeit und ihre Hingebung für öffentliche Zwecke erhöht ward. Unter den Vorschlägen zur Verbesserung dieser Zustände betraf der wichtigste die noch immer auch in anderer Hinsicht schwebende Frage: ob nicht die Ernährung der Armen für eine Nazionallast, statt einer gemeindlichen wie bisher, zu erklären, und deren Kosten und Verwaltung dem Staate zu übertragen

der Klausel von fünf Jahren industriellen Aufenthalts, die sowol den Ackerbauinteressen von Nuzen, als auch für die Fabrikarbeiter des ganzen Landes ein großer Akt der Gerechtigkeit sein werde, während sonst das Peel'sche Reformsystem den Arbeitern wenig helfen werde.

seien? Bedeutendes spricht dafür: die Gemeinen und der Grundbesitz
würden sich außnehmend erleichtert fühlen, die Macht der Zentralverwaltung zunehmen; die ganze Frage der Ansässigkeit wäre wegen der
dann nöthigen Staats-Werkhäuser mit einem Male beseitigt, zugleich
fielen damit alle jene Beschränkungen hinweg, welche die Kirchspiele
noch gegen freie Bewegung in Verwand von Arbeit und gegen un-
ansässige Arbeiter ziehen; keine örtlichen Anhäufungen mitteloser Un-
beschäftigter würden mehr vorkommen und der tüchtige Arbeiter allenthalben in seinem vollen Werte hervortreten; endlich würden durch eine
energische Zentralverwaltung und Wegfall manigfacher Kosten große
Ersparnisse zu erzielen sein. Allein gewichtige Bedenken stehn auch entgegen, namentlich die völlige Umkehr der innern Verwaltung und die
moralische Gefahr, die darin liegt, daß die Regierung außspricht, die
unbedingte Gewähr einer allgemeinen Ernährung und Vorsorge für
Alle unter allen Umständen zu übernehmen. Doch wenn die Armenlast
durch das alte optimatische Kommunalsystem nicht mehr getragen werden könnte, würde der Staat sich gezwungen sehen nach diesem Noth-
anker zu greifen, der eine Art öffentlicher Versicherung gegen die Folgen
von Leichtsinn, Müßiggang und Misgeschick zu bieten scheint. Könnten
ferner die Misbräuche der frühern Verwaltung nicht auch unter der unmittelbaren Führung der Regierungsbehörden sich wieder einschleichen,
ja, die Unterstüzungen außerhalb den Werkhäusern wieder aufkommen?
Endlich müste die Einkommen- und Eigenthumstare bedeutend erhöht
werden; auf der wohlhabenden Insel Guernsey z. B., wo die Armen
auß einem gemeinschaftlichen Fond unterhalten werden, ist dafür eine
Tare von 3 Prozent alles Einkommens erforderlich gewesen. Das
Kommunalsystem ward daher vorerst zwar noch in wesentlichen Zügen
beibehalten, zugleich aber wurden in der Verwaltung und Beaufsichtigung des Armenwesens durchgreifende Verbesserungen und wichtige
Aenderungen eingeführt, die auf das Streben nach Zentralisazion desselben entschieden hindeuten. Einflußreiche Staatsmänner, Peel selbst
voran, sollen für Uebernahme des ganzen Armenwesens durch den
Staat gestimmt sein*).

---

*) Der erste Schweizer Kanton, Bern, ist in seiner neuesten ganz demokratischen
Verfassung zu diesem merkwürdigen Experiment übergegangen: die gesezliche Unterhal-
tungspflicht der arbeitsunfähigen Armen nimt der Staat den Gemeinden ab, der Ertrag

Die gegenwärtige Armenverwaltung in England und Wales beruht nun auf folgender Grundlage. Um die Haubtquelle des Uebels, Unterstüzung an Arbeitsfähige außer den Werkhäusern, zu verstopfen, soll, mit Außnahme ärztlicher Hülfe und der besondern Maßregeln hinsichtlich der Gewerbslehrlinge, jede Unterstüzung auß dem Armenfond an arbeitsfähige Arme und ihre Familien möglichst nur in wohleingerichteten Werkhäusern stattfinden. Die Unterstüzungen außerhalb der Werkhäuser, besonders in Geld, sollten (binnen zwei Jahren) abgeschafft und vorderhand die schon bestehenden Geldhülfen in Naturalreichnisse umgewandelt werden. Jede für Kinder unter 16 Jahren gereichte Unterstüzung wird als an die Eltern derselben gegeben betrachtet. Mit diesen Bestimmungen hatte man allerdings den Nagel auf den Kopf getroffen; denn nach dem übereinstimmenden Zeugnisse der Armenaufseher in Städten fielen bis zu zwei Drittheile der arbeitsfähigen Armenklasse der Kategorie der Trägheit und des Betrugs anheim, selten vermochten unter 100 Individuen, welche Almosen ansprachen, mehr als 6 eine genügende Rechtfertigung ihres Zustandes nachzuweisen. Zu ihrem Vollzuge ward von der Regierung eine auß drei Personen bestehende Zentralkommission für die Handhabung der Armengeseze (Poor-Law-Commission) als Staatsbehörde und mit der Ermächtigung ernannt, nähere Vorschriften zu erlassen und zu vollziehen, welche sich über die Werkhäuser, den Unterhalt und die Beschäftigung der Armen erstreken und möglichst im ganzen Reiche gleichförmig in Außführung kommen sollen. Da von den 15,535 Kirchspielen in England und Wales (darunter die Städte mit selbständiger Armenpflege) 737 nicht über 50 Einwohner enthalten, 1907 nicht über 100 und 6681 nicht über 300 (auch dort finden sich wol Armenhäuser — Hütten mit freier Wohnung für einige arme Familien, welche sich wechselseitig demoralisiren); da ferner selbst Kirchspiele mit 5000 Seelen nur mit unverhältnismäßig hohen Kosten wohlgegliederte Werkhäuser zu unterhalten vermögen, und es überall an Mitteln fehlte für gehörige Aufsicht, Scheidung der Klassen, Unterricht der Kinder, Wartung der Irren und Kranken: so ward die Zentralkommission vom Parlament ermächtigt,

---

der Armengüter wird dafür verwandt, doch bleiben die Güter selbst in den Händen der Gemeinden.

mehrere Kirchspiele zum Zweck gemeinschaftlicher Erbauung und Unterhaltung von Werkhäusern zu verbinden. Für diese, auch in anderer Beziehung wichtig gewordenen Bezirksvereine (unions) sollen theils neue zweckmäßige Gebäude dieser
Art errichtet, theils die vorhandenen zur gemeinschaftlichen Benuzung
erweitert werden. Man hatte ermittelt, daß der Unterhalt von 500
Personen auf 10 Pf. St. per Kopf sich erlief, wogegen 1000 Personen
nur 9000 Pf. St. oder bloß 9 Pf. per Kopf kosteten. Auch war die
Last des Armenunterhalts in den größten Kirchspielen verhältnismäßig
am geringsten: in 100 der größten mit einer Bevölkerung von 3,196,064
trafen auf den Kopf 6 Sh. 7 P. Armensteuer, in 100 mittlern mit zusammen 19,841 Einwohnern 15 Sh., in 100 der kleinsten mit 1708
Einwohnern sogar 31 Sh. 11½ P. Ein anderer Vortheil größerer
Bezirke besteht in der erleichterten Vorsorge für wirklich nüzliche Beschäftigung der Armen. Daher auch die Zentralkommission ermächtigt
ward, mehrere Kirchspiele zu verbinden für Ernennung und Besoldung
permanenter Beamten, welche die Herstellung der öffentlichen Arbeiten,
Wege, Wasserabzüge ꝛc. durch die Armen zu überwachen haben. Sie
selber hat über alle bezahlten Angestellten die obere Aufsicht, tritt gegen
Betrug als öffentlicher Anwalt für die Armenanstalten auf, für welche
alle Lieferungen auf öffentliche Anerbietungen und Verträge gegründet
sein müssen, mit völlig freier Konkurrenz. Sie hat das Recht der Ernennung von Hülfskommissären (Assistant Commissioners), jedoch
nicht über neun ohne ministerielle Genehmigung, welchen sie ihre gesezlichen Befugnisse übertragen darf; ebenso das von Sekretären und andern Bediensteten. Die Mitglieder der Kommission, welche nicht im
Parlamente sizen dürfen, müssen wie alle die von ihr ernannten Beamten beeidigt werden. Sie hat die amtliche Verpflichtung, über alle ihre
Verhandlungen Protokolle abzufassen, einen jährlichen Haubt- und
Rechenschaftsbericht über ihre Verwaltung dem Staatssekretariat des
Innern zur Vorlage ans Parlament einzureichen, ferner jederzeit besondere Berichte auf Verlangen zu erstatten. Ihr steht keine Anordnung
über die Unterstüzungen im Besondern zu, keine Einmischung dieser
Art in die Verfügungen der Ortsbehörden. Die Unterstüzungen leitet
allein der Vereins-Armenpflegschaftsrath (Board of Guardians), das wichtigste Organ, womit die Verwaltung des Armenwesens durch die neue Gesezgebung bereichert worden ist. Er bildet eine

Art Departementalrath und besteht gesezlich auß der ganzen Magistratur der Bezirksvereine und auß besonders hiefür immer auf ein Jahr durch Stimmenmehrheit der Armensteuerpflichtigen gewählten Mitgliedern, welche in den Landbezirken gewöhnlich Landwirte, in den Städten Kaufleute sind; auß jedem Kirchspiel enthält er immer wenigstens ein Mitglied. Im Pflegschaftsrath sind mithin Mitglieder der höhern und Mittelklassen der Gesellschaft gemeinschaftlich als eine verbundene Körperschaft der neuen Unionsbezirke bei der Verwendung des Armenfonds thätig. Die vielseitigen Erfahrungen so großer Körperschaften müssen, wie auf die ganze Verwaltung, so auch auf die Zentralkommission günstig einwirken, mit welcher sie ununterbrochen in direkter amtlicher Verbindung stehn. Wählbar in den Pflegrath ist jeder Angesessene, dessen Quote zur Armensteuer nach einer Jahresrente seines Besizthums von wenigstens 25 Pf. St. berechnet ist. Das Stimmrecht steht nur denen zu, welche die Armentaxe bereits ein volles Jahr entrichtet haben; die Wahlen erfolgen durch schriftliche Stimmabgabe. Der Pflegschaftsrath ist ein förmliches Verwaltungskollegium: zwar ruht in seinen Händen wesentlich die Verwaltung des Vereins-Armenwesens, die Anweisung aller und jeder Unterstüzungen, die Erbauung des Werk- und Armenhauses nebst Schule, die Erlassung von Vorschriften für dessen Einrichtung und Bewirtschaftung; allein er vermag seine Wirksamkeit nur durch Beschlüsse in kollegialer Form zu äußern, ohne mit den Armen selbst in nähere Berührung zu treten. Daher bedurfte er weiterer Organe in den eigens aufgestellten und besoldeten Distrikts-Almosenkommissären (relieving officers), welche ihre ganze Thätigkeit diesem Geschäfte widmen, und durch deren Hände die meisten Unterstüzungen, welche außerhalb den Werkhäusern verliehen werden, unter der gehörigen Kontrole fließen. (Den Friedensrichtern steht nur noch die Anordnung von Out-door-Unterstüzungen für die wegen Alters oder Gebrechlichkeit arbeitsunfähigen Armen zu.) In den Almosenkommissären — nicht zu verwechseln mit den Armenaufsehern, welche nicht Bezirks- sondern Kirchspielsbeamte sind, beibehalten vorzüglich zum Zwecke bloß der Erhebung der Armensteuer — besizt der Pflegschaftsrath Organe, welche mit eigenen Augen gesehen, die Zustände der Bedürftigen und die beste Abhülfe persönlich untersucht haben. Keine Anweisung auf den Armenfond kann mehr aufs Geradewohl oder auf übertriebene Angaben der Hülfesuchenden geschehen, und die Statistik des gesamten Armenwesens gewinnt auf diesem Wege allein eine sichere Grundlage. Während England und Wales beiläufig in zwölf große Inspekzionsbezirke eingetheilt worden, jeder mit einem Assistentkommissär an der Spize, ernennt hinwieder der Armenpfleg= schaftsrath für jeden Verein aus seiner Mitte einen Inspekzions= ausschuß, welchem obliegt, sich wenigstens einmal wöchentlich in den Armenhäusern sorgfältig umzuschauen, die jüngsten Berichte des Geistlichen und des Arztes, sowie die Vorräthe einzusehen und die etwaigen Beschwerden der Bewohner zu untersuchen. Auch den Mit= gliedern der Zentralkommission und deren Assistenten steht es zu, die Werkhäuser zu untersuchen und in die Bücher der Inspekzionskommitteen Bemerkungen darüber einzutragen. Der Pflegschaftsrath ernennt durch Stimmenmehrheit folgende Funkzionäre in den Werkhäusern: einen Direktor, eine Wirtschaftsvorsteherin (gewöhnlich des erstern Gattin), einen Kaplan, Schullehrer und Lehrerin, einen Arzt, Thürsteher und andere Dienstboten (er hat darüber der Zentralkommission Anzeige zu machen, die allein befugt ist zur Dienstentlassung der Werkhausbeam= ten; Dienstessuspension und Entlassung der Dienerschaft steht auch dem Pflegrath zu). Ferner ernennt er als Beamten der Armenverwaltung seinen Sekretär (clerk), den Vereinskassier, den Vereinsarzt, die Al= mosenkommissäre (die im Bezirke wohnen, keine Profession treiben und im Stande sein müssen, ihre ganze Zeit dem Armenwesen zu widmen), endlich einen ober. mehrere Assistenten. Bezirkskassier, Werkhausbirek= tor und Almosenkommissäre sind gehalten, für Erfüllung ihrer Dienst= pflichten nicht nur für eine gewisse Strafsumme Sicherheit zu leisten, sondern auch zwei genügende Bürgschaften zu stellen. Die Dienst= gehalte bestimmt die Zentralkommission, der auch die Entlassung zusteht. Der Zweck aller dieser Organisazionsbestimmungen besteht darin: die Anordnungen der Verwaltung möglichst von ihrem Vollzuge zu trennen, diejenigen Bediensteten, denen die wirkliche Vertheilung der Armen= unterstüzungen in lezter Hand und die Bewirtschaftung der Werkhäuser anvertraut ist, der sorgfältigsten Kontrole der Behörden und des ganzen Publikums unterzustellen und hierdurch den Spielraum für Willkür und Misbrauch immer mehr zu beschränken. Die Verrichtungen des ganzen Verwaltungskollegiums der Unionsarmenpflege, welches jähr= lich theilweiser Erneuerung durch Wahl unterliegt, sind unentgeldlich; alle Vollzugsbeamte aber sind besoldet, auf lebenslänglich, wenn sie

entsprechen, doch jeden Augenblick absezbar, wenn gegründete Beschwerden gegen sie erhoben werden.

Zu den weitern Neuerungen gehört, daß mehrere Kirchspiele, unter Zustimmung des Armenpflegschaftsraths, in Bezug auf das Recht
der Ansäßigkeit zu einem Kirchspiel vereint werden können;
unter den nämlichen Bedingungen und gleichfalls in unwiderrufli-
cher Weise kann auch eine Verbindung mehrerer Kirchspiele zu einem,
in Bezug auf die Erhebung der Armensteuer, stattfinden. Die meisten
Ansäßigkeitstitel, welche auß Dienstverträgen, Lehrlingsjahren, Pacht-
verträgen, kleinem Grunderwerb und öffentlichen Diensten entsprangen,
sind abgeschafft; keine Ansäßigkeit sollte mehr erworben werden ohne
einjährige Zahlung der Armentare. Der Mutter eines unehelichen
Kindes, nicht mehr dem (muthmaßlichen) Vater, liegt die Ernährungs-
pflicht ob bis zu dem erreichten 16. Jahre desselben; selbst wo der Vater über allem Zweifel ermittelt ist, soll er nur bis zum vollendeten 7.
Jahre des Kindes beitragen, und nichts davon zur Unterstüzung der
Mutter verwandt werden. Kein Bediensteter beim Armenwesen darf
für eigene Rechnung Gegenstände der Armenunterstüzung liefern. Jede,
an arbeitsfähige Personen über 21 Jahren oder ihre Familien (Kinder
unter 16 Jahren) verliehene Unterstüzung, in Geld oder Naturalien,
selbst ärztliche Hülfe, soll bloß als ein Anlehen betrachtet, und durch
die gesezlichen Mittel auß später erworbenem Eigenthum, auch durch
die Beschlagnahme auf die Löhnungen, deren Rückersaz bewirkt werden.
Man sieht, diese wie andere Bestimmungen der neuen Armengesezgebung sind mehr auf eine negative als positive Wirkung berechnet, mehr
um die erniedrigenden Einflüße für die arbeitenden Klassen zu beseitigen, als neue praktische Hülfsmittel für leibliches und geistiges Wohl
zu schaffen. Man wollte wenigstens die Hindernisse zu einer religiösen
und moralischen Erziehung möglichst hinwegräumen und allen vorhandenen Hülfsmitteln zur Erhebung der sittlichen Zustände der armen
Klassen einen freiern Spielraum eröffnen. Das neue Positive bezieht
sich wesentlich auf die Verwaltungsform, die gründlich umgestaltet ist,
namentlich auf die Zentralbehörde und die wichtige korporative Vereinigung mehrerer Kirchspiele zu einem Ganzen, sowie auf strengere Zucht-
vorschriften. Sonst blieb das leitende Prinzip des neuen Gesezes:
auf die Verminderung des Pauperismus zu wirken durch
Gewöhnung der Arbeitsfähigen, welche öffentliche

Hülfe ansprechen, zur Arbeit und hierdurch zur Wiedererweckung des erloschenen Gefühls der Selbständigkeit
unter geregelter Form und Lebensweise. Dieser Zweck erscheint aber nur durch folgerichtigen Vollzug des Prinzips, daher erfahrungsgemäß außerhalb besonderer Anstalten nicht erreichbar. Deshalb hat man für die Armenbeschäftigung das System der Werkhäuser aufgestellt und mit einer Konsequenz sowie in einem Umfange
ohne Beispiel ausgeführt. Mit diesem Haubtzwecke geregelter und
streng überwachter Arbeit, sind die beiden andern Aufgaben des Armenwesens, Unterhalt der hülflosen Arbeitsunfähigen und
Erziehung der armen Kinder, gleichfalls in den Werkhäusern
verwirklicht worden. Insofern dabei keineswegs die Absicht vorschwebt,
die Nothleidenden von Ansprüchen auf öffentliche Unterstüzung abzu-
schrecken, liegt der englischen Armenpflege mithin das Humanitäts-
prinzip außschließend zu Grunde, nach den drei Monaten der sittlichen Beßerung, der Erziehung und des Unterhalts der Erwerbsunfähi-
gen, ohne sonstige staatswirtschaftliche oder finanzielle Rücksichten. Bei
der Werkhausarbeit wird nirgends auf bestimmte Erträgnisse gerechnet,
vielmehr jede, den Privaterwerb beeinträchtigende Produkzion vermieden, und die Werkhäuser bestehn allenthalben nur durch sehr beträchtliche jährliche Zuschüße auß dem Armenfond (so bedarf das, von nur
vier Kirchspielen erbaute und unterhaltene Werkhaus in Greenwich, für
900 Personen, 70,000 Thaler jährlichen Zuschuß). Obwol nun ein
Gesez, welches die Maße der Bevölkerung zur Sparsamkeit, Vorsicht
und Unabhängigkeit anzuleiten und den betriebsamen Arbeiter gegen
Willkür und Schmälerung seines Verdienstes zu schüzen sucht, in seiner
Grundlage durchauß volksgemäß ist; so kann es doch nicht wundern,
daß der Uebergang von grenzenlosen Unordnungen und Verschleuderun-
gen der frühern Armenverwaltung zu einem strengen folgerechten Vollzuge des Gesezes, ungeachtet noch immer außerhalb der Werkhäuser bei
weitem die meisten Summen für Nothleidende verwandt werden, viele
Beschwerden verlezter Interessen hervorrief, und daß noch immer, zumal
unter den Arbeitern, lebhafte Antipathien gegen das Werkhaussystem
bestehn. Die Wirksamkeit der Zentralkommission und ihrer Gehülfen
machte z. B. allein über 15,000 Angestellte des frühern Armenwesens
entbehrlich.

Wenn durch alle Untersuchungen Betrug, Arbeitsscheu und Sorglosigkeit als eine Haubtquelle der Armuth erkannt worden waren, so muste es doch noch für ein Glück gelten, daß diese Krankheit der Staats= gesellschaft im Grunde weniger als Gebrechen der Organe denn als Unordnung ihrer Funkzionen sich darstellte. Müste die große Anzahl Hülfesuchender durchauß nur als eine Wirkung unabwendbarer Noth betrachtet werden, so würde solches auf das Dasein eines organischen, unheilbaren Leidens hindeuten. Gegen jene Quelle des Uebels aber muß, als oberster Grundsaz aller Armenunterstüzung, die gesezliche Zu= läßigkeit derselben von der Bedingung abhängig bleiben: „daß die Lage des auß öffentlichen Mitteln Unterstüzten im Gan= zen weniger günstig gestellt wird als jene des unabhän= gigen Arbeiters.“ Ist dies nicht der Fall, so wirkt das Armenge= sez selbst allem Antrieb zur Arbeitsamkeit und Nüchternheit der niedern Klassen entgegen. Um nur dem äußersten Mangel zu wehren, stellt es Bedingungen. Unterwirft der Hülfesuchende sich diesen nicht, so erhält er nichts; erfüllt er sie aber, so begründet er dadurch eben seine An= sprüche, d. h. seinen Zustand äußersten Mangels. Bieten nun Werk= häuser, in Bezug auf Wohnung, Regelmäßigkeit der Mahlzeiten, Hei= zung und Kleidung viel größere Vortheile dar, als dem Haushalt der untersten Arbeiterklassen zu Theil werden; so erscheint gegenüber ein strenges System von Arbeit und Zucht unerläßlich, damit der anschei= nende Zwang in den Begriffen und Empfindungen der unterhaltenen Armen jene materiellen Vortheile aufwiege. Hierauf beruhen die Ein= richtungen der englischen Werkhäuser nach der neuen Gesezgebung: dem Unterstüzten werden zwar alle wesentlichen Bedürfnisse gewährt, diese jedoch nur denen wünschenswert gemacht, welche deren wirklich bedürf= tig sind. Sogar hat man bedacht, daß, wäre der Zustand der Werk= häusler unbedingt einladend auch nur für alte und gebrechliche Perso= nen der arbeitenden Klassen, ein großer Antrieb für die Jugend und das kräftige Mannesalter hinwegfiele, durch Sparsamkeit und Fleiß für spätere Jahre einen Nothpfennig zu erringen oder in gleicher Art hoch= bejahrte Eltern und Angehörige zu unterstüzen.

Die Bildung der Bezirksvereine vorerst, behufs der Einrichtung gemeinschaftlicher Armenhäuser gieng schnell von statten. Schon im ersten Jahre nach der Erscheinung des Gesezes entstunden 112, die 2066 Kirchspiele umfaßten. Zur Organisirung sämtlicher Vereinswerk= häuser stellte die Zentralkommission folgende leitende Vorschriften auf:

Trennung der Geschlechter, der Alten und Gebrechlichen von den Arbeitsfähigen, der Jugend von den Erwachsenen; Vorsorge für eine Anstalt zur Ernährung der kleinen Kinder unter Zutritt der Mütter und
einer Schule für die unterrichtsfähige Jugend; Sorge für ärztliche
Hülfe, religiösen Unterricht, kurz für das leibliche und geistige Wohl
der Bewohner. Gegen die Außartung der Werkhäuser in bloße Almo-
senhäuser, dienten strenge Vorschriften über die Arbeit nach den Fähigkeiten ꝛc., die Nahrung, das Außgehn und anderes mehr. Dem Luxus
nahe stehende Artikel sind von der Nahrung außgeschloßen, sogar das
Bier, mit Außnahme von Gesundheitsrücksichten; Thee wird bloß
alten und gebrechlichen Werkhausbewohnern gereicht. Nach dem
Durchschnitte mehrerer Spezialvorschriften einzelner Werkhäuser betrug
die Nahrung einer Familie auß Mann, Frau und fünf Kindern, von
denen drei über neun Jahre alt, für eine Woche: Brod 434 Unzen,
Fleisch 90 Unzen, Käse 48 Unzen, Erdäpfel 9 Pfund, Fettpudding 74
Pfd., Fleischbrühe 54 Pinten, Hafergrüze 63 Pinten — Summa der
Kosten 11 Sh. 4¾ P. (an 16 Thaler für den ganzen Monat). Die
Kinder werden auf den Fuß der gewöhnlichen Schulzucht behandelt.
Dem Arbeitsfähigen ist der Aufenthalt außer dem Werkhause gestattet
um Arbeit zu suchen; außerdem in dringenden Fällen ihrer eigenen Angelegenheiten. Das Zusammenwohnen ganzer Familien in den Werkhäusern, mit Außnahme wol alter Ehepare, ist dem Zweck dieser Anstalt
zuwider; doch werden Kinder unter sieben Jahren von den Müttern
nicht getrennt. Geistige Getränke in Werkhäuser einzubringen ist bei
10 Pf. St. in Geld oder zweimonatlicher Kerkerstrafe verboten. Die
wahrhaft außgezeichnete bauliche Einrichtung der Werkhäuser anlan-
gend, so liegen ihnen allen große Räumlichkeiten in Verband mit meh-
rern abgetheilten Höfen und offenen Schuppen, Möglichkeit vollständi-
ger Sonderung der verschiedenen sieben Klassen, leichter Ueberblick des
Ganzen durch zweckmäßige Verbindung der einzelnen Theile, Sorge für
höchste Reinlichkeit, Luftwechsel und Bewegung aller Bewohner innerhalb der Ringmauern des ganzen Gebäudes, als die Haubtzwecke zu
Grunde. In England und Wales sind vom Jahr 1836 bis 1844
in 405 Vereinsbezirken solche Werkhäuser vollständig neu gebaut worden für 96,613 aufzunehmende Armen mit einem Kostenaufwand von
2,306,559 Pf. St., außerdem in 179 Vereinsbezirken vorhandene
Werkhäuser mit 419,210 Pf. St. Kosten neu eingerichtet, mithin bin-

nen neun Jahren die große Summe von 2,725,769 Pf. St. bloß für beßere Unterbringung der Armen, neben der Ernährung einer Armenlast von anderthalb Millionen Köpfen, von den Gemeinden aufgebracht worden!! Anlehen für Aufbau oder Erweiterung der Werkhäuser werden auf den Armenfond radizirt, dürfen jedoch den einjährigen Betrag der Armentare nicht übersteigen, und müßen alljährlich mit einem Zehentheile des Betrags der Anleihe nebst den Zinsen zurückbezahlt werden. Die in ganz England jezt in Kraft bestehende Haubtverordnung über die Werkhausverwaltung, 70 Artikel enthaltend und das vollständigste Bild dieses wichtigsten Zweiges des Armenwesens gewährend, erschien erst nach mehrjährigen Erfahrungen am 5. Februar 1842. Ueberall springt in ihr die Tendenz klar hervor: Vorsorge gegen wahren Mangel, sorgfältige Pflege des Alters und der Gebrechlichkeit, Sorge für die Gesundheit der Unterhaltenen; fleißige Widmung für die Erziehung der armen und verlaßenen Kinder, um durch Heranbildung eines beßern Geschlechts der Zunahme des Pauperismus für die Zukunft eine feste Schranke entgegenzusezen; dagegen ernste anhaltende Beschäftigung des Arbeitsfähigen unter Vermeidung von Zwang und erniedrigender Behandlung, und mit unaußgesezter Wirksamkeit auf die Veredelung des sittlichen Menschen. Nur in lezterer Beziehung will ich anführen, daß keinem Werkhausinwohner die Verpflichtung aufgelegt werden darf, einem Gottesdienste beizuwohnen, welcher mit seinem Bekenntniße und religiösen Ueberzeugungen in Widerspruch steht, und von den Strafbestimmungen, die in erfreulichem Gegensaze stehn zu dem schmählichen britischen Militärkober, folgende: Kinder unter 12 Jahren dürfen weder in einem dunkeln Orte, noch während der Nacht eingekerkert werden; ältere Personen sollen in ähnlichem Falle Nachts ein Bett und übrige Erfordernisse erhalten. Körperliche Züchtigungen dürfen an männlichen Kindern nur durch den Schulmeister oder Werkhausdirektor vollzogen werden, und zwar bloß mit der Ruthe, ohne andere Instrumente, und nie früher als nach Verlauf von sechs Stunden, nach dem zu bestrafenden Vergehn; Knaben über 14 Jahren sollen keiner körperlichen Züchtigung mehr unterliegen; Körperstrafen weiblicher Kinder sind durchauß untersagt. Ueber alle verhängte Strafen führt der Direktor ein besonderes Buch, welches bei den Sizungen des Armenpflegschaftsraths vorgelegt wird; jeder Werkhausinwohner über 7 Jahren, über welchen seit der lezten Sizung des Pflegraths Strafe ver-

hängt worden, oder welcher der Unordnung oder Widerspänstigkeit be-
schuldet ist, soll in die nächste Sizung gebracht werden, um Gelegenheit
zu erhalten, entweder wegen unverdienter Strafe oder falscher Beschuldigung Beschwerde zu führen, worüber die Verhandlung dem Sizungs-
protokoll einverleibt wird. Jeder Arme über 14 Jahren, welcher heimlicher Weise gebrannte Getränke in das Haus einzubringen sucht oder
der mit Kleidungsstücken der Armenverwaltung auß demselben entweicht,
soll vor das Friedensgericht gestellt und nach den Gesezen behandelt
werden. Ebenso sollen Werkhausdirektoren, welche die Einbringung
geistiger Getränke gestatten oder wegen ihres Betragens zu Beschwerden, es sei des Pflegraths oder der unterhaltenen Armen, Anlaß geben,
vor Gericht gestellt werden und mit ihrem Gehalt ꝛc. für die ihnen zu-
erkannte Geldstrafe haften. Sämtliche Strafbestimmungen sind in den
Speisesälen, Schulzimmern, Empfangstuben ꝛc. anzuschlagen.

Die Durchschnitszahl der dem Armenfond in England und Wales
zur Last fallenden Kinder unter 16 Jahren beträgt über 60,000, grö-
stentheils Waisen, uneheliche und von ihren Eltern verlaßene Kinder.
Der Zweck, diese große Zahl hülfloser Geschöpfe zur Religion, Sittlichkeit und Betriebsamkeit heranzubilden, war nicht zu erreichen, wenn
sie in jedem Werkhause ihres Bezirks erzogen werden sollten; indem
ihre Anzahl, 50 bis 60, zu gering ist, um mit Erfolg verschiedene Un-
terrichtsklassen zu bilden, mit den dazu gehörigen Lehrern. Auch hat
der Staat Belang, sich tüchtige Rekruten für Heer und Flotte, Matrosen für die Handelsschiffahrt, sowie geschickte Handarbeiter zu erziehen.
Waisen aber, in gewöhnlichen Werkhäusern erzogen, sind verweichlicht
und stehn im Leben später weit gegen jene Kinder von Lohnarbeitern zurück, welche bei ihren Eltern früh an Arbeit und Mangel gewöhnt worden sind. Für sie erscheinen mithin tüchtige Werkschulen höchst wünschenswert, worin sie frühzeitig zugleich an strenge außdauernde und
umsichtige Betriebsamkeit gewöhnt werden. Um diesen Zweck beßer zu erreichen, verfolgte die Armenkommission den Plan, eigene Bezirks-
schulen für die gesellschaftliche und gewerbliche Erziehung einer größern Zahl armer Kinder, unabhängig von den Bezirksvereinen, für das
Armenwesen zu bilden. Obwol darüber noch kein Parlamentsbeschluß
zu Stande gekommen ist, hat sich die Wichtigkeit solcher Schulen, welche
das frühere System der Apprentship mit allen seinen zahlreichen Misbräuchen überflüßig machen, bereits heraußgestellt. Eine ähnliche Ein-

richtung bestund nämlich schon seit längerer Zeit hinsichtlich der armen
Kinder von 17 Pfarreien in London without the walls, von 23 Kirchspielen in Middlesex und Surrey, dann von 10 Kirchspielen in Westminster, nach einer besondern Parlamentsakte, der zufolge die armen Kinder derselben in großen Anstalten (so enthält z. B. das merkwürdige
Norwood Establishment über 1000 Kinder) gehalten und erzogen werden („Farming out the poors''), laut besonderen, mit den betreffenden
Kirchspielen hierüber bestehenden Verträgen.   In Betracht der Ver-
laßenheit dieser Kinder, kann durch deren Versezung in Erziehungsan-
stalten, wo der Staat an Elternstatt eintritt, eine Verlezung natürlicher
Familienbande nicht erfolgen. Gewis ist unter allen Umständen bei der
armen Jugend besonders im Auge zu behalten, daß Unwißenheit sich
erfahrungsgemäß als eine Hauptquelle des Pauperismus darstellt; so
z. B. konnten von 1050 erwachsenen Personen, welche in 12 Werkhäusern der Grafschaft Kent unterhalten wurden, nur 4 gut lesen und schreiben, 297 konnten das eine oder andere nur unvollkommen, und 474
keines von beiden.   Durch allgemeine Einführung der größern Distrikts-
armenschulen würde dieses Uebel allmählich geheilt werden.   Dieselben
sollen namentlich mit Gartenland umgeben sein, zur Uebung (ich meine
beider Geschlechter) in den Hauptarbeiten der Bodenkultur und Gärtnerei.   Solche ländliche Arbeiten sind hauptsächlich nur als Nebenbeschäftigung für Mann und Weib zu betrachten, wie sonst Spinnen und
Weben; für den Winter gehören andere Arbeiten, wie Flechtwerke und
Schneiderei, auch sich in Zimmer- und Maurerarbeiten zu üben, ist
für alle Knaben zu empfehlen.   Als glückliche Versuche dieser Art können Hofwyl in der Schweiz, Ealing und Hackney-Wick in England gelten; Gärtnerei als Nebenbeschäftigung hat sich selbst schon bei Hunderten
der Arbeiter in Birmingham als eine Wohlthat bewährt. Die Mädchen
sollen hauptsächlich im Hauswesen, Stricken, Nähen, in der Schneiderei und Krankenpflege unterwiesen werden — warum nicht auch im
Gemüsebau, in der Viehzucht und Melkerei? — In den englischen Kin-
derschulen ist Trennung des Geschlechts das Gesez.   In den schottischen dagegen werden Knaben und Mädchen mit größerm Erfolg zu-
sammenunterrichtet, durch Zusammenwirken eines Lehrers und einer
Lehrerin, indem die Knaben zur Sänftigung ihrer stürmischen Sitten
als Folge kräftigerer Körperlichkeit der Mädchen bedürfen, diese aber
jener, um mehr Wert auf intellektuelle Fähigkeiten als auf bloßen

Schein zu legen. Die Trennung hält man daselbst für beide Theile
nachtheilig, weil die Mädchen des Vortheils schärferer Beantwortung
der Fragen durch die Knaben, und diese des tiefern Gefühles der Mädchen beim Unterricht beraubt würden.

Die glücklichen Folgen der bessern Erziehung armer Kinder, können
erst allmählich hervortreten. Nähere Ergebnisse liefert die neue Armengesezgebung in anderer Hinsicht. Bei den fortdauernden, wenn auch er-
schwerten Unterstüzungen, außer den Wohnhäusern, war das Haubtaugenmerk der Kommission darauf gerichtet, dieselben nur noch in
Naturalien, Brod und andern Lebensmitteln zu verabreichen, die als
Hülfe keinem Misbrauche und keinem Wechsel der Preise unterliegen,
wie bares Geld. Dadurch allein ward in einigen Londoner Kirchspielen die Last des Out-Door-Pauperismus um nahebei ein volles
Drittel vermindert; womit denn die Klagen der Schenkwirte über Abnahme ihrer Gewerbe unmittelbar zusammenhiengen. Die größten
Wirkungen brachten freilich erst die neuen Werkhäuser selbst hervor.
Von 240 arbeitsfähigen Armen eines Bezirkes z. B. traten, als man
ihnen statt der frühern Unterstüzung Aufnahme in die Werkhäuser an-
bot, nur 20 wirklich ein, auch von diesen verweilte die Hälfte nur einige
Tage, troz der guten Hauskost — alle übrigen giengen lieber zu selbständigen Beschäftigungen über. Da das Almosen nicht mehr ein un-
geregeltes bequemes Leben begünstigte, war der Arbeiter ernstlicher
bemüht, einen Brodherrn zu finden und zum Erwerb vollen Lohnes auch
entsprechenden Fleiß anzuwenden. Das hatte in den betreffenden Bezirken ein Steigen der Arbeitslöhne zur Folge. Einen schlagenden
Beweis von den günstigen Einwirkungen des neuen Armengesezes im
Allgemeinen liefert der Vergleich der Altersverhältnisse der Bevölkerung
von Großbritannien, in den Jahren 1831 und 1841. Bei den frühern
Volkszählungen war die Gesamtzahl der Personen unter zwanzig
Jahren, fast gleich mit jener der Personen über zwanzigjährigem Alter;
nach dem Zensus von 1831, überstieg der männliche Theil über
20 Jahren jenen darunter nur um ½ Prozent der Gesamtzahl. Bei
der jüngsten Zählung von 1841 überstieg dagegen die Gesamtzahl der
lebenden Personen über 20 Jahren jene darunter bei dem männlichen
Theil der Bevölkerung um 11,2 Prozent, und bei dem weiblichen Theil
sogar um 21,2 Prozent! Großbritanniens Gesamtbevölkerung in
jenem Jahr, 18,844,434 Seelen, vertheilte sich nämlich auf 4,684,509

Menschen zwischen 0 bis 10 Jahren; 3,918,138 zwischen 10 bis 20 Jahren; 3,354,551 zwischen 20 bis 30 Jahren; 2,410,404 zwischen 30 bis 40 Jahren; 1,786,821 zwischen 40 bis 50; 1,197,840 zwischen 50 bis 60; 819,015 zwischen 60 bis 70; 403,361 zwischen 70 bis 80; 113,332 zwischen 80 bis 90; 10,184 zwischen 90 bis 100, und auf 146,275 Personen, deren Alter nicht angegeben. Ist man berechtigt hierauß mit Gewißheit auf eine bedeutend längere Lebensdauer der Bewohner Großbritanniens in der Gegenwart gegen die frühere Epoche, also auf einen durchschnittlich verbesserten Zustand der Unterhaltsmittel der Arbeiterklassen zu schließen; so bestätigen solches auch die Untersuchungen über den Zustand der Arbeiter in den Ackerbau- und Manufakturbezirken. Niemand der am Nothwendigen Mangel leidet, erspart etwas. Nun sind aber die in Sparkassen niedergelegten Summen in fortwährender Zunahme begriffen, während sie 1830 in England nur auf 13½ Millionen Pf. St. erliefen, von etwas über 400,000 Einlegern, betragen sie gegenwärtig bald 30 Mill. Pf. St. von 900,000 Einlegern, worunter sich etwa 60,000 Agrikulturarbeiter, meist Familienhäubter, befinden.

Folgendes ist eine genaue Angabe der Sparbanken in allen Haupttheilen des Vereinten Königreichs nebst deren Bevölkerung im Jahr 1841:

	Seelenzahl.	Zahl der Sparbanken.	Zahl der Einleger.	Betrag der Einlagen. Pf St.	Mittlerer Betrag jedes Einlegers. Pf. St.
England .	15,071,602	445	832,290	25,112,865	28
Wales . .	911,321	23	18,690	599,796	28
Irland . .	8,175,124	73	91,243	2,749,017	29
Schottland	2,628,957	36	69,824	1,043,183	14
Zusammen	26,787,004	577	1,012,047 *)	29,504,861	27,18
Andere ähnliche Genossenschaften			428	1,770,775	
		Summa:	1,012,475	31,275,636	

Erwähnenswert erscheint, daß die Zentralkommission auch auf bessere Anordnung hinsichtlich der ärztlichen Hülfe für die Kirchspielsarmen bedacht war, indem darin gleichfalls eine große Quelle von Mißbräuchen der frühern Verwaltung, und ein Sieb für Verschwendung zu stopfen war. Man bildete erstens armenärztliche Bezirke,

---

*) Darunter hatten 564,642 unter 20 Pf. eingelegt, nur 3044 über 200 Pf.

beren Umfang nach den örtlichen Verhältniſſen verſchieben war (15 bis 18 engliſche Geviertmeilen; als Marimum gilt eine Area von 15,000 engl. Aker oder eine Seelenzahl von 15,000 Köpfen), mit der Rückſicht, daß ſie groß genug waren, um den Armenärzten hinreichende Beſchäftigung zu gewähren, und nicht zu außgedehnt, daß daraus eine nachtheilige Verſpätung ihres Beiſtandes entſpringen möchte. Zweitens zog man der frühern Weiſe periodiſcher Verträge mit den Aerzten die förmliche Ernennung derſelben als bezahlter Armenärzte vor, gerade wie die Geiſtlichen der Werkhäuſer und die übrigen beſoldeten Angeſtellten des Armenweſens, da in dem dauernden Karakter ſolcher Ernennung mehr Bürgſchaft für Würde und gute Amtsverwaltung zu liegen ſcheint. Jeder Armenarzt hat ſogleich einen mit den geſezlichen Erforderniſſen zur ärztlichen Praxis verſehenen Stellvertreter zu ernennen, welcher in Verhinderungsfällen ſeine Dienſte verſieht. Die Koſten der ärztlichen Armenhülfe, die neuerdings zur Hälfte der Staat übernehmen ſoll, betrugen für England und Wales:

1841 154,054 Pf. St.; außerdem für Blatterimpfung 10,171 Pf. St.
1842 152,006 = =   =   =   =   33,104 = =
1843 160,726 = =   16,019 = =

Unabhängig davon bildeten ſich zugleich in vielen Gegenden freiwillige Arbeitervereine für ärztliche Hülfe, welche durch Unterzeichnung eines jährlichen ſehr geringen Beitrags (gewöhnlich nur 2 bis 2½ Sh. für eine einzelne Perſon und 4 bis 5 Sh. für eine ganze Familie; wofür ihnen zugleich die nöthige Medizin von dem Vereinsarzte gereicht wird), tüchtige Aerzte zum Beiſtande in allen vorkommenden Erkrankungsfällen gewannen. Das Zuſtandekommen dieſer wohlthätigen gegenſeitigen Verſicherung in ärztlicher Hülfe, ſo nachahmungswert für alle Länder, ward von der Zentralkommiſſion kräftig gefördert; es geſchah haubtſächlich in Folge des, im neuen Verwaltungsſyſtem außgeſprochenen und bei der Außführung möglichſt feſtgehaltenen Prinzips, daß alle auß öffentlichem Fond gewährte Unterſtüzung, ſonach auch ärztlicher Beiſtand, bloß als ein Anlehen an den arbeitsfähigen Unterſtüzten betrachtet, daher ſobald außführbar wieder zurückerſtattet werden ſoll. Die Pfarrer und ein oder einige Mitglieder des Pflegſchaftsraths führen die Geſchäfte des freiwilligen Vereins;

sie empfangen die Beiträge und bezahlen die Aerzte, entscheiden auch bei vorkommenden Streitigkeiten. Das ganze Institut würde wol überall eine Wohlthat für zahlreiche unbemittelte Familien sein, und ist in der That nicht dringend genug zu empfehlen. In einigen Gegenden Deutschlands gibt es eine ähnliche Einrichtung, was die Behandlung durch sogenannte „Hausärzte" für einen bestimmten jährlichen Beitrag betrifft; doch nicht in Bezug auf die Arznei, die immer mit 99 Prozent*) Nuzen für den Apotheker bezahlt werden muß. Gerade die schamvollen, oft so schwer heimgesuchten armen Familien leiden darunter unsäglich. Wem sind nicht ehrenwerte Familienhäubter bekannt, die ihren ganzen sauern Sparpfennig von einem unermüdlichen Fleiße bei Tag und Nacht rein für die genau gezählten Gänge des Arztes und die hohe Apothekerrechnung hingeben müssen? Da wahrlich sollte der Staat durch zweckmäßige Einrichtungen der würdigen Armuth zu Hülfe kommen!

Endlich hat das neue englische Armengesez noch Vorsorge getroffen zur Beförderung der Außwanderungen, um den Druck des Pauperismus in vielen Bezirken zu erleichtern. Es geschieht durch Versezung von arbeitsfähigen Arbeiterfamilien, theils auß den Agrikulturbezirken in die Manufakturbezirke, wo der Arbeitslohn höher steht (das ist in England offenbar eine auß der Unnatur der Grundverhältnisse hervorgehende Maßregel), theils nach den überseeischen Kolonien des britischen Reichs. Zur Beförderuug der Außwanderung armer Arbeiterfamilien auß den am meisten überlasteten Bezirken ermächtigte Art. 62 des Gesezes vom 14. August 1834 die Armensteuerpflichtigen eines jeden Kirchspiels (auch die Pflegschaftsräthe für die Bezirke) sich in offener Versammlung über Aufnahme besonderer Anlehen auf Rechnung des Armenfonds zur Bestreitung der Außwanderungskosten zu vereinbaren. Doch dürfen dieselben die Hälfte des dreijährigen Durchschnitsbetrags der jährlichen Armensteuer in einem Jahre nicht übersteigen, und sollen längstens binnen fünf Jahren wieder abgetragen werden. Ueber die Art ihrer Verwendung verfügt die Zentralkommission. Unter

---

*) Es ist ein eigenes Spiel des Zufalls, daß, wenn man die Buchstaben des Wortes „Apotheker" nach der Reihenzahl, die sie im vollständigen Alfabet (mit j) einnehmen, zusammenzählt, die Summe 99 ergibt. Nämlich a = 1; p = 16; o = 15; t = 20; h = 8; e = 5; k = 11; e = 5; r = 18; Summa 99.

Mitwirkung der leztern und des Generalagenten für Außwanderung werden über den Transport der Personen, welche nach einer überseeischen britischen Besizung wandern wollen, im Kolonialministerium Verträge abgeschloffen, welche den Außwanderern freie Ueberfahrt, Verpflegung und ärztliche Hülfe bis zur Ankunft an ihren neuen Wohnorten zusichern, wo dann jedes Familienhaubt mindestens 2 Pf. St., und jede einzelne Person mindestens 1 Pf. für den Anfang ihres Fortkommens erhält. Die Zahl der außgewanderten Armen auß England und Wales, einschließlich der Kinder, betrug von 1835 bis 1844 nach der Reihenfolge der Jahre: 320; 5141; 1190; 752; 826; 749; 616; 858; 1033; 535, und die darauf auß dem Armenfond verwandten Kosten: 2,473 Pf. St.; 28,414; 7,445; 3,478; 3,068; 2,799; 5,916; 5,708; 6,395; 3,922 Pf. Natürlich ist hier von den Außwanderungen nicht die Rede, welche auf Rechnung des Colonial-Emigration-Fund durch die Ministerien des Innern und der Kolonien bewirkt worden. Man sieht, die bisher auß dem Armenfond bewirkten Außwanderungen haben nur wenig zur Verminderung des Pauperismus beigetragen, und für die Zukunft dürften sie noch weniger in Betracht kommen, da auß den Kolonialberichten erhellt, daß die armen Außwanderer meist als untüchtig zur Kolonisazion befunden worden. Ihnen gehen gerade die nöthigsten Eigenschaften — Beharrlichkeit, Außdauer, muthige Benuzung der gegebenen Mittel — zur Erringung einer selbständigen Existenz ab.

Um über die allgemeinen Ergebnisse der neuen Armengesezgebung ein richtiges Urtheil zu gewinnen, muß man den Saz festhalten, daß zu keiner Zeit auß der Höhe der Armensteuer allein auf eine im gleichen Verhältnisse anwachsende Verarmung der arbeitenden Klaffen geschloffen werden darf, indem jene auch noch von andern Umständen abhängt und nie die Armuthsverhältnisse rein darstellt. Da müssen namentlich die Zunahme der Bevölkerung, des Ertrags des Grundeigenthums, des allgemeinen Wohlstandes, die Getraidepreise, der Stand des Welthandels, außerordentliche Außgaben mit berücksichtigt werden. Mit Hinsicht nun auf einige wesentliche Anhaltpunkte, gewährt die auf der nächsten Seite folgende, den auß amtlichen Quellen geschepften Angaben Hrn. Kleinschrods entnommene Uebersicht einen umfassenden Blick wenigstens auf die nächsten materiellen Ergebnisse der neuen Armengesezgebung. Ich bemerke dabei, daß außer den dort angegebenen Summen der Gemeindesteuern noch auß andern Quellen für den Armenfond floßen 1841: 226,984 Pf. St.; 1842: 201,514 und 1843: 219,006 Pf.; daß ferner unter der Rubrik für den „Unterhalt der Armen,‟ wie wohl zu erwägen ist, außer dem Aufwand in= und außerhalb der Werkhäuser seit dem Vollzuge des neuen Armengesezes einbegriffen sind die Baukosten der Werkhäuser oder die Rückzahlung der auf den Armenfond rabizirten Anlehen sowol hiefür als für die Beförderung der Außwanderungen; daß übrigens auch noch andere Gemeindeabgaben als in der nämlichen Rubrik angegeben, für das Armenwesen veraußgabt find, z. B. für Pockenimpfung, Polizei, Trans= porte, Gerichtskosten, ja daß die Außgaben für ärztliche Hülfe der Armen selbst unter der Summe der Kommunalaußgaben gar nicht ent= halten zu sein scheinen.

Jahr.	Gesamtsumme von erhobenen Armen- und Grafschaftstaxen. (Pf. St.)	Ganze Ausgabe für den Unterhalt der Armen. (Pf. St.)	Summe der Gemeindeausgaben. (Pf. St.)	Armenkosten in Prozenten — Mehrung	Armenkosten in Prozenten — Minderung gegen das frühere Jahr.	Durchschnittspreise des Quarters Weizen. (Sch.)	(Pf.)	Volkszahl nach den Zählungen der Jahre 1801, 1811, 1821, 1831, 1841. (Köpfe)	Trifft auf den Kopf an Armensteuer. (Sch.)	(Pf.)	Gesamtanzahl der unterstützten Armen. (Köpfe)	Verhältniß der Armen zur Gesamtbevölkerung in (Proz.)	Ertrag des Grundeigenthums. (Pf. St.)	Trifft auf 1 Pf. St. des Ertrags (Sch.)	an Armensteuer. (Pf.)
1803	5,348,205	4,077,891	5,302,068	—	—	64	8	8,872,980	9	2	1,040,716	12			
1813	8,646,841	6,656,106	8,841,410	—	—	108	9	10,150,615	13	1	1,426,065	14			
1815	7,457,676	5,418,846	7,505,848		14	64	4				1,402,576		51,898,423	2	10½
1818	9,320,440	7,870,801	9,303,133	14		84	1	11,978,875	11	7					
1821	8,411,893	6,959,251	8,335,119		5	54	5								
1826	6,965,051	5,928,502	7,174,647	2		58	9								
1831	8,279,218	6,798,889	8,339,087	4		67	8	13,897,187	9	9					
1832	8,622,920	7,036,969	8,683,462			63	4								
1834	8,338,079	6,317,255	8,289,348		7	51	11								
Nach 22jährigem Durchschnitt vor b. Erlaß d. neuen Armengesetzes	7,976,214	6,505,037	8,005,323												
1835	7,373,807	5,526,418	7,370,018		13	66	6								
1836	6,354,538	4,717,630	6,413,120		15	44	2								
1837	5,294,566	4,044,741	5,412,938		14	39	5								
1838	5,186,389	4,123,604	5,468,699	2		52	6								
1839	5,613,938	4,406,907	5,814,581	7		55	3								
1840	6,014,605	4,576,965	6,067,426	3		69	4				1,199,529				
1841	6,351,828	4,760,929	6,493,172	4		68	6	15,906,829	6		1,299,048	8	62,540,030	2	
1842	6,552,890	4,911,498	6,711,771	3		65	3				1,427,187				
1843	7,085,595	5,208,027	7,035,121	6		54	4				1,539,490				
Nach 9jährigem Durchschn. nach d. Erlaß b. neuen Armengesetzes	6,203,128	4,697,413	6,309,650		28	57									

Vergleicht man nach vorstehender Ueberstcht den jetzigen Stand des Pauperismus, mit der dem neuen Armengeseze vorhergegangenen 22 jährigen Periode, so hat zwar die absolute Anzahl der Armen nicht ab=, vielmehr etwas zugenommen, die relative Abnahme der Armen= zahl, nämlich im Verhältnisse des Wachsthums der Bevölkerung, ist aber sehr bedeutend, indem dieselbe 1813 doch 14 Proz., dagegen 1841 nur 8 Prozent der Gesamtbevölkerung von England und Wales betrug. Noch günstiger erscheint das wirtschaftliche Ergebnis der neuen Armen= verwaltung, indem die durchschnitliche Außgabe der Gemeinden wäh= rend 22 Jahren vor derselben jährlich 7,976,214 Pf. St., im Durch= schnitt von 9 Jahren nach ihrer Einführung nur 6,203,128 Pf. erlief, folglich der Unterhalt einer mindestens gleich großen Anzahl Armen in der leztern Periode um 22%/₁₀ Prozent wohlfeiler als in der erstern be= stritten ward, vorzüglich in Folge der Abschaffung der großen Mis= bräuche der Unterstüzungen außer den Werkhäusern. Inzwischen ist doch auch nicht zu verkennen, daß der Quarter Weizen in dem frühern 22 jährigen Zeitraume durchschnittlich 66 Sh. 6 P., in dem spätern 9 jährigen aber nur 57 Sh. gekostet hat, daß in diesem mithin durch= gängig alle für die Armen verwandten Lebensmittel billiger gewesen sind als in jenem. Ohne Zweifel kamen die wohlfeilen Getraidepreise von 1834 bis 1837, der neuen Armenverwaltung bedeutend zu Hülfe; im Jahr 1838, wo der Weizen über 55 Sh. gestiegen war, vermehrten sich die Kosten des Armenwesens schon wieder um 2 Prozent im Vergleich zu 1837, und 1839 wo der Quarter Weizen auf 69 Sh. 4 P. stieg, nahmen die Kosten sogar wieder um 7 Prozent gegen 1838 zu. Ueber= haubt macht sich, wie auch nicht anders sein kann, ein gewisses gleich= mäßiges Steigen und Fallen der Armenkosten mit den Getraidepreisen bemerkbar. *) Uebrigens hat man bei aller Verschärfung der Vor= schriften zur Beschränkung der Out=Door=Unterstüzungen — zum lezten= mal am 2. Aug. 1841 — dieselben nur noch zum kleinsten Theil zu beseitigen vermocht. Von den 1,199,529 im Jahr 1840 unterstüzten

---

*) Es ist wirklich zu verwundern, daß diese Thatsache als wichtiges Argument gegen Kornzölle nicht kräftiger hervorgehoben worden ist. In manchen Fällen hat durch die Armentaxe eine völlige Entwertung von Pachthöfen stattgefunden. Die Landlords werden für das, was sie durch Aufhebung der Kornzölle Anfangs etwa ver= lieren sollten, im Laufe der Zeit Ersaz finden schon allein durch Ersparung an Lokal= taxen.

Armen (8 Proz. der Bevölkerung) wurden 1,030,297 außerhalb der Werkhäuser mit einem Kostenaufwande von 2,931,263 Pf. St. und nur 169,232 in den Werkhäusern mit 808,151 Pf. St. (zusammen 4 Sh. 8 P. auf den Kopf der Bevölkerung nach der Zählung von 1841) unterstüzt; 1841 war das Verhältnis wie 1,106,942 zu 192,106; 1842 wie 1,204,545 zu 222,642; von den 1,539,490 im Jahr 1843 Unterstüzten (9¼ Proz. der Bevölkerung von 1841) erhielten 1,300,930 außerhalb der Werkhäuser 3,321,508 Pf. St., und 238,560 in denselben 958,057 Pf. (zusammen schon 5 Sh. 5 P. auf jeden Kopf der Bevölkerung von 1841). Freilich will die Armenkommission diese allgemeine Wiederzunahme des Armenstandes in der vierjährigen Periode 18$\frac{4}{4}$ großentheils dem damaligen gedrückten Zustande der Manufakturen zuschreiben; auch gehört die Zunahme an Kirchspielsarmen und Unterhaltskosten derselben in größerm Verhältnisse den Werkhäusern als dem Out=Door=Relief an, was wenigstens eine folgerichtige Handhabung des Systems voraußsezt. Allein, dagegen ist auch zu erwägen, daß der Quarter Weizen von 68 Sh. 6 P. in 1840 allmählich auf 54 Sh. 4 P. in 1843 gesunken ist, und dennoch der Kostenaufwand auf den Kopf der Bevölkerung (zwar nach der Zählung von 1841) sich von 4 Sh. 8 P. auf 5 Sh. 5 P. erhöht hat. Kurz, troz aller unläugbar günstigen Wirkungen des neuen Armengesezes in wirtschaftlichen und sittlichen Beziehungen, erscheint der Pauperismus in England, welcher den eilften Theil der gesamten Bevölkerung der Ernährung der übrigen eilf Zwölftheile anheimgibt, nach wie vor koloßal und als eines der größten Uebel dieses Staats. Und in Betracht, daß daßelbe, statt nach 1834 fortwährend abzunehmen, wie man gehofft hatte, vielmehr in den lezten fünf Jahren wieder anhaltend um sich frißt, glaube ich auch nicht, daß es allein durch die Armengesezgebung und die beharrlich energische Handhabung der als richtig erkannten Prinzipien völlig zu heilen sei. Das Uebel des Pauperismus hat in England und Irland nicht nur überhaupt tiefe Wurzeln geschlagen, sondern diese Wurzeln hangen auch zusammen und sind verwachsen mit den Wurzeln anderer Uebel, namentlich der feudalen Grundbesizverhältnisse, und jene werden nimmer außgerodet werden können, ohne daß auch an diese Hand gelegt wird.

Wenn die Verhältnisse des Grundbesizes eine Haubtschuld tragen an dem englischen, und noch mehr an dem irischen Pauperismus, so würde auch Niemand durch die Beseitigung desselben mehr gewinnen, als gerade der Grundbesiz. Das geht aus Folgendem klärlich hervor. Die Armentaxe gehört zu den Lokaltaxen, wie jede gezwungene Beisteuer zu öffentlichen oder gemeindlichen Zwecken heißt, erhoben innerhalb eines gewissen Bezirks einer Grafschaft und für die besondern Zwecke des nämlichen Bezirks verwandt. Das System dieser Taxen, welche nie die Grenze einer Grafschaft überschreiten und gewöhnlich sich in weit engere einschließen, hat sich in England schon frühzeitig entwickelt, Hand in Hand mit der Fortbildung des Common-Law, und Folge der eigenthümlich selbständigen Entwickelung des Gemeinlebens in England überhaupt. Der Bericht der Armenkommission über „örtliche Besteuerung" (London 1844) zählt 24 verschiedene Lokaltaxen auf, wovon 10 nach der Grundlage der Armentaxe erhoben wurden und die alle auf Parlamentsakten beruhten — auf nicht weniger als 173 Statuten, von welchen jedoch die während den lezten 13 Jahren erschienenen, an Umfang der Bestimmungen, sämtliche seit drei Jahrhunderten veröffentlichten, übertreffen. In neuerer Zeit ist die Erhebung dieser Kommunallasten (Parochial Assessments) vereinfacht und unter wenige Rubriken gebracht worden, als: Armentaxe (Poor-Rate), Grafschaftstaxe (County-Rate), Straßentaxe (Highway-Rate) und Kirchentaxe (Church-Rate). Ihr Gesamtbetrag in England und Wales berechnete sich nun, nach der Schäzung des jährlichen Einkommens vom Grundeigenthum zu 62,540,030 Pf. St.; von 1 Pf. St. dieses Einkommens die Armentaxe auf 1 Sh. 9 Pce., die Grafschaftstaxe nur auf 5 Pce., die Kirchentaxe auf 1¾ Pce., die Straßentaxe auf 4½ Pce. Zusammen also werden von jedem Pf. St. Grundrente für die örtlichen Taxen 2 Sh. 8¼ Pce. bezahlt, oder 13⁴⁄₁₀ Prozent! Diese ungemein hohe Besteuerung, die den Grundbesiz weit höher belastet als die Einkommensteuer, und welche derselbe mitunter, wie wir früher gesehen, gar nicht mehr tragen konnte, würde sich nun durch Beseitigung der Armentaxe auf weniger als ein Drittheil vermindern. Die Verhältnisse des Grundbesizes wirken mithin, insofern sie den Pauperismus mit hervorrufen, durch diesen am nachtheiligsten auf sie selbst zurück; oder umgekehrt: wenn der Grundbesiz sich durchweg zu freiern Verhältnissen bequemen wollte, zu solchen, welche die Hauptquelle des Pauperismus verstopften, so würde er sich selbst dadurch am meisten begünstigen und den Wert von Grund und Boden mit der Landrente bedeutend erhöhen.

Schon auß der neuen Armengesezgebung sind gerade ben Grundbesizern die größten Vortheile erwachsen. Die Bestimmungen über die
Vertheilung der Gemeindesteuern waren früher sehr unsicher (für vor-
kommende Fälle des Zweifels hatte sich, gleich der Entwickelung des
Common-Law, die Praxis durch die Entscheidungen der Gerichte gebildet), und die Parlamentsakte vom 19. August 1836, erwägend, baß
es wünschenswert erscheine, einen gleichförmigen Erhebungsmodus der
Armensteuer in ganz England und Wales einzuführen und die uner-
schwinglichen Kosten der gerichtlichen Berufung gegen unbillige Belastung zu mindern, sezte daher fest: es sei fortan die Quote der
Armentare bloß nach dem **reinen Einkommen des Eigenthums** zu berechnen, d. h. von derjenigen Jahresrente, welche mit
hinreichender Wahrscheinlichkeit von Jahr zu Jahr erwartet werden
könne, also nach Abzug von Pachtgeldern und Taren, Zehentablösungs-
geldern, Versicherungen, durchschnitlichen Unterhaltungskosten und
anderm. Zu dem Ende sollte die Armenkommission neue Einschäzungen
des steuerbaren Eigenthums anordnen (unter ihrer Aufsicht haben jezt
die Pflegschaftsräthe, früher die Armenaufseher, das schwierige Geschäft
der eigentlichen Abschäzung der reinen Rente), jedoch Jedem die Berufung gegen dieselben an die besonders ermächtigten Friedensgerichte
freistehn. Die Parlamentsakte vom 7. August 1840 bestätigte, baß
**keine auß Gewerbs- und Handelskapitalen fließende
Rente** der Armentare unterliegt. Diese soll nur erhoben werden von
dem sichtbar rentirenden im Kirchspiel gelegenen Eigenthum, also auch
von geistlichen und weltlichen Zehenten, von öffentlichem Eigenthum,
das von Privaten benuzt wird; Einkommen dagegen, welches nicht von
einem lokalen und sichtbaren Eigenthum abgeleitet ist, wie Mannesar-
beit oder auß Geschicklichkeit fließender Gewinn, alles Eigenthum, welches
keinen Nuzen oder keine Rente gewährt, z. B. bares Geld in der Hand,
Mobiliar, Kirchen, wohlthätige Stiftungen, sowie alles Gewerbskapital
unterliegt nicht der Armentare. Es erscheint diese mithin zwar noch
immer zum größern Theil als eine Besteuerung der Bodenrente, zum
kleinern als eine Haussteuer, (eine große Anzahl Wohnhäuser werfen
nämlich keine reine Rente ab), und nur zu einem sehr geringen, auf
anderweitigen Renten beruhend. Allein, während im Jahr 1826 zur
Armensteuer, im Betrage von 6,966,157 Pf. St., beitrugen das
Grundeigenthum (Bodenrente) 4,795,482 Pf. oder 69 Prozent, die

Wohnhäuser 1,814,228 Pf. oder 26 Prozent, alles übrige steuerbare Eigenthum nur 356,447 Pf. oder 5 Prozent, (1833 waren bei einer Armensteuer von 8,606,501 Pf., diese Verhältniszahlen 63; 31 und 6 Proz.); trugen im Jahr 1841 zu der Armensteuer von 6,351,828 Pf. bei die Bodenrente 3,316,593 Pf. oder nur noch 52 Proz., die Wohnhäuser dagegen schon 2,375,221 Pf. oder 37 Proz. und das übrige Eigenthum 660,014 Pf. oder 11 Prozent, lezteres verhältnismäßig über das Doppelte von 1826. Hieraus erhellt die merkwürdige Thatsache, daß die neue englische Armengesezgebung ganz besonders dem Grundbesize zum Vortheil gereicht, nicht nur indem sie überhaupt die Armenlast vermindert hat, sondern noch mehr dadurch, daß die Bodenrente in auffallend abnehmendem Verhältnisse zu derselben beisteuert, nämlich gegen 69 Proz. im Jahr 1826, nur noch 52 Proz. im Jahr 1841, während das übrige Eigenthum mehr und mehr beisteuerte, Häuser in Verhältnis von 26 zu 37, sonstiges von 5 zu 11 Prozent.

Hochwichtig für die Zustände des Pauperismus, das System der Lokaltaren und überhaupt das gesamte Gemeinde = und Grafschaftswesen sind endlich Peels neueste Reformen. Die Abschaffung der Kornzölle wird in doppelter Weise auf Minderung des Pauperismus hinwirken, einmal dadurch, daß sie die Nachfrage nach Arbeitern mehrt, sodann dadurch, daß sie die Brodpreise mäßigt und gleichförmiger macht, auch die Ausgaben für den Unterhalt der Armen mindert. Sie führt daher für den Grundbesiz den zweifachen Vortheil mit, daß sie auch seinen Antheil an der Armensteuer mindert, und daß sie andrerseits die Zahl der Verzehrer ländlicher Erzeugnisse bedeutend mehrt — Vortheile, die allein den Verlust des Schuzzolles mit der Zeit mehr als ersezen dürften. Dazu kömt obendrein, daß die verarmten landgebürtigen Gewerbsarbeiter in Zukunft von der Stadt, und nicht mehr von der Landgemeine, unterhalten werden sollen, daß die Regierung den Unterhalt der Landschulen, der Landpolizei, der Hälfte der Kosten für ärztliche Unterstüzung der Armen, die Besoldung der Direktoren und Aufseher der Armenhäuser auf sich nimt; daß ferner die Straßentaxe durch Errichtung eines neuen, von den Unionsbehörden der Kirchspiele ausgehenden, weniger willkürlichen und unregelmäßigen Wegezollsystems sich mindern wird; daß endlich die Pächter und verarmten Landbesizer zu wohlfeilen Anleihen seitens der Staatskasse berechtigt sind. Welch neue große Vortheile für den Grundbesiz! Man hatte angedeutet, Peel gehe mit dem Plane

um, die Armensteuer zu Gunsten des Grundbesizes ganz auf den
Staatsschaz zu übernehmen, mithin auch das gesamte Armenwesen den
Gemeinen und Kirchen völlig zu entziehen. Auß der Abschaffung der
Kornzölle, die an sich schon die Armentare mindert, wär' ein solcher
Schritt allein nicht zu rechtfertigen gewesen. Auch trifft die Armensteuer noch anderes Eigenthum als Pachthöfe, aber nicht alles Eigenthum; der Gegensaz der hier eigentlich stattfindet, ist der, zwischen r e -
ellem Eigenthum und persönlichem oder Mobiliareigenthum: die
Armentare wird vom erstern, d. h. von Bergwerken, Häusern, Ländereien und Fabrikgebäuden erhoben. Wäre die Armensteuer eine allgemeine Last des Staats, so forderte die Gerechtigkeit natürlich, auch
das persönliche und Mobiliareigenthum zum Beitrage anzuhalten;
sie ist aber nur eine Lokalsteuer, und der persönliche Besiz könnte
zu einem Beitrage nicht herbeigezogen werden, ohne daß man eine
Art Inquisizion über die Geschäfte eines jeden Bürgers einrichtete
— und eine solche Inquisizion für den bloßen Zweck der Erhebung
einer Armensteuer, behufs der Erleichterung eines lokalen Neben-
standes, wäre nicht zu ertragen. Daher hat man die Besteuerung
des persönlichen und Mobiliarbesizes aufgeben müßen, weil sie nicht
verwirklicht werden konnte, und auß diesem Grunde erklärte Peel auch,
vorerst nicht im Stande zu sein, eine Veränderung in der ganzen Erhebungsweise der Armensteuer vorzuschlagen. Der Plan ist noch nicht
reif.

Doch die wichtigste Betrachtung, die sich an die neuern Aenderungen innerer Verwaltungszweige knüpft, bezieht sich auf eine umfaßende
Umformung des alten Gemeine- und Grafschaftswesens. Man täuscht
sich in der Geschichte häufig darin, daß man die Mittel, das Vorübergehende mit dem Ergebnisse, dem Bleibenden, verwechselt; daß man
das Große daher wol in den ungeheuern blendenden Mitteln sieht,
während es doch eigentlich im sichern Ergebnisse beruht. In England
geschehen große Dinge oft wunderbar friedlich und geräuschlos; so sehen wir jezt wieder eine umfangreiche Revoluzion, die wir vor Jahr
und Tag noch kaum geahnt, fast fertig vor uns stehn. Das Geheimnis
besteht für unsern Kontinent darin, daß die öffentlichen Freiheiten in
England immer geblieben und immer fortgeschritten sind, während z.
B. in Frankreich die innern Freiheiten schon längst vor der großen Revoluzion zerstört worden waren. Zum Theil wegen der verschiedenen

bestimmten Freiheiten hatte sich in England jedoch von der **Monarchie** auß, die Verwaltung nach Grafschaft und Gemeinen abwärts, gleichsam in einer Agglomerazion von Oligarchien entwickelt. Je weiter sich diese vom Mittelpunkt entfernten, vermengten sich in ihnen Regierungsbefugnisse mehr mit Privatvortheilen, wie namentlich bei den Pfarrei- und den Städtekörperschaften. Seit einiger Zeit macht sich nun in dieser Oligarchien-Verwaltung ein merkwürdiger Umschwung bemerkbar, und zwar in doppelter Richtung nach dem Zentrum, der Monarchie, und nach der Volksvertretung, der Demokratie. Die alte Grundlage für jene Körperschaften ist dahin; die Hochkirche übt nicht mehr die Herrschaft in der Pfarrei auß, an ihre Stelle sind die Pfarreisteuerpflichtigen getreten, sowie in den Städten ein von den Steuerpflichtigen der in der Stadt eingeschloßenen Pfarreien erwählter Magistrat. Zugleich ward diese demokratische Durchdringung der Pfarrei und Munizipalität erkauft durch eine, im nämlichen Verhältnisse größere Abnahme in den Regierungsbefugnissen der frühern Oligarchien, d. h. durch zunehmende Beschränkung auf ihre eigentlichen Lokalbedürfnisse. — Höher hinaufsteigend, finden wir die Grafschaft, die alte oder veraltete oligarchische Einrichtung für Militär- und Gerichtswesen; da diese beiden Staatszweige allmählich fast ganz in die Hände der Regierung übergegangen sind, so erscheint die Grafschafts-Eintheilung schon beinahe überflüßig. Wirklich, wie an die Stelle der alten Provinzen Frankreichs die Departemente getreten, so ungefähr treten in England allmählich, freilich ohne viel Lärmen, an die Stelle der Grafschaften die „Unionsbezirke" für das Armenwesen. Von der Gerichtsverfassung der Grafschaft sind nur noch die oligarchischen Grafschafts-Magistrate übrig, deren Hauptgeschäft das Abstrafen der Wilderer ist, und auch diese ersetzt der Staat allmählich mit bezahlten Polizeimagistraten, die von der Regierung abhängig sind. Nach Peels Vorschlägen wird ferner ein Theil der Grafschaftstare für Gerichts- und Gefängnißkosten auf den Staat, das allgemeine Steuersystem, übertragen; hierdurch verliert die Grafschaft wieder eine ihrer Selbstregierungsbefugnisse und die Grafschaftsgerichtsbarkeit wird mehr und mehr Staatssache. Die Milizeinrichtung oder die Wehrverfassung der Grafschaft hat man einschlafen laßen. Man ist in dieser Hinsicht noch weit entfernt von einer allgemeinen Volksbewaffnung, die wohlhabenden Klassen Englands haben einen tief eingewurzelten Widerwillen gegen allen Militärdienst; das Werbesyſtem bietet aber je länger deſto größere Unbequemlichkeiten, und der Konſkripzion iſt man abgeneigt. Doch muß etwas geſchehen, vor allen Dingen bedarf man der Erſazmannſchaft für das Heer. Das vom Miniſterium angekündete neue Milizſyſtem ſcheint nur auf Folgendes außzugehen. Wenn der Grafſchaft die Stellung einer gewiſſen Zahl von Milizen auferlegt wird, ſo kaufen ſich die Wohlhabenden von der Unbequemlichkeit los, indem ſie Erſazmänner ſtellen. Dieſe ſelbſt halten die Sache nicht eben für beſchwerlich, ſie ſind vielleicht gerade außer Arbeit, der Shilling des Tages und das Handgeld von 6 bis 7 Pf. St. kommen gelegen. Die Berechnung iſt aber nicht ganz ſicher, da die Behörde nothgedrungen ſich alle Mühe gibt, den Erſazmännern das Leben ſauer zu machen und ihnen das Loß eines Linienſoldaten als eine Bequemlichkeit und ein Glück erſcheinen zu laßen, damit der Erſazmann mittelſt einer neuen Vergütung gern ins Heer eintrete, um der Milizplakkerei zu entgehn. Auf dieſem „freien Willenswege‟ ſoll das Heer vorerſt noch vollzählig erhalten werden, und die Grafſchaft, obwol in ihren lezten Zügen, muß noch mit ihrer veralteten Wehrverfaßung der Regierung zu Hülfe kommen, bis dieſe im Stande ſein wird eine Nazional-konſkripzion oder eine allgemeine Wehrverfaßung ein - und durchzuführen. *) Kurz, auf der einen Seite nimt man der Grafſchaft Geſchäfte und Sorgen ab, und auf der andern ladet man ihr deren auf, von denen ſie mit der Zeit auch froh ſein wird, vom Staate gänzlich entbunden zu werden, ſowie jezt von der Aufſicht über die Gefängniſſe. Es geht ihr im Polizei -, Gerichts - und Militärweſen ans Leben, nur daß ſie ganz allmählich, wie unmerklich wegſchwindet. Gleich unſcheinbar iſt auch die neue Schepfung, der Unionsbezirk, für ſie ins Daſein getreten. Der Haubtwiderſtand, auf den die Armenkommiſſion anfänglich ſtieß, kam von den Pfarreien, „dieſem vielköpfigen Ueberbleibſel der alten Kurialherrſchaft‟; in beſtändigem Hader mit den Lokalintereſſen und den Lokalprivilegien, war ſie genöthigt, ſich auf einen neuen Boden zu retten, und dies beſchleunigte die Vereinung mehrerer Pfarreien in eine Union. An dieſe ward allmählich das Eine und Andere, wie natürlich angeknüpft, und die Union verzweigte ihre Wurzeln immer wei-

---

*) Ein zwar unſcheinbarr aber bedeutender Schritt dahin iſt die Neuerung, daß die Regierung, ſowie die oſtindiſche Compagnie auß den Unteroffizieren eine beträcht-liche Anzahl Offiziere zu ernennen anfängt, deren Stellen ſonſt von den jüngern Söh-nen des Adels gekauft wurden.

ter im Staatskörper. Solches ist neuerdings auch in Bezug auf die Leitung und Aufsicht des Straßenbaues geschehen, wofür die Kirchspiele bisher noch ihre „Besorgungskompagnien" hatten und jedes seine besondern Taxen erhub. Die Union erhält also Armen-Schulen und Wegbau unter sich, damit nähern sich die Mitglieder der eigentlichen Unionsbehörde (die Guardians der Unionboard) immer mehr wirklichen Departementalräthen. Welche Umgestaltung, um nicht Revoluzion zu sagen — denn dazu war sie zu ruhig und naturgemäß — in dem innern Verwaltungs- und Verfaßungswesen!

Gerade weil in England auß kleinen Anfängen, wenn der öffentliche Geist sich ihrer bemächtigt, oft so Großes und Erstaunliches entspringt, erscheinen mir auch gewisse Versuche, die außerhalb der Gesezgebung zur Milderung des Pauperismus gemacht werden, von Bedeutsamkeit. Hr. Kleinschrob hält mit Unrecht die treffliche, auch von Akerbaugesellschaften unterstüzte Idee von Landvertheilung an arme Arbeiter in Verbindung mit politischen Rechten, die Anwendung der Zwergwirtschaft als Nebenbeschäftigung der Arbeiter, z. B. des Einackersystems mit Haltung von Kuh und ein paar Schweinen, der Gärtnerei, für wirkungslos; ja, er glaubt, daß der Arme für Niemand schlechter arbeite als für sich selbst, und daß er daher beßer thue, immer als Lohnarbeiter seinen Unterhalt zu verdienen. Die beste Widerlegung dieser Ansicht liegt darin, daß jenes Verhältnis gerade sich seit Alters her in manchen blühendsten Gegenden Deutschlands, der Niederlande und der Schweiz, praktisch vollkommen bewährt hat. Die so geschickten Eisenarbeiter z. B. im Märkischen und Bergischen, deren Eisen- und Stahlwaren in Menge selbst nach Belgien und England gehn, besizen, zerstreut wohnend, durchgehends ein Haus, eine Kuh, einen kleinen Baumhof und mindestens ein Kartoffelfeld eigen — und nirgends in der Welt gibt es gesittetere, unabhängigere, wohlfeilere und fleißigere Arbeiter als dort. Ohne Zweifel besteht ein Haubtgrund des fast beispiellos blühenden Wohlstandes und der vergleichsweise hohen Sittlichkeit jener Gegenden eben in der gesicherten und glücklichen Lage der dortigen Arbeiter. Ueberhaubt bleibt das moralische Moment, welches auf Seite der Selbständigkeit und des gesezlichen Schuzes des Arbeitvermögens steht, unter allen Umständen das gewichtigste. Warum hält der Schotte es für das gröste Unglück zum Bettel greifen zu müßen? Warum zieht der ehrliebende Arbeiter selbst bittere Noth dem mästenden Zwangsleben

in Werkhäusern vor? Preist man den Sklaven, der von seinem Herrn
wohlgehalten wird, deshalb für glücklich? Gewiß, alle Mittel, geeignet
in den Arbeitern das Ehrgefühl zu wecken, den Sinn für Selbständigkeit zu nähren, wirken am gründlichsten gegen den Pauperismus. Freilich, so überzeugt ich bin, daß die bloße Verbeßerung der Armengeseze
weder in England noch in Irland allein jemals den Pauperismus bewältigen wird, so wenig glaube ich auch, daß die eben genannten Palliativmittel dazu außreichen und das Uebel mit der Wurzel vertilgen
werden. Allein nicht darum, weil diese an sich unwirksam wären, sondern weil sie nur zu seltene Anwendung finden können, so lange die
Verhältnisse des Grundbesizes bleiben wie sie sind. Könnte man diese
Mittel jedoch so weit außdehnen, daß sie England und Irland auch zu
einem freien begüterten Bauernstande verhälfen, so würden sie die
gründlichste Heilung des Uebels bewirken. Deutschland hat diesen unschäzbaren Vortheil vor England, und ich wage vorauszusagen, daß,
so lange es ihn sich erhält und seinem Bauerstand dort, wo er unter den
Unbilden der Zeit gelitten hat, durch treue Sorgfalt und Pflege wieder-
herstellt, es niemals von den Leiden des Pauperismus in dem
Maße wird heimgesucht werden wie England und vor allem das unglückliche Irland.

Ueberhaubt aber ist es abgeschmackt, dem deutschen Publikum unaufhörlich das Schreckbild der englischen Proletariernoth vor Augen zu
halten oder uns, unter Hinweisung auf den Wurmfraß des englischen
Pauperismus von der kräftigen Pflege und Beschüzung unseres Gewerbfleißes abschrecken zu wollen. Sehen wir doch gleich im irischen
Nachbarlande, beim Mangel an Industrie weit größere Uebel walten,
als das Fabrikwesen je hervorzubringen vermag. Ueberdies sind die
wirtschaftlichen Zustände Deutschlands von denen Englands himmel-
weit verschieden. Wenn schon in England im Verhältnis zu der ungeheuern Fabrikerzeugung die Zahl der Arbeiter eigentlich klein ist, so
steht dort doch das Verhältnis der Ackerbauer zu den Nichtackerbauern
wie 1 zu 2, bei uns dagegen wie 4 zu 1; in Deutschland ist mithin die
Zahl der Ackerbauer im Verhältnis zu den Nichtackerbauern achtmal
größer als in England. Obendrein sind die Ackerbauer in England
meist Lohnarbeiterfamilien, ohne Selbständigkeit, ohne Wirtschaft und
moralische Stüzen, die daher bei irgend jedem Unglücksfalle gleich dem
Pauperismus anheimfallen; in Deutschland sind sie dagegen Bauern,

11*

Körter, Pächter und Hintersassen, kurz Familien meist mit selbständigem Besizthum oder doch mit selbständiger Wirtschaft. Andererseits ist in England der größte Theil der Fabrikarbeiter, welchem die Landes Gentry nicht einmal, oder doch nur ausnahmsweise, kleine Stückchen Feldes als Gartenland in Pacht gibt, in einzelne Fabrik-Emporien zusammengedrängt; bei uns dagegen sind sie meist mit Feld - oder Gartenland versehen, auf der ganzen ungleich größeren Oberfläche des Landes vertheilt. In England, wo im entschiedenen Gegensaze zu Irland gar keine Güterzerstückelung besteht, sind mit der übertriebenen Industrie und zum Theil in Folge derselben die großen Pachtgüter zu einem Nazionalübel erwachsen; bei uns, wo die Güterzerstückelung bereits vorherschend ist, namentlich in den industriellen Gegenden, droht eben der **Mangel an Industrie**, weil sich der Volkszuwachs aufs Land wirft, dieselbe noch weiter zu treiben als gut sein dürfte. Ohne Zweifel erscheint gerade in dieser Hinsicht für Deutschland der Aufschwung der Fabriken, statt ihm die Uebel des englischen Fabrik-Proletariats einzuimpfen, als ein Heilmittel gegen das weitere Umsichgreifen der Güterzerstückelung und zur Herstellung des gestörten Gleichgewichts zwischen Ackerbau und Gewerbsarbeit; wie denn Gleiches in Bezug auf Irland, wo Jedermann nur ein Pachtfeld sucht, zwar längst erkannt, leider aber wegen der übrigen dort waltenden Umstände noch nicht durchzuführen ist.

Auch Schottland, welches in der Armengesezgebung jezt eigenthümlich dasteht, stellt ein lehrreiches Beispiel auf. Während man in England und Irland für nöthig befunden, die ganze Verwaltung des Armenwesens unter die unmittelbare Leitung der Regierung zu geben und dafür eine eigene Zentralbehörde mit besoldeten Beamten zu errichten, ist die Armenpflege in Schottland noch den alten Gesezen gemäß allein den Ortsbehörden, ohne die mindeste Einmengung der Regierungsgewalt, überlaßen geblieben. Schottland bedurfte eben noch keiner Umänderung seines Armenwesens. Daß sein Zustand aber, troz einer seit Jahrhunderten fast ganz übereinstimmenden Gesezgebung beider Länder und troz dem größern Reichthum Englands an natürlichen Hülfsquellen, in Hinsicht auf Armuth ungemein verschieden von dem englischen und viel günstiger ist als dieser, liefert wol den überzeugenden Beweis, daß die sicherste Schuzwehr gegen Pauperismus in dem wachen Streben der Einzelnen nach Selbständigkeit, in ihrem lebendigen Ehrgefühl und in der sittlichen Würde des Volkes überhaubt besteht. Wenn in dieser Hinsicht der gröste Abstand sich allerdings zwischen Iren und Schotten vorfindet, so stehn die leztern moralisch doch ohne Zweifel auch über den Engländern. Von jeher war der Bettel in Schottland nicht bloß mit harten Strafen belegt, sondern auch mit der öffentlichen Verachtung gebrandmarkt. Selbst unter der mildern Armengesezgebung der Elisabeth, die noch in Schottland besteht, blieb die Zahl der Nothleidenden, welche die öffentliche Mildthätigkeit beanspruchten, sehr beschränkt, die Armentare unbedeutend. Das nämliche Gesez, dessen verfehlte Wirkungen England die kolossalste Armenlast aufbürdeten, genügte vollkommen, um die größern Uebel des Pauperismus von Schottland entfernt zu halten und ein hochherziges Volk in seiner Unabhängigkeit zu bewahren, bei dem es, ungeachtet man es arm nennen kann, von frühsten Zeiten an, wie noch heut, als das gröseste Unglück gegolten hat, so arm und elend zu sein, um sich zum Mitleidsanspruch gezwungen zu sehen. Doch dürften die entwickelten und freien kirchlichen Verhältnisse Schottlands mit in Anschlag zu bringen sein; — wobei zu berücksichtigen, daß die schottische Kirche verhältnismäßig weit weniger Einkünfte hat als die englische, ja als die bischöfliche Kirche selbst in Irland. Durch die günstigern Zustände Schottlands und die traurigsten Irlands in Bezug auf Pauperismus wird zugleich bestätigt, daß dieser auch in England wesentlich den feudalen Verhältnissen des Grundbesitzes und den damit eng zusammenhängenden der herschenden, an Pfründen und Zehenten überreichen Staatskirche beizumessen ist; daß mithin ein zahlreicher Stand von kleinen selbständigen Landbesitzern nebst einer freiern Gestaltung der kirchlichen Zustände das wirksamste Heilmittel gegen den Pauperismus sein würde.

XII.

Der Pauperismus in Irland, mit Bezug auf die irischen Bevölkerungs- und Wirtschaftsverhältnisse; das irische Armengesetz; die Grundherr- und Pachterbill; die Iren in England; die Erziehungsfragen; O'Connell.

"Mein Kind," sagte die zärtliche Mutter, "das Glück besteht nicht darin, viel zu besitzen, sondern viel zu hoffen und zu lieben."

Irren die Theoretiker, welche dem übertriebenen Fabrikwesen in England allein den dortigen Pauperismus aufbürden, so ist es nicht minder unrichtig, wenn andere Nazionalökonomen dem Mangel an Industrie in Irland das ganze irische Elend beimessen wollen. Dieser Mangel und die große irische Armuth haben vielmehr beide ihren gemeinsamen Grund in den Bodenbesitzverhältnissen, und wenn dann allerdings auch der Mangel an Industrie auf Vermehrung des Pauperismus wirkt, oder wenigstens keine Mittel bietet, denselben zu lindern, so ist andererseits doch auch ebenso gut die allgemeine Armuth mit Ursache davon, daß die Industrie sich nicht emporheben kann. Als Grundursache der beklagenswerten Zustände Irlands muß also gelten: der in den Händen weniger, ihre Einkünfte meist im Auslande verschwendenden Großen vereinte Grundbesitz, sowie die maßlose Güterzerstückelung vermittelst eines Pachtsystems, das nicht selten zu Afterpächtern bis im vierten und fünften Grade hinabgeht. Sodann zehrt an Blut und Schweiße des armen katholischen Irlands die reichbegüterte protestantisch-bischöfliche Schmarozerkirche, wodurch die Armuth und sittliche Vernachlässigung des irischen Volkes auf unverantwortliche Weise gefördert wird. Hiermit hängt ferner zusammen eine tiefe Unwissenheit

der Masse des Volkes, die allenthalben einen Haubtgrund der Armuth,
der Gewerblosigkeit und des Pauperismus bildet. Das so vernachläs=
sigte, außgesogene und mißhandelte Land ist natürlich viel zu kapitalarm,
um großartige Fabriken anzulegen und es mit dem reichen England in
den Manufakturen aufzunehmen. Indem daher den irischen Proleta=
riern keine Unterkunft in heimischen Fabriken geboten wird, übrigt
ihnen nichts als entweder außzuwandern, oder auch als weitere kleine
Pächter und ländliche Lohnarbeiter sich durchzuschlagen. Der Mangel
an Industrie begünstigt mithin noch das klägliche irische Landbausystem,
indem er die Güterzerstückelung auf's äußerste treibt, und dadurch die
allgemeine Armuth, das Agrikultur=Proletariat nur immer noch ver=
mehrt. Wenn der Mangel an Fabrikindustrie deshalb auch nicht eigent=
lich den Pauperismus bewirkt, so wenig als allein dieser jenen hervor=
ruft; so verstärkt er doch das Uebel und führt mit sich, daß durchauß
keine Linderungsmittel da sind, als ein für das Ganze neues Uebel —
Außwanderung. Alle jene Leidensurfachen stehen mithin in solcher
eigenen nachtheiligen Wechselwirkung, daß sie sich gegenseitig verstärken
und zusammen die höchst traurigen Zustände Irlands hervorrufen.
Zwischen dem englischen Fabrik= und dem irischen Agrikultur=Pauperis=
mus waltet demnach, wohl zu merken, der große Unterschied ob, daß
die vorübergehende Noth auß übertriebenem Fabrikwesen in diesem selbst
ein Heil= und Linderungsmittel hat; während die Noth auß übertrie=
bener Güterzerstückelung und Agrikulturarbeit kein solches in sich trägt,
sondern nur zu immer größerm Elend führt. Irland wird sich nimmer
auß seiner allgemeinen Armuth erholen, auß seiner tiefen Unwissenheit
emporheben, so lange nicht dem Unwesen des Absentismus gesteuert,
dem Pachtsystem ein angemessener Rechtsboden gegeben, der Güterzer=
stückelung ein Damm entgegengestellt wird; so lange ferner nicht die
Herschaft der schmarozirenden Kirche gebrochen und ihr geraubtes Gut
wieder zur Erziehung und zum Heile des armen katholischen Volkes
verwandt wird — kurz, so lange es nicht frei wird, wie England und
Schottland, in seinen staatlichen, wirtschaftlichen und kirchlichen Ver=
hältnissen. Das nun ist O'Connells großes Ziel — kein anderes. Je
näher die irischen Patrioten aber diesem Ziele kommen, desto mehr wird
allmählich die Unwissenheit schwinden, mit ihr die größte Armuth, dann
werden auch Fabriken aufblühen und das ganze Land wird eine andere
schönere Gestalt gewinnen.

Doch gehn wir näher ein in die Zustände Irlands. Die Gesamtbevölkerung im Jahr 1841 enthält 4,019,576 männliche, und 4,155,548 weibliche Personen; davon begreift die ländliche 3,499,809 männlichen, und 3,539,850 weiblichen Geschlechts, die städtische aber nur 519,767 männlichen und 615,698 weiblichen Geschlechts. Der irische Bevölkerungszuwachs war in der Periode 1821 — 1831 ungefähr so groß gewesen wie in England, nämlich 14,19 Prozent (13,55 Proz. für den männlichen und 14,81 für den weiblichen Theil); dagegen betrug er in dem lezten Jahrzehent von 1831 — 1841 nur 5,25 Proz. (5,92 für den männlichen, nur 4,25 für den weiblichen Theil). Der nächste Grund dieser Verminderung der Volkszunahme liegt in den künstlichen Bevölkerungsabzügen durch Auswanderung, Niederlassungen in Großbritannien und Rekrutirungen für das Heer, in welchem Irländer eine Haubtrolle spielen und sich oft zu den höchsten Stellen hinaufschwingen, (die Engländer ziehen den Seedienst vor). Diese Abzüge schäzt man für den Zeitraum von 1831 — 1841 also:

Auswanderung nach den Kolonien . . . . . 408,471 Personen.
= = = Vereinigt. Staaten von
Nordamerika nur . . . . 20,000 =
Uebersiedelung nach Großbritannien . . . . 104,814 =
Als Rekruten zum Heere . . . . 34,000 =
Desgleichen für die ostindische Kompagnie . . 5,089 =

Summa 572,374 Personen.

Darnach wandern jezt im Laufe von zehn Jahren 7 Prozent der irischen Bevölkerung aus. Natürlich, weil Manufakturen und Gewerbe dem jährlichen Volkszuwachs keine Beschäftigung gewähren, so muß dieser sich auf den Ackerbau werfen oder das Land verlassen. Ich erwähne hierbei auch der periodischen Auswanderungen irischer Agrikulturarbeiter zur Erntezeit nach England, welche im Ganzen $^1/_{142}$ der Gesamtbevölkerung oder zwischen 57 und 58,000 Personen jährlich betragen sollen. Das ist freilich für den großen englischen Grundbesiz ein erkleklicher Vortheil, indem ihm gerade zur Zeit der dringendsten Arbeiten ein so bedeutender Zuwachs an wohlfeilen Arbeitskräften zugeht, deren Unterhalt ihm für die übrige Zeit nicht zur Last fällt. Auch erscheint es für Irland keine unwichtige Aushülfe, da jeder tüchtige Arbeiter durchſchnitlich 5 Pf. St. Erſparnis mit in ſeine Heimat zurückbringen ſoll. Doch für die arbeitende ländliche Bevölkerung Englands ſelbſt iſt es kein Vortheil.

Eine zur Unterſuchung der Zuſtände der Grafſchaft Cavan 1841 niedergeſezte Kommiſſion hat ermittelt, daß dort von 100 Familien 75 im Ackerbau, nur 20 in Manufakturen und Handwerken und 5 anderweitig beſchäftigt ſind; alſo auf 3 Ackerbauer kömt nur 1 Nichtackerbauer. Unter 25,641 Pachtgütern waren 10,807 unter 5 Acker jedes, 12,208 zwiſchen 5 und 15 Acker, 1950 zwiſchen 15 und 30 Acker, und nur 668 darüber; alle Pachthöfe unter 30 Acker beſchäftigen aber nur den Pächter nebſt ſeiner Familie, es übrigen mithin nur die wenigen über 30 Acker, um dem Ueberſchuſſe der Bevölkerung noch Arbeit zu geben. Daher wandern jährlich beinahe 2000 Perſonen auß der Grafſchaft nach England. Die Fabriken beſchäftigen gröſtentheils weibliche Einwohner, nämlich 31,870 gegen 8498 Männer, während der bortige Ackerbau gröſtentheils Männer beſchäftigt. Das gleiche Misverhältnis beſteht ungefähr in ganz Irland. Dem Ackerbau lagen bei der lezten Zählung 1,854,241 Menſchen ob (die Kinder der Familien natürlich nicht eingerechnet) oder 22,7 Prozent der Geſamtbevölkerung; den großen Manufakturzweigen 659,227 meiſt w e i b l i c h e Perſonen oder 8 Prozent, dem kleinen Handel und den kleinen Gewerben 508,381 Menſchen oder 6,2 Proz., zuſammen 14,2 Proz. der Geſamtbevölkerung. Jene betragen in Großbritannien dagegen nur 7,9 Proz., dieſe 16,3 Prozent der Bevölkerung. Unter den iriſchen Ackerbauern gibt es 471,062 Pächter, wie geſagt, bis in die fünfte Hand; alle übrigen ſind bloße Lohnarbeiter (und 28,958 Hirten) oder 16,5 Proz. der Geſamtbevölkerung. Der iriſche Manufakturbetrieb beſteht haubtſächlich in Spinnereien, und nichts zeichnet ſeine Inferiorität deutlicher, als daß unter den Manufakturarbeitern ſich allein 108,049 Arbeiterinnen bei der Maſchinen-Flachsſpinnerei und 334,042 Spinnerinnen (worunter 311,861 erwachſene) bei nicht ſpezifizirten Spinnereien befinden gegen eine ſehr unbedeutende Anzahl männlicher Spinner. Bei dem Betriebe der Linnenweberei werden 19,865 und für nicht ſpezifizirte Webereien 78,333 erwachſene Weber aufgezählt. Iriſche Bergleute waren nur 3016.

1841 betrug die Zahl der in Irland lebenden Perſonen bis zu 15 Jahren und drunter der männlichen 41,77 Proz., der weiblichen 39,16 Proz. der Geſamtzahl. Die Jahre, in welchen die Anzahl der Lebenden

über und unter ihnen sich gleich verhält, sind 19 für die männliche und
20 für die weibliche Bevölkerung — mithin ein weit ungünstigeres Verhältnis als jezt in Großbritannien obwaltet. Nach dem jährlichen
Durchschnitte der zehen Jahre 1832 — 1841 treffen eine Geburt auf
30,3 Personen (und auf 100 männliche Geburten 104,3 weibliche),
eine Heirat, verschieden nach den Grafschaften auf 135 bis 200 Personen, ein Todesfall auf 59 der Bevölkerung (oder 1,69 Proz.). Die
erreichten Lebensjahre werden angenommen für ganz Irland

	Auf dem Lande.	In Städten nur
Männliche Personen:	29,6	24,1
Weibliche ·	28,9	24,3

Doch stehn bezeichnend genug, da die gewerbreichsten englischen Landschaften die kürzeste mittlere Lebensdauer zeigen — die beiden, fast
ausschließend ackerbauenden Grafschaften Munster und Connaught in
der erreichten mittlern Lebensdauer bedeutend nach, im Vergleich mit
den gewerbfleißigen Grafschaften Leinster und Ulster; in den leztern
erlief z. B. die mittlere Lebensdauer für männliche Personen auf dem
Lande 32, in den Städten 25, für weibliche 31,5 und 25,4. Der
Grund dieser Erscheinung ist lediglich in den großen Entbehrungen an
Nahrung und andern Lebensbedürfnissen sowie in der niedern Entwicke-
lungsstufe des irischen (katholischen) Landvolks zu suchen; wogegen
dort, wo die Industrie einen etwas größern Aufschwung genommen,
diese der Volksmasse im Ganzen schon mehr Erleichterung in ihrem
Lebensunterhalt gewährt. Ein neuer Beweis, daß die Industrie überhaubt gegen den Pauperismus wirkt.

Die Wohnart läßt einen traurigen Blick in die irische Armuth
werfen. In Irland gab es:

	1821.	1831.	1841.
Bewohnte Häuser	1,142,602	1,249,816	1,328,839
Unbewohnte { gebaute . . .	35,251	40,654	52,208
{ im Bau begriffene	1,350	15,308	3,313

Allein unter diesen „Häusern," deren Anzahl im Verhältnisse zur
Bevölkerung allerdings groß erscheint, fast wie in England, ist jede
Wohnstelle begriffen, wenn sie gleich nur aus Lehm und einem einzigen
Raume besteht. Um zu einer bessern Uebersicht zu gelangen, theilte die
Aufnahmekommission daher die Wohngebäude nach den irischen Zu-
ständen in vier Klassen ein, indem sie zur 4ten Klasse die bloß mit e i n e m

Wohnraume verfehenen Lehmhütten, zur 3ten gleichfalls die Lehmhütte, jedoch mit 2 bis 4 abgefonderten Räumen verfehen, zur 2ten die Maierhöfe
befferer Gattung und die kleinern Häufer in Städten mit 5 bis 9 Fenftern,
endlich zur 1ften alle übrigen Wohngebäude befferer Art rechnete. Die
Anzahl Familien, wozu bei der Aufnahme auch einzelne unabhängig
und in befonderer Wohnung für fich lebende Perfonen fowie Verbin-
bungen mehrerer verwandten Perfonen zu gemeinfamem Unterhalt gezählt
wurden, betrug:

	1821.	1831.	1841.
	1,312,032	1,385,066	1,472,787
Die Durchfchnitzahl Perfonen auf eine Familie:	5,18	5,61	5,85

Von der Familienanzahl im Jahr 1841 wohnten aber in Häufern

der 1ften Klaffe nur		67,224
= 2ten = =		321,925
= 3 = = =		566,659
= 4 = = =		516,931

Das traurige Ergebnis ift: 35 Prozent der irifchen Bevölkerung
wohnen in Lehmhütten mit nur einem einzigen innern Raume. Ja, da
nach den weitern Angaben des Berichts 25,553 derartige Familien
mehr da waren, als Häufer 4ter Klaffe, fo mußten ebenfo viele folche
einräumige Lehmhütten fogar zwei Familien beherbergen! Bekundet ein
folcher Zuftand nicht den äußerften Grad menfchlichen Elends? Ueberhaupt aber wohnen 74 Prozent der irifchen Familien und wol auch
der irifchen Gefamtbevölkerung in Lehmhütten!

Wie die ländliche Bevölkerung Irlands maffenhaft arm ift, felbft
weit ärmer als die ftädtifche, geht auch aus Folgendem hervor. Theilt
man mit Rückficht auf die Unterhaltsmittel das irifche Volk in drei
Klaffen, und rechnet zu der erften Familienhäubter mit Kapitalbefiz oder
höhern gelehrten Kenntniffen, fowie Landwirte mit einem Areal von
50 Acker; zu der zweiten Familienhäubter mit einigem geringen firen
Kapital oder ftändiger Befchäftigung, anfäffige Handwerker und Landwirte mit einem Areal unter 50 bis 5 Acker; zur dritten gewöhnliche
Lohnarbeiter oder Landwirte bis zu einem Areal von 5 Acker: fo gehören
von fämtlichen irifchen Familien

zur 1. Klaffe	1,8 Proz. der ländlichen;	6,6 Proz. der ftädtifchen Bevölkerung.
= 2. =	28,3 = = =	50 = = = =
= 3. =	68 = = =	36,4 = = = =
Nicht klaffifizirt	1,9 = = =	7 = = =

Man kann mithin annehmen, daß volle zwei Drittheile der ländlichen Bevölkerung in Irland der niedersten Klasse der bloßen Lohnarbeiter angehört, oder doch ihr völlig gleich steht. Kein Wunder, daß diese Maße von armen Leuten, namentlich in den ganz katholischen Gegenden, sogar zu kapitalarm ist, um an Flachskultur in größerm Maße zu denken, oder Vorschüsse dazu zu erhalten. (In den reichern Theilen Irlands wird der meiste Flachs gewonnen; er ist von vorzüglicher Güte, und sein Anbau in lebhafter Zunahme).

Zur Verbesserung dieser traurigen Zustände ist annoch wenig geschehen. Gleich einem eroberten Lande oder schlimmer als ein solches, ward Irland Jahrhunderte lang vernachlässigt und von England, oder vielmehr von der bischöflichen Kirche und den großen Grundbesitzern ausgebeutet. Obgleich dort mehr als irgend sonstwo die bringende Aufgabe vorlag durch Erhebung der gesunkenen Sittlichkeit und durch eine bessere Erziehung des anwachsenden Geschlechts auf die Verminderung des Pauperismus einzuwirken, geschah doch lange Zeit nichts dafür; ja, es fehlte in diesem Lande sogar an aller und jeder Armengesezgebung, obschon die Nothwendigkeit einer solchen schon seit Jahrzehenten anerkannt, auch alljährlich im Parlament zur Sprache gebracht worden war. Erst in allerjüngster Zeit ist Irland ein Gegenstand ernster Aufmerksamkeit seitens der britischen Gesezgebung und Regierung geworden.

Auf den Grund der Erfahrungen eines vierjährigen Vollzuges der für England gegebenen Armengesezgebung erschien das, in mancher Hinsicht sehr wichtige Armengesez für Irland vom 31. Julius 1838, wie gesagt, das erste in diesem Lande. Sein Vollzug ist der bereits in London bestehenden Armenkommission unter den gleichen Vollmachten und Befugnissen übertragen worden, wie solche das Armengesez vom 14. August 1834 für England und Wales festsezt. Sein Haubtmerkmal, durch welches es sich zugleich von diesem unterscheidet, besteht darin, daß es, mit weisem Vorbedacht, alle und jede Unterstüzung an Armen ausschließend auf die nach dem erprobten englischen System errichteten Unions-Werkhäuser beschränkt, da außerdem der größere Theil der irischen Bevölkerung dem gesezlichen Armenfond anheim gefallen sein würde. Auch drückt das irische Gesez durchaus keine Berechtigung eines Armen auf Unterstüzung (Unterhalt in einem Werkhause) auß, welche in dem englischen Geseze durch die außdrückliche Anerken-

nung des Heimatrechtes gegeben ist. Um jedoch die Armenlast einigermaßen zu lokalisiren, bestimmt Art. 44: der Armenpflegschaftsrath be-
rechnet die Kosten der Werkhausverwaltung halbjährlich für jeden
Wahlbezirk (Electoral-division) der Union, und zwar so wie sie densel-
ben für den Unterhalt derjenigen Personen treffen, welche nach dem
Werkhausregister daselbst ihren Wohnsiz hatten. Nach einer gesezlichen
Bestimmung von 1843 soll der Aufenthalt sich auf ein Jahr rückwärts
erstrecken; ist jedoch der Wohnsiz oder der einjährige Aufenthalt, wie in
Irland häufig der Fall, nicht mit Gewisheit zu ermitteln, so sollen die
Kosten von der ganzen Union getragen werden. Auch können mehrere
Wahlbezirke der Union zur gemeinschaftlichen Tragung der Unterhaltskosten für ihre in den Werkhäusern unterhaltenen Armen vereint werden. Man sieht, die Armenernährung bildet in Irland nach dem neuen
Geseze eine Last der Wahl- oder der Unionsbezirke, in England
dagegen nach altem Herkommen noch eine sehr verschiedene Gemeinde-
oder Kirchspielslast. Jene irischen Bezirke sind von der Armenkommission ganz neu geschaffene, der Bevölkerung früher fremde politische Vereine, die nun gemeinschaftlich für die natürlich oft äußerst drückend er-
scheinenden Armenkosten einstehn sollen. Der Pflegschaftsrath ist ermächtigt, von Zeit zu Zeit die erforderliche Armentare von jedem Inhaber steuerpflichtigen Eigenthums zu erheben; jeder Wahlbezirk hat nach
Verhältnis beizutragen. In England bestimmt das Kirchspiel seine
eigene Armentare nach dem wirklichen Pauperismus; in Irland der
Pflegschaftsrath, und zwar einmal die allen Wahlbezirken gemeinschaftlich zufallenden Kosten, sodann die jeder einzelnen, für den Unterhalt
seiner Armen besonders treffenden. Die Armensteuerpflichtigen sind zu
den Wahlen des Pflegraths, zu dem jedoch kein Geistlicher gehören darf,
nach folgendem Maßstabe des Reinertrags ihres steuerbaren Eigenthums berechtigt: eine Rente bis unter 20 Pf. St. gibt eine Stimme,
eine Rente von 20 bis unter 50 Pf. St. zwei, von 50 bis unter 100
drei, von 100 bis unter 150 vier, von 150 bis unter 200 fünf, von
200 und mehr Pf. Rente sechs Stimmen. Die Zentralkommission,
zu welcher ein viertes Mitglied anzustellen die Königin ermächtigt ward,
kann ebenso wol in Irland wie in England ihre Sizungen halten, und
führt für beide Verwaltungen ein gemeinschaftliches Siegel. Auf Anordnung des Ministeriums des Innern hat ein Mitglied der Armenkommission zur Ueberwachung des Vollzuges des Armengesezes in Irland

zu wohnen. Dem Parlament müßen alle, von der Armenkommiſſion erlaßenen allgemeinen Vorſchriften und jährlich ein Haubtbericht vorgelegt werden.

Die Kommiſſion hatte zum Vollzuge des Geſezes mit vielen Schwierigkeiten zu kämpfen, man ſah darin ein neues Uebel für Irland, ja hielt die Durchführung des Werkhausſyſtems praktiſch für unmöglich. Die Aufregung war allgemein. Dennoch gelang es durch klar abgefaßte und ſchnell über das ganze Eiland verbreitete Flugſchriften dieſe Stimmung bei dem aufgeklärtern Theil der Bewohner zu beſiegen. Bis zum März 1839 waren erſt 39 Vereine mit 52,000 Seelen, im Jahr darauf, bis zum März 1840 aber ſchon 104 Vereine mit 4,800,000 Seelen gebildet. Ganz Irland iſt in 130 Unionsbezirke getheilt; der Umfang eines jeden begreift je nach den örtlichen Umſtänden 2 bis 300 engliſche Geviertmeilen. Haubtſache war, baldige zweckmäßige Herrichtung der Werkhäuſer; im Jahr 1842 waren alle 130 vollendet, meiſt neu, nach trefflichen Plänen für 400 bis 1000 Bewohner aufgeführt, für 94,010 Armen, mit einem Aufwande von zuſammen 1,150,000 Pf. St., in welchem Betrag auf die iriſche Armentare fundirte Anlehen bei der Schazkammer eröffnet worden ſind. Die Außführung iſt, ſo wie ſie dem Lande und ſeinen Sitten entſpricht und am wirtſchaftlichſten erſcheint. Die iriſche Werkhausordnung, welche die Kommiſſion gleichzeitig mit Herſtellung der erſten neuen Häuſer Anfangs 1840 erließ, ſtimmt im Allgemeinen mit der engliſchen überein; nur hält ſie ſtrenger an dem Grundſaze feſt, daß die Nahrung der auf öffentliche Koſten unterhaltenen Armen auch im Werkhauſe keinesfalls beſſer und reichlicher ſein dürfe, als jene der unabhängigen armen Arbeiterklaſſen. Nun iſt des iriſchen Volkes Haubtnahrung die Kartoffeln, und zwar die ſchlechtern Arten derſelben, welche die gröſte Maſſe liefern, da der kleine Afterpächter bedacht ſein muß, auf der beſchränkteſten Bodenfläche die möglichſt gröſte Menge zu erzeugen. Schlechte Ernten, Kartoffelkrankheiten oder ſonſtige Misſtände, wie im traurigen Winter von 1845 auf 1846, nöthigen häufig, namentlich von April bis Julius (der neuen Kartoffelernte), zum Gebrauche anderer Nährmittel, wie Hafermehl, auch Eier, Butter, Speck, Häringe. Dazu kömt in manchen Bezirken mit gröſtern Milchwirtſchaften auch abgerahmte Milch, meiſt Buttermilch; ſonſt iſt Waſſer der gewöhnliche Labetrank. (Bemerkenswert iſt, daß in der Jahreszeit, wo es an Milch mangelt, in der „Waſſerjahrszeit", sich die meisten Krankheiten verbreiten sollen.) Beimengung von etwas Häring zu dem trockenen Kartoffelschmaus, gestatten sich gewöhnlich nur die Familienhäubter, die Kinder tauchen ihre Kartoffeln in die Brühe, worin sie gekocht sind; Fleisch, außer Speck, genießen sie niemals. Diesen Verhältnissen gemäß bilden, wie in den frühern irischen Armenanstalten und Gefängnissen, so jezt auch in den neuen Werkhäusern die Haubtnahrung Kartoffeln oder Schwarzbrod, Buttermilch, mit Wasser gekochtes Hafermehl (Stirabout) und für einige Wochentage wol Suppe mit Abwechselung dieser Nährmittel. Zwei Mahlzeiten des Tags werden im Allgemeinen für Erwachsene genügend, für die Kinder jedoch drei rathsamer erachtet; in Landestheilen aber, wo man an drei Mahlzeiten gewöhnt ist, sind solche auch für die Werkhäuser gestattet. Animalische Nahrung ist in den meisten Vereinen völlig außgeschloßen, zumal in den Agrikulturbezirken. In den städtischen Vereinen ist eine sparsame Einführung von animalischer Speise in die Werkhauskost gestattet, was in Städten ohne Vermehrung der Kosten am ehsten geht; so wird den erwachsenen Werkhausarmen Dublins (es sind ihrer an 3000 nebst 1100 Kindern) zweimal die Woche eine Pinte Fleischbrühe ohne Kostenvermehrung gereicht. Die gewöhnliche tägliche Nahrung der arbeitsfähigen Erwachsenen in den irischen Armenhäusern besteht auß 3½ Pfund Kartoffeln (roh gewogen), 7 Unzen gekochten Hafermehls und 2 Pinten Buttermilch oder 1 Pinte frischer Milch. Nur Kinder von 9 bis 14 Jahren erhalten 6 Unzen Brod, dagegen um so weniger an jenen Lebensmitteln. Brod wird Erwachsenen nur in wenigen Bezirken regelmäßig gereicht; oder für 3½ Pfund Erdäpfel werden 12 Unzen Brod, oder 8 Unzen Brod für 7 Mehl gerechnet. Die etwaige animalische Nahrung besteht bloß zweimal die Woche in einer Pinte Suppe statt der Milch beim Mittageßen. Die Kosten der Ernährung, Kleidung ꝛc. eines erwachsenen irischen Armen erlaufen durchschnitlich auf 2 Sh. die Woche; für alle Armen stellen sie sich jedoch niederer herauß, auf nur 1 Sh. 8 P. oder für ein Jahr 4 Pf. St. 6 Sh. 8 P. Uebrigens befinden sich sehr wenige arbeitsfähige Männer in den irischen Werkhäusern. Nach dem von der Zentralkommiffion dem Parlamente vorgelegten Haubtberichte befanden sich im ersten Quartal 1844 in sämtlichen Werkhäusern Irlands 50,114 Armen, wovon unter 15 Jahren 22,585, zwischen 50 und 80 Jahren 10,200, über 80 Jahre 1,685; es blieben also für die zwischen 15 und 50 Jahren nur 15,641, wovon 10,738 weibliche. Außerdem befanden sich in vier Bezirken noch 2,315 Armen, die nicht eingetheilt waren. Von jenen 50,114 Armen waren 41,303 Katholiken, 6,170 Hochkirchliche, 2,464 Presbyterianer und 179 andere Religionsverwandte. Nach obigem Maßstab der Kosten für einen Armen würden die 52,429 Werkhausbewohner im ganzen Jahr einen Aufwand von 228,692 Pf. St. verursacht haben, ohne die Kosten der Verwaltung des Armenwesens, des Baues und des Unterhalts der Häuser, der Zinsen für die aufgenommenen Anlehen, der Unterhaltung der Hospitäler, für ärztliche Hülfe, Auswanderungen und anderes mehr. Vom April 1840 bis Anfangs Februar 1844 hat die Gesamtsumme der irischen Armentare (12 Vereine ausgenommen, wo noch keine Steuer erhoben worden) sich auf 811,620 Pf. St. erlaufen, die Rückstände eingeschloßen; in 137 Oertern muste sie von den Widerstrebenden durch Polizeigewalt beigetrieben werden.

In Betreff der Vertheilung der Armentare in Irland gieng die Gesezgebung von dem richtigen Grundsaze aus, alles rentirende Eigenthum sei armensteuerpflichtig. Als Mißstand dabei erscheint, daß die Anzahl derjenigen, auf welche, nach ihrer Rente, nur ein sehr geringer Steuerbetrag trifft, ungemein groß ist, und daß die Beiträge der weniger vermögenden Klaffen außer Verhältnis stehn zu den Kosten und Mühen der Erhebung. Dies gibt zugleich einen neuen Beleg zu den unglücklichen Agrikulturzuständen Irlands. Im Jahre 1843 gab es in 108 Vereinen 997,434 Armensteuerpflichtige; darunter waren 149,960 deren Schäzung des Reineinkommens von ihrem armensteuerpflichtigen Besizthum nur 1 Pf. St. betrug, 138,143 hatten ein steuerpflichtiges Reineinkommen zwischen 1 und 2 Pf., 98,220 zwischen 2 und 3 Pf., 75,572 zwischen 3 und 4 Pf., 63,818 zwischen 4 und 5 Pf., nur 471,721 über 5 Pf. St. Da die Armenkommission als wesentlichen Grund der unter solchen Umständen natürlichen Rückstände die Bestimmung betrachtete, daß bei allen Schäzungen des Reineinkommens unter 5 Pf. St. der Pächter und nicht der Eigenthümer oder Grundherr zur Zahlung der Armentare herbeigezogen werden soll; so verpflichtete ein Parlamentsstatut auch für jene Besizthümer, deren reine Rente unter 5 Pf. beträgt, den Verpachter (immediate Lessor) zur Entrichtung der Armensteuer.

Das nun sind die Haubtzüge der irischen Armengesezgebung und ihres bisherigen Vollzuges. Das Armengesez hat Irland in der ganzen Verwaltung England näher gebracht und wird, dort erst ständig durchgeführt, es ihm noch näher bringen. Dieser Gesichtspunkt ist von höchster Bedeutung. Sonst scheint die Zeit noch fern zu liegen, wo das neue System den schweren Druck der Armuth, der auf Irland lastet, wesentlich erleichtern wird, wenn dazu überhaupt Armengeseze ausreichten. Kein Verständiger gibt sich mehr solchen Täuschungen hin, alle Parteien verlangen weitere Maßregeln zur Linderung der irischen Leiden. Ein schweres Uebel ist, daß die Landeigenthümer gesezlich zu viele Gewalt haben. In Irland können sie die Ernährung der Armen geradezu von sich abwälzen, während in England der Arme bisher haubtsächlich vom Lande unterhalten ward. Dies will man nun auch in Irland allmählich bewirken, wie die oben angeführten gesezlichen Bestimmungen schon andeuten. Die englischen Landlords sind damit einverstanden, weil die armen Iren, die jezt gleichsam die revoluzionäre Armee bilden, alsdann unter Staatsaufsicht kommen würden, ihre unruhigen Bewegungen also schneller paralysirt werden könnten. Als wichtig für Irlands Zukunft heb' ich noch hervor, daß die Armenkommission auf Erziehung der zahlreichen Kinder in den irischen Werkhäusern, in religiöser wie gewerblicher Hinsicht den Haubtnachdruck legt, und für Aufstellung der erforderlichen Anzahl Lehrer und Lehrerinnen Sorge getragen hat. Die Kinder werden außer den eigentlichen Unterrichtsstunden in Handarbeiten, intelligenter Zwergwirtschaft und Gärtnerei geübt, nicht nur, um bald zum Erwerb ihres Unterhalts tüchtig zu werden, sondern um auch durch Beispiel zu wirken. Noch andere traurige Zustände lasten auf dem grünen Eilande. In England und Schottland ist die Anzahl der Grundbesizer im Verhältnis zum Kontinent zwar gering, aber doch immer noch weit größer als in Irland. Der Grund und Boden gehört hier einer so kleinen Zahl Familien an, daß man sie leicht aufzählen könnte. In Großbritannien wohnt die Gentry auf ihren Gütern, sie steht, mit wenigen Außnahmen, in beständigem unmittelbarem Verkehre mit ihren Zinsleuten, und zwischen beiden Theilen bilden sich Beziehungen des Vertrauens und der Anhänglichkeit; auch sind die Güter, wenn nicht ganz frei von hypothekarischen Lasten, doch durchgehends in Verhältnissen, die nicht zu maßlosem Druck der Pächter zwingen. Ganz anders in Irland. Dort sind die großen Eigenthümer — und andere gibt es kaum — fast alle Absenters, die in England oder auf dem Kontinent ihre Einkünfte verzehren; zwischen ihnen und ihren Heuerleuten knüpft sich kein unmittelbares Verhältnis, sie kennen einander nicht. Die Landlords überlaßen ihre Güter für eine bestimmte Summe an große Unternehmer und bekümmern sich nicht weiter darum. Die Unternehmer, „Middlemen" geheißen, bilden in der Regel eine habgierige Menschenklaffe: sie verpachten das Land, sofern sie es nicht theilweise zum Weiterverpachten übergeben, in möglichst kleinen Parzellen, und suchen auß Land und Leuten bis aufs äußerste „Geld zu machen," beides nach deren Erschepfung der Gnade des Himmels überlaffend. Wegen dieses unnatürlichen ruinirenden Systems der Außbeutung muß der irische Pächter tief an Wohlstand und Intelligenz unter dem englischen stehn. In Irland gibt es so gut wie keinen Unterschied zwischen der (in England angesehenen) Pächter- klaffe und den bloßen Feldtaglöhnern, dazu sind die Pachtstücke viel zu klein. Der irische Landmann hängt sich mit einer Art Wuth an sein armseliges Landstück — natürlich, er sieht kein anderes Mittel, sein Leben zu fristen; auch will er wo möglich von keinem Pächter abhän- gen, sein Loß würde dann noch unglücklicher sein. Die hierauß ent- springende ungezügelte Konkurrenz der Pachtbewerber, welchen sonst ja nur Bettel oder Außwanderung winkt, vermehrt noch die übertriebene Pachtzerstückelung. So bleibt dem Einzelnen, nachdem er den Zins für seine dumpfe Hütte und sein Stück Kartoffelfeld bezahlt hat, nichts übrig als das Elend, und, wenn er den Zins nicht bezahlen kann oder auß sonst einer Ursache davon gejagt wird — die Rache. In den mei- sten Theilen von Südirland z. B. erhält der Pächter sich auf seiner Scholle durch den Schrecken: sobald er seine Rente bezahlt, betrachtet er sich als den rechtmäßigen Herrn seines gemietheten Stück Feldes, ob er es gut oder schlecht bebaut, gleichviel; wird Anstalt getroffen ihn davon zu entfernen, so greift er entweder zu bewaffnetem Widerstande oder zu blutigen Repreffalien, welche die Sympathie und die Nachsicht der Bevölkerung fast immer mit dem Schleier der Unbestraftheit decken. Liegt es nicht im Interesse der Herren wie der Pächter, des Landes und des Reichs, einem solchen unseligen Zustande ein Ende zu machen?

Die Schwierigkeiten sind groß, unverkennbar aber, daß die Mög- lichkeit, ihnen zu begegnen, ganz außer der Macht der Gesezgebung liege, wie Lord Brougham behauptet, erscheint übertrieben — es wäre das schrecklichste Verdammungsurtheil. Ich kann diese Ansicht um so weniger theilen, als in Wahrheit die Versuche und Anstrengungen zur Bekämpfung, ja auch nur zur Milderung der irischen Uebel auf legislativem Wege bisher nur sehr matt gewesen sind. Eine neue Maßregel (zuerst von Lord Stanley am Landtag von 1845 eingebracht) soll den Pächtern wenigstens Ersaz verschaffen für die Bodenverbesserungen, die sie ausführen. Die irischen Pächter waren nämlich auch in dieser Hinsicht einer gränzenlosen Willkür preisgegeben. In England sichern die großen Pächter ihre Rechte gewöhnlich durch einen festen Pachtvertrag, die oft für lange Dauer abgeschlossen werden; zudem fallen die Kosten der Herstellung und Verbesserung der Pachtgüter bei Antritt der Pacht zu Lasten der Grundherrn. Das Gegentheil findet in Irland statt. Alle die kleinen Pächter sind Tenants at will, d. h. ohne Pachtvertrag der Willkür der Mittelherrn preisgegeben, und alle Unkosten der Wiederherstellung haben sie selbst zu tragen; daher die Pächter sich in England oft reicher machen, um den Landlord zu überreden, sie könnten das Gut verbessern, in Irland oft ärmer, wenn es möglich ist, um die Forderungen des Mittelmanns zu mäßigen. Der irische Pächter hatte daher überhaupt niemals einen Sporn zu Verbesserungen. Der Ersaz für dieselben soll nun sich namentlich auf Bauanlagen, Arbeiten der Absumpfung und Einhegung beziehen. Leztere sind eigentlich im umgekehrten Sinne zu verstehn, da die Felder, in alter Keltenweise, so seltsam breite Mauern umgeben, über die man wegreitet, wo nicht wegfährt, daß die Mauer oft mehr Raum einnimt als das eingeschloßene Feld. Diese Parasitzäune schüzen das Grundstück des Landmanns nicht vor den Einbrüchen der Hasen, dieser andern irländischen Landplage, noch selbst vor denen des Rindviehes; sie haben keinen andern Nuzen als daß sie den Fuchsjägern — zur Halsbreche dienen. Nun, der Pächter sollte für den Boden, den er durch Abhegungsarbeiten für den Anbau wiedergewinnt, bis nach Verlauf von 20 Jahren (später nicht mehr), für gewöhnliche Bauten auf dem Pachtgute bis nach Verlauf von 30, für Trocknungsarbeiten bis nach 14 Jahren entschädigt werden, falls er früher den Pachthof verlassen muß. Die Zwistigkeiten, die darüber zwischen Besizern und Pächtern sich erheben könnten, zu schlichten, wird, da die gewöhnliche Justiz in Irland wie in England für die Unvermögenden viel zu theuer ist, ein besonderer Beamter bestellt. Die Grundherr- und Pachterbill betrifft mithin bloß einen Punkt jener gefährlichen Lage, sie soll dem Pächter für etwaige Verbesserungen

Schadenersaz sichern und dadurch ihn zu solchen ermuntern. Die Sache
ist allerdings für beide Theile wichtig, denn wie wird der Pächter sich
Verbesserungen angelegen sein lassen, die vielleicht nur Andern zu Gute
kämen, da er am nächsten Morgen vertrieben werden kann? Außerdem
kann die Bill manches Gute auch dadurch wirken, daß sie den Pächter
in eine vor Willkür gesichertere Lage bringt. Doch in ihr eine Panazee
zur Heilung aller Wunden Irlands zu sehen, erscheint lächerlich.
Selbst die Frage läßt sich aufwerfen: woher soll denn der blutarme
Pächter, dessen Verdienst kaum zur kümmerlichen Ernährung seiner Familie hinreicht, das Kapital zu jenen Verbesserungen nehmen, und zwar
so viele Jahre im voraus, binnen welchen er, wie ein Hund, von Haus
und Hof verjagt werden kann?

Die Bill ist leider auf dem Landtage von 1845 noch nicht verhandelt worden, weil die Regierung sie nicht unter die „dringendsten"
Gesezentwürfe zählte. Hoffentlich wird es in diesem Fall nicht heißen:
verschoben ist aufgehoben. Wenigstens hat Sir R. Peel bei Beginn
der Parlamentsession von 1846 mehrere umfassende Maßregeln zu Gunsten Irlands verheißen. Am dringendsten bleibt immer ein umfassendes
Gesez über die rechtlichen Verhältnisse der Pächter zu ihren Gutsherrn,
sodann die Abschaffung des verderblichen Systems der Zwischenmäkler
(des middlemanism) und Erleichterung der Ländereienübertragung, um
statt der nominalen wirkliche Grundeigner zu erhalten. Alles dies
vorzüglich, damit auf gesezlichem Wege das Ziel errungen werde, dem
jezt durch Mordthaten und Verbrechen zugestrebt wird, nämlich Be=
ständigkeit des Pachtbesizes. Sodann müßten Schritte geschehen, um Irland auf vollkommen gleichen Fuß mit England zu stellen, d. h. Gleichheit des Wahlzensus, der in Irland höher ist als in
England, Vermehrung der Anzahl der irischen Parlamentsglieder
(O'Connell fordert noch 46) und Ausdehnung der Rechte der Muniz-
palitäten. Dabei wäre zu empfehlen: kräftiger Schuz für jedes nüzliche
Unternehmen, wie Anlage von Eisenbahnen; reichliche Vergütung für
die von den Pächtern bewerkstelligten Verbesserungen; Hebung der Fischerei durch Anlegung von Häfen und Kaien; Austrocknung der
Sumpfgegenden mittelst der irischen Kroneinkünfte zu Gunsten eines
selbständigen Bauernstandes; Errichtung von Musterpachtungen und
landwirtschaftlichen Schulen. Gegen die Verbrechen hat man solida=
rische Haftbarmachung der Gemeinen dafür durch Auflegung von Geld=

bußen vorgeschlagen, Vermehrung der Grafschaftspolizei um 1000 Mann auf Kosten des Landes, strenge Unterdrückung alles Bündler=wesens, Anstellung besoldeter Magistrate für die unruhigen Bezirke und Außdehnung ihrer Gewalt, wo von den Geschwornen kein schuldig sprechendes Urtheil zu erwarten sei. Allein O'Connell und die Pa=trioten widersezen sich allen derartigen Zwangsmaßregeln der Regie=rung, wenn sie nicht begleitet sind von Maßregeln, geeignet, die Strei=tigkeiten zwischen den irischen Grundherrn und ihren Pächtern außzu=gleichen. Ganz mit Recht, denn in diesen ungeordneten schmählichen Pachtverhältnissen liegt eben der Haubtgrund jener beklagenswerten agrarischen Frevel, den man daher zuerst beseitigen muß, will man nicht bloß gegen die Symptome des Uebels kämpfen.

Außerdem spricht man auch viel von kräftigerer Organisazion der irischen Außwanderung als Mittel gegen Arbeitsmangel und Noth. Wie wir oben jedoch gesehen, ist dieselbe auch ohne durchgreifende Or=ganisazion nur zu stark für Irland — sie ist ein fortdauernder Aderlaß für das arme Land, diesem schädlich, wie den Außwanderern nur zu oft verderblich. Außwanderung? Und dennoch herscht in Irland noch viel weniger als in Deutschland Ueberwölkerung: es liegen dort noch über 4 Millionen Acker völlig brach, von welchen 2½ Millionen leicht anzubauen wären! Wer weiß es nicht, daß die irische Squirearchy, d. h. Junkerschaft, welche alle Vorurtheile mittelalterlicher Ritterlichkeit gegen Gewerbfleiß hegt, auß bloßer eitler Ostentazion den Aufschwung des Landes niederhält und z. B. sehr große Strecken Bodens um das Wohnschloß herum unbebaut läßt, während die Menschen braußen dar=ben und verkümmern? Es fehlt mithin in Irland nicht an Land, son=dern an Kultur, Erziehung, Fleiß und an guten Gesezen, dies alles zu fördern.

Folgen wir den Iren auf ihren Wanderungen. Es ist bekannt, daß sie sich in den Kolonien sowie in den Vereinigten Staaten durch=weg als sehr brauchbare tüchtige Ansiedler bewähren, daß sie dort innig wie Brüder zusammenhalten, sich gegenseitig unterstüzen und daburch fast immer, namentlich in Vergleich ihrer auß der Heimat mitgebrach=ten bescheidenen Ansprüche, ihr Glück machen. Anders verhält es sich mit ihnen in Großbritannien, wahrscheinlich weil sie sich dort auß ihren gewohnten heimischen Sitten nicht heraußreißen. Bei den parlamenta=rischen Untersuchungen über die Lage der großen englischen Städte hat sich der merkwürdige Umstand herausgestellt, daß die mörderischen Einflüsse des dichten Zusammenlebens in Wohnungen ohne Luft und Licht, wo oft drei, vier, ja fünf Menschen in einem Bette liegen, sich weniger auf Engländer als vorzüglich auf Irländer, die meist Handlanger abgeben, auch mitunter auf Italiener äußern, wandernde Musikanten und Bilderhändler. Nicht selten hat die für eine Familie bestimmte Stube gar kein Bett, Eltern und Kinder schlafen durcheinander auf dem Fußboden. Indessen verdienen diese irischen Handlanger noch 13 bis 16 Shilling wöchentlich; manchmal verkaufen ihre Frauen Gemüse in den Straßen, die Kinder betteln gewöhnlich. Ein kleines Haus bewohnten 126 Individuen, die 6 Betten hatten! Diese traurige Lage darf also nicht durchaus der Unzureichendheit des Verdienstes beigemessen werden. Schon frühere Untersuchungen hatten über einige Ursachen der Inferiorität der Irländer aufgeklärt, insofern sie nämlich mit demselben Einkommen schlechter leben als die Engländer, ja darauf auch gar nicht ausgehn. Sie sind zugleich mäßig und der Trunkenheit ergeben. Ein Wärter des Birminghamer Gefängnisses sagte aus: die Irländer seien nicht so verdorben oder verstockt wie die Engländer, aber unruhiger und unlenksamer in der Trunkenheit. Sie berauschen sich regelmäßig Samstags und Sonntags, wozu es geringer Mengen Gebranntes bedarf, da sie während der Woche sehr wenig essen. Dann prügeln sie sich unter einander und schlagen sich nicht einer gegen einen, sondern zehen gegen zehen. Ein Arzt des Birminghamer Krankenhauses, welches zahlreiche Nebenanstalten in den verschiedenen Stadtvierteln hat, erklärte, daß der seiner Ueberwachung anvertraute Bezirk ungefähr 2000 Irländer einschließe, die in einem unglaublichen Zustande von Schmuz und Nacktheit lebten, niemals die Fenster ihrer Stuben öffneten und von ansteckenden Fiebern mehr als die Engländer heimgesucht würden. Fortwährend reisen Irländer zwischen Dublin und Liverpool, wo ihrer immer an 40,000 leben; nicht selten langen hier auf einem Paketboot für 1 Shilling Ueberfahrt 6 bis 700 zumal an, ohne irgend eine Art Hülfsmittel, und die Stadt hat, um sich ihrer wieder zu entledigen, oft kein anderes Mittel als die Rückfahrt nach Dublin für sie zu bezahlen. Auf diese Weise werden im jährlichen Durchschnitt 6000 Iren von Liverpool zurückgeschickt, die, merkwürdig genug, sehr häufig auf Kosten irländischer Stadtbehörden nach England verschifft worden sind. Auch in Manchester leben über 40,000 Iren. In dieser Stadt hat seit den lezten zwölf Jahren die Zahl der armen Engländer sich verdoppelt, die der Irländer aber verfünffacht. Die Iren haben dort beinahe alle Bänke und Stände auf den Märkten gepachtet und die Engländer durch alle Art Gewaltthätigkeit davon ausgetrieben. Sie destilliren auch allen nach Manchester geschmuggelten Brantewein. Die Polizei hat mit ihnen ernste Kämpfe zu bestehn, wenn es gilt, die Brennblasen der Schwär- zer zu ergreifen oder die Habseligkeiten derjenigen, welche ihre öffent- lichen Taxen nicht bezahlen. Da wird es nöthig, die Polizeidiener duzendweis zugleich in gewisse Viertel zu schicken, und häufig werden auch diese in die Flucht geschlagen. Der Ruf eines einzigen Irländers zieht sogleich alle Männer, Frauen und Kinder umher zur Stelle, sie stürzen wie wilde Thiere aus ihren Höhlen, beladen mit Steinen, Stöcken und allen Gattungen Waffen. Samstags sind sie so zu sagen die Herren der Stadt, 50 Wachen sind dann im Dienste mehr nöthig und die Gefängnisse füllen sich mit unterweilen halbnackten Irländern, die einen verzweifelten Widerstand leisten. Fast ebenso verhält es sich in vielen andern großen Städten, wie Duckinfiel, Preston, Wigan, Edinburg, Glasgow, Greennock, Aberdeen ꝛc. Sobald arme Irländer einiges Geld verdient haben, arbeiten sie nicht mehr und übergeben sich der Trunkenheit; — die Frauen sind immer von der Partie, und wenn es Schlägereien absezt, so werfen sie sich gerade in das hizigste Hand- gemenge.

Bei diesen Fehlern der Iren glänzen jedoch auch gute Eigenschaf- ten. Sie unterstüzen sich gegenseitig ohne Maß und Berechnung mit allem Gelde was sie besizen, in Fällen der Krankheit und des Elends. Im Allgemeinen sind die Iren ehrlich und enthaltsam. Sie verheura- then sich sehr jung; doch ganz im Gegensaz zu der früher erwähnten englischen Unsitte, ist die Schwangerschaft der Frauen die Folge, nie- mals die Ursache der Heurathen. Lüderliche Weibsbilder findet man nicht unter ihnen. Sie sind treu, dienstfertig, und man kann ihnen das Innere der Häuser sorglos anvertrauen; aber sie sind meist sehr unge- schickt und sehr geschwäzig, so daß man sie bei ihren Arbeiten nicht aus dem Auge verlieren darf. Unter andern Zeugnissen ihrer Rechtschaffen- heit wird erzählt, daß ein englischer Unternehmer während eines langen harten Winters seinen irischen Arbeitern mehr oder minder bedeutende Summen, die geringste 70 Sh., vorstreckte; — alle hätten den Meister verlaßen können ohne zu zahlen, im Gegentheil, nicht Einer fand sich,

der seine Pflicht nicht erfüllte, und mehrere, die mittlerweile nach Ir=
land gegangen waren, kehrten nach Birmingham zurück, um sich durch
ihre Arbeit von der Schuld zu befreien. Unter der unmittelbaren Auf=
sicht katholischer Priester sind die Iren gelehrig und leicht zu regieren,
wie sich besonders in Brabfort und andern Städten der Grafschaft York
erwiesen. Auch verlieren die in England gebornen irischen Kinder zum
Theil die ererbten Fehler des Schmuzes und Leichtsinns, sie werden
reinlicher, besonnener, und der Jähzorn sänftigt sich. Die Iren treten in
England niemals in die Gesellschaften der englischen Arbeiter, sie bil=
den besondere Verbrüderungen, worin die Vorschriften beßer beobachtet
und die Schazungsantheile regelmäßiger entrichtet werden als in den
englischen Arbeiterverbindungen. Die katholischen Priester sollen von
ihren Bischöffen angewiesen sein, die Arbeiter, welche zu geheimen Ge=
sellschaften gehören, nicht zur Kommunion zuzulaßen, und wirklich soll
seit geraumer Zeit keine irische (katholische) geheime Gesellschaft der Art
mehr bestehn. Das englische Vorurtheil äußert sich noch immer leb=
haft gegen irische Arbeiter; unter sonst gleichen Umständen wird ein
Engländer immer den Vorzug erhalten. Auch die Religion trägt nicht
wenig zu diesen betrübenden Unterscheidungen bei. Sehr häufig erlan=
gen die Katholiken keinen Antheil an öffentlicher oder privater Unter=
stüzung, wenn sie sich nicht Förmlichkeiten unterziehen, die ihre Gefühle
und ihren Glauben verlezen. In manchen englischen Städten werden
die Iren nicht beßer behandelt wie die Juden, sie erlangen sogar mit
Mühe nur Zulaß zu den Baupläzen und den Werkstätten. Inzwischen
mindern sich diese Vorurtheile allmählich, und in einigen Städten wer=
den die Iren für gewisse Arbeiten, namentlich als Maurer und Hand=
langer, gerade vorzugsweise gesucht.

Verhältnismäßig ist in neuester Zeit am meisten noch für den Un=
terricht in Irland geschehen. Freilich war auch nichts dringender; denn
nicht nur muß die tiefe Unwißenheit des irischen Landvolkes als eine
Haubtursache seiner Armuth angesehen werden, sondern überhaubt auch
werden die Fortschritte des Wohlstandes und der sittlichen Ordnung zu=
nächst von der geistigen Entwickelung eines jeden Volkes bedingt. Die
Verbreitung des Elementarunterrichts ist übrigens in Irland sehr ver=
schieden. Während z. B. in Mayo 79,01 Prozent der Bevölkerung,
vom Alter von fünf Jahren aufwärts, weder lesen noch schreiben kann,
und dort nur ein Lehrer auf 257 Kinder (zwischen 5 und 15 Jahren)

kömt, in Galwai 77,45 Prozent (ein Lehrer auf 224 Kinder), in Kerry und Waterford etwas über 60 Proz., in Meath, Limerik, Leitrim, Louth, Donegal, Clare, Cork, Rascommon zwischen 54 und 65 Prozent; kann in Carrikfergus doch nur 13,24 Proz. der Bevölkerung über fünf Jahre weder lesen noch schreiben, und kömt dort ein Lehrer auf 94 Kinder, in der Stadt Belfast 21,13 Proz. (ein Lehrer auf schon 74 Kinder), in Dublin 25,16 Proz. (ein Lehrer auf nur 46 Kinder). Ueberhaubt zeigt sich in Irland die größere Dichtigkeit der Bevölkerung günstig für Beförderung der Elementarkenntnisse; wogegen die Bewohner der durch Gebirge und weitläufige Weidegründe vereinzelten Oerter, am meisten zurückgeblieben sind.

Das große Hindernis des Erziehungswesens in Irland war bisher die konfessionelle Verschiedenheit. Jahrhunderte lang ward die Religion der großen Mehrzahl des irischen Volkes vom Staat als eine feindliche behandelt. Diese Ansicht ist zwar gefallen, doch sind noch immer bedeutende Spuren der Pönalgeseze gegen den Katholizismus wahrzunehmen und greifen störend in die Volkserziehung ein. Seit 1824 haben verschiedene parlamentarische und andere Kommissionen über das irische Erziehungswesen berathen, doch wenig zu Stande gebracht, bis unter dem Whigministerium im Jahr 1830 das sogenannte System der „Nazionalschulen" für die ärmern Klassen errichtet worden ist. Bis dahin lag die Erziehung des Volkes fast ausschließlich in den Händen des protestantischen Klerus, dem allein die nöthigen Mittel zu Gebote stunden, Schulen zu unterhalten. Da in diesen Religionsunterricht nach anglikanischen Lehrbegriffen und Bibelerklärung einen untrennbaren Zweig des Unterrichts bildeten, so nahmen die Katholiken natürlich Anstand, ihre Kinder in diese Schulen zu schicken; die Unwißenheit wucherte daher, zumal im katholischen Volke. Das System der Nazionalschulen, welches dann das Whigministerium mit einer Mehrheit von nur zwei Stimmen im Parlamente durchsezte, beruht auf dem, auch in Holland gültigen Grundsaze, daß der Unterricht in der Religion von den übrigen Zweigen desselben getrennt wird, was vielleicht in England selbst im Großen noch unaußführbar wäre. Es war in der That auch sowol dem katholischen wie dem anglikanischen Klerus, die den Religionsunterricht ihrer Kirchen in der Volksschule vorherschend sehen möchten, ein Dorn im Auge. Die Nazionalschulen stehn kristlichen Zöglingen jedes Bekenntnisses offen, kein Schüler darf

gezwungen werden einem Religionsunterricht beizuwohnen, den seine
Eltern oder Vormund mißbilligt; derselbe bleibt diesen vielmehr überlaßen. Indeßen hat sich, troz der Oppoßizion von ultraprotestantischer
wie ultrakatholischer Seite, die gute Wirksamkeit jenes Schulsystems in
den drei Reichen, im Gegensaze zu den nach den Bekenntniße getrennten Schulen, bereits heraußgestellt; in Irland sollen gegenwärtig z. B.
500,000 Kinder trefflichen Unterricht in den öffentlichen und Privat-
schulen erhalten. Auch nach dem Sturze der Whigs entsprach Sir Robert Peel den Hoffnungen der orangistischen Partei so wenig, daß er
vielmehr erklärte, das Unterrichtssystem seiner Vorgänger aufrecht erhalten, ja daßelbe, als erprobt im Unterricht der ärmern Volksklaßen,
auch auf den höhern akademischen Unterricht der gebildeten Volksklaßen
anwenden zu wollen. Ungeachtet dann die große Mehrheit der protestantischen Bischöffe eine neue heftige Protestazion gegen das Prinzip
der Säkularisazion des Unterrichts, wie sie die Befreiung der Schulen
von ihrer geistlichen Gewalt nannten, schleuderten, welcher sich der protestantische Klerus mit lebhafter Agitazion anschloß, blieb das Peelsche
Ministerium dem Vorsaz getreu, und legte einen, auf demselben Prinzip beruhenden Plan zur Beförderung akademischer Bildung in Irland,
dem Parlamente vor.

In Wahrheit besteht eine anstößige Ungleichheit zwischen den Er-
ziehungsmitteln Irlands und denjenigen, namentlich höherer Art, die
England und Schottland besizen. Auß grauer Zeit hat England die
beiden großen Universitäten Orford und Cambridge, und die neue
freie Londoner, in welcher sämtliche Dissenter Zutritt haben. Begründer der Universität Orford ist schon Alfred der Große; er stattete
sie bereits mit vielen Privilegien auß. In Orford namentlich kann man
noch die Universitäten mit ihrer anfänglichen, so lange blühenden mittelalterlichen Verfaßung sehen. Mit seinen zwanzig prachtvollen Kollegien, von denen manches für sich reichere Einkünfte hat als irgend eine
deutsche Universität, jedes wieder ein Ganzes, fast eine Universität im
Kleinen außmacht, bildet es einen Edelstein Englands. Freilich aber
ist dort die Einheit und geistige Gesamtkraft der Universität vor der
Vielheit und Selbständigkeit der Kollegien ganz zurückgetreten. *)

---

*) An den deutschen Universitäten waren früher die Bursen ungefähr das, was
die Kollegien in Paris und Orford, und auß der Nachahmung der leztern entstanden.

Schottland hat ferner fünf Universitäten und Irland bisher eigentlich nur die Dubliner, welche wesentlich protestantisch ist und deren höhere Grade den Dissidenten, also auch den Katholiken, früher verschloßen waren. Seit dem Jahre 1793 dürfen, einer Gesezesakte des damaligen irischen Parlaments gemäß, Katholiken an der Dubliner Universität studiren, auch akademische Grade nehmen, von den Emolumenten und meisten Vortheilen jedoch, zumal den Kollegiaturen (fellowships) sind sie thatsächlich außgeschloßen; gleichfalls sollen acht Professuren an ihr mit Katholiken besezt werden können, dieses dermalen auch mit einem von diesen 8 Lehrstühlen wirklich der Fall sein.

Um nun die höhern geistigen Bedürfnisse der acht Millionen römisch-katholischer Unterthanen der englischen Krone zu befriedigen, sollen nach dem Peelschen Plane drei Kollegien für den Unterricht in Sprachenkunde und schönen Wissenschaften (literature and arts, filosofische Disziplinen; Theologie ist außdrücklich außgeschlossen) errichtet werden, eines in Cork für den Süden Irlands, eines in Limerik oder Galway für den Westen, und eines in Belfast oder Londonderry für den Norden Irlands. 30,000 Pf. St. sind für den Bau jedes der drei Kollegien, und 6000 Pf. St. für die jährlichen Außgaben eines jeden bewilligt; das Kollegium hat einen Präsidenten und einen Vizepräsidenten, mit 700 und 400 Pf., 12 bis 14 Professoren mit 200 bis 300 Pf. jährlich, außerdem Bibliothekar, Kassirer u. s. w. Für die 20 vorzüglichsten Studenten an jedem Kollegium sollen Stipendien von 20 bis 30 Pf. jährlich errichtet werden. Unter solchen Kollegien hat man nach englischen Begriffen förmliche Universitäten zu verstehn, welche nur noch einer charter of incorporation bedürfen, um auch graduiren zu dürfen. Die Vorsteher und Professoren sind, wie in den englischen und schottischen Kollegien, vorläufig wenigstens bis 1848 von der Krone zu ernennen, und auß triftigen Gründen auch absezbar durch sie. In Belfast und Cork soll dem akademischen Unterricht (im englischen Sinn Filologie, Filosofie und Mathematik) eine medizinische Fakultät hinzugefügt werden, mit Vorlesungen über Farmazie, Chirurgie und Chemie. Im Gegensaz zu den englischen Hochschulen wohnt der Prinzipal im Kollegium, die Professoren und Studenten

---

Das Wohnen in einer meist von einzelnen Professoren angelegten Burse (jeder Bursarius gehorchte dem Rektor der Burse) ward wol auch als unerläßlich betrachtet.

aber nicht. Der Unterricht soll gemischter Art sein. Vorlesung und Ka-
techese. Bleibt eine Professur der Theologie vom Staat auch ausgeschlossen, so soll die Religion an diesen Anstalten doch nicht vernachlässigt, vielmehr der freiwilligen Dotirung theologischer Lehrstühle durch
Privaten jeder Vorschub geleistet werden; nur wird der Besuch dieser
Vorlesungen nicht geboten, weil eben alle, negative wie positive, Beschränkung der Gewissensfreiheit fern bleiben soll. Das neue Kollegium
für Nordirland soll, falls es in Belfast errichtet wird, dem dortigen
presbyterischen Kollegium, welches seit 21 Jahren 2100 Pf. St.
jährlichen Zuschuß auß der Staatskasse empfängt, jedoch nicht unter
Regierungsbehörden, sondern unter der presbyterischen General Assembly
von Ulster steht, keinen Eintrag thun, wo möglich jedoch mit ihm verschmolzen werden. Noch nicht entschieden ist die Frage: ob die drei
neuen Kollegien nicht etwa in eine große Zentraluniversität einverleibt
werden sollen, oder aber ob das Parlament jedes derselben ermächtigen
soll, akademische Grade in den freien Künsten, der Wissenschaft und der
Medizin zu ertheilen? Sir James Graham, sprach sich für die größere
Vorzüglichkeit einer Zentralhochschule auß, nur müste diese — warum
ist nicht recht einzusehen — in der Metropole von Irland liegen, und
da würde sich eine große Schwierigkeit bieten, indem weder Politik noch
Gerechtigkeit eine Antastung des Dubliner Dreifaltigkeits-Kollegiums
in seinem jezigen Bestand erlaube. Dieses sei von der Königin Elisabeth zu protestantischen Zwecken gegründet, und das Seminar, welches
dem anglikanischen Irland Priester bilde. Wie den Presbyteriern im
Norden Irlands ihr regium donum gelassen werde, wie die Katholiken
im Maynooth-Kollegium ein allen seinen Zwecken entsprechendes Priesterseminar erhalten sollen; so sei es billig, daß auch den Episkopalen
ihre besondere theologische Pflanzschule unangetastet bleibe. Inzwischen
hielt Sir James doch selber die ganze Maßregel für unvollständig,
wenn die drei Kollegien nicht später in eine Universität einverleibt
würden; sei diese einmal gegründet, so werde dann den Universitätsbe-
hörden die Ernennung der Professoren zukommen, unter Vorbehalt eines
Veto der Krone.

Der große Schritt ist also von den speziell kirchlichen Schulen, die
es früher nur gab, zu den allgemeinen Staatsschulen. Die Whigs
hatten wohl eingesehen, daß Schulen für alle Staatsbürger nur gegründet werden könnten, indem man den wissenschaftlichen Unterricht

allgemein, dagegen den religiösen zur Privatsache machte, welche den
Schülern und deren Eltern, mit abfälliger Aufsicht des Staats und
Angebietung des Unterrichts, überlassen blieb. Einiges in dieser Hinsicht, im Volksschulwesen und auch in der Universität von London,
sezten sie durch, doch immer auf sehr unzulängliche Weise, in Folge des
Widerstandes nicht allein der Hochkirche, sondern aller kristlichen Geist-
lichkeiten; zum erstenmal vollständig anerkannt und durchgeführt, ward
der Grundsaz in dem neuen irischen Kollegium. Sir Robert Peel erklärte,
der Haubtzweck dieser Maßregel sei, Irlands sittlichen und gesellschaftlichen Zustand zu heben und den Mangel eines akademischen Unterrichts
für die irischen Katholiken zu beseitigen; die Anhängung theologischer
Bedingungen würde die Natur des Planes völlig verändern, der eben
auf Hebung der Laienbildung im katholischen Irland hingehe. Offenbar
dient die Maßregel, von dem Prinzip voller Achtung der Gewissensfreiheit der Katholiken ausgehend, der Versöhnung und Beruhigung,
und beweist den Willen der Regierung das alte Unrecht gegen Irland
mehr und mehr zu mindern. Allein auch hier hatte sie es keiner der einander gegenüberstehenden Parteien rechtmachen können: die Orangisten
wütheten, die katholischen Geistlichen nahmen Anstoß daran, daß die
Bill nichts Positives über die Religion bestimmt; die katholischen
Bischöffe erklärten sich in der Mehrzahl gegen sie, obschon in anerken-
nenden Außdrücken, O'Connell und seine Repealer nicht minder. Das
eben ist eine Strafe der langen Verseumnis, daß auch die beste Absicht
mit furchtbarem Widerstand zu kämpfen hat. So läuft annoch das
Streben der verschiedenen Theile, die sich wegen des alten Unrechts
an Volk und Kirche wechselseitig mit Mistrauen, Eifersucht und Rache-
durst betrachten, zerreibend und zerfahrend widereinander, zu unermeßlichem Nachtheil der irischen Gesamtzustände, und die edelsten Anstrengungen sehen sich dadurch gelähmt. Das wird aber nicht eher sich
gründlich ändern, bis volle Gerechtigkeit geübt wird auf kirchlichem wie
staatlichem Gebiete, in der Gesezgebung wie Verwaltung.

Troz der Emanzipazion der Katholiken, vor welcher die römisch-
katholischen Kristen im kristlich=britischen Staate nicht besser als die
Juden gestellt und vom Parlament wie von öffentlichen Aemtern außgeschlossen waren, befinden sich die katholischen Iren noch in schnöder
Unterdrückung. Das freilich wollen die Hochkirchlichen, am Buchstaben
des Gesezes farisäisch hangend, nicht zugeben; wie sie und alle ur-

theilen, welche Kränkung des ewigen menschlichen Rechtes durch den Besitz papierner Urkunden, positives Recht oft misbräuchlich genannt, zu rechtfertigen meinen, wäre eine vom Sieger diktirte „gesezliche" Unterdrückung gar keine Unterdrückung. Mag gegenwärtig auch dem Buchstaben des Gesezes als solchem Genüge geschehen, mögen wenigstens der Privatwillkür in der allgemeinen geregelten Willkür meistentheils Schranken gesezt sein, das verrückt nicht den Haubtpunkt, den nämlich, daß der Zustand der Mehrheit der irischen Bevölkerung, wenngleich durch die Schuld von Jahrhunderten herbeigeführt, unerträglich ist, und es bleiben wird, so lange Irland als erobertes Land, nicht aber nach Grundsäzen der Rechtsgleichheit mit England behandelt wird. Diese Rechtsgleichheit im wahren und vollen Sinne aber herbeizuführen, das ist das Ziel der Repeal und das Geheimnis ihrer Macht im Gefühle des Volks.

Nur das Gewaltthätige der Verhältnisse und das allgemein erwachte Bedürfnis nach Abstellung derselben konnte einen Mann wie Daniel O'Connell*) auf dem Volksschilde so hoch emporheben. Seit

---

*) Ein vor kurzem in London ohne den Namen des Verfassers erschienenes umfassendes Gedicht: „The new Timon, a romance of London." Part. 1. malt mit kräftigem Griffel die Porträte einiger Staatsmänner. Von Wellington wird die Festigkeit gerühmt — in ihm, „das vom Feuer erprobte Eisen, und das straffe Sparta eines unerschütterten Geistes" — doch gedrillt sei jede Tugend, jeder Fehler in Mannszucht geschult; sein Auge sehe niemals fehl, wenn der Gesichtskreis beschränkt, doch bei erweiterter Außsicht seh' er niemals recht. Dann wird O'Connell mit kurzen, nicht schmeichelnden Zügen, die aber eine höhere Wahrheit über die äußere Erscheinung aller großen Volksmänner außsprechen, also geschildert (A. Z. 11. Jan. 1846):

> „But who, scarce less by every gazer eyed,
> Walks yonder, swinging with a stalwart stride?
> With that vast bulk of chest and limb assign'd
> So oft to men who subjugate their kind;
> So sturdy Cromwell push'd broad-shoulder'd on;
> So burly Luther breasted Babylon;
> So brawny Cleon bawld his Agora down;
> And large-limb'd Mahmoud clutch'd a Prophet's crown!
> Ay, mark him well! the schemer's subtle eye,
> The stage-mime's plastic lip your search defy.
> The blood all fervour, and the brain all guile —
> The patriot's bluntness, and the bondsman's wile."

(Aber wer, dem kaum weniger die Blicke der Neugier folgen, wandelt dort mit rüstig geschwungenem Schritt? mit dem gewaltigen Bau von Brust und Gliedmaßen,

Jahrhunderten fah Irland, fah Europa einen folchen Tribun nicht.
Was will der „Advokat,“ aber Advokat von Irland? Die kennen ihn
fchlecht, den Liberator, (das ift fein verdienter Name, denn er hat
die Emanzipazion der Katholiken errungen und die Bahn der Befreiung
gebrochen), die ihn für fähig halten, verrätherifche Bündniffe einzugehn
mit franzöfifchen oder andern ausländifchen Sympathien gegen die
„Sachfen.“ Die Repeal? Ja, fie ift eine mächtige, aber gefezliche
Waffe in feiner Hand, gegen die Unterdrückung des irifchen Volkes
durch die Ariftokratie, die bifchöfliche Hochkirche und die englifche Ge-
fezgebung. Mit ihrer Hülfe hat er fchon Großes für Irland errungen,
und jede neue Wohlthat die er feinem Lande leiftet, befeftigt den wahren
innern Frieden und ftärkt das Band zwifchen beiden Völkern, welches
nur Ungerechtigkeit locker erhalten kann. In einer fchweren Zeit, nachdem der unglückliche Ausgang der irifchen Rebellion die begeifterte Jugend, deren edler Vertreter Emmet gewefen, zerfprengt und entmuthigt,
trat O'Connell als Advokat der Armen auf, und fammelte allmählich,
jezt unter dem Banner der Reform, die ganze unterdrückte Nazion in
eine kompakte Maffe. Er verfolgte daffelbe Ziel, nur auf einer andern
Bahn, und erwarb fich dadurch die Hochachtung felbft der Engländer:
als Rechtsgelehrter, und durch langen Kampf gegen die Uebermacht Vor-
ficht gelehrt, hielt er fich innerhalb des Gefezes und focht mit konftitu-
zionellen Mitteln. O'Connell will mit allen aufgeklärten irifchen
Patrioten — und darum ift er ein Friedensheld und kein Kriegsheld —
nur die gleiche Berechtigung Irlands mit England zum Frommen
beider Länder und zu ihrer aufrichtigen dauerhaften Verföhnung, die
nur zwifchen Gleichen befteht, nie zwifchen Herren und Sklaven; er
will die Emanzipazion der Katholiken nun auch im ganzen Staatswefen verwirklichen, die Eigenthums= Pacht= und kirchlichen Verhältniffe gründlich verbeffern, und die Iren in Rechten und Verfaffung,
fodann auch geiftig und fittlich zu den Engländern emporheben, auf

---

wie fie fo oft Beherrfchern der Menfchheit zugetheilt find? So drängte der kecke Crom=
well breitfchulterig vorwärts; fo zeigte der derbe Luther dem Babel die kühne Bruft;
fo fchrie der fennige Kleon feine Agora darnieder, und erfaßte der großgliedrige Mo=
hammed eine Profetenkrone! Ja, beachtet ihn wohl! aber des Planmachers kluges
Auge, des Schaufpielers plaftifche Lippe bieten eurer Forfchung Troz. Sein Blut ganz
Flamme, fein Gehirn ganz Verfchlagenheit, verbindet er die Derbheit des Patrioten
mit der Lift des Leibeigenen)

daß Einung und Verschmelzung beider zu einem freien Reichskörper eine Wahrheit werde. Wer weiß, wohin ohne ihn die durch die alte Schuld und die alten Misverhältniffe mehr und mehr aufgewühlte politische Bewegung schon die Wogen der Ruhe und Ordnung auf dem grünen Eilande verschlagen hätte? Ob der Volkssturm für ein neues organisches Gesez nicht schon das ganze Inselreich durchbrauste? Ob die verheerende Flut innerer Wirren nicht bereits einen großen Theil des britischen Reichthums verschlungen, und die englische Thatkraft nach außen, die jezt so manches innere Gebrechen erträglich macht, gelähmt hätte? Denn er hat sein Volk auf der Bahn der Reform nicht bloß mit sich fortgeriffen, sondern es auch, was mehr ist, bisher auf ihr erhalten.

O'Connell rast nicht wie ein wilder Sturmwind, durch Wald und über Fluren, Bäume entwurzelnd und Verwüstung zurücklassend; er ist wie ein segensreicher Wind der durch Bewegung erfrischt, alles Leben kräftigt und die Segel des Volksschiffs auf richtiger Bahn schwellt. In seiner Natur liegt nichts Außschweifendes oder Tollkühn=Demagogisches, sein Anker ist das Gesez, an dem er sicher ruht. Er hat die Bahn der Gewaltsamkeit verschlossen und das Banner der Reform entrollt, zu unermeßlichem Vortheil seines Volkes. Auf der einen Seite ist er unablässig bemüht, das Bewußtsein deffelben zu wecken und emporzuheben, auf der andern sucht er, der edelste Volkstribun, die Ungeduld und Leidenschaft zu zügeln, die wieder zur Gewaltsamkeit überstürzen möchte. Oft schien er in diesem schweren Kampfe zu unterliegen, doch immer errang er wieder den Sieg. Zum leztenmal schüzte ihn der Prozeß über die Monstre Repealmeetings, den er beim Oberhause gewann, vor dem Ungestüme seiner eigenen Anhänger, „Jung=Irlands." Dann aber wollte dieser kühner hinauß, zumal als unter der Toryverwaltung die ehrgeizigen jungen Männer Irlands zum Theil wieder auß den Aemtern getrieben wurden, womit sie unter den Whigs bekleidet waren; es zeigten sich Spuren gar aufrührerischer Gesinnung gegen das Szepter Daniels I. und seiner Familie, und Smith O'Brien stellte sich an die Spize dieser Entschiedenen, um vielleicht das Szepter für sich zu erwerben. O'Connell beharrte aber bei seiner Anhänglichkeit an der großen, zum Theil durch die katholische Geistlichkeit bewirkten Organisazion. Jung=Irland ist dazu viel zu aufgeklärt, als eine revoluzionäre Partei, die das religiöse Interesse nur als Mittel nüzte; auch ist O'Brien Protestant. Auß der Repeal vollen Ernst machend, sucht

es Maßregeln von allgemeinem Nuzen für das ganze Reich, wie die
Abschaffung der Kornzölle, die also den Reichszusammenhang verstärken
müssen; auf alle Weise zu hintertreiben.   O'Connell faßte indessen, die
Spaltung im eigenen Repeallager vorahnend, männlich seinen Ent-
schluß.   Sobald die irische Hungersnoth im Winter 18⁴⁵/₄₆ klar vor
Augen lag, gab er jeden faktiösen Widerstand auf, erschien wieder im
Parlament, unterstüzte die Regierung in ihren Reformabsichten und
erklärte sich, treu seinen Grundsäzen, entschieden für die Korngeseze.
Das war ein Bruch zwischen ihm und O'Brien, doch er hat die Priester
und das Volk in Irland für sich, und seine Außsöhnung mit der eng-
lischen Mittelklasse ist vollständig.   So dürfte ihm, nicht dem mehr nach
Leidenschaft und ohne Voraußsicht, für vorübergehende Zwecke, handeln-
den O'Brien, die Hegemonie des irischen Volkes bleiben, bis hohes
Greisenalter oder das Grab sie ihm nimt.

Folgen wir noch einen Augenblick dem „Liberator," selber bei
Eröffnung seines Repeal-Sommerfeldzugs vom Jahre 1845. Er war
nach Dundalk, dem Haubtorte der nördlich von Dublin gelegenen
Küstengrafschaft Louth eingeladen und saß in einem großen Wagen,
umgeben selbst bis auf den Bock von Söhnen und Freunden. Alle
Straßen der Oerter, durch welche der Zug gieng, waren mit Immer-
grün und Blumenkränzen geschmückt; voran bewegte sich eine Mäßig-
keitsbande, irische Volksweisen spielend. Die ganze Bevölkerung der
Grafschaft schien sich längs dem Wege versammelt zu haben. O'Connell
redete die Volksmenge auf dem Marktplaze von Dundalk an. Er dankte
(s. Allg. Zeitg. 12. Mai 1845) für die warme Theilnahme, welche
ganz Louth an seinem und seiner Mitangeklagten Schicksal in dem be-
kannten Staatsprozeß kundgegeben, freute sich der von ihm beobachteten
Ordnung und Gesezlichkeit, ermahnte, dieses musterhafte Betragen auch
künftighin zu beobachten und ihm Ehre zu machen. („Wir wollen
es!") „Und nun, meine Freunde!" fuhr er fort, „darf ich wohl
fragen: zu welchem Ende haben wir uns hier versammelt? Was ist
das gemeinsame Band, das uns verknüpft? Was ist unser gemeinsamer
Zweck? („Repeal! Repeal!") Sie sagen in England, Repeal bedeute
die Trennung der beiden Reiche; aber die es sagen lügen, mit Re-
spekt zu melden. (Gelächter.) Die Repeal ist nichts weiter, als die Abschaffung einer noch kein halb Jahrhundert alten Parlamentsakte, die
Aufhebung eines Reichsstatuts, wie man es nennt — des Titels 50

Georg III., Kap. 28. Was ist, ob positiv rechtlich, ob moralisch betrachtet, Unerlaubtes in unserm Bemühen auf verfassungsmäßigem und friedlichem Wege eine parlamentarische Maßregel los zu werden, welche durch ein Verbrechen, durch Bestrafung und schnöden Landesverrath erschlichen worden, und die namenloses Elend über unser Vaterland gebracht hat? (Hört!) — — — Nein, wir nehmen keine Abschlags-zahlung für die ganze Schuld an. Zwar nehm' ich alles was ich für das irische Volk erhalten kann, aber gleich im nächsten Augenblick mahn' ich um den Rückstand. Ihr habt gehört, was neulich drüben in London in der alten St. Stefans-kapelle über Maynooth verhandelt und gehandelt worden ist. Peel und seine Gesellen sagten eigentlich dieses: „Wir, die großen Staatsmi-nister und Staatsperücken, wir wollen das Volk von Irland wegziehen von O'Connell, von Smith O'Brien und von den andern Repealfüh-rern"" — — — Ruft ein Hurrah für Smith O'Brien und für alle frei-sinnigen und wohlmeinenden Protestanten Irlands! (Lautes Hurrah.) Also ich gebe euch den Sinn und Kern der ministeriellen Reden; sie sagten: „„Wir wollen das Volk von Irland wegziehen von O'Con-nell, von Smith O'Brien, und von Tom Steele und ähnlichen Män-nern; wir wollen ihnen das Volk nehmen"" („nein! nein!") Nein — das sag' ich auch, aber ihr waret nicht dabei um Nein zu rufen. Die Minister sprachen weiter: „„Wie fangen wir das an? — Oh, sagten sie, wir reichen dem Kollegium Maynooth einen Löffel voll Honig."" (Hört!) Ihr wißt nach einem alten Sprüchwort fängt man mehr Fliegen mit einem Löffel voll Honig als mit einer ganzen Tonne Essig. (Gelächter.) Bisher hatten sie uns mit Essig bedient — schickten sie uns doch einen großen, mißgestalten, zweibeinigen Essigkrug in der Person Hrn. Smiths, unseres sehr würdigen Generalprokurators. (Hört!) Da fanden sie aber, daß das Fliegenfangen mit Essig nicht fleck, und so versuchten sie es einmal mit dem Honig. Ei, der Honig schmeckt recht gut, und es freut mich von Herzen, daß Maynooth ihn bekömt; aber dennoch sag' ich der Regierung: ihr fangt damit die irischen Fliegen so wenig wie vormals mit dem Essig. (Zuruf.) Erin-nert euch, daß kein einziger Katholik unter den Millionen irischer Ka-tholiken um die Erhöhung der Geldgabe für Maynooth petizionirte. Was mich selbst betrifft, so sagte ich nicht soviel als „Haben Sie die Güte." (Gelächter.) Niemand bat sie darum — sie thaten es von selbst,

ganz aus eigenem, freiwillig, gezwungenem Antrieb. (Gelächter.) Wißt
ihr warum? Ich will's euch sagen. Sie hatten einen Grund dazu — einen
tiefen Grund, einen großen Grund, und auch einen lauten Grund. Ich
hörte ihre Reden nicht selbst, aber ein Vögelein hat mir sie zugetragen übers
Meer, und dasselbe Vögelein war zu den Ministern herübergeflogen auß
Amerika — auß einer Gegend, die in der irischen Mundart O'Regon heißt.
(Gelächter.) „Oregon!" rief das Vögelein, und „Maynooth!" zirpte
darauf der ministerielle Vogel in London, und zwischen beiden Vögeln
gelang es uns einige Federn zu rupfen, aber darum denken wir nicht
beßer von wilden Gänsen und der Wildgänsejagd. (Gelächter). Ihr
habt jezt ein katholisches Parlamentsmitglied für Dundalk, nicht wahr?
(Eine Stimme: „Ja, und ein recht schlechtes obenein.") Nun, dies
zu sagen ist vielleicht nicht billig; aber allerdings ist euer Vertreter nicht
von der rechten Sorte, und wir wollen einen andern haben. Warum
will Hr. Redington nicht ganz mit dem Volke gehn? Ich sage euch, der
geringste von Lord Rodens Bedienten war ein größerer Mann als Hr.
Redington vor dem Siege der Katholikenemancipazion. Das scheint er
vergessen zu haben, daß wir Katholiken erst durch die Emanzipation ein
Volk geworden sind. Es ist mir gelungen, sie zu erkämpfen — gelungen,
durch Frieden, Ruhe und Außdauer, und gerade durch dieselben Mittel
hoff' ich einen noch glorreichern Sieg zu erringen, die Repeal." Unter
Versicherung der Aufrichtigkeit seines Strebens für Irlands Wohl, rieth
hier O'Connell sich vor allen geheimen Verbindungen zu hüten, namentlich jezt, wo unter den Arbeitern, die an der Eisenbahn zwischen
Dublin und Drogheda bauen, Engländer und Schotten seien, welche
Chartismus und eine neue Art von Bandmännerunwesen (ribbonism)
mit nach Irland herübergebracht. Er hasse den Ribbonismus („Nieder
mit ihm!") und der sei kein redlicher Repealwart, der das Volk nicht
davor warne. Dann zur mannhaften Außdauer in der Repealsache
ermahnend, fügte er bei: Sie sagen uns im englischen Hause der Gemeinen, die Whigs wie die Tories sagen es uns, daß sie nimmermehr
in die Auflösung der Union einwilligen wollen. Ich antworte darauf
nichts weiter als „Bah?" Ist das keine gute Antwort? (Beifall und
Lachen.) Ein Mann mit Namen Macaulay, ein schottischer Kerl, hat
erklärt er werde es nicht leiden. Bah, Hr. Macaulay! (Gelächter.)
Sobald Irlands Protestanten und Katholiken einig sind, sobald die
Protestanten des Nordens zu uns treten — und warum sollten sie nicht?

13 *

(„fie werden, fie werden!"), fo bald ift unfer Erfolg gewiß. **Wißt**
ihr, daß Peel es felbft anerkannt hat, wir feien nicht durch Gewalt zu
bezwingen? (Hört!) Ja, er hat es laut erklärt, die Repealagitazion
laffe fich nicht bewältigen, weder durch Bajonette noch durch Staats=
prozeffe, und er hat recht. So entfteht die Frage: wer wird zuerft
nachgeben? Wir nicht." (Zuruf.) Das Banket fand Abends um
7 Uhr ftatt. Der Saal war fchön verziert mit Fahnen, Schildern und
Infchriften. Eine derfelben lautete: „Ich fagte die Zugeftändniffe für
Irland hätten ihre Gränze erreicht; ich nehme den Ausdruck zurück.
Graham." — und: „Ihr könnt die Repeal nicht mit Gewalt unter=
drücken. Peel." Dem Stuhle gegenüber, welchen Capitain Seaver
einnahm, war eine Büfte O'Connells mit der Legende: „Ulfter begrüßt
den Kämpfer für allgemeine Freiheit." Dazu Erinnerungen an alte
Schlachten, an die Monfter=Meetings von 1843 u. f. w. O'Connells
Rede nach aufgehobener Tafel war zwar feiner im Ausdruck und logifch
georbneter, im wefentlichen aber die nämliche wie die an's Volk. Er
fprach mit vielem Selbftgefühl, indem er äußerte: „Wir Iren find eine
Nazion geworden an Kraft, eh wir nóch eine gefezlich anerkannte find.
Wir haben die Macht einer Nazion, eh wir die Armee und Flotte einer
Nazion befizen; und der befcheidene Mann, der zu euch fpricht, indem
er die Bedürfniffe, Wünfche, den friedlichen Bürgermuth des irifchen
Volks in feiner Perfon vertritt, legt feine eigene Unbedeutenheit ab
und erweitert fich durch diefen Zauber zu einem der mächtigen Monar=
chen Europa's. Ich hab es nicht perfönlich verdient, aber ich kann, fo
wenig wie Andere, meine Augen der Thatfache verfchließen, daß ich,
wenn fchon gering als Individuum, in der Reihe der herfchenden
Mächte fteh." (Zuruf.)

Hinter dem heiter=ernften Walten und Wirken diefes Mannes liegen
wirkliche Nazionalleiden, die allem feinem Thun eine warme, edle Fär=
bung und Hoheit verleihen, fowie Bedeutung und Nachdruck fichern. Da
ift nichts blaffer Schein, nichts Blafirtheit, nicht ein geiftreiches Blin=
dekuhfpielen mit Begriffen, nicht leere Deklamazion gegen bloß eingebil=
dete Uebel. Nein, da ift ganz Natur und Wahrheit, daher der lebensfrifche
mächtige Eindruck diefer eben fo feltenen als gewaltigen Erfcheinung.

Irlands materielles Grundübel befteht in dem geftörten Gleichge=
wichte zwifchen Bevölkerung und angemeffenen Subfiftenzmitteln,
welches hergeftellt werden muß, eh irgend ein fonft noch fo gutes ein=

zelnes Gesez, das die Aufrichtung des irischen Volkes bezweckt, viel mehr
als ein toter Buchstabe sein kann. An diese erste Aufgabe mahnen zwie=
fach dringend Jahre des Miswachses oder wo zu dieser Landplage noch
Krankheiten unter den Feldfrüchten sich gesellen, wie die Kartoffelfäule
im Winter von 1845 auf 1846. Besteht jenes Ungleichgewicht schon
in gewöhnlichen Zeiten, um wie viel schlimmer muß es sich gestalten in
allgemein theuern, dort wo die Armuth der Masse keine Vorräthe auf=
zuspeichern gestattet! Man hat dann gut sprechen von plözlicher Frei=
gebung der Getraideeinfuhr. Selbst hiermit ist für die irischen Hütten=
bewohner wenig oder nichts geleistet, so lange man ihnen nicht die
Mittel verschafft, Lebensbedürfnisse, so wohlfeil diese auch sein mögen,
zu kaufen. Da übrigen am Ende zur Abstellung der äußersten Noth
doch nur die gewöhnlichen verstärkten Mittel der Mildthätigkeit, der
öffentlichen wie der besondern; und es ist noch ein Glück, wenn öffent=
liche Arbeiten zu Hülfe kommen, wie in Irland die Eisenbahnen, (das
Parlament hat deren Beginn daselbst befördert, und der Staat einige
Millionen dazu beigetragen),*) welche den Nothleidenden für den
Augenblick Beschäftigung und dem Lande dauernden Vortheil gewähren.
Ist bei theuern Zeiten freilich kein Land gut daran, so doch die armen
Ackerbauländer, die außer Stande sind, fremdes Korn zu hohen Preisen
herbei zu schaffen, selbst am schlimmsten, namentlich so lange freier Ge=
traidehandel sich noch nicht als allgemeine Marime Geltung verschafft
hat. Freier Kornhandel liegt im wohlverstandenen Interesse der ge=
samten Menschheit, und entspricht allein auch der Humanität und dem
kristlichen Geiste brüderlicher Gemeinschaft. Er würde den Bodenbau
in sämtlichen Erdtheilen begünstigen und emporheben, und immer für
Vorräthe sorgen, groß genug, um überall jeden Mangel selbst für
längere Zeit alsbald auszugleichen. Bei den verbesserten Verfuhrmit=
teln und dem Zusammenrücken aller Theile des Erdbodens müste der
allgemeine freie Getraidehandel fortan wirkliche Hungersnoth zu den
seltensten Erscheinungen machen — zu solchen, in welchen man furcht=
bare Strafgerichte Gottes erkennt. Bei nur gelegentlicher Getraideauß=

---

*) O'Connell verlangte von den Whigs, als sie ein neues Ministerium zu bilden
suchten, die Niedersezung von Eisenbahnkommitteen in Dublin statt in London, weil
dadurch ½ Mill. Pf. St. ins Land kommen würde, ferner zur Beschleunigung der iri=
schen Eisenbahnbauten den Vorschuß der dazu nöthigen Summe an Irland zu 1 Proz.
Zinsen.

fuhr wegen der Beschränkungen, wird die Kornerzeugung selbst in den getraidereichen Ländern vielfach niedergehalten und namentlich der regelmäßigen Anlage fremder Kapitale darin entgegengewirkt. So kömt es denn, daß Miswachs gerade in den Ackerbauländern, wenn sie arm sind, wie das der Fall zu sein pflegt, die Noth in der Regel auf den höchsten Gipfel steigert. England hat, troz seiner übermäßigen Fabrikbevölkerung in Vergleich zu der ackerbauenden, während der lezten langen Friedensperiode keine eigentliche Hungersnoth erfahren, wol aber zu wiederholten malen Rußland und Polen, selbst Ostpreußen und Irland. Die reichen industriellen Länder stehen in solchen Nothzeiten hinsichtlich der Konkurrenz um die dringendsten Lebensbedürfnisse im größten Vortheil vor den armen Ackerbauländern: vermöge ihres großen Kapitalbesizes und ihrer Betriebsamkeit sind sie im Stande, nicht nur zur Zeit der sieben reichen Jahre für die Zeit der sieben magern die größten Vorräthe aufzuhäufen, sondern auch das ihr etwa noch fehlende Korn zeitig zu guten, ja zu jedem Preise, in den armen Ackerbauländern aufzukaufen und der dortigen arbeitenden Bevölkerung, welcher diese Preise unerschwinglich sind, gar noch die zu ihrem Unterhalt bestimmt gewesenen Mittel zu entziehen. So giengen troz der drohenden Noth und Theuerung in Irland von dort, wie es auch auß den Ostseeländern geschehen, noch große Mengen Korn nach England. Denn die hohen Löhne, welche dieses seiner arbeitenden Bevölkerung zu bieten vermag, sezen dieselbe in den Stand, jeden Preis zu erschwingen, während die armen Bewohner von Irland, Ostpreußen ꝛc., bei ihren geringen Vorräthen, weder in ihrem Vermögen noch in ihrem Verdienste zureichende Mittel finden, die nämlichen hohen Preise zu bezahlen. Daß unter solchen Umständen dann die leztern auf den Gedanken kommen, auch nach dem gefährlichsten Rettungsanker zu greifen, und die Getraideaußfuhr auß ihrem eigenen Lande zu verbieten, erscheint ganz natürlich; obschon diese Maßregel, die gerade den einzigen Handelszweig jener Länder lähmt, fast nie ihren Zweck erreicht, vielmehr nur durch neue Schwierigkeiten und Beschränkungen noch den allgemeinen Nothstand vermehrt. Es sollten die Regierungen der großen Länder sich daher wenigstens über diesen hochwichtigen Punkt des Welthandels verständigen und — eingedenk daß Gott, der die Ernten schenkt, die Liebe geboten — den freien Getraidehandel gleichsam zu einem förmlichen Grundsaze des Völkerrechts erheben. Gewis, ein schöner

Sieg der Humanität und des kristlichen Geistes über Beschränktheit und Selbstsucht!

Ich kann diesen Abschnitt nicht schließen, ohne das Gesagte noch einmal zusammenzufaßen. Die bittern Leiden Irlands sind um so weniger erhört, als die Mittel sie wenigstens zu mildern vorliegen und jedem Verständigen in die Augen springen. Irland leidet durchgängig Noth an den ersten Lebensbedürfnissen, und dennoch hat eine Kommission, niedergesezt um den Zustand des Grund und Bodens daselbst zu erforschen, in ihrem Bericht erklärt, daß es in Irland noch 6,209,000 Acker Landes gebe, die entweder ganz unangebaut oder doch gründlicher Verbeßerung bedürftig seien. Bloß ein Drittel davon schien des gewinnvollen Anbaues nicht fähig zu sein. Also sehen wir in Irland ganze Maßen von Menschen, welche, verdammt zum Müßiggange, sich mit dem Bettel durchhungern; während es im nämlichen Lande noch unermeßliche Bodenstrecken gibt, die entweder gar keinen Wert haben oder nur einen sehr geringen, einzig, weil keine menschlichen Arbeitskräfte sich darauf hinwenden, sie fruchtbar zu machen. Ist daran etwa irische Trägheit Schuld? Mit Nichten, jene Menschen können keine gewinnreiche Arbeit finden wegen der allgemeinen Armuth und der traurigen Verhältnisse des Grundbesizes.*) Das Zusammensein jener beiden Thatsachen nun heischt nothwendig die ernsteste Aufmerksamkeit, die schleunigste Abhülfe. Selbst ein hochkirchliches Toryblatt sagt: „Wenn das irische Land, wie große Strecken in Amerika, unfruchtbar blieb auß Mangel an Händen, oder wenn die Bevölkerung müßig gienge auß natürlichem Mangel an Arbeit oder an tragbarem Boden, so würden wir uns beschränken können, einen solchen Stand der Dinge zu beseufzen; weil aber Menschen da sind, die nichts mehr wünschen, als zu arbeiten für ihr Brod, und Land im Ueberfluße, das nur der befruchtenden Hand erwartet, um solches zu geben, so wär's eine Schande für uns, diesen schrecklichen Uebeln nicht abzuhelfen." Sehr wahr! Aber warum erheben sich denn die Tories und Hochkirchlichen nicht für die Reform der Geseze, welche auf dem Eigenthum in Irland laften, es starr und

---

*) In den ersten 4 Monaten des harten theuern Jahres 1846 allein sind auß Irland bereits 30,000 Menschen außgewandert, einige mit beträchtlichem Vermögen. Veranschlagt man ihre Baraußfuhr durchschnitlich nur zu 20 Pf. St. per Kopf, so ist dies für das ohnedies arme Land ein Kapitalverlust von 600,000 Pf. St. Alle diese Mittel und Kräfte würden Irland, bei anderen Grundverhältnissen, verbleiben.

zugenommen, ist das Misverhältnis zwischen der ackerbauenden und industriellen Bevölkerung mit jedem Jahr gewachsen, hat sich das stäts drängende Bedürfnis nach Ausdehnung des äußern Marktes für vermehrten Absaz britischer Fabrikate eingestellt, mit immer größerer Hast und unerbittlicherer Nothwendigkeit. Wenn die bäuerlichen und Pachtverhältnisse Englands und Schottlands im vorigen Jahrhundert in vielerlei Betracht, namentlich was Wirtschaft, gemeine und politische Rechte betrifft, noch den großen Vorzug vor den damaligen der meisten Länder des Kontinents verdienten, so ist der Fall jezt in mancherlei Hinsicht umgekehrt. Frankreichs bäuerliche Bevölkerung, obschon noch immer nicht in der gebührlichen selbständigen Lage, schmachtete doch damals unter den drückendsten Feudallasten, von der Willkür der Herren, ihrer Verwalter und Richter abhangend, kümmerlich ihr Leben fristend unter einem verwerflichen Pacht- und Metayerwesen. Wenn in Deutschland auch der Urbauerstand einiger Landschaften sich völlig frei auf seinen Allodialsizen erhalten hatte und feudaler Herrenübergriffe mit mehr oder minder Glück sich erwehrte, so lasteten doch auch hier auf den meisten Theilen des Landes schwerer Druck, vielfältige Abgaben, wie noch jezt, selbst Hörigkeitsverhältnisse mancher Art, und politische Rechte waren ihnen überall geschmälert oder ganz abhanden gekommen. Die slavische Leibeigenschaft aber blühte damals wie jezt, ja in noch weiterm Umfang. Da war selbst der englische Pächter, der nur 10 Pfund zahlte, gegenüber den Landwirten des Festlands noch eine beneidenswerte Standesperson: privatrechtlich durchaus gesichert, galt er auch im Staat etwas, als ein politische Rechte übender Bürger. Heute aber, wo das Feudalwesen in West- und Mitteleuropa gefallen, Leibeigenschaft und Hörigkeitsverhältnisse verschwunden und der Bauerstand wieder zu Ehren gekommen, da ist der Vergleich fast beschämend für Großbritannien und Irland. Gerade in den ländlichen Besizverhältnissen liegt jezt die schadhafteste, schmerzlichste und gefährlichste Wunde der Zustände des Inselreichs, und wenn ich mich nicht gänzlich in Burke's Karakter täusche, so wäre er wol gar der staatkundige Arzt gewesen, der, heute lebend, sich ernstlich zur gründlichen Heilung derselben anschicken und sich nicht bloß mit Palliativmitteln, wie die meisten jezigen Staatsmänner, begnügen würde.

Ich glaube dies um so mehr, als die lange Herschaft der englischen Aristokratie während des vorigen Jahrhunderts einen nachtheiligen Ein-

fluß, ich will nicht gerade sagen auf den englischen Volkskarakter, aber
doch auf die höhere Gesellschaft außgeübt und ein gewisses verzwicktes
Benehmen und nachäffendes Wesen zum guten Ton gemacht hatte, welches, an sich nichtiges Scheinenwollen und unverträglich mit wahrhaft
vornehmer Denkart, Karaktere wie Burke anekeln muß. Oder worin
bestund denn eigentlich der gesellschaftliche Blüthedust der englischen
Aristokratie am Ende des vorigen Jahrhunderts? Führten nicht gemeine
gehaltlose Stuzer das Szepter in dieser stolzen Gesellschaft von „Welt"?
Schrieb ein George Brummell, der König der Londoner Dandies, nicht
Jahre lang durch die tollsten und widerlichsten Abgeschmacktheiten und
auf die tyrannischste Weise der fashionablen Welt Londons Geseze vor?
Dieser weibisch - verhätschelte unverschämte Fant erscheint wie ein höh-
nendes Pasquill auf die alberne Seichtigkeit der Londoner hohen Gesellschaft damaliger Zeit. Alles beugte sich unter seine Launen, und um
so mehr gehorchte man ihm, je bizarrer, anmaßender, gröber er auftrat.
Während er seine Toilette machte und sich die Zähne reinigte, warteten
ihm Duzende von Herzögen und Marquien auf. Die beßere Natur
empfand Widerwillen an den gekenhaften und langweiligen Formen,
in denen sich die aristokratische Welt auf der Höhe ihres Glanzes bewegte. Auch heute ist es nicht viel anders, noch immer verbirgt sich unter dem sogenannten guten Ton und den gemeßenen Höflichkeitsformen
der aristokratischen Reunionen viele rohe Gemeinheit des Herzens, in
dem bewegten Treiben der Routs viele Schleich = und Hohlwege der
Intrigue und moralischen Fäulnis. Worin besteht überhaupt die Hoch=
zivilisazion unsrer „guten" Gesellschaft? Vorzüglich darin, daß sie im
Gefühl ihrer langweiligen Leerheit ihren Gaumen durch das pikante
Gewürz der Moquerie zu reizen, ihren Durst an entweihenden Anekdo-
ten auß dem Innersten der Familien zu stillen, ihre Lust an beizenden
Urtheilen und giftigen Klatschereien zu kizeln sucht — in einem schnöden
Kriege mit spizigen Wortpfeilen, wo Herzlosigkeit für Geist, Wiz und
Ueberlegenheit gilt, und der gemüthloseste Intriguant, der am schlimm=
sten zu verdrehen, am heimtückischsten mit Nadelstichen zu verwunden
weiß, am gewissesten den Sieg davon trägt. Zu dieser flauen, faden,
herzlosen, sittlich=faulen hohen Gesellschaft, kam auch allmählich ein
in seinen höhern Kreisen angestecktes Staatsleben; das eine gesellschaftliche Element steckte das andere an, und in der politischen Welt
wie in der sozialen, schienen Eigennuz, Intrigue, Ruhm = und Ränke-

ſucht die bewegenden Hebel zu werden. Solche jammervollen Zuſtände deuten auf Entartung, auf das Bedürfnis einer Erfriſchung von innen heraus. Wie die feudalen Grundverhältniſſe alſo ſchädlich eingewirkt haben auf die volkswirtſchaftlichen Zuſtände, auf die Lage der untern Volksklaſſen, die Handelspolitik, den Pauperismus; ſo zeigt ſich der normänniſche Adelsdruck auch in den übrigen geſellſchaftlichen Richtungen, in den ſittlich-geiſtigen Zuſtänden des Inſelreichs von ſchlimmem Einfluße.

Und welche Stellung nehmen in dieſer vornehmen engliſchen Welt die Frauen ein, auf deren Haltung, Bildung, Familientugenden überall ſo Großes ankömt? Dürfen wir der Schilderung einer ſehr ariſtokratiſchen Engländerin glauben, ſo ſind die Weiber in jener Londoner hohen Geſellſchaft voll lügneriſcher Empfindſamkeit, Geziertheit, Pruderie, voll gekünſtelter Unnatur, ſie ſind „ſo bleich, ſo ſchwach und dabei ſo naſchhaft und gefräßig,“ kurz, ſie gehören zu den Weſen, denen die Maske Natur geworden. Sonſt beſizt England vortreffliche Frauen in ſolchen Kreiſen wenigſtens, welche das Gift der modernen Hochzivilſazion noch nicht eingeſogen haben. Ihren häuslichen Tugenden entſprechend, genießen ſie auch die Verehrung der Männerwelt. Achtung vor den Frauen iſt zwar Geſez in allen geſitteten Ländern, doch wird es vielleicht nirgends ſo gewiſſenhaft vollzogen wie in England. Wenn die Engländer übrigens darin, daß ihr Geſez das Frauenregiment duldet, einen Beweis der hohen Bildung ihrer Nazion ſehen wollen, Frankreich und Deutſchland gegenüber, wo die Frauen von den Thronen ausgeſchloßen ſind; ſo haben ſie doch jenen Vorzug mit Rußland ſowie mit manchen barbariſchen Völkern gemein. Und wenn die engliſchen Geſeze die Frauen auch vielfach begünſtigen, ſo muß das Parlament, das ihnen verbietet ſeinen Sizungen anzuwohnen, doch wol der Meinung eines engliſchen Schriftſtellers ſein, daß „politiſcher Sinn ſo unweiblich ſei wie ein Bart.“ Die engliſchen Frauen haben übrigens im Allgemeinen viel von dem thätigen friſchwagenden Weltgeiſte, der die ganze Nazion durchweht, und körperliche Uebungen, wie namentlich Reiten, ſtärken ihren moraliſchen Muth, der zum Leben und ſelbſt zum tüchtigen Haushalt gehört. Dafür ſtehn ſie auch überall ihren Männern thätig zur Seite, in den Gewerben wie im gelehrten Stande, in der Litteratur wie in der Politik; häufiger, daß ſie die thätkräftigen Springfedern des Mannes ſtählen, als daß ſie ſie lähmen. In Eng-

land gab es von jeher viele selbst durch Gelehrsamkeit ausgezeichnete
Frauen und Schriftstellerinnen, weil sie, troz ihrer schlechten Schulen,
in der Regel eine Menge Kenntnisse aus den Familienbibliotheken
schepfen, und weil das Lesen mit dem häuslichen Leben dort innig ver-
schwistert ist. Hr. Kohl erwähnt der auffallenden Erscheinung, daß fast
alle englische Schriftstellerinnen verheirathete Frauen, Mütter und
Großmütter seien, während bei uns die meisten Autorinnen aus unver-
heiratheten jungen und alten Fräulein bestehn, und erklärt es daraus,
theils daß ihre häusliche Pflichten ihnen mehr Muße ließen,
theils daß sie geneigter seien als die unsrigen an den litterarischen
und geistigen Arbeiten ihrer Männer theilzunehmen. In England
rührt übrigens nicht nur ein größerer Theil der Literatur von „Blau-
strümpfen (blue stockings)" her, sondern es wird auch ein größerer
Theil der Litteratur für die Damen geschrieben als in Deutschland, z.
B. die eleganten „Keepsakes" die „Books of beauty" ꝛc. — nehmen
doch selbst die Zeitungen in ihrem langen „wöchentlichen Geschwäz"
Rücksicht auf den weiblichen Gaumen.

Was den Zustand von Kunst, Sprache, Litteratur auf den britischen Eilanden im Ganzen betrifft, so stoßen wir auch hier auf jenen
aristokratischen Bann, dessen Lösungsformel noch nicht gefunden ist.
Wie ein Blei hängt der normännische Adelsdruck noch immer an den
geistigen Schwingen des englischen Volkes. Hat die Bildung der untern Klassen unter ihm natürlich am meisten gelitten, so sind seine schweren Spuren doch überall ausgeprägt: er ist eingedrungen in die Bauart
als normännischer Styl, in die Volkssprache als Unzier und Verunrei-
nigung mit französischen Wörtern, in Lebensart und Sitten als prun-
kende Langweiligkeit oder hoffärtige Gentlemensucht. In Bezug auf die
Formen der Kunst, Bildung und des Umgangs verleiht er Allem, mit
Außnahme der öffentlichen Diskussionen, ein eigenes, fast steifes Gepräge, das meist einen schwerfälligen, oft peinlichen Eindruck macht
und fast immer etwas Gezwungenes oder Verzerrtes hat. Erstaunlich
ist die allgemeine Verbreitung des sogenannten normännisch-gothischen
Baustyls — ein Beweis, wie befestigt überall die Herschaft des Lehenadels war. In jeder ältern Stadt findet man ihn, an tausend Schlößern und Kirchen. Doch selbst da, wo er am vollendetsten ist, wie in
der Westminsterabtei zu London und im Yorker Dom, erhebt er sich nie zu
der hehren Schönheit und reichen Blüte der deutschen oder gothischen

Kunst. Immer klebt ihm die schwere Burgform normännischer Ritter-
size an, überall guckt auß Kastellaugen und Zinken der Feudalabel wie
zur Vertheidigung; die Säulen und Bögen können sich nicht kühn aufwärts schwingen, nicht aufwachsen bis zum Sternenhimmel, die Thürme
sich durchbrochen nicht emporheben in die Wolken; Zierrat und Schmuck
sind gewöhnlich roh, oft schwülstig, mehr überladen als reich, und immer hängt auch den schönern Bauwerken etwas Schwerfälliges, Steifes, Gedrücktes, Unfreies an. Kurz, bei allem Ueberfluße Englands
an solchen Monumenten sucht man vergeblich ein wahrhaft erhabenes
Kunstwerk, auch nur e i n e n so herlichen, das Herz religiös befreien-
den Dom, wie deren Deutschland in seinen Rheinstädten, in Thüringen, Franken, Schwaben, Baiern, Oesterreich und den niederdeutschen
Städten, wie deren auch Frankreich und besonders Spanien in Menge
besizen.

Ebenso hat England bisher wenig oder doch nicht Vorragendes in
der Malerei, Bildnerei und Musik hervorgebracht. Obschon es mit
Hülfe seines Reichthums die Kunstschäze der halben Welt außgebeutet
und auf dem königlichen Eilande zusammengeführt hat, wo sie außer
den öffentlichen eine Menge Privatsammlungen und die Schlöser der
Großen zieren; obschon das Londoner Museum an Gemälden, Bild-
werken und für Kunstgeschichte merkwürdigen Dingen zu der weit reichsten und vorzüglichsten der Welt gehört: so steht das gewaltige England doch an e i g e n e n Kunstschepfungen, Italien und Spanien nicht
zu gedenken, selbst vor dem kleinen Holland, geschweige denn vor dem
kunstschöpferischen Belgien weit zurück. Wie überlegen in den technischen und mechanischen Geschicklichkeiten es jezt allen Völkern ist, wie
gediegen, reich, sauber und schmuck es alle Stoffe für den gemeinen Verbrauch anfertigt, ein wie wohlhäbiges, reinliches, nettes Ansehen daher
Land und Leute haben — zu den schönen Formen der bildenden Kunst
ist es nie durchgedrungen. Wie keinen Mozart und Haydn, so hat es
uns Deutschen auch bis auf den heutigen Tag keinen Holbein, Dürer
und Cornelius entgegenzustellen. Sei's nun, daß seinem thatenvollen
Leben selbst noch der Durchbruch zu dem Schönen fehlte, daß es in dem
stäten Widerstreite der Staatspotenzen, in den politischen Kämpfen,
dem emsigen bürgerlichen Wirken und Schaffen noch nicht jene Ruhe
erlangen konnte, in welcher das Schönheitsmaß sich allein außprägen
zu können scheint. Sei's, daß der normännische Abelsbruck den reinen

Flug der Künstlerbegeisterung bei Werken hemmte, deren Außführung an ein äußeres Objekt gebunden ist, und der bildenden Kunst nie eine gewisse steif-aristokratische Linie zu überschreiten oder von den Bedingungen des äußern Staatslebens sich völlig zu befreien gestattete. Erst in neuester Zeit, wo der demokratische Volksaufschwung den alten Feudaladel zu überflügeln droht, macht auch die schöne Kunst in England merkliche Fortschritte.

Nur in der Dichtung, der höchsten freilich und vornehmsten aller Künste, auch der in sich freiesten, tiefst eingebornen und von äußerer Zuthat unabhängigsten, hat England Großes, ja zum Theil Unerreichtes geleistet. Auf sie wirkten die innern Kämpfe, die stäte Aufregung im Staate, das Wache, Positive und Thatkräftige der Geister günstig ein. Den Stempel dieser Lebenseinflüße trägt die englische Litteratur, im Guten wie im Schlechten, auch mehr als die aller andern Völker; doch ist die gute Seite weit überwiegend. Sie ist die am meisten politische, historische, positive, die kühnste, streitbarste, eigenthümlich-vaterländische und doch hinwieder von dem allgemein-menschlichen und dem kristlich-romantischen Geiste tief durchhauchte und durchbrungene. Denn sie entstammt nicht der Nachahmung und dem Geschmack eines verfeinerten Hofes, wie die auf Stelzen gehende klassisch-französische und die spanische des siebzehenten Jahrhunderts; noch bloß der ritterlichen Kampflust, Sitte und Liebe, wie die ältere spanische und die ihr verwandte provenzalische; noch idealen Richtungen, in welche die Geister vor der Leere des wirklichen Lebens sich flüchteten, wie die deutsche. Sie entquillt vielmehr unmittelbar dem Leben und Kämpfen des Volksstaats selbst, ist daher vorzugsweise ursprünglich, frisch und innig. Im naturwüchsigen englischen Volksstaate steht nichts außer dem genauesten Zusammenhang, wodurch übrigens römische, französische, italienische Einflüße nicht außgeschloßen werden. Wie die englische Repräsentativverfaßung den Begriff der politischen Freiheit am meisten verwirklicht und den reinsten wirklichen Gegensaz des antiken Staats bildet, während der französische Absolutismus, sowol in der altmonarchischen als in der später bürokratisch-demokratischen Form, diesem in der Anschauung weit näher steht, entsprechend dem genauen Verhältniße zwischen der klassisch-französischen und der klassisch-antiken Litteratur; so hat das wahre Urbild des romantisch-historischen Drama und Romans, gegenüber dem antiken Epos und Drama, England der neuen Bildung im

vollsten Kern und in unübertroffener Entfaltung gegeben, und nur die
verwandten Fürsten der italienischen, spanischen und deut=
schen Dichtung laßen sich einem Shakspere, Scott und Byron
an die Seite stellen. In der That, diesen Rang und diese Stellung be=
hauptet die englische Litteratur, wie die englische Politik, zu der gesamt=
europäischen.

Wenn es wahr ist, daß Litteratur und Bühne gewöhnlich nur den
Spiegel der Gesellschaft bilden, so gibt es doch auch Epochen, wo sie
einen leitenden, ja bestimmenden Einfluß auf dieselbe üben, dann näm=
lich, wenn ein ungewöhnlicher Genius mit unvergänglicher Schöpfungs=
kraft seiner Zeit vorauseilt und der folgenden Bahnen bricht. Oder ha=
ben nicht Dichterseher, wie Dante und Shakspere, unverkennbar den
mächtigsten, nachhaltigsten Einfluß auf die ganze geistige Entwickelung
ihres Volkes, ja auf die Litteratur und dadurch auf den Geist auch aller
übrigen Nazionen geäußert? Cervantes hat einen bedeutenden Um=
schwung in der Litteratur wie in den Sitten seines Jahrhunderts bewirkt
und Lope de Vega und Calderon haben nicht bloß den Geschmack und die
Bühne, sondern auch die Sitten ihres Vaterlandes veredelt, wie denn
beides inniger zusammenhängt als man wol anzunehmen pflegt. Frei=
lich, gewöhnlicher sind die Zeiten, wo Litteratur und Bühne nur die Ge=
sellschaft spiegeln — häufig genug leider in eitel Zerrbildern — und den
Anstoß nicht geben, vielmehr ihn von herschenden Ideen und Sitten
empfangen. Wie die Epochen der Nazionen sich litterarisch abbilden,
so hat auch jede soziale Bewegung ihren litterarischen Ausdruck. Wo
der Hof vorwaltet, da werden die Musen in hofmäßigem Gewande
leicht über die Bühne schweben. An dem feinen, fast liebenswürdigen
Hofe Filipps IV. von Spanien, erscheint eine zahlreiche Schar Dich=
ter, deren Werke nur Ritterlichkeit, Minne, Zartheit hauchen; der auß=
gelaßene Hof der Regentschaft in Frankreich hat Europa mit pikant=fri=
volen Schriften übergoßen, als seinem natürlichen Widerschein. Eng=
land hat so wenig wie Deutschland eine Hoflitteratur, dafür eine durch=
weg politisch=sozial angehauchte, wie die deutsche religiös=so=
zial durchgeistet ist. Die englische Litteratur ist ferner, nach den sel=
ben Richtungen der Aristokratie und Demokratie, entweder mehr aristo=
kratisch gefärbt — es ist die normännisch=gentlemanliche —
oder mehr demokratisch — es ist im weitesten Sinne die sächsische
Dichterschule, die neuerdings zwar nicht an heiterm Glanz, aber an

Zahl und Energie fortwährend zuzunehmen scheint. Darüber unten
mehr. Hier sei nur noch bemerkt, daß die eigentlichen Dichterkönige
über solche Farben und Spaltungen der Gesellschaft im Allgemeinen
hinaußgreifen und durch universelles Umfaßen des ganzen Menschen
und des ganzen Volkes die Gegensäze nur in der Vermittlung und Versöhnung zeigen; — Shakspere ist ein solcher Dichterkönig im eminente-
sten Sinne für England.

In Zeiten der Revoluzion gieng allenthalben durch die Litteratur
und über die Kunstbühne ein eigener Dämon, wundersam gehüllt in
revoluzionäres Kostüm, neuernd, tobend, brausend, wie's braußen auf
der Weltbühne geschah. Anmuthig und schön war der Geist eben nicht.
Denn auch die Kunst wollte in solchen Zeiten gewöhnlich keine Regel,
keine Schranke mehr anerkennen, die Freiheit des Geistes sich gleichsam
nur noch in gesezlosen Bildungen begreifen; — man verwechselte Willkür und Maß, Zwang und Gesez. Natürlich führte das von selbst dahin, das Schöne haubtsächlich in grelle Kontraste zu sezen, welche das
poetische Gemüth nicht der Natur nachschuf, sondern der irregeleitete
Verstand gegen alle Natur und Wahrheit ersann. So öffnen sich dann
alle litterarische Schleußen der Unnatur und dem Gewaltsamen. Die
Litteratur schwimmt gleichsam in einem Meere der Fraseologie und
Stichwörter, die auf den wallenden Flaggen gestickt sind; sie schifft mit
vollen Segeln sausend dahin über seichte und tiefe Stellen, und ist voll
wunderlicher Gegensäze des Erhabenen und Lächerlichen — ein Bild
der Unsicherheit, des Schwankenden, Stürmischen, der Zerfahrenheit
und Anarchie der gesellschaftlichen Zustände. Helle Schwärme junger
Dichter tauchen dann gewöhnlich auf (und gehn ebenso wieder unter),
um im Geiste und Taumel der Epoche ein Publikum zu befriedigen, das
vor allem starke Gemüthserschütterungen, große Kontraste, wüste Laster
und schändliche Tyrannen will. Statt nach dem s ch ö n e n Ideal,
scheint man nur noch nach dem s ch l e ch t e n zu streben, unter dem viel-
deutigen Namen des Romantizismus. Weh dem Autor! der auf der
Bühne Könige und Große nicht stäts wie Tyrannen, wie verschmizte
Selbsüchtlinge oder lächerliche Thoren erscheinen läßt; Jeder im Or-
denskleide ist Urbild des Tartüffe. In dieser entarteten Litteratur und
Bühne mit dem schlechten Ideal, der Unnatur, den Faschingskomödien
und Rührpossen haben es die Franzosen allen Völkern zuvor gethan,
und die Deutschen sich als ihre fleißigsten Nachahmer außgezeichnet,

obwol damit nicht gesagt sein soll, daß die englische Bühne gegenwärtig
nicht unter einem ähnlichen Alp gebeugt läge, ebenso die spanische und
alle übrigen. Allein von Frankreich ist diese Richtung in der Kunst
außgegangen, nicht bloß seit seinen Revoluzionsstürmen, wo sie nur
heftiger wird, sondern auch seit dem Alter seiner zu viel gepriesenen
Bühnenklassizität. Die vorspringenden Merkmale der leztern sind Engherzigkeit in Form und Inhalt, höfische Eleganz, gemüthlose Deklamazion, besonders künstliche Kontraste durch Abstrakzion vom Wirklichen.
Welche Beschränktheit lag schon in dem zur eigensinnigsten Hofsprache
außgebildeten Pariser Dialekt, als dieser allgebietend ward! Wie schal
und dürftig, geleckt und gemacht erscheint die ganze klassische Litteratur
der Franzosen gegen den naturfrischen, mächtig, tief und innig strömen-
den Quell der Poesie des einen Shakspere? Welch ein Unterschied
zwischen einem Moliere'schen Lustspiel und einem Shakspere'schen!
Hier handeln Menschen und Karaktere, dort nur Puppen oder Karakter-
masken. Um irgend eine schlimme Eigenschaft in menschlicher Gestalt
— das schlechte Ideal — auf die Bühne zu bringen, streifte man dort
das auch an den abgefeimten Bösewichtern noch befindliche Menschliche
von ihnen ab, übertrieb alles, malte nicht mit den Farben der Natur,
sondern mit dicker Schminke, und man bekam daher keine wirklichen
Menschen mehr, sondern nur Faschingsgecken zu sehen. Nach fran-
zösisch-klassischen Bühnenprinzipien ist der Geizhals kein menschlich füh-
lendes Wesen, kein natürlicher Mensch mehr, sondern ein Abstraktum,
die von allem Fleisch und Blut abgezogene reine Filzigkeit; der Schein-
heilige die von Knochen und Mark abgelöste Heuchelei in menschlicher
Thiergestalt. Da müssen die verhaßtesten Eigenschaften aller Zeiten
oder der modernen durchaus in abstracto auf der Bühne erscheinen,
also Mann und Weib in ihrem widerlich getrübten gesellschaftlichen
Verhältnisse, die Bösewichter schlechter als sie im natürlichen Laufe der
Dinge sein können, besonders aber gerade Fürsten, Prälaten, Minister
und Aristokraten weit schlechter als alle übrigen Menschen; neben diesen
Teufeln füllen die Bühne dann Engel voll rührender Unschuld und Geduld, unerschepflicher Hingebung, kurz ebenso personifizirte übermensch-
liche Tugenden. Welches bürgerliche Herz wird davon nicht getroffen,
nicht zum Schluchzen gerührt? Ah, du feister Sir John Falstaff, du
leuchtende Sekttonne, schäme dich vor dieser noblen bürgerlichen Gesellschaft und räume für immer den Plaz. Dennoch, genau betrachtet, ist

er nicht ein ganz gesunder Kerl gegen jene Schattenbilder, gegen den Moliere'schen Mummenschanz? Und wo haben alle die revoluzionären Bühnenstücke, geschrieben zur Entsezung des Publikums vor der mis= brauchten Gewalt, auch nur die Gestalt eines so furchtbaren Tyrannen hervorgebracht wie die des Macbeth? Was sind alle ihre Zwerge gegen diesen Riesen auf dem Schlosse Dunsinan anders als zerfließende, schim= mernde Schaumgebilde des nächtlichen Meerwassers? Macbeth macht eben einen so gewaltigen Eindruck, weil wir ihn im Laufe des Drama alles werden sehen, was er ist, und weil, wenn das Schöne und Edle auch, durch wilde Leidenschaft von den gemeinsten Gestalten angeregt, in ihm unedel und frevelhaft wird, er doch ein Mensch und ein Mann bleibt, der sich aus tiefster Versunkenheit zu einer gewissen grausigen Größe wieder emporrafft — um den Herengruß wahr zu machen: „Schön ist häßlich, häßlich schön." Man muß ShakspeUEren auch dann den Preis zuerkennen, wenn er, obwol mit wunderbarer Selbstverläug= nung in die mannigfaltigsten Naturen sich hineinlebend und die Gedan= ken in seiner Sprache verkörpernd, doch den stolzen Mund seiner Helden wie die grillenhaften Einfälle seiner Narren mit der ihm eigenen Weis= heit tränkt, und nirgends weder die Sinne noch das Herz, weder die Schönheit noch die Liebe aufgibt. Freilich aber, es ist viel bequemer und leichter, den Mummenschanz französischer Komödien nachzubilden, will= kürig angelegte Karakterrollen wie beim Faschingsspuk durchzuführen, als Shakspere'sche Lustspiele zu vervielfältigen.

Es gibt Völker, die durchweg poetisch sind und doch wenige poeti= sche Genies aufzuweisen haben, und andere, die im Ganzen genommen wenig einbildungsreich erscheinen, und bei welchen sich gleichsam die poetische Kraft in einzelnen Geistern so vereinte, wie die Lichtkraft in den Diamanten. In diesem Verhältnisse ungefähr hat man mehr geist= reich als wahr gesagt, möchten die Iren zu den Engländern stehn. Fehlt es den Irländern nicht an poetischen Geistern vornehmen Ranges, wie Swift, Goldsmith, Sheridan, Moore, so erscheint aller= dings doch ihre Natur durchweg empfänglicher, lebhafter und empfin= dungsreicher an fantastischen Bildern, ihr Genius gleichsam berauschter als der ernste englische. An Volksliedern (in ersischer Sprache) soll Irland reicher sein als England, und sie sind um so herzergreifender, als sich in der irischen Musik eine tiefe Melancholie ausspricht, die mit dem unglücklichen Schicksal des Volkes übereinstimt und an die schwer=

müthige Musik der slavischen Bauern mit ihrer dauernden Knechtschaft erinnert, an die wehmüthigen polnischen Lieder von den einsamen Erlen und Lerchen, denen der eisige Ost Blätter und Blüten abstreift. Rührend besingen irische Barden, deren Geist beugt das Unrecht und die Unterdrückungen, welche das Land quälen, ihre Liebe und innige Anhänglichkeit an das unglückliche Vaterland, „an das sie zuerst gedacht und zulezt denken werden, das theuerste und schönste auf Erden.'' Hiemit ist, wie mehr oder minder bei allen gedrückten Völkern, natürliche Heiterkeit und Leichtsinn verbunden, wie wenn frohe Laune und Mutterwiz als Gegengift gegen den äußern sonst unerträglichen Druck wirken sollten. Poetisches Gefühl ist wie milder Balsam für langsam vernarbende Wunden den Iren wie ihren Brüdern in Wales und dem schottischen Hochlande geblieben; Ossianische Dichtungen leben noch in ihrem Munde, und Bänkelsänger erhalten die Ueberlieferungen in langen Gedichten, worin jeder Busch, jeder Hügel, jeder Ort ihres Landes mit Sagen und Legenden gefeiert wird. — Uebrigens herscht das Englische jezt überall in Irland vor, wenige Landstriche im gebirgigen Binnenlande und an der Westküste der Insel ausgenommen, wo noch die alte Landessprache durchgängig im Brauche ist. O'Connell hält seine Reden an das Volk alle in englischer Sprache; nur bisweilen mengt er ein Wort oder einen Vers ersisch ein, der gewöhnlich lauten Beifall erntet*).

Wenn bei Engländern und Schotten hingegen nicht poetische Gemüthsstimmung, sondern im Allgemeinen und auf erster Linie jener kräftige Egoismus vorsticht, der sie zwar als Nazion so tüchtig macht, als Menschen aber oft so prosaisch und abstoßend erscheinen läßt; so ist damit noch nicht gesagt, daß ihre Natur schlechthin unpoetisch sei. Im Gegentheil, der Haubttheil der englischen Nazion, der sich ursprünglicher gehalten und vor der normännischen Steifheit, die über das Sächsische gekommen, vor dem zu viel gepriesenen gespreizten Gentlemanthum bewahrt hat, zeigt bei seiner derben rauschenden Weise oft

---

*) Das nach und nach im Volke außsterbende Keltische lebt im Vereinten Königreiche noch in vier Abzweigungen fort, dem Gälischen in Hochschottland, dem Kymrischen in Wales, dem Mansk auf der Insel Man und dem Ersischen in Irland. Seit 24 Jahren besteht in London eine Gesellschaft, um den nicht englisch verstehenden irischen Landleuten ersische Erbauungsschriften zu verschaffen. 1845 wurden 25 neue ersische Schulen mit 2319 Kindern eröffnet.

ein Uebersprudeln von Wiz und Laune, und gibt durch sittlichen Ernst, Gottesfurcht, Aufopferung, häusliche und bürgerliche Tugenden tief poetische Stimmungen kund. Was uns an den Engländern so frostig, nüchtern und widerwärtig vorkömt, ist der äußere Mensch, das angelegte Kleid, die durch Erfahrungen eines geräuschvollen wechselnden Lebens angezwungene Miene, mit einem Wort also, der eingelernte Gentleman, auf den sie sich gerade so viel wissen. Es verhält sich damit ganz eigen. In keinem Lande der Welt ist die dienende Klasse verhältnismäßig so zahlreich und so manigfach gebildet als in England, und sie nimt noch fortwährend zu; Gleiches gilt von der Gentleman-klasse, die weder mit Ackerbau, noch mit Gewerben und Handel sich befaßt. Ist es da nicht fast entschuldbar, daß, bei der häufig nahen Berührung dieser beiden zahlreichen Klassen jeder unabhängige Engländer auch durch sein äußeres Benehmen anzudeuten sucht, daß er dem Gentlemanthum angehöre? Natürlich aber muß ein solches Steifen auf äußerliche Dinge tiefer fühlende Menschen unangenehm berühren. Diese sehen darin, was es wirklich ist: geistige Unfreiheit, die in ihren lezten Gründen auf dem alt aristokratischen Geistesbanne in England beruht. Auch die Industrie und das kaufmännische Geschäftsleben wecken an sich wenig freie poetische Anschauungen. Merkur verhandelte seine Schildkrötenlyra, zu deren Saitenklang er eine Zeitlang Lieder gesungen, doch bald an Apollo und blieb immer mehr listig und erfinderisch als poetisch und gesangliebend. Man hält den Kaufmann eher für einen Menschen von gesundem Verstande, von klugem, scharfsichtigem Berechnungsvermögen, als für einen Mann von poetischer Regsamkeit oder von Empfänglichkeit für Ruhm und Ehre. Der Handelsgeist erzeugt in den Menschen allerdings ein gewisses Gefühl von Pflicht und strenger Gerechtigkeit, aber dieses Gefühl, sagt Montesquieu, sei auf der einen Seite der Ungerechtigkeit entgegengesezt, auf der andern „jenem schönen, großmüthigen, moralischen Tugendenthusiasmus, welcher bewirkt, daß man seine Interessen nicht immer mit kleinlicher Genauigkeit bewacht, und daß man sie zuweilen auch Anderen gegenüber vernachlässigt."

Bleibt man jedoch bei der Engherzigkeit und dem Egoismus nicht stehn, welchen Handel und Gentlemanthum als ihre eine Seite immer mit sich führen, so wird man außerdem noch einen tüchtigen poetischen Kern im englischen Volke finden. Das sächsische Lied und der

sächsische Gesang stimmt mit dem deutschen Volksliede wesentlich überein, unterscheidet sich dagegen völlig von dem irischen, ungefähr wie
das deutsche vom spanischen. Das unglücklichere Volk ist in seinem
Gesang wehmüthiger, melancholischer, fantastischer; das andere derber,
kräftiger, dann auch stolzer und kühner. Den sächsischen Volkston nach
seiner heitern Seite hat Walter Scott, zumal in seiner schottischen
Mundart, oft unübertrefflich angeschlagen*); düsterer gestimmt ist die
Saite seines Landsmanns, des am Pfluge aufgewachsenen Robert
Burns. Auf meinen Außflügen zu Fuße traf es sich wol, daß ich in
englischen Wirtshäusern einsprach, wo junge Leute sich am Gesang er-
freuten, bald zusammen, bald abwechselnd, bald einzeln. Wie oft
glaubte ich da in Ton, Weise und Sprache ganz deutsche Lieder zu hören, freilich nicht wie im altbaierschen Lande noch wie in Tirol — hier
das volle Brustjodeln, dort das verweichlichte Kehlsingen — aber wie
der Volksgesang in den thüringischen und niederdeutschen Städten in
einfach kräftiger, oft dreistimmiger Weise erschallt. Auch bin ich überzeugt, daß, in Folge der begonnenen gründlichen Nachforschungen über
Volkslied und Dialekte man noch erstaunlich viel Uebereinstimmendes
in Lied und Gesang zwischen den beiden Ufern des deutschen Meeres
antreffen wird. Man mag sagen was man will, im Grunde sind doch
die Engländer Träger und Entwickler urdeutschen Wesens. Die
Sprache der Normannen ist bloß über alle solche Klassen vorgedrungen,
die Anspruch auf feine Bildung machen. Wo dies nicht der Fall ist,
wo man den Gentleman noch nicht angezogen hat, da spricht man nicht
jenes sonderbar zusammengewürfelte „Conversationsidiom,‟ sondern
noch ein ziemlich reines Deutsch. Auf dem Lande — nur nicht bei dem
Bediententrosse — wenn Bauern sich begrüßen und außplaudern, hört

---

*) So z. B. wenn er im Ivanhoe den wunderlichen kräftigen Barfüßermönch in
seiner Waldeinsiedelei singen läßt:

> „Long flourish the sandal, the cord and the cope,
> The dread of the devil and trust of the Pope;
> For to gather life's roses, unscathed by the briar,
> Is granted alone to the Barefooted Friar!——— —

> „The Friar has walk'd out, and where' er he has gone,
> The land and its fatness is mark'd for his own;
> He can room where he lists, he can stop when he tires,
> For every man's house is the Barefooted Friar's etc.

man nordgermanische Mundarten, zwischen dem Niederländischen, Platdeutschen, Friesischen und Dänischen mitten inne stehend und mit wenigen Fremdwörtern gemengt. Gleiches gilt vom englischen Schiffsvolke, welches sich mit dem niederländischen, hansischen, schwieriger schon mit dem dänischen und nordischen ohne Dolmetsch verständigt, überhaupt von den tiefern Schichten der Nazion. Besonders haben mir einige Lieder und Sangweisen der englischen Matrosen gefallen. Wie diese oft die Schiffsarbeiten mit ihren eigenthümlichen Singrufen, die Kühnheit auf der See in Wetter und Sturm nachahmen und der Süßwassermenschen spotten, zeigen folgende Strofen eines Matrosenliedes:

> Towing here,
> Yeving there,
> Steadily, readily,
> Cherrily, merrily,
> Still from care and thinking free,
> Is a sailor's life at sea!
>
> When the foaming waves run mountains high,
> And landmen cry, all's gone, Sir,
> The sailor hangs 'twiset sea and sky,
> And jolies with Davy Jones, Sir;
>   Dashing here
>   Splashing there,
>   Steadily, readily, — — — —
>
> When the ship, d'ye see, becomes a wreck,
> And landmen hoist the boat, Sir;
> The sailor scorns to quit the deck,
> While a single blank's afloat, Sir:
>   Swearing here,
>   Tearing there,
>   Steadily, readily,
>   Cherrily, merrily,
> Still from care and thinking free
> Is a sailor's life at sea*).

---

*) „Hier am Tau, johlend dort, stätig und bereit, heiter und froh, still von Sorg' und denkend frei, ist Matrosenleben auf der See." „Wenn die schäumenden Wellen Berge hoch steigen, und die Landratten glauben, alles ist verloren, Herr, hängt der Matrose zwischen See und Himmel, und scherzt mit dem Knochenmann, Herr; patschend hier, plätschernd da" 2c. „Wenn das Schiff, was ihr da sehet, wird ein Wrack, und die Landmenschen hissen das (Rettungs-) Boot, Herr, verschmäht

Um sich mit einer Sprache, ihrer Artung, Außartung und Rückkehr zum Beßern genau bekannt zu machen, muß man ihre frühern Zustände durchforschen. Die Sprache ist eine Geschichte des geistigen Lebens jedes Volkes, sie verschweigt seine Fehler nicht und pflegt seine
guten Eigenschaften in treuer Liebe. Sie zeugt von den Erfolgen einzelner leitender Geister, häufiger von dem stillen Wirken unabhängiger
Entwickelung, oder von aufgedrungenen außländischen Einflüßen. Sobald ein größeres Volk auß einzelnen Stämmen sich frei bildet, wie vor
allen das deutsche, so entsteht durch Vermittlung, durch Aneignung
eines mittlern Dialektes, durch Beisteuern auß sämtlichen Mundarten
eine Gemein- oder Mittelsprache, die durch Schriftgebrauch und höhere
Außbildung allmählich die Schrift- und Hochsprache des Volkes wird.
In ähnlicher, doch schon viel beschränkterer Weise ward das Castiliani-
sche zum Spanischen; der toscanische Dialekt vollends ward ganz ohne
Vermittlung, bloß durch das gebietende Ansehen der drei großen Flo-
rentiner Dichter, zur herrischen Schriftsprache Italiens. Es ´ereignet
sich auch, daß die eine Mundart durch den Hof, den Einfluß der Regierung und politische Umstände zur gebietenden über alle andern wird,
wie das Orleanisch-Parisische in Frankreich, das Neurussische in Rußland. Oder endlich, es entsteht nicht auß vorhandenen Mundarten,
sondern auß verschiedenen Sprachen eine Mischsprache, wie die englische. Die normännischen Eroberer sprachen französisch, die königliche
Hofhaltung blieb dabei, das Französische war gleichsam eine Zeitlang
Staatssprache und so impfte es sich durch den Einfluß der höhern
Stände dem Sächsischen ein. Geschah Aehnliches nach dem dreißigjährigen Unglückskriege doch auch in Deutschland, wo, wohl zu merken,
nur durch die Zähigkeit und innere Widerstandsfähigkeit der mittlern
und untern Volksklassen und der von ihnen gesprochenen Mundarten die Gefahr glücklich überwunden ward, die deutsche Hochsprache
gleichfalls zu einer Mischsprache herabgewürdigt zu sehen. Namentlich
ward es in Deutschland an katholischen Höfen (die protestantischen,
unter dem auch sprachlich heilsamen Einfluße der reformatorischen Schriften, beflissen sich mehr eines reinen Deutsch) herkömmlich die Provinzial-
sprache mit Virtuosität zu sprechen, im Familienkreise dagegen sich einer

---

der Matrose das Deck zu verlassen, so lange eine einzige Planke noch über Wasser ist,
Herr: fluchend hier, rasend dort, stätig und bereit, heiter und froh, still von Sorg'
und denkend frei, ist auf der See Matrosenleben.“

romanischen Sprache zu bedienen. Häßliche Spuren dieses Misbrauchs
zeigen sich noch immer in Wien und München; hier haben die adeligen
Familien, namentlich der weibliche Theil derselben, die schlechte Gewohnheit beibehalten, in ihren Kreisen zu wälschen, und sonst sprechen
sie ein rohes, besonders im Munde der Frauen, unerträgliches Deutsch,
dessen sich selbst ein Bewohner der Haubtstadt Böhmens schämen würde,
wo wenigstens ein etwas feinerer Ton von Sachsen her vorklingt; wie
denn überhaupt die nördlichen, meist protestantischen Städte Hannover,
Braunschweig, die Hansen, Osnabrück, auch Dresden, Berlin ꝛc.
noch heute das beste Deutsch reden *). Wien hatte durch das damals
amtlich und gesellschaftlich lateinische Ungarn, durch die italienischen
Provinzen, die Hofetikette, spanische Kaiserinnen Ueberfluß an romanischen Elementen. In Berlin bildeten die Hugenotten einen Kern der
Bürgerschaft und des französischen Einflusses, der auch die Kindheit
Friedrichs des Großen umgab, und der, freilich als getragen von dem
verfolgten Glauben, der Sittenstrenge, höhern Bildung und geistigen
Thätigkeit der Geflüchteten, ein ganz anderes Franzosenthum war als
dasjenige, welches später die adeligen Außgewanderten (was Niebuhr
auch zu deren Gunsten anführen mag), die Abbaten und Bonnen uns
zutrugen. Auch in den Benennungen der verschiedenen Theile der
Staatsmaschine, in dem Geschäftsleben und den Kanzleien flutete die
Fremdsprache ein. Kaum ein Mittel blieb unversucht, dem Deutschen
seine Volksthümlichkeit zu entleiden und auß seiner Gesamtsprache ein
Gemengsel von Deutschem und Romanischem zu machen. Ohne öffentlich verhandelndes Leben, zwischen lateinisch schreibenden Gelehrten hat
deutsches Wesen dennoch sich mit einer Zähigkeit und Lebenskraft durch-
gekämpft, welche das schönste Zeugnis ablegen für die Dauer und Zukunft unseres Volkes. Die Mundarten, die deutschen Schriften der
Reformazion und der in dieser gegen den Fremdgeist wirkende, endlich
in der ganzen Litteratur siegreich durchbrechende Genius unseres Volkes
retteten uns davor, daß wir nicht Fremdlinge wurden im eigenen Lande.
Gibt es noch Vornehmlinge unter uns, die, selbst in Afterbildung aufgewachsen, nur durch Wälschen den Kindern weltmännische Lebensart

---

*) Die baierische Mundart dagegen, die in Altbaiern und weit durch Oesterreich
erklingt, gehört zu den kräftigsten, reinsten und besterhaltenen unsers Vaterlandes und
gibt der oberdeutschen, selbst der schwäbischen an Wohlklang nichts nach; Gleiches
gilt vom baierischen Volksstamme selbst.

anerziehen zu können wähnen; so haben doch die mittlern und untern
Stände, im Bunde mit echter, an dem Organismus unsrer Sprache
festhaltender Wissenschaft, durch ihre glücklichen Fortschritte auch die
obern Schichten der Gesellschaft, wollen sie nicht dem Spott verfallen,
gezwungen, sich der vaterländischen Sprache in erträglicher Reinheit zu
bedienen.

Auch in England widerstreben die untern Schichten des Volkes
der französischen Eindringung fortwährend mit hartnäckigem Instinkte.
Leider hat aber die Wissenschaft dort ihren Beruf in dieser Hinsicht bisher nicht erkannt, weil der Organismus der Volkssprache ihr fremd
geworden; die Forschung in dem eigenen Sprachgebiete liegt noch tief
im Argen, während die in toten und orientalischen Sprachen blüht.
Darum ist das wissenschaftliche Bedürfnis der Wiederanknüpfung an
den Gesamtorganismus der germanischen Sprachen in England noch
nicht erwacht, obwol keine derselben mehr bedürfte als gerade die jetzt
so abgestumpfte englische, von der Platen nicht mit Unrecht sagt:
„Kein voller Akzent, und ein Sprachwirrwarr, und stäts einsilbige
Wörtlein.'' Indessen, wenn auch in der vornehm-klassischen Gelehrsamkeit so wenig wie in der Gentlemanschaft (Gentlemanship) das
Bewustsein der englischen Kindschaft zum Germanenthum wieder erwacht ist, immer glänzt doch die sächsische Muttersprache unter dem
Staube der Verachtung wieder hervor. Ja, gerade auf den wahren
Spizen der Gesellschaft, in den sonnenheitern Räumen der Dichtung
bricht auß dem innersten Heiligthume des Volkes der sächsische Kern
schöpferisch gestaltend und durch Schönheit siegend hervor. Es ist sehr
bezeichnend, daß Englands größte Dichter und gewaltigste Geister sich
mit Vorliebe dem sächsischen Sprachelement in England und Schottland zuwandten und das Altsächsische wesentlich zu ihrer Dichtersprache
emporhuben. Nur das Mittelgut der Prosaiker und Poeten, sowie die
blautändelnden Schöngeister und „Salonsmenschen,'' die ja überall
hinter Vornehmthun, eleganter Fremdtünche und kunterbuntem Gemengsel, ihre innere Hohlheit zu verbergen suchen, haben ein ästhetisches
Wohlgefallen an der Mischsprache. Muß man allerdings zugeben,
daß auch die edlere englische Unterhaltungssprache durch die freie politische Rede in der Presse wie in Volksversammlungen, sowie durch
unabhängiges eiländisches Wesen sich zu einem tüchtigen Ganzen durch-
gebildet hat, und, selbst troz des ihr abhandengekommenen organischen

Lebens, das Gepräge der Größe und Freiheit des englischen Volkes trägt; so erscheint doch um so abgeschmackter die Sprache solcher Gentlemen, die nur dann schön zu reden wähnen, wenn sie — es ist ihre „Kapitalregel" — mit Wörtern deutsches und Wörtern romanisches Ursprungs hübsch gleichmäßig abwechseln. Auf diesem äußerlichen Aneinanderreihen eines romanischen Worts an ein germanisches und eines deutschen, wieder an ein wälsches beruht die Stärke und Blüte gentlemännischer Beredsamkeit, die Virtuosität ihrer Quodlibetsprache. Hat doch das Wort „Gentleman" selbst, wie zum Vorbilde, Wurzeln aus verschiedenen Sprachen (während gentility, vornehme Geburt, nur normännisch); und wie bezeichnend sind Außdrücke wie gentlewoman, gentlefolk! Für die gewöhnlich im Leben vorkommenden Dinge besizt die deutsche Sprache meist zwei gleichbedeutende verschiedene Wurzeln; von diesen zusammengewachsenen Zwillingen hat die englische Schriftsprache in der Regel den einen losgeschult und weggeworfen, und dafür romanische Synonyme eingeschoben, so daß das Englische zur Bezeichnung vieler Begriffe zwei Wörter darbietet, eines mit deutscher, und eines mit romanischer Wurzel. Während nun die Gentlemen in den meisten Fällen das romanische Wort wählen und demnach in der vornehmen Unterhaltungssprache, jener Regel gemäß, beinahe das zweite Wort fremd lautet; bleiben Volk und Dichter lieber bei dem deutschen Worte, und es erscheint daher in der innigen Sprache des Gemüthes und tiefer Empfindungen — selbst in Werken gewöhnlicherer Poeten — kaum das fünfte Wort fremd. — Inzwischen beginnt, unter Vorleuchten der großen Dichter, die Sprachreinigung auch in England von den untern Schichten auß sich stiller Fortschritte zu erfreuen. Stemmt sich das Volksgefühl noch unbewust gegen das, die innern Lebenskeime der Sprache Abtötende der vornehmen Konvenienz, so möchten die Tieferblickenden mit voller Bewustheit den ersterbenden Organismus ihrer Sprache wieder aufwecken und zu neuen Kräften bringen. Namentlich fühlt man das Bedürfnis, die Zusammensezbarkeit der sächsischen, meist einsilbigen Grundlage des Englischen in die Schriftsprache aufzunehmen — jene, der deutschen Sprache im höchsten Grade eigene Fähigkeit sogleich auß zwei Wörtern ein drittes allgemein verstandenes zu bilden; überhaupt aber das Bedürfnis der Bereicherung und Ergänzung des englischen auß seiner Urquelle, selbst mit Hülfe direkter Einbürgerung deutscher

Wörter, wie Vaterland. Von besonderer Wichtigkeit ist ferner, daß der englische Schriftsteller, welcher ins Herz des Volkes dringen, von ihm ganz verstanden werden, und Werke dauerndes Wertes hervorbringen will, sich naturgemäß von dem wechselnden Salonsgewälsche abwenden, in die Tiefen des Sächsischen zurückgehn und auß ihnen herauß schaffen muß. Eben so gewis ist, daß die englische Sprache wissenschaftlich nur durch die deutsche Grammatik (im Sinne Grimms) verstanden und erforscht werden kann, daß mithin englische Gelehrte sich der allgemein deutschen Sprachforschung anschließen müssen, um das innere Leben ihrer eigenen Sprache wieder erlauschen zu können. Durch diese gebotene gemeinsame Grundlage der Forschungen in den verwandten Sprachzweigen, wird mit der Zeit eine innigere, gelehrte und literarische Annäherung zwischen England und Deutschland bewirkt werden, die um so tiefer und weiter greifen muß, je bedeutungsvoller sich die germanische Sprachwissenschaft auf der Bahn, die ihr die Deutschen heutigentags gebrochen, für das Leben und alle Bildung entwickelt. Noch will ich erwähnen, daß die englische Poesie, wie der Sprache, dem Inhalt und Geiste nach, so auch in der Form der deutschen weit näher steht als der französischen. Die englische Poesie hat sich dadurch, daß die Betonung in jedem deutschen Worte (mit wenigen Außnahmen), also auch im „sächsischen," auf die Wurzel und im Saze überhaupt auf den Sinn trifft, ein bestimmtes Gepräge geistiger Kraft vor der französischen erhalten. Sie ist ferner nicht durchauß gebunden an den Reim, der für alle germanische Sprachen mehr eine schmückende Zugabe als ein inneres Bedürfnis ist; obwol hierdurch auch Mancher verlockt wird, schlechte Verse ohne Reim zu machen im breiten Flusse der Jamben, die in der englischen Poesie fast außschließlich herschen. Shakspere hat durchgehends und mit eben so viel Energie als Manigfaltigkeit, die allen germanischen Sprachen eigenen, akzentuirten, reimlosen „Blank-Verse" angewandt; welcher freien Versform sich auch die meisten Dichter der neuen „sächsischen Schule," namentlich die chartistischen Handwerkersänger immer gern bedienen.

Ich werde auf leztere gleich zurückkommen und bemerke hier nur, daß man ganz mit Fug von einer sächsischen Dichterschule in England sprechen kann. Ihre Kennzeichen sind, wie selbst der Franzose Chasles anerkennt, eben die Richtungen des sächsischen Gemüthes aufs Heimatliche, das homely der Engländer; die Heimseligkeit der Deutschen — dieser, allen Germanen angeborne Zug und Hang, der auch im englischen Herzen nicht hat außgeloscht werden können, wie sehr die normännischen Stürme und Gewaltthaten daran gerüttelt, italienische und französische Einflüsse aller Art daran gezerrt haben. Seit der Sachse in England sich gedrückt fühlte, rief seine Lage von Zeit zu Zeit auch Klagen und poetische Herzensergüsse hervor; so erschallt z. B. im Mittelalter schon in der „Geschichte Peters des Pflügers (Pierce Plowman)" die Klage eines sächsischen Landmannes gegen die Misbräuche der Normannenherschaft. An solchen Stimmen fehlte es zu keiner Zeit, und selbst während der vollen Glanzperiode der Herschaft der Aristokratie und der vornehmen Litteratur im vorigen Jahrhundert, wo sogar Shakspere vor den klassisch-französischen Bühnenstücken in England vergessen schien, brach in frischen Geistern der urgermanische Sinn und Drang gegen dieses aristokratisch-gesteifte Misch- und Mittelgut wieder siegreich hervor. In neuester Zeit freilich, je mehr der alte Druck der untern Klassen wegen der Weltverhältnisse, ihnen selbst fühlbarer und bewuster wird, geben sich neben dem Wiedererscheinen Shakspere's auf der Razionalbühne, jene Richtungen in den sie vertretenden sächsischen Dichtern mit größerer lyrischer Leidenschaftlichkeit und Gewalt kund als früher. Bis auf Crabbe, das Haubt dieser neuen Kundthuungen, vom noch jungen Elliott zurückzugehn bieten sich leicht Anknüpfungspunkte, durch den Landmann Robert Burns bis Oliver Goldsmith mit seinen volksthümlichen und sozialen Anklängen, und bis zu Thomas Gray, dem Dichter der „Elegie auf einem Dorfkirchhofe."

Alle diese Verhältnisse in Betracht gezogen, möchte ich die Wiedererweckung des unterdrückten Lebens der altenglischen Sprache und ihre Läuterung noch für möglich halten. Undenkbar wenigstens ist die Wiedergeburt der englischen Sprache nicht, die der vollkommenste Sieg des sächsischen Volkes über das normännisch-französische Element wäre; geschähe sie vielleicht auch erst auf dem weiten Umwege über Nordamerika, wo die zahlreiche deutsche Einwanderung auf die Umgestaltung des Englischen und die Außmerzung vieler Fremdaußdrücke wesentlich einwirken muß. Zwar sind einige Gelehrte ganz anderer Ansicht, weil die Sprache der meisten amerikanischen Schriftsteller in dieser Hinsicht bisher mehr zum Schlimmern als zum Beßern zu neigen scheint*). Allein nach meinem Dafürhalten ist dieser Umstand für die Zukunft nicht maßgebend. Oder wird man in jenen Schriftstellern schon den Maßstab für die geistige Entwickelung des selbst erst im Werden begriffenen nordamerikanischen Volkes finden wollen? Schwerlich, denn sie haben auß leicht begreiflichen Gründen weniger noch eine amerikanisch-volksmäßige, als eine europäisch-gelehrte oder halbgelehrte Bildung, und eben diese spiegelt sich in ihren Schriften, je nach ihrer Neigung und ihren frühern Lebensverhältnissen. Bekanntlich wird in Nordamerika im öffentlichen Verkehr durchweg ein dialektfreies, also das gemischte Englisch gehört, während England reich ist an Mundarten, die in der verschiedenen Gestaltung der Sprecharten der deutschen Einwanderer wurzeln. Aber jenes dialektfreie Englisch ist eben das gentlemanliche, nicht im Gemüthe der Völker lebende, nur konvenzionel herschende; es spiegelt das Ungewordene, geistig noch Unselbständige des amerikanischen Volkes. Außerdem sprechen die verschiedenen Volksbestandtheile wieder in ihrem eigenen Idiom, und es ist nicht einzusehen, warum die Mundarten sich nicht so gut in Amerika wie bei den deutschen Einwanderern in England und Schottland, neben der Staats- und Geschäftssprache behaupten und allmählich ihren Einfluß geltend machen sollten. So natürlich es ist, daß die fünf Millionen Deutschen in Nordamerika ihrer Sprache englische Wörter des Geschäftslebens beimengen und mit der Zeit, ungeachtet Dörfer und Städte in Ohio, Missouri, Pennsilvanien ganz deutsch geblieben sind, (in weiten Bezirken am Mississippi wird nur deutsch gesprochen), sich den allgemeinen amerikanischen Volkskarakter aneignen; so gewis scheint es mir auch, daß

---

*) So drückte sich Dr. Altenhöfer, bekanntlich ein gründlicher Kenner der englischen Sprache, darüber im englischen Artikel der Allg. Zeit. also auß: „Nicht bloß die deutsche Sprache geht in den Vereinigten Staaten bei unsern dahin ausgewanderten Landsleuten — und es sind ihrer und ihrer Nachkommen bereits gegen fünf Millionen — unter den jezigen Umständen einem raschen Verderbnis entgegen, sondern auch die herschende Landessprache, die englische, hat sich, wie die Engländer des europäischen Mutterlandes klagen, jenseits des Wassers nicht eben verbessert. Selbst dem des Englischen kundigen Ausländer, der etwa einen Roman von Cooper in die Hand nimt, fällt die auß schlechten lateinischen oder französischen Wortbildungen liederlich zusammengewürfelte Sprache auf, und dieselbe Klage läßt sich wol gegen die Mehrzahl amerikanischer Schriftsteller erheben. Besser, scheint es, schreibt Washington Irving, im Ganzen aber waltet im amerikanischen Englisch der lateinische, nicht der reinere sächsische oder deutsche Bestandtheil vor."

fie, vorerſt in ihren Kreiſen, der engliſchen Sprache wieder deutſchern Außdruck und Geiſt einhauchen werden, wenn es auf dem Gebiete der Sprachdurchdringung in Nordamerika erſt bis zu ſchepferiſcher Innigkeit gekommen iſt. Nordamerika wäre ja geiſtig zum kümmerlichſten unfruchtbarſten Leben verdammt, wenn dort immer eine unbildſame, ſtumpfe, konvenzionelle Sprache herſchend bliebe. Läßt die Jugendfriſche jenes Landes ſolches aber ernſtlich denken? Sollte das demokratiſche Amerika, bei reicherer Entfaltung auß ſeinem eigenen Kerne, nicht den ariſtokratiſchen Sprachzwang — das einzige ariſtokratiſche Erbſtück, das England ihm vermacht — endlich von ſich abſchütteln? Schon die nach Stämmen und Abkunft verſchiedene fyſiſche Organiſazion bedingt abweichende Außſprache und Betonung; Bodenbildung, Lebensweiſe, Einwirkungen der Mutterſprache, thun das Uebrige, um Dialekte zu bilden. Stäts wird der Bergbewohner durch das Zurufen von Berg zu Berge, von der einſamen Hütte zu nächſtſtehender, der Küſtenbewohner durch das Rauſchen der Winde und der Meereswogen tiefere Bruſttöne, wie wir ſie in den Alpen und am Seegeſtade unſeres Vaterlandes hören, ein kräftigeres aber rauheres Organ haben müſſen; ſtäts wird die Nothwendigkeit durch viele Monde des nordiſchen Winters in enger Stube eingepfercht zu ſein, eine gedämpftere Betonung hervorbringen, als die im ſingenden Süden wo ſie klingt. Andererſeits müſſen die verwandten Sprachen und Mundarten eines und deſſelben Reichs aber auch zueinander; eine innere Triebfeder wirkt unabläßig daß ſie ſich reiben, ergänzen und wechſelſeitig bearbeiten bis zum Verſtändniſſe. Der ſtäts zunehmende innere Verkehr, der gemeinſame Heerdienſt, die ſorgfältigere Erziehung und Bildung in Schulen muß es, ſollte man meinen, in Nordamerika endlich dahin bringen, daß Deutſches und Engliſches ſich wechſelſeitig verſteht, und dieſe Befreundung der Mundarten kann nicht ohne Einwirkung auf die Schriftſprache bleiben. Damit freilich das Uebeltönende ganz gemildert werde, alles Unbequeme und Starre ſich durch die innere Lebendigkeit abſchäle, damit endlich der ariſtokratiſche Geiſtesbann von der jungen Demokratie völlig gelöst werde — dazu bedarf es dann vor allem noch der bahnbrechenden ſchepferiſchen Kraft großer Genien, welche in unvergänglichen Werken der wiedergebornen Sprache das Siegel der Göttlichkeit aufdrücken.

Für England iſt ein ſolcher Genius **Shakſpere**. Er gehört durch und durch den Sachſen an. Sein Geburtsort, die nicht eben ſehr ansehnliche Stadt Stratford am Avon, ist mitten in England gelegen, da, wo die Ackerbaugegenden des Südostens in die Bergbau- und nördlichen Gewerbbezirke übergehn, und wo er als Knabe schon mit dem Volksgeiste in seinen Haubtrichtungen sich durchdringen konnte. Noch steht dort das Haus, worin er geboren, dem Tausende klopfendes Herzens zuströmen. Ich hab es besucht und — warum soll ich es läugnen — die Erinnerung daran kann mich noch jezt innigst rühren. Es ist das armseligste Haus in Stratford, eine baufällige Hütte auß zwei niedern engen Stockwerken, gegenwärtig — erinnere ich mich recht — von einem Schmid bewohnt, wenigstens steht ein Gestell zum Hufbeschlagen vor dem Hause; sein Vater betrieb darin nach gewöhnlicher Annahme das Fleischergewerbe. In so Niederm ist so Großes geboren, auß so Dunkelm so Hohes und Leuchtendes hervorgegangen! Ein Palast würde das Herz kalt lassen, mich wenigstens hat Göthes Haus in Weimar nicht begeistert; wer betritt aber in der Madrider Cervantesstraße, ohne Rührung zu empfinden, die Stube zu ebener Erde, worin Cervantes unter unsäglichen Leiden und Entbehrungen seine unsterblichen Werke geschaffen? Dort nun bei Shakspere's Wiege, fühlt man sich auch wie näher dem Hauche seines Geistes, dort begreift man besser, unmittelbarer sein Leben, sein Wirken — dort fühlt man es doppelt stark: nicht in einem normännischen mit allen Komforts wohl versehenen Schlosse, — auß einem schlichten sächsischen Vaterhause nur konnte dem englischen Volke ein solcher befreiender Genius erstehn. Die Stube, wo der Dichter das Licht der Welt erblickte, ist mit den Namen vieler Hochadeligen bedeckt, die sich sonst schämen würden, ihren Fuß in einen so ärmlichen Raum zu sezen. Ja, in wenig glänzenden Verhältnissen hat der junge Shakspere die Naturgeheimnisse des sächsischen Volkes belauschen, die Tiefen seines Gemüthes ergründen, das Kernige seiner Sprache sich aneignen, mit seinen Sitten, Tugenden, Hoffnungen, Gefühlen und Denkweise sich durchdringen, und das alles später in idealen vaterländischen Gestalten außprägen können. In der spätern Zeit verkehrte er auch viel mit deutschem Volke, mit Flamingen namentlich, die wegen Religionsverfolgung auß den Niederlanden eingewandert, und deren Einfluß auf seine Sprache sich mitunter so auffallend äußert, daß in neuerer Zeit Festländer manche Stelle seiner Werke selbst den Engländern erst wieder zum Verständnisse gebracht haben. — Er zuerst hat nun auß dem sächsischen Sprachkern herauß die unfruchtbare normännische Schale, die sich mit vornehmer Spreizung um ihn gelagert, wieder zu frei poetischen Schepfungen durchbrochen, er hat die Bahn zum Lichte geöffnet und sie zu betreten allen Nachfolgern leichter gemacht. Seine wahrhaft gewaltige Bedeutung für Englands Gesamtentwickelung liegt theils in dieser poetischen Befreiung desselben vom romanischen Sprachdrucke, durch Werke, die alle gentlemanlichen Geistesschepfungen fort und fort in Schatten stellen; theils in seiner echt englischen Gesinnung, in dem kräftig und nicht einseitig patriotischen, Volksfreiheit athmenden Geiste, der aus allen seinen Dichtwerken uns so erquicklich und wunderbar anhaucht. Wie er, hat Niemand sein Vaterland geliebt, geehrt, gepriesen, Niemand demselben grössern litterarischen Ruhm zugetragen, der in der ganzen Welt verbreitet und selbst durch Englands Handels= und Seegrösse nicht verdunkelt wird. Ihm ist unter den Ländern der Königsthron

> —————,,Dies gekrönte Eiland,
> Dies Land der Majestät, der Siz des Mars,
> Dies zweite Eden, halbe Paradies, •
> Dies Bollwerk, das Natur für sich erbaut,
> Der Ansteckung und Hand des Kriegs zu trozen,
> Dies Volk des Segens, diese kleine Welt,
> Dies Kleinod, in die Silbersee gefaßt,
> Die ihr den Dienst von einer Mauer leistet,
> Von einem Graben, der das Haus vertheidigt
> Vor weniger beglückter Länder Neid;
> Der segensvolle Fleck, dies Reich, dies England,
> Die Amm' und schwangre Schoß erhabner Fürsten,
> An Söhnen stark, und glorreich von Geburt:
> So weit vom Haus berühmt für ihre Thaten,
> Für Kristendienst und echte Ritterschaft,
> Als fern im starren Judenthum das Grab
> Des Welttheilandes liegt, der Jungfrau Sohn" ————

Es gibt freilich für die Auffaßung Shakspere's vielleicht noch einen höhern Standpunkt als den vaterländisch=englischen, er hat auch eine universelle Bedeutung. Shakspere ist der Dichterseher der neuern Zeiten, einer der reichsten Denker und tiefsten Künstler aller Länder und Jahrhunderte, sein überlegener Genius bahnbrechend und bestimmend für die ganze poetische Entwickelung nach ihm. Was Homer für die griechisch=mythische Welt, das ist Shakspere für die germanisch=kristliche, und nur Dante und Cervantes stehn ihm auf romanischem Boden zur Seite. Ohne Zweifel, wir schäzen das Allgemeine im Besondern, das Reinmenschliche und Universelle in seinen Werken am höchsten, nicht den altenglischen Grundton, der überall durchklingt. Uns Deutschen ist Shakspere am nächsten, wenn er in die dunkeln Schachten der menschlichen Natur hinabsteigt, um die Widersprüche unseres Denkens oder die Wirren der bedrängten Seele zu ergründen; wenn sein Humor auf der Trübsal des Lebens, „wie Hochzeitstanz über den Gräbern," sich herumtummelt, oder seine reiche Muse in hellen Nächten die Seligkeit der Liebe mit festlicher Musik begleitet. Allein der Schlüssel seines innigen Verständnisses liegt doch immerhin für uns darin, daß die Seele seiner Schepfungen germanisch ist. Und wenn man die Thatkraft, welche Shakspere belebte, die Lust an Kampf und Kampfesruhm, eine heiße Begierde nach Besiz, Ehre und Herschaft, wie sie in seinen geschichtlichen Dramen wetterleuchtet, das vorzugsweise normanische Element in ihm nennen wollte; so könnte das doch nur in dem Sinne geschehen, daß man es sich mit dem sächsischen völlig verschmolzen dächte, wie's im englischen Nazionalkarakter, nach der starken Blutung des normännischen Adels während der innern Bürgerzwiste und bei dem festen Bande zwischen der königlichen Macht und dem Volke, besonders seit Elisabeth, wirklich mehr und mehr der Fall wird. Denn diese gebieterische, heroische, todesmuthige Saite, die er mit unerreichter Meisterschaft anschlägt — die Trunkenheit der Schlacht, der Jubel des Siegs, der Stolz der besiegten Tapferkeit — ist eben auch die patriotische, der reine Außdruck seiner Freude an englischem Heldenthum, seiner glühenden Vaterlandsliebe, die jeden Groll und Neid gegen die normännische Eroberung überwunden — somit gleichsam die poetische Weihe der Versöhnung und Verschmelzung des sächsischen Elements mit dem normännischen. Sie klingt daher nicht etwa fremdartig durch die andern Saiten — da würde man Shakspere ganz falsch auffassen — nicht z. B. französisch - normännisch in Gegensaze zu dem englischen Volkskarakter; vielmehr feiert sie die Erhebung desselben auß Druck und Entzweiung auf den Schwingen der Poesie zu freier Einheit. In Shaksperen hat der englische Volksgeist seinen Sieg schon vorauß gefeiert. Er ist daher zweierlei: für die germanisch-kristliche Welt Dichterseher, für das englische Volk Dichterpatriot.

Auch in der leztern Hinsicht steht er, troz der Schar moderner politischer Poeten, noch unerreicht und einzig in England da. Obwol

im sächsischen Boden wurzelnd, vermochte er sich doch mit Adlerflug über
die innern Gegensäze frei zu erheben, so daß seine Dichtung auch im
patriotischen Schwunge die aller übrigen zurückläßt, welche von diesen
Gegensäzen auf der einen oder andern Seite noch beherscht werden.
Dies gilt namentlich von der neuern Chartisten- und Arbeiterpoesie,
welche ein Dornenfeld bietet, das die Füße blutig sticht. Ihr muß, befangen wie sie ist im Gegensaze und daher unfrei, Maß und Schönheit
fehlen. Ueber diesem Jammerthale wölbt sich, wie Hr. Chasles sagt,
weder der sonnenheitere hellenische Himmel, noch breitet sich das heilige
Helldunkel der kristlichen Gemüthswelt darüber aus. „Am Aufgange
dieses Parnasses steht die entfleischte Armuth, welche Virgil in faucibus
Orci wohnen läßt; unter Flüchen, Schluchzen und Röcheln schlägt sie,
statt der Leier, eiserne Saiten, die über einen Totenschädel gespannt
sind. Hinter ihr reihen sich Crabbe, der Juvenal der Spitäler; Ebenezer Elliott, der Sänger des Hungers; Cooper, der Dichter des
Selbstmords, und der Verfasser des „Ernest," gefolgt von einer
bleichen Schar abgemagerter Fabrikkinder und von der Blüte geknickter
Mädchen. Das ist ein trauriger Kor, dem diese Dichter entsprechend
antworten."*)

Dennoch schlägt und stürmt gerade in jenen Kreisen jezt die poetische Ader Englands. Das „Gentlemanvolk," wie gern es zarte
Empfindungen zur Schau trägt, ist in Wirklichkeit doch der Dichtkunst
nicht besonders hold. Daß diese innigste Kraft des Volksgeistes überhaubt mehr in den untern und mittlern Schichten der englischen Gesellschaft als in den obern ihre Heimat hat, geht auch darauß hervor, daß
die leztern ihr wenig edle Geister zuführen, und die meisten englischen
Dichter mit Mangel und Noth zu ringen hatten, ja sich in diesem traurigen Kampfe häufig aufrieben. Während manche Engländer auch von
dem Mäzenatenthum englischer Großen selber nicht viel wissen wollen
und auf die günstigere Stellung der Schriftsteller in Frankreich hinweisen, wo, wenn auch nicht einzelne Reiche, doch der Staat als
solcher direkt mehr für Wissenschaft und Litteratur thut; betrachten
Franzosen und Deutsche es gern als eine von den besten Fähigkeiten der
britischen Aristokratie das emporstrebende Talent zu begünstigen, ihm
seinen Weg anzubahnen und ein fruchtbares Feld zu öffnen, und stellen

---

*) Vergl. „Chartistenlitteratur," Allg. Ztg. 10. und 11. Dez. 1845.

sie in dieser Hinsicht als Muster dar. Wie dem sei, daß die Poeten bei der „Theilung der Erde" zu kurz kommen, ist eine alte Klage, und in jedem Lande kann man viele zählen, die dem Dämon der Muse Glück und Leben verschreiben musten. Was weiß man nicht von dem Elende deutscher Dichter zu erzählen, bis Hr. v. Goethe einen gewissen Um- schwung in dem Haushalt der Schriftsteller bewirkte? Ergieng es den Italienern viel besser, und starben Cervantes in Madrid und Camoens in Portugal nicht in bitterer Armuth? Auch in England steht die Zahl der glücklichen Dichter im geringen Verhältnisse zu der Zahl der von Mangel gequälten oder im Jünglingsalter schon vom Tode weggerafften. Wer weiß es nicht, daß die Muse dort Paläste zwar zieren hilft, sie aber selten bewohnt? In den sächsischen Wohnungen der untern Volksklassen muß man sie suchen, in der Hütte, der Werkstätte, am Pfluge; denn am liebsten geht sie dort mit Landvolk, Webern, Schusterlehrlingen und Schiffjungen Hand in Hand. Man wundere sich nicht über so vieler Handwerker poetische Anlage — warum sollte das Gehirn eines schlichten Mannes auß dem Volke nicht auch Genie in sich schließen? Sind doch Natur, Schönheit, Gefühl, Geist und Poesie kein Vorrecht privilegirter Klassen. Das Auffallende ist nur — freilich wol erklärlich auß der den lebendigen Geist abspreizenden Gentlemanschaft — daß sich das poetische Genie gerade in diesen Klassen so selten vorfindet, sowie daß die Flamme über der Stirne der Arbeiter, troz der Außübung mechanischer Gewerbe, nach dem ersten Aufflackern nicht alsbald wieder erlischt. — Daß übrigens Schriftsteller, und gewöhnlich die reinsten, sanftesten, fleißigsten, Mangel an Brod leiden, verhungern, wahnsinnig werden, im Armenhause sterben, ist im reichen England eben nicht ungewöhnlich. Vor einiger Zeit brachte die Allg. Zeitung ein langes Verzeichnis darüber. Ungün- stige Lebensverhältnisse rafften den geisteskranken Robert Ricoll im 25sten Lebensjahre hin; ebenso im Jugendfrühling den Tighe, den Robert Pollok, den 21 jährigen Heinrich Kirke White, der, erst Fleischer= dann Strumpfwirkerlehrling, mit erstaunlicher Energie sein Ziel — einen Plaz in der Universität Cambridge zur Erlangung ge- lehrter Bildung — verfolgte, und es erreichend starb. Mit Wahnsinn kämpften Cowper, Joh. Keats, Joh. Clarn, Sohn und Ge- hülfe eines armen Bauern, der am Pfluge Gedichte schrieb, er wuste selber nicht warum, sie auch wieder zerriß, und dessen edle, in die Natur versunkene Seele stäts heiter schien. Des Irrsinns Nachtgeister tobten auch in dem Gehirne des als Mensch und Dichter außgezeichneten Webers Robert Tannahills, sowie in dem Robert Southey's. Wie marterte man das empfindsame Herz Burns mit den 70 Pf. St. des Jahrs — zuviel um zu sterben, zu wenig um zu leben mit Weib und Kindern! In kümmerlicher Verfertigung von Harmoniken, hungernd mit seiner Familie, kam Robert Blomfield um, Verfasser des „Farmers boy," vordem Schusterlehrling. Nicht besser ergieng's Wilhelm Gifford, dem Schiffsjungen, Schusterlehrling und Kellner († 1826). Dem merkwürdigen, 1835 verstorbenen Schäfer Hogg, ward nur spät ein mäßiges Glück zu Theil. Wie mühevoll und qualreich ist Alex. Wilsons Leben, der Weber, Tuchhändler, Poet, Schulmeister, Naturforscher, endlich in den Urwäldern Amerika's starb! Nach englischen Begriffen lebten auch Walter Scott, Wilh. Robert Spencer (nicht zu verwechseln mit Edmund Spencer) in Geldbedrängnis. Lord Byron endlich, dem Hochgebornen, wie ergieng's ihm? Ja, sein tragisches Schicksal erhärtet den oben aufgestellten Saz noch mehr als das auf materieller Nothdurft beruhende Misgeschick so vieler ihm verwandter Seelen. Durch seinen Dichtergenius fand Byron den Weg zum Herzen des Volkes zurück; er knüpfte an Shaksperen und das Sächsische wieder an, auf eine Weise, die ihm viele Gegner unter den Aristokraten und in der hochmüthigen Gelehrtenrepublik zuzog. Voll Haß wandte er England und seinen höhern Ständen, die nur Misklang in seine Seele riefen, den Rücken. Fern vom Vaterlande verflocht er sich tiefer und tiefer in sein Geschick, das in den Widersprüchen des englischen Lebens, deren Opfer er ward, begründet lag, bis er im Kampfe für Befreiung der Griechen in Missolunghi's Mauern einen schönen Tod fand. Gewis, das Leben und Ende dieses hohen tiefempfindenden Geistes, erklärt sich auß den zerrissenen sozialen Zuständen seiner Heimat.

Wie jede soziale Bewegung ihren litterarischen, ja selbst einen poetischen Außdruck findet, so auch die chartistische und die damit verwandte kommunistische. Alle neuern englischen Schriftsteller von einigem Werte, an ihrer Spize Thomas Carlyle, haben sich mit der gefährlichen Lage der englischen Gesellschaft beschäftigt, die sie freilich oft ganz fälschlich allein in der Fabrikindustrie suchen, überhaupt mehr in den Wirkungen als in den Ursachen des Uebels. Schriftsteller auch auß aristokratischen Klassen, wie Mistreß Norton (geb. Sheridan), die für die talentvollste von Englands dermaligen Dichterinnen gilt, Dickens, Disraeli, das beißende Mitglied vom jungen England, machen mehr oder minder die gerechten Ansprüche der untern Klassen in ihren Schriften geltend und gefallen sich in Parallelen zwischen dem Leben des Armen und dem des Reichen mit eindrucksvollen Bildern daraus. Neben ihnen, die der litterarische Erfolg hiezu vielleicht am meisten lockt, ist aber eine ganze Reihe von Arbeiter-Schriftstellern aufgetreten, die es bitter-ernst meinen und die schon als karakteristisches Symptom der allgemeinen Bewegung der untern Klassen in Europa, besonders in England, Beachtung verdienen. Scharen Arbeiter horchen ihren mitunter sehr ergreifenden Weisen, singen oder weinen sie nach. Für die fähigsten unter diesen dichtenden Handwerkern gelten, der Schmid Ebenezer Elliott, dessen Poesie an die Schmelzöfen von Sheffield erinnert, unter denen er aufgewachsen — seine Lieder und Oden, wie über die Taxe, die Kornzölle, die Chartisten, die Fabrikkinder, die Arbeiteraufstände von 1837 und 1838, durchhallt vom jähen Aufschrei der Wuth, der Noth, des Schmerzes, werden als geschichtliche Zeugnisse der jetzigen innern Zustände Englands denkwürdig bleiben und der Chartist Thomas Cooper, erst Schuhmacher, dann Schullehrer, Mitarbeiter an einer Provinzialzeitung und Volksredner. Dieser wanderte 1842, auf die Anschuldigung, die Fabrikarbeiter von Staffordshire zum Aufstande gereizt zu haben, ins Gefängnis, wo sich die Gestalten zu seinem Haubtgedicht „das Purgatorium der Selbstmörder" einfanden. Da sizen die Schatten der berühmtesten Selbstmörder alter und neuer Zeit, seine „Todesschiffer," in einem unteridischen Dome, ein Konklave bildend, zusammen, und verhandeln über die Geheimnisse des Lebens und Todes, die großen Fragen des Bösen in dieser Welt, der Regierungsformen und des Daseins Gottes. Die Monarchie soll aufhören, und der Aberglaube, vergeblich gestüzt von einer bei Aufrechthaltung der Misbräuche interessirten Kirche, verschwindet vor der Kraft des Gedankens und der menschlichen Thätigkeit: durch Zerbrechung der jezigen Staats- und Kirchenformen wird den Menschen ihre normale Entwickelung zurückgegeben, Armuth und Unterdrückung werden von der Erde verbannt, in keiner Seele keimt mehr der brennende Durst, das Leben, welches dann keine Hölle mehr ist, von sich zu werfen — dieses Kennzeichen einer innerlich kranken, gehässigen und verbrecherischen Gesellschaft. Diese, die Welt umgestal-

tende Verjüngung kündet sich bereits an: die Natur wird die Sklavin
der Menschen, der Despotismus beugt überall sein Haubt, der Dampf
geht über die Meere, die blizende Energie der Intelligenz offenbart sich
im Bauersmann wie im Fürsten. — — — — In solchen Utopien der
Zukunft, die nicht leer sind an tiefen Empfindungen, eindringlichen
Wahrheiten und poetischen Bildern, ergehn sich die meisten dieser Ar-
beiter-Schriftsteller. Vernichtung der weltlichen und geistlichen Hierar-
chien, d. h. in Großbritannien und Irland der Feudalaristokratie
und der herschenden Staatskirche, die gleiche Vertheilung des
Eigenthums, d. h. die Abschaffung der Geldgewalt und der
Monopolien, endlich die Besiegung der Natur und Materie — totale
politische und soziale Umwälzung also ist der Talisman, der die Völker
zur allgemeinen Wohlfahrt und Glückseligkeit führen soll. Indessen
nicht alle diese Schriftsteller sind von gleicher Leidenschaftlichkeit er-
füllt*). Ein milderer Sinn klingt auß den „Reimen und Erinnerungen
eines Handstuhlwebers“ von Thom, auß den „Feierabenden eines
Arbeiters“ vom Zimmermann-John Overs, besonders auß den ge-
rühmten „Versuchen abgefaßt in den Ruhestunden zwischen meiner
Arbeit“ und den „Rechten des Arbeiters.“ Der Verfasser der leztern,
in der Ueberzeugung, daß eine auf Privatinteressen gestüzte Herschaft die Staatsgemeine selbst in Gefahr bringen könne, und daß
Geseze nicht so viel wirken würden als eine Menge einzelner Persönlich-

---

*) Auch andere Saiten der Empfindung werden von ihnen angeschlagen. So
theilte von den „Sonnetten an meine Mutter“ eines ungenannten Zimmermanns-
gesellen in der Litterary Gazette die Allg. Ztg. folgendes mit:

> Mother! thou know'st how truly I am thine,
> By ties of sympathy as well as blood; —
> Warm from my bosom in a gushing flood,
> My best affections still to thee incline.
> Thy breast hath been to me a holy shrine,
> Where love unselfish, glowing — gratitude —
> With all that makes us kind or leaves us good,
> In one unchanging sentiment combine.
> What do I cherish more than thy best blessing,
> As o'er the varying scenes of life I rove?
> Not e'en the warm impassionate caressing —
> In parting moments, of the maid I love.
> A Mother's Love! while such a boon possessing,
> I would not change my state with saints above!

keiten, beren jebe entschloffen wäre in ihrer Sfäre so viel Gutes als
möglich zu vollführen, wendet sich an die Tugend, und wünscht alle
Abgaben von Lebensbedürfnissen möchten ganz aufhören und die Ge-
sundheitsmittel in den großen Städten so vervielfältigt werden, daß sie
den Armen fast gar nichts mehr kosten.

Praktisch genommen, gemahnt die erinnysgleiche Muse der
Cooper, Elliott, Crabbe, daß man, den Reichthum auf einem Punkt
anhäufend, das Elend daneben häuft, und daß das Elend, das Anfangs klagt und weint, später sich rächen werde. Es ist Aufgabe der
englischen Staatsmänner, in deren Händen die Interessen der Massen
liegen, die Misstände zu ergründen und zu beseitigen, und die Gegensäze
zu vermitteln, welche zwar schon lange vorhanden sind, und sich tief im
englischen Boden verwurzelt haben, die aber durch die riesenhafte Entwickelung einer Weltindustrie, welche Großbritanniens Lebenspuls geworden, immer grasser hervorbrechen. Die innere Kraft einer wahrhaft
mächtigen Gesittung besteht darin, daß sie unaußgesezt bestrebt ist, die
ihrer Thätigkeit anhaftenden Mängel selbst zu verbessern und für die
auß der Gährung sich entwickelnden Dämpfe Sicherheitsklappen zu
öffnen. Das aristokratische Prinzip Europa's aber muß, so weit es
im Feudalismus des Mittelalters basirt, in dem Maße als dieser
schwindet, schwächer werden, wenn es sich nicht in neuer Feuertaufe zu
erfrischen und demokratisch zu durchhauchen weiß. Zu seiner eigenen
Erhaltung muß es daher eine höhere Grundlage suchen in den Anliegen
der Völker und erleuchteter Theilnahme an der Gesezgebung des Staats;
auf jedem andern Wege wird es von dem demokratischen Prinzip überflügelt werden, dessen Kraft darin liegt, daß es Hand in Hand fortgeht
mit der Volksbildung.

Demnach wäre die britischer Staatsmänner unter allen Umständen
würdigste Aufgabe: das Volk aller drei Königreiche von den schädlichen
Einflüssen des Feudalismus, wie sie sich nach den verschiedenen Lebens-
richtungen festgesezt haben, zu befreien. Nicht das Aufopfern eines
Prinzips, das dem Staat zum Heile dient, wird geheischt, vielmehr
die Erfrischung und Befreiung desselben von dem Gegensaze in welchem
es zum Fortschritt gekommen, um wieder auf freie kräftige Weise das
Gemeinwohl fördern zu können. Mittel dazu wären vor allem Emporhebung der arbeitenden Klassen durch edlere Pacht=, Besiz= und
Rechtsverhältnisse und Abschüttelung der sprachlich=geistigen Adelsfrage,

die sich drückend über alle Zustände des Landes gelagert. Hierdurch würden diese sich freier, schöner und reicher denn je vorher entfalten, die nachtheilige Aufhäufung der Fabrikbevölkerung ein Ziel finden, die verschiedenen Thätigkeiten sich angemessener über das Land vertheilen, mehr Menschen im Ackerbau Unterhalt bekommen, zu Gunsten zugleich des Fabrikstandes; auch auf dem Lande würde sich ein unabhängiger Mittelstand des Grundbesitzes bilden, der am fähigsten wäre, der Geldaristokratie der Städte das Gleichgewicht zu halten und bald den gesündesten Kern für die Stabilität des Staats abzugeben; zugleich würden die Landessitten wirksamer vor Verflachung und die untern Volksklassen einerseits vor eklem Bediententhum, andrerseits vor Pauperismus, Kommunismus und Entartung geschützt werden. England hätte dann nicht mehr durch ein künstlich verwickeltes Handelssystem unter beständigen Zuckungen den Arbeitern Brod, den Fabriken Absaz zu verschaffen und seine Gewerbzustände hochüberkünstelt zu erhalten; im gesicherten Besize eines Haubtantheils am Welthandel, säh' es sich doch nicht mehr zu dem verzweifelten Versuche gedrängt, die übrigen Länder gemäßigter Zone in gewerblicher Unterdrückung zu halten: es würde friedlich und gedeihlich leben, wetteifernd, ja vorleuchtend den Völkern auf allen Bahnen des Fortschritts, und auf Verwirklichung des großen Gedankens allgemeinen freien Völkerverkehrs mit ungebrochener Kraft hinarbeiten können.

XIV.

Die kirchliche Parteiung in den drei Königreichen: die Reformazion in England und die kirchlichen Zustände vor und nach derselben; die anglikanische Kirche und ihre 39 Glaubenssäze; die Parteien in ihr und die Natur ihrer Zwiste, im Gegensaze zu den kirchlichen Streitigkeiten in Deutschland; die Sekten; die schottische Landeskirche; Missionen; die kirchlichen Zustände Irlands.

> „Was die eine Kirche an religiöser Lebensfrische gewinnt, ist ein guter Sauerteig für das Gottesreich überhaupt, also auch mittelbar für die andern kristlichen Bekenntnisse.“

Die kirchliche Bewegung, immer von hoher Wichtigkeit, gewinnt in unsern Tagen fast wieder das Ansehen, als wolle sie der Strom werden, in den sich alle andern Aufregungen der Geister ergießen und zusammenfassen sollten. Großartige Erscheinungen der Umwälzung und Erschütterung bieten die Völker auch in Zeiten dar, wo der Glaube geschwächt ist und die Kritik das Szepter der Welt zu übernehmen scheint; aber Zeiten, groß an Produktivität sind vorwiegend positiv und bewegt von gemeinsamen religiösen Hoffnungen und Gedanken. Denn nichts eint mehr und macht die Herzen williger, zu opfern, spricht feuriger zu den Gemüthern, ergreift tiefer den ganzen Menschen, als Ueberzeugungen, die auf dem Grunde der Religion beruhen. Man kann jedoch mit warmem wundem Herzen die aus der kirchlichen Zersplitterung unseres Vaterlandes stammenden Nachtheile empfinden, und dennoch für die großen Güter, welche die Kämpfe der Reformazion uns zugleich gebracht haben, begeistert sein. Es stände schlimm um uns, wenn kirchliche Gesinnung sich nicht mit Vaterlandsliebe, die keine Glaubensunterschiede kennt, vereinbaren ließe. Nur muß die Rechtsgleich-

heit der großen Kirchenparteien in der Idee wie Wirklichkeit unver-
brüchlich festgehalten werden: wenn Protestanten sich am ehesten gegen
das Unrecht erheben, welches ihren katholischen Brüdern widerfährt,
und Katholiken zuerst gegen das Unrecht, das Protestanten erfahren,
ihre Stimme erheben, so können im Uebrigen Polemik, Kontroverse
und wissenschaftliche Kämpfe auf dem Gebiete der Kirche und des Glaubens zu keinem Unheil führen, vielmehr nur läutern und in jedem Betracht fördern. Denn es ist gewis der leidigste Irrthum, zu glauben,
der kirchliche Gegensaz könne jemals durch Indifferentismus und Mattigkeit überwunden werden, das kann im Gegentheil nur geschehen
durch frisches Aufleben des kirchlichen Prinzips auf jeder Seite: nur
durch klares Erkennen des Gegensazes, des Wesentlichen und Zufälligen darin, seine Läuterung und Vermittelung im Geiste und in der
Wahrheit kann er bei einem allgemeinen innigsten Ergriffensein davon
gründlich überwunden werden. Im Nothwendigen soll Einheit sein,
und sie besteht für beide Kirchen; im Zweifelhaften Freiheit, und
diese danken wir der Reformazion; in allem Uebrigen Liebe. Der
Geist der Liebe aber, welche die Religion des Kristen ist, thut noch auf
jeder Seite noth: nur von ihm durchdrungen, brauchen wir nicht zu
zagen, ob der neuerwachenden Kämpfe, die ja nothwendig sind, um
das Ziel der Einung zu erringen. Denn im Geiste der Liebe führen die
Kämpfe um Wahrheit nicht wieder, wie im Zeitalter der Reformazion,
zu blutigen Kriegen, die unser schönes Deutschland wüste legen, sondern zu einem höhern Frieden und einer höhern Versöhnung, worauß
nur Segen quillt.

Werfen wir zuerst einen raschen Blick auf die frühere Gestaltung
der Kirche in England. Die erste Verbindung des Germanenthums
mit dem Kristenthum fand besonders in England gedeihlichen Boden.
Die Angelsachsen nahmen gleich nach Vertreibung der Briten und zum
Theil schon vorher das Kristenthum an, welches denn auch bei ihnen
einen so offenen Sinn und eine so bereite Stätte fand, daß England
bald darauf der Mittelpunkt des kirchlichen Lebens und kristlicher Gesittung ward: von ihm gieng damals eine bedeutende Kirchenreformazion auf dem Festland auß, wo allenthalben Schwächung und Verwirrung herschten, und es sandte die glühendsten glaubenskühnsten Apostel,
wie den heiligen Bonifacius, zur Bekehrung der Deutschen in sein
Stammland zurück. Dieses Verhältnis änderte sich indessen allmählich,

seitdem der Kontinent zu einiger Ruhe und durch Karl den Großen endlich zu einer neuen festen politischen wie kirchlichen Gestaltung durchgedrungen war, das britische Eiland dagegen von den noch heidnischen
Dänen von Jahr zu Jahr furchtbarer heimgesucht ward. England sank
unter der heidnischen Herschaft in eine fast unglaubliche Barbarei zurück.
Alfred der Große, der nach langen Leiden und Entbehrungen endlich
das dänische Joch zerbrach und den dänischen Fürsten mit vielen seiner
Großen zur Taufe bewog, spricht bitter über die Unwissenheit und Versunkenheit der damaligen Engländer, in Folge der Regierungswirren
und der dänischen Verwüstungen: bei seiner Thronbesteigung, klagt er,
habe es in dem Lande, welches wenige Jahrhunderte vorher der Siz
gelehrter Bildung und kristlicher Missionen war, südlich der Themse
Niemand mehr gegeben, der auch nur im Stande gewesen, den lateinischen Gottesdienst außzulegen. Selber durch eine gelehrte Bildung
außgezeichnet, welche Alfred sich in seiner Jugend zu Rom erworben,
wirkte er daher eifrigst für Unterricht und Verbreitung von Kenntnissen,
und gieng darin allen ein Vorbild voran. Indessen scheint sich das alte
kirchliche Leben auß dem Verfall doch nur sehr langsam wieder erholt zu
haben, namentlich auch darum, weil die ursprünglich freiere Verfassung
der Kirche, welche, wie überall, auf Vertretungsformen beruhte, unter
den Stürmen und Gewaltthaten der heidnischen Herschaft untergegangen
war und sich an ihrerstatt jezt eine rein hierarchische Ordnung allmählich
festsezte. Die normännische Herschaft verschärfte diese Richtung noch
mehr. Dennoch hörten die Triebe freier religiöser Ueberzeugung und
kirchlicher Gestaltung in England nie auf gegen Ueberlieferung und
Priesterherschaft zu kämpfen, selbst dann nicht, als Rom es verstanden
hatte, seine geistliche Hierarchie mit der weltlichen des Feudalwesens
eng zu verweben, und die Normannen als enthusiastische kriegerische
Vorfechter desselben siegreich über den Kanal vorgedrungen waren. Die
reformatorischen Bewegungen in England unterscheiden sich von Anfang
an dadurch wesentlich von den deutschen, daß diese von unten, auß dem
Volke und mehr innerlich auß dem Glauben hervorgiengen, dort mehr
von der Staatsgewalt und der Form oder Verfassung wegen begonnen
wurden; außerdem waren sie in beiden Ländern bedingt durch die ungleiche Entwickelung ihrer gesamten Verfassungszustände. Dieses Verhältnis ist karakteristisch bis auf den heutigen Tag. Roms Herschaft
über Albion war bald genug auch den normännischen Königen lästig

geworden. Unter dem Eroberer Wilhelm I. stunden Adel und normännisch konstituirter Klerus, den König an der Spize, einem unterbrückten
schwierigen Volke gegenüber. Als nach des Eroberers Tode die Sieger
unter sich zerfielen, der Klerus unter Anselm von Canterbury sich mit
den gewaltthätigen Königen entzweite, erhub sich doch das angelsächsische Element noch so drohend, daß der Klerus die Rothwendigkeit
fühlte, des Königs Gewalt nicht zu schmälern. Bald aber wuste
Rom einen sächsischen Primas von England, Thomas Becket, vom
Volke gehoben, zu benüzen, um Heinrich II. die Herschaft über den
Klerus zu entziehen, die er durch die Konstituzion von Clarendon zu
firiren gedacht. Die Kreuzzüge schwächten die Macht der Aristokratie,
der dritte Stand stieg; doch da sich die Könige damals noch nicht auf
die Gemeinen zu stüzen verstunden, so erlagen sie dem Bündnisse Roms
mit der französischen Krone: England ward unter König Johann
ohne Land dem heiligen Stuhle lehens- und tributpflichtig. Durch Befreundung indessen mit dem dritten Stande, eigentlich dem sächsischen
Volke, welches die langen Kriege mit Frankreich den Normannen näher geführt hatten, vermochten auch die englischen Könige, wieder fester
gegen die römische Hierarchie aufzutreten; wie sie jezt erst wirklich englische Monarchen wurden, so ward der normännische Klerus mehr ein
nazional-englischer. Doch brandschazten päpstliche Legaten noch Volk
wie Klerus: die „Annaten", die Einkünfte des ersten Jahrs der hohen
geistlichen Würden, musten dem Papste entrichtet werden, der Peters-
groschen war jährlich von England zu zahlen, außerdem eine Lehens-
steuer an die Kurie (bis tief ins vierzehente Jahrhundert hinein), kurz
ungeheuere Summen wanderten nach Rom. Man fieng an — und
selbst geistliche Stimmen unterstüzten darin den König — sich dem Plün-
derungssystem Roms ernstlich zu widersezen, das die Pfründen ver-
kaufte, seine Gnaden verhandelte, das Recht verschacherte: eine Reform
der Kirche ward gefordert. John Whicliffe fand Unterstüzung bei
Krone und Parlament, im Volke und unter dem Adel; eine ungesezliche
Volksbewegung zu Gunsten der neuen Lehren ward jedoch unterbrückt.
Ein Antrag des durch die unrechtmäßige Thronbesteigung der Lancaster
mächtigen Hauses der Gemeinen, schon damals unter Heinrich IV.,
die geistlichen Güter einzuziehen und 15,000 besoldete Pfarrer anzustellen, zeigte der Geistlichkeit die Gefahr deutlicher als je; doch willfahrte der König dem Ansinnen nicht, die Reform gieng jezt nicht in

Erfüllung, um später nur mit größerer Willkür durchgeführt zu werden. Denn die Ereignisse der folgenden Zeit gaben der Krone ein blendendes Uebergewicht über die andern Staatsgewalten, der blutige dreißigjährige Bürgerkrieg zwischen der roten und weißen Rose hatte den hohen Adel zerrüttet, das Parlament zu einem Spielball der Parteien entwürdigt. Eine fast absolute Ministerial=Regierung mit parlamentarischen Formen war die Folge dieses Zustandes. Heinrich VII. beherschte das Parlament, besezte ungehindert die geistlichen Stellen und verlieh der von ihm eingerichteten und gänzlich abhängigen Sternkammer unter Anderm auch die Befugnis der Jurisdiktion über kirchliche Verbrechen. Heinrich VIII. trat im Jahr 1509 eine fast schrankenlose Gewalt an, das Parlament, zu einer bloßen Dekretivmaschine herabgesunken, leistete keinen Widerstand, ja selbst Steuern wurden ohne sein Zuthun eingeführt. Der hohe Klerus bestund zumeist schon auß königlichen Geschepfen; Heinrich VIII. brachte vollends den Papst dahin, daß er den allein von ihm abhängigen Günstling und Minister, Kardinal Wolsey, zu seinem lebenslänglichen Legaten für England ernannte, wodurch der König gewissermaßen selbst Repräsentant des heiligen Stuhles ward. Auß dieser Befriedigung seiner Herschsucht erklärt sich die anfängliche Erbitterung Heinrichs gegen Luther, die ihm durch eine päpstliche Bulle vom 11. Oktober 1521 den Ehrentitel eines Defensor fidei eintrug. Aber der gelehrte Heinrich war ein eitler, hochmüthiger und wollüstiger Mensch; ein Liebesverhältnis konnte ihn zum Unerwartetsten und Aeußersten bringen. Die ihm seit 1509 vermälte Katharina von Aragonien, die Wittwe seines vor dem Vater verstorbenen Bruders Arthur und Mutterschwester Kaiser Karls V., um einige Jahre älter als er, hatte seine Liebe verloren, als er im Jahr 1527 unter ihrem Hofstaate Anna Boleyn, die Mutter Elisabeths, kennen lernte. Anna war nicht bloß jung, schön, feingebildet, sondern auch tugendhaft, das steigerte Heinrichs Leidenschaft. Plözlich erwachten im Gewissen des Königs alle die alten Skrupel über die Gesezmäßigkeit seiner Ehe mit seines Bruders Wittwe, ungeachtet Papst Julius II. vor 24 Jahren seine Dispensazion ertheilt. Kardinal Wolsey begünstigte zuerst die Ehescheidung von Katharinen, in der Absicht, eine Verbindung zwischen Heinrich und der Schwester des Königs Franz I. von Frankreich herbeizuführen, erklärte sich jedoch dawider, als er erkannte, wie der König nur deshalb auf die Sache eingieng, um sich mit Anna Boleyn vermälen zu können; auch der Papst, durch seine politischen Verhältnisse zu Karl V. bestimmt, zögerte mit der Zulaßung derselben. Das führte 1529 die Ungnade und 1530 den völligen Sturz des Kardinals herbei. Auf den Rath Thomas Cranmers hatte der König von inländischen und außländischen Universitäten sowie von Geistlichen, Gutachten über seine Ehesache einholen laßen, die günstig für ihn außfielen. Gestüzt hierauf, eröffnete er nochmals Unterhandlungen mit dem Papste, der aber des Kaisers wegen auch jezt nicht nachgeben konnte. Nun machte der König ein früheres Gesez geltend, das Statut der Provisoren, welches das Verbot enthielt einen päpstlichen Legaten in England anzuerkennen. Demzufolge ward die Geistlichkeit, weil sie den Kardinal Wolsey als Legaten anerkannt, angeklagt. Um sich sicher zu stellen, schloß diese sich an den König, indem im Jahre 1531 der gesamte Klerus des Erzbisthums Canterbury erklärte, den König für das Oberhaubt der englischen Kirche ansehen zu wollen, doch jezt noch mit dem Vorbehalt, „wenn es sich mit den kristlichen Lehrsäzen vereinbaren laße." Ferner verbot der König im Jahre 1532 die Bezahlung der Annaten und anderer geistlichen Steuern an Rom. Nachdem eine Kirchenversammlung, unter Vorsize des neuen Erzbischofs von Canterbury Thomas Cranmer, 1533 seine Ehe mit Annen für rechtmäßig und gesezlich erfunden, erklärte sich der Papst 1534 definitiv gegen die Ehescheidung von Katharinen. Als diese Nachricht in England anlangte, begann das eben versammelte gehorsame Parlament sogleich die Macht des Papstes im Reiche abzuschaffen, erklärte im November desselben Jahrs den König für das Oberhaubt der englischen Kirche, verordnete den S u p r e m a t s e i d und sprach ihm das Untersuchungsrecht in Kirchenangelegenheiten zu. Auch der Klerus erkannte nun definitiv den König als sein Haubt an. So vollzog sich in England auf überleichte Weise ein A b f a l l aller konstituirten Gewalten von dem römischen Stuhle, ohne daß sie miteinander in Konflikt geriethen. Während aber in Deutschland zugleich die K i r c h e n v e r f a ß u n g von Grund auß umgestürzt und das D o g m a wesentlich verändert ward, blieb beides in England im Allgemeinen vorerst bestehn, auch die Weltgeistlichkeit meistentheils im Besize ihrer Güter. Nur die Klostergeistlichkeit, welche von der Verbindung mit Rom nicht laßen konnte noch wollte, ward seit 1536 aufgehoben und damit das Band, welches die kristlichen Länder am innigsten mit Rom verknüpft, aufgelöst. Die Klostergüter wurden eingezogen. Ueberhaubt übte. rom un-

parteiisch historischen Standpunkte kann es nicht geläugnet werden, die
Verlockung zu dem geistlichen Gute, die sich der Reformazion, sie irrelei=
tend, dämonisch anhieng, auf dem Eilande nicht minder schlimmen Ein=
fluß als auf dem Festlande. Wie man das Aergernis von katholischer
Seite ansieht, schildert lebhaft Görres. „Der Raubvogel in der Men=
schenbrust", sagt er, „sah von seiner Höhe herab die reiche Beute, und
stürzte sich darüber her. Das geistliche Recht war abgethan, und die Flam=
men hatten es gefreßen; so war das Weltliche allein zurückgeblieben,und
die Gewalt wuste zu ihrem Vortheil es außzulegen; die Schlüßel in den
Wapen geben Zeugnis, daß die Außlegerin sich der Schlüßelgewalt in
fremdem Gebiete bemeistert hatte. Die Verwickelung der höhern Dinge
mit der niedern Ordnung war unstatthaft befunden worden, und der Him=
mel in seine Grenzen eingewiesen. Da wurden die Träger des Entlaßenen
auf Erden erledigt, und in freudiger Hast drängten sich die Erben zu,
um von der Verlaßenschaft Besiz zu nehmen. Das Kirchengut, oft von
Eindringlingen misbraucht und den Armen entzogen, hatte doch so
viele Jahrhunderte, in Mitte der Habgier, der Misgunst und des Rei=
des, von frommer Scheu gehütet, sich unversehrt erhalten; jezt war der
seidene Faden um den Rosengarten zerrißen, noch zaghaft in der alten
Scheu, brachte Jeder sein Theil auf Seite. Nur Heinrich VIII. von
England hatte tapfer zugegriffen. In zwei Haufen hatte er den reichen
Schaz getheilt; auf den minderen hatte er den kleineren Besiz der är=
meren Orden gelegt, auf den größern den Mammon der reicheren Stif=
tungen; und da rächende Blize den Raub des Ersten nicht geahndet,
getrost zum Andern gegriffen, und binnen wenig Jahren ihn an seine
Hofleute verschleudert. Von da an haben die Prädikamente der Könige
von Gottes Gnaden allmählich von denen der Aeltern auß Gnade
der Natur im Blute sich geschieden und getrennt; eine Kluft aber war
durch den gesamten Welttheil gerißen, und die beiden Parteien stunden
an den Rändern des Abgrundes schlagfertig einander gegenüber."

Mit der innern Reformazion gieng es langsam. Im Jahre 1539
erlaubte zwar eine Parlamentsakte den Gebildeten das Lesen einer neuen
deutlichen Bibelübersezung, doch enthielten die im selben Jahr abgefaß=
ten 6 Artikel gutrömische Glaubenssäze über Transsubstanziazion, Kom=
munion unter einer Gestalt, Priesterzölibat, Mönchsgelübde, Stillmes=
sen und Ohrenbeichte. Die Abweichung davon war bei Todesstrafe un=
tersagt, wie denn Heinrich VIII. überhaupt mit blutiger Grausamkeit

nicht nur die Papisten verfolgte, sondern auch alle, die nicht glaubten und dachten wie er gebot. So fielen Thomas Morus, so Robert Barns. Cranmer und seine Partei konnten nur unter der Hand die Ausübung des Glaubenszwanges mäßigen. Heinrichs Tod (1547) überließ den Thron dem neunjährigen Eduard VI., und die Regierung einer Regentschaft. Beide waren der alten Kirchenlehre abgeneigt, und nun wurden unter Cranmers besonnener Leitung, im Ganzen mit Duldsamkeit gegen Andersdenkende, ein Reihe „Verbeßerungen" eingeführt, die 6 Artikel abgeschafft, das Abendmal unter beiderlei Gestalt gegeben, die Priesterehe für erlaubt erklärt, die Fasten eingeschränkt, und dies alles vom Parlament bestätigt. Unterstüzt von ausgezeichneten fremden Theologen, die nach Cambridge und Orford berufen waren, wie Martin Bucer, Paul Fagius, Bernard Occhino, der Pole Joh. v. Lasco, konnten Cranmer und die gleichgesinnten Bischöffe Ridley und Latimer im Jahr 1552 auf der Synode des ganzen englischen Klerus zu London ein in 42 Artikeln abgefaßtes reformirtes System durchsezen und vom Parlamente bestätigen laßen. Der frühzeitige Tod des jungen Königs am 6. Julius 1553 unterbrach jedoch das kaum begonnene Reformazionswerk. Die „blutige" Maria, Katharinens Tochter, erzogen im römisch-katholischen Glauben, erbittert durch Entbehrungen und Kränkungen, die sie erduldet, bestieg den Thron, nach dem kurzen Zwischenspiel der unglücklichen Johanna Grey. Ihre Vermälung mit Filippen von Spanien (1554) trug nicht wenig dazu bei, sie zu bestärken in ihrem Vorhaben, England wieder zum Gehorsam gegen den römischen Stuhl zu bringen. Noch war eine starke römische Partei im Lande; das elende Parlament, jezt der Mehrheit nach römisch, hub die unter den beiden vorigen Regierungen gegebenen und gegen die Autorität des heiligen Stuhles gerichteten Geseze wieder auf. England trat wieder in Verbindung mit Rom. Als jedoch gegen den Rath des besonnenen Kardinals Reginald Pole, der mit den Bischöffen Gardiner und Boner die Seele der Reakzion bildete, der Papst Wiederherausgabe des eingezogenen und veräußerten Kirchenguts forderte, konnte sich das Parlament, obschon gut papistisch, zu einer neuen gefährlichen Verlezung des Eigenthums nicht verstehn. Dies ermuthigte die Protestanten, sich wieder zu erheben. Da aber begann eine systematisch grausame Verfolgung: Cranmer, Ridley, Latimer und viele Andere fielen als Opfer des königlichen Fanatismus, Viele flüchteten auf das

Festland. Zum Glück hörte die Verfolgung mit dem baldigen Tode der Königin im Jahr 1558 auf. Die neue Monarchin Elisabeth schien Anfangs zu schwanken, doch als der Papst sie, als auß der unrechtmäßigen Ehe Heinrichs VIII. mit Anna Boleyn entsproßen, für illegitim erklärte, übrigte ihr nichts, als sich der protestantischen Partei, von der sie als rechtmäßige Herscherin anerkannt ward, in die Arme zu werfen.

Hier muß ich nun der beiden großen Strömungen gedenken, welche sich in der Reformazion vorzüglich unterscheiden laßen, der Lutherischen und Zwingli-Calvinischen. Bekanntlich entschied die leztere sich durchauß für die Formen der Kirchenvertretung durch Presbyterien und Synoden, analog einer republikanischen Verfaßung mit gemeindlicher Grundlage. Auch Luther war für dieselbe, insofern er in der Urkirche, wo die Vertretung von der Gemeinde bis zur allgemeinen Kirchenversammlung galt, das Urbild sah, auf Kirchenversammlungen sich berief und die Rechte der Gemeinde zurückforderte, von der er sogar alle Kirchengewalt ableitete. Luther wollte die weltliche Staatsgewalt so wenig über die Kirche sezen, daß er sich vielmehr rühmt, der unheilvollen Vermischung geistlicher und weltlicher Gewalt gewehrt zu haben; gerade auf der Unterscheidung dieser Gebiete beruht mit das wichtige praktische Ergebnis der Reformazion. Dennoch ward das Territorialsystem, zu dem Anfangs die Noth hinführte, der Lutherischen Kirche wie ein Krebsschaden verderblich. Aehnliches gilt von der englischen Kirche, obgleich dieselbe in mancher Hinsicht eine eigenthümliche Richtung annahm, entsprechend der ganzen Stellung des Eilandes. In der Lehre Anfangs am meisten römisch-orthodor, erfuhr sie später in dieser Hinsicht mehr Calvinische als Lutherische Einflüße. Besonders hatten die vor der Königin Maria Geflüchteten die Calvinische Richtung der Reformazion auf dem Festlande liebgewonnen, sie mit nach England gebracht und verbreitet; mit der Vorliebe für den Schweizer, von allen katholischen Gebräuchen befreiten Gottesdienst vereinten sie die Hinneigung zu der auf demokratischer Grundlage ruhenden Genfer Kirchenverfaßung. Von da an machen sich diese Calvinischen Einflüße in der gesamten protestantischen Kirche des Inselreichs bemerkbar, doch zumal in den Sekten, da sie den englischen Kronrechten bald ebenso gefährlich schienen wie die Katholiken. Gegen beide war daher die Wiedereinführung des Suprematseides gerichtet, und im Gegensaze zu ihnen ward jezt eigentlich erst die anglikanische bischöfliche Kirche völlig konsti-

tuirt: natürlich daß dieser daher von Beginn an der ge-
doppelte Gegensaz nach den beiden entgegengesezten
Seiten des hierarchischen Romanismus und der gemeindlichen Autorität durch Vertretung anhaftet. Das
von 42 auf 39 Artikel zusammengedrängte, haubtsächlich nur in der
Abendmalslehre Calvinisch — zur Einung aller Protestanten in diesem
Punkte — veränderte Glaubensbekenntnis, sowie die schon von Cranmer entworfenen, jezt gleichfalls etwas umgeänderten Formulare der
Gebete und des Ritus wurden im Jahre 1562 durch die Uniformi-
tätsakte, und 1563 durch eine zu London gehaltene Synode festgestellt, 1571 durch eine Parlamentsakte sankzionirt und zu einem Theile
der Reichsverfaßung erhoben. Auf diesen wichtigen 39 Artikeln, gegen
welche es übrigens zu keiner Zeit an Widerstand fehlte, beruhte fortan
die innere Lehre und Gestaltung der englischen Staatskirche: umgestürzt von dem unwiderstehlichen Feuereifer der Puritaner, unter Anführung des hochgesinnten Cromwell, wieder hergestellt, aufs neue erschüttert unter den lezten Stuarten, hat sie sich dann rasch erholt und nun
schon über zwei Jahrhunderte sich jene Elisabethischen Artikel als
Glaubensnorm erhalten.

Dieselben handeln: 1) „von dem Glauben an die heilige Dreieinigkeit"; 2) „von dem Worte, oder dem Sohne Gottes, welcher
wahrer Mensch geworden ist"; 3) und 4) von „Kristi Niederfahrt zur
Hölle" und „seiner Auferstehung"; 5) „von dem heiligen Geiste";
6) „von der Hinlänglichkeit der heiligen Schrift zur Seligkeit";
7) „von dem Alten Testamente" (das dem Neuen nicht zuwider ist);
8) „von den drei Glaubensbekenntnissen" („das Nikänische, das Atha-
nasische und das gewöhnlich sogenannte Apostolische hat man ihrem
ganzen Inhalte nach anzunehmen und zu glauben, denn sie können durch
die sichersten Zeugnisse der heiligen Schrift bewiesen werden"); 9) „von
der Erbsünde"; 10) „von dem freien Willen"; 11) „von des Menschen Rechtfertigung" (nur wegen des Verdienstes Jesu Kristi durch
den Glauben allein, nicht um unsrer Werke und Verdienste willen; es ist das allen protestantischen Kirchen gemeinsame Bekenntnis);
12) „von den guten Werken" (entspringen nothwendig auß dem wahren und lebendigen Glauben); 13) „von den Werken vor der Rechtfertigung"; 14) „von den überpflichtigen Werken" („es ist gottlos zu
behaubten, wie die römische Lehre, daß es deren gebe, da Kristus lehrt,

16*

wenn ihr Alles gethan habt was euch befohlen, so sprechet: Wir sind unnüze Knechte.") ; 15) „von Krist, welcher allein ohne Sünde"; 16) „von der Sünde nach der Taufe"; 17) „von der Vorherbestim= mung und Gnadenwahl" (Calvinisch: „Vorherbestimmung zum Leben ist der ewige Vorsaz Gottes, nach welchem er, ehe der Welt Grund ge= legt worden, nach seinem uns freilich verborgenen Rathschluße, fest be= stimmt hat diejenigen, welche er in Kristo auß dem Menschengeschlecht erwählt hat, von dem Fluche und dem Verderben zu befreien, und als Gefäße der Ehre durch Kristum zum ewigen Heile zu führen." — „Wie süß, lieblich und voll unaußsprechlichen Trostes die fromme Be= trachtung unserer Vorherbestimmung und Erwählung in Christo für die wahrhaft Frommen ist, und für diejenigen, welche in sich die Kraft des Geistes Kristi spüren — —; so ist für die vorwizigen, fleischlich gesinnten und von Kristi Geist verlaßenen Menschen, das fortwäh= rende Verweilen ihrer Augen bei dem Saze von der Vorherbestimmung Gottes eine höchst gefährliche Klippe, von welcher sie der Teufel hinab= stürzt zur Verzweiflung, oder zu einer ebenso verderblichen Sorglosigkeit wegen eines ganz unreinen Lebens".) 18) „von der durch den Namen Kristi zu erwartenden ewigen Seligkeit"; 19) und 20) „von der Kirche und ihrer Macht" (sie hat das Recht, Gebräuche oder Feierlich= keiten festzustellen, und die Entscheidung über Glaubensstreitigkeiten; doch darf sie nichts anordnen, was dem geschriebenen Worte Gottes widerstreitet, und keine einzige Stelle der Schrift so außlegen, daß sie einer andern widerspricht); 21) „von der Gewalt allgemeiner Kirchen= versammlungen" (sie können irren und haben auch zuweilen geirrt, „selbst in Dingen welche Gott angehn"; ihre Feststellungen haben we= der Kraft noch Gültigkeit, wenn nicht gezeigt werden kann, daß es auß der heiligen Schrift entnommen); 22) „von dem Fegefeuer" (die römi= sche Lehre hiervon, sowie vom Ablaß, der Verehrung und Anbetung (?) sowol der Bilder als der Reliquien, auch von der Anrufung der Hei= ligen ist „wertlos und eitle Menschendichtung", dem Worte Gottes zuwider); 23) „vom geistlichen Amt in der Kirche" (außzüüben nur von denen, welchen in der Gemeinde öffentliche gesezliche Vollmacht da= zu verliehen); 24) „von dem Gebrauche nur einer dem Volke verständ= lichen Sprache in der gottesdienstlichen Versammlung"; 25) „von den Sakramenten" (Taufe und Abendmal; die fünf übrigen römischen, Firmelung, Ohrenbeichte, Priesterweihe, Ehe und lezte Oelung

sind nicht für evangelische Sakramente zu halten); 26) „die Unwürdig-
keit der Geistlichen hebt die Kraft der göttlichen Einsezungen (bei
Anhörung des göttlichen Worts wie beim Empfang der Sakramente)
nicht auf"; 27) „von der Taufe" (Kindertaufe; der Ritus ist sehr
feierlich); 28) „von dem Abendmale des Herrn" („das Sakrament
unsrer Erlösung durch den Tod Kristi." „Und daher ist für diejenigen
welche es auf die gehörige Weise würdig und im Glauben empfangen,
das Brod, das wir brechen, die Gemeinschaft des Leibes Kristi, inglei-
chen der gesegnete Kelch ist die Gemeinschaft des Blutes Kristi. Die
Verwandlung (Transubstantiatio) des Brodes und Weines im heiligen
Abendmale kann aus der heiligen Schrift nicht erwiesen werden, sondern ist den klaren Worten der Schrift zuwider, verkehrt die Natur eines
Sakraments und hat zu vielem Aberglauben Anlaß gegeben. Kristi
Leib wird im heiligen Abendmale gegeben, empfangen und genoßen nur
auf eine himmlische und geistige Weise, das Mittel aber,
durch welches der Leib Kristi im Abendmal empfangen
und genoßen wird, ist der Glaube. Das Sakrament des heiligen Abendmals ward nicht, der Einsezung Kristi gemäß, aufbewahrt,
umhergetragen, in die Höhe gehoben und angebetet." Hier liegt offenbar der volle Nachdruck auf dem Gegensaz zu der römischen Lehre von
der Transubstantiatio panis et vini in Eucharistia, sowie auf dem
Glauben des Genießenden. Der Abendmalsritus ist feierlich, Jeder
empfängt knieend Brod und Wein); 29) „von dem Genuß des Leibes
Kristi, und daß die Gottlosen ihn nicht genießen" („sondern sie eßen
und trinken vielmehr das Sakrament oder Zeichen einer so großen Sache
sich selber zum Gerichte"); 30) „von beiderlei Gestalt"; 31) „von
dem einzigen (einmaligen) Opfer Kristi, am Kreuze dargebracht" (daher die Meßopfer „gotteslästerliche Erdichtungen", insofern der Priester durch sie Kristum opfern soll zur Erlaßung der Schuld für die Lebendigen und die Todten); 32) „von der Priesterehe" (frei); 33)
„von der Vermeidung der Erkommunizirten"; 34) „von den kirchlichen
Ueberlieferungen" („jede besondere oder Nazionalkirche hat die Macht,
Kirchengebräuche einzusezen, zu verändern oder abzuschaffen, welche nur
durch menschliche Autorität eingesezt sind, nur muß Alles zur Erbauung
geschehen"); 35) „von den Homilien"; 36) „von der Weihe der
Bischöffe und Priester"; 37) „von der weltlichen Obrigkeit" („Wenn
wir des Königs Majestät die oberste Regierungsgewalt zuerkennen, so

geben wir doch unfern Königen nicht das Amt, Gottes Wort zu predigen oder die Verwaltung der Sakramente, sondern nur das Vorrecht, welches in der heiligen Schrift von Gott allen frommen Fürsten immer ertheilt worden ist, d. h. daß sie alle von Gott ihrem Schuze anvertrauten Stände und Klassen, mögen sie geistlich oder weltlich sein, in ihrer Pflicht erhalten, und die Widerspänstigen und Uebelthäter mit dem weltlichen Schwerte in Schranken halten. Der römische Papst hat keine Gerichtsbarkeit in diesem Königreiche England"); 38) von der unerlaubten Gütergemeinschaft" (die Güter der Kristen sind nicht gemeinschaftlich in Hinsicht auf Recht und Besiz, wie gewisse Wiedertäufer vorgeben, doch soll Jeder von dem, was er besizt, verhältnismäßig den Armen Almosen reichen); 39) „vom Eide"; 40) „Bestätigung der Artikel".

In Betreff der Kirchenverfaßung ist dieselbe nirgends so eng mit der Staatsverfaßung verwoben als gerade in England. Auch dort gehn beide im Sinne des Feudalwesens auf das Königthum als ihre Quelle zurück. Die religiösen Stürme des siebenzehnten Jahrhunderts überwehten sogleich auch das politische Gebiet, Kirchen - und Staatsverfaßung wurden zusamt erschüttert, fielen mit dem Königthum und stunden mit ihm wieder auf. So wie alle weltliche Macht, jedes weltliche Recht als ursprünglich von der Krone ausgehend gedacht wird, so ruht in derselben auch gleicher Weise die höchste geistliche Gewalt. Der König, als solcher des Reiches oberster Bischof, hat den Zehenten und die Erstlinge von allen Kirchengütern; ist oberster Richter aller geistlichen Personen, als auch Patron Paramount über alle geistlichen Benefizien, welche daher ihm verfallen sind, wenn der ordentliche Patron die gehörige Zeit der Präsentazion versäumt. Er hat die Macht, gewisse Personen zu Bischöffen, Dekanen und andern hohen Kirchenwürden zu ernennen, Provinzial = und Nazionalsynoden einzuberufen, diejenigen zu begnadigen, welche die Kirchenordnung verlezt haben, die Kirchengeseze und Zeremonien zu ändern und abzuschaffen; jedoch darf er bei dem allem nicht die Grundgeseze des Reichs verlezen. Auch ist er befugt, Bisthümer zu errichten, oder mit andern zu verschmelzen, oder ihre Grenzen zu ändern; ja, er kann sogar als höchster Seelenhirt einige geistliche Funkzionen verrichten, z. B. das Volk segnen, Kirchen einweihen und dergleichen, jedoch nicht predigen, das Sakrament außtheilen, das Amt der Schlüßel verwalten.

In der protestantisch=anglikanischen Kirche gibt es, als unterscheidendes Merkmal, drei Grade der Geistlichkeit, Bischöffe, Priester und Diakonen.*) England ist in zwei geistliche Provinzen getheilt,

---

*) Eine bedeutungsvolle Eigenthümlichkeit. Die Reformazion in Deutschland und der Schweiz verwarf, als einen wesentlichen Grundsaz der römischen Hierarchie, das Dogma von der „Succession der Bischöffe, wonach die rechte Kirche nur diejenige ist, deren Bischöffe als Träger des in der Kirche waltenden heiligen Geistes durch ununterbrochene Folge von den Aposteln und von Kristus selbst herstammen. Die Bischöffe, ihren Primas an der Spize, repräsentiren vereint die wahre Kirche und sind in Glaubenssachen unfehlbar. In ihrer besondern Eigenschaft als Vermittler des heiligen, die Kirche leitenden Geistes haben sie die außschließliche Verwaltung zweier katholischen Sakramente, der Ordinazion und der Firmelung, vor den andern Geistlichen der Kirche voraus. Dies Dogma vertrug sich nicht mit der protestantischen Lehre von der richtigen Verwaltung der Sakramente, nämlich des Abendmals und der Taufe, und von dem allgemeinen Priesterthum der Gemeine, welches den wesentlichen Unterschied des Standes der Priester vom Stande der übrigen Kristen und noch viel mehr den Unterschied der Geistlichen untereinander aufhub. Daher blieb auch die Ordinazion kein Privilegium des Bischofs, und die Konfirmazion, die an Stelle der katholischen Firmelung getreten, wird von allen Geistlichen mit gleicher Autorität verrichtet. Nur die englische Hochkirche führt eben deshalb den Namen der bischöflichen, weil sie durch die Anerkennung einer höhern Autorität der Bischöffe einen hervorstechenden Unterschied vor allen andern protestantischen Kirchen besizt, indem sie allein für ihre Bischöffe sowol die Nothwendigkeit einer besondern Ordinazion als auch die außschließliche Ausübung der Ordinazion und der Konfirmazion festgehalten hat. In dieser Hinsicht unterscheidet sie sich bloß dadurch von der römischen Kirche (die Elisabethischen Artikel enthalten, sehr bezeichnend, nichts über die Verschiedenheit des episkopalen Karakters in der englischen und in der römischen Kirche), daß die beiden außschließlichen Aemter des Bischofs in ihr, wie in allen protestantischen Kirchen, den Karakter des Sakraments verloren haben. Bei dem Streite übrigens darüber, ob die anglikanische Kirche diese Eigenthümlichkeit lediglich als eine Sache der Verfassung betrachte, oder ob sie daran den Karakter und die Bedingung der wahren Kirche knüpfe, möchte ich der erstern Ansicht beitreten, überhaupt ihren strengen, fast katholischen Erklusivismus lediglich ihrer Verfassung zuschreiben. Gerade die Erscheinung des Puseyismus, der sich am Ende wie der Methodismus von der Kirche abschälen muß, beweist, daß die Lehre der englischen Kirche, ob zwar auf protestantischem Boden beruhend, doch die altgewurzelte Verfassung derselben nicht hat geistig durchdringen und vom Ueberkommenen befreien können, weil die Wucht der bestehenden Interessen dawider wirkte. Weislich stüzt sich der Puseyismus weniger auf die 39 Glaubenssäze, die von manchen seiner wesentlichen Lehren nichts enthalten, als auf den Geist der altenglischen Kirchenverfassung. Uebrigens bin ich weit entfernt, es zu billigen, daß die deutschen Geistlichen, die im neuen protestantischen Bisthum Jerusalem deutschen Gemeinen vorstehn sollen, vertragsmäßig erst durch den englischen Bischof in Jerusalem, nach vorheriger Verpflichtung auf die drei uralten ökumenischen Glaubenssymbole, welche gemeinsame Bestandtheile der katholischen und protestantischen Bekenntnisse sind, ihre Ordinazion

das **Erzbisthum Canterbury** und das **Erzbisthum York**. Beide Erzbischöffe stehn zwar unmittelbar unter dem Könige, jedoch geht der von Canterbury dem von York im Range vor, hat in vielen Dingen Gehorsam von ihm zu fordern; er bekleidet die höchste geistliche Würde nach dem Könige, ist Primas und erster Pair des Königreichs, im Range gleich nach der königlichen Familie. (Seitens der Krone erhält der Erzbischof von Canterbury den Titel „von Gottes Gnaden ꝛc.", doch schreibt er sich selbst nur „durch Gottes Fürsehung ꝛc."; er wird mit „Euer Gnaden" angeredet, oder „Hochwürdigster Vater in Gott.") Er krönt den König, konsekrirt die Bischöffe seiner Diözese, jedoch mit Assistenz zweier andern Bischöffe, sezt den schwächlich gewordenen Bischöffen Koadjutoren an die Seite, und beruft auf Befehl des Königs die Provinzialsynode, bei welcher er Moderator ist und das lezte Suffragium hat. Er visitirt die ganze Provinz. Bei Erledigung eines Bisthums sezt er demselben einen Stellvertreter vor, den Guardian of the Spiritualities; auch hat er Macht, verschiedene Gerichte in Kirchensachen zu halten. Er residirt im Palast Lambeth zu London. Der Erzbischof von York übt in seiner Provinz alle gleichen Rechte; auch hat er die Pfalzgrafschaft (peinliche Gerichtsbarkeit) über Heramshire in Northumberland; jedoch muß er den kanonischen Verfügungen des Primas Folge leisten. Unter beiden Prälaten stehn sämtliche 25 Bischöffe von England, die gleichfalls (den Bischof von Sodor und Man außgenommen) Siz und Stimme im Oberhause haben, also auch als Pairs mit dem Staate eng verbunden sind. Der Bischof hat die Aufsicht und oberste Verwaltung in seinem Sprengel, ordinirt die Presbyter und Diakonen, verrichtet die Firmelung und hält jährlich dreimal Kirchenvisitazion; auch haben die Bischöffe, wie der König und die Erzbischöffe, die Macht ihre Autorität auf Andere, z. B. den Suffraganbischof, ihren Kanzler ꝛc. zu übertragen. Als Reichspeers können sie nur von dem Hause der Lords gerichtet werden. Zu der Provinz des Erzbischofs von Canterbury gehören außer dem erzbischöflichen Sprengel noch 21 Bisthümer, zu der von York außer dem erzbischöflichen Sprengel noch 4 Bisthümer. Unter den Bischöffen stehn die Präbenda-

---

erhalten; und daß dem Bischof außschließlich auch in den deutschen Gemeinen die Konfirmazion vorbehalten ist. Darin liegt offenbar eine faule Anbequemung des deutschen Protestantismus an eine Forderung der anglikanischen Kirche, im Widerspruch mit seiner eigenen Lehre.

rien oder Kanonici der Dom= und Kollegiatkirchen, denen ein Dekan (Dean) vorsteht; sie bilden Kollegien bei der Domkirche und haben dem Bischoffe hilfreiche Hand zu leisten. Dekane sind in England nur 26, Kanonici über 500; auf jene folgen die 60 Archidiakonen, welche die Kirche zu visitiren, Misbräuche ꝛc. abzustellen und auf Befehl des Bischofs die Priester (Clerks) einzusezen haben. Auf die Archidiakonen folgen die Rural=Deans; diesen die Rektoren, die eigentlichen Inhaber der Kirchspiele. Wo der Rektor ein Laie, sendet er an seinerstatt einen Geistlichen als seinen Vikar in sein Kirchspiel. Ein Rektor sowol als ein Vikar kann mehrere Kirchspiele zu besorgen haben; der Vikare Stellvertreter sind die Kurates, jene werden von ihren Rektoren, diese von ihren Vikaren besoldet. Das Amt des Priesters ist wesentlich die Sorge für das Seelenheil seiner Pfarrkinder, das Wort Gottes zu lehren, die Sakramente zu verwalten, die Ehe einzusegnen, zu predigen. Zulezt folgen die Diakonen, denen zum Theil die Armenpflege obliegt (die neue Armengesezgebung hat ihr Amt in dieser Hinsicht sehr beschränkt), die jedoch auch taufen, Betstunden halten, dem Priester bei der Abendmalfeier helfen, dabei jedoch nur den Kelch reichen dürfen. Um Diakon zu werden, ist ein Alter von 23, zum Priester von 25, zur Würde eines Bischoffs von 30 Jahren erforderlich. Die niedern Kirchenämter werden von den Churchwarders versehen, denen die Sidesmen (Synodsmen) zur Seite stehn; sie haben mit auf den Lebenswandel der Pfarrkinder zu achten und für die Entrichtung der Einkünfte zu sorgen. — Der König beruft durch Edikt an die beiden Erzbischöfe die Nazionalsynode. Jeder von diesen beruft darauf seine Geistlichkeit zu einer besondern Provinzialsynode oder „Convocation", welche sich in ein Oberhaus und ein Unterhaus theilt. Jenes besteht auß den Bischöffen, unter Vorsize des Erzbischofs; dieses auß den Dekanen, Archidiakonen, je einem Proktor für jedes Kapitel, und je zwei Proktoren für die übrige Geistlichkeit jedes Bisthums. Das Oberhaus wählt sich einen Bischof zum Prokolutor, das Unterhaus einen Sprecher; der Erzbischof bestätigt die Wahl. Die „Convocation" darf nur über solche Angelegenheiten verhandeln und entscheiden, welche von der Krone vorgelegt sind, der also die Inizative zusteht. Die Sache kömt zuerst vor das Oberhaus der Synode. Die Mehrheit entscheidet. Beide Erzbischöfe halten die „Convocation" gleichzeitig, und stehn in beständigem Briefwechsel über die nämlichen Angelegenheiten, so daß Bera=

thung und Entscheidung gewissermaßen gemeinsam sind. — Des Erz=
bischoffs höchstes geistliches Gericht ist the Court of Arches, an wel=
chen alle Berufungen in geistlichen Sachen gehn. In dem erzbischöfli=
chen Prerogative Court werden Testamentssachen verhandelt. Ein
dritter Hof, the Court of the Peculiars, besteht für die von der bischöf=
lichen Jurisdikzion exzimirten Pfarreien. Von den Gerichten des Erz=
bischoffs findet Berufung an den König statt. Auch jeder Bischof hat
ein Gericht, the Consistory Court; jeder Dekan und Archidiakon hat
ebenso ein Gericht über die zu seiner Fürsorge gehörigen Angelegenhei=
ten. Vor die geistlichen Gerichte gehören außer Gottesläßterung, Ke=
zerei, Abfall vom Kristenthum, Simonie ꝛc. auch Vormundschaft, Ehe=
sachen, Ehebruch, Unzucht, Blutschande ꝛc. Die Kirchengeseze aber
sind die in den allgemeinen Konzilien aufgestellten Kanones, Dekrete
einiger römischen Bischöffe und andere, welche in England gelten, so=
weit sie den Reichsgesezen und den Rechten der Krone nicht zuwider
sind; vorzüglich aber die nach der Reformazion in den englischen „Con=
vocationes‟ aufgestellten Kanones, auch einige Parlamentsstatuten,
endlich das Gewohnheitsrecht. Reicht das alles nicht auß, so wird zum
Gemeinen Recht Zuflucht genommen. Strafen sind die Excommunica=
tio minor und major (beharrt der Uebelthäter 40 Tage, ohne die Ver=
söhnung der Kirche zu suchen, so ergeht wider ihn ein königlicher Ver=
haftsbefehl), dann das Anathem und das Interdikt; auch findet die
Kirchenbuße seltene Anwendung. Strafen für Geistliche sind Suspen=
sion vom Dienste, von der Pfründe, endlich Entziehung der Pfründe
oder Absezung, wodurch der Straffällige in die Hände der weltlichen
Gerechtigkeit fällt. Bei den geistlichen Gerichtshöfen bestehn übrigens
Tausende von Misbräuchen; sie bedürfen dringend der Umgestaltung,
die freilich Tausenden, die von jenen leben, wehthun wird.

Man sieht, bei manchen Eigenthümlichkeiten hat die anglikanische
Kirche zugleich einen Calvinisch=reformirten Kern der Lehre und eine
monarchisch=hierarchische Form der Verfassung. Hierin keimen Wider=
sprüche, die sich im kirchlichen Leben Englands spiegeln und sich er=
klären lassen auß der Unfreiheit, womit behaftet die Reformazion dort
in die Erscheinung trat. Wird das Recht ständischer Mitwirkung auf
dem Gebiete des Staats zugestanden, so kann ein ähnliches auf dem der
Kirche, deren Glieder als Kristen gleich und ohne Vorrechte sind, nicht
ohne die grösten Nachtheile versagt werden. In England brachte es die

Kirche jedoch, neben der freien politischen Verfassung, zu keiner organischen Vertretung der Gemeinen; denn das bischöfliche Ober- und
Unterhaus mit der königlichen Iniziative ist eitel Blendwerk. Gerade
aber die Vertretung der Gemeinen wäre das wirksamste Gegenmittel
gewesen gegen Zersplitterung in Sekten; denn diese bilden sich, wenn
in der Kirche, bei einem tüchtigen religiösen Boden im Volke, der
Kreislauf des Lebens gehemmt wird, ein Druck von irgendwelcher
Seite religiösen Gefühlen das Recht der Aeußerung, religiösen Bedürfnissen die Befriedigung versagt. Hierin allein liegt der Grund der
vielen Sekten Englands. Kam es in Deutschland ob der Zersplitterung
der bischöflichen Territorialhoheit der Fürsten, (zwar spricht auch die
englische Staatskirche den Supremat des Königs auß, aber dieser war
ein einiger für das ganze Land, etwa wie wenn in Deutschland nur
ein protestantischer Kaiser ihn geübt, und nicht jeder Landesfürst, katholische wie protestantische; die bischöfliche Territorialhoheit der deutschen
Fürsten war ein Raub nicht bloß an der Kirche, sondern
auch am Reiche) und der subjektiven Neigungen zu gar keiner allgemeinen kirchlichen Vertretung, ward das kirchliche Band bei uns
ebenso lose, ja noch lockerer als das staatliche, so hielten die Formen
derselben, die Reformazion überhaupt, in England nicht Schritt mit
denen der politischen, und hierauß entsprang Abfall auf der einen Seite,
Druck auf der andern. Die Stellung der herschenden bischöflichen
Staatskirche zu den neben ihr bestehenden protestantischen und katholischen Kirchengemeinschaften, die man wol unter dem Namen „Sekten"
ohne verächtliche Nebenbedeutung zusammenfaßt, ist in den drei Königreichen sehr verschieden. In England, dem Haubttheil der Monarchie,
ist sie als Landeskirche zugleich in überwiegender Mehrheit vorhanden —
⁴/₅ der Bevölkerung gehören dort der anglikanischen Kirche an — und
die von ihr Dissentirenden sind in mehrere Kirchenparteien zersplittert.
Dagegen ist sie in Schottland nicht nur sehr in der Minderheit, sondern
dort wird sie auch als Sekte angesehen und steht einer mehr im Cal-
vinisch-reformirten Geiste organisirten Landeskirche, der presbyterischen gegenüber; diese ist freier und vom Staate selbständiger
(daher in Betreff ihrer Verfassung, die in Presbyterien und Synoden
besteht, für die protestantische Kirche Deutschlands als Muster schon
mehr empfehlenswert als die anglikanische), ohne Hierarchie, und hat
in neuester Zeit zwar einen großen Spalt erhalten, aber bei allen innern

Kämpfen keine eigentlichen Sekten erzeugt. In Irland endlich ist die anglikanische Kirche, obwol in schwacher Minderheit, unbilliger Weise herschende Staatskirche der katholischen gegenüber.

Daß die bischöfliche Kirche mit jener mystischen Zahl von 39 Glaubenssäzen im Ganzen einer großen Spannung nicht fähig ist, geht eben schon darauß hervor, daß sich immer lebendige Kräfte, ja die lebendigsten, von ihr getrennt und zu besondern Kirchengemeinschaften gebildet haben. Doch hat es auch innerhalb ihrer, stäts verschiedene Parteien gegeben, die ihres Unterschieds sich bewust waren und desselben nicht hehl hatten. Den Außgangspunkt dieser Zwiste bildete fast immer die Verschiedenheit der Ansichten über die Verfaßung nicht über die Lehre. Das ist ein bezeichnender Unterschied zwischen englischem und deutschem Protestantismus, daß die Kämpfe des erstern sich wesentlich auf die Vertretung und Verfaßung, die Kämpfe des leztern bis auf die jüngste Zeit, wo sich gleichfalls ein bedeutungsvoller Umschwung kund thut, sich größtentheils auf die Lehre, den Begriff und das Dogma beziehen. Ueberhaubt spiegelt sich der Gesamtzustand beider Länder wieder in ihren kirchlichen Zuständen ab: Deutschland nach seiner politischen Schwächung durch die Religionskriege mehr abstrakt und wissenschaftlich, ist es auch auf dem religiösen Gebiete; in England, wo ein mächtigeres Staatsleben, bringt dieses auch in die Kirche. England mit einiger Staatsverfaßung, bewahrte auch eine Staatskirche mit bestimmtem Organismus; neben derselben bildeten sich eine Menge Sekten auß, eben weil jene es nicht zu einer, alle kirchlichen Bedürfnisse befriedigenden Vertretung brachte und die von der Staatsgewalt geleitete Reformazion, wie wenn sie sich das große Werk leicht machen wollte, in der Lehre zu früh und gewaltsam abschloß. In dem zersplitterten Deutschland mit seinen vielen Territorialherren kam die protestantische Kirche zu keinem Organismus, sie bestund als solche kraft Friedensschlüßen und Reichsabschieden und suchte sich so in ihrer Zerflossenheit zu begreifen; zu gleichförmigen Gestaltungen aber, zu einer festen Gliederung brachte sie es nicht. Dagegen warf sie sich mit aller Macht auf die Lehre und die Entwickelung der Theologie, und in dieser Hinsicht hat sie am meisten geleistet und den Ruhm davon getragen. Innerlich, wissenschaftlich steht der deutsche Protestantismus frischer und gewaltiger da als irgend ein anderer, und da seine geistige Rüstigkeit auch mit ergreifend auf den noch unvermittelten Gegensaz, die katholische Kirche, rückwirken muste, so hat auch diese in Deutschland mehr innere Frische und geistiges Leben als sonstwo. Ultramontane Deutsche erscheinen Rom oft noch gefährlich. Zu einer eigentlichen herschenden S t a a t s k i r c h e konnte es aber in Deutschland schon darum durchaus nicht kommen und wird es hoffentlich auch im englischen Sinne nie kommen, weil die beiden großen Kirchen als g l e i c h b e - r e c h t i g t nebeneinander bestunden und bestehn. Hierin liegt noch immer der wesentliche Unterschied zwischen den kirchlichen Zuständen Englands und Deutschlands überhaupt: dort besteht annoch die deutsche Rechtsgleichheit zwischen den Religionsparteien n i c h t, weder faktisch und rechtlich, wie in den meisten deutschen Staaten, noch recht= lich, wie in den übrigen; die protestantische Staatskirche ist die allein= herschende, die katholische nur geduldet, dies freilich in einem eblern Sinn als man die Duldung der protestantischen Kirche in Oesterreich versteht. Die Katholiken waren um so mehr zu Heloten herabgedrückt, als sie auch Jahrhunderte lang wesentlicher politischer Rechte und der Staatsämter beraubt waren. Aehnliches galt von den protestantischen Dissentern. Als nach der Restaurazion (1660) unter Karl II., der während seiner Verbannung zum Katholicismus übergegangen war, die Katholiken heimlich und öffentlich begünstigt wurden, so sezte das Parlament dem zuerst die Korporazionsakte vom Jahr 1661 entgegen, welche bestimmte, daß Niemand zu einem Amte bei der Verwaltung einer Stadt oder Korporazion gewählt werden sollte, wenn er nicht im Laufe des lezten Jahrs das Abendmahl nach dem Ritus der a n g l i - k a n i s c h e n Kirche genossen hatte, und dazu gleich bei seinem Amtseid auch den Supremateid ablegen könnte; sodann die Testakte vom Jahr 1673, welche von allen die im Staatsdienste, im Heere oder auf der Flotte angestellt sein wollten oder Siz und Stimme im Parlament wünschten, eine Erklärung gegen die Transubstanziazion und die An= betung der Heiligen verlangte, gleichsam als Probe den Katholiken zu erkennen. Die erste Akte besonders war zugleich gegen die protestanti= schen Dissidenten gerichtet. Die Privatmeinung Jakobs II. vermochte nicht den Testeid abzuschaffen, vielmehr brachte ihn dies Unternehmen um den Thron, und erst im Februar 1828 gelang es Lord John Russell und seinem Anhang eine Bill über die Abschaffung der Test= und Kor= porazionsakten im Unterhause durchzubringen, der auch im Oberhause durch Wellingtons Einfluß, der einer größern Gefahr vorbeugen mochte, beigeſtimmt und die dann am 28. April deſſelben Jahres vom König genehmigt ward. Troz der dann erfolgenden politiſchen Emanzipazion der Katholiken iſt doch die Rechtsgleichheit der beiden Kirchen als ſolche, welche den oberſten Grundſaz des deutſchen Staatsrechts bildet, und jede beſondere Staatskirche als unverträglich damit außſchließt, nichts weniger als ſchon durchgefochten. Dieſer lange ungerechte Zuſtand hat ſich an der herſchenden Kirche ſelbſt gerochen, er iſt die Haubturſache ihres innern Verfalls und der in manchen ihrer Theile um ſich greifenden Fäulnis. Deutſchland hat ungeheure Leiden und Kämpfe beſtanden um der Rechtsgleichheit der kriſtlichen Bekenntniſſe, d. h. der vollen Glaubensfreiheit willen, und es hat nicht nachgelaſſen, bis das heilvolle Ziel erreicht war; aber es hat dieſe ſeine gröſte Errungenſchaft die es heilig halten möge vor jeder ſchnöden Berührung denn auch vor England und den meiſten andern Ländern vorauß, von welchen nicht abzuſehen iſt, wie viel ſie noch durch zu kämpfen und zu ringen haben, um auf kirchlichem Gebiete daſſelbe Ziel zu erreichen.

Bisher bildete, wie geſagt, den Mittelpunkt aller kirchlichen Streitigkeiten in England der Organismus der Kirche, mit Unterordnung der Lehre. Die Frage darüber ſchied die Diſſenter von der biſchöflichen Kirche auß. Dieſe entledigte ſich im Jahr 1662 aller derjenigen Geiſtlichen durch Abſezung, welche ſich ihren Gebräuchen und Beſtimmungen nicht unterwerfen wollten. Dennoch blieben viele in der Kirche zurück, welche die Anſichten, deren außdrückliche Verwerfung jene Außtreibung nach ſich zog, nicht in ihrer ganzen Strenge theilten, vielmehr adiaforiſtiſch über die Streitpunkte dachten. Hierauß, ſowie auß der Furcht vor dem Romanismus bildeten ſeit jener Zeit ſich die Gegenſäze innerhalb der anglikaniſchen Kirche ſelbſt auß, welche unter manigfachen Aenderungen im Weſentlichen ſich bis jezt erhalten haben. [*] Die eine Partei — die Low church party, ſpäter die Evangelical party genannt — legte mit den Außgeſchiedenen den Haubtnachdruck auf die innere Bekehrung des Menſchen, und betrachtete die kirchliche Verfaſſung als etwas mehr oder weniger Gleichgültiges; das Verfahren der Stuarte, welche um den Katholiken Vorſchub zu leiſten auf Milderung der Geſeze gegen den Diſſent außgiengen, brachte ſie in die eigenthüm-

---

[*] Man vergleiche: „Hermann F. Uhden, die Zuſtände der anglikaniſchen Kirche.“

liche Lage sich derselben zu widersezen. Die ihr entgegenstehende hoch=
kirchliche Partei — die High church party —*) war der Unterwer=
fung unter Rom ebenso abhold, hatte aber die Prinzipien von dem
Unterschiede der Ordnungen des Klerus, der Hierarchie, weiter und
fester außgebildet und legte ein Haubtgewicht auf die äußere apostolische
Nachfolge der Bischöffe. Die in dieser Partei der Grenze der römischen
Kirche zunächst Stehenden, analog den jezigen Puseyten, verweigerten
dem Oranischen Könige Wilhelm III. den Eid, wurden ihrer Aemter
entsezt, und bildeten als „Non=Jurors‟ eine Partei außerhalb der
Staatskirche; während die beiden andern Parteien ihren Kampf inner=
halb derselben fortsezte. Allmählich schied sich indes auch das andere
Extrem in der niederkirchlichen Partei als Methodismus zu einer
eigenen Kirchengemeinschaft auß, was natürlich den Gegensaz und die
Bewegung innerhalb der bischöflichen Kirche mäßigte und den Eifer
schwächte. Gegen Ende des vorigen Jahrhunderts schärfte sich aufs
neue der Gegensaz, worauß die jezt in der anglikanischen Kirche einan=
der gegenüberstehenden Parteien hervorgiengen, die Evangelical=
party, die Highschurchparty und deren Extrem die Pu=
seyiten.

Die erstere erhub sich vor etliche und funfzig Jahren gegen die
eingerissene Erschlaffung im Glauben und Leben, auf die Verkündung der
reinen Lehre des Evangeliums bringend. Daß die „Evangelischen‟
nicht, wie früher die Methodisten, die Kirche verließen, hatte seinen
Grund theils darin, daß sie unter den Leitern der Kirche selbst bald An=
hänger gewannen, theils darin, daß es ihnen an einer hervorragenden
Persönlichkeit fehlte, wie die Wesley's war. Doch verbanden sie sich
mit den Dissentern zu kristlichen Vereinen und sahen das Kristenthum
als etwas von dem Kirchenthum Unabhängiges an; was ohne Zweifel
vorzüglich in den ungenügenden Vertretungsformen der anglikanischen
Kirche seinen Grund hat. In der Unmöglichkeit, die äußere Kirche zu
ändern, ließen sie die Verfassungsfragen unerörtert, richteten ihre Thä=
tigkeit lediglich auf das Praktische und lehnten sich an das Wort der
Schrift in seiner unvermittelten Gestalt. In neuester Zeit hat sich ihre
vorragende Stellung dadurch sehr geändert, daß der Gegensaz zwischen
der Kirche und dem Dissent wieder mehr in den Vordergrund getreten

---

*) „Hochkirche‟ ist mithin nicht der richtige Name für die ganze englische Kirche.

ist, und sie sich in die Alternative versezt sehen, entweder zu diesem überzugehn, oder sich von deren Gemeinschaft auf die Kirche zurückzuziehen.

Die hochkirchliche Partei besteht auß verschiedenen Elementen. Manche halten an der bestehenden Verfaßung der reichbepfründeten Kirche nur auß untergeordneter oder verwerflicher Rücksicht fest; andere folgen auß Gewohnheit oder Gleichgültigkeit. Der Kern der Hochkirchlichen bekennt sich zu dem sogenannten „Kirche- und Staatsgrundsaz," welcher der Ansicht der „Evangelischen" insofern entgegensteht, als diese allen natürlichen Ordnungen Gottes und so auch dem Staat gegenüber sich gleichgültig verhalten; während jene davon außgehen, daß der Staat zur Religiosität bestimmt sei, und die Kirche nicht bloß auf Einzelne, sondern ebenso sehr auf das Ganze aller Instituzionen einzuwirken habe. Aber sie gehn noch weiter und sagen: „Wie der einzelne Mensch nur in der Gemeinschaft mit einer bestimmten Kirche seine volle religiöse Befriedigung finden könne, so auch der einzelne Staat." Dieser Schluß ist eben so irrig als unduldsam, denn der Staat als solcher wird nicht seelig durch die Versöhnung, sondern nur der Mensch, und ohne die verwirklichte unitas ecclesiae widerspricht es das Kristenthum, die Staatskirche zu seinem obersten Gebot zu machen. Hiebei bietet diese, besonders unter den toryistischen Staatsmännern verbreitete Richtung aber einen bestimmten Gegensaz gegen den Romanismus dar, dem sie durch entschiedenes Festhalten an dem Lehrbegriffe der anglikanischen Kirche entgegenarbeitet. Ein anderes, gleichfalls zum hochkirchlichen Kerne gehöriges Element steht mit der, durch die Evangelicals vermittelte Erhebung des religiösen Lebens selbst in Verbindung, aber in der Anhänglichkeit an die bestimmte kirchliche Gestaltung, welche das Kristenthum in England gewonnen hatte, namentlich in Betreff der Liturgie, so daß es, dem Dissent gegenüber, nicht blos in der Lehre, sondern auch in Kult und Verfaßung etwas Wesentliches sieht. In ihm vornehmlich machte sich das Prinzip der Kontinuität der anglicanischen Kirche mit erneuter Kraft geltend: die bischöfliche Verfassung wird nicht bloß als die geeignetste für die Kirche Englands oder für die Kirche überhaubt betrachtet, sondern als die einzige schriftmäßige, wahre und zuläßige. Die folgerichtigern Mitglieder dieser Partei unterscheiden sich von den Puseyiten durch den Wert, welche sie der gereinigten Lehre beimeßen, so daß sie sogar zugeben, um dieser willen könne man von der bischöflichen Verfassung im Falle der Noth abgehn; wobei sie jedoch läugnet, daß der Außtritt der Dissenter durch einen solchen Nothfall zu rechtfertigen sei.

Die Puseyitische oder Newmanische Partei, nach ihren Haubtstiftern so genannt, ist eine extreme Außbildung des hochkirchlichen Geistes. Zunächst wol ist ihre Erscheinung eine Folge der Entrüstung vieler Hochkirchlichen über die Indifferenz hinsichtlich der kirchlichen Verfassung. Die meisten waren ihnen zu lau und unthätig; an dem „Kirche= und Staatsgrundsaz" nahm ihr Streben nach kirchlicher Unabhängigkeit vom Staate Anstoß; überhaubt werfen sie der hochkirchlichen Partei, welcher sie am nächsten stehn, ohne jedoch wie sie an der reformatorischen Lehre entschieden festzuhalten, Inkonsequenz und Rücksichtnahme auf äußere Verhältnisse vor. Ihnen zufolge gibt es kein Heil außer in derjenigen Kirche, deren Klerus seine Ordinazion in ununterbrochener Folge auf die Apostel zurückbeziehen kann; darnach kann es nicht mehr die Trennung von der katholischen Kirche entschulden, daß man derselben einen Grundirrthum in der Lehre vorwirft, da es völlig unmöglich sei, daß ihr ein solcher anhafte. Ferner hat ihnen die Liturgie die höchste Bedeutung durch ihre Katholizität, indem sie deren Ursprung auf die Außsprüche der allgemeinen Kirche zurückführen und sie als den Uebergangspunkt zur Wiederherstellung mancher abgeschafften Gebräuche betrachten *). Auf der Katholizität der Suk-

---

*) Gerade dieses oft ins Komische gehende Trachten nach Auffrischung veralteter Gebräuche hat in den Gemeinden, die sich auf dogmatische Unterscheidungslehren weniger verstehn, lebhaften Unwillen gegen den Puseyismus hervorgerufen. Im Jahre 1838 ward die Camden=Gesellschaft „zur Förderung des Studiums kirchlicher Alterthümer" gestiftet, und hat gewis viel zur Außtreibung des schlechten englischen Geschmacks beim Kirchenbau beigetragen. Doch trieb auch sie mit dem Mittelalterlichen Mißbrauch, und das Schlimmste war, daß die puseyitischen Lenker des Vereins ihren Einfluß dazu anwandten, alles Katholische auf Kosten des Protestantischen zu erheben und unter dem Mantel des echten Geschmacks eine Zeit im Auge zu haben schienen, wo sie den römisch=katholischen oder einen ähnlichen Kult in den Kirchen zu feiern hofften. So hatten sie denn auch, bei Wiederherstellung der uralten runden Kirche zu Cambridge, in diese einen steinernen Altar gesezt, gegen den Willen des Pfarrers, der gerichtlich gegen sie verfahren muste, um sich ihrer Gewaltsamkeit zu erwehren, und ungeachtet ein Altar als zum „Opfer" bestimmt von der Hochkirche verpönt ist. Der Entscheid des Konsistorialgerichts fiel natürlich gegen die Errichtung eines steinernen

zession und Liturgie fußend, hebt der Puseytismus auch die objektive Bedeutung gegen die Zwingli'sche subjektive Ansicht vom Abendmal hervor, und zwar als Einwirkung auf die Elemente Brod und Wein, nicht auf den Genießenden. Das Leben in Kristo leiten sie von der Taufe an, insofern diese von einem Kleriker rechter Nachfolge ertheilt ist. Bei der Reue des Wiedergebornen gehn sie auf Buß- übungen auß, ja treiben Fasten und Aszese. Was den Puseyten von protestantischer Seite heftige Vorwürfe des Krypto-Katholicismus, von der katholischen dagegen offene Theilnahme zuzieht, ist außer dieser all- gemeinen Neigung zu katholischen Kirchenlehren das Streben einmal nach Einheit und Allgemeinheit der Kirche, sodann nach deren Unab- hängigkeit vom Staate, nach Entweltlichung der wirklich sehr weltlichen Staatskirche. Vom höhern Standpunkte betrachtet, liegt diesem Streben zwar Wahrheit zu Grunde, und ist es auch wesentlich nicht unprote- stantisch; was es aber den Protestanten gefährlich erscheinen läßt und verhaßt macht, ist, daß es im romanisirenden Geiste geschieht, wie denn auch schon viele Puseyiten, Kleriker und Laiker, zu der römischen Kirche übergetreten sind. Sie eifern gegen eine Kirche, die in so viele Sekten zerfalle, daß sie nicht katholisch, sondern kirchspielig sei. Die Religion gleiche alle Unterschiede der Stände auß, die Kirche umfasse jeden Stand und stelle allein Alle gleich, sie müsse allgemein sein; aber diese Allgemeinheit sei jezt durch „eine Anstalt verdrängt, deren Priester

---

Altars zu Cambridge und in den anglikanischen Kirchen überhaupt aus. Das Gesez, heißt es darin, rede nicht von einem Altar, sondern von einem Tische des Herrn, und zwar einem beweglichen Tische. Damit fällt jede Art von Meßopfer zu Boden; wo aber kein Opfer, ist auch kein Priester, sondern nur Diener der Kirche. Der Entscheid war ein Schlag für die Camden-Gesellschaft, indem in Folge davon mehrere Bischöfe, sowie der Kanzler der Universität, Herzog von Northumberland, sich von ihr als einem Werkzeuge zur Romanisirung der Kirche lossagten. — Uebrigens muß ich offenherzig gestehn, mit der Liturgie, wie sie jezt in der ganz schmucklosen bischöflichen Kirche am beweglichen hölzernen Tische vorgetragen wird, zwischen den Geistlichen, Korherrn und Korknaben — mit weißen Hemden angethan — und der Gemeinde, habe ich mich nicht befreunden können. Es war mir, als hätte man von der Messe gerade nur eine fro- stige Form übrig gelassen. Für die deutsche protestantische Kirche seh' ich kein Heil durch Annahme des hochkirchlichen Ritus; wie ich denn überhaupt glaube, ungeachtet die Engländer nicht aufhören, gegen uns den Vorwurf der Ungläubigkeit zu schleudern, bei tieferem Eindringen in unsere Zustände würden sie sich selbst sagen müssen, daß das Gotteswort, das zum Theil englische Apostel unserm Volke gepredigt, in ihm einen fruchtbarern Boden gefunden hat als bei ihnen daheim.

sich mit Metrik und andern Dingen beschäftigen, die Gewissen aber nicht zu rühren verstehn.'' Würde die Verfassung der Staatskirche auf freiere Formen der Vertretung begründet, wie sie es wünschen, so stünde dem Geiste der Puseyisten eine große Einwirkung offen, deren Ziel nicht abzusehen. Der Protestantismus hat nirgends so viele organisirende Elemente sowol im Innern als nach außen gezeigt als in England, dessen politische Verfassung schon dazu spornte; darum auch ist dort der Blick in die organisirende Kraft der römischen Kirche freier als bei uns.

Der Puseyismus findet seine Haubtstüze in Professoren der Universität Oxford und in jüngern Mitgliedern der Geistlichkeit, welche ihre Studien während der lezten funfzehn Jahre zu Oxford gemacht haben (man schlägt die Zahl Puseyitischer Geistlichen auf tausend an); er wird daher auch, in deutscher Art, als ,,die Schule von Oxford'' bezeichnet. Wie lebhaft an jener Universität der Streit zwischen den ,,reinen'' Protestanten und den Puseyiten entbrannt ist, zeigte sich als von einem Mitglied derselben, Ward, ein puseyitisches Buch unter dem Titel: ,,Ideal einer kristlichen Kirche,'' erschien, das grobe Verstöße gegen den anglikanischen Orthodoxismus enthielt und öffentlich der Irrlehre angeklagt ward. Alle Universitätsmitglieder vereinten sich zu einer ,,convocation,'' um über die Schrift zu Gericht zu sizen. Zwei Fragen wurden vom Universitäts-Senat der Versammlung zu entscheiden vorgelegt, die eine betraf die Verdammung des Buches, die andere die Absezung seines Verfassers. Beide Senatsvorschläge wurden zwar angenommen, der erste gegen das Buch durch eine Mehrheit von 2 gegen 1 (777 Stimmen gegen 388), der andere, der den Verfasser seiner akademischen Grade und Stellung beraubt*), aber nur mittelst einer sehr schwachen Mehrheit (569 Stimmen gegen 511). Manche haben in dieser ganzen starken Minderheit Anhänger des Puseyismus

---

*) Die ,,Schule von Oxford'' versüßte ihm die Niederlage mit Lebehochrufen. Merkwürdig ist, daß diese Sympathien der Studenten in England eine so ganz entgegengesezte Richtung einschlagen wie in Deutschland. Uebrigens hat, wie berichtet ward, Hr. Ward für den Verlust seiner akademischen Würden und Emolumente sich durch Verheirathung zu trösten gewust; womit er auf Berufung gegen jenes Urtheil verzichtete, indem die residirenden Kollegiaten in Oxford und Cambridge zum ehelosen Leben verpflichtet sind — ein Statut, welches den guten Sitten des einen und andern dieser Musensöhne gerade nicht förderlich sein soll.

sehen wollen; doch so gefährlich ist das Schisma noch nicht, selbst nicht in Orford. Viele mochten Anstand nehmen, einen Mann, der bei seinen Irrthümern doch wenigstens seine Ueberzeugung redlich ausgesprochen, so hart zu bestrafen, während andere von denselben Ueberzeugungen im ungestörten Besize ihrer Aemter und Würden bleiben. Walteten doch sogar Zweifel ob, gegen das Recht der Universität, so zu verfahren. Immerhin aber ist es eine beherzigenswerte Thatsache, daß sich 388 meistens geistliche Mitglieder der protestantischen Universität fanden, die in Bezug auf ein Werk ihr Nichtschuldig aussprachen, welches unter anderm die allen protestantischen Kirchen zu Grunde liegende Lehre von der Rechtfertigung durch den Glauben eine „verdammliche, pestilenzialisch lutherische Kezerei" nennt. Die Sache erscheint um so ernsthafter, als die Mehrzahl der jungen Männer, welche jezt den Magistergrad erwerben und damit das Recht erhalten, bei der „Convocation der Universität" zu stimmen, zu der Partei der „Romanisirer" zu gehören pflegt. Die Masse der Protestanten fängt an sich zu beunruhigen, bringt auf „Reinigung," und ein sehr großer Theil der Geistlichkeit, mehr oder minder die Gefühle der Laienschaft theilend, sieht die Gefahr ein und wünscht ihr zuvorzukommen. *)

Wegen jener Stimmung und ob des Umstandes, daß seit 1841 etwa vierzig Kollegienmitglieder der Universität Orford offen zur römischen Kirche übergetreten sind, (jüngst ist auch Hr. N e w m a n seinen Freunden Dakeley, Caper, Ward, Wingfield ꝛc. gefolgt; Dr. P u s e y selber ist noch zurück — sein Kanonikat an der Christ Church in Orford ist eine sehr einträgliche Stelle) scheinen ultramontane Blätter des Kontinents alles Ernstes zu glauben, England sei auf dem besten Wege mittelst des Puseyismus in den Schoß der römischen Kirche zurückzukehren. Bekanntlich sind hiefür von katholischen Bischöffen auch Gebete angeordnet. Ich habe keine profetische Gabe, aber das wage ich doch,

---

*) Jezt geht die Nachricht: in Folge der wachsenden Hinneigung zum römischen Katholizismus unter den Mitgliedern der englischen Hochschulen soll in kurzem eine durchgreifende Revision der 39 Artikel stattfinden, und alle veralteten Lehren, zweideutigen Ausdrücke und zweifelhafte Stellen, welche bisher Misdeutungen der reinen protestantischen Grundlehren veranlaßt haben, ausgemerzt werden; desgleichen soll eine umfassende Umgestaltung des Gebetbuchs (Book of Common Prayer) der anglikanischen Kirche, in welchem noch viele römische Doktrinen enthalten sind, vorgenommen werden.

nach meiner Kenntniß der englischen Geschichte und des englischen
Volks dreist vorauszusagen, daß diese sanguinische und rosenfarbene
Hoffnung sich nicht erfüllen wird; vielleicht noch weniger als umgekehrt die in den enthusiastischen Ronge=Liedern mit Bezug auf
eine, die Kircheneinheit erzielende Umgestaltung Deutschlands ausge-
sprochenen. So wenig die Bildung einiger hundert deutsch=katholischen
Gemeinden, der Abfall einiger hunderttausend Deutschen von der
römisch=katholischen Kirche diese in ihrem Bestande bedroht, noch viel
weniger begründet der Uebertritt auch eines Hundert englischer Theologen die Hoffnung auf baldige Wiederkatholisirung des ganzen Englands. Immerhin mag man es eine auffallende Erscheinung nennen
daß, während das Papstthum in Deutschland, Frankreich, Rußland
und sogar in Irland Boden verliert, England, die alte Zitadelle des
Protestantismus, das einzige Land in Europa ist, in welchem die
römische Kirche Fortschritte zu machen sich anschickt. Allein sie erklärt
sich doch sehr natürlich und historisch aus der Verfassung der englischen
Staatskirche, und darf keineswegs gerade aus ungewöhnlichen Erfolgen
der Anstrengungen römisch=katholischer Geistlichen und Sendboten her-
geleitet werden. *) Wie Manche die Ronge'sche Bewegung in Deutschland nur als die Reakzion eines übertriebenen bischöflichen Eifers,
namentlich in Ausstellung des heiligen Rocks zu Trier ansehen, so
meinen auch Viele den Austritt der HH. Newman, Bernard Smith
und anderer Traktätleinmänner verschulde umgekehrt bloß die Lauheit
anglikanischer Bischöffe, welche wol gar ihre Rügen über die Strebnisse
der „Verschwörer gegen das Dasein der Staatskirche" durch Lob auf
ihre Frömmigkeit verquickt hätten, wie noch im Jahre 1842 der Bischof
eben des Sprengels von Orford. Wie dem sei, man muß sich wundern, daß sonst scharffichtige Männer ihren Blick durch ein par glücklich
errungene, aber schlecht benüzte Siege und sonst ihren Ansichten günstige
Erscheinungen so trüben lassen können, daß sie das, was sie wünschen,
sich auch schon verwirklichen sehen. England und Schottland sind
durch und durch protestantische Länder, ja der positive Protestantismus

---

*) Uebrigens ist der Bekehrungseifer der Jesuiten in England, wo sie geduldet
sind, sehr rührig. Nach dem Ami de la Religion, der aus authentischen Quellen
schepfen will, sollen sie 18⁴²/₄₄ 97 und 18⁴⁴/₄₅ sogar 178 Protestanten, worunter
Ward, zum Uebertritt bewogen haben. Die französischen Missionen verwenden einen
großen Theil ihrer Einkünfte auch auf Proselytenmacherei in Nordamerika.

ist vielleicht nirgends so in Saft und Blut des Volkes übergegangen, so tief und unentwurzelbar mit dem ganzen Staatswesen verwachsen als gerade in dem freien England. Daran ändert nichts, daß dort die protestantische Theologie nicht so wissenschaftlich angebaut worden wie in Deutschland, daß vollkommene Rechtsgleichheit der kristlichen Bekenntnisse fehlt, und der anglikanischen Kirche große Schäden und Mängel ankleben. Erscheint leztere durch ihren zu engen Zusammenhang mit dem Staate, begründet in der geschichtlichen Entwickelung der englischen Verfassung, bei allem äußern Reichthum unfrei, so erklärt dieser Umstand vielleicht gerade die puseyitische Bewegung als natürliche Reakzion. Das protestantische Prinzip wirkt von jeher in England am mächtigsten in den Sekten und Dissentern; es wurzelt aber in der Geschichte, den Sitten, dem Rechte, der Verfassung und dem Geiste des englischen Volkes selbst, gleich sehr seines demokratischen wie aristokratischen Theils. Seitens des Puseyismus droht in England nicht dem Protestantismus als solchem Gefahr — das ist die Verwechselung — sondern nur dem von vielen Seiten angesteckten, wurmstichigen hochkirchlichen Gebäude.

Von den Gebresten der bischöflichen Kirche war vielleicht Niemand so tief durchdrungen, als der im Sommer 1842 zu Rugby verstorbene Dr. Arnold, der sich auf den Gebieten der Kirche, der Schule, der Kanzel und der Geschäfte gleich sehr auszeichnete, obgleich er kaum ein Alter von 47 Jahren erreichte. Er verband sittliche Größe mit der kristlichen, und indem er nie so hoch strebte, um die Erde aus dem Gesicht zu verlieren, aber immer hoch genug, um den Himmel im Auge zu haben, gehörte er zu jener seltenen Gattung von Männern, in welchen echter Freisinn und wahrhafte Frömmigkeit innig zusammenstimmen. Frei von den hochkirchlichen Vorurtheilen und „süßen Lastern," war er in seiner allgemeinen politischen Gesinnung Whig, was ihm arge Schmähungen und Verleumdungen zuzog seitens seiner Amtsbrüder, zumal der Orforder Puseyiten, die er bekämpfte; denn die bischöfliche Kirche war immer, aus Ueberlieferung oder Instinkt, argwöhnisch gegen die Whigs. Entschiedener Reformer, würde Arnold, wenn es in seiner Macht gestanden, die Kirchenverfassung mindestens ebenso kräftig verbessert haben als Lord Grey die Staatsverfassung. Der Gedanke seines Lebens war, wie er selbst aussprach, „die Vervollkommnung der Idee der Reformatoren zu Eduard VI. Zeiten: Gründung einer wahrhaft nazio-

nalen und kriſtlichen Kirche, und eines wahrhaft nazionalen und kriſtlichen Erziehungsſyſtems." Betrachte er die Kirche von England,
drückt er ſich irgendwo auß, in ihrer Verbindung mit den Stuarten und
als Gegnerin der guten alten Sache, ſo hege er keine Neigung für ſie;
betrachte man ſie als eine große reformirte Inſtituzion, als welche ſie
den Supremat des Königs (d. h. die Unabhängigkeit vom Papſte)
außſpricht, und die bindende Autorität von allgemeinen Konzilien und
die Nothwendigkeit prieſterlicher Vermittelung gänzlich verwirft, ſo würde
Niemand mehr Anhänglichkeit an ſie haben als er. Wie tiefgehend
und umfaſſend auch die Verſchiedenheit in der Geiſtes- und Gemüths-
art denkender Menſchen ſei, die z. B. in der engliſchen Politik durch die
Außdrücke Whig und Tory bezeichnet worden, ſo ſei doch außer Zweifel,
daß jede dieſer Klaſſe von Menſchen eine Wahrheit lebhaft erfaſſe,
und das Reich Gottes werde uns die vollkommene Verſöhnung der von
ihnen ergriffenen Wahrheit zeigen. Die Zuſtände der anglikaniſchen
Kirche verglich er mit den hochkirchlichen in Judäa ob des Anhäufens
von unmäßigem Mammon und der Gleichgültigkeit, welche die Armen
in Unwiſſenheit erhält, und ſich dann über deren Brutalität wundert;
daß die jüdiſche Hochkirche dieſen Ungerechtigkeiten Varſchub leiſte, der
Ariſtokratie zu Gefallen, ſei ſchon die Klage der Profeten geweſen.
„Unſere Kirche," ſchreibt Arnold, „trägt und hat immer getragen die
Abzeichen und Spuren ihrer Geburt. Das Kind königlicher und ari-
ſtokratiſcher Selbſucht und gewiſſenloſer Tyrannei, hat ſie nie eine kühne
Sprache gegen die Großen und Vornehmen zu führen gewagt, ſondern
hat ſich begnügt, den Armen den Text zu leſen. „„Ich will reden von
deinen Zeugniſſen auch vor Königen, und mich nicht ſcheuen,"" iſt
ein Text, deſſen Geiſt die anglikaniſche Kirche, als Nazionalinſtitut,
nie gefaßt zu haben ſcheint. Thorheit, ſchlimmer als Thorheit iſt es,
zu glauben, die ſogenannten orthodoxen Lehren vor den Großen predigen, heiße wirklich ihnen das Evangelium vortragen."
Ohne die Abſchließung der Hochkirche gegen filoſofiſche Forſchung
und Wiſſenſchaftlichkeit wären die vielen zum Theil abenteuerlichen
engliſchen Sekten (wie Shakers, Mormonen u. dergl.) gar nicht ge-
denkbar. Die engliſchen Diſſenter zerfallen in zwei Haubtklaſſen: die
auß dem 16. und 17. Jahrhunderte ſtammenden Presbyterianer, Independenten oder Kongregazionaliſten und Baptiſten, ſämtlich auch
Diſſenter im engern Sinn genannt; und die auß dem 18. Jahrhun-

derte stammenden Methodisten. Von den lezten hat sich ein Theil dem ältern Dissenters angeschlossen, nämlich die Calvinistischen oder Whitefieldschen Methodisten, namentlich in der Form der Kirchenverfaßung. Die Grundverschiedenheit zwischen den ältern Dissidenten und der herschenden Kirche besteht darin, daß jene hinsichtlich der kirchlichen Verfaßung den Freiwilligkeitsgrundsaz („Voluntary Prinziple") dem Prinzipe der Kontinuität entgegenstellen, auf welches diese sich stüzt, nämlich darauf, daß die Kirche als eine objektive, geschichtlich feste und mit dem Staat unzertrennlich verbundene Macht zu betrachten, welche den Einzelnen umschlingt und zu sich fordert. Die Kongregazionalisten haben unter allen Dissentern das Prinzip der unbedingten Freiwilligkeit in Bezug auf die Verbindung des Einzelnen mit der Kirche am schärfsten entwickelt; sie verwarfen jede Verbindung zwischen Kirche und Staat und giengen von dem echt reformatorischen, nur oft misverstandenen Grundsaze auß, jede Gemeinde besize die vollständige Kirchengewalt in sich selber, und daher sei, wie sie mit Uebertreibung schloßen, jede Abhängigkeit von kirchlichen oder weltlichen Behörden, von Bischöffen oder Synoden, ein Zeichen des Verderbens, als wenn die sichtbare Kirche nicht auch der Ordnung, Gliederung und Zucht bedürfe. Daneben stellten sie sich der offenen Kommunion entgegen, indem sie — eine natürliche Folge jener Uebertreibung — nicht allein eine strengere Disciplin hinsichtlich der Zulaßung zum Abendmale wünschten, sondern auch überhaupt die Mitgliedschaft in der Gemeinde von einer vorangegangenen Prüfung des Glaubens und Lebens abhängig machten. Durch beide Grundsäze ward eine strenge Gränzlinie sowol zwischen Kirche und Staat als auch zwischen den einzelnen kirchlichen Gemeinden gezogen. Im Jahr 1692 bildete sich zwischen den Presbyterianern, Kongregazionalisten und Baptisten eine doktrinale Vereinung, als deren Außdruck die heads of agreement angenommen wurden; zur Führung der gemeinsamen Angelegenheiten ward eine Kommißion zu London niedergesezt. Die Ermattung des religiösen Lebens im vorigen Jahrhunderte wirkte auf alle drei nachtheilig ein; namentlich verbreiteten sich unter den Presbyterianern die abgeklärten rein verständigen unitarischen Grundsäze*), welche

---

*) Sie verwerfen nicht bloß die Dreieinigkeit, die drei Personen oder Wesenheiten des einen Gottes, sondern sie läugnen Kristi Gottheit von Anfang her.

übrigens auch in der bischöflichen Kirche viel Anklang fanden und deren Anhänger fortwährend gegen diese, sowie überhaupt, die größte Thätigkeit entwickeln. Andrerseits schlummerte damals über dem Verfalle das Bewustsein von der kirchlichen Differenz beinahe ein, bis die neuere regere Thätigkeit in der Kirche es wieder weckte und den Gegensaz der Parteien zu der gegenwärtigen Schärfe hinauftrieb. Nach dem jezt in vollster Blüte stehenden Freiwilligkeitsprinzip soll der Einzelne durch keinerlei Einfluß in seiner freien Wahl der kirchlichen Gemeinschaft beschränkt, und auf das heranwachsende Geschlecht nicht die mindeste Einwirkung geübt werden; weshalb bei keinem der drei Theile die Konfirmazion und bei den Baptisten selbst nicht die Kindertaufe im Gebrauch ist. Fühlt sich nun einer zum Anschluß an eine Kirchengemeinschaft getrieben, so wird er zunächst Mitglied der Gemeinde im weitern Sinn, ohne kirchliche Rechte zu erlangen; erst nach gehöriger Ausweisung über Glauben und Leben und nach glücklich überstandener Prüfung Mitglied im engern Sinn. Der Zusammenhang der Gemeinden untereinander wird zwar zu gegenseitiger Unterstüzung stäts empfohlen, aber immer mit ausdrücklicher Verwahrung gegen jede Unterordnung. Daher hat sich auch die „Congregational Union of England and Wales," der die meisten kongregazionalistischen Geistlichen angehören, ausdrücklich gegen die ihr etwa unterzulegende Absicht erklärt, als wolle sie gesezgebendes Ansehen beanspruchen. Die Berufung der Geistlichen steht schlechthin der einzelnen Gemeinde zu. Gegenüber diesem Freiwilligkeits = Prinzip treten an der anglikanischen Kirche die beiden Merkmale hervor, daß sie Staatskirche ist und eine organische Einheit bildet; aber gewis nur das Ungenügende ihrer hierarchisch und dogmatisch beengten Vertretungsformen für die Bewegung und freie Entwickelung des Protestantismus innerhalb ihrer hat den Dissent hervorgerufen. Während die bischöfliche Kirche das landaristokratische Staatsprinzip auf kirchlichem Gebiete vertritt, ist hier der Dissent identisch mit dem demokratischen: die Dissenter gehören den Mittelständen an und befinden sich meist in den Städten. Bedenkt man ihre großen, zur Erhaltung eigener Geistlichen und Kirchen zu tragenden Lasten, der reichen Staatskirche gegenüber, so muß man erstaunen, daß sie außerdem so Bedeutendes für Missionen, Verbreitung von Bibeln und Traktätlein und religiöse Erziehung leisten. Man rechnet die Zahl der Dissentergemeinden in England auf etwa 4000, die aber zum Theil sehr schwach sind, so zwar, daß die Zahl ihrer Mitglieder nicht anderthalb Millionen übersteigt.

Die Wesleyanischen Methodisten (die Whitefield'schen haben sich meist mit den ältern Dissentern verschmolzen) bilden einen weniger schroffen Gegensaz gegen die anglikanische Kirche. Anfangs richteten sie ihre Thätigkeit nur auf Weckung des erstorbenen kirchlichen Lebens, und die ersten Methodisten fügten sich strenge den Bestimmungen der Kirche; nur die von der Kirche Ordinirten verwalteten die Sakramente und den Laien war bloß zu predigen gestattet. Erst auß Rücksicht auf die nordamerikanischen Methodisten, nachdem die Kolonien frei geworden, entschloß sich John Wesley auf vieles Bitten zu einer selbständigen Ordinazion, wovon die Folge natürlich die wirkliche Trennung von der Kirche war. Später übte er das Kirchenregiment durch eine Versammlung von (Konferenz) 100 geistlichen Mitgliedern, die sich bei jedem Abgange selbst wiederergänzte und jährlich unter einem selbstgewählten Vorsizer zusammentrat. Diese Konferenz leitet jezt nicht nur die allgemeinen Angelegenheiten und übt das Aufsichtsrecht auß, sondern sie ernennt auch alle Geistlichen der Gemeinden, und erhöht ihren Einfluß noch dadurch, daß sie dieselben gewöhnlich nach drei Jahren den Ort ihrer Wirksamkeit wechseln läßt und sie so von ihrer Kirchenleitung in noch weit höherm Grade abhängig macht, als es selbst in der bischöflichen Kirche geschieht. Diese Vertretungsform widerstrebt ebenso sehr dem Freiwilligkeitsprinzipe als den Verhältnissen einer Staatskirche, indem sie die fast absolute Kirchenleitung in die Hände eines klerikalischen sich selbst erzeugenden Rathes legt. Dagegen hat sie die ganze Energie eines kirchlich demokratischen Volksaußschusses.

Auch die Methodisten gehören meist zu den mittlern wohlhabendern Ständen. Uhden schäzt ihre Anzahl auf eine Million Seelen in 3000 Gemeinden. Ihre Thätigkeit für Missionen ist erstaunlich. Hat doch die Wesleyanische Missionsgesellschaft im Jahr 1842 über 700,000 Thaler Einkünfte gehabt! Alle sogenannten Dissenter in England und Wales besizen nahezu 9000 Kirchen und Bethäuser; davon die römischen Katholiken etwa 430, die Presbyterianer etwas über 200, die Jndependenten 1850, die Baptisten 1205, die Methodisten 4250, die Quäker 400, verschiedene Missionen 455. — In Schottland bestehn seit der feierlich angenommenen und auf Synoden wesentlich durchgekämpften Unionsakte der schottischen Kirche nicht die vielfachen kirchlichen Zerklüftungen wie in England, oder sie beginnen doch erst in neuerer Zeit, wo von verschiedenen Seiten her sich eine gewisse Engherzigkeit, zumal in Verfassungsfragen, geltend zu machen anhebt. Der unglücklichen Akte vom Jahr 1712, durch welche die Unionsakte in ihrem Geiste verletzt und jede folgende Trennung von der schottischen Kirche veranlaßt worden ist, verdankt man alle neuern kirchlichen Spaltungen in jenem Lande bis zu der größten in jüngst vergangener Zeit, wo 470 Prediger ihre Pfarrstellen aufgegeben, ihren Pfründen entsagt und sich mit Weibern und Kindern allein der göttlichen Vorsehung anheimgestellt haben. (Eine verwandte Erscheinung bot vor kurzem die Calvinische Landeskirche des Schweizerkantons Waadt dar, ähnlich selbst bis auf den Anlaß, der in den Uebergriffen der Kantonalregierung liegt.) Auch dort berührte der Streit weniger die Lehre und den Glauben, worin die schottischen Dissenter im Grunde mit ihren frühern Brüdern einig sind, als Fragen der Kirchenform und Verfassung, welche sie trennen. Im tiefsten Grunde ist ein Kampf außgebrochen zwischen Kirche und Staat: das Prinzip der geistlich-kirchlichen Selbstregierung und selbständiger Wahlen durch die Gemeinen steht in Frage, gegenüber beschränkenden, vom Staat gehaltenen Patronats-Einrichtungen, und einem hochkirchlichen Geiste, der auch in die schottische Landeskirche einzubringen und sie allmählich zu verweltlichen strebt. Hiegegen erhub sich eine mächtige Kirchenpartei, und drang auf größere Unabhängigkeit von den Uebergriffen der weltlichen Macht und ihrer Verbündeten, der Patronatherrn; die andere Partei schloß sich mehr dem Staat an und fügte sich den Befugnissen, die dieser, sowie die Patrone außzuüben das Recht behaupten. Von kleinen Anfängen ist die Bewegung eine gewaltige worden, nicht bloß auf den schottischen Kirchenversammlungen, sondern auch in jeder Gemeine, im ganzen Lande tönt sie wieder; — ihr Ende ist noch nicht abzusehen. Auf der einen Seite stehn die Reste der Landeskirche mit der Gewalt und der Landaristokratie; auf der andern die vorläufig außgeschiedenen Elemente als die „freie" schottische Kirche, ohne Macht und Gewalt, aber voll Glaubensfeuer. Dieser durchdrang selbst die Frauen, und wenn sie auch nicht, wie mitunter die englischen Quäkerinnen, öffentliche Vorträge hielten, so redeten sie doch ihren Männern zu, allein ihrer Ueberzeugung zu folgen und ertrugen mit Gleichmuth den Verlust des Irdischen. Ja, manche von ihnen, energischer und eifriger als die Männer, traten sogar an die

Spize der Bewegung. — Als die presbyterischen Pfarrer ihre Gottes-
häuser verlaſſen muſten, wegen des Anspruchs des Staats und der
Patrone, predigten ſie vor der begeiſterten Menge in Zelten und Scheu-
nen, auf Hügeln und Halden, bauten ſich auch wol auß eigenen Mitteln und Zuflüſſen neue Kirchen. Dabei iſt für die Beſizzuſtände des
Inſelreichs bezeichnend, daß einige ſchottiſche Landlords den zum Kirchenbau nöthigen Bodenraum, welchen die „freien" Gemeinen ſelber
nicht eigenthümlich beſaßen, ihnen nicht hergeben wollten, und daß
mehrere Gemeinen deshalb gegen Grundherrn (z. B. Lauderdale und
Dundee) klagend vor das Parlament gekommen ſind über Glaubens-
unterdrückung! Zu dieſem Zuſtande plözlicher Verwirrung in der ſchottiſchen Kirche trägt der ihr gegenüberſtehende Zweig der Episkopalkirche
in Schottland noch bei, der in ſeinen höhern Gliedern puſeyitiſch iſt.
Die Biſchöfe derſelben maßen ſich eine ſolche Gewalt über die untere
Geiſtlichkeit an, welche ſie ſogar durch Erkommunikazion darthun, daß
ſeit kurzem faſt alle Prediger engliſchen Urſprungs bei Gemeinen dieſes
Glaubens ſich von den Biſchöffen losgeſagt haben.

Merkwürdig war vor kurzem der beinahe gelungene Verſuch, zu
Gunſten minder der „freien" ſchottiſchen Kirche als der freien Wiſſen-
ſchaft gegen die Engherzigkeit althergebrachter Verpflichtungen, für die
Beamten und Profeſſoren an den fünf ſchottiſchen Univerſitäten die Erklärung auf das Symbol der Nazionalkirche abzuſchaffen. Die Sache
war zwar faſt ganz außer Gebrauch gekommen, wie denn die ſchottiſchen Univerſitäten überhaupt, darin ſehr verſchieden von den engliſchen,
auf die reinſten Grundſäze der Duldung gegründet ſind (ſogar Mitglieder der anglikaniſchen Kirche haben Profeſſuren innegehabt); allein
jener Riß durch die Landeskirche machte natürlich die in ihr Zurückge-
bliebenen ſehr ungeneigt, eben jezt einem Mittel zu entſagen, womit ſie
ſich am beſten zu ſchüzen hoffen. Selbſt manche Mitglieder der freien
Kirche mochten, auß Furcht vor den Beſtrebungen der Episkopalen,
nicht wünſchen, daß man jezt dieſe Glaubensprobe aufgebe, obwol ſie
möglicher Weiſe gegen ſie ſelbſt gerichtet werden könnte. Indeſſen ſieg-
ten die Miniſter im Unterhauſe nur durch ein Mehr von acht Stimmen,
nachdem ihnen unſchwer Folgewidrigkeit nachgewieſen worden war.
Denn während man in Irland Kollegien ſtiftete ohne Glaubenseide,
wollte man zur nämlichen Zeit deren Wiederherſtellung auf den ſchottiſchen Univerſitäten, wo ſie doch ſeit einem Jahrhundert abgekommen

waren. (Bereits hat das Presbyterium zu Edinburg den Filosofen Sir David Brewster von seiner Stelle an dieser Universität entfernt, wegen des einzigen Verbrechens, daß er in allen Punkten der Lehre und Zucht der schottischen Kirche, wie sie zur Zeit der Union bestanden, angehangen — es war geschehen „zur Ehre Gottes, zum Heil der Kirche, zum Gedeihen der Universität." Wo hat man nicht schon den Namen Kristi und das Heil seiner Kirche zur Beschönung der Ungerechtigkeit mißbraucht?) Die Minister, welche zwei Tage vorher sich gegen einen Eid in den neuen irischen Kollegien erklärt, stüzten die Bekräftigung des Sazes: „Niemand dürfe Professor an einer schottischen Universtät sein, er erkläre denn zuvor seine Anhänglichkeit an das System der schottischen Staatskirche in jedem Glaubenspunkte," haubtsächlich auf den Außspruch der inzwischen stattgefundenen Versammlung der schottischen Kirche, an welcher jedoch nur die Klasse theilgenommen hatte, welche bei dem Glaubenseid ihren Vortheil sieht; sodann müste, meinten sie, da, wo Glaubenseide außgeschlossen wären, die Krone mindestens das Recht haben, die Professoren zu ernennen und abzusezen, in Schottland aber würden viele Professoren nicht von der Regierung, sondern von Ortsbehörden und Körperschaften ernannt. Allerdings steht der selbständige, alte und scharfgezeichnete Karakter der englischen Universitäten, die außdrücklich Mitglieder einer besondern Kirche erziehen, mit dem System der Glaubenseide im Einklang. Das aber ist mit den schottischen Universtäten, ungeachtet ihres gleichfalls scharfgezeichneten Gepräges, nicht der Fall; dort kömt bei rein weltlichen Unterrichtsgegenständen die Religionsverschiedenheit gar nicht in Betracht, ein Jude darf Doktor der Medizin sein, und die akademischen Würdenträger haben kein Recht, die Studirenden zu fragen, welcher Glaubensgenossenschaft sie angehören. Uebrigens war seit Jahrhunderten namentlich die Edinburger Hochschule für die fysikalischen und moralischen Wissenschaften berühmt, ihr gereichen ein Dugald Stewart, ein Adam Smith, ein Reid, ein Playfair, ein Jameson zur Zierde.

Das jährliche Einkommen der bischöflichen Kirche von England mit ihren 2 Erzbischöfen, 25 Bischöffen und 16,295 Dienern der Kirche beträgt ungefähr 26 Millionen Thaler, zum größern Theil in Zehnten; die protestantische Hochkirche des katholischen Irlands hat 2 Erzbischöffe, 14 Bischöffe, im Ganzen 2570 Diener und nur ungefähr 800,000

Glieder, mit einem Jahreseinkommen von bald 6 Millionen Thaler, vorzugsweise in Gründen und Zehnten bestehend; die schottische Landeskirche, vom neuen Dissent abgesehen, beinahe alle Gemeinen des Landes umfassend, etwa 3 Millionen Seelen, hat 1072 Pfarrer (ohne die Gehülfen) mit einer Gesamteinnahme von nur ungefähr 2½ Mill. Thr. Was am nachdrücklichsten gegen die Verfassung der Hochkirche schreit, ist, daß sie bei diesen ungeheuern (freilich sehr unbillig vertheilten) Einkünften sowol für Erziehung und Schulen im Innern, als zur Verbreitung des Kristenthums nach außen verhältnismäßig nur Geringes leistet, und weniger als die Presbyterischen und Methodisten, die doch nur auf ihre eignen Kräfte hingewiesen sind. Ueberhaubt blieb der englische Staat seit vielen Jahren hinter andern Völkern der gesitteten Welt in dem großen Werke zurück, die öffentliche Erziehung zu einem Theile seiner Obliegenheiten zu machen, und durch Läuterung der Vernunft und Regelung der Ansichten mittelst dieser mächtigen Handhabe sich die Regierung zu erleichtern. Zum Glück kamen in England, Wales und Schottland, wo die freie Privatwirksamkeit Wunder verrichtet, die Kraft der öffentlichen Meinung und die Thätigkeit der mildthätigen Gesellschaften der Regierung zuvor, ja diese würden jezt nur mit Eifersucht eine öffentliche Einmischung in ihre Privaterziehungsarbeiten zulassen. Anders ist dies aber in Irland und noch mehr in den außwärtigen Besizungen: da war die Gesellschaft zu schwach oder zu getheilt, um sich selbst zu erziehen, da fordert unumgänglich das Erziehungswerk einen Antrieb von starker Hand. Mit Freuden bemerkt man daher, wie die Thätigkeit der Regierung, die freilich von der Staatskirche wenig unterstüzt wird, sich seit mehreren Jahren diesem wichtigen Gegenstande zuwendet und die englische Politik in allen größern Besizungen sich mit Vertrauen mehr und mehr die Förderung der öffentlichen Erziehung angelegen sein läßt, als das geeignetste Mittel, die Lage des Volkes zu verbessern. Auch muß man anerkennen, daß die englische Regierung in den Kolonien hinsichtlich der katholischen Kirche eine duldsame und kluge Politik befolgt, deren Anwendung in Irland und im eigenen Lande ihr der eifersüchtige protestantische Geist des englischen Volkes und noch mehr das weltliche Interesse der Staatskirche so schwer machen. So hat sie in Canada angefangen, zu Gunsten der Volkserziehung umfassende Vorsorge zu treffen, und was dafür, besonders in Nieder-Canada geschieht, wird den Bedürfnissen der römisch-katholischen Bevölkerung

angepast. In Indien ist, gleichfalls mit aller Rückficht für die einhei=
mischen Religionen, in lezter Zeit von den Generalstatthaltern viel ge=
schehen zur Verbefferung und Errichtung von Kollegien*), sowie um
diese, ohne ihnen ihren streng indischen Karakter zu benehmen, zu Or=
ganen zu machen, die Eingebornen für eine größere Theilnahme an der
Verwaltung des Landes, als dies bisher der Fall war, vorzubereiten.
Bedeutsam war in dieser Hinsicht besonders die förmliche Anerkennung
der Ansprüche dieser Studirenden auf das Patronat des Staats, sowie
die Verpflichtung der Regierung, die tüchtigsten jungen Leute unter den
Eingebornen auß den indischen Schulen in den Staatsdienst zu ziehen.
Die religiösen Einrichtungen und Gebräuche dieser Schulen sind dem
Glauben der beiden großen religiösen Körperschaften Indiens anbe=
quemt, wenn auch die britische Politik mehr auf die Unterstüzung und
den Treufinn der Hindu=Bevölkerung als der Mahomedaner vertraut,
und die Brahminen immer die besten Lehrer in diesen Anstalten bilden
werden. Früher war die Thätigkeit der Missionen in Indien fast nur
auf die Hindu gerichtet, und man ließ die Mahomedaner als gar nicht
bekehrbar ziemlich zur Seite. Seit einigen Jahren aber sind diese
gleichfalls Gegenstand einer eifrigen Kontroverse geworden; die Cal=
cutta Tract Society hat viele Broschüren arabisch, persisch und hindo=
stanisch gegen den Koran gedruckt und zu Tausenden verbreitet; die
amerikanische Mission in Allahabad gleichfalls, und ein deutscher Mis=
sionär Pfander hat mehrere Bände in diesem Streite persisch und hindo=
stanisch heraußgegeben. Zwischen den Missionären, den Brahminen
und gelehrten Muselmännern werden mitunter Disputazionen gepflogen,
wie zur Reformazionszeit zwischen katholischen und protestantischen Dok=
toren. Uebrigens wenden sich auch die Missionen in Indien, durch die
Erfahrung belehrt, daß das Predigen auf den Straßen und Märkten
nicht viel fruchtet**), mehr der Volkserziehung zu; sie nehmen sich nach

---

*) Erst im Jahre 1821 hat die Regierung das Sanskritkolleg zu Calcutta ge=
gründet und reich dotirt; seine Lehrfächer umfassen: Grammatik, Litteratur, Rechts=
kunde, Filosofie und Naturwissenschaften. Auch ein mahomedanisches Kolleg (Medreß)
ward in dieser Stadt errichtet, das kraftvoll aufblüht; ein ähnliches will man zu Delhi
stiften. Im Innern sind die wichtigsten Semirarien der Regierung in Benares und
Agra. Schulen sind mit jeder Kirche und jeder Mission verbunden, 60,000 Kinder
von Eingebornen empfangen auf diese Weise Unterricht. In Calcutta geht man mit
Gründung einer Universität um.

**) Dieser Brauch, entsprechend dem freien protestantischen Wort und dem eng=

und nach der Schulen an und das scheint der richtige Weg zu sein. Ueberhaubt muß anerkannt werden, daß England in seinen außwärtigen Besizungen Schulen und Presse — im Dienste Gottes wie der Kultur die wahren Werkzeuge, die zwar langsam, aber nachhaltig und dauernd wirken — mehr und mit unendlich größerm Erfolge anwendet, als Frankreich und Rußland in den ihrigen. An den Werken aber soll man den Geist erkennen.

Schon früher hub ich hervor, daß die Erziehungsfrage bestimmt sei, auch in dem verwickelten Drama irischer Politik eine Haubtrolle zu spielen. Wirklich scheint die Regierung — wie die Errichtung der nicht-kirchlichen Nazionalschulen, die Vermächtnisbill, die unter andern den Grund gelegt für Außstattung der katholischen Kollegien durch Privatmildthätigkeit, die Errichtung von drei Kollegien für den akademischen Unterricht römisch-katholischer Laien auf Staatskosten und die erhöhte Geldunterstüzung für das katholische Seminar zu Maynooth beweisen — endlich den Entschluß zu beseelen, Vorsorge zu treffen für die geistigen Bedürfnisse der Katholiken, welche bisher, im Vergleiche mit dem, was für die Erziehung und das Seelenheil in der anglikanischen und der presbyterischen Kirche geschieht, aufs gröblichste in Versäumnis gelaßen worden. Die Schwierigkeit liegt nur in der starken Opposizion, die von zwei Seiten herrührt. Einmal sieht die protestantische Kirche, namentlich deren auß untergeordneten materiellen Rücksichten an der bestehenden Kirchenverfaßung haltenden Elemente, ungern die neue Neigung der Regierung, weil sie in deren Fortgang Gefahren wittert für ihren Besiz und ihre Herschaft. Sobann kömt der Widerstand, und zwar nicht der wenigst bittere, von Seite der katholischen radikalen Partei in Irland selbst. Die Leiter derselben — so erklären es sich ihre Gegner — wißen, daß wenn die wirklichen Grundsäze der römischen Hierarchie und die förmliche Anerkennung der römisch-katholischen Kirche durch den Staat in Irland vollständig durchgeführt sind, ihre politische Wirksamkeit und ihr Einfluß auf die

lischen Volkswesen, herscht auch in den größern Städten des Mutterlandes. In den Londoner Parks sah ich häufig Männer, ein Neues Testament in der Hand, unter einem Baum eine Bank oder einen Tisch besteigen und den Vorübergehenden in eifriger Rede das Wort Gottes verkünden. Der unermüdliche Redner achtete nicht der Spötter unter der um ihn versammelten Menge und wechselte nur von Zeit zu Zeit seinen Standort.

Menge großentheils aufhören werden. Wie dem sei, gewis ist, daß beide extreme Parteien in Irland mit den von der Regierung beabsichtigten Versöhnungsmaßregeln unzufrieden sind, ja sich wol gar die sonst nur gegeneinander außgestreckten Hände zu gemeinschaftlichem Widerstande reichen. Die Ueberzeugung wird übrigens von den Besonnensten getheilt, daß Irland eben in diesen extremsten Parteien kein Glück blüht und daß namentlich ein anderes, in freisinnigerm und kristlicherm Geiste erzogenes Geschlecht von Priestern der katholischen wie der anglikanischen Kirche mit eines der wirksamsten Mittel bilden würde, Irlands Leiden zu heilen.

Bei der katholischen Geistlichkeit tritt der leidige Umstand hinzu, daß sie ihre eigenen Unterhaltsmittel nur auß den freiwilligen Beiträgen eines Volkes schepft, welches so arm ist wie sie selbst. Indem sie daher den Volksleidenschaften preißgegeben ist, steht sie neben sich eine feindliche und mit ihren Spollen bereicherte Kirche. Hierauß erklärt sich ganz natürlich ebenso ihr fortdauernder Antagonismus mit der protestantischen Regierung, als ihr herabgedrückter Zustand. Selbst angesehene irische Katholiken sind der Ansicht, daß, wenn der Karakter ihrer Priester nicht irgendwie gehoben würde, dem gesellschaftlichen Zustande ihres Vaterlandes eine große Gefahr drohe. Bei der Abhängigkeit derselben versteht sich selten eine nur etwas vermögliche Familie dazu, einen Sohn dem geistlichen Stande zu widmen. Die Zöglinge von Maynooth gehören deshalb fast außschließlich den untern Ständen an, deren Vorurtheile und demokratischen Geist sie mit ins Seminar nehmen und meistentheils auch wieder mit heraußbringen. Viel würde darin bereits geändert werden, wenn man dieses Institut zu einer Universität erhübe, indem schon das theilweise Zusammensein der Seminaristen mit den Studirenden der gebildeten Klassen auf dieselben vortheilhaft wirken würde, wenn eine erweiterte Erziehung es nicht schon thäte. Auch werden ohne Zweifel die reichern Katholiken die durch das neue Vermächtnißgesez erlangte Sicherheit für die Dotazionen ihrer Kirche benützen, um die Priesterschaft allmählich unabhängiger von den zufälligen Sporteln, und somit das priesterliche Amt auch für die gebildetern Stände anziehend zu machen. Darauß erklären Viele auch das Toben der demokratischen Partei, welche den Klerus in der Abhängigkeit erhalten möchte, gegen jenes Gesez. Ihrerseits hat die Regierung eingesehen, daß die Union der beiden Inseln nie gesichert sein würde, so lange die

katholische Geistlichkeit gänzlich außerhalb der Staatsgesellschaft stände.
So schlug schon William Pitt, zugleich mit der bürgerlichen Emanzipa-
zion der Katholiken, die Besoldung der katholischen Geistlichen auß der
Staatskasse vor; seine Pläne scheiterten an der hartnäckigen Unduld-
samkeit des Königs. Später trat ein Augenblick ein, wo eine solche
Uebereinkunft beinahe zu Stande gekommen wäre: die Regierung bot
sie, die katholischen Bischöffe namen sie öffentlich an, und der römische
Hof willigte ein, aber sie ward noch vertagt. Seitdem hat die Stimmung des katholischen Klerus sich verändert, die Repealagitazion, das
Erwachen des Volksbewußtseins, gab der öffentlichen Meinung in Irland eine andere Richtung, und im Jahre 1843 erklärten die Bischöffe
des Landes abermals und feierlich ihren Entschluß, keine Staatsbesol-
dung anzunehmen. So übrigte vorerst nichts, als ein Mittel zu finden,
welches, ohne die Geistlichkeit in unmittelbare Abhängigkeit von der
Regierung zu versezen, dennoch im Verlaufe der Zeit sie unabhängig
machen könnte von den Schwankungen der Volksmeinung. Aber die
bestehenden Geseze machten die Wiederherstellung von Kirchengütern
für den katholischen Klerus unmöglich, denn sie untersagten die immer-
während en Schenkungen zu dessen Gunsten. Um diesen Uebelstand zu
heben, brachte Sir Robert Peel am Landtage von 1844 jene **Bill
über wohlthätige Stiftungen** (charitable bequests bill) ein, zu
dem Zwecke, für den römisch=katholischen Klerus das Eigenthumsrecht
der toten Hand wiederherzustellen. Zugleich änderte diese Bill die Zusammensezung des Kontrolamtes für fromme Vermächtnisse; während
dasselbe früher nur auß Protestanten bestund, richtete sie es nun paritä-
tisch ein, obenein mit der Klausel, daß wichtige, die Lehre oder Diszip-
lin der katholischen Kirche betreffende Fragen, ja alle katholischen Vermächtnisse ohne Außnahme den katholischen Mitgliedern der Kommission
allein anheim gegeben werden sollten. Ferner strich die neue Bill die
Klausel des alten Gesezes, wornach das Kontrolamt die ursprüngliche
Bestimmung solcher Vermächtnisse willkürlich abändern durfte. Endlich
ward den Katholiken gestattet, Schenkungen auf alle Zeit zu machen,
wie dies Sir R. Peel bei Einbringung der Bill in beinahe feierlichen
Worten erklärte. Die Bill gieng demnach im Parlamente unter lebhaftem Widerspruch seitens der irischen Mitglieder durch, die jedoch keineswegs einmüthig waren, nur eine uneigennüzige Stimme von ihnen
(Lord Surrey) ließ den Absichten der Regierung Gerechtigkeit widerfah-

ren. Auch die übrigen katholischen Mitglieder wurden ihr geneigter, als das Ministerium dem Wunsche willfahrte, in die Bill die Titel der katholischen Prälaten, Erzbischöffe und Bischöffe — zum ersten Mal in offizieller Sprache — einzurücken. Desto entschiedener erhuben sich die radikalen Katholiken in Irland gegen eine Maßregel, welche dahin abzwecke, ein Band zwischen der katholischen Kirche und dem protestantischen Staate zu knüpfen, und auß katholischen Bischöffen Beamte einer häretischen und Irland feindseligen Regierung zu machen. Ihr Blatt „The Tablet" rief: „Wir wißen wol, daß es auch unter uns Judaße gibt, bereit für dreißig Silberlinge des Menschen Sohn mit einem Kuße zu verrathen." Auch im hohen Klerus gab sich eine Spaltung kund: von den 27 katholischen Bischöffen Irlands protestirten 13 bis 15 außdrücklich gegen die Bill, weil die Annahme amtlicher Funkzionen auß den Händen einer protestantischen Regierung ihren kanonischen Regeln und ihrer geistlichen Unabhängigkeit zuwiderlaufe; die übrigen gaben eine nur bedingte Zustimmung. Inzwischen versammelte sich eine Synode dieser Prälaten in Dublin, und auf dieser machten sich, besonders da die Regierung sich noch zu einigen Aenderungen der Bill verpflichtete, gemäßigtere Ansichten geltend. Acht von den Bischöffen, an deren Spize Dr. Murray, der Erzbischof von Dublin und Dr. Crolly, der Erzbischof von Armagh (der Bischof Dr. Coen hieß sie dafür Verräther an ihrem Glauben wie an ihrem Vaterlande; der gelehrte und gemäßigte Murray hatte schon früher Schmähungen erdulden müßen, die der Erzbischof Mac Halen Jahre lang gegen das neue nazionale Erziehungssystem außgegoßen, an deßen Verwaltung er ebenfalls vom Anfange an Theil genommen), erklärten sofort ihren Beitritt zu den Vorschlägen der Regierung. Ein Schisma drohte, und vielleicht um dieses Aeußerste zu vermeiden, faßte die Synode auf den Antrag Crolly's, des katholischen Primas von Irland, folgenden Beschluß: „Da die versammelten Prälaten, nach reiflicher Erwägung der Bill, wegen Stiftungen, über die Wirkungen derselben getheilter Ansicht sind, so wird beschloßen, daß jeder einzelne Prälat in dieser Hinsicht der Leitung seines eigenen Gewißens überlaßen bleibe." Das geschah am 16. Nov. 1844, und einige Tage darauf ließen die drei Bischöffe von Armagh, von Dublin und Killaloe sich, nebst zwei katholischen Laien, von der Regierung zu Mitgliedern der betreffenden Kontrolkommißion ernennen. Der Zorn der Ultrakatholischen zeigte sich in der verschärften

Heftigkeit ihrer Sprache. „Es ist geschehen", äußerte The Tablet: „die irische Kirche hat das Geheimnis ihrer Schwäche verrathen; sie ist keine Kirche mehr, diese ist durch jenen verderblichen Akt zusammengestürzt; die Einheit ist aus ihr gewichen — die Hände der Bischöffe, die noch eben erst brüderlich geschloßen waren, haben den Bund geknüpft mit den Feinden des Glaubens." Schon im Jahre 1799 hätten zehen irische Prälaten bei Lord Castlereagh die Sache ihrer Kirche verrathen, diese sei aber gerettet worden von den Laien und der niedern Geistlichkeit. Fromme Gottesgelehrte könnten schlechte Politiker, und heute wie damals Kirchenfürsten die Furchtsamsten in der Heerde sein. Heil und Rettung würden aber vielleicht, wie damals, im untern Klerus, im Volke liegen; denn man dürfe sich's nicht verhehlen: die eigentliche Frage, um die sich's handle, sei: „die Besoldung und die Knechtung der Kirche." Würde der katholische Klerus aber nicht einen großen Fehler begangen haben, wenn er die ihm gemachten Anträge zur Versöhnung hartnäckig zurückgewiesen? Wenn eine Kirche äußern Besiz haben will oder haben muß, so kann ihr derselbe nur durch den Staat gesichert werden, der auch den Besiz jedes Einzelnen und jeder Körperschaft sichert. Da aber jedes Recht im Staate an Bedingungen geknüpft sein muß, so hat insoweit auch der Staat Geseze für die Kirche zu machen. Billiger Weise wäre die Frage also nur: ob die Bedingungen, die der Staat bei jenem Geseze der Kirche aufgelegt, wirklich ins geistliche Gebiet übergreifen? Man hat dies zwar behaubtet, aber nicht bewiesen; daß drei hochgestellte Prälaten von unbescholtener Orthodoxie das Gesez nicht nur anerkennen, sondern sich auch an deßen Ausführung betheilen, spricht dagegen. Dem offenbaren Bedürfnisse der katholischen Kirche im britischen Reich nach einer unabhängigern Stellung der Geistlichkeit wäre freilich auf einmal am besten dadurch abzuhelfen, daß man das Kirchengut, das jezt die Hochkirche inne hat, auch nur zum Theil auf jene übertragen oder für den gleichen Zweck einziehen wollte. Zu einer solchen Maßregel aber ist einerseits die öffentliche Meinung noch nicht reif, und der Widerstand würde um so stärker sein, als man es für gefährlich hält ein großes Einkommen von liegenden Gütern der katholischen Geistlichkeit unbedingt einzuräumen; andererseits verschmäht diese eine Besoldung vom Staate, und will sich von deßen Seite keiner Beaufsichtigung oder Leitung unterwerfen. Einstweilen blieb daher kein Mittel, als dem Bedürfnisse durch die Erleichte-

rung von Schenkungen zu begegnen, und zwar so, daß ohne die Da-
zwischenkunft von andern als Kuratoren die Schenkungen unmittelbar
an eine Pfarre oder ein Bisthum (die von den Bischöffen unabhängigen
Ordensgeistlichen sind geflissentlich außgeschloßen) geschehen können. Unstreitig liegt der Bill nicht die Knechtung der römisch-katholischen Kirche, sondern der Zweck zu Grunde, diese in Irland in eine ach-
tungswertere äußere Lage zu bringen. Nach dem Außspruche des Journal des Debats bietet das Gesez dem irischen katholischen Klerus mehr
als der französische, mehr sogar als der belgische besizt, denn es verleihe
ihm „die Eigenschaft einer Zivilperson und stelle für ihn das Eigenthum der toten Hand wieder her.‟ Die irische Geistlichkeit hat es jezt
so ziemlich in ihrer Macht, Unabhängigkeit von unten wie von oben zu
erlangen, und daher steht zu erwarten, daß sie sich mit der Uebereinkunft
bald ganz außsöhnen werde.

Noch heutigestags sind die Statute der Elisabeth, genannt „the
statutes of premunire‟, welche den Verkehr mit Rom mit Strafe bele-
gen, in Geltung, ungeachtet die englischen Staatsmänner gewis oft
unangenehm empfunden haben, wie viel der Mangel einer diplomatischen Verbindung mit Rom den Interessen eines Staats wie England
schaden kann. Ist es nicht widersinnig, diplomatischen Verkehr mit dem
Großsultan und dem Großmogul zu pflegen, nicht aber mit dem gebildeten katholischen Rom, wo sich Jahr auß Jahr ein eine ganze Kolonie
reisender Engländer aufhält? Selbst Schweden, das römische Katholiken noch streng von allen bürgerlichen Rechten außgeschloßen hält, hat
seinen Ministerresidenten in Rom. Als sich aber das falsche Gerücht
verbreitete, die englische Regierung beabsichtige ihr ganzes Verhältnis
zu Rom zu ändern und dort eine Gesandtschaft aufzustellen, auch sei der
römische Hof nicht abgeneigt, ohne Mitwirkung der irischen Prälaten,
mit ihr ein Konkordat abzuschließen; da zeigte sich, daß viele der eifrigsten katholischen Organe Irlands mehr die Politik als die Kirche im
Auge haben. Sie unterschieden harscharf zwischen weltlichen und geistlichen Pflichten, zwischen kirchlicher Unterwürfigkeit und politischer Freiheit: sei es in der Ordnung, daß die Hierarchie ihrem römischen Ober-
haupt unbedingten Gehorsam leiste, so wüsten die Hochwürdenträger
doch auch allezeit für ihre Bürgerrechte einzustehn. In den Wochenver-
sammlungen des Dubliner Repealvereins fielen Aeußerungen wie folgt:
„Römische Theologie nehmen wir auß Rom an, so viel sie uns senden

wollen, römische Politik aber wollen wir nicht annehmen"; — „keine
Macht auf Erden, auch der Papst nicht, außgenommen die Königin,
die Lords und die Gemeinen, hat ein Recht weltliche Geseze für Irland
oder sonst einen Theil des britischen Reichs zu machen." Ein Sendschreiben auß Rom, vom Karbinal Fransoni, an den Erzbischof Crolly
ergangen, mahnte an Mäßigung und warnte vor der Theilnahme an
politischen Dingen; zuerst läugnete man den kanonischen Karakter des
Schreibens, und als dieser außer Zweifel gestellt war, legte man es sehr
frei auß: es verbiete den Geistlichen Irlands nicht alle und jede Theilnahme, schrieb der Erzbischof von Meath, Dr. Cantwell, sondern nur
das Zuviel, „Nimium addicti . . . nimium imprudenter" heiße es im
Texte, und auf diesem nimium liege der Nachdruck. — Die Abhängigkeit der Geistlichen der römischen Kirche von einer fremden Gewalt, von
der sie ihre geistliche Autorität empfangen, und die darauß folgende Ent-
bindung dieses Klerus von manchen jener bei den Protestanten anerkannten bürgerlichen Verpflichtungen sind mehr oder minder in allen
Ländern Merkzeichen jener Kirche. Dieses Verhältnis erscheint gewöhnlich in vorwiegend protestantischen Staaten mehr geschraubt als in katholischen, und man hat manche Beweise für das Paradoxon angeführt:
je katholischer der Staat, desto unabhängiger von Rom sei er im Laufe
der Zeit geworden. Jedenfalls haben protestantische Regierungen mit
katholischen Unterthanen dem römischen Stuhle gegenüber im Allgemeinen eine viel schwierigere Stellung als katholische Fürsten.
Besonders aber, meinte die Times, habe gerade der englische Eifer, der
lezten Spuren des Papstthums los zu werden, der römischen Kirche
eigenthümliche Gelegenheit geboten, im britischen Reiche einen Einfluß
zu behaupten, den sie sonst überall verloren. Nach Maße die tra-
dizionelle Politik England vermocht, alle Unterhandlung mit dem römischen Hofe zu ächten, ja, auch nur das Dasein einer Macht anzuerkennen, die es als ein für seine bürgerliche und religiöse Freiheit gefährliches imperium in imperio betrachtet, habe es in der That das Mittel
von sich geworfen, welches alle andere Staaten, beides katholische und
protestantische, anwandten, um ihren Unterthanen die Segnungen des
Friedens und sich selbst den Einfluß in kirchlichen Angelegenheiten zu
verschaffen, welcher nicht ungestraft aufgegeben werden kann, weder an
das Freiwilligkeitsprinzip noch an den römischen Papst. Die Gewalt
der römischen Kirche über ihre Glieder und ihren Klerus sei daher der-

malen im britischen Reiche unbeschränkter als in irgend einem europäi=
schen Lande, die kleinern italienischen Staaten ausgenommen; sie sei
nicht nur unabhängig vom Staate, sondern stehe ihm gewöhnlich auch
feindselig gegenüber. Die geistliche Autorität, welche die Gewissen des
irischen Volkes regiert, und die weltlichen Geseze, denen es verantwort=
lich ist, stehn wie in feindlichen Schlachtreihen widereinander. Eine
solche Macht sei für die öffentliche Wohlfahrt dann minder gefährlich,
wenn sie durch das Gesez definirt und geregelt, als wenn sie geheim
und unkontrolirt ist. „Mögen wir uns immerhin weigern ihr Dasein
anzuerkennen, gegen ihre Wirkungen können wir nicht blind sein; und
während wir derselben das Maß amtlicher Achtung versagen, welches
wir dem geringsten unter den Staaten Europa's zollen, besizt sie in der
That eine Kraft, womit sie, wenn sie wollte, ein Drittel des Vereinten
Königreiches zur Empörung aufreizen könnte.‟ Durch welche Fehler
der Politik denn die Macht des römischen Hofes gerade da am furcht=
barsten geworden sei, wo sie am wenigsten anerkannt? Es liege nicht
im Geiste englischer Geseze und Verwaltung, die Hand der Zivilgewalt
in kirchliche Dinge zu stecken, aber unmöglich könne die Zivilregierung
des Staats für immer die geistliche Regierung ignoriren, welche bloß
in Irland sieben Millionen Menschen anerkennen. In Canada gehöre
die römisch=katholische Geistlichkeit zu den loyalsten Unterthanen der
Krone, in England sei sie nicht unzufrieden; in Malta, Gibraltar und
den Kolonien französischen Ursprunges sei die römische Kirche ein Ge=
genstand von höchster Wichtigkeit für die Regierung. Kurz, die Ereig=
nisse, die Nothwendigkeit weise auf eine direktere und würdigere Art des
Verkehrs mit dem Batikan hin, als er bisher gepflogen worden zu ver=
schiedenen Zeiten. Sei indes diese indirekte Art ungeziemend für die
großen, bei solchen Unterhandlungen betheiligten Belange, so haben
doch die Anliegen des Friedens und der Versöhnung dadurch nichts ver=
loren. Die Times erinnern an die Zustimmung Roms zu dem Veto,
welches später durch die katholische Laienschaft von Irland vereitelt ward;
an den beruhigenden Einfluß des Papstes auf die canadischen Insur=
genten, und an seine Aechtung des Sklavenhandels.‟ In diesen und
andern Fällen konnten die Ordnung und Wohlfahrt der römisch=katho=
lischen Kirche und eine weise und duldsame weltliche Politik unbehin=
dert nebeneinander bestehn, und seitdem die englischen Geseze aufgehört
haben, die römischen Katholiken zu verfolgen und ihr Zivildasein zu

läugnen, gibt es keinen haltbaren Stillstand mehr zwischen dem nun dagewesenen Stande der Dinge und der Anerkennung jener Behörden, welchen die Katholiken, Kleriker und Laiker, eine kontrolirende Lenkergewalt ihrer geistlichen Angelegenheiten einräumen. Diese Behörden haben aufgehört für uns ein bloßer abstrakter Begriff zu sein, so müßen sie nach gerade auch als eine Realität behandelt werden." Bei den jezigen kirchlichen Zuständen Irlands fühlt sich im Grunde kein Theil befriedigt. Aendern, beßern auch möchte zwar ein jeder, bei jeglicher Regierungsmaßregel aber, wie wohlgemeint sonst, schlagen alle Parteien auß und leken grimmig wider den Stachel. Ferner erhellt, daß die kirchliche Bewegung in Irland von oben bis unten politisch durchhaucht ist. Es wäre Wunder nur, wenn es anders würde, so lange der alte Druck auf dem katholischen Irland lastet. Aber eben in dieser innigen Verbindung des politischen mit dem kirchlichen Prinzip, des volksthümlichen mit dem religiösen, liegt, bei längerer Dauer der normännisch-protestantischen Ungerechtigkeit, die Gefahr. Denn sie verstärkt beide, und selten ist das Volksthümliche und Religiöse im festen Bunde durch äußere Gewalt erwürgt worden. Das wißen die patriotischen Iren ebenso gut wie der helldenkende Theil der Polen, der seine vaterländischen Hoffnungen nicht auf traurige Verschwörungsversuche der Ungeduldigen, sondern auf die innere Wirksamkeit der lateinischen Kirche, im Gegensaze zu der russisch-griechischen, und den unverwüstlichen Kern der polnischen Landleute sezt. Daß es dem altirischen Orangismus anfängt etwas schwül zu werden, beweist unter Anderm der in dem (am 7. Nov. 1845) zu Armagh gehaltenen Meeting gefaßte Beschluß: „eine Gesellschaft unter dem Namen protestantischer Bund (Alliance) soll gebildet werden, um den wachsenden Gefahren, welche die irisch-protestantischen Interessen bedrohen, entgegenzuarbeiten." Man hoffte, daß viele Protestanten, welche am Orangismus nur den Namen nicht die Prinzipien mißbilligen, dem Bunde unter dem neuen Namen beizutreten sich entschließen würden. Zu dem gleichzeitig ernannten Außschuß, der im neuen Bunde das sein soll, was bei den Orangisten die „große Loge" war, gehören der Herzog v. Manchester, Marquis Downshire, die Grafen Roden, Enniskillen und Erne, Viscount O'Neill, die Parlamentsglieder Lord Edwin Hill, Oberst Verner und R. Alexander, sowie mehrere Friedensrichter und Doktoren.

Zur Kennzeichnung der englischen Ansichten über die irischen

Fragen war der parlamentarische Kampf, der sich fast zwei Wochen lang im April 1845 hinzog, in Betreff der erhöhten Geldbewilligung für das katholische Priesterseminar zu Maynooth durch den Staat, um das Dreifache ungefähr (von 9000 auf 26,000 Pf. St.), sehr merkwürdig. Dieses Seminar ward vor etwas mehr als fünfzig Jahren gegründet und seine Unterhaltung, bei der Unionsakte vom Jahr 1801, förmlich vom irländischen Parlament stipulirt. Zu dieser Epoche gab es aber nur etwa 4 Millionen Katholiken in Irland, heute durch die Zunahme der Bevölkerung über 7 Millionen; es erschien mithin billig, daß die Dotazion des Seminars in gleichem Verhältnisse erhöht werde, besonders da sie sich ungenügend erwiesen, den vollen Zweck des Instituts zu erfüllen, und die armen jungen Leute, welche eintraten, meist immer nur als Priester von sehr mangelhafter Bildung wieder herauskamen. Die Verbesserung, welche Peel mit Hülfe des jungen Englands und vorzüglich der Whigs durchsetzte, die auch bei dieser Gelegenheit ihre uneigennüzige Vaterlandsliebe glänzend bethätigten, war übrigens an keine Bedingung geknüpft; vielmehr war den irischen Prälaten zugesagt, daß seitens der Regierung keinerlei Einmischung in die Disciplin und Ordnung des Kollegiums stattfinden soll, außer einer alljährlichen Visitazion. Die Maynoothbill hatte deshalb die Wichtigkeit, weil Jedermann in ihr keine bloße Geldfrage, sondern einen Grundsaz sah, das offene Geständnis nämlich, daß man gegen Irland gerecht werden wolle, wozu die Bill ein Anfang. Das konservative Ministerium selbst gab zum erstenmal die entschiedene Erklärung: die Zeit der protestantischen Oberherschaft in Irland, wie solche sonst von dieser Partei verstanden worden, sei für immer vorüber. Bei dieser Gelegenheit war's, daß der Minister Sir James Graham sein früheres Wort: „die Zugeständnisse für Irland hätten ihre Gränze erreicht," feierlich zurücknahm und offen aussprach: Jahrhunderte hindurch sei Großbritanniens Politik gegen seine irischen Unterthanen grausam bis zum äußersten gewesen; erst habe man sie bekehren wollen, dann, als dies nicht gelungen, sie außrotten; doch auch dieser unmenschliche Versuch sei an der Zähigkeit der irischen Nazionalität gescheitert. In Wahrheit, ihr trauriges Geschick war das, welches Rußland jezt über Polen verhängt — gewis mit gleich schlechtem Erfolge. Die Whigs wünschten wegen der ganz unverhältnismäßigen Einkünfte der irischen Staatskirche (zwölf ihrer Prälaten theilen unter sich jährlich

¼ Million Thaler*) die Vermehrung der Subſidie für Maynooth auß
proteſtantiſch-iriſchem Kirchengute zu beſtreiten. Lord J. Ruſſell meinte,
die überreiche Außſtattung der iriſchen Staatskirche müſſe das Parlament recht bald in ernſte Erwägung ziehen, und erklärte feierlichſt, er
werde „den Verſuch machen, für das iriſche Volk diejenigen Abände-
rungen jenes Kircheneinkommens zu erwirken, welche die Gerechtigkeit
erheiſche.“ Ferner zeigte der edle Lord, wie noch jede Regierung ſeit
Pitt an den iriſchen Fragen geſcheitert ſei, und wie unendlich die Ge-
ſamtkraft des Reichs gewinnen würde, wenn man ſie endlich erledige.
Was vom religiöſen Standpunkte die Proteſtanten gegen die Bill vor-
brachten, war ganz unſtichhaltig, weil England zur Zeit der Union ſich
verpflichtet hat, Irland auf dem Fuße völliger Gleichheit zu behandeln,
und deshalb nicht berechtigt iſt, nun ſeine Religion als die alleinwahre
geltend zu machen und zu erklären, daß es der Religion Irlands jede
Gunſt verweigere; das zu überlegen war es bei den Unirungsverſuchen
Zeit, nicht nachher. Allerdings wird in Großbritannien nicht durch
den Staat, ſondern durch das örtliche Eigenthum der biſchöflichen
und der presbyteriſchen Kirche und durch die freiwilligen Beiſteuern der
verſchiedenen Diſſenterſekten die ganze Laſt kirchlicher Außgaben getragen; auch ward im Jahr zuvor das Anſinnen um Geldunterſtützung
für die „freie Kirche“ in Schottland oder für die „Akademie“ der
Geiſtlichen dieſer Kirche verworfen. Nun empfängt Irland im Gegentheil, ſagte man, als Zubuße zu ſeinem eigenen Kirchenvermögen —
welches jedoch von der proteſtantiſchen Staatskirche ganz verſchlungen
wird — 36,000 Pf. jährlich als regium donum für die presbyteriſchen
Geiſtlichen, und fortan 26,000 Pf. für Maynooth. Weit entfernt aber
daß Irland einen beſondern Anſpruch an die Staatskaſſe hätte, ſteuert
es dazu viel weniger als den verhältnismäßig treffenden Theil an
den Reichseinkünften. Die direkten Steuern im Betrage von 4 Mill. Pf.

---

*) Ein Parlamentsglied gab den Nachlaß von eilf proteſtantiſchen Prälaten Ir-
lands, die während der lezten vierzehn Jahre geſtorben waren, auf 1,875,000 Pf. St.
an — bloß der Biſchof von Caßhal hinterließ 400,000 Pf. oder 2,800,000 Thaler —
wie ſich auß der von ihren Erben bezahlten Einregiſtrirungsſteuer ergebe. Ein kleiner
Aderlaß für die iriſche Staatskirche war die Zehntenablöſungsbill, vermöge welcher den
ſehr „armen“ iriſchen Grundherrn 20 bis 25 Prozent von den Kircheneinkünften
zugewandt wurden, nichts zu Gunſten des Volkes. Desungeachtet leidet das proteſtantiſche Staatskirchenthum, wie man auß jenem Nachlaß ſieht, noch an einer ſehr
unapoſtoliſchen Vollblütigkeit.

und die 5 Mill. Pf. jährlich ertragende Einkommensteuer existiren in
Irland gar nicht. Es liefert in Allem 3 bis 4 Mill. Pf. St., und
nicht mehr, in die Staatskasse; ein Drittel der Bevölkerung des Vereinigten Königreichs steuert mithin nur ungefähr ¹⁄₁₆ der Staatseinkünfte, so daß für einen Staat von 8 Millionen Menschen Irland
wirklich der geringstbesteuerte in ganz Europa ist. England unterhält
also Irlands Militair= und Zivilstaat, führt Irlands öffentliche Werke
auß, besoldet dessen Magistrate, kurz, es veraußgabt für Irland Summen, welche das Haus der Gemeinen nimmermehr für englische Zwecke
bewilligen würde. Soll England zu allem dem auch noch für Irlands
römisch=katholische Kirche zahlen? So ungefähr sprach man. Aber was
ist denn schuld an der Massenverarmung dieses Landes! Auch wünscht
ja Irland nichts mehr, als daß die alten Einkünfte und Stiftungen
seiner Kirche, die für beide Kirchenparteien genügen würden, nicht
länger mißverwandt werden für einen vergleichsweise unnützen protestantischen Klerus. Hr. Ward, dessen Antrag den Zuschuß für Maynooth auß den Kirchenfonds und nicht auß Staatsmitteln zu nehmen,
vom Parlamente mit großer Mehrheit verworfen ward, berechnete, daß
die Annahme von Lord Morpeths vormaliger Bill, welche dahin ab-
zweckte, das Einkommen bloß derjenigen anglikanischen Pfarreien in
Irland einzuziehen, in denen weniger als 50 Protestanten leben, allein
56,000 Pf. St. Ersparnis jährlich geliefert haben würde zur Unterstüzung der katholischen Kirche. Die sogenannten bischöflichen Ländereien in Irland, alle ursprünglich Eigenthum der Katholiken, ertragen
allein jezt bei besserer Bewirtschaftung gegen 300,000 Pf. St. jährlich.
Bei solchem Reichthum der Wenigen, und da auch die Presbyterianer
in Nord= Irland eine Unterstüzung vom Staate für ihr Kirchenwesen
beziehen, sollten sechs Siebentel der Bevölkerung, welche zugleich die
ärmsten der Bewohner sind und denen man die Güter zur Dotirung der
andern Kirchen geraubt hat, allein leer außgehn? Wie schreiend ungerecht solches wäre, dennoch fühlen Tausende von denen, welche sich
Jahre lang bemüht, den Katholiken gleiche bürgerliche Rechte mit
den Protestanten zu verschaffen, namentlich unter den auß ihren eigenen
Mitteln bestehenden Dissentern, einen unüberwindlichen Widerwillen,
sobald es gilt, die katholische Kirche außzustatten, und das Einkommen
ihrer Priester auß öffentlichen Mitteln zu bestreiten. Ja, dieses Gefühl
ist so stark im englischen Volke, daß viele Whigs, indem sie für die

Bill Peels stimmten, so gut wie auf ihren Siz im Parlament Berzicht leisteten. „Wir geben unser Botum für die Maßregel," so sprachen sie großsinnig, „unbekümmert darum, daß wir dadurch unsern Parlamentssiz gefährden. Wir trozen der übeln Nachrede, unsern Siz wollen wir nicht mit Schmach behaubten, und verlieren wir ihn, so konnte es in keiner ehrenhaftern Sache geschehen." Auch bei diesen wichtigen Verhandlungen zeigte sich, wie sich auß den alten Parteien der Tories und Whigs auf breiterer Grundlage im Volke zwei neue Parteien bilden, deren eine zu gleicher Zeit jene milde Politik über Irland und das Prinzip der Handelsfreiheit, die andere die Grundsäze des protestantischen Supremats und der hohen Schuzzölle zu ihrem Wahlspruch macht.

Die bezeichnendste und zugleich rücksichtloseste Rede bei der ganzen Verhandlung war die des geistvollen Hrn. Macaulay, vormaligen whiggischen Kriegsministers, die ich daher im Außzuge nach der Allgemeinen Zeitung mittheile. Seine wohlerwogene Meinung, äußerte Macaulay, sei, daß die protestantische Staatskirche in Irland ein sehr schlechtes Institut — ja, von allen Kircheninstituten in der Welt, das widersinnigste, den gesunden Menschenverstand und das Rechtsgefühl empörendste sei, ein Institut, dessen Dasein sich nicht vertheidigen lasse. Alle für jene Kirche vorgebrachten Argumente seien bloße Außflüchte, mit denen politische oder konfessionelle Rechthaberei der ins Gesicht starrenden Wahrheit zu entgehn suche. Kein einziger Redner habe zu sagen gewagt: „Die Kirche von Irland ist eine gute Anstalt, sie besteht zu diesen und jenen Zwecken, und ich will beweisen, daß sie diesen Zwecken entspricht." Noch niemals habe er eine Apologie der Staatskirche von England und Schottland gelesen, in der nicht implizite eine bittere Satire auf die Staatskirche von Irland gelegen. Reisende auß allen Weltgegenden, Protestanten wie Katholiken, welche Irland besucht, bezeichneten sie als einen schauderhaften Mißbrauch, wie kein ähnlicher in der ganzen zivilisirten Welt zu finden sei. In keinem andern Lande, weder der neuen noch der alten Welt, genieße die Minderzahl der Bevölkerung solche außschließliche Privilegien. Ja, im britischen Reiche selbst bestehe diese irische Kirche als ein Außnahmsfall; weder in Indien noch in den Kolonien mache die anglikanische Kirche Anspruch darauf, inmitten andersgläubiger Völkerschaften als eine Staatskirche zu bestehn; nur das eine arme Irland biete das Schauspiel einer Bevölkerung von acht Millionen Seelen mit einer Kirche welcher nur 800,000 von den acht Millionen angehören. „Man hat öfters geltend zu machen gesucht, die irischen Protestanten, wiewol die Minderzahl, müßten eine Staatskirche haben, weil sie einen großen Theil des Grundes und Bodens der Insel, und dazu die höhere Intelligenz besißen. Ich will nicht untersuchen, wie die Protestanten in Irland zu all diesem Eigenthum gekommen sind, denn ich würde damit alte moralische Beulen aufstechen, welche beßer geschloßen bleiben; (hört!) ich will auch nicht untersuchen, ob solche Katholiken wie die HH. O'Connell und Lalor Shiel nicht etwa soviel Geist und brauchbares Wißen, kurz soviel Intelligenz im Kopfe tragen als die intelligenteſten unserer sehr intelligenten protestantischen Brüder jenseits des St. Georgkanals; dies wenigstens werd' ich, ohne irgendwem zu nahe zu treten, annehmen dürfen, daß auch das protestantische Irland nicht auß eitel Genies besteht, und daß protestantische Dummköpfe so gut möglich sind wie römisch-katholische; ja, ich hab mir sagen laßen, daß dergleichen Exemplare hin und wieder wirklich vorgekommen sind, ohne in Naturalienkabinette gestiftet zu werden „ihrer Seltenheit wegen." Aber angenommen mit der höhern Intelligenz der irischen Protestanten hab es, ohne alle windige Prahlerei, seine Richtigkeit wie mit ihrem größern Reichthum, so sag' ich nur dieses: wer ein solches Argument zu Gunsten einer Staatskirche aufstellt, der hat keinen Begriff von dem Was? und Warum? einer Kirche. Ohne Zweifel gibt es Fälle in denen das Vermögen mehr zu gelten hat als die Anzahl; so z. B. in einer Eisenbahn-Kompagnie, da ist nichts billiger als daß ein Akzionnär mit fünfhundert Akzien mehr Stimmen hab als fünf Akzionnäre mit je einer Akzie. Auch eine Vermögensqualifikazion für Parlamentsmitglieder will ich allenfalls gelten laßen; denn obwohl Reichthum und Intelligenz an und für sich nichts weniger als korrelative Begriffe sind, so ist doch, wo es sich um eine legislative Norm im Großen handelt, der Vermögenszensus vielleicht die einzige anwendbare Regel, indem man von der Maxime außgeht: wer kein Eigenthum hat, besißt nicht die Mittel sich die erforderliche Geistesbildung zu verschaffen. Aber diese Analogie auf die Kirche anzuwenden, das ist bare Thorheit. Bei der Gründung einer Kirche sind fünf arme Menschen offenbar mehr zu berücksichtigen als ein reicher. Der Prediger ist für den Mann der eine Bibliothek der besten theologischen Werke besißt, in welcher er täglich mit einem Barrow, Leighton oder Hooker geistigen Verkehr pflegen kann, minder wichtig als für den Mittellosen, der sich keine Bücher kaufen kann, und, wenn er sie auch hätte, sie zu lesen keine Zeit hätte. Sind die irischen Protestanten wirklich geborne Gelehrte, wie man von ihnen rühmt — ei, den Gelehrten ist gut predigen, und sie predigen sich am Ende selber; die Katholiken aber, die, wie ihr sagt, geistig so sehr zurück sind, die bedürfen eben deshalb um so mehr guter Lehrer und guter Geistlichen. Nicht für Lords, Baronets oder reiche Kaufleute mit 4000 bis 5000 Pf. St. jährlicher Einkünfte bedarf es einer Staatskirche, denn würde diese morgen abgeschafft, so hätten sie immer noch ihre Tempel, Kathedralen und silbernen Kommunionkelche. Aber was hilft dem Armen das Freiwilligkeitsprinzip? Soll er ohne Religionsunterricht bleiben? Das wäre sehr traurig. Soll er dafür bezahlen? Das wäre eine schwere Belastung seiner geringen Mittel. Soll er sich die Religionslehre als ein Almosen zufließen laßen? Das wäre eine zugleich unsichere und demüthigende Art. Darum bin ich nicht für das Freiwilligkeitssystem, sondern lobe mir ein festbegründetes Haus Gottes, welches auch dem Aermsten offen steht, nicht auß Gunst, sondern als Recht. (Zuruf) Aber findet alles dies Anwendung auf eine Kirche wie die irisch-anglikanische? Nein! denn der Bestand dieser Kirche, welche die Bibel und wieder die Bibel voranstellt, ist ein Spott auf die Bibel, ist die Umkehrung jedes Grundsazes, worauf eine jede kristliche Kirche gegründet sein sollte, und die Hungrigen gehn leer von ihrem Tische. (Hört!) Sie ertheilt nicht dem Volke religiösen Unterricht, und annoch sind die Hirten ohne Heerden. Man hat für sie angeführt, sie sei eine proselytenmachende Kirche; das sehr ehrenw. Mitglied für die Universität Oxford hat gesagt: „„Ihr müßt die Expansivkraft des Protestantismus in Anschlag bringen, und wenn jezt auch zu viele Bischöfe in Irland sein sollten, so werden ihrer zu wenige sein, sobald der Protestantismus sich außdehnt, wie wir erwarten dürfen."" Andere ehrenw. Mitglieder haben der irischen Staatskirche einen missionären Karakter beigelegt, indem sie bestimmt sei, den Protestantismus in Munster und Connaught zu stärken. Ach! hätte Sir T. Cecil oder Sir N. Bacon sich auf diesen Gesichtspunkt gestellt, dann wär' es begreiflich gewesen, aber nachdem diese Kirche von 1560 bis 1845, also 285 Jahre lang bestanden, ohne irgend einen Fortschritt zu machen, so klingt es wahrhaft abenteuerlich, wenn noch jezt ehrenw. Herren von dem Missions- oder Bekehrungsberuf der irischen Kirche sprechen wollen. Ist sie nicht aufrecht gehalten worden in Ehren und Würden durch den Schuz des Gesezes, und sogar durch einen Pönalkoder? Und was das Geld anbelangt, gab es jemals und irgendwo auf Erden kristliche Pfarrer, die für so wenig Thun soviel bezahlt erhielten, oder gab es je Bischöffe die halb soviel dafür bekamen, daß sie zweimal so wenig leisteten? Und doch nach all diesem Schuz und nach all dieser Treibhauspflege — was finden wir? Eine Bevölkerung der eifrigsten Katholiken in der Welt. Wo sie vor drei Jahrhunderten stunden, da stehn die Irländer noch jezt. Ihr habt ihre Leiber bezwungen, nicht ihre Herzen, nicht ihren Väterglauben. Ja, ihr seid kaum im Stande gewesen eure eigenen Gränzen, den Pferch eurer eigenen englischen Kirche vor diesem mächtigen Romanismus zu schüzen, und bis auf diesen Tag kommen in Irland je zehn Katholiken auf ein Mitglied der bischöflichen Kirche. Wie ist ein solcher Zustand der Dinge entsprungen? Mir scheint, der große Fehler lag in dem Mechanismus, den wir in Irland in Anwendung brachten. Es gibt viele Regierungsmaschinen, welche auf die nämliche Weise wirken, gleichviel ob das Volk die Regierung liebt oder haßt; aber ein anderes ist es bei einer Kirche, deren Aufgabe es ist die Gemüther und die Geister der Menschen zu gewinnen. Was ist in Irland verhaßter als die protestantische Kirche? Und dazu der große Irthum, die Außbreitung des Protestantismus von einer Parochialgeistlichkeit zu erwarten! Pfarrgeistliche waren niemals glückliche Heidenbekehrer und Proselytenmacher. Wo die römische Kirche große Wirkungen bezweckte, da wandte sie niemals ihre seßhaften Weltgeistlichen an, sondern ihre wandernden Mönche. Erwäg' ich wie ganz und gar die irische Staatskirche ihre Pflichten, alle Aufgaben ihres Berufs verabsäumt hat, so trag' ich kein Bedenken zu sagen: ihre Geschichte ist die tiefste Schmach des Protestantismus. Erst 125 Jahre nach der überreichen Dotirung dieser Kirche ward eine Uebersezung der heiligen Schrift in die ersische Sprache veranstaltet, und selbst das that nicht die Kirche, sondern ein guter und frommer Privatmann auß eigenem Antrieb — Robert Boyle. Dechant Swift hat vor länger als hundert Jahren bemerkt: der Akt der Ordinirung sei die einzige geistliche Handlung, die ein irischer Bischof zu verrichten habe, und betrachte man die Leute, die sie ordiniren, so müße man beklagen, daß sie nicht auch dieses Geschäft aufgeben. (Gelächter.) Außerdem, bemerkte Swift weiter, habe ein irischer Prälat nur noch das Geschäft, sein Patronat unter seinen Verwandten zu vertheilen und in Dublin das politische Wetterglas zu beobachten. Mancher jezt Lebende erinnert sich noch, daß die Einkünfte des fettesten Bisthums in Irland vergeudet wurden an den Gestaden des Mittelmeers von einem Prälaten, dessen Briefe sehr unähnlich den Episteln des h. Johannes oder St. Pauli zu lesen sind — litterae non erubescunt — in der Korrespondenz der Lady Hamilton. (Hört! und Gelächter.) Ist es denn ein Wunder daß, so lange ein guter Theil des bischöflichen Klerus in Irland auß solchen feinen Gesellen besteht, während der katholische Priester inmitten der Verfolgung, die jeder üppige protestantische Junker gegen ihn üben darf, in den Hütten voll Elend, Schmuz und Krankheit die Kinder unterrichtet, die Unglücklichen tröstet und dem sterbenden Landmann das Kreuz des Erlösers vor das brechende Auge hält — daß, sag' ich, der Protestantismus dort keine Fortschritte macht? Zwar der Absentismus der bischöflichen Geistlichen hat sich in den lezten Jahren vermindert, aber noch immer ist die Zahl derer, die nicht auf ihren Pfründen leben, nur allzu groß; worüber man freilich kaum erstaunen kann, wenn man weiß, daß es noch im Jahr 1835 erwiesenermaßen 860 protestantische Pfarreien in Irland gab, die keine 50 Pfarrkinder hatten."

Die Staatskirche, fuhr Hr. Macaulay fort, habe keinem ihrer behaubteten Zwecke entsprochen, weder Proselyten gemacht, noch Ruhe im Volke und Anhänglichkeit an das britische Regiment erzeugt — vielmehr das gerade Gegentheil. So dürfe er wol im Namen des gesunden Menschenverstandes fragen: wozu die Anstalt bestehe, und wozu sie erhalten werden solle? Zwar es gebe viele Institute, die an und für sich schlecht seien, welche aber auf einmal abzuschaffen, unklug und gefährlich sein würde; allein dann seien sie nun einmal mit dem Boden, worin sie wurzeln, mit dem Volke, worin sie bestehn, aufs innigste verwoben und verwachsen, wie, beispielshalber, die Polygamie in Indien, welche nicht durch ein Regierungsdekret plözlich aufgehoben werden könnte, ohne eine allgemeine Empörung in jenem Theile des britischen Reichs zu veranlaßen. „Eine protestantische Staatskirche ist an und für sich ein gutes Institut, aber sie ist ein schlechtes, ein durchauß schlechtes geworden in Irland durch ihre eigenthümliche Stellung, und weit entfernt mit der Sympathie und den Gewohnheiten der großen Volksmasse verwachsen und verwurzelt zu sein, ist sie vielmehr so zu sagen in die Luft gebaut, und .die Antipathie des Volks erscheint als ein Haubtgrund, der ihre Abschaffung rathsam macht. Man hat gesagt, eine Antastung der irischen Kircheneinkünfte würde viele von den irischen Protestanten England entfremden, und sie, welche bisher die wärmsten Freunde der Union gewesen, in Repealer verwandeln. Aber die englische Geschichte beweist, daß sich eine sichere und dauerhafte Einigung des Reichs nur auf der Basis einer vernünftigen und gerechten politischen Union begründen läßt. Während·der 28 Jahre da England den Schotten eine anglikanische Staatskirche aufzuzwingen versuchte, bot Schottland ein Schauspiel von Gräueln, Blutvergießen, Anarchie und Elend dar, wie es sogar in Irland nicht vorgekommen. Endlich wird dieser wahnsinnige Versuch, den Nachbarn jenseits des Tweed das ihnen verhaßte Prälatenwesen aufzunöthigen aufgegeben, und von da an erwuchs zwischen den beiden Ländern eine so enge und starke Freundschaft, daß der älteste Zeitgenosse sich nicht mehr erinnern kann, auß dem Munde eines Schotten den Wunsch nach Trennung der legislativen Union zwischen ihnen gehört zu haben. Ganz verschieden ist Irland behandelt worden, und darauß erklärt sich, warum Irland so ganz verschieden von Schottland gegen England gesinnt ist. Ich kann nicht gerade sagen, wie dem in Irland bestehenden Kirchenübel sogleich abgeholfen werden soll (hört! von den Ministeriellen), denn es hat allerdings seine Schwierigkeiten; aber gewis, wenn erst einmal zur Heilung geschritten wird, so werde ich das Heilmittel um so lieber unterstützen, je stärker und durchgreifender es ist. Wer auch im Amte sein mag, früher oder später muß das Heilmittel angewandt werden; von einem liberalen Ministerium auß Grundsaz, von einem konservativen — auß Furcht. (Hört!) Ja, wir haben jezt einen Schlüßel zum Geheimnis der Regierungspolitik erhalten. Der Hr. Baronet an der Spize der Verwaltung hat in dieser Beziehung eine Lektion ertheilt — eine Lektion, welche zu lehren die Herrscher langsam sein sollten, denn die Völker lernen sie sehr geschwind — daß das Mittel von ihm Zugeständniße zu erlangen die Agitation ist. (Hört!) Dies ist schon allzu lange die in der Praxis befolgte Maxime Englands gegenüber von Irland, und es ist betrübend zu denken, daß jede Epoche, auf welche Irland mit Zufriedenheit zurückschauen kann, eine Epoche der Gefahr und des Unglücks für England war. Nur in solchen Zeitabschnitten machte Irland einen Schritt vorwärts für seine bürgerliche oder religiöse Freiheit. Zwei

Menschenalter hindurch sprachen Englands geistvollste und beredteste Staatsmänner, ein Wyndham, Burke, Pitt, Fox, Romilly, Wilberforce, für die Katholikenemanzipazion, sprachen vergebens für sie — endlich ward diese große Maßregel binnen wenigen Monaten zugestanden, zugestanden der katholischen Assoziazion, der Wahl für die Grafschaft Clare (O'Connell) und der Furcht vor einem drohenden Bürgerkrieg. (Hört!) Seitdem hat man das No Popery=Geschrei wieder erhoben und eine Partei zur Macht gebracht, welche, solange sie in der Opposizion war, sich immer feindselig gegen die Katholiken bezeigte, die milde Verwaltung der Whigs in Irland boshaft schmähte und den dortigen Katholiken ihr ohnehin schmales parlamentarisches Wahlrecht noch mehr zu schmälern suchte. Ein Ministerium ward gebildet auß Staatsmännern, deren einer die Irländer Fremdlinge in Blut und Glauben nannte, während ein anderer die Bildung eines protestantischen Vereins gegen den gemeinsamen Feind, das um sich greifende Papstthum, anempfahl. Von solchen Ministern erwarteten wir alle neue Zwangs= und Unterdrückungsmaßregeln gegen Irland, und siehe da! sie überraschen uns mit Maßregeln der Milde und der Versöhnung. (Hört! und Lachen.) Die Liberalen freuten sich darüber, aber sie waren berechtigt, eine Erklärung dieser Aenderung, dieses von den Tories an ihren Ideen begangenen Plagiats (Gelächter) zu erwarten; die Antwort auf ihre Frage war leider: die Monster=Meetings von 1843 seien furchtbar gewesen, und unsere Verhältnisse zu den Vereinigten Staaten seien dermalen nicht der befriedigendsten Art. Der Grund des jezigen Zugeständnisses ist also offenbar in dem Unbehagen zu suchen, worein die H.H. Polk und O'Connell J. Maj. Regierung zu versezen gewust haben. (Gelächter.) Ich appellire an die conservativen Mitglieder dieses Hauses selbst: was muß zulezt bei dieser Politik heraußkommen, welche nichts dem Prinzip, alles der Furcht einräumt? (Hört, hört!) Ihr habt den Whigs, als sie im Amte waren, Servilität gegen die irischen Demagogen vorgeworfen; aber ihr müßt gestehn, die vorige Regierung unterstüzte niemals eine Maßregel, die nicht in strengem Einklange mit ihren Grundsäzen war, und zu ihr durfte man daher die Zuversicht hegen, daß sie an einem gewissen Punkte Halt machen würde. Wir unterstüzten die Katholikenemanzipazion und die irische Munizipalreform, weil wir diese Ansprüche der Iren als gerechte betrachteten, und in gleichem Sinne unterstüzen wir jezt, zum

Theil mit Gefährdung unserer Parlamentssize, die Maynooth-Bill, und würden auch einen Antrag auf Hebung der Misbräuche in der irischen Staatskirche unterstüzen; aber zu jenem verhängnisvollen Schritte, der Auflösung der legislativen Union, würden ich und meine politischen Freunde niemals unsre Zustimmung geben. Wir würden's nicht, und stellte auch ganz Europa an uns diese Forderung, und hätte ein Napoleon nochmals ein Invasionsheer bei Boulogne versammelt — wir würden nicht nachgeben, bis wir alles gewagt und verloren hätten, und die Welt erschüttert wäre durch den Kampf des englischen Volks für Wahrung seiner Rechtseinheit. (Zuruf.) Die wahrhaft weise Politik ist: was man gewährt, freimüthig und gern zu gewähren — was man verweigert, entschloßen zu verweigern, damit alles eiteln Hoffens und Wünschens der Menschen ein= für allemal ein Ende sei. Aber eure Politik, ihr Konservativen! — die Art wie ihr vorenthaltet, erweckt nur die Begierde; die Art wie ihr Zugeständnisse macht, erzeugt Verachtung. Ich bin überzeugt daß, wenn erst der jezige Vorschlag angenommen ist, nicht viele Monate vergehn werden bis derselbe Mechanismus, welcher die Katholikenemanzipazion erpreßte, wieder in Bewegung gesezt wird, und es ist meine zuversichtliche Meinung daß, wenn die jezige Verwaltung noch ein par Jahre im Amte bleibt, und wir in einen Krieg mit Frankreich, Amerika oder sonst einer Großmacht verwickelt werden, die Minister ihre jezige Stellung zur irischen Kirchenfrage ganz aufgeben werden, wo dann der Hr. Baronet (Peel) selbst eine im Geiste der jezigen Mozion Hrn. Wards entworfene Bill ins Haus bringen dürfte.. Und so protestire ich denn nochmals gegen diesen schnöden Brauch, in Zeiten der Gefahr Zugeständnisse zu machen, die man in ruhigen Tagen vorenthält. Sollte die nächste Post aus Amerika die Kunde bringen von der gütlichen Ausgleichung der Oregonfrage, so werde ich dem irischen Volke darum nicht mehr und nicht weniger bewilligen, als ich bewilligen würde, wenn Irland im hellem Aufstand wäre, und dreißig feindliche Linienschiffe der Franzosen oder Amerikaner im St. Georgskanale schwämmen.‟

XV.

Schlußbetrachtung.

"Friede durch Freiheit."

Indem ich die Hauptzüge des englischen Staats- und Volkslebens noch einmal zusammenfasse, will ich versuchen, sie zugleich an die allgemeine Entwickelung und die Zeitbedürfnisse anzuknüpfen, mit Augenmerk auf Deutschland. Nach zwei Richtungen wird sich diese Betrachtung naturgemäß scheiden, der kirchlichen und politischen. England hat die natürlichen oder wesentlichen Elemente seiner Verfassung, wie Montesquieu schon erkannte, auß den Urwäldern Germaniens hinübergepflanzt. Namentlich ist die gegliederte Vertretung ein theutonisches Ur- und Wurzelgewächs, das Jahrhunderte lang in Deutschland einen Baum trieb, höher, stattlicher und astreicher denn sonstwo; wenn dann leider auch die Entwickelung desselben hier ein ganzes Zeitalter hindurch durch innere Wirren und Ungemach gestört und verkümmert ward, vielleicht — wer tröstet sich nicht gern mit Hoffnung — damit Zweige und Krone seines alten Stammes dereinst sich um so herlicher und freier entfalten. So weit die Geschichte hinaufreicht, war Vertretung die dem germanischen Geiste entsprechendste Gesellschaftsform, waltete ihr Hauch in den Sizen unserer Väter, in der Gemeine (vicus), im Gau (pagus), in den großen Volksversammlungen; sie lebt in Norwegen und Schweden, in England finden wir sie wieder in Gemeine, Stadt, Bezirk, Grafschaft, Parlament, und in Nordamerika entwickelt sie mit dem deutschen Wesen fast ein urfrisches Leben, das an die eigene Jugend unseres Volks gemahnt. Aber auch die Verfassung der kristlichen Kirche ist ursprünglich auf gegliederte Vertretung gegründet: nur diese freie

Form kann ihrem ewigen wahren Inhalte vollkommen genügen. Sie nur entspricht der hohen kristlichen Absicht, nicht bloß den Menschen dem Menschen näher zu bringen, sondern alle Völker in Freiheit miteinander zu vereinen — dem heiligen Ziel, einen Bund der Menschheit zu stiften. Ja, die organische Kirchenvertretung in reicher Gliederung von der Gemeine bis zum Ganzen, dessen Haubt Kristus, der Gottmensch, ist, wenn vorall in kirchlicher, so doch auch in nazionaler und weltbürgerlicher Hinsicht ein großer fruchtbringender Gedanke, der zwar mit dem Kristenthum gegeben, doch in Wirklichkeit noch nie zu allgemeinen festen Gestaltungen es gebracht hat.

Je mehr nun die germanische Naturform dem kristlichen Geiste entsprach, desto empfänglicher war sie auch für dessen Aufnahme. Der jungfräuliche deutsche Boden war der bereiteste, den in ihn gepflanzten Kern kristlicher Wahrheit herlich zu entfalten, und auserlesen, sein Wachsthum und seine Krone über der ganzen Welt emporzuhalten. Die Naturfreiheit und Kraft der Germanen bildete den jugendfrischen sehnigen Leib, in welchen die kristliche Freiheit des Geistes als die unsterbliche Seele und das geistig belebende Prinzip einzog, zum Siege des Kristenthums. Diesen Einzug hielt sie zuerst in England bei den Angelsachsen, später in Deutschland, wo nach einer vielseitigen Entwickelung die welthistorische Bewegung der Kirchenreformazion ihren Haubtherd fand. Zweimal verjüngte so das Germanenthum auß unerschepflichen Bronnen die geschwächte Welt: zuerst, als es, noch ein Naturkind, eben das Sakrament der Taufe empfangen, im Blute und in leiblicher Befruchtung durch die Scharen der Völkerwanderung; zum andernmal im Geiste durch die Reformazion, als das Germanenthum, nun zum Manne gereift, seine große Konfirmazion begieng, vor Gott und der Welt feierlichst sein Glaubensbekenntnis ablegte und hierauf zur Feier der geistigen Gemeinschaft mit Jesu Krist das Sakrament des Abendmals nahm.

Es konnte inzwischen nicht fehlen, daß bis auf diese Zeit die alte nazionale Naturkraft häufig in Streit gerieth mit dem Geiste der Kirche, welche in der streng hierarchischen Verfassung und durch sonstige Institute, namentlich Zölibat und Mönchsorden, ihre Kräfte im Kampfe gegen die rohe Gewalt zu sammeln, zu mehren und zu verschärfen gesucht hatte. Den allgemeinsten Außdruck dafür bilden die Zwistigkeiten zwischen Kaiser und Papst, den Vertretern der geistlichen und der weltlichen Richtung und den eigentlichen Faktoren des Mittelalters. In Folge dieses Kampfes sowol als wegen seines Aufhörens auß Schwäche der beiden Weltrepräsentanten, in welcher diese gerade wieder ihren Versöhnungspunkt fanden, hatten sich die wirklichen Zustände, troz der geistigen Fortschritte, trübe gestaltet; die öffentlichen Verhältnisse lagen wirr und zerrissen da, auf beiden Gebieten, des Staats wie der Kirche, war Verwilderung eingebrochen und das Prinzip der Vertretung in Gefahr. Die hierarchische Ordnung, welche sich allmählich festgesezt hatte, gestattete in ihrer Starrheit keine wahre Gemeindevertretung mehr, wie sie sich in den ältesten kristlichen Zeiten bereits gebildet; und die Gewalt des Papstthums, auf diese Ordnung gestüzt, drohte die organische Vertretung der Kirche überall vollständig aufzulösen. Hiegegen erhub sich nun in der Reformazion, von der Schweiz auß, eine Haubtrichtung, die den gröften Nachdruck eben auf die Gemeine, die Vertretung und die Verfassung überhaubt legte, und die, außer der Schweiz, namentlich in vielen Gegenden Niederdeutschlands, in Holland, England und Schottland Boden gewann. In diesen Ländern hat der Protestantismus das Vertretungsprinzip zum Theil auch auf kirchlichem Gebiete gerettet, am reinsten und harmonischsten vielleicht noch in der hervormden Kirche Hollands und in der presbyterischen Kirche Schottlands. Ueberhaubt aber leuchtete über Großbritannien ein günstiger Stern. Denn wenn auch durch die dänischen Verwüstungen und die Verwilderung des Volks in Folge davon, und später vorzüglich durch die normännische Eroberung das Anfangs durch das Kristenthum verstärkte Vertretungswesen dort bedeutend geschwächt worden war, namentlich in Kirche und Gemeine, deren Rechte der Lehensadel und die Bischöffe verschlungen; so behaubtete es sich doch fortwährend in der Gesamtverfassung, und gieng hier endlich auß allen Kämpfen in großartigster und umfassendster Gestalt siegreich hervor.

Der Protestantismus hat — das ist die ihm unbestrittene geistige That — zur modernen Wissenschaft den Antrieb gegeben, namentlich als Forschung und als Kritik. Was er durch den Sturz einer in Formen erstarrten Scholastik aber im Reiche des Verstandes entwickelt hat, kömt der Menschheit überhaubt zu Gute. Die schwache Seite der katholischen Priesterschaft ist noch immer das Zurückbleiben im Wissen, daß sie nicht verstand, Wissen und Glauben gehörig zu vermitteln. Freilich hat man nicht ganz ohne Grund gesagt: in der Verwilderung des Glaubens auß Mangel an Wiffen, wie im Mittelalter, stecke doch noch etwas Liebe und etwas Brod; während nichts als Eigendünkel und nichts als Stein in der Verwilderung des Wiffens durch Mangel an Glauben stecke. Allein nichtdestoweniger dürfte der katholischen Kirche eine Erneuerung des Klerus am meisten noththun, besonders in Erweiterung des wiffenschaftlichen Horizonts, durch Sprengung der Feffeln scholastischer Formbeschränktheit und durch Verzichtleistung — namentlich in den südromanischen Ländern — auf die Stüze des weltlichen Arms und der weltlichen Polizei. Auch bewahrte der Protestantismus eine freiere Bewegung selbst in jener traurigen Zeit, wo, nach Schwächung des kirchlichen Prinzips durch die langen Religions-kriege, der kirchliche Zwiespalt hinter die Politik der Höfe zurückgetreten war. Desungeachtet blieb für die Völker das getrennte Religionswesen fortdauernder Nahrungsstoff gegenseitiger Anfeindungen und Bedrük-kungen, daher denn auch — mag sonst auf höherm Standpunkte des Erkennens die Einsicht vergönnt sein, daß auch diese Gestalt der Dinge für die weitere Entwickelung des geistigen Lebens, für den großen Pro-zeß der Befreiung des menschlichen Bewustseins ersprießlich gewesen — der von Zeit zu Zeit auftauchende Wunsch gerechtfertigt: einen Weg aufzufinden, die gespaltene Kirche wieder zur Einheit zu führen, ein-gedenk, daß ihre Bestimmung ist, ein Band des Friedens und der Liebe zu sein, welches das Leben aller Völker umschlingt. Es bezeichnet einen ungewöhnlichen Fortschritt in der allgemeinen Erkenntnis, daß dieser Weg nicht mehr in gegenseitigen äußern Zugeständnissen, sondern end-lich in der Freiheit der Entwickelung allein gesucht wird, we-sentlich mithin in Außbildung angemessener Formen der kirchlichen Ver-tretung. Denn gerade damit Friede werde in Wahrheit, ist zweierlei unumgänglich: die Rechte und die innere Entwickelung je-der Kirche müssen ihr gesichert sein, und die Theilnahme an kirchlichen Dingen muß geweckt, die Bewegung eine allgemeine werden. Beiden Erfordernissen kann aber nur durch eine Kirchenver-faffung genügt werden, welche, auf organischer Vertretung von den Gemeinen bis zur ganzen Kirche beruhend, die Gewähr ihrer Unab-hängigkeit und ihrer Freiheit in sich selbst trägt. Hinter die Reforma-zion dabei zurückzugehn, etwa auß kirchlich-politischen Einheits-gründen, ist unmöglich und hieße die Natur der Dinge verkennen. Auch gehört der Anfang und Fortgang der politischen Entkräftigung

und Erniedrigung des deutschen Nazionalwesens nicht dem Kirchenstreite
des 16. Jahrhunderts, sondern dem frühern an, der durch den Sturz
des hohenstaufischen Kaisergeschlechts das Reich in Reichsstaaten zer=
trümmert und die deutsche Nazion, statt Kaiser und Parlament, den
Reichsfürsten unterthan gemacht hatte. Die für die Reformazion der
Kirche erregte Bewegung ist nur in eine schon vorhandene Richtung
eingetreten, welche der Entwickelung des Nazionalstaats im deutschen
Reich ungünstig, in England aber günstig war. „Wenn ihr Gang,‟
sagt K. Ad. Menzel in seiner neuern Geschichte der Deutschen trostreich,
„dem Wiedererwachen und Erstarken eines politischen Gemeingeistes
mehr hinderlich als förderlich geworden zu sein scheint, so hat sie doch
in der allgemeinen Theilnahme an kirchlichen Dingen und religiösen
Ideen den Deutschen während ihrer Zersplitterung diejenigen geistigen
Lebensstoffe zugeführt, welche zwei Jahrhunderte hindurch ihrem Ge=
schichtsleben eine eigenthümliche Bedeutsamkeit verliehen haben, und
dereinst, wenn die Wiedergeburt des Nazionalgeistes vollbracht sein
wird, bei künftigen Geschlechtern die Wege Gottes, auf welchen das
deutsche Volk für die Vorstandschaft eines wahrhaft heiligen Reiches
kristlicher Gesittung erzogen und bereitet worden ist, rechtfertigen, die
Ungeduld, welche zwei oder drei trübe Jahrhunderte für eine ganze
Weltzeit zu halten geneigt ist, beschämen werden.‟ Auch ward den
protestantischen Gemeinen durch die Ausübung mancher Rechte, Errich=
tung ihrer Kirchen und Schulen, Berufung ihrer Prediger und Schul=
lehrer, Erwählung ihrer Kirchenbehörden und eigene Verwaltung in
größerm oder minderm Grade eine Art Vertretung zu Theil, bei welcher
„der Gemeinsinn ein von der Nazionalgeschichte unbeachtetes Stillleben
führte.‟ Die Predigt= und Lehrämter gewährten Bürgern und Bauern
einigen Ersaz für die großen Vorrechte des Adels, für dessen Söhne sie
keinen Reiz hatten, und beförderten, da den protestantischen Geistlichen
kein Zölibat auflag, den Anwachs eines gebildeten Mittelstandes zwi=
schen dem Adel und den untern Volksklassen, der für die Wissenschaft
und die gesamte geistige Entwickelung der Nazion von der höchsten Be=
deutung ward*). Wie durch die Theilnahme an der kirchlichen Ber=

---

*) Dieser wichtige Punkt ist auch für die sehr verschiedene Entwickelung von Eng=
land und Irland in Anschlag zu bringen. Was verdanken Deutschland und Großbri=
tannien nicht den Söhnen protestantischer Geistlichen!

waltung der Gemeinsinn, so ward durch die Einflüsse der Predigt und des theologischen Schriftthums das Denken mehr beschäftigt als in den katholischen Ländern, wo den Gemeinen entweder keiner oder ein minder bedeutender Antheil an den Aeußerlichkeiten des Kirchengutes gestattet war und die „seit der Reformazion eingeschlagene Richtung mehr Erweckung des Andachtsgefühls als Außbildung des Denkvermögens bezweckte." Endlich darf die Entwickelung der Wissenschaft auch vom streng kirchlichen Standpunkte nicht als Nebenmoment angesehen werden, denn sie hat dem kirchlichen Leben das ganze große Gesamtleben der Menschheit wiedererobert, und der Idee die Unabhängigkeit vom äußerlich Geschichtlichen gegeben, welche das Kristenthum voraussezt und verlangt, und welche es in der innern Erfahrung der Gläubigen thatsächlich bewährt. Kants Lehre von der Freiheit des sittlichen Bewustseins, auf Grund der Unabhängigkeit des Sittengesezes als des Gesezes der göttlichen Weltordnung, that mehr für die innerliche Wiederbelebung des kristlichen Lebens als das endlose Wiederkäuen trockener Glaubensformeln aller Zionswächter jener Zeit. Wenn freilich auf dem Gebiete der Wissenschaft, zumal in dem Suchen nach Versöhnung von Wissen und Glauben, nur einzelne große Denker unserer Nazion wie Herder, Kant, Fichte, Schelling, Hegel, als Sterne erster Größe leuchteten, die Entwickelung selbständig fortführend, so bestund doch auch die Masse protestantischer Theologen auß Männern allgemein menschlicher Bildung und ernsten Strebens, die das Kristenthum nach seiner filologischen, geschichtlichen und spekulativen Seite durchforscht haben. Daß übrigens bei diesem freien Ringen des Geistes manche von ihnen, befangen auf gewissen Stufen razioneller Erkenntnis, zum offenen Bruche mit dem kirchlichen Glauben gekommen sind, daß überhaupt eine gewisse Zerfahrenheit in der protestantischen Theologie wie Kirche mit jenem Großen in die Erscheinung getreten ist, das kann, so schmerzlich es uns dünken mag, nicht wundern.

Die katholische Kirche dagegen, seit den Religionsstürmen des sechszehenten Jahrhunderts sich mehr mit Andachtsübungen an das Gemüth, mit der Pracht ihres Kultus und ihrer Dome, sowie mit ihren mannigfaltigen anderthalbtausendjährigen geschichtlichen Erinnerungen an die Fantasie der Menschen wendend, den Streit für die Kirche gleichsam außschließlich einem mächtigen, einzig organisirten Orden mit zweischneidiger Waffe überlaßend, und erst nach deßen Sturze allmäh-

lich wie auß langer tiefer Ermattung sich zu neuem Leben erholend —
hat inzwischen den großen Gedanken der von Staaten und Nazionen
unabhängigen Einheit der sichtbaren Kirche sich erhalten, und den wichtigen Vortheil vorauß, sich einer einheitlichen selbständigen Vertretung
zu erfreuen. Sie steht fortwährend mächtig da als ein festes Ganzes
an Haubt und Gliedern. Ihre innere Vertretung jedoch, als eine bloß
hierarchische, paßt und genügt nicht für die protestantische Kirche; für
die katholische genügt sie in Betreff der Vertretung nach außen, ob aber
auch für die innere Entwickelung und die Erweckung allgemeinster
Theilnahme, das möchten selbst viele Katholiken verneinen; wenigstens
erregt die deutsch-katholische Bewegung, die bei anscheinend geringen
persönlichen Kräften bereits eine so überraschende Außdehnung gewannen, über jenen Punkt sehr ernste Bedenken.

Offenbar kann die protestantische Kirche, ohne einigende Autoritä-
ten wie sie ist, nur auf dem Wege der gegliederten Vertretung
von den Gemeinen bis zum Ganzen zur lebendigen Einheit gelangen. Für sie ist diese daher eine Lebensfrage.*) Das
ward von Beginn der Reformazion an gefühlt, es kam auch zu mancherlei Versuchen im Einzelnen, doch zu keiner allgemeinen Durchbildung. Die Einführung der Konsistorialverfaßung war nur ein vorläu-
figes Werk der Noth; Luther wollte so wenig wie die andern Reformatoren die Fürsten in der Kirche herschen laßen. Diese traurige Wendung rief erst ein weltliches Prinzip hervor, daß sich der Kirchenverbe-
ßerung anschloß, um sie auf Abwege zu leiten. Melanchthon wünschte
auß voller Seele die bischöfliche Verwaltung wieder eingesezt zu sehen,
statt sie den Fürsten zu übertragen. (Video, schrieb er an Camerarius,
postea multo fore intolerabiliorem tyrannidem, quam antea unquam
fuit.) Auch nur allmählich befestigte sich das Territorialsystem. Unter
den langen nachfolgenden Kriegen, welche die Volkskraft so sehr ab-
schwächten, den alten Rechtssinn bei Fürsten und Volk so verderblich
erschütterten und nach allen Seiten Willkürhandlungen anbahnten, so
wie auch unter den Ansichten über Regierung, Verwaltung, gesellschaftliche Ordnung, welche auß Frankreichs absoluter Monarchie nach
Deutschland wanderten, gewann endlich das Territorialsystem mit der
Konsistorialverfaßung festen Bestand, obschon noch nicht überall in

---

*) Sie ist von Ullmann meisterhaft entwickelt worden.

Deutschland, und noch weniger in Niederland, Schottland und Nor=
wegen. Die deutschen Gegenden, wo das proteſtantiſche Kirchenthum
in voller Friſche beſteht und der Geiſt der Reformazion noch in ſeiner
Poſivität und Sittenſtrenge zu erkennen iſt, wie namentlich in der
Grafſchaft Mark, im Bergiſchen und Kleviſchen, von wo auß die ganze
proteſtantiſche Kirche von Rheinland=Weſtfalen ein verjüngtes freieres
Leben zu entwickeln beginnt — es ſind auch diejenigen, welche ſich von
jeher der Konſiſtorialverfaßung am kräftigſten erwehrt und treffliche For=
men der Vertretung wenigſtens in Gemeinden, Kreiſen und Landſchaft
bewahrt haben. Wenn zwar die freie Gemeinenkirche in dieſen Gegen=
den eine moraliſche Stüze an dem im nahen Niederland mächtigen Cal=
viniſchen Geiſte fand, wenn überhaupt das Vertretungsweſen in der
Calviniſchen Kirche überall mehr keimte als in der Lutheriſchen; ſo darf
deßhalb aber der germaniſche Reformator noch nicht ſchlechtweg im Ver=
faßungswerke unter den romaniſchen geſtellt werden, von einem höhern
geſchichtlichen Standpunkte läßt ſich vielleicht auch eine andere Anſicht
gewinnen. Bei den Schweizer Reformatoren muſte ſich natürlich die
Kirche, nach der Verfaßungsſeite, gemäß den Schweizer republikaniſ=
ſchen Verhältniſſen geſtalten; bei den Deutſchen ebenſo gemäß den
deutſchen Verhältniſſen, ſie muſte mithin, dem hiſtoriſchen Zuge nach,
in die ſchon außgeprägte Richtung nach der fürſtlichen Territorialhoheit
einſchlagen, ſelbſt gegen die perſönlichen Anſichten der Reformatoren.
So legte Calvin, eine freie Stadt als Vorbild der freien Kirche aufſtel=
lend, zwar einen tiefwurzelnden Sinn für freie Verfaßungsform in die=
ſelbe; aber er hinderte zugleich auch durch die Beſchränktheit der da=
mals allein möglichen unvollkommnen Form des kirchlichen Lebens, das
lediglich in der Geiſtlichkeit ruhte, die freie Entwickelung ſeiner
Kirche und namentlich die Außbreitung derſelben über Länder mit an=
derer Verfaßung. Indem Luther die Anmuthungen zur Aufſtellung einer
neuen beſtimmten Kirchenverfaßung ablehnte und die Kirche ſo äußer=
lich dem Eigennuze, der Raubſucht der Fürſten und der Hülfloſigkeit der
Gemeinen überließ, vertraute er doch auf die Bildungsfähigkeit der
Menſchheit und die Kraft des allgemeinen Gewißens — er hoffte auf
die Geſtaltungen der Zukunft auß dem erfriſchten Kerne der Lehre her=
auß. Und iſt denn dieſer Glaube an die weltgeſtaltende Kraft im
Kriſtenthum und im Germanenthum nicht noch immer der Grund, auf
dem auch heut unſere Hoffnung beruht — die Hoffnung auf den Lebens=

pfad für eine große Zukunft der evangelischen Kirche unseres Vaterlandes? Auch steht unserer Zersplitterung anderwärts, wie in England, eine gewis noch weniger beneidenswerte Erstarrung gegenüber durch zu baldigen Abschluß in Form und Lehre. Ja, Deutschland ist unläugbar auf dem religiösen Gebiete weiter entwickelt, als das protestantische Großbritannien und das protestantische Schweden, wo wir unsere Musterkirche gleichfalls nicht suchen werden. In Schweden ist die Staatskirche, zu deren hohen Würden mehr weltliche Talente als geistliche Verdienste führen, ein vorzugsweise politisches Institut, zu dessen gesichertem Bestand nichts fehlte als die „Befreiung von deutscher Scholastik," wie der Erzbischof von Upsala, von Wingård, gefordert; als privilegirter Stand am Reichstage, zeichnet die schwedische Geistlichkeit sich nur durch orthodoxen Fanatismus gegen die Wißenschaft und andere Bekenntnisse aus. Der Anglikanismus mit der mystischen Zahl seiner 39 Glaubenssäze, „seinem Papste," erstrebt Leben nur in Aeußerlichkeiten. Diese Kirche, die Mutter zahlreicher Sekten, mit welchen sie die heimischen Eilande und die neue Welt bevölkert, ist so unfrei und verweltlicht, daß sie die betitelten Geistlichen schwelgen, die seelsorgenden und dienenden in Abhängigkeit darben läßt und für den Volksunterricht lange Zeit so gut als nichts gethan hat. Der wegen dieser Unfreiheit so natürliche tiefe Spalt des Protestantismus in England muste zu den Extremen führen, dem hochkirchlichen System, das die Einheit mit der hierarchischen Verfaßung beibehalten und obendrein, was schlimmer ist, sich in Abhängigkeit vom Staate begeben hat, um seinerseits herschen und unterdrücken zu können; und zu dem Independentismus mit seinem Freiwilligkeitsprinzip, der, in völliger Unabhängigkeit vom Staat, allen Nachdruck auf die Gemeine und deren Selbständigkeit legt. Jenes hat sich einseitig der Einheit und der Gewalt hingegeben, dieser ebenso einseitig der Vielheit; eine eigentliche gegliederte Vertretung von dieser zu jener, fehlt beiden: dort besteht Vertretung nur noch allein in der obersten Schicht der kirchlichen Gemeinschaft mit dem Staat, beim Dissenterwesen bloß in den untersten Schichten, wo zum Theil sogar die einzelne Gemeine auch die ganze Kirchengemeinschaft umfaßt. Ist dort die Freiheit der Kirche in den Staat aufgegangen, so liegt sie hier außerhalb einer großen nazionalen Gemeinschaft, zudem, wie Dr. Bunsen sich ausdrückt, in zwiefacher Dienstbarkeit, der Geistlichen unter der Schwärmerei einer Ortsgemeine oder ihrer Mehrheit, der Gemeine unter dem einseitigen Dogmatismus ihres Predigers. Freier als die anglikanische ist freilich die schottische Kirche, in deren alten Verfaßung weder die Vielheit noch die Einheit vorwiegt, vielmehr eine Gliederung auß jener zu dieser besteht. Die weiter entwickelte Vertretung hinderte hier das Außtreten der Vielheit in Sekten, wovon es in England wimmelt; der jezt obwaltende Spalt der schottischen Kirche, an sich keine innere Sektenerscheinung, betrifft das Vertretungsprinzip, angetastet in den Rechten der Gemeinen, nämlich von der Aristokratie durch den Patronat, in den Rechten der allgemeinen Synode durch Einmengungen des Staats. Aber auch die schottische Kirche ist noch eine Geistlichkeitskirche, d. h. basirt auf dem Gedanken des Mittelalters, welches Priester und Volk trennte, den Gehorsam gegen die Kirche an die Stelle des Glaubens und das Urtheil der Kirche an die Stelle des Gewißens sezte. Indem die Vertretung auf der schottischen Synode nicht die Kirche als solche, sondern nur die Geistlichen derselben betrifft, offenbart sich noch ein Widerspruch mit der Aufgabe, die großen Ideen des Kristenthums im ganzen Volksbewustsein durchzubilden, mit der evangelischen Lehre von einem allgemeinen Priesterthum. Eine noch entwikkeltere Vertretung von den Gemeinen bis zur General-Synode als die schottische hat die Hervormde Kirche Niederlands: Gemeinenvertretung durch Kirchenräthe, durchgängig eigene Predigerwahl, Provinzial- und Generalsynoden, auf allen Stufen in völliger Trennung von den weltlichen Behörden und in Unabhängigkeit vom Staat. Doch auch sie ist, außer den Ortsgemeinen, auf den höhern Stufen im Calvinischen Geiste nur eine Geistlichengemeine. Ueberall in den Calvinisch reformirten Ländern erscheint die Klippe, daß zulezt in der einen oder andern Form ein selbstgemachter geistlich-hausbackener Papismus zu Stande kömt. Das schottische Presbyterialsystem als eine geschloßene, sich selbst erneuernde Körperschaft, in welcher die Geistlichkeit herschenden Einfluß übt, das Volk als Gemeine keinen, muste doch am Ende zum innern Zwiespalt kommen. Eben dieses Vorwiegen der presbyterischen Geistlichkeit erklärt, warum sich ein großer Theil der schottischen Kirche auf Seite des Staats gestellt hat, gerade wie bei uns die Verwahrung gegen das „lutherische" Pfaffenthum, da, wo die Synode meist nur auß Geistlichen besteht, viele Sympathien noch fortwährend dem Konsistorialregiment, d. h. der Diktatur des Staats über die Kirche, zuführt. Im Dissent liegt eine andere Form solcher Verwahrung, die Zurückforderung des unveräußerlichen kirchlichen Rechts der Gemeine, freilich nur der untersten Stufe, der Ortsgemeine, sowol den Staatskirchen als den Geistlichkeitskirchen gegenüber.

Wir wißen in Deutschland nun ungefähr was wir kirchlich nicht wollen und was wir nicht haben. Eine Verinnerlichung bis zur Formlosigkeit thut so wenig gut, wie die Verknöcherung der Form. Als eine bloße Partei des starren Festhaltens an einer Faßung des Kristenthums auß den Anfängen der Reformazion, an einer „Formel, die ihr Papst ist" kann die protestantische Kirche unmöglich zu ihrem vollen Bewustsein kommen. Auch kömt von der ganzen Kirche nur die Hülfe, weil sittlich‐religiöse Ueberzeugung und Gesinnung des Einzelnen, weit mehr als gewöhnlich anerkannt wird, vom Geiste der Gesamtheit abhängt. In der großen Gemeine des evangelischen Volkes war aber von lebendiger Wechselbeziehung zwischen diesem und den Kirchenbehörden, von kirchlichem Gemeinleben meist überall wenig mehr wahrzunehmen. In deutschen Staaten sehen wir es selbst vorkommen und überall ist die Möglichkeit vorhanden, daß katholische Räthe über das Wohl der protestantischen Kirche zu wachen haben; was beweist, wie wenig ängstlich man die Rechte der evangelischen Kirche, selbst bei Gründung der neuen Verfaßung dieser Staaten, wahren zu müßen geglaubt hat. Die meisten deutschen Synoden tragen nur den Namen derselben, haben keine gehörige Wirksamkeit wegen der Beschränkung ihrer Befugniße. In Vertretung der Gemeinen ist meist nur ein Schatten übriggeblieben; zwischen Gemeinen und Synoden herscht gewöhnlich nur ein äußerlicher Zusammenhang durch die Dekane. Die den Gemeinen zum Segen des Ganzen zustehnden Befugniße sind an Regierungsbehörden übergegangen. Eine wahre organische Neubelebung der Kirche ist daher nöthig. Aber wie? Waren die bisherigen Versuche die rechten? Kirche und Staat sind nicht zu vermischen, aber auch nicht als absolute Gegensäze zu faßen: je lebenskräftiger die Kirche dasteht, desto gesünder und reicher die Frucht, welche durch sie und an ihr dem Staate reift. Die Gegensäze bilden sich nur durch Unfreiheit und Zwang, entweder des Staats gegen die Kirche oder umgekehrt, und solche greifen dann viel zu tief ein, als daß durch Polizeigewalt sie niederzuhalten wären. Wir haben viel geforscht und wenig gebaut; darum „starke theologische Außbildung mit wenig Außgleichung der Gegensäze." In protestantischen Staaten, welche zu keiner fest abgeschloßenen Landeskirche kamen,

konnte sich natürlich das Bedürfnis zu Sekten in englischer Weise nicht
außbilden; nur gegen die geschloßene herschende Staatskirche gestalten
sich bestimmte Sekten. Erst in Folge der neuern Strebnisse zur Herstellung von Landeskirchen, in Form der unirt-evangelischen, traten auch
sofort Sektenerscheinungen ins Leben, weil diese Bestrebungen einen
ganz einseitigen Weg auf den Bahnen des Territorialsystems einschlu-
gen und die Formen der Vertretung, die nicht mit Willkür zu handhaben sind, dazu nicht aufriefen. Doch ein erleuchteter hochsinniger König hat vollkommen eingesehen, daß ein weiteres Verfolgen dieser Bahn
auch in Deutschland nur immer neue Spaltungen hervorrufen würde,
durchauß ohne Gewinn für die innere und äußere Einung der Kirche.
Möchte sein Geistergewinnendes Wort „die Kirche sich durch sich
selbst gestalten zu laßen," als Wahlspruch, sich an eine der
ruhmwürdigsten Thaten der Geschichte knüpfen und eine Freiheit gründen helfen, welche die Bürgschaften der sittlichen Ordnung vermehrt!
Also wir wollen keine Staatskirche, dieses unfreie Erbtheil des alten
Römerreichs, unhaltbar bei bürgerlicher Gewißensfreiheit und lebendi-
gem religiösen Sinn, und fast überall mit Blut und Gewaltthat an
ihren Fußtapfen; auch keine Geistlichkeitskirche, noch eine bloß gemeindliche Kirche — Kristi Leib gleichsam zerschlagen in zahllose Bruchtheile
ohne einendes Band. Darüber herscht im Ganzen Einverständnis.
Uneins jedoch in dem was die Protestanten wollen, schmeicheln sich die
Angehörigen einer andern Form kristlicher Gemeinschaft fälschlich, in jenem Ringen nach festerer Gestaltung auß einem ungenügenden Zustande herauß, das Geständnis ihres innern Zerfalls zu lesen. Daher
von dieser Seite (z. B. in Baiern) der Widerstand gerade gegen das
Tüchtige in jenen Strebnissen — man entsagt ungern ja seinen Hoffnungen, zumal wenn man vorwiegenden Einfluß auf die Gewalt übt.
Aber auch innerhalb der Gemeinschaft selbst ist man von zwei Seiten
gegen eine große Verfaßungsreform: die Außschließlichen, welche nicht
hoffen können mit den ihnen wünschenswert scheinenden Neuerungen
durchzudringen, und ihre natürlichen Gegenfüßler, welche überall lästige
Zucht, Zwang, Reakzion argwöhnen. Doch im Kampfe wächst die
Kraft, und vor starkem Widerstande wird sich die ganze Gemeine tiefer
und allgemeiner des Bedürfnisses bewust; doch auch brechen überall neue
Lebenszeichen der evangelischen Kirche als einer hoffnungsreichen Erscheinung hervor. Bei den Kämpfen des Protestantismus zwischen dem

geschichtlichen und dem spekulativen Element ist aber wesentlich, daß beide nicht ohne organischen Verband in der Verfaßung der Kirche bleiben, weil sonst jenes Gefahr läuft, in äußern Dogmatismus über= zuschlagen, dieses aber zum Formalismus außzuarten, einem Glauben des Verstandes nur an seine eigenen Abstrakzionen über Geschichtliches. Muß der Protestantismus nicht jezt schon häufig katholischer Seits den Vorwurf hören, daß, wenn dem katholischen Klerus noch viel zu thun bleibe, um die Welt des Wißens zu erobern und sie mit der Welt des Glaubens zu vermitteln, er dagegen die Religion in Vernunftglauben zu übersezen gestrebt, in ein System des räsonnirten Deismus oder all= gemeinen leeren Gefühls statt der immanenten Sündenvergebung und Beruhigung des Gemüths — in einem, von der Idee Gottes getrenn= ten Moralismus, gerichtet auf Rechtlichkeit in Handel und Wandel, auf eine Polizeitugend, die dem Reichen leicht, dem Armen schwer wird, ohne wahres Opfer, Selbstverläugnung und moralische Größe? Gewis ist absolute Verstandesbildung ebenso einseitig und verkümmernd, als eine einseitige Bildung der Fantasie verwildernd. Der Mensch ist eine Knospe aller Fähigkeiten, deren Blüte sich aber nur in ihrer Harmonie entfaltet.

Die organische Vertretung ist der Fels, auf welchem die Ver= faßung der protestantischen Kirche allein sicher ruht. Nicht im äußern künstlichen Zusammenschmieden, nur in den Formen echter Vertretung, welche dem Leben in der Kirche, wenn es stocken will, wiederum einen Anstoß und Schwung geben, den innern Bewegungen gestatten, sich Geltung zu erkämpfen und jedes Mitglied auffordern, statt sich zu son= dern, seine Kraft auf dem allen eröffneten Felde zur Ueberzeugung seiner Brüder anzuwenden — hierin ist das Mittel gegeben zu einer wahren, in sich blühenden und einigen Kirche. Sie stellt sich alsdann in meh= reren organisch außeinander hervorgehnden, körperschaftlichen Formen dar, als Orts=, Kreis=, Landes= und Reichsgemeine, jede Stufe mit ihrer besondern Sfäre von und in der Gemeine außgehndr, dieser die Oberherrlichkeit bewahrender kirchlicher Regierung mit geistlichen und weltlichen Beamten, je nach der Seite des Rechts und der Geschäfts= führung oder der kristlichen Liebe. Also in allen Ortsgemeinen ge= wählte Presbyterien als Kirchenvorstände unter Vorsize des Pfar= rers, als Dieners der Kirche (mit Außschluß jeder Selbstergänzung, wie sie z. B. bei den Wesleyischen Methodisten stattfindet, die nur Kör=

perschaften fortpflanzt, die fortdauernde Thätigkeit der Gemeinen aber
außschließt und den Gemeinsinn schwächt); dann in allen Kreisge-
meinen (die in Rheinland-Westfalen mit den landräthlichen Kreisen zusammenfallen) Kreissynoden, mindestens zur Hälfte auß Laien
bestehend, mit einem entsprechenden Kirchenrath zur Seite; und so
mittelst des Vertretungsprinzips aufwärtssteigend zu den Landes-
und Reichssynoden, auf welchen die Geistlichkeit jedoch nie an
Zahl vorherschen darf. Diese freie Grundlage mit dem Prinzipe der
Wahl der Pfarrer durch die Gemeinen, was unter allen Umständen eine Haubtsache ist, besizt im Ganzen die westfälische Kirche,
die rheinische wenigstens zum großen Theil, und nirgends ist das kirchliche Leben geweckter und intensiver als dort. Fehlt auch noch die
gleichfreie Organisazion nach oben, die gehörige Durchbildung, zumal
wegen der theilweise eingetretenen Abhängigkeit der Synoden von dem
äußerlich herangekommenen Konsistorialregiment; so ist doch in dem
rheinisch-westfälischen Presbyterial- und Synodalsystem ein ureigenes
und vergleichsweise das beste Muster vorhanden, an welches als an
etwas Gegebenes der Grundbau geknüpft werden kann, zu dessen Außbau
freilich der Geist das Meiste thun muß. Die freie nazionale Kirche
aber wird sich zur allgemeinen verhalten, wie die Völker zur Menschheit,
indem sie sich immer als Theil derselben denkt, in gleicher Art wie die
Völker gleichsam die höhern Persönlichkeiten der Weltgeschichte sind.
Soll die evangelische Nazionalkirche das Volksleben in seiner Beziehung
auf Gott, im Gebiete der freien Sittlichkeit eben so vollkommen darstellen wie der Staat im engern Sinne es im Gebiete des Rechts verwirklicht; soll sie dem kristlichen Zweck überhaubt genügen: so darf
sie die Idee der Einheit der Kirche ebenso wenig aufgeben wie die katholische Kirche. Das kann nur der läugnen, der auch in Abrede stellt,
daß eine engere Verbindung der deutschen evangelischen Landeskirchen
wünschenswert, heilsam, kurz ein mächtiger Schritt der deutschen Entwickelung sei, der überhaubt das Wesen des Protestantismus in die
kirchliche Auflösung sezt.

Dr. Bunsen sezt in seiner gehaltvollen Schrift über „die Verfaßung der Kirche der Zukunft" neben der Kreissynode, als großem
Rath des Sprengels, als Behörde des selbständigen Kirchenvorstandes
einen von der Kreisgemeine und dem Landesherrn gemeinsam hervorgehnden Bischof mit zwei gewählten weltlichen Kirchenräthen an der

Seite, einem für die Verwaltung, dem andern für richterliche Geschäfte. Mir scheint, diese Instituzion eines neuen Bischofthums und Metropolitanenthums sei nach ihrer Grundlage und Bedeutung noch nicht gehörig geprüft, und dürfte der kirchlichen Entwickelung selbst am besten zu überlaßen sein. Entschiedenern Beifall möchte ich der Einführung der Diakonie zollen, des Amts der Liebe; es ist von der englischen und niederländischen Kirche ziemlich außgebildet, zerfällt in Gehülfen der Lehre und Schule, in Armen=, Kranken= und Gefangenenpflege; es hätte jedenfalls selbständig die Kreistage zu beschicken. In den Vorschlägen Bunsens zum Aufbau der evangelischen Kirche liegt überhaupt viel Scharfes, Tiefes und Helles (eine Schwäche dünkt mich die nicht vollständige Freigebung der Pfarrerwahlen durch die Ortsgemeinen, woran man, als an der praktischen Grundlage des kirchlichen Lebens, in Mark, Kleve, Berg mit Recht bis aufs äußerste festhalten wird, sowie die Abstimmung nach ,,Ordnungen'' auf der Synode), auch ist es schön und wirksam, sich und Andere an einem großen glänzenden Bilde von der Zukunft der evangelischen Kirche zu erheben; doch alles ohne Gefährdung jenes großen Grundsazes Friedrich Wilhelms IV: ,,die Kirche auß sich selbst sich gestalten zu laßen.''

Mir übrigt noch einen Blick zu werfen auf die kirchlichen Parteiungen im britischen Reiche, sowie überhaupt. Unläugbar ist in England der Protestantismus mit einem großen Makel behaftet ins Leben getreten. Er hatte dort Anfangs nicht das Volksgemäße, das auß innerm Glaubensdrange der Nazion hervorgehende und geistig Gewaltige wie in Deutschland, deßen Entwickelung damals der englischen weit überlegen war. Erscheint er in Deutschland zuerst mehr im volksthümlichen Gewande, befreiend, der Politik abhold; so in dem einigern England im monarchischen Hermelin eines Despoten, gewaltsam, schlauberechnend, höfisch, von Beginn an mit dem Staatlichen verkettet. In Deutschland war der große Riß in Mitte des Prinzips der Hierarchie selbst hervorgegangen, bald ward er auch auf das Prinzip der Doktrin und der Sakramentenlehre hinübergetragen; vom religiösen Prinzipe auß verpflanzte er sich erst, immer weiter klaffend, auf die ganze Ordnung der Dinge. In England dagegen, wenn sich auch manche Geistliche und Bischöffe dem neuen Lichte gleich entschieden zuwandten, gieng der Riß zuerst nicht innerhalb der Kirche hervor, sondern in einem Streite der römischen Kirche mit dem Staate, den mehr die

Laune des Königs und ehrgeizige Höflinge anregten als der innere
Drang der Dinge. Wie der französische Hof, in seinem Interesse, für
die alte Kirche Partei genommen, so der englische gegen sie. Hatte sich
die Scheidung auch, wie in Deutschland, durch alle Stände hindurch
gezogen, hatten sich die alten Lehenträger, der Hof- und Landadel, der
Klerus, die Städte und das Volk auß eigener Bewegung getheilt; so
wirkten doch Selbstsucht und dynastische Interessen entscheidend ein von
Heinrich VIII., der um eines Weibes willen sich von Rom trennte, bis
auf Elisabeth, welche die Trennung von der römischen Kirche vollführte.
Die protestantische Kirche Englands trägt diese Herschsucht, diese
Schwächen und Unfreiheit, die bei ihrem Entstehn obwalteten, fortwährend an sich, und der Abgrund zwischen den beiden Religionsparteien ist deshalb noch immer nicht geschloßen, wie oft auch das Wühlen
des Racheengels in den Eingeweiden des Landes hieran ernst gemahnt.
Als endlich der Anglikanismus nach langen blutigen Kämpfen mit dem
Presbyterianismus sich diesem anschloß, um die alte Kirche völlig zu
unterdrücken, ward äußerlich zwar von ihm der Sieg über dieselbe errungen, aber nicht innerlich. Im Gegentheil, der gähnende Schlund
öffnete nur noch weiter den Rachen. Denn jede und alle Rechtsgleichheit der beiden Parteien gieng darüber gänzlich verloren, und ohne sie
ist kein Heil. In der gesezlichen Rechtsgleichheit der kristlichen Bekenntnisse, welche jede Staatskirche außschließt — (daß Oesterreich sie
in seinen deutschen Provinzen nicht gewährt, ist eine unverantwortliche
Anomalie), liegt praktisch der unermeßliche Vorsprung Deutschlands
auf kirchlichem Gebiete vor England. Sie herzustellen, das ist hier
das vernünftige Ziel des heutigen Kampfes, und welche Erfolge auch
bereits errungen sind, ganz bis auf den lezten Punkt muß sie durchgefochten werden, um für das englische Reich den Segen des innern
Friedens zu sichern. Um die Scharte, welche die Könige ihr geschlagen
außzuwezen, um die alten Flecken und den Rost von sich abzuwaschen,
um das verjährte Unrecht endlich zu tilgen, sollte die ganze protestantische Kirche Englands im evangelischen Geiste sich erheben und, wie
den Katholiken alle bürgerlichen Rechte eingeräumt worden, so auch
ihrer Kirche die gleichen Befugnisse anheimgeben, sie auf gleichen Fuß
mit der eigenen in Rechten und Pflichten stellen, das große Kirchengut
mit ihr theilen, aufhören herschende Staatskirche zu sein und sich auf
dem Prinzipe organischer Vertretung unabhängig vom Staate wieder

innerlich sammeln und freier gestalten. „Aber,‟ ruft man, „wir fühlen schon jezt uns von der römischen Kirche bedroht, und wir sollten ihr freiwillig einen Theil unsrer Rechte und unsrer Macht opfern?‟ Und im Echo scholl es weit hin: „No Popery! No Popery!‟ Was soll man denen entgegnen, die ihre Schwächen für ihre Stärke, ihr Unrecht für ihr Recht halten? Die einen Selbstmord begehn, indem sie glauben ihr Leben zu retten? Gesezt die Gefahr von dem Vordringen der stark organisirten römischen Kirche sei wirklich so groß wie man mitunter anzunehmen scheint, von wo soll gegen dieses muthige frische Drängen Widerstand und Schuz kommen? Von der Hochkirche? Aber diese ist halb morsch, an Gebresten voll, sie kann sich ja selber nicht helfen. Indem sie durch ihren Abschluß der Idee einer endlosen Reformazion in Religions- und Kirchensachen entgegen trat, während doch, wie jeder Mensch unablässig an seiner Verbeßerung arbeiten muß, so auch die Geschichte in ihren Evoluzionen eine immer fortschreitende ist, und gerade in dem geistigen Fortschritt der große Vorzug der protestantischen Kirche vor der Stagnazion der römisch-katholischen gewußt wird; erhub sie sich gegen das große Prinzip der protestantischen Kirche selbst, welches eben das Prinzip der Fortentwickelung der göttlichen Lehre und des göttlichen Lebens auß dem göttlichen Worte ist. Eine protestantische Kirche, welche ein menschliches, wenn auch noch so ehrenwertes Bekenntnis, wie die 39 anglikanischen Glaubenssäze, als für immer gültig und mithin absolut vollkommen außgibt, verläugnet damit die alleinige absolute, den gläubigen Herzen sich immer mehr offenbarende Vollkommenheit des Erlösers, und unterhöhlt ihren eigenen Boden. Wahrlich, eine Kirche, von der sich alle lebendigern Elemente nach den beiden Richtungen der Vielheit und Einheit nothgedrungen scheiden müßen, ist keine kühnstreitende, siegreiche: die für solchen Kampf tüchtigen Kräfte lösen sich eben nach unten in Dissentergemeinen, nach oben in den spekulativen Romanismus von ihr ab. Ihr bleibt zwar der Mammon, aber auch die Mittelmäßigkeit, Hohlheit, Abhängigkeit vom Staate, Unfreiheit. Und eine solche gebrechliche Kirche sollte im Stande sein einem aufstrebenden, mit Muth, Talent, Hingebung und Glaubensbegeisterung außgerüstetem Volke auf die Dauer seine Rechte vorzuenthalten? Oder sucht man Schuz beim Puseyismus, dem jüngsten Lebenszeichen dieser Kirche? Aber das ist ja der Verräther im eigenen Lager, begierig nach der Gelegenheit spähend, zum Feinde überzugehn;

er will zwar Einung der Kirche, aber mit dem Romanismus, nicht mit dem Protestantismus; er will Unabhängigkeit vom Staate, zu Gunsten aber nicht der freien Vertretung, sondern der hierarchischen Ordnung. Was bleibt übrig? Kein anderes Schuz= und Heilmittel als Gerechtigkeit gegen die andern Glaubensformen und Einung der Protestanten unter einer freien organischen Kirchenverfaßung. Ja, hierin nur liegt Heil und Schuz, weil die Freiheit zur Gerechtigkeit führt, und diese zum wahren Frieden und zum Siege des Geistes. Die bischöfliche Kirche der Vereinigten Staaten hat eine freiere Form als in England angenommen, auch den Laien wie den Geistlichen in der Verwaltung und Gesezgebung der Kirche ihr Recht ertheilt und den Independentismus der unabhängigen Ortsgemeinen mit dem Ganzen zu einer freiern Einheit zu verbinden gestrebt — und ihre Zukunft ist, das zeigt sich schon jezt, eine weit höhere. Eine Landeskirche, beruhend auf Vertretung von der Gemeine bis zur Gesamtheit, auf freier Gliederung der Vielheiten zur Einheit, würde in England allmählich die Sekten wieder an sich ziehen, ihrer Bewegung Spielraum gönnend, und die Vereinigung mit der schottischen Landeskirche anbahnen, die unter der gegenwärtigen Verfaßung· fruchtlos erstrebt wird. Das ist eine für England heherzigenswerte Wahrheit: die Einseitigkeit der Hochkirche wie des Dissents kann nur durch freie Vertretungsformen aufgehoben werden, durch Fortführung des unvollständig und unfrei gebliebenen Reformazionswerkes. Jezund sind die Sekten, jede für sich, schwach; ebenso die einzelnen Landeskirchen: ihre besten Kräfte vergeuden sie widereinander, zerreiben und zerbröckeln sie, da ist kein gemeinschaftlicher Plan, kein Zusammenwirken, nur eitel Zersplitterung und Zerfahrenheit, und ein gemeinsamer furchtbarer Gegner hätte um so leichteres Spiel, sie einzeln nach einander aufzureiben. Eine vereinte Landeskirche aber die, wie in mancher Hinsicht es selbst die katholische Kirche geschehen läßt, den religiösen Regungen in freiern Gränzen Raum gäbe, würde eine ungleich höhere Fülle an Kräften, Freiheit, Leben und Entwickelung in sich verbinden, unüberwindlich jedem Gegner dastehn und auch nach außen eine Wirksamkeit entfalten können, die noch nicht dagewesen. Ihre Sekten mit einer Zukunft, nämlich solche, die nicht allein äußerlich veranlaßt sind durch Mängel der Staatskirche, sondern auch innerlich auß einem Streben kristlicher Liebe, welchem jene Mängel nur im Wege stunden, wie die Methodisten und Herrnhuter, werden als die verhüllten

Orden jener Kirche für das Missionswesen und für das freie Predigt-
und Lehramt sich alsdann auß Familienabsonderungen in freie Körperschaften der kristlichen Kirche selbst verklären und mit der Weihe des
allgemeinen Priesterthums (gegenüber der Kirche des Mittelalters, die
nur Gelübde hatte) dann eine höhere Wirksamkeit beginnen zur Verjüngung des ganzen kirchlichen Lebens. Nur durch Kirchenvertretung wird
endlich ein engerer Anschluß der protestantischen Landeskirchen aller
Reiche möglich, können sie sich als eine einige allgemeine Kirche fühlen
lernen, und im Bewustsein dieser Einheit die nöthige Kraft schepfen,
alle von innen und außen andringenden Stürme und Wirrsale siegreich zu
bestehn. Selbst diejenigen, welche eine evangelische Nazionalkirche
im engern Sinn erstreben und gewillt sind dieselbe gegen jeden entgegenstehenden Rechtsanspruch mit evangelischer Freiheit und Würde zu
behaubten, müßen sich willig zeigen, den Bund der Einheit mit entge-
genkommenden andern evangelischen Kirchen und Gemeinen in Liebe zu
besiegeln. Denn die allgemeine Vertretung, die Kirche und Staat
streng unterscheidet, schafft ja nur rein kirchliche Bünde, mit Beseitigung
des Hindernisses der Einung, das im Territorialsystem liegt, und gibt
allen evangelischen Landeskirchen einen bestimmten lebendigen Mittelpunkt. Wahrlich, kirchliche Markscheiden nach den Territorien zu
schaffen, lag ganz und gar nicht im Plane der Reformazion, das ward
ihr nur untergeschoben, weil sie zusammentraf einerseits mit den merkwürdigsten Strebnissen der deutschen Nazion zur Erringung einer politischen Nazionalvertretung, andrerseits mit dem Streben der Fürsten
nach Landeshoheit und Allgewalt. Ja, der Tag, wo die evangelischen
Landeskirchen auf einer allgemeinen evangelischen Synode ihre Einung
feierten, würde ein weltgeschichtlicher sein!

Gewis, noch winkt dieses Ziel auß weiter weiter Ferne, noch
fehlt's an einem gedeihlichen freien kirchlichen Leben auf allen Seiten.
Während in England das Engherzige, Trennende zu stark hervortritt
und weltliche Belange, Unfreiheit sich wie Blei an die kirchliche Entwickelung hängen, herscht in Deutschland das Vage vor, in Lehre und
Verfaßung, ersezen hier polizeiliche Kirchenbehörden die Gliederung,
eine vielfache Territorialhoheit die kirchliche Einheit. Doch, wie gesagt,
einen großen Vorsprung für den innern Frieden und die religiöse Entwickelung haben wir rechtlich vor England: die vollkommene
Rechtsgleichheit der kristlichen Bekenntnisse. Wie weit

áuch Britannien von diesem Ziele, welches Deutschland in sein Staats-
recht mit Blutschrift für immer eingezeichnet, noch abzustehn scheint, es
muß dahin gelangen, will es seinen innern Frieden sichern. Dazu gehört vor allen Dingen: Scheidung der Hochkirche vom Staate.
Denn so lange es eine protestantische Staatskirche gibt, sind die übrigen,
namentlich die römisch-katholische, die unterdrückten. Gebt ihr die
herschende Staatskirche auf, so vermögt ihr gerecht zu sein gegen alle
eure Brüder, und braucht Niemand mehr zu fürchten als den der da ist
der Gerechte. Wer Wind säet, wird Sturm ernten — das gilt auf
jedem Gebiete. Auß Druck und Uebermuth ist noch niemals eine gute
Saat entsprossen. In der Gerechtigkeit aber liegt eine versöhnende,
gewinnende, beseligende Kraft: wer sie übt, der zieht den Freund noch
inniger an und wandelt den Gegner zum Freunde. Davon aber durchdringt sich die ganze evangelische Kirche, daß die Berufung der Reformazion gegen die hierarchische Ordnung nicht ergieng, um der politischen
wehrlos und knechtisch zu verfallen; daß sie von dieser verderblichen
Zuthat befreit werden müße, damit sie gedeihe. Bisher hat der Außgang auf der einen Seite einen großen Riß gemacht, auf der andern
nur ein freiwilliges Kirchenthum und ein kirchliches Territorialsystem
geschaffen, zwei Extreme, welche die Wahrheit nicht erfüllen, denn sie
sind nur Vielheit und Einheit unverbunden und unvermittelt. Der
germanische Geist will sich aber, vermöge seines Wesens, in organischen
Schepfungen bewegen — er wird kämpfen und ringen, bis er eine Kirchenverfaßung gewonnen, die Allgemeines und Besonderes, Geseze und
Freiheit miteinander vermittelt. Evangelische Kirche und germanische
Kirche sind in dieser Hinsicht Wechselbegriffe; ihrem Wesen kann allein
die Vertretung entsprechen, allen Hindernissen zum Troz. Das
große vor drei Jahrhunderten begonnene Werk wird kein zerrißenes, ver-
schwommenes bleiben; die rechten Formen der Vertretung, nicht eitel
Menschenwillkür, die nicht besteht, werden es der Vollendung zuführen,
weil in ihnen auch der rechte Inhalt und Geist in die Erscheinung
treten, nur in ihnen die Forderungen der kristlichen Freiheit, Gleichheit
und Entwickelung zu befriedigen sind. Erscheint diese Aufgabe nun
die größeste und folgenreichste der Zeit, so geh Jeder getrost und nicht
entmuthigt durch das scheinbar Vergebliche der bisherigen Mühen,
Kämpfe, Leiden und Drangsale in Lutherischer Glaubensfestigkeit mit
Gott an ihre Lösung. Auß dem rechten gewissen Geiste gestaltet sich

weltüberwindend die rechte lebendige Verfassung, und ohne jenen ist das höchste Recht das höchste Unrecht.

Die Erfahrung, welche wir in kirchlicher Hinsicht gemacht, hat England in großartiger Weise auf dem politischen Gebiet errungen. Können die Engländer durch unser freieres kirchliches Leben ihre kirchlichen Zustände in mancher Hinsicht umbilden lernen, so mögen wir durch das freiere, so ergebnisreiche politische Leben Englands unsere Staatsverfassung und öffentlichen Einrichtungen verbessern lernen. Indessen erscheint diese Verschiedenheit der Entwickelung in beiden Ländern nicht als ein eigentlicher Gegensaz; nur schlug die Reformazion in England für die politische Verfassung, mit deren Hülfe sie allmählich alle Stände durchdrang, auch förderlich auß, in Deutschland wegen der vielen Territorialherrn dagegen sehr nachtheilig. Ein entschiedener historischer Gegensaz tritt eher zwischen Deutschland und Frankreich hervor. Im Reiche gieng das Verfassungsprinzip in die kirchlich-reformatorische Bewegung und deren Folgen völlig auf, und schwächte sich dadurch dermaßen, daß es auch dann, als die Religionswirren ermattet zurücksanken, sich doch nie wieder zum Leben erholte, vielmehr nur wie ein hohnlachendes Gespenst die Reichsverfassung zu Grabe begleitete. In Frankreich verbanden sich umgekehrt Staatszwang und Kirchenzwang zur gemeinschaftlichen Unterdrückung reformatorischer Strebnisse und politischer Freiheit, doch, wie überall, so sehr zu eigener innerer Schwächung, daß, als sich nun in natürlicher Folge jenes Zwanges die revoluzionäre Sturmflut brausend erhub, nicht nur die alte Staatsordnung, sondern auch die Kirche fast ohne Widerstand und mit furchtbar reißender Schnelligkeit von deren Wellen fortgerissen ward. Bei uns hat eine entarteten Zuständen der Kirche entsprießende, in Frankreich eine wilde politische Bewegung, die auf entarteten Zuständen der Kirche und besonders des Staats beruhte, eine alte Ordnung zu Grabe getragen, deren innerer Wert vergleichsweise freilich wie Tag und Nacht verschieden war; daher denn auch Frankreich im Allgemeinen materiell und moralisch gewonnen, Deutschland aber mindestens für Jahrhunderte besonders an Macht und politischer Freiheit verloren hat. England stund gleichsam in der Mitte unter einem glücklichern Stern, denn es erwehrte sich des französischen Staats- und Kirchenzwangs und zugleich der deutschen politischen Auflösung. Darum eben gieng auß allen seinen innern Wirren endlich seine schöne kräftig-freie politische Verfas-

fung hervor, mit einer so entschiedenen, lebendigen Richtung auf
Selbstvervollkommnung, daß sie sogar der feste Boden ward, von dem
auß jezt die allmähliche Befreiung selbst der kirchlichen Zustände der drei
vereinten Königreiche, ich meine die vollkommene Rechtsgleichheit der
kristlichen Bekenntnisse mannhaft erstritten wird. Was wir auch von der
englischen protestantischen Staatskirche denken mögen, immerhin muß
uns tiefe Achtung vor einem freien Rechtsstaate durchbringen, der, bei
der Herschaft jener, in der Möglichkeit eines katholischen Volktribunats,
gleich dem O'Connells, gewis einen seiner schönsten Triumfe feiert.
Mit ihrem Temperamente der verschiedenen Gewalten und ihrer Elastizität für die Erfordernisse einer fortschreitenden Zeit ist die englische
Verfassung die wahrhaft freieste, ja, vielleicht die einzig freie, lebendige
auch in der Gegenwart. Da ist nicht das verderbliche Wühlen der Polizei, die abgeschlossene Bureaukratie, die Vielregiererei des Beamtenthums, wie auf dem europäischen Kontinent, noch die Freiheit des
Lynchgesezes und der Sklaverei wie in Nordamerika. Oder hat etwa
die französische politische Verfassung sich solcher Siege, solcher Entwickelung und solcher Freiheit zu rühmen wie die englische? O nein, mit
ihrer großen Lüge der Volkssuveränetät an der Spize, muß selbst Ulys-
ses auf dem französischen Throne ihre Stärke in Gewährenlassen der
150,000 Wahlherren suchen — einer Zahl für die Mittel eines Reiches
wie das französische nicht zu groß, um ihren Eigennuz zu befriedigen.

Eben jezt gieng in England eine jener großen Bewegungen vor
sich, welche wegen ihrer allgemeinen Wichtigkeit und der mannhaften
Weise, womit sie ihr Ziel verfolgen, die tiefsinnige Theilnahme der
ganzen Welt wecken und alle Geister spannen. Der Genius der Gegenwart hat über die alte Parze der Vergangenheit einen neuen Sieg davon getragen und durch die natürliche Spannkraft der in den freien
Einrichtungen wirksamen Triebfedern eine neue Kette glücklich gelöst
von denen, welche den vollschlagenden Busen der stolzen Britannia
noch umschnürten. Zum zweitenmal seit fünfzehn Jahren sehen wir
eine große soziale Revoluzion sich vollenden durch die Energie eines ent-
schlossenen Volkes, aber auch mit der Ruhe eines ordnungsliebenden
Volkes. Galt es damals die nazionale Wahlreform, so jezt die Umgestaltung der gesamten innern Verwaltung und die Erfrischung ihrer
verrosteten Räderwerke, besonders aber die gleichzeitige Durchführung
der großen politisch-ökonomischen Reform, welche Englands Politik für

die Zukunft auf die Handelsfreiheit stellt und sein äußeres Heil auf den freien Völkerverkehr stüzt. Die eigentlichen Helden in dieser gewaltigen Bewegung waren aber des Baumwollspinners Sohn, Peel von Tamworth und der Baumwollspinner Richard Cobben von Stockport! Ließen sich die stolzen Whigs, als sie die Reformbill durchführten, etwas von solchen Erstlingsfrüchten träumen? Ihre patriotische Haltung, ihre Selbstverläugnung indes beweist, daß der alte Geist noch in ihnen lebt und daß sie auf der politischen Bühne noch nicht zu Ende sind. Sie haben gelernt, daß die politische Macht, einmal befreit von den Schranken der Kaste, von den Fesseln des Familienmonopols, sich nicht von selbst in einen Kanal einzwängen und der Meinung und den Befehlen von Staatsmännern eben gehorchen werde. Die alten Privilegien der Stände werden allmählich auf freiem Wege durch den mächtigen Wellenschlag der Verfassung hinweggespült werden, die alten Potenzen müssen eine noch tiefere Grundlage im Volke suchen, um festzustehn und den leitenden Einfluß nicht zu verlieren. In Wahrheit, höchst merkwürdig ist die neue Gestaltung der öffentlichen Dinge in England. Das Reich geht sichtlich mit laut hörbarem Pulsschlage großen Veränderungen entgegen — die Richtung ist unwiderstehlich vorgezeichnet. Der Einfluß der alten, so mächtigen Landaristokratie als solcher ist unterhöhlt, ebenso ist die alte bürgerlich-oligarchische Form der englischen Selbstregierung, der Einfluß der Pfarrei durch die Schwächung der Hochkirche, sowie durch die Zentralisazion des Armenwesens und anderer Verwaltungsgeseze untergraben — die Razion ringt, für ihre bürgerlichen Freiheiten eine noch festere Grundlage und verjüngte Form zu finden, und da kann sich Niemand getrauen, die Zukunft zu berechnen. Die einsichtsvollen Häubter der altaristokratischen Parteien, Whigs und Tories, bieten ihre liberalen Gesinnungen und Vorschläge auß gegen die demokratische Bewegung der verschiedenen Volksklassen, ohne ihrerseits allein etwas zu vermögen. Eine dritte Partei steht vor ihnen, mit plebejischen Häubtern an der Spize; sie ist zahlreicher und mächtiger, wenn vielleicht auch nicht volksthümlicher als irgend eine andere, weil sie sich auf die reiche Mittelklasse stüzt. Die Liga hat nicht nur die großen Städte für sich, sondern durch kluge Benuzung der Klausel in der Reformbill über die 40 Shilling-Freeholders, die an den Erwerb eines Grundeigenthums von nur 40 Sh. (14 Thalern) das Wahlrecht knüpft, hat sie auch in vielen Grafschaften, wo bisher die

Haubtstärke des Landinteresses beruhte, eine Menge Wähler zu ihren Gunsten geschaffen, gegenüber der Landaristokratie. Sie hat kein Hehl, die freiwilligen Steuern, welche außzuschreiben sie die Macht erlangt, haubtsächlich darauf zu verwenden, um Handwerkern, kleinen Krämern und Fabrikarbeitern mittelst eines Grundbesizes von 40 Sh. zum Wahlrecht in ihrer Grafschaft zu verhelfen, auf welchem Wege sie sich bereits die Vertretung von manchen versichert hat*). So wächst die Mittelklasse immer augenfälliger zur Mehrheit des Unterhauses heran, und es ist nicht zu verkennen, daß, wenn einmal die Vertretung an die Demokratie übergegangen, sie derselben verbleiben müsse und daß ein demokratisches Unterhaus nicht abzusehende Veränderungen im Staate bewirken werde. Schon mit dem Siege der Mittelklasse über die Korngeseze sank das Bollwerk aller Monopole dahin. Eine wesentliche Grundlage des politischen Einflusses der Grundbesizer, abgesehen von den übriggebliebenen faulen Flecken einiger Herzöge auch nach der Reformbill, waren bisher die „Gutwill-Pachte," kraft deren sie's in ihrer Macht hatten, ihren Pächtern das Botum bei den Wahlen vorzuschreiben; die Aufhebung der Kornbill hat diesen Einfluß großentheils vernichtet. Denn die Grundbesizer sind, um den ihnen hierauß zunächst erwachsenden Rentenaußfall zu decken, genöthigt, ihre Pächter mehr in Stand zu sezen, große kostspielige Verbesserungen vorzunehmen, also den Gutwill-Pacht in einen langen Zeitpacht zu verwandeln; je länger aber der Pächter seines Pachtguts gewis ist, desto unabhängiger wird er als Wahlmann. Kurz, der Aristokratie, um ihren politischen Einfluß und ihr Ansehen zu retten, übrigt nichts, als das Unhaltbare ihrer Sonderbelange aufzugeben, fortan sich wieder allein den Gesamtanliegen der Nazion zu widmen und sich an die Spize der Volksbewegung zu stellen; was ihr dadurch erleichtert wird, daß Mittelklasse und untere Klassen, Freetrade

---

*) Die Grafschaftsvertretung, mit der 50 Pf. Klausel, welche die Landaristokratie begünstigt, gehört der alten englischen Verfassung nicht an, ja bestund noch vor 50 Jahren nicht. Die Liga bekämpft eben diese Neuerung der 50 Pf. Klausel und den Einfluß der nach Belieben fortjagbaren Pächter durch die, wie Cobden im Parlament erklärte, vor 500 Jahren schon bräuchlich gewesene Instituzion der 40 Sh. Freisassen. Auch gab dieser den Grundherrn zu bedenken, daß die Hälfte des in den Sparbanken angelegten Kapitals, wenn man es in 40 Sh. Freilehnen anlegte, mehr Zinsen tragen und dabei zugleich die abhängigen Pächter verscheuchen würde. In solcher Weise werde das Monopol, wenn es nicht vorziehe, zu eigenem Vortheil nachzugeben, vollends überwunden werden.

und Chartismus, gespalten sind. Diesen wichtigen Schritt haben die einsichtsvollsten Häubter der Aristokratie gethan. Namentlich hat Lord Russell, die als störend befundenen Whigkollegen ihren beschränkten persönlichen Einflüssen überlassend, seine Laufbahn an Cobben und Bright entschieden angeschlossen; er geht jezt mit dem Handels = und Bürgerstande, und dorthin müssen ihm diejenigen Whigs folgen, welche in der politischen Welt noch etwas vorstellen wollen, wenn sie nicht vor= ziehen, reine Tories oder Konservative zu werden. Sind die Whigs daher auch als alte Partei aufgelöst, als Führer einer neuen auf brei= terer Grundlage beruhenden liberalen Partei; vorerst noch unter der Fahne der Liga, können sie ihre ehemalige Geltung wieder erlangen.

Hier kömt nun aber noch eine wichtige Frage der Zukunft in Be= tracht. Keine der drei jezt im Parlament vertretenen Parteien besizt Stärke genug, für sich allein zu siegen; hierin liegt ein Bindemittel für sie, zugleich ein straffer Zügel zur alten Mäßigung, zur Verträgnis. Doch außer den Thoren der Gewalt regt sich mitten im Volke noch eine andere mächtige Partei, die völlig unbefriedigt geblieben. Jene Par= teien haben alle einander nöthig, nicht bloß um heute die Burg des Schuzes zu stürmen, sondern auch um vielleicht morgen schon den kom= menden Fortschritt der „Fakzionen" und noch unbekannter Meinungen zu hemmen. Bei jener großen Bewegung gegen den Schuz — der Ent= scheidung eines Problems, das von den Kräften der Mittelklasse hervor= gedrängt ward und von ihnen fortgestoßen wird — stund nicht bloß die altgewaltigste Aristokratie Europa's halb als stummer Zuschauer und den Erfolg abwartend da, sondern auch der die Arbeitermassen vertre= tende Chartismus verhielt sich ziemlich theilnahmlos. In diesen Schich= ten des Volks wirken, abgesondert von den übrigen Parteien und gegen alle tief erbittert, die Chartistenhäubtlinge; sie hatten ihre besondern Tage und gehn ihren eigenen Gang. So wurden am 25. Dezember 1845, wo die Bewegung der Liga gegen die Kornzölle fast ihren Gipfel erreicht hatte, in einem großen Meeting zu Manchester unter dem grö= ßten Jubel vom Volke folgende von den chartistischen Abgeordneten ge= faßten Beschlüsse angenommen: „Die Chartistenpartei bleibt eine ge= trennte und abgesonderte, die nur für ihre Volkscharte 'allein und für nichts Geringeres agitirt. Eine Nazionalpetizion, welche die chartisti= schen Prinzipien und Forderungen enthält, wird durch Th. S. Dun= combe Esq. dem Hause der Gemeinen eingereicht, sobald es durch eine allgemeine Wahl neugebildet ist. In Außsicht darauf ist es die Pflicht aller Chartisten, seien sie Wähler oder nicht, alles, was in ihren Kräften steht, aufzubieten, um nur Kandidaten vorzubringen, die fest entschlossen sind, die Volkscharte (allgemeines Stimmrecht, einjährige Parlamente 2c.) zu unterstüzen. Sollten keine chartistischen Kandidaten da sein, so ist denjenigen der Vorzug zu geben, welche sich verpflichten, für die 10 Stunden-Bill, die Aufhebung des Armengesezverbesserungsaktes und die Zurückberufung Frosts, Williams, Jones und Ellis ihre Stimmen abzugeben. — Die gegenwärtige Noth brächte die Chartistenpartei in eine falsche Stellung, wenn sie sich der Aufhebung der Korngeseze widersezte. Desungeachtet sezt sie nicht das Vertrauen in diese Maßregel, als könne sie die Lage der arbeitenden Klassen wesentlich verbessern; sie hütet sich daher, Antheil an der Korngesezbewegung zu nehmen, woraus man schließen könnte, sie billige die Prinzipien der Freihandelsmänner, es sei denn, daß die politische Macht auf das ganze Volk übertragen werde, so daß die Umänderung zum Vortheil der Nazion statt zu dem einer Klasse (der Fabrik- und Kaufherrn) außschlüge.'' — Der Chartismus kann mit der historischen Verfassung, mit dem Staate nur versöhnt werden durch Befriedigung der Anliegen der großen Masse des Volkes. Er läßt sich weder übersehen, noch mit Gewalt zertrümmern; zum Theil organisirt, wird er es immer mehr werden, und gebietet so über eine furchtbare Gewalt, über eine fysische wie geistige, und darum, daß er nicht im Parlamente vertreten, ist er nicht minder gefährlich und mächtig. Er hat Schriftsteller und Dichter von ganz anderm Korne, als deren sich die poetisch nüchterne Liga vielleicht je wird rühmen können; seine Bewegung, obgleich kommunistisch gefärbt, hat überhaupt mehr Frische, Tiefe und Innigkeit als jede andere Bewegung in England und Irland. Gegen die kommunistisch-chartistische Litteratur und Poesie, als eine natürliche Geburt der Zeit, ist aber jede Gewalt ohnmächtig. Das Stürmen und Drängen dieser sächsischen Arbeiterdichter verdient in der That alle Beachtung. Man hat es eine Gefängnis-, Armuth- und Hungerpoesie genannt, von der die Kunstkritik, weil sie den lichten Apoll Griechenlands vermißt, ihre Augen mit Schmerzen abwende; allein diese vom Fabrikdunste blaßwangige Poesie, die mitten in der Kohlenatmosfäre unsrer Zeit lebt und vor der Berührung mit den Lumpen des Elends nicht zurückscheut, verdrängt mit ihren Gesängen und Weisen über den Jammer der Fabrikkinder,

die Kämpfe und Leiden des Unglücks, mit ihrem Hohn gegen die Tyrannei des Reichthums, mit ihren Verwünschungen über ungesühntes
Unrecht die Götter und Helden Homers auß dem Gedächtnisse der
Menschenfreunde. Ihre Lieder und Klagen dringen rührend in tausend
und abertausend Herzen ein, eben weil sie, wenn auch noch als gäh-
render Most und nicht als abgeklärter Wein der reinen Kunstschönheit
dargereicht, doch den wirklichen Empfindungen aller dieser Menschen
nahe stehn und in ihre Herzensschläge elektrisch eintreffen. Indeß auch
die reichern Klassen der Gesellschaft können sich ihrem Einflusse nicht
entziehen, denn diese Dichtung gehört eben zu dem Innigsten, was in
der Bewegung der englischen Gemüthswelt vorgegangen, und schließt sie
sich daher auf. Man hat in Deutschland sie um ihrer nüzlichen Wirkungen willen gepriesen, weil sie beigetragen zur Errichtung jener —
„wohlfeilen öffentlichen Bäder und Waschanstalten, jener großen Ar-
menwohnungen in Glasgow und Edinburg" 2c. Gerechter Himmel,
welche Anerkennung! Nein, der Chartismus oder vielmehr das bewegende Prinzip in demselben hat eine ganz andere Tragweite, ein ganz
anderes Ziel. Er will die gerechte Sühnung der alten Schuld, des
großen Raubes der Aristokratie am Eigenthum des Volkes, woran die
Arbeiterklassen in Stadt und Land seit Jahrhunderten, je länger, desto
härter büßen. Er will Gerechtigkeit für das Volk, die da selbst im
Rauche der Hütte heller leuchtet als im Goldesglanze der Paläste, und
das Leben der Völker wie den Lauf der Regierungen am meisten schmückt.

Wir sehen mithin in England, bei großartiger Entwickelung,
manigfache Nothstände, Wirrnisse und Gefahren, welche mit einer tiefen
Schuld der Herschenden und mit einem großen politischen Prozesse der
Zersetzung alter Macht und der Bildung neuer Macht verbunden sind.
An das Grundübel hat die siegreich fortschreitende Reformbewegung
nur erst hier und da gestreift; darum ist ihre lezte Gestalt noch nicht ans
Licht getreten. Früher oder später wird der Lauf der Dinge diese Stunde
herbeiführen, sie läßt sich hinaußschieben, das Problem aber muß gelöst
werden. Tief im Volke liegt also Englands guter Genius, der das herr-
liche Haus der Freiheit und der Bildung aufgebaut, in großem hartnäckigen Kampfe mit seinem bösen Dämon, der auß altem Frevel immer
neuen Frevel und Uebermuth erzeugt hat. Alles kömt darauf an, daß
der gute Geist sich stärke und das Uebergewicht gewinne, damit in
der Stunde der Gefahr heilsame Mächte ordnend und gestaltend

über dem Ungemach und der auß alten Sünden stammenden Noth
schweben und nicht bloß das Unrecht endlich tilgen, sondern auch die
darauß heraufbeschwornen Dämonen der Anarchie und Gewaltthätigkeit
fesseln.

Wird nun die Lebenskraft der britischen Verfaßung, wie groß
auch, wirklich zur Vermittlung aller dieser Außgaben außreichen? Wird
namentlich das schreiende Misverhältnis, in welchem die englische Arbeiterbevölkerung zu den Grundbesizern steht, und das die Chartisten
mit grimmem Haß gegen die Aristokratie erfüllt, sich auf gesezlichem
Wege außgleichen laßen. Vollends keucht die Maße der irischen Bevölkerung unter einem noch dreifach verstärkten Drucke; denn wie jene
zu den Grundbesizern, so verhält sie sich in noch traurigerm Maße zu
den eigenen grundherrlichen Absenters und zugleich zu England und der
herschenden Kirche. Wie nun ist das Zustandekommen einer Gesezgebung abzusehen, die die tief verschlungenen Wurzeln dieser Uebel zugleich außrodet — einer lex agraria also in Verbindung mit gerechtern
Kirchengesezen, mit zweckmäßigern Formen der Vertretung und des Re-
giments in der Kirche? Freilich lagert das schwüle Gewölke noch am
Horizonte des englischen Reichs weit zerstreut umher, allein in schwierigen Zeiten könnte es sich schnell zusammenziehen, die englischen Chartisten könnten sich mit den irischen Repealern vereinen, um auß der Bewegung für wohlfeile Bestreitung aller Lebensbedürfnisse und gegen alle
künstliche Vertheurung, für allgemeines Stimmrecht, eine allgemeinere
Vertretung in Staat und Kirche, eine zweckmäßigere Vertheilung von
Boden und Besiz unmittelbar eine gesamtbritische zu machen, die, von
vielen Seiten gespornt und gestachelt, entfeßelten Laufes von Gewaltthätigkeit zu Gewaltthätigkeit stürzen und langehin verderblich toben
könnte. Bei Entladung eines solchen Wetterwirbels dürfte das englische Reich in seinen Grundvesten erkrachen, ehe nur die Sturmflut der
Menge zu dem, was sie für ihr Recht hält, gelangte. Andrerseits aber
erscheint es gefährlich, um neue Staatsveränderungen durchzusezen,
nicht länger an dem bisherigen Geiste der englischen Verfaßung festhalten zu wollen; denn wenn bigotte Anhänglichkeit an das Bestehende
verwerflich, so ist es unklug, alten bewährten Instituzionen, selbst wenn
sie weniger vollkommen sind, abstrakten Theorien aufzuopfern. Darum
bleibt nichts übrig als — eingedenk der Mahnung: „umgürtet eure
Lenden mit Wahrheit und ziehet an den Krebs der Gerechtigkeit" —

das große Reformwerk auf allen Gebieten ernst und gründlich fortzu-
führen; — auf allen, weil in diesem, bei vielen Schwächen großen,
freinaturwüchsigen englischen Volksleben die Verbesserung der kirchlichen
Zustände mit der der rechtlichen und ökonomischen engverkettet ist. Soll
das hohe Ziel der Reform erreicht werden, so müssen die Umgestaltungen in Grundbesitz und Ökonomie, in Staat und Kirche Hand in
Hand gehn, um so gewisser, als bei edlern Pachtverhältnissen auf der
kleinern, bei größerer Bodenvertheilung auf der Haubtinsel — Verhältnisse, die einen ländlichen Mittelstand, eine neue wichtige und unverwüstliche Grundsäule des Staats hervorrufen würden — und bei sichrer
Stellung der Arbeiter, die allgemeine Vertretung, auf welcher der gesunde Organismus nach der staatlichen wie kirchlichen Seite hin beruht,
ohne Nachtheil für den Staat freier, und von Grundherrn und Patronat, bischöflicher oder reinklerikalischer Leitung unabhängiger werden
könnte.

Davon ist wol Jedermann überzeugt, daß die Kraft des wahrhaft
freien Landes in einem Grade elastisch und befruchtend ist, den nur die
Nachwelt vollständig erkennt. Oder wer hätte die heutige Größe Englands vor zwei Jahrhunderten auch nur geahnt? Die Wohlfahrt des
englischen Volkes ist aber weit mehr reell als eingebildet, und mit Außnahme des Flächenraumes ist dort jedes Gesellschaftselement in raschem
unendlichen Wachsthum. Die Kraftzunahme liegt in den innern Fortschritten, nicht in den äußern Erwerbungen; diese erscheinen im Vergleich mit dem innern jährlichen Zuwachs untergeordnet. Die Bevölkerung verdoppelt sich fast innerhalb eines Menschenlebens; das ganze
Gesellschaftskapital wird mit immer zunehmender Schnelligkeit umge-
setzt, und der innere Handel, der wahre Maßstab der Landeswohlfahrt,
wächst in noch größerem Verhältnisse als der äußere. Die natürlichen
Erzeugnisse des Bodens sind durch Anwendung der Wißenschaften ebenfalls vermehrt, und es scheint sich durch Erfindungen, die Fortschritte
der Wißenschaften und ihrer Anwendung und die unbegrenzten Kräfte
des Dampfes eine neue Welt der Menschheit zu erschließen. Ward
England so in eminenterem Sinne als jedes andere Reich eine Weltmacht, bei der der Maßstab des europäischen Gleichgewichts als eines
zu engen Begriffs für eine Weltpolitik nicht mehr außreicht; so entwik-
kelten sich unter jenen Formen auch die großen Ideen einer unendlichen
Außdehnung menschlicher Kraft und menschlicher Thätigkeit mit über-

raschender Schnelle: überall scheinen die Schranken am Horizont der Gesellschaft im Verschwinden, und Niemand darf wagen, den Ereignissen oder den Thaten des Menschen, in Bezug auf sein irdisches Dasein, Gränzen zu stecken. Welche Lehre für alle Regierungen, die Geschichte der raschwachsenden Größe Englands, die nicht in Sicherung des Ueberkommenen, sondern in Anbahnung eines Neuen, Unbegränzten begriffen wird! Die Zukunft dieses wie jedes Landes liegt aber in dem Herzen seines eigenen Volkes; die Zweige des Baumes mögen sich außbreiten, sein wirkliches Wachsthum aber treibt im Stamme. Ja, groß erscheinen Englands Geschicke und Aufgaben auch für die Zukunft. Vor zwei Jahrhunderten wurden unter gewaltigen Stürmen die Grundsäze der politischen Freiheit dort außgesprochen, und an ihrer Durchkämpfung standhaft gearbeitet, bis sie endlich zur Herschaft gelangten und der Glaube aller freien Nazionen auf dem Erdkreise wurden; gleicherweise beginnen andere erkannte Wahrheiten politischer Wißenschaften durch die Welt zu leuchten, und es ist wahrscheinlich, daß die Grundsäze der Staatswirtschaft, die Geseze der Arbeit und des Außtausches mit gleicher Sicherheit werden entwickelt werden, als Grundlage für die ökonomische Wohlfahrt der Menschheit. Ihr endlicher Sieg ist ebenso gewis als der ewige Triumf der Wahrheit, und daß England den Beruf hat sich damit zu identifiziren, ist gleichfalls unverkennbar. Nur auf diesem hohen Standpunkte können Handelspolitik und Friedensliebe synonym werden, vermag England den immer verderblichen Gegensaz zu dem gewerblichen Gesamtfortschritt der übrigen Völker zu vermeiden. Damit die Engländer nicht von innen gezwungen werden als die Gebieter der Meere mit allen aufstrebenden Völkern in Streit zu kommen und sich die verschloßenen Märkte mit Kanonenschüßen zu öffnen, um den ganzen Erdkreis mit Waren auß ihren Magazinen zu versorgen — dem kann nur zweierlei vorbeugen: nach außen die Verfolgung einer Politik, deren Prinzip der Gegensaz blinden Handelsegoismus, die Handelsfreiheit ist; nach innen Befreiung der Zustände.

England braucht, bei seiner überlegenen politisch-ökonomischen Entwickelung keine staatsmännischen Rücksichten auf gewerbliche Erziehung und Schuz daheim mehr zu nehmen und kann nun die anerkannten Grundsäze der Wißenschaft, die Naturgeseze der Arbeit und des Reichthums, ungefährdet als mächtige Hebel weiterer Entwickelung in

freie volle Wirksamkeit sezen. Ist freilich der deutsche Standpunkt prak=
tisch auch noch ein anderer, so müßen wir doch anerkennen, daß von
dem eiländischen auß die neuen Bewegungen in England als nothwen=
dig für dieses Reich sich darstellen. Was werden aber die Wirkungen
der großen britischen nazional=ökonomischen Reform auf Deutschland
sein? Werden die deutschen Staaten, von Englands Beispiel gestachelt,
sich endlich auch zu umfaßenden Reformen angefeuert fühlen, nament=
lich zu einer gesamt=deutschen politisch=ökonomischen Organisazion, die
uns so Noth thut wie das tägliche Brod? Oder werden wir in der, seit
zwei Jahrhunderten über uns gekommenen politischen Mattigkeit, in
unsrer Gebrechlichkeit und Gebundenheit noch immer verharren und
statt endlich wieder als thätig handelnde Macht aufzutreten, fortfahren
uns in der untergeordneten Rolle eines betrachtenden und zurufenden
Kors zu gefallen, die freien Bewegungen und Thaten anderer Völker
nur zu bewundern oder zu verkleinern und die Feuerzeichen am brennen=
den Himmel anzustaunen? Werden wir uns bloß leidend verhalten, in
der Hoffnung, auß dem Handeln des englischen Staats schon genug
Vortheile für uns zu schepfen? Ja, der Außtausch deutscher Bodener=
zeugniße gegen englisches Metall oder englische Erzeugniße wird aufhö=
ren ein selbstzerstörerisches Spiel in den Händen einiger Kornmäkler zu
sein, und Norddeutschland kann in Betracht seiner Lage, seines Bodens
und der noch erwerbbaren Blüte seiner Landwirtschaft auf eine Reihe
Jahre hin, bis zur übermächtigen Entwickelung des transatlantischen Wei=
zenbaues und der Erzeugung der britischen Kolonien, vorzugsweise einige
Segnungen von der Aufhebung der Korn= und Schlachtviehzölle, von der
Milderung der Zölle auf Butter und Käse, für seine Fluren und seine
Häfen erwarten; auch sind Segnungen unserm Landbau wol zu gönnen,
zumal eine große Anzahl unabhängiger, nicht an Hof= oder Regierungs=
dienst gebundener Vermögen zur Begründung wahrhaft volksthümlicher,
frei bastehnder deutscher Stände im Gesamtintereße wünschenswert er=
scheint. Damit diese möglichen Vortheile aber für unser Vaterland
nicht von bittern Schäden begleitet werden — nicht etwa um sie zu ver=
mindern — sollten die deutschen Regierungen, welchen ihre und unser
aller Zukunft am Herzen liegt, sich früh genug zu den geeigneten Vor=
kehrungen vereinbaren. Durch die Aufhebung jener Zölle hat die Her=
schaft der englischen Erzeugung in den niedern Elblanden, in Hanno=
ver, Mecklenburg, Holstein=Schleswig, ihren Haubtfeind verloren, und

ohne thatkräftiges Zuwerkegehn ist Gefahr vorhanden, jene für ganz
Deutschland so kostbaren Seegebiete fester als je an Englands Industrie
geknüpft zu sehen. Das untere Stromgebiet der Elbe, mit der Haubt=
stadt Hamburg in der Mitte, aber darf nimmermehr den Schiff= und
Baumwollenherren Großbritanniens anheimfallen, darf keine deutsche
Grafschaft Englands werden. Zugleich drängt sich unwillkürlich der
Gedanke an das bedrohte Dasein unserer noch zarten deutschen Gewerb=
thätigkeit auf. Denn in Betracht der durch die englischen Reformen
wesentlich beabsichtigten allgemeinen Herabsezung der Lebens= und Ar=
beitspreise auf britischem Boden, wird sich an das ungehinderte Auß=
strömen deutscher Bodenerzeugnisse nach Großbritannien sowol einer=
seits das unmittelbare Steigen der einheimischen Lebenspreise als an=
drerseits das unmittelbare Rückströmen von England, auß einer Ueber=
fülle in größerer Wohlfeilheit erzeugter Waren nur zu natürlich knüpfen,
die alsdann unsrer erst aufkeimenden, an gesammeltem Vermögen und
an Maschinenkraft noch so dürftigen Gewerbthätigkeit, bei der zugleich
theurer werdenden einheimischen Fabrikerzeugung, den Mitbewerb auf
den eigenen Märkten, geschweige denn auf den fremden, bedeutend er=
schweren, ja, ohne kräftige Abwehr, vielleicht unmöglich machen.
Gewis ist die Entwickelung jenes großen Thätigkeitszweiges, auf
dem die kräftige Entfaltung eines wirklichen unabhängigen Bürger=
standes und der Nazionalwohlfahrt wesentlich beruht, für die gesamte
Zukunft Deutschlands ein viel dringenderes Bedürfnis als die einseitige
Benützung eines von außen her sich darbietenden augenblicklichen Be=
günstigungsmittels seiner Landwirtschaft, deren Entwickelung, auch
ohne ein solches Mittel, im Laufe der Zeit ohnehin die Folge von dem
Aufschwunge der eigenen Gewerbthätigkeit sein wird. Oder können
wir in dieser Hinsicht nicht die wichtigsten Lehren selbst auß den
englischen Verhandlungen über die große Reform der Handelsgesezge=
bung schepfen? War Peels, Russells, der Liga Haubtargument gegen
die Korngeseze nicht eben darauf gestüzt, daß man auch die Ackerbauin=
teressen am meisten und nachhaltigsten nur eben durch das mächtige
Emporheben der Industrie fördern könne? Handeln wir in dem näm=
lichen Sinne, nicht indem wir England wörtlich nachahmen, sondern
indem wir die Maßregeln ergreifen die, in Erwägung der eigenen Lage
und Verhältnisse, unsere Gewerkkraft emporzuheben vermögen! Nein
wahrlich, wir folgen Englands großem Beispiele keineswegs, wenn

21*

wir ben Nachdruck auf bie vorübergehenden uns außwärts gebotenen Vortheile für die Ackerbauinteressen einzelner deutscher Gegenden legen, und dagegen die eigene Industrie und alle damit verknüpften dauernden Volksanliegen hintansezen. Lord Ashley, dessen Karakter und Gewissenhaftigkeit über jeden Verdacht erhaben sind, sprach jüngst, als er sich vor den Dorsetshire Wählern, denen er abgesagt, über die Gründe seines Meinungswechsels hinsichtlich des Kornhandelsschuzes erklärte, ein treffliches Wort. Nachdem er die Thatsache hervorgehoben, daß in den nördlichen gewerbreichen Grafschaften eine Klasse britischer Bürger lebe, die, mehrfach zahlreicher und dabei nicht minder vermögend als die Landbesizerschaft, neben dieser gewis ein Recht habe als ein gleichbürtiges Glied des englischen Volkes aufzutreten und von der Regierung die gesezmäßige Befriedigung aller ihrer Lebensbedürfnisse zu verlangen, unter welchen Lebensbedürfnissen dort eben freier Handel das allgemeinste und dringendste sei; fügte er bei: „Aber weit entfernt, daß die Befriedigung dieses Bedürfnisses irgendeinen wohlverstandenen Lebensanspruch des Landbesizerstandes zu verlezen drohe, wird sie vielmehr in der, jenem andern Stande zugesicherten freieren Lebensfülle auch für diesen eine regelmäßigere und freiere Quelle des Absazes und mithin der Entwickelung öffnen. Ein gesünder und stärker werbendes Glied des Staats steckt nothwendig das andere an, und jeder Umschwung der Dampfmaschine treibt die Pflugschar tiefer und tiefer in den fruchtbaren englischen Boden."

Möchte denn der Zollverein der Aufgabe entsprechen, die das deutsche Volksbewustsein, von dem er getragen wird, ihm beilegt! Will er sich in seinem wahren Gedanken als Bürgschaft für die deutsche Volkseinheit beglaubigen, so ist dazu gegenwärtig der dringende, der gelegenste Augenblick gekommen. In diesem Gedanken muß er, als ein Theil des allgemein - deutschen Lebens, schon jezt mit seiner Thätigkeit über seine Grenzen hinauß wirken, und nicht mehr als Binnenhansa, sondern zugleich nach Möglichkeit für das ganze Volk handeln. Dies fordert als Pflicht und Aufgabe von ihm das deutsche Bewustsein, sofern es in ihm eine nazionale Angelegenheit erkennt. Er mache selbst den deutschen Seestaaten das Dasein und die Kraft des deutschen Handelsbundes zur Rothwendigkeit, seine natürliche Abrundung zum Wunsche; so wird er gegen die englischen Reformen und deren Wirkungen auf die Elbe - und Weserlande ein siegreiches Gegengewicht in die Wage legen. Auch kann er diesen Gebieten direkte Vortheile für ihre Beziehungen zu dem Zollverein gewähren, wie Zollminderungen für ihre landwirtlichen Erzeugnisse; in dieser Hinsicht ist er ungefähr in der nämlichen Lage wie England, welches weiß, daß es jene Erzeugnisse nur mit seinen Fabrikaten bezahlen wird. Diese Art von Zugeständnissen wird dem Vereine selbst nur Früchte tragen und die Schärfe der Waffen, mit welchen England uns bedroht, gegen es umkehren. Man täusche sich nicht, hier gilt es, den Handelsbesitz unsrer gelegensten wichtigsten Seeküste — die Zukunft des Vereins selbst. Denn auf jener beruht meist unsere künftige Wohlfahrt und Größe, hinter ihr liegt die Entfaltung der deutschen Flagge auf allen Meeren, unsere Einheit und Macht. Unmöglich können wir aber noch länger anstehn, das so einfache und doch so große Mittel endlich anzuwenden, das uns im eigenen Vaterlande wenigstens zum Siege führen und Deutschland eine selbständige Bedeutung in dem Welthandel geben muß. Es ist kein anderes als, neben zweckmäßiger Einrichtung des Tarifs, Unterscheidungszölle zu Gunsten sowol der Schiffahrt als der Gewerbthätigkeit zunächst aller Zollvereinsstaaten, und sodann auch aller derjenigen Staaten, die zu dem Zollverein in ein regelmäßiges Schuzgenoßenschaftsverhältnis treten wollen. Reichen wir der direkten überseeischen Einfuhr der deutschen Häfen in den deutschen Schiffen den Arm gegen den wuchernden Mitbewerb der indirekten, dessen Vortheile niemals Deutschland zu Gute kommen werden! Durch einen solchen großen Vaterlandsbeschluß knüpfen wir nicht nur die Seegebiete für immer an die deutschen Gesamtanliegen, sondern wir kommen auch unsern wirklichen drängenden Bedürfnissen im Innern nachdrucksam zu Hülfe. Von allen unsern Obliegenheiten ist gegenwärtig keine stärker als den Bestand einer kräftig geschloßenen Vaterlandseinheit zu sichern. Diese Einheit ist aber nur durch Befriedigung der billigen Wünsche und gerechten Hoffnungen der lebendigen Gegenwart zu erringen, nicht durch künstliches Auffrischen des alterthümlichen Scheinbildes hingeschwundener Einheit, noch durch absolute, vollends in Atome auflösende Handelsfreiheit.

Das ist einer der großen beneidenswerten Vorzüge, welche die freien Einrichtungen den Engländern vor uns gewähren, daß die Gesamtbedürfnisse des Volkes sich dort auf gesezlichem Wege offene Bahn brechen und von Allen erkannt werden können. Denn hierdurch gewinnen sie die Macht der öffentlichen Meinung für sich und werden dadurch unwiderstehlich; die Verhältnisse der Zeit, die Nothwendigkeit der Reformen, kurz die ganze Lage des Landes wird begriffen, nicht von Einzelnen, sondern von Allen, und mit jenem unmittelbar zugreifenden Takte, den nur lange Erfahrung und gebildeter praktischer Sinn sich erwirbt. Welch ein Beispiel für die Rechthaberei und Unfehlbarkeit unseres Beamtenthums, der öffentlichen Stimme gegenüber, das großartige Bekenntnis Peels von seinem Einsichtsfortschritte! Doch wodurch anders war dieser wohlthätige Fortschritt und Umschwung dem Minister wie dem Volke möglich geworden, als durch das allgemeine Recht des freien offenen Handelns und durch den allgemeinen Gebrauch des freien offenen Wortes? Warum anders weiß der Engländer mehr wie jeder Andere das, was erst in der Zukunft sein Wohl fördern wird, mit scharfem Blick zu erkennen und in Berechnung zu bringen? Warum beginnt man nur in England Unternehmen, von denen der Lebende keine Früchte hofft, damit sie dem Lande später desto sicherer zufallen? Ja, und wenn der Engländer die Schuz- und Erziehungszölle, die er nicht mehr braucht, weil seine Industrie ihnen entwachsen, halb abschafft, von der andern Hälfte aber noch 10 Prozent vom Werte als Zoll fordert, daneben sogar die alte beschränkende Schiffahrts- und Kolonialpolitik ziemlich unangetastet bestehn läßt; so versteht er es dennoch die Welt glauben zu machen, er proklamire eben die ganz unbedingte Handelsfreiheit, in der tiefen Ueberzeugung von deren absoluten Zweckmäßigkeit und auß Liebe zur Wißenschaft und zur Menschheit.

Wahrlich, ich will Peels großes Reformsystem nicht herabzusezen suchen, es wäre vergebliches Bemühen! Wer kann dem Gefühle bitterer Beschämung und brennenden Neides wehren, das uns Deutsche ergreifen muß beim Vergleiche des in demselben aufgestellten herrlichen Entwickelungsbeispiels des englischen Verfaßungslebens mit dem annoch so zerstückelten und verworrenen Zustande unserer innern Verhältnisse? Wem klingt's nicht noch in den Ohren von den spezifischen Landtagsabschieden, den scharf verneinenden, die so traurig mahnen, daß bei uns noch gerade die entgegengesezten Prinzipien vorwalten als in England? O möge die große gesezgebende That Peels und des englischen Volkes für Deutschland nicht verloren, möge hier die Kraft des Beispiels noch von Wirkung sein! O möge der unverdiente Bann weichen,

unter dem nun schon seit zwei Jahrhunderten das deutsche Volk verur=
theilt gewesen ist, politisch stumm und, bei innerer Kraftfülle, thatlos
zu sein! Möge der Zauberspruch endlich gelöst werden, der um unseres
Vaterlandes Sinne und Glieder ein so festes drückendes Gewebe der
Täuschung und Bangigkeit geschmiedet, daß selbst der große Lebens=
schlag der Befreiungskämpfe, die ernsten mühevollen Bestrebnisse einer
wichtigen dreiunddreißigjährigen Periode, alle wiederholt außgesproche=
nen Wünsche, alle treubestandenen Prüfungen eines treuen Volkes die=
ses Zwangshemd bisher nicht zu sprengen vermochten! Die Lösung
kann nur ein preußisches Parlament bringen, der mächtigste Eckstein
deutscher repräsentativer Verfaßung. In freier That und Rede besteht
das geistige Dasein eines Volkes, sein wahrhaftes Glück aber allein in
dem Fühlen und Leben eines solchen Daseins. Kein thatloses blindes
Glück kann dem Volke die edle Lebensfreude ersezen durch eine öffentlich
ineinander greifende allgemeine Thätigkeit mit zu beschließen an den
Gesezen, die es beherrschen, und von Tag zu Tage mit klaren Augen
fortdenkend, mit zu wachen und zu sorgen für seine eigene Wohlfahrt,
sein Geschick. Und wie sollte denn ein wrakartig unbehülfliches Schiff
das, mit schlaffem Gabelsegel hinten, nur von dem gedrillten Ruder=
schlage seiner Beamtenschaft getrieben, durch ein klippenvolles Gewäßer
hinschwankt, den gleichen Lauf halten können mit einem wohlgerüsteten
Schiffe das, den vollen Wind in allen Segeln, die Feuerkraft in seinen
Rädern, von hundert scharf spähenden Blicken in Kenntnis gehalten
von jeder Erscheinung, überall vom Donner der Weltgeschichte im Wo=
genschaum umrollt, auf seiner großen glorreichen Bahn über das weite
Weltmeer dahinfliegt?

Wir haben nicht nur zu bedenken, daß ein preußisches, ein deutsches
Parlament am fähigsten wäre alle die auß dem britischen Reformsystem
für Deutschland aufsteigenden Fragen weise zu entscheiden und die nö=
thigen Maßregeln rasch und entschloßen außzuführen; sondern auch
daß der Friede nicht immer dauern kann. Die Alten verlegten, mit ge=
sundem Sinn, den ewigen Frieden rückwärts in ein mythisches Zeital=
ter. In neuern Zeiten träumten nicht bloß Rousseau und St. Pierre
von dem ewigen Frieden, sondern auch Napoleon, des revoluzionären
Genius Fesseler, wollte durch seine zur Umgestaltung der Welt „nöthi=
gen" Siege nur bewirken, daß die Völker im Schatten des Oelbaumes
ruhen könnten. Wir Deutschen thun wohl, die nahe Möglichkeit wirk=

lich zu beſtehnder Kämpfe, ſtatt des bewaffneten Friedens, nicht
außer Berechnung zu laßen, auch einer ſogenannten Aſſimilazion der
Volksgeiſter, die, wenn ſie nicht auf eigener freier Entwickelung beruht,
nichts anderes iſt als eine Blatterimpfung, wenig zu trauen; namentlich ſo lange wir ſelber es noch nicht zu einem ſtarken einigen Deutſchland gebracht haben. Iſt nicht auch die heilige Allianz, dieſe jüngſte
Art Weltbeglückungsvertrag auß einer traumreichen Zeit, den nur die
freieſten Völker zu unterzeichnen ſich weigerten, verſchollen? Man
ſpricht jezt viel von der Volkspolitik, als einer Politik nämlich der
Volkswohlfahrt, die zwar nicht direkt vom Volke außgeht, aber doch im
Intereſſe des Volkes geführt wird, alſo nur eine erhaltende und Friedenspolitik ſein kann; im Gegenſaze zu der kleinlich ſelbſtiſchen und
neidiſchen Kabinetspolitik, bei welcher immer Vergrößerungsſucht
im Hintergrunde lauert, mithin Krieg oder doch nur Waffenſtillſtände.
Fürwahr, ein großer Fortſchritt wär's, ſtatt des jezigen drückenden, bis
an die Zähne geharniſchten Waffenſtillſtandes, die europäiſche Welt in
einem allgemeinen Friedensſyſteme zu verbinden, welches zu einer auf
innerlich befriedigten Zuſtänden beruhenden feſten Bundeseinheit organiſirt wäre. Allein wir ſind von einem ſolchen Zuſtande *leider weit*
entfernt. Unſere Zeit iſt darin nicht am wenigſten merkwürdig, daß
wir den Krieg nicht haben, und doch auch nicht den Frieden. Am fernen Horizonte wetterleuchtet es fort und fort, im Orient, im Kaukaſus
im Maurenlande hart an den Marken unſers Welttheils ſchlagen ſie
grauſam aufeinander, in allen übrigen Erdtheilen herſcht faſt beſtändig
Waffengeklirr. Daheim iſt eine Welt voll ungelöſter Widerſprüche,
unbefriedigter Hoffnungen, hinaußgeſchobener Schwierigkeiten, unbeſchäftigter Kräfte. Während die Regierungen von Frankreich und
England noch unter freundlichem Wortaußtauſche verkehren, ſezen ſie
doch ihre Küſten in Vertheidigungsſtand und der Nazionalhaß entbrennt
immer glühender; in allen Staaten unſeres Feſtlands brüllt man zahlreiche Heere, auf jeden Wink ſchlachtbereit; ungeheuere Feſtungswerke
werden aufgerichtet an unſern öſtlichen Marken von Rußland, an unſern weſtlichen von Frankreich, und Deutſchland ſezt ihnen andere entgegen; die nichtdeutſchen Großmächte ſchulen zugleich ihre Heere in
außwärtigen Kriegen, vielleicht für ſpätere Ereigniſſe in Europa. Hier
aber iſt die ungeheuere blutige Schuld der öſtlichen Mächte gegen das
polniſche Volkthum noch ungeſühnt, ja der böſe verwirrende Dämon er-

zeugt auß altem Frevel auch hier immer neuen Frevel und neue Schuld. — — Kurz, die großen Verhältniße greifen so zusammen, daß ein kleiner Funke weithin zünden kann, und vielleicht wäre dieser schon längst in den aufgehäuften Brandstoff eingeschlagen, wenn seit den langen, umgestaltenden Revoluzions-Kämpfen die Völker nicht eine Menge großer innerer Fragen zu lösen vorgefunden hätten, die sie von außen ablenkten und in sich kehrten.

Allerdings sind die neuern Kriegsunternehmen fast außschließlich gegen die unabhängigen Völker barbarischer Länder gerichtet, wie die englischen Züge in Indien und nach Afghanistan, die französische Besezung Nordafrikas und die ruffischen Feldzüge im Kaukasus, unter dem Vorwande, den Segen höherer Bildung außzubreiten oder die eigenen Gränzen zu schüzen. Doch wenn wir uns troz allem was man von den rauhen und wilden Sitten dieser Barbaren sagt, instinktmäßig der kühnen Tapferkeit freuen, womit die Natursöhne den zivilisirten Drängern ihres Landes, der furchtbaren Macht gedrillter Heere die Stirne bieten und sie wol blutig zurückwerfen; so liegt darin gewis auch noch eine Hoffnung verborgen, eine dunkle Ahnung davon, daß es sich bei jenen Kämpfen auch um ein wichtiges politisches und allgemein menschliches Intereße handelt. Die brei Mächte sind voll Beschönungen für ihr Verfahren, und an gläubigen Herzen fehlt es keiner, selbst die Ruffen haben ihre Parteigänger. Die Engländer wollen kein eigentlich eroberndes Volk sein, sie schüzen die Nothwendigkeit des Handels vor; auch deuten sie auf den nothwendigen Gang der Entwickelung der Dinge in Indien hin, der ohne ihr Zuthun entstanden und den sie, in Betracht der Lebensunfähigkeit der indischen Regierungen, nicht aufhalten könnten. Aehnliche Entschuldigungen, so lahm sie auch sind, haben die Franzosen und noch weniger die Ruffen für ihre kostspieligen Unternehmen, denen kein Ende abzusehen, gar nicht einmal geltend zu machen. Rußland zumal kann seine Angriffe auch hinter keiner volkthümlichen Selbsttäuschung verstecken, während der Soldatengeist und die Razionaleitelkeit der Franzosen ihre Regierung in Nordafrika fortstoßen. Der kaukasische Krieg ist in seinen Bewezgründen ebenso ungerecht (denn die Türken hatten kein Recht zur Verfügung über ein unabhängiges Land, und indem Rußland die Abtretung deffelben als Klausel in den Vertrag von Adrianopel einrücken ließ, verlezte es sein in der Kriegserklärung gegebenes Wort), wie für Rußland schmachvoll in seinen Ergebnissen. Die fühllose Härte, womit man die Kaukasier zu zermalmen sucht, erscheint um so empörender, als diese tapfern Gebirgssöhne nur ihre alte Unabhängigkeit innerhalb der Grenzen ihrer rauhen Heimat behaubten. Die Theilnahme Europas ist für die Kaukasier mehr erregt, als für die unterdrückten Araber und Indier, aus kosmopolitischen Gründen der Gesittung; denn diese scheinen einem mildern Schicksal entgegenzugehn unter der Herschaft gebildeter Völker, deren Soldateska es freilich — die französische auch in der neuesten Zeit — an den furchtbarsten Gräuelthaten nicht fehlen läßt, während die Kaukasier als russische Unterthanen ihre sittliche Lage kaum verbeßern dürften, da von dem moskowitischen, auf Menschenverachtung beruhenden System, keine freie kristliche Kultur zu erwarten ist. Wollte man selbst den englischen Beschönungen nicht allen Grund absprechen, denn sie haben vergleichsweise am meisten noch für die Kultur der Hindu gethan; so sehen wir dort doch wohin das ungezügelte Handelsprinzip der Engländer führen kann, welches, wenn auch auf dem europäischen Kontinente nicht mit bewaffneter Eroberung drohend, ihm doch gar zu gern die „milde" Botmäßigkeit der englischen Interessen auflegen möchte.

Wenn man uns vorhält, jene Unternehmen hätten jedenfalls die drei ehrgeizigsten Völker Europa's nach außen beschäftigt und dazu beigetragen den Frieden in unserm Erdtheil aufrecht zu erhalten, um uns dadurch mit der grausamen Politik der Unterwerfung freier Völker zu versöhnen; so bin ich weit entfernt darin einzustimmen. Im Gegentheil, ich kann in dieser Vorspiegelung nur das Bemühen sehen, dem übrigen Europa eine Feigheit aufzubürden. Wahrlich, der europäische Friede, um solchen Preis erlangt, hat keinen Wert und keine Dauer; er ist dann nichts als eine gefährliche Täuschung, eine traurige Lähmung der deutschen Mächte, die da thatenlos in der Mitte ruhen zwischen den andern, nach allen Seiten zugreifenden und ihr Gebiet erweiternden Großstaaten. Man sehe sich vor! Gerade jene Eroberungen, welche scheinbar nur Kriegszunder aus Europa nach Afrika und Asien ableiten, entflammen die Leidenschaften und blasen kriegerische Gelüste, Neid, Haß immer von neuem wieder an; in ihnen, gezügelt nur durch die wache gegenseitige Eifersucht, verbergen sich geheime Absichten, liegen Brandstoffe aller Art, die Vorbereitungen zu ganz andern größern Entwürfen; sie gerade können die Ausgangspunkte zu mächtigen, das politische Gleichgewicht erschütternden Reibungen werden, zu den furcht-

barsten Kriegen. Noch zwar liegen die Gebiete, auf welchen die drei
Mächte erobern, weit auseinander: Meer und große Landstrecken trennen Algerien von Indien, dieses vom Kaukasus, und geben ihrer Ver-
größerungsucht Raum, ohne daß sie sich berühren. Aber die Zeit
wird kommen, wo sie nahe aneinanderstoßen, die Welt erschütternd, an
der Straße von Gibraltar, in Vorderasien, am Bosporus, in Aegypten — dann überall. Oder ist die Absicht Frankreichs nicht ausgesprochen, das Mittelmeer zu einem französischen Binnensee zu machen?
Lohnt die Vorbereitung eines so großen Zieles nicht für einige Zeit die
Vernachläßigung der Rheingrenze, vorausgesezt nur, Deutschland ver-
bleibe mittlerweile in gelähmtem Zustande? Und warum sezt Rußland
sein bestes Blut, dessen es viel zu vergießen hat, an Bezwingung des
Kaukasus? Vom gewöhnlichen Standpunkte läßt sich der Grund dazu
schwer erkennen, da es schon die besten Häfen des schwarzen Meers
(die Küste Abasiens bietet keinen dar), Georgien und Tiflis im Süden
des Gebirgs unbestritten besizt und keine Flagge leider als die russische
auf dem Pontus weht. Aber im vollen ungestörten Besize des Kaukа-
sus beherrscht es Vorderasien bis ans Mittelmeer und den persischen
Busen, dann hat es die wichtigen Stellungen des Bosporus und der
Dardanellen umgangen, dann umklammert es Byzanz von drei Seiten,
und der Besiz dieser Weltstadt muß ihm entweder anheimfallen, oder
er wird für jeden andern wertlos.

Wie die deutschen Mächte in Europa zwischen Frankreich und Rußland liegen, so steht England zwischen diesen beiden zur See, in Aegypten und Asien. So weit diese Lage wirkt, scheiden sich die Weltinteressen
in deutsch = englische und russisch = französische. Die französisch = englische
Erbeifersucht, um nicht Erbhaß zu sagen, und andere vermeintliche Interessen Frankreichs werden früher oder später ein Bündnis desselben mit
Rußland herbeiführen, welches Napoleon noch auf St. Helena predigte. Die Franzosen sind geneigt, Rußland zu leicht zu schäzen. Die
ungeheure Wirkung des Rückzuges aus Moskau ist verraucht, die
Mahnung darin vergessen über die schmeichlerische Frase, welche Herr
Thiers bei jeder Gelegenheit wiederholt: „nicht russische Waffen, die
Elemente haben Napoleon besiegt.‟ Custine's Buch über Rußland
hat nur einen vorübergehenden Eindruck gemacht, man bespöttelte seine
Ahnungen und schlug es zu. In der Zukunft jenes Reiches sehen sie
für sich keine Gefahr, sondern nur Beute; namentlich zur See scheint

es ihnen Null. „Rußland, sagen sie, hat keine maritime Kolonie und auf dem Meere kein Welthandelsinteresse zu verfolgen; zur See kann es nicht offensiv auftreten, also Frankreich gar nicht beikommen, indem die beiden Meere die es besizt, das baltische und schwarze, (!) Binnenseen und so zu sagen für Kriegsschiffe ohne Außgang sind.“ Genügt dies aber nicht allen Zwecken Rußlands, wenn es zur See nur eine defensive Stellung behaupten muß? Es hat seewärts nur zwei Seiten außgesezt, und diese mittelst stärkster Bollwerke vertheidigt; von allen andern Seiten ist ihm nicht wol beizukommen von den Mächten, die es noch zu fürchten scheint. Zudem verstärkt die Natur jener Meere selbst seine maritime Stellung: die Ostsee ist Winters kein Aufenthalt für eine fremde Flotte, und die Strömungen des Pontus beschüzen seine südlichen Häfen vor jedem raschen Anbrange, und gestatten ihm, allen andern Staaten am Bosporus zuvorzukommen. So lange ihm daher auf beiden Binnenmeeren selbst kein Nebenbuhler aufersteht — dort Preußen, hier Oesterreich — so lange ist auch gerade seine defensive Stellung zur See eine überauß starke. Ja, sie wird eine unüberwindliche, wenn Rußland jemals in den vollen Besiz der beiden Thore zum Mittelländischen und zum deutschen Meere, deren eine Seite es schon beherscht, gelangen sollte. Auch besizt es Häfen im äußersten Norden Europa's, an der Ostküste Asiens und an der Westküste Amerika's, und berührt das mit jedem Jahr an Wichtigkeit steigende chinesisch-japanische Meer.

Freilich nur auf Deutschland drückt der russische Koloß mit seiner ganzen Wucht. Ich will hier nicht weiter eingehn in trübe Betrachtungen über so manche für uns ungünstige Gestaltung, wovon wir die Schuld uns selbst beizumeßen haben. Doch muß ich daran erinnern, daß die Ostsee durch Natur und Geschichte ein germanischer Binnensee ist, kein slavischer, und daß wir nicht minder als Rußland berechtigt sind ans schwarze Meer vorzudringen — dahin weist unser größter Strom. Wir geben uns selbst auf, laßen wir die außschließliche Herschaft auf diesen Meeren an Rußland fallen. Eben deshalb aber darf Deutschland weder durch den französischen Albionshaß, noch durch eigene Mißstimmung über unsere Handelsverhältnisse zu Großbritannien, deren nachtheilige Seite durch Einigung unsrer Anliegen zu heben ja in unsrer Macht steht, sich zu Gunsten Rußlands und Frankreichs fortreißen laßen. Was man auch gegen die britische Suprematie zur See mit Recht einwenden kann, welche Maßregeln wir auch zum Schuze unseres Gewerbfleißes, unseres Handels und unsrer Schiffahrt ergreifen müßen, immerhin bleibt England in den höchsten politischen Belangen Deutschlands natürlicher Bundesgenoße gegen alle Uebergriffe unsrer ehrgeizigen Kontinentalnachbarn. Nichts aber wäre thörichter, wie jede Seite der europäischen Geschichte der lezten hundert Jahre beweist, als Vertrauen auf ein Bündnis mit Rußland zu sezen. Die nordische Politik, wenn auch unterweilen klug zuwartend, ist ihrer Natur nach eine aggressive, die sich bei keiner Gelegenheit verläugnen wird. Denn sie ist eine Organisazion unbeschränkter Gewalt bloß nach außen, bei moralischer Machtlosigkeit im Innern, eng verbunden mit einer ganz verweltlichten, verknöcherten, hersch= und verfolgungssüchtigen Kirche. Deswegen kann die russische Politik, wenn auch noch nicht gefährlich für die Freiheit der Welt, doch unsägliches Verderben über dieselbe bringen — dazu ist sie jedenfalls stark genug.

Alles mahnt daher die ernsten Warnungen, die jezt so vielfach ergehn, nicht mehr spurlos an das Ohr verschallen zu laßen. Soll Deutschland im Herzen Europas seine Stellung behaubten, soll es hier, das Gleichgewicht vermittelnd, erhaltend einwirken; so muß es sich vor allem zu sammeln, durch innere Entwickelung seine Kräfte zu stärken, durch Einung seine Energie zu erhöhen suchen. Es muß die falsche unmögliche Politik gründlich beseitigen, die Völker als Minderjährige und bloße Objekte der Steuern und des Kamaschendienstes zu behandeln, doppelt gefährlich bei der Zerrissenheit Deutschlands und der Schwäche seiner Bundesverfaßung. In dieser Hinsicht mögen wir mit strebender Eifersucht auf die naturwüchsige politische Verfaßung der Engländer schauen, auf ihre intensive Machtentwickelung, die glänzende Reihenfolge ihrer Staatsmänner, die manigfachen prächtigen Früchte ihres parlamentarischen Lebens. Erinnern wir uns diesem gegenüber, auch an das Beispiel Frankreichs, wo die Befreiung ohne natürliche Vorbereitung geheischt ward und darum ein Orkan losbrach, der noch nicht außgetobt. Wir dürfen uns nur auf uns selbst verlaßen, doch nicht in träger Ruhe, sondern schaffend, einigend: nur in der Erhebung zur praktischen Tüchtigkeit und Machtentfaltung der großen Kulturvölker und in Entwickelung eines nazionalen Bewußtseins, das in gemeinsamen Einrichtungen und Gesamtanliegen fest wurzelt, kann Deutschland Sicherheit finden. Auch hilft da kein halbes Werk, in der trügerischen

Hoffnung allmählicher Verbefferungen ohne Kampf und Bewegung; denn nur der rückwärts schauenden Nachwelt erscheint, wie man treffend gesagt hat, das Fortschreiten vom Unvollkommenen zum Vollkommenen in der Geschichte der ältern Verfaßungen, während diese doch in den verschiedenen Stadien der Entwickelung immer der volle reife Außdruck ihrer Zeit waren, die eben nichts Vollkommeneres kannte. Der Wunsch nach einer vollständigen Verfaßungsreform, nicht aber nach Aufimpfung eines einzelnen Schößlings von dem aufgewachsenen Baume fremder politischer Freiheit, ist allgemein im deutschen Volke vorhanden.   Nur auf dem Boden einer freien Verfaßung mit dem Vermögen der Selbst= verbeßerung — das lehrt Englands Geschichte — kann ein kernhaftes Volk, eine reiche Nazionalentwickelung gedeihen und finden sich die sichern Gegenmittel zur Bekämpfung der destruktiven Richtungen des demokratischen Geistes.

Wir sind wie eingeklemmt zwischen Europa's Westen mit seiner natürlichen Richtung und ungemeßenen Außbreitung zur See, und Europas Osten mit einer Richtung nach Asien. Dieser, an Flächen= inhalt mindestens dreimal größer als der Westen, an Bevölkerung um die Hälfte schwächer, ist ein Reich, eine Kirche — Rußland mit Papst= thum und Kaiserthum in einer Person vereint. Seit alle Staaten die Kunst erlernt sich durch Ackerbau und Gewerbe zu bereichern, zählen die Tausende Quadratmeilen wieder in der Rechnung, besonders wenn die Bevölkerung darauf jährlich so bedeutend anwächst, wie die ruſſiſche. Obendrein zieht Rußland unermeßliche Einkünfte auß seinen ſibiriſchen und uraliſchen Bergwerken — größere als je die Silberſchäze Amerika's Spanien bereichert haben. Durch Erinnerungen an die vergangenen sonnenheitern Tage dürfen sich daher die vielen kleinen Staaten Mittel= europa's, die alle einst dem römischen Reiche deutscher Nazion entweder unmittelbar angehörten oder mit seinem Geschicke verknüpft waren, nicht täuschen laſſen. Oesterreich und Preußen außgenommen, sind sie alle, wie berühmt einst auch, zu Staaten untergeordneten Ranges einge= schrumpft, und ihre eigene Selbständigkeit wird mit jedem Tage in dem Maße mehr zu Null, als die großen Naturverhältniſſe beſtimmend her= vortreten und der menschliche Geist durch seine Erfindungen die natür= lichen Hinderniſſe und Entfernungen des Raumes bewältigt. Was vermögen jezt die Niederlande, die Schweiz zusammen gegen Frankreichs kriegsgeübte Heere; was Schweden, Norwegen, Dänemark gegen den

nordischen Koloß und seine gebrüllten Legionen? Wo war in den altbe-
rühmten, nordischen Landen ein Gustaf Adolf, ein Karl XII., als sich
das unglückliche Polen auß seinem Jammer todeskühn erhub gegen den
Eisendruck Rußlands! Das Zarenreich besißt an Menschenkraft und
Land mehr als alle kleinen Staaten von Mitteleuropa zusammengenommen, und hat nicht die halbe Schuldenlast wie Niederland allein.
Wie wollen sie die Selbständigkeit ihres sonst so reichgegliederten mit
Geistesblüten gezierten Gemeinwesen anders retten und ihre Rechte
geltend machen gegen die Willkür der Mächtigen als dadurch, daß sie,
dem Winke der Natur und Geschichte folgend, sich wieder erkennen als
losgerißene oder abgesprungene Glieder eines größern Ganzen? Ja,
wollen sie den Reichen mit breiter nazionaler Grundlage, bei welchen
die Volksindividuen selbst zur staatlichen Entwickelung gelangt, auf die
Dauer nicht unterliegen; so müßen sie, in Uebung der Selbstüberwin-
dung, sich entschließen, ein wenig von ihrem Eigenwillen zu opfern und
auß dem Partikularismus zu einer höhern Einheit hinanstreben. Wie
im bürgerlichen Leben gegen die wachsende Macht der Kapitale, die den
kleinen Mann allmählich auß Markt und Kundschaft, von Haus und
Hof zu treiben droht, als Heilmittel das Prinzip der Aſſozia-
zion gefunden ist; so liegt in diesem auch die Sicherheit und Wohlfahrt der mitteleuropäischen Staaten. Nur ein enger Bundeskreis,
freie Bünde können ihnen beides gewähren. Natürliche Kernpunkte dafür
sind Preußen, stark durch seine Verbindung mit den Anliegen des
deutschen Volkes, und wegen seiner Lage Vorkämpfer am Rhein wie
an der Weichsel, und Oesterreich, stark durch seine eigenen uner-
schöpflichen Hülfsquellen. Vor allen Dingen sollte Preußen nicht
länger zögern, in dem Verfaßungswerke aufrichtig voranzugehn, um dadurch seine schon im Zollverein angekündete Einigkeit mit Deutschland
vollends fest zu begründen: wie es selber des deutschen Volkes bedarf
zu seinem Bestand als Großmacht, so können die deutschen Fürsten und
Stämme der Bürgschaften nicht entbehren, welche für sie in der Einheit der Anliegen von Thron und Volk in Preußen liegen, daß diese
Anliegen deutsche sind und bleiben. Preußen und Deutschland haben
ein ebenso hohes Interesse an Oesterreichs Größe, als dieses an Preußens Stärke und Entwickelung; denn beide bilden vom Riemen bis an
die untere Donau die Vormauer gegen Rußland, von der Maas bis
an den Po die Vormauer gegen Frankreich — mit Deutschland sind sie

der Hort des europäischen Gleichgewichts. Warum ich hierbei keinen
Nachdruck lege auf den deutschen Bund als solchen? Nun, weil es
schwer wird Vertrauen zu sezen auf ein Werk der Diplomatie mit bloß
negativer Tendenz, auf einen Nothbehelf, womit fremde und einheimische
Staatskünstler die gerechten Erwartungen des deutschen Volkes ab=
finden zu können vermeint haben. Oder hat der Bundestag Hand=
lungen aufzuweisen, die ihm das öffentliche Vertrauen hätten gewinnen
können; hat er jemals der großen Idee unsrer Nazionaleinheit, der
Einheit der Fürsten und Völker entsprochen? Er ist nimmer der wahre
Einungspunkt für deutsches Leben gewesen, nimmer das Organ zur
Verständigung über so Manches, was dem ganzen Deutschland fehlt,
was die gesamtdeutsche Wohlfahrt dringend heischt. Die Fürsten haben
sich dort über gewisse beschränkende Maßregeln in ihrem vermeintlichen
Interesse verstanden, dafür zeugen die Beschlüsse über die deutsche Presse,
über die ständischen Versammlungen, über das Bundesheer gegen innere
Widerspänstigkeit; wo es aber die gemeinsamen Anliegen des deutschen
Volkes zu fördern galt, da fand man keinen Vereinungspunkt. Ja,
das Beispiel davon, daß die Interessen im Großen gespalten *blieben*,
hat sehr nachtheilig eingewirkt und die einzelnen deutschen Staaten an=
gesteckt, nur ihre besondern Vortheile zu suchen, wie sich in so vielen
Fragen oft kläglich genug herausgestellt; der Bundestag hat den deut=
schen Partikularismus in seiner trübesten Gestalt nur verstärkt. Wie viel
weiter würden wir, andern Völkern gegenüber, auf der Bahn der
Machtentwickelung fortgeschritten sein, wenn das schöne Wort von dem
e i n i g e n Deutschland eine Wahrheit geworden wäre — Deutschland
groß, stark, blühend durch die Einigkeit seiner Fürsten und Stämme!
Hat der Bundestag hierzu beigetragen, hat er nach mehr als dreißig=
jährigem Bestehn auch nur e i n e der wesentlichen Verbeßerungen, die
dem deutschen Volke feierlichst angelobt worden, im Innern durchzuführen
vermocht? Ja, hat er, der mit seinem losen Bande nicht einmal alle
Bruderlande umschließt, auch nur die einzige und wichtige Bundespro=
vinz, die von außen in Gefahr gerathen, sich mitten im Frieden zu er=
halten gewußt? Ach, die deutsche Fürstenrepublik spiegelt die Manig=
faltigkeit der europäischen Republik nur verzerrt wieder — sie ist, hat
man sehr wahr gesagt, eine Zweiheit, Dreiheit oder Achtunddreißigheit,
eher alles noch als eine Einheit. — Ueberhaupt steht erfahrungsgemäß
fest, daß weder einseitige Interessen nach oben, noch zufällige politische

Vortheile nach den wechselnden Tagsverhältnissen, sondern nur große gemeinsame Anliegen und organische vertretende Einrichtungen Staatenvereine dauernd und immer enger zusammenkitten können. Hierbei wird natürlich das gleiche Volksthum vorausgesezt, dieses heilige und unverwüstliche Familienband gemeinsamer Sprache, eines Blutes und eines Genius, worin eben allein die Uebereinstimmung in den höchsten Staats- und Volksanliegen, ein echtes Ineinanderleben in Liebe und Innigkeit sich zu entwickeln und sicher zu ruhen vermag.

Deutschland nun als Ganzes gefaßt, so ist dessen äußere Politik durch die Umstände scharf genug vorgezeichnet. Gegen alle drei Großmächte umher mit wacher Umsicht auf der Hut, darf es in der Regel nicht zweien von ihnen die Hand zur Schwächung und Demüthigung der dritten reichen; was zulezt nichts Anderes wäre, als sich den übermächtigen Angriffen jener beiden außsezen. Sodann hat Deutschland mit den sich ihm natürlich anreihenden Staaten zweites Ranges, Belgien, Holland, Skandinavien und Italien, also der die erobernden Großmächte von einander scheidende mitteleuropäische Staatenkonner, auf dem Vordergrunde zwei ganz gemeinsame Weltanliegen zu vertreten: eines das sich auf das Festland, und eines das sich auf die See bezieht. Ersteres besteht in Kräftigung des politischen Gleichgewichts, welches die gegenseitige Unabhängigkeit der Staaten, die Selbständigkeit und Freiheit nationaler Entwickelung sichert. In jeder Verlezung des nazionalen Prinzips müssen sie alle einen Angriff auf sich selbst, einen gemeinschaftlichen Feind sehen, der um so gefährlicher wird, je näher er rückt in seinen wühlerischen Fortschritten. Das Uebel verschwindet dadurch nicht, daß man Auge und Herz theilnamlos davor verschließt oder durch Sofisterei es zu verkleinern sucht. Ja, in Europa selbst wird das nazionale Prinzip fortwährend auf bedrohliche Weise gekränkt, durch mildere Mittel von Frankreich in seinen deutschen Provinzen, in seinem unverhüllten Streben auf Belgien und die Rheingränze; durch gewaltthätige, listiggrausame, das menschliche Gefühl empörende von Rußland in Polen, in seinen deutschen Ostseeprovinzen, in seinem ganzen furchtbaren Wirken auf Vernichtung alles von ihm umfaßten Volkseigenen zu Gunsten einer unumschränkten despotischen Gewalt in Staat und Kirche, deren Einheit des Czaren halbgötterliche Person darstellt. Blieben die Anstrengungen der mitteleuropäischen Staaten gegen dieses

wühlerische Vordringen von Ost und West immer vereinzelt, also un=
wirksam, müste dann die Reihe der Gefahr und Noth nicht auch an sie
kommen, wie früher an Polen, Kurland, Finnland, ans Elsaß und
andere Gebiete? Sie haben mithin den gleichen Belang und die gleiche
Aufforderung, im engen Bunde mit einander Widerstand auf beiden Seiten
zu leisten, und weitern Uebergriffen einen gemeinsamen festen Damm
entgegenzusezen. In einem ähnlichen Sinne stiftete schon Friedrich der
Große, mit scharfem Blick den Grund der politischen Verhältnisse durch=
schauend, den Fürstenbund. — Das andere gemeinsame Anliegen besteht
in der Freiheit der Flagge, welche die Ladung decken muß, in der Be=
haubtung eines den Handel und die Schiffahrt keines Volkes beein=
trächtigenden Seerechts, in der Durchführung des Völkerrechts auf
allen Meeren gegen jede die Oberherschaft darüber anstrebende Macht.
Gilt es dieses große Seeinteresse, die Grundlage des freien Völker=
verkehrs, gegen Englands Ueberlegenheit zu vertheidigen; so ist das
der Fall, wo wir vor einem Bündnisse aller Kontinentalmächte beider
Halbkugeln gegen das seekräftige Eilandreich, bis zu dem erreichten
Zwecke, nicht zurücktreten dürfen.

In jedem Betracht also tritt uns das ernste Gebot entgegen, daß
wir darnach trachten sollen, auf uns selbst zu Lande wie zur See stehn
zu können. Solch ehrenhafte Stellung ist uns aber vollkommen mög=
lich bei innerer Eintracht und bei innerer Freiheit. Und wie, ein großes
gebildetes Volk, das selbst ein mächtiger Staat und auf dem Meere der
Weltgeschichte an dem Anker seiner eigenen natürlichen und sittlichen
Kräfte gegen Wogen und Sturm sicher liegen kann, wollte dasselbe den=
noch loslassen und sich freiwillig an das Schlepptau des Handels= und
Kriegsschiffes einer andern Großmacht nehmen lassen? Wer wird eine
selbständige, ehrenvolle und große Stellung darum, weil sie zu Zeiten
einige Opfer kostet und immer Anstrengungen und Mannheit fordert,
gegen schnöde Hörigkeitsverhältnisse umtauschen? Um selbständig und
stark zu sein, bedürfen wir, wie gesagt, der innern Eintracht, welche
allein auß gemeinsamen Anliegen und verbindenden Einrichtungen er=
wächst, und der innern Freiheit, welche ohne die Formen der Volksver=
tretung unmöglich ist; die leztere aber erscheint am wichtigsten, weil
die innere Freiheit von selbst zur Einigkeit führt. Uns thut deshalb am
meisten nebst einer nazionalen Handels= und Schiffahrtsgesezgebung
eine allgemeine deutsche Verfassung noth, in welche die Verfaßungen

aller deutschen Staaten zu einem öffentlichen Gesamtbestand zusammen-
greifen. Ja, man verwirkliche endlich jene langgenährten Wünsche
und Hoffnungen auf eine zeitgemäße Wiedergeburt der alten Deutschen,
öffentlich tagenden und richtenden, öffentlich gesezgebenden und erkennen-
den Lebensrechte unseres Volkes, und wahrlich dieses wird, unter dem
Banner eines solchen Urkundenbriefes vereint, gegen jeden Feind den
Sieg im Arme tragen, er komme von wo er wolle. Aber auch nur die
Fahne, auf welcher die Gewähr des endlich gewordenen innern Rechts
in heiligem Vertrage versiegelt ist, wird in unsern Volksheeren jene
Muskel des Muthes spannen, die heutzutage allein noch Siege schlagen
kann. Kein anderes Band, wie kunstvoll es sonst gewoben sein und
wie gülden es schimmern mag, als eine solche Verfaßung hat heute noch
die Kraft, alle deutschen Stämme und Staaten unauflöslich zu verbinden, die uns verwandten, oder durch andere Umstände auf ein starkes
Deutschland hingewiesenen kleinern Staaten fester als je vorher an uns
zu ziehen, endlich alle Ränke und Verschwörungen von Feinden unseres
Vaterlandes und seiner Freiheit zu nichte zu machen. Bei einer solchen
innern Gestaltung erscheint dann auch die Dreizahl der äußern Großmächte eine glückliche für die Mittelmacht, und begünstigt noch deren
kluges Streben, das Gleichgewicht zu erhalten: drei Punkte bilden
immer eine Ebene und stüzen jedesmal sicher den Körper in ihrer Mitte.
Das Gleichgewicht gienge verloren, wollten wir uns, bestochen von
Vorliebe oder Abneigung, die vor den Zwecken des Geschichtewirkenden
Weltgeistes nicht bestehn, mit einer von ihnen identifiziren, indem dadurch nothwendig der Schwerpunkt auß unserer Mitte nach einer der
drei Seiten verrückt würde. Unsere außwärtige Politik ist daher, bei
Einigkeit und Freiheit im Innern, ohne welche wir gar keine deutsche
Politik verfolgen können, gleichsam von der Natur vorgezeichnet; überhaupt gibt es ja nichts Willkürliches, das eben das Unvernünftige ist,
in den wie durch eine höhere Macht gegebenen, geschichtlichen Völker-
verhältnissen.

Nachtrag

in Bezug auf die neue Handelsgesezgebung und die Verfaßung Englands.

In England pulst die Geschichte rasch und kräftig. Ein freies Volk wirkt dort ununterbrochen an deren Webestuhle; fast jeder Tag bringt eine neue Erscheinung, die Gegenwart ist immer frisch. Wer nicht fortschreitet, wird überholt und tritt vom Schauplaze zurück; denn der Gang der Zeitubr macht keine Pause, die Vergangenheit lebt nur noch als Moment einer Gegenwart mit reicherm Inhalt und geläutertern Begriffen. Ach, wenn wir von solcher inhaltvollen Entwickelung, von solcher bewegungsheitern Dialektik des Staatslebens nach der deutschen Heimat schauen — wie sollte nicht flammende Scham uns übers Gesicht zucken? Und dennoch geht dieser laute vernehmliche Gang der Geschichte an manchem Ohre spurlos vorüber. Vor kurzem hörte ich die artige Anekdote erzählen, ein hochstehnder deutscher Staatsbeamter hab auf die Bemerkung, daß die folgenreichen Vorgänge in England auch uns zum Handeln spornen müssen, gefragt: „Aber, Bester, sagen Sie mir doch, was ist denn seit einigen Jahren so Großes in Britannien geschehen?" Wer den Schaden hat, braucht für Spott nicht zu sorgen; leider nur erlöst der Spott nicht vom Schaden. Nun, mir ist die englische Geschichte wie unter der Hand gewachsen: seit diese Schrift sich im Druck befindet, sind bereits mehrere der darin berührten wichtigen Fragen siegreich zu Ende geführt, andere sind aufgetaucht, und eine neue Zukunft hat sich dem Blick erschlossen. Darum mag hier noch eine kurze Zusammenfaßung der neuen Gestaltung als Nachwort eine Stelle finden.

Begleiten wir zunächst die Bill für Aufhebung des Kornmonopols durch alle ihre Stadien, als das, in Betracht ihrer Folgen für England Umgestaltung nach innen und nach außen, vielleicht größte Ereigniß in der britischen Geschichte seit dem Frieden. Dieser Sieg der Manufaktur- und Handelsinteressen über die feudale Landaristokratie wird sich in seinen Wirkungen über die ganze Erde erstrecken. Auch nach der Haubtschlacht im Unterhause zogen sich die Verhandlungen über die Bill durch die Hartnäckigkeit der Gegner so sehr in die Länge, daß Peel die Prohibizionisten — jezt schon ein ziemlich veralteter Parteiname — eine „Faction" hieß. Als Lord Bentinck ihn dagegen mit dem französischen Minister Turgot verglich, nahm Peel den Vergleich an, erinnerte aber dabei nur, daß nicht die von Turgot vorgeschlagenen Maßregeln, sondern die Hartnäckigkeit des Adels, der sich nicht entschließen konnte, die schweren Lasten des Volks mit tragen zu helfen und darüber Alles aufs Spiel sezte, zur französischen Staatsumwälzung geführt. Nachdem die Korndebatten fünfzehn Wochen im Unterhause gewährt, erfolgte am 16. Mai Morgens 4 Uhr nach zwölfstündiger Verhandlung endlich die dritte Lesung der Bill, und zwar durch 329 gegen 231 Stimmen; Mehrheit 98, noch eine Stimme mehr als bei dem Votum über zweite Lesung. So lange Englands Verfaßung dauert, wird die dankbare Nachwelt sich dieses Tags und jener Männer erinnern, die zu dem Erfolg am meisten beigetragen, wie Cobben, Villiers, Bright und die ihnen eng verbrüderten Wortführer der Handelsfreiheit außer und im Parlament, Russell ferner, welcher, frei von allen Parteirücksichten, zuerst gezeigt hat, daß ein Staatsmann folgerichtiger Weise seine Ansichten auch ändern könne, Peel endlich obenan, als welcher den moralischen Muth und die Tugend besaß, persönliche Bande, Parteimacht und die Lieblingspolitik einer langen Laufbahn aufzuopfern, weil er den Segen erkannte, der für die englische Nazion daraus ersprießen würde.

Im Oberhause waren die Argumente für die Abschaffung der Kornzölle mehr auf moralische und staatswissenschaftliche, als auf staatswirthschaftliche Grundsäze gestüzt. Scheint es auch fast, daß Furcht vor einem allgemeinern Angriff auf die Privilegien der Lords, vor Agitazion der großen Staatsfragen mehr als Ueberzeugung einen nicht geringen Theil der Peers für Peels Bill zu stimmen bewogen hat, ist es daher die eigene Schuld der grundherrlichen Protekzionisten, wenn

die Bill der Menge als eine Art Kapitulazion der Grundbesizer er=
scheint; so hat doch gerade das Haus der Lords der Erreichung jenes
großen Nazionalzwecks keinerlei fakziosen Widerstand entgegengesezt, ja,
es hat die Kornbill und die Freihandelsmaßregeln rasch und im Ganzen
auf eine Art angenommen, die der Intelligenz und dem Patriotismus
der englischen Aristokratie zu hoher Ehre gereicht, und beweist, daß sie
unhaltbare Staatsformen darum nicht zu halten gedenkt, weil sie alt sind.

Im Oberhause ward die Bill am 29. Mai Morgens fünf Uhr zum
zweitenmale gelesen, und zwar mit 211 Stimmen (worunter 73
Proxies, d. h. übertragene Stimmen, die der Herzog von Wellington
in der Tasche hatte) gegen 164 (38 übertragene), also mit der starken
Mehrheit von 47. Haubtredner gegen dieselbe war Lord Stanley, der
Leiter der Protekzionistenpartei im Oberhause. Er suchte vorzüglich
darzuthun, daß die Maßregel den Zustand Irlands und den der Fabrik=
arbeiter nicht verbessern werde, indem mit dem Werte des Korns auch
der Wert der Arbeit fallen müsse (?), daß ihre Nachtheile dagegen nicht
bloß auf die Grundherrn, sondern auch, und zwar noch schwerer, auf
die Zeitpächter und ihre Knechte und Taglöhner, die sie verabschieden
müsten, fallen, ja sich über alle Klassen und den ganzen Verkehr ver=
breiten werden, indem die Korn= und Brodpreise fortan, statt der frü=
hern Stätigkeit, den größten Veränderungen unterliegen würden (?).
In Bezug auf die Kolonien berührte Stanley, der übrigens selbst ein
Lancashireman ist und den größten Theil seines Einkommens der
Spindel und dem Weberschiffchen verdankt, die wichtige Frage, welche
gegenwärtig eine Zeitlang die Haubtrolle in den englischen Verhand=
lungen spielen dürfte. „Zerstört,‟ sagte er, „das Prinzip des Schuzes,
und damit stürzt die ganze Grundlage, auf welcher unsere Kolonial=
macht ruht. Lehrt man unsern Kolonien erst die Handelsunabhängig=
keit, so werden sie die politische Unabhängigkeit von selber lernen.‟
In Betreff Canada's stehe man im Begriff, die dieser Provinz gegebe=
nen Versprechungen zu brechen, ja noch mehr, die Verbindung durch
den St. Lorenzstrom selbstmörderisch zu zerstören, und Neu=York zum
Kanal des englischen Verkehrs mit Ober=Canada zu machen. (Das
canadische Assembly=Haus hatte am 11. Mai wirklich einen Außschuß
mit Abfassung einer Adresse an die Königin beauftragt, daß, welche
Aenderungen man auch an den Korngesezen vornehme, die Interessen
Canada's geachtet werden möchten.) Weiter argumentirte der Lord:

mancher möge vielleicht darum für Annahme der Bill sein, um der Agi=
tazion der Gegenkorngesezliga ein Ende zu machen; noch niemals aber
sei eine organisirte Agitazion durch ein feiges Zugeständnis gestillt wor=
den, sondern dieser gefährliche Bund werde, sobald er erst den Becher
politischer Macht gekostet, den Trank nur immer süßer finden. Er
glaube nicht an die Auflösung der Liga nach Abschaffung der Kornzölle,
sondern dann werde die Agitazion für allgemeines Wahlrecht an die
Reihe kommen und sofort der durch die Kornbill gedemüthigen und ge=
schwächten Aristokratie, dem Hause der Lords, zu Leibe rücken. Und
an die sehr hochwürdige Bank der Bischöffe sich wendend, fragte er:
ob Freetrade im Handel möglich, ohne daß auch Freetrade in der Reli=
gion daraus folgen werde? Ob römische Katholiken und Dissenter
dann nicht fragen würden: ist es recht, daß die Kirche Kristi in den
Fesseln des Staats bleibe? Die Trennung von Kirche und Staat werde
dann das glorreiche Ergebnis der Handelsfreiheit sein. Den Peers ge=
zieme es, das Volk zu schüzen nicht vor seinen eigenen übereilten Ur=
theilen, aber vor dem Verrathe derer, die es zu seinen Führern ge=
wählt. — „Gottlob, wir haben ein Haus der Lords!"

Allerdings — diese Zwischenbemerkung sei mir gestattet — das be=
rühmte Statute law de donis und was damit zusammenhängt geräth in
Gefahr. Ohne Frage enthält die Korn=Reformbill eine nothwendige Auf=
munterung zu weitern Versuchen, alle im Grundbesiz aufgehäuften, jezt
noch gleichsam toten Kapitalien flüssig zu machen, und man wird nun
allmählich, da der Staat die hohen Zinsen des Grundeigenthums zu
verbürgen aufgehört hat, selbst im Einverständnisse mit einem Theil der
Majoratsherrn auf eine Umwandelung, wo nicht endlich gar Aufhe=
bung der Majorate (estates in tail) ausgehn. Jezt erst, bei freiem
Mitbewerbe, werden auch in England alle die Nachtheile, welche allent=
halben mit verschlossenen Kapitalien und unveräußerlichen Gütern ver=
bunden sind, namentlich ihr niedrigerer Ertrag als der Zins fließender
Kapitale, unabwendbar und gebietend hervortreten und zu tiefgreifen=
den Umänderungen führen. Die von Sir R. Peel beabsichtigten direk=
ten Unterstüzungen der Grundbesizer von Seite der Staatskasse können,
selbst wenn sie mehr als nur zeitweilig fließen sollten, doch keinenfalls
den allgemeinen ungeheuern Schuzzoll oder die Nazional=Brodsteuer,
die lediglich zu Gunsten des Pachtschillings und nicht der Pächter
erhoben ward, jemals ersezen. Ueberhaupt kann in der begonnenen

modernen Umformung auch dieser alten britischen Zustände Ruhe nicht eintreten, so lange die jezige feudale Form des Besizes und der Arbeit dauert. Denn alles in allem gerechnet, ist die Aufhebung der Kornzölle an sich selbst für die Zustände des Pauperismus nur ein Palliativmittel, sie allein kann unmöglich die fysische Lage der englischen Fabrik= und Agrikulturarbeiter auf dauernde Weise sichern; dies ist so lange nicht zu erwarten, als das vielbesprochene Misverhältnis zwischen ihnen, d. h. die feudale Organisazion des Grundbesizes und der Bodenwirtschaft nicht beseitigt wird. Erst durch die Auflösung der Majorate und die Herstellung zahlreicher kleiner Grundbesizer kann sich die Lage aller Arbeiterklassen dauernd emporheben, hieraus erst wird den verschiedenen Zweigen der Erzeugung und der Arbeit ein in sich sicheres und versöhnendes Gleichgewicht, dem Staate aber eine neue sittliche Grundlage erwachsen. Immerhin werden jedoch in Folge der Kornreform der gesteigerte Verbrauch und die gesteigerte Erzeugung, was beides sich haubtsächlich auf die arbeitenden Klassen bezieht, die Bedürfnisse derselben und die Mittel zu ihrer Befriedigung bedeutend vermehren und Fortschritte in ihren Zuständen und in ihrer Bildung veranlaßen.

Vor der zweiten Lesung sprach zulezt kurz, nachdrucksam, im Lapidarstyl, der Herzog von Wellington. Er gab zu bedenken, daß das Haus der Lords, im Fall der Verwerfung der Bill, mit seinem Entscheid allein bastehn und sich in eine unhaltbare Stellung versezen würde, in welcher es nichts zu thun vermöge. „Ihr habt,‟ sagte er, „großen Einfluß auf die öffentliche Meinung, die Menschen vertrauen Euerm Urtheil; aber getrennt von der Krone und den Gemeinen vermögt Ihr nichts, und zerreißt Ihr Eure Verbindung mit der Krone, so bereitet Ihr den Funkzionen des Oberhauses ein Ende.‟ Merkwürdig war der plözlich und ganz veränderte Ton, in welchem nach der zweiten Lesung die Protekzionistenblätter vom Hause der Lords sprachen, das sie eben erst vertrauensvoll als das lezte, das einzige Bollwerk der Verfassung gepriesen hatten. Ihre Wuth, ihre Verachtung kannte keine Grenzen, und wie zur Zeit der Reformagitazion die liberalen, so lärmten jezt diese hochtoryistischen Blätter von der Nothwendigkeit einer radikalen Umgestaltung dieses Zweiges der Legislatur. Der M. Herald sprach von dem zweiten großen Fall des Oberhauses, dem wahrscheinlich kein dritter mehr folgen werde, denn schon sei das Ende nahe:

das Oberhaus sei eine Anomalie, ein durch seine Organisazion nicht zu vertheidigendes Institut, das sich aber erhalten habe durch Reinheit und Größe des Geistes unter dem Zusammenkrache gleich alter Institu zionen — nun es sich aber offenbart, daß dieses Haus den reinen gro ßen Geist verloren, der es einst belebt, werde fürderhin Niemand In teresse an dessen Erhaltung finden, und die Reform des Oberhauses werde jezt so wenig außbleiben, als nach dem Verrath von 1829 (der Katholikenemanzipazion) die Reform des Unterhauses außgeblieben sei! — Parlamentsferien verzögerten dann die Kommitteeberathung der Bill. Merkwürdig war die Oberhaussizung vom 13. Junius, als vor zugsweise eine Sizung der Bischofsbank. Der Bischof von St. Da vid's in Wales, Dr. Thirwall, antwortete auf den Beruf den man von mehreren Seiten an die Bank der Bischöffe gerichtet, daß sie ihre bedrohten Eigenthumsrechte wahren möge, in sehr humanem Tone für die Bill; er betrachte die Frage lediglich als eine Frage der Grund herrn, diese würden durch die Abschaffung der Kornzölle an ihrem Ein kommen einigen Schaden leiden, sowol auch die Geistlichkeit, allein die Rücksicht, daß die ärmern Volksklassen ein wohlfeileres Brod erhalten werden, müsse den Außschlag namentlich bei der Geistlichkeit geben, der dieser Gewinn der Armen höher gelten müsse, als ihr eigener Vortheil. Ganz anders äußerte sich der Bischof von Exeter, der meinte: nicht bloß die 10,000 bis 12,000 Geistlichen der Staatskirche könnten zu Schaden kommen, sondern die Interessen der Kirche, der Armen und der Reichen würden von der Bill gleicher Weise bedroht. Nun erhub sich der Bischof von Oxford, Dr. Wilberforce (Verwandter des berühm ten Negerfreundes), ein Mann von unabhängigem Geiste und festem Willen, ein kühner Wortführer der Armuth auf der Bischofsbank, den die aristokratische Welt anhören muß. Seine Rede zu Gunsten der Bill machte tiefen nachhaltigen Eindruck. In Bezug auf die Stellung und Lage der arbeitenden Klassen nannte er das frühere Korngesez ein „un natürliches" Gesez, und als die Protekzionisten darauf „nein, nein!" riefen, erläuterte er: „durch Gottes Vorsehung und die Ordnung der Natur wächst der Weizen im Felde, der Regen nährt ihn und die Sonne reift ihn — Gott wirkt durch gewisse bekannte Naturgeseze. Und liegt es denn nicht auch in der Oekonomie des in der Natur webenden und wirkenden Gottes, daß der Mensch, der da arbeitet, sein Brod auch unter den wohlfeilsten Bedingungen erhalte?" Die Gesezgebung sei die beste, welche am mindesten störend in die Ordnung der Natur eingreift. Der britische Arbeiter sei jezt verhindert, in der bürgerlichen Gesellschaft Englands das wichtige Element zu sein, welches er in Folge der Abschaffung der Kornzölle zu werden vermöge. Weiterhin berührte der Prälat den Vorwurf, die Regierung habe ihre Kornbill nur eingebracht, um dem Geschrei und Druck von außen, der Agitazion der Liga nachzugeben. „Der edle Herzog (Richmond) ruft Beifall, aber kennt er Englands konstituzionelle Geschichte so wenig? Was gibt der Liga ihre Macht? Nicht ihre Fonds, nicht ihre Agitazion, sondern die Thatsache, daß die große Masse der denkenden Menschen in diesem Lande mit der Liga ist, daß die Volksmeinung mit jener Agitazion sympathisirt.“ Die Geistlichkeit, welcher man jezt vorsage, daß ihr äußeres Bestehn im Grund und Boden wurzle, sei schon früher dem Interesse der Landwirtschaft großentheils entfremdet worden durch die Zehentumwandelungsbill, welche eben in der Protekzionistenpartei Unterstüzung gefunden, und seines Erachtens gegen die untere Geistlichkeit des Landes weit ungerechter gewesen sei als die gegenwärtige Maßregel, da diese die mögliche Schmälerung ihres Einkommens durch allgemeine Verwohlfeilung der nöthigsten Lebensmittel ausgleiche. Noch werde eine Menschenklasse, die auch in dem edlen Hause einige Vertreter zählen möge, durch die Bill Nachtheil erleiden — die Klasse der Nominaleigenthümer großer an ihre Gläubiger verpfändeten Güter — darum, weil dem fremden Kornproduzenten fortan nur die Wage gehalten werden könne durch verbeßerten Feldbau in England, wozu Geld gehöre, welches der verschuldete Gutsherr nicht auf sein Gut zu wenden hat. Wenn daher in Folge der Bill solche tiefverpfändete Güter ganz oder theilweise in fremde Hände übergehen müsten, so würde das aber für die Gesellschaft nur ein Gewinn sein; denn die Hinterfassen und Pächter eines armen Gutsherrn seien in der Regel auch arm, und sie samt ihren Arbeitern, für welche der Grundherr nirgends sorgen könne, verkümmerten leiblich und sittlich in ihren elenden Hütten. Was helfe denn am Ende selbst dem Grundherrn dieser eitle Schein lehensherrlicher Territorialgröße, wenn er zulezt keine Scholle des Feldes, keinen Ziegel auf dem Dache mehr sein eigen nennen könne? Schließlich erinnerte der Bischof die Lords an die langen Leiden des englischen Landvolks — Leiden, welche keine andere Menschenklasse in der Welt mit solcher Langmuth und Geduld getragen haben würde, und die es jezt gemildert zu sehen hoffe — und mahnte sie, die Geduld der arbeitenden Klassen nicht als dumpfe Indolenz zu misdeuten. „Leset anders die Zeichen dieser Zeit. Zeigt durch Euern Entscheid in dieser Frage, daß Euch die großen Prinzipien der Gerechtigkeit gegen alle mehr gelten, als engherzige Rücksicht auf den Vortheil einer kleinen Minderzahl. Durch solchen Entscheid werdet Ihr das Ansehen dieses Hauses, welches, glaub' ich, die Haubtstüze der britischen Freiheit ist, auf neue sturmfeste Grundlagen bauen. Zeigt dem Volke, daß Ihr im Interesse des Gemeinwohls zu jedem Opfer des bloßen Klassenvortheils bereit seid — wenn hier anders wirkliche Opfer gebracht werden müssen, was ich im Ganzen nicht zugebe. Eure Macht, wie groß auch, Mylords! kann sich nicht stemmen gegen die schwellende Flut der Ueberzeugungen einer großen Nazion. Bringt Euer Haus nicht in eine Stellung, in welcher es scheinen möchte, als verträte es vielmehr den ererbten Reichthum, denn die erbliche Gerechtigkeit, Weisheit und Tugend dieses mächtigen Volkes."

Während der Kommitteeberathung wurden verschiedene Amendements gestellt, die das Oberhaus sämtlich verwarf. Der wichtigste Gegenantrag, der oft als die Klippe bezeichnet worden, an welcher Peels Maßregel noch in der Kommittee scheitern könnte, war der des Grafen Wicklow: es solle vom Jahre 1849 an nicht der von der Regierung beantragte Nominalzoll von 1, sondern ein bleibender fester Zoll von 5 Shill. per Quarter Weizen (von andern Getraidearten im Verhältnisse) erhoben werden. Manches sprach dafür, besonders Rücksichten auf die Finanzen, da jener fixe Zoll noch eine beträchtliche Einnahme in Außsicht stellte, ohne doch die Brodpreise sehr zu vertheuern, und auf die Kolonien, Canada. Der Antrag des Grafen ward jedoch mit 140 gegen 107 Stimmen verworfen; ministerielle Mehrheit 33, ungeachtet in der Kommittee durch Uebertragung nicht gestimmt werden darf. Damit war der Sieg der Bill vollends entschieden; denn was noch übrigte — die Berathung einiger Nebenklauseln und die dritte Lesung der ganzen Bill — war bloße Form. Die leztere geschah ohne Abstimmung in der Sizung vom 25. Junius; als der Lordkanzler die Frage stellte, ob die Bill zum dritten Mal zu lesen sei, riefen die Protekzionisten ein lautes „nicht zufrieden (non — content)," aber die Bill gieng durch. In gleicher Weise erfolgte in der nämlichen Sizung, nach unerheblicher Debatte, die dritte Lesung und Annahme der neuen

unb lezten Peelschen Tarifbill. Ich meine, die englische Aristokratie
hab im Ganzen durch diesen großen Akt ein seltenes Beispiel staats-
kluger Nachgiebigkeit und Mäßigung aufgestellt, ihren alten Ruhm be-
wahrend. Sie hat ihre Gegner entwaffnet und ihren politischen Einfluß auf die höhern Staatsangelegenheiten vielleicht für ein neues
Jahrhundert gesichert. Gerade der in ihr thätige Volksgeist, gegenüber
dem Klassengeiste, bewahrt die britische Aristokratie vor jenem Mangel
an Mäßigung, der alle Aristokratien der alten, mittelalterlichen und
neuern Zeit zu Grunde gerichtet hat.

Was wird der Einfluß der Maßregel auf die Verfaßung sein?
Vieles im Staate, was sich im Geiste bereits vorbereitet hat, wird
sich nun leichter als früher auch wirklich gestalten und umgestalten.
Nicht lange mehr wird man auch nur mit einem Schein von Recht
noch vom „mittelalterlichen Inselreich" sprechen, oder gar sagen können: Englands politische Aufgabe hab bisher „in der Modernisirung
des Mittelalters" zu bestehn geschienen — jezt erst werde es, wie mit
einem Schlage, auß seiner Isolirung in das wirkliche moderne Völkerleben eingeführt, und theile von nun an das Schicksal aller durch
die französische Revoluzion umgewälzten oder wenigstens in ihrem Innern erschütterten Staaten*). Wie, alles Ernstes, darin bestünde die
lezte Wirkung der so großartigen unabläßig reformirenden Entwickelung
des englischen Staatslebens, daß England auf das Niveau der von
Frankreich revoluzionirten Staaten gebracht würde? Seltsame Anschauung! Allerdings macht die Abschaffung des Kornmonopols einem durch
die Grundbesizer und die ihnen der Natur nach ergebenen Großpächter
gebildeten Staat im Staate, also einem in der Geschichte seltenen Misbrauche der Gewalt des Stärkern ein Ende, und bricht dadurch diese
Gewalt selbst. Sie muß die Aufhebung der feudalen Organisazion der
Feldarbeit nach sich ziehen, überhaupt dieses Feudalstaats im modernen
Staat. Durch die Oeffnung der Häfen für zollfreie Korneinfuhr, die
Konkurrenz, vielleicht auch durch eine größere Veränderlichkeit des
Pachtschillings der Grundstücke mit den Kornpreisen, werden verbeßerte
Wirtschaftsarten und längere Pachtverträge geboten; diese machen den

---

*) In der deutschen Vierteljahrsschrift, Julius — September 1846; S. 278
heißt es: die ganze englische Gesezgebung sei kaum etwas Anderes als „eine Modernisirung des Mittelalters, eine Umprägung altgothischer Münzen."

Pächter von der Willkür des Pachtherrn unabhängiger, und das Stimmen für den vom Grundherrn aufgestellten Kandidaten fällt nicht mehr
in die Kategorie der Verpflichtungen des Pächters. Jezt wo der Wert
der Grundstücke, außer der Bodenbeschaffenheit, nur wesentlich noch
von der darauf verwandten Arbeit abhängt, muß der eigentliche Land-
bauer, früher nur der Hörige des Gutsbesizers, allmählich zu Ehren
kommen. Die hohen künstlichen Kornpreise schüzten nicht die Landarbeit,
sondern nur die hohe Rente des Grundherrn, und indem dieser das
Monopol verliert, der Landmann dagegen in einen natürlichen und
rechtlichen Zustand kömmt, treten beide nur, statt der frühern einseitigen Abhängigkeit der Pächter, jezt in eine wechselseitige Abhängigkeit:
was dabei die Gutsherrn (die hohe Landaristokratie und die mit ihr in
unmittelbarer Verwandtschaft stehnde Squirarchy) und die aristokratischen Großpächter an unmittelbarer Gewalt etwa einbüßen, gewinnt
die Masse der Landbevölkerung — bisher Proletarier, wie die ärmsten
Fabrikarbeiter in den Städten — an politischer Unabhängigkeit und
Einfluß vielfach wieder. Der Grundbesitz aber, also die eigentliche
Basis des aristokratischen Einflußes, bleibt nach wie vor eine politische
Macht im Staate, nur eine geläuterte, von faulenden geschichtlichen
Auswüchsen befreite, und die Protekzionistenlords hatten sehr Unrecht,
zu sagen: „schafft die Kornzölle ab, und es gibt kein Haus der Lords
mehr!" Der eigentliche faule Feudalstaat wird also nicht bloß zu Gun-
sten anderer Stände, sondern eben auch im Interesse des Landbaues
selbst vernichtet, und damit dieses Interesse sich durch die zunehmende
Unabhängigkeit der bisherigen ländlichen Proletarier nicht spalte, davor
schüzt immer doch jene wechselseitige Abhängigkeit von Grundherrn und
Pächtern. Eine solche Spaltung wäre nur vorübergehend allenfalls
dann denkbar, wenn die Pächter mit der Zeit kleine unabhängige
Grundeigenthümer oder Besizer von Bauerhöfen würden; allein in der
That würde hierdurch die Kraft und der Einfluß des Grundbesizes im
Ganzen gesteigert werden, indem die verfaulten Wurzeln des Feudal-
stammes den Humus dieses verjüngten Landlebens bilden würden.
Insofern die Majorate in ihrer gegenwärtigen Gestalt unhaltbar wer-
den — denn ihr Wert und ihr Einfluß müßen sich fürderhin fortwährend vermindern, wie sie früher und seit dem Frieden auf künstliche
Weise stiegen, und darin liegt der Keim ihrer Auflösung — wird sich
die soziale Umwälzung im Ganzen zwar zu Gunsten des Tiersetat ge-

stalten, und darin stimmt sie mit der französischen Revoluzion überein;
zugleich aber wird sie, ohne der Einseitigkeit zu verfallen, die ländlichen
Wirtschafts- und Besizverhältnisse durchgehends verbeßern. Deshalb
kann ich auch die Ansicht derjenigen nicht theilen, welche den Adel und
die Arbeiterklassen, wie die beiden Extreme, sich zu einer engen politischen Verbindung gegen den erstarkenden Mittelstand dauernd die
Hände reichen, ja den Instinkt zu diesem neuen Verhältnisse der Stände
bereits sowol in den Arbeitern als im Adel hervorbrechen sehen. Einer
solchen Ansicht liegt noch der französische Gedanke einer Getrenntheit
der Stände und Gewalten zu Grunde, während im englischen Volks-
und Staatsleben sich alles verbindet zu einem durchgeisteten großen
Ganzen. Durch die Abschaffung des Kornmonopols gewinnen materiell
besonders der Kaufmann, der Fabrikant, die Handwerker und Fabrikarbeiter, die ganze Nazion; politisch aber vorzüglich die Pächterbauern:
in ihr liegt für das offene Land die Ergänzung der Reformbill, sie
macht die Bestimmungen derselben, welche den kleinen Pächtern und
Hauszinspflichtigen das Stimmrecht ertheilen, bisher außschließlich
zum Vortheil der Grundherrn, zu einer Wahrheit. Der Adel aber kann
einen höhern Ersaz für den auß den Feudalrechten ihm zufließenden
Einfluß nur durch die Wiedergewinnung der ursprünglich jedem Bürger
zugehörigen Rechte der Autonomie, Gerichtsbarkeit und Wehrhaftigkeit
und durch neue korporative Bildungen des Volks erhalten, an deren
Spize er seine alte Aufgabe der freien Leitung erfüllt.

Der in der Wurzel faulende, nur in den Zweigen noch grünende
normännische Feudalstaat hatte sich dem eigentlichen entwickelungsvollen
modernen England, als weltherschenden Handels- und Industriestaat
genommen, allmählich schroff gegenübergefunden; es muste zum
Bruche, zum Kampfe kommen. Wer Sieger bleiben wird, kann keine
Frage sein; das Feudalwesen muß sein Ende finden, und das Gesunde
noch an jenem alten Stamme sich in frischem Boden als Pröpfling neu
gestalten. Nur darauf kömt es an, daß der Staat darüber nicht in seinen Grundvesten erschüttert, daß seine wirksamen Grundprinzipien als
solche nicht geschwächt werden, kurz, daß die Umbildung auf gesezlich
befreiendem Wege geschehe. Wird der Feudaladel zwar sich von dem
Schlage, den ihm die Abschaffung der garantirten hohen Grundrente
beigebracht, nicht wieder erholen, so ist damit den wahren Interessen
der Aristokratie und des Grundbesizes doch keineswegs Schaden zuge-

fügt worden, England noch nicht der Fabrikindustrie verfallen. Im
Gegentheil, die Maßregel ist ein wirksames Mittel den Antagonismus
der Interessen dieser Aristokratie und der industriellen Klassen zu vermeiden, zugleich das Ansehen jener zu erhöhen und die Bedürfnisse
dieser zu befriedigen — das große englische Staatsproblem der neuen
Zeit. Sie hat bewirkt, daß in der Statik der politischen Gewalten sich
der innere Friede, dieRuhe und derWohlstand befestigt haben, wodurch
England allein seinen überwiegenden Einfluß in allen Welttheilen aufrecht erhalten kann. In gewissem beschränktem Sinne hat sich die britische Verfassung allerdings besonders erst seit der Reformbill auß feudalen mittelalterlichen und altständischen Instituzionen herauß, zu
einem mehr modern konstituzionellen Staat entwickelt. Aber das eben
ist ihr größter Ruhm, darin liegt gerade der stärkste Beweis ihrer Kraft,
Gesundheit und Elastizität, daß sie diese Umformung durch sich selbst
vermocht hat und nur mittelst gesezlicher Handhaber, die sie darbot.
Ein neuer Beweis dieser innern Entwickelungskraft ist uns eben durch
eine gesezgebende That von den umfaßendsten Folgen, wobei der alte
Feudalstaat sich zum Theil selbst als Opfer auf den Altar des Vaterlandes darbringt, gegeben worden. Ja, weil die naturwüchsige britische Verfaßung die seltene Fähigkeit zu fortwährender Umformung und
Verbeßerung von innen herauß, zur Anschmiegung an die jedesmaligen
Zeitbedürfnisse besizt, darum ist sie so unermeßlich fruchtbar, so reich
an Ergebnissen, darum ist sie die Trägerin des größten freiesten Staatslebens. Am Außgang des Mittelalters stellt sich dem feudalen Gemeinwesen überall die Macht des Staats überwiegend und niederdrückend
entgegen; auf dem Kontinent ward die Feudalmacht wirklich durch die
Staatsmacht völlig gebrochen, und es bildet sich hier überall (die niederländischen Generalstaaten und andere Republiken außgenommen)
das zweiseitige und zweischneidige Prinzip der Identifizirung des Staats
mit den Regenten auß. Gegen die vollendete Macht des Staats aber
bestrebten sich dann die Völker ihr Recht der Theilnahme an der Fürsorge für die Staatsangehörigen geltend zu machen, sie forderten thätige
Theilnahme am Staate. In England wirken dagegen die Stände der
absoluten Königsmacht, die sich dort seit Heinrich VII. festgestellt, besonders seit Jakob I. mit Erfolg entgegen; die Stände lösen sich dann
aber bereits durch Cromwell zu einem Volke auf, damals gewinnen sie
schon die höhere nazionalrepräsentative Gestalt, troz des Feudalmantels

und der Grafenkrönlein, die der Adel mit wirklicher auf den Grundbesitz gestüzter Macht rettete, und die Bestätigung der neuen Ordnung
war gewissermaßen das Wort Wilhelms III. ans Parlament; „Wenn
Ihr Euch selbst nicht verlaßt, wenn Ihr die alte Kraft des englischen
Volks in Thätigkeit sezt, so werdet Ihr dem lebenden Geschlecht und
allen Nachkommen Religion und Freiheit sichern." Von da an bietet
England für alle Bestrebnisse nach einer freien Verfassung mit Volksvertretung das Vorbild, und die seinige ist noch nirgends sonst erreicht
worden. Bloß nachbilden oder gar improvisiren läßt sich indes niemals
eine freie Verfassung; denn die Freiheit ist nicht bloß eine Form, ein
Kleid mit bestimmtem Schnitt, das man sich anpassen kann, sondern
ein Glied der substanziellen Lebensmächte der Nazion selbst. Nichts ist
daher auch einseitiger, als Englands bisherige politische Aufgabe in
der „Modernisirung des Mittelalters" zu erblicken, und zu glauben,
dieses Land trete erst jezt durch Aufnahme französischer Repräsentazions-
ideen ins moderne Völkerleben ein, lediglich darum, weil es einen
mächtigen Feudalstand sich bis auf unsere Zeit erhalten hat, der doch
eben für die großartige ununterbrochene Entwickelung seiner freien Verfassung nothwendig gewesen zu sein scheint. Man hat diesen Feudalstand eben schief aufgefaßt und ihn mit den Verhältnissen des Kontinen-
taladels zusammengeworfen. In Folge der Identifizirung des Staats
mit den Regenten erhielt in Frankreich, und nach dessen Vorgang auf
dem ganzen Kontinent, der Erbe der alten Feudalherren einen Hofka-
rakter, der Adel wird zum Hofstaat; in England dagegen bilden
sich die Feudalherrn im Kampfe mit der absoluten Königsgewalt als
Volksanführer zum Volksadel aus, und wenn sie selbst eine Zeitlang den Staat darstellten, so doch nicht einen Hofstaat, sondern einen
adeligen Volksstaat, der in monarchischer Form sich lediglich auf die
Nazion stüzt. Der Grundfehler bei Beurtheilung der englischen Verfassung findet sich schon in der geistvollen Darstellung Montesquieu's
(Esprit des lois, vom Jahre 1748), welcher die Franzosen Raynal,
Rousseau, Necker, Boilleul, Benjamin Constant, sogar berühmte englische Schriftsteller, wie Locke und Blackstone, und die meisten deutschen
folgten. Mit Schärfe und Klarheit heben Montesquieu und seine
Nachfolger die politischen Gegensäze in der englischen Verfassung hervor, dagegen versäumten oder vernachläßigten sie die Verbindungsglie-
der dieser Gegensäze, wie sie durch Sitte und Geseze bestehn. Hierauß

erklärt sich, daß die Verfassungen, die sich auf diese Darstellungen nachahmend gründen, häufig nur trennen, nicht verbinden. Daß namentlich die neuern Repräsentativkörper auf dem Kontinent oft den Staatsbehörden feindlich getrennt gegenüberstehn, beruht eben auf der auß einseitiger Auffassung der englischen Verfassungszustände gefolgerten Ansicht, daß die ständischen Körper von den Staatsbehörden scharf getrennt sein sollen, was in England keineswegs der Fall ist. Eben so irrig ist es, wenn man die Stände in England politisch scharf unter sich scheiden will; auß dem Volke wächst der Adel, und die Glieder des Adels wachsen ins Volk zurück; die altständischen und ökonomischen Gegensäze sind durch eine große Nazionalentwickelung wesentlich vermittelt und in einem höhern Ganzen verbunden worden. Man hatte gerade diese alle einzelne Gegensäze versöhnende höhere Nazionaleinheit außer Acht gelassen, die gleichfalls in der britschen Verfassung liegt, und bewirkt, daß Adel und Volk, die Einheit des Staats und die Vielheit der Nazion keine Gegensäze sind. Wenn man den höchsten Zweck einer Verfassung und des Staats überhaupt ins Auge faßt, so erscheint daher noch heute die wurzelhafte britische Verfassung, wie sie geworden, bereits weit vollkommener, als alle die Bildungen der staatsrechtlichen Spekulazion; ja, es ist die Frage, ob die abstrakten Gegensäze französischer Verfassungspolitik, ohne lebendige Gliederung und Einheit, jemals zu dem geläuterten Begriff vom Staat, zu einer neuen positiven folgereichen Entwickelung des Staatsrechts geführt hätten. Nur in einem frei organischen Staatsleben, dessen Gewalten sich nicht bloß abstoßen, sondern auch anziehen und durchdringen, wo die Auflösung nur die neue freie Verbindung einleitet, wie England es bietet, liegt die höhere Entfaltung des positiven Liberalismus, der weit über den negativen, der Erstarrung verfallenen Liberalismus hinausgeht.

Beispielshalber soll nach der gewöhnlichen Kontinentalansicht die hohe Kammer, außer den ersten Gliedern des Geburtsadels und den ersten Geistlichen des Landes nur einzelne vom Regenten dazu ernannte Männer enthalten, wie eine eigene Welt zwischen den übrigen Staatsgewalten schweben. Das englische Oberhaus aber ist die Vereinigung der gesamten Aristokratie des Landes und des Staats, alle Zentralbeamtete des Reichs, die obersten Richter und die obersten Finanz- und Polizeibeamten sind Mitglieder oder Beisitzer desselben; zudem ist dieses

Haus selbst oberster Gerichtshof und oberstes Zentralkollegium für die
Verwaltung in allen zur höchsten Entscheidung kommenden Angelegen=
heiten. Das ist eine natürliche Entwickelung. In den meisten Ländern
entstanden die Zentralkollegien gleichfalls auß Ständeaußschüßen, deren
Geschäfte sich leider nur allmählich wie die Thätigkeit eines vom Gan=
zen losgetrennten Organismus darstellten, worin denn ihr Rechtsur=
sprung untergieng; in England erhielt sich die verfassungsmäßige Ein=
heit der ständischen Kollegien mit den Staatsbehörden. Wie soll aber
der höchste Staatszweck, die Einheit von Fürst und Volk, die Einheit
des Ganzen mittelst der Verständigung aller einzelnen Theile des Volks
und aller einzelnen Theile des Staats anders erreicht werden, als
dadurch, daß man nicht einzelne, sondern alle Theile der Aristokratie
im Oberhause vereint, und daß man von diesem nicht das Unterhaus,
und beide nicht von der Staatsverwaltung trennt? Im Oberhause sizen
nicht bloß die Ersten von Geburt, sondern auch die Ersten ob ihrer
geistigen Fähigkeit und ihres Amts, die gerade das innere Leben dieses
Hauses bilden, weil sie mit der großen Fähigkeit eben so viele Erfah=
rung und Uebung in Staatsangelegenheiten in sich vereinen. Hierdurch
wird den unheilvollen Folgen einer tiefern Spaltung zwischen der Ge=
burts = und der Beamten=Aristokratie gewehrt, welche entweder zu ver=
derblichen Gegenstrebungen oder zu noch traurigerm Festhalten an ver=
lebten Formen gegen die Volkswünsche und die Forderungen der Zeit
führen muß. Ferner müßen alle höchsten Staatsbeamten in Eng=
land, zur weitern Verbindung zwischen Regierung und Volk, zugleich
Abgeordnete des Volks sein, und das Unterhaus ist so wenig
von der Staatsverwaltung getrennt, daß es vielmehr wichtige Zweige
derselben außübt (namentlich Lokal= und Personalgeseze, die im Wesent=
lichen das enthalten, was in den Festlandsstaaten durch die Entschei=
dungen der Staatsbehörden geordnet wird). Eine bloß berathende,
mehr noch als eine bloß mitgesezgebende, Ständeversammlung bei voll=
kommener Freiheit, sich außzusprechen, hat offenbar eine die Regierun=
gen unterwühlende, weil lediglich verneinende Kraft, und ist daher für
jede Regierung am gefährlichsten. Dann spielt auch das lebendige
einende Wort in England eine große Rolle von den Wahlen bis zu den
höchsten Staatsentscheidungen, und zwar nicht bloß zur Aufklärung,
sondern auch zur Verständigung der Parteien, zur Einheit des Staats=
und Volkslebens. Darum die vorbereitenden Wahlversammlungen in

England, wo die Parteien sich unmittelbar berühren und wo man auch die Gegner hören muß; darum die fast parlamentarische Zusammensezung des „Geheimraths". Die unaußgesezte Berührung aller Theile des Staats und Volks, aller Klassen und Stände liegt jedoch vornehmlich in dem „Selfgovernment", welches eben die organische Verbindung des Volks selbst ist: in der Selbstverwaltung und den damit verknüpften tausenderlei Versammlungen wächst dem englischen Volke unaußgesezt der Geist der Ordnung und der Einheit, Gemeinsinn. In engem Zusammenhang hiermit stehn noch zwei Bürgschaften von unermeßlicher Wichtigkeit: einmal sind die Gerichte in England den unmittelbaren Einflüßen der Krone und des Ministeriums so gut wie ganz entzogen, und die persönliche Freiheit vor jedem Angriff der Gewalt gesichert; sodann bringt die Selbständigkeit der Gemeinen und überhaubt das Selfgovernment mit sich, daß die weit meisten Aemter unabhängig von der Regierung und unbesoldet sind. Mit wenigen Außnahmen ist die gesamte Provinzial- und Bezirksverwaltung, also was in Deutschland die Regierungen oder Landdrosteien, die Landräthe oder Amtmänner besorgen, in England begüterten aber unbesoldeten Privatleuten übergeben; nicht das Streben nach Gewinn oder Lebensunterhalt, sondern allein das öffentliche Interesse oder auch der Ehrgeiz führt zur Bewerbung um diese Posten, eben so wie zur Parlamentsmitgliedschaft. Gewis, Unbesoldetheit der meisten Aemter in England ist nach oben wie nach unten zu eine der stärksten Bürgschaften der englischen Verfassung. Hierdurch allein wird schon jeder verfassungswidrige Beschluß seitens der Regierung so gut wie unmöglich gemacht, weil ihr Werkzeuge zu dessen Außführung fehlen würden. Welche Garantien hat dagegen die Repräsentativverfassung Frankreichs, zumal jezt Paris mit Bastillen umgürtet und in Ketten geschlagen ist? Die Verwaltung ist dort in jeder Hinsicht der englischen ganz entgegengesezt, troz dem, daß beide Länder eine Volksrepräsentazion haben. Frankreich ist ein freier Staat mit despotischer Zentralverwaltung, welche die Freiheit der Gemeinen tötet und alle Autonomie des Bürgerthums erdrückt. Ohne die Deputirtenkammer gäb' es keine politische Freiheit in Frankreich, und sie kann sich im Nothfalle nur mittelst Volksaufständen halten, deren Gelingen aber durch die feste Feuerumgürtung von Paris sehr erschwert ist.

Wir kehren zu den lezten Vorgängen in England zurück. An demselben Tage, 25. Junius, da im Oberhause die große Maßregel des Landtags von 1846, die Kornbill (und die Tarifbill), angenommen ward, scheiterte im Unterhause Sir M. Peels Ministerium an seiner „großen Schwierigkeit" Irland. Die lange hinausgedehnte Debatte über zweite Lesung der irischen Lebensschuzbill, von den irischen Patrioten die neue „Abendglockenbill (curfew bill)" genannt, war an diesem Tage wieder aufgenommen worden. Hr. Hume beglückwünschte das Haus, daß sich einmal eine zahlreiche Opposizion gegen Zwangsmaßregeln herausstelle, und erörterte dann die wirklichen Ursachen der irischen Unruhen, welche ihm zufolge sind: Elend, erzeugt durch Beraubungen und lange Misverwaltung; Unzufriedenheit, erzeugt durch die Sinekuren der einem andersgläubigen Volke aufgebürdeten Staatskirche; praktisches Fortbestehn der nur dem Namen nach aufgehobenen Pönalgeseze. Auch Hr. Carles Buller legte mit allen Schriftstellern über Irland und selbst mit den Untersuchungskommissionen Zeugnis für den Saz ab: daß alle von den Armen in Irland begangenen Frevel keine andere Ursache haben, als die Frevel, welche zuvor gegen diese Armen selbst begangen worden, daß Zwangsmaßregeln zur Heilung der Uebel Irlands nicht außlangen, und daß man die Wurzel des Uebels selbst erreichen müsse. Wie leid es ihm auch thue, schloß Hr. Buller, ein Votum abzugeben, welches dem Bestand einer Regierung, die mit Selbstaufopferung dem Lande so außgezeichnete Dienste geleistet, verderblich werden könne; so werde sein Bedauern doch durch die Betrachtung gemildert, daß die heutige Abstimmung einen wichtigen Wendepunkt in der Legislazion für Irland bezeichnen werde. Zum ersten Mal verwerfe ein britisches Haus eine von der Regierung vorgeschlagene Zwangsbill gegen Irland, und er hoffe, das heute zu gebende Beispiel werde die Wiederkehr eines solchen Gesezesvorschlags für alle Zeit verhüten. Die beste Rede hielt der eloquente Irländer Lalor Shiel, der sich übrigens bemühte, von seinen tadelnden Worten jeden Schatten der Misachtung und stechender Kränkung fern zu halten — „um so mehr in einem Augenblick, wo der Hr. Baronet (Peel) einen augenfälligen, aber wol nur zeitweiligen Glückswechsel erleide, wo über die Sonne seines Glücks in ihrem Niedergang von der Mittagshöhe eine Wolke ziehe, eine vielleicht lichtbesäumte Wolke, aber gleichwol eine Wolke". Er verzweifle nicht, fuhr Hr. Shiel fort, an dem sehr ehrenwerten Gentleman, hege vielmehr die Hoffnung, daß er, der die Wan-

delskala, auf deren Zusammensezung er so viel unfruchtbaren Scharfsinn verwandt, in Trümmer selbst zu schlagen die Tugend und den
Muth besaß, auch endlich seinen irischen Kezereien abschwören, seinen
erleuchteten Folgewidrigkeiten eine glorreiche Krone aufsezen werde.
Denn die Konsequenz eines Mannes, sezte er erläuternd hinzu, bestehe
nicht in dem servilen Gehorsam gegen seine eigenen Irrthümer oder die
Leidenschaften und Vorurtheile seiner Partei; der wahrhaft folgerechte
Staatsmann berücksichtige nicht sowol das, was er früher in Fehlgriff
gethan, als vielmehr das, was in der Gegenwart zu thun seine hohe
Pflicht sei; er schaue nicht zurück auf sein eigenes Gestern, sondern
vorwärts auf seines Vaterlandes ruhmvolles Morgen — die Wohlfahrt
des Vaterlandes sei sein einziger und höchster Zweck. Sein Auge auf
den einen Punkt gerichtet, als auf einen hellen, ewigen, nie unterge-
henden Polarstern, steuere er nach diesem unwandelbaren Licht seinen
scheinbar unregelmäßigen, in Wahrheit aber unabirrbaren Lauf. Ich
enthebe der weitern Rede Shiels nur noch die Schlußstelle (nach der
Allg. Zeit. 4. Jul.), wo er von der stiefmütterlichen Behandlung Irlands und der Misachtung der heiligen Grundsäze gesprochen hat, auf
denen die Union zwischen Großbritannien und Irland gebaut worden.
„Sind wir Irländer in euren Augen minder berufen zu den Rechten
brittischen Bürgerthums? Ja, laßt mich die Wahrheit sagen: ein altes
Vorurtheil hat in euch so tiefe Wurzeln geschlagen, daß ihr es nicht
über euch vermögt, uns als eures Gleichen anzusehen. Dennoch solltet
ihr das, und am Ende müßt ihr's. Denn ihr täuscht euch über den
Karakter des irischen Volks. Die Irländer haben alle Gewohnheiten
der Knechtschaft abgethan, den Hang zur Selbsterniedrigung von sich
geworfen; von den alten Fesseln bleibt an ihnen keine Spur. Einer
von den größten Fehlern englischer Staatsmänner scheint es mir zu
sein, daß die ungeheure geistige Veränderung, die im irischen Volke
stattgefunden, ihrem Blick entgangen ist. Viele Ursachen haben gewirkt,
vor allem aber eine verbeßerte Volkserziehung. Glaubt ihr, eine solche
könne ohne ihre politischen Folgen bleiben? Wohlan, ihr findet in den
irischen Schulen, in den Händen des irischen Volks Bücher voll hoher
Moralität, den Katechismus der Freiheit, Lieder, in denen Freiheits-
und Vaterlandsliebe erhaben gelehrt sind. Für eine Nazion von Lesern
paßt eine solche Bill nicht. Sie paßt in keiner Weise für das Volk von
Irland, und eben weil diese Bill einen Rückschritt anstatt eines Vor-

schrittes macht; weil kein Beweis, weder von ihrer Nothwendigkeit, noch von ihrer Zweckdienlichkeit vorliegt; weil nirgend bewiesen ist, daß sie erfolgreicher sein werde, als die frühere Waffenbill; weil sie eine Verletzung der großen Prinzipien ist, auf denen die Union der beiden Inseln gegründet worden, und weil sie über das irische Volk Strafbedingungen verhängt, die von zwei Drittheilen der irischen Mitglieder verdammt werden — darum stimm' ich gegen die Bill." Bei der Abstimmung, 219 für zweite Lesung der Bill, 292 dagegen, kam die ganze Zerfahrenheit der Parteien zu Tage. Die ministerielle Minorität bestund auß 108 eigentlichen Peeliten, 106 Protekzionisten oder Konservativen um jeden Preis und endlich 4 Whigs (ungerechnet die Stimmen, welche abgepaart hatten); die Majorität auß 221 Whigs, der Falanx des neuen Ruffell'schen Kabinets, 70 Protekzionisten, ursprünglichen Freunden der Zwangsbill, die sich aber durch ihren Groll gegen den Freetrader Peel zu einer Inkonsequenz hinreißen ließen, um ihn zu stürzen, endlich 1 Peelite, der auß Grundsaz gegen die Bill stimmte. Im Ganzen stellten sich die drei Parteien also herauß: 275 Whigs, 253 Protekzionisten (Tories) und 121 Peeliten; was nebst 4 erledigten Sizen, den 4 Stimmenzählern und dem Sprecher die 658 Mitglieder des Hauses der Gemeinen ergibt. Sind auch die Whigs von drei jezigen Parteien des Unterhauses die stärkere — und ihnen kam es daher zu, ein neues Kabinet zu bilden — so haben sie doch nicht die Mehrheit, und eine Regierung ist auf die Dauer nur möglich, wenn eine Parlamentsauflösung eine neue Gestaltung der Parteien herbeiführt, oder eine Koalizion eintritt. Die Nothwendigkeit einer Verschmelzung der Parteien sprach auch Hr. Cobden mit dem Bemerken auß: nichts würde bedauerlicher sein, als Peel, der mit seltener Geschicklichkeit und Festigkeit binnen einem halben Jahr eine der größten Reformen durchgeführt, sich wieder mit den Protekzionisten einigen zu sehen, während die Nazion selbst zwischen Peels jezigen Anhängern und denen Lord J. Russells schon nicht mehr unterscheide.

Das Peel'sche Ministerium war gefallen, gefallen zugleich mit dem Kornmonopol, an dessen Dasein es, als an das des gefährlichsten Landesfeindes, sein eigenes Dasein wie ein zweiter Decius Mus geknüpft hatte. Aber die Protekzionisten hatten dem Gefühl ihres Hasses genügt, den sie während der langwierigen Verhandlungen über die irische Zwangsbill selbst durch schmachvolle Persönlichkeiten gegen Sir R. Peel

vergeblich zu stillen gesucht. Dreimal sah dieser sich bewogen, auf den
von Lord Georg Bentinck gegen ihn erhobenen, dann von Hrn. Disraeli
mit bitterer Leidenschaftlichkeit wiederholten Vorwurf zu antworten, daß
er durch Intrigue das politische Werkzeug zu Georg Cannings frühem
Tode geworden, woran sich Verdächtigungen seines ganzen Verhältnisses zur Frage der Katholikenemanzipaziou knüpften — das lezte Mal
in umfassender Darlegung der bezüglichen Vorgänge in den Jahren
1825, 1827 und 1829, bei dichtgefülltem Hause und feierlicher Stimmung, hervorgebracht durch das allseitige Bewustsein, daß es sich da
um ein Ehrengericht handle über den politischen Karakter eines der grösten Staatsmänner dieses Zeitalters. Die Weigerung Peels, Wellingtons und mehrerer anderer ehemaligen Mitglieder des Liverpool'schen
Kabinets, an Cannings Verwaltung Theil zu nehmen, hatte dessen
Lage zwar sehr erschwert, und Peels Feinde pflegen wol zu sagen, seine
Opposizion sei mit Schuld an dem frühen Absterben dieses Staatsmannes gewesen; denkende Männer von allen Parteien sahen jedoch
die Beschuldigung als eines von jenen Gerüchten an, die sich gewöhnlich beim plözlichen Ableben eines hochgestellten Mannes erheben, auch
war seit 20 Jahren keine Rede mehr davon gewesen: nicht nur die genauen Freunde Cannings schlossen sich seitdem an Peel an, sondern die
ganze konservative Partei, und darunter auch Lord G. Bentinck selbst,
ein Verwandter und Freund Cannings, rechnete es sich zur Ehre, ihn
zum Führer zu haben. Peels Vertheidigungsrede, die er unter lange
forthallendem Beifallsruf endete, war ein Triumf, und er durfte mit
edlem Selbstgefühle die feste Ueberzeugung außsprechen, daß die Anklage, weit entfernt ihm einen Schlag zu versezen, nur um ihn die öffentliche Sympathie sammle, und gegen die Ankläger die öffentliche
Entrüstung aufrufe über die Motive ihres Angriffs. Wenn gleichwol
der adelige Fuchsjäger Bentinck und der kleine Schönredner auß dem
Stamme Benjamin, der sich in der Romantik des Mittelalters künstlich
berauscht hat, so daß er der Feudalherlichkeit kein Jota will rauben
lassen, nicht so viel Ehrgefühl hatten, daß sie ihre vernichteten Anklagen
gegen einen Mann, den sie noch wenige Monate vorher mit ebenso
großem Eifer, als sie ihn jezt politisch und moralisch herabzuwürdigen
suchten, als den göttlichen Staatsmann und Retter des Vaterlandes
feierten, zurücknahmen; so haben sie dadurch die öffentliche Meinung
nur noch mehr gegen sich empört und ihrer eigenen Partei geschadet.

Lord J. Ruffell, obschon er sich in anderm Sinne zu beklagen hatte, sprach seinen großen Nebenbuhler in würdiger Weise doch ganz frei von den muthwillig gegen ihn erhobenen Beschuldigungen. So viel ist gewis, daß Sir R. Peel mehr öffentliche Achtung und Volksliebe ins Privatleben mitgenommen, als er in irgend einer frühern Periode seiner Laufbahn genossen, mehr vielleicht als je einen fallenden Minister vor ihm begleitet hat. Am 29. Junius kündeten die Minister, der Herzog von Wellington im Oberhause, Sir R. Peel im Unterhause, indem sich die lebhafteste Theilnahme des Volks ihnen überall durch enthusiastischen Zuruf kundthat, ihren Rücktritt an. Während das Haus den Anblick einer tiefen und feierlichen Spannung wie selten darbot, hielt der Premier mit bewegter Stimme seine Abschiedsrede, voll Mäßigung und Weisheit, würdig des ersten Ministers der größten konstituzionellen Monarchie in der Welt. Sie verdient studirt zu werden. Er vermied Klage wie Vorwurf gegen die Protekzionistenpartei — dazu sei der Zeitpunkt einer Aenderung in den Rathsversammlungen eines großen Reichs ein allzu wichtiger und großer Moment — bemerkte, daß er zwar, um die großen Maßregeln der Session durchzusezen, zu jedem konstituzionellen Mittel, so auch zur Parlamentsauflösung, gegriffen haben würde, daß er aber Bedenken getragen, um untergeordneter oder bloß persönlicher Zwecke willen dieses Mittel anzuwenden. „Denn die Befugnis der Auflösung ist in der Hand einer Regierung ein großes Werkzeug, welches nur im dringendsten Fall angewandt werden darf." Eine Regierung bedürfe zu ihrem Bestande einer durch allgemeine Bande mit ihr verknüpften mächtigen Partei, und bei der sezigen allgemeinen Spaltung und Zersezung der Parteien wag' er keineswegs mit Sicherheit zu hoffen, daß eine Parlamentsauflösung dem scheidenden Ministerium eine Mehrheit verschafft haben würde. Er beklagt sodann, gerade in einer Irland betreffenden Frage geschlagen worden zu sein, und würde es noch mehr beklagen, wenn man in der betreffenden Maßregel ein Anzeichen sehen wollte, als hätten die Minister ihre in der irischen Stiftungsbill und der Dotirung des Maynooth-Seminars bethätigte Politik gegen Irland verändert. In dieser Hinsicht lautet sein Glaubensbekenntnis: zwischen England und Irland muß in Bezug auf gemeindliche und politische Rechte die allervollkommenste Gleichheit eintreten, so daß in Betreff der Wahlen und anderer Rechte ein vergleichendes Auge keine Verschiedenheit in den Gesezen entdecke, welche beide

Länder regieren. Wenn seine Amtsnachfolger in diesem Geiste handelten und die Gunst der Krone ohne allen Unterschied der Religion in Irland vertheilten, sollen sie nimmer eine Klage von ihm hören. Er sei fest entschlossen, mit denen Hand in Hand zu gehn, welche gleich ihm der Ansicht sind, daß vor allem die Verhältnisse zwischen den Gutsherrn und Pächtern einer gesezlichen Reform bedürfen. (Auch waren kurz vorher durch Lord Lincoln, dem damaligen Generalsekretär für Irland, drei etwas zusammengesezte Bills zur Verbesserung der irischen Pachtverhältnisse ins Unterhaus eingeführt worden. Daniel O'Connell fand diese Maßregeln, ungeachtet einzelner guten Bestimmungen, wie die, welche die Auspfändung noch stehender Feldfrucht abschaffen will, durchaus unzulänglich — „ein Mundvoll Mondschein." Mit gutem Willen allein sei Irland nichts geholfen, und man kenne ja den Ort, der, nach dem Sprüchwort, mit guten Vorsäzen gepflastert ist.) Wichtig für die Zukunft Englands war ferner, daß Peel sich auch mit seinen Nachfolgern über die fortdauernde Durchführung der allgemeinen Prinzipien der Handelsfreiheit als vollkommen einverstanden und bereit erklärte, sie in allen solchen Maßregeln aufs herzlichste zu unterstüzen; auch daß er hofft, sie würden auf immer dem nuzlosen Streben entsagt haben, mit andern Regierungen um Reziprozität zu markten, sondern mannhaft fortfahren, der eigenen Nazion Gelegenheiten zu schaffen, auf den wohlfeilsten Märkten zu kaufen — gewis würde die Macht des Beispiels alle andern Völker nachziehn. Fast bedeutsamer noch war, daß er in dieser lezten Handlung seiner fünfjährigen ministeriellen Existenz mit dem offensten Freimuth Richard Cobden, dem Gegner der Protekzionisten, das große Lob ertheilt, der Wohlthäter seines Vaterlandes geworden zu sein; der Erfolg der großen Freihandelsmaßregeln dieses Landtags werde, sagte er, weder an Lord John Russells Namen, noch an seinen eigenen geknüpft sein, sondern an den Namen jenes Mannes, der, wie er glaube, nur aus reinen und uneigennüzigen Beweggründen gehandelt habe; sich selbst aber hält er den Trost vor, daß mancher Arbeiter ihn dafür segnen werde, daß er durch die Ausführung von Cobdens Plan ihm und den Seinigen Brod in Fülle und zu billigen Preisen verschafft habe. Fast scheint es, als habe Peel sich durch solche Erklärungen für immer den Weg zur Wiedervereinigung mit den Protekzionisten abschneiden wollen, so daß, wenn er je wieder Minister würde, er ungefesselt, ganz ein Mann des Volkes, dastehn könne.

Auch überbot man einander in den verschiedenen Städten, wie man ihm am stärksten seinen Dank außdrücken könne, und von allen Seiten tauchten Vorschläge auf, ihm Denkmäler zu errichten oder Ehrengeschenke zu überreichen. Ein trauriger Vorfall trug dazu bei, Peel auch noch von einer andern Seite, als Mensch, im schönsten Lichte zu zeigen; ich will ihn um so weniger übergehn, als er auf einen wunden Fleck in der menschlichen Gesellschaft, besonders der vornehmen englischen, hindeutet, und einen neuen Beleg zu dem liefert, was ich früher darüber gesagt.

Der Geschichtsmaler Benj. Rob. Haydon, ein Künstler von großem Talent und voll edlen Strebens, wenn auch nicht eben mit geschmeidigen Eigenschaften geschmückt, ein Gentleman, der den angesehensten Männern Englands persönlich bekannt war, entleibte sich selbst in seinem 60. Jahre im Herzen der größesten und reichsten Stadt am 22. Junius Vormittags in seinem Atelier — um das öffentliche Mitleid auf seine Familie zu lenken. Obwol dieser tragische Lebensschluß mitten unter die großen parlamentarischen Kämpfe und unter die gewaltige politische Aufregung fiel, verlor er nichts an seinem Eindrucke: zu scharf schnitt er in die unter flimmender Oberfläche um sich greifende Fäulnis der vornehmen Gesellschaft, und ließ einen erschütternden Blick werfen auf den Jammer, der sein tödliches Werk unter dem Glanze derselben verrichtet. Haydon hatte die Menschheit zuletzt haffen, ja verachten gelernt, als er alle Bitten um Theilnahme an der festgepanzerten Brust englischer sogenannter Kunstpatrone, die ihr Vermögen oft kaum ermessen, abgleiten und sehen muste, wie so wenig man sich um sein Streben kümmerte. Mit lezter Anstrengung bot er dem „hohen Publikum" eine Reihe Gemälde, denen ein edler und nazionaler Gegenstand und eine große Auffassung zu Grunde lag, an; am Tage der Prüfung aber bei der Außstellung sah er seine Hoffnungen zertrümmert, die Theilnahme an Gegenstände kindischer Art verschwendet: verlaffen muste er vor seinen Bildern sizen und sehen, wie der große Haufen gaffender Idioten in einem benachbarten Lokal einen possenhaften widerlichen Zwerg bestürmte und in die gähnenden Taschen eines Yankee-Schaustellers einen Strom von Reichthum leitete. Da giengen ihm die Gedanken auß den Fugen und er vernichtete sich selbst. Doch trägt die Gesellschaft die Schuld, so ist das Individuum auch nicht frei davon. Je lieber jene in ihrer prunkhaftwirren, üppigkeitssüchtigen und zerfahrenen Gestalt dem Einzelnen Lasten und Verpflichtungen auflegt, die über deſſen Kräfte hinausgehn, und in je ſeltenern Fällen ſie Neigung und Willen zeigt, ihrem Opfer beizuſpringen, das ſie häufig wol gar mit lüſterner Grauſamkeit erliegen ſieht; um ſo ernſter ſollte auch der edle Mann, der jenen äußern Anſprüchen der Welt nicht genügen kann, ſtatt ſich ihnen zu beugen und mit der Geſellſchaft im gefährlichen Bunde zu liebäugeln, um ſpäter zu grollen und zu verzweifeln, dieſen ſchlüpfrigen Boden vermeiden und den Muth haben, jenen Anſprüchen zu trozen. Haydon hatte in ſeinen Geldverlegenheiten an den Herzog von Beauford, Lord Brougham, Sir R. Peel und andere Notabeln geſchrieben, um ihnen Bilder von ihm zum Kauf anzubieten; keiner aber antwortete ihm als allein Sir R. Peel. Dieſer, ungeachtet damals eine ſo ungeheure Laſt politiſcher Geſchäfte auf ihm ruhte und er von allen Seiten gehezt und gequält ward, ſchrieb ihm am 16. Junius (der Künſtler hatte freilich den Kauf oder die Beſtellung eines Bildes gewünſcht): „Mein Herr! ich höre mit Bedauern von der Verlegenheit, in welche Sie durch beſchränkte Geldmittel verſezt ſind; ich fühle mich glücklich, Ihnen 50 Pf. zu Ihrer augenblicklichen Erleichterung zu überſenden.‟ Haydon hatte dies wenige Tage vor ſeinem Tode in ſein Tagebuch eingeſchrieben, mit dem Zuſaze: „Und die Leute ſagen, dieſer Mann habe kein Herz!‟ Gleich auf die traurige Kunde überſchickte Sir Robert der Wittwe 200 Pf. St. aus einem wohlthätigen Fonds der Krone, ſtellte ihr ſeine Privatbörſe zur Verfügung, verſchaffte ihr endlich einen Jahrgehalt und Haydons Sohne eine Anſtellung.

Wie um den Rücktritt des Peel'ſchen Miniſteriums nach allen Seiten mit einer Glanzwolke zu umgeben, traf an dem Tage deſſelben die Nachricht ein, daß die nach Waſhington geſandten Vorſchläge zur Schlichtung der gegenſeitigen Anſprüche auf das Oregongebiet vom dortigen Senat (mit 41 gegen 14 Stimmen) und Präſidenten unverändert angenommen worden. Troz aller Schwierigkeiten war die Oregonfrage ins Reine gebracht und die Brüder John Bull und Jonathan werden gute Freunde bleiben. Die Baſis des Vertrags iſt die Feſtſezung des 49 ° N. Breite als Territorialgränze zwiſchen den Vereinigten Staaten und Großbritannien weſtlich vom Felſengebirge bis zur Fucaſtraße, und Hingabe der ganzen Vancouvers = Inſel an England mit dem Rechte der Beſchiffung des Columbiafluſſes bis zum Ablaufe der Charter der „Hudſonsbay = Compagnie‟ (noch ungefähr

17 Jahre); andere Artikel geben beiden Nazionen freie Handelsschiff=
fahrt auf den Flüssen und Häfen nördlich vom 49°, und bestimmen
wechselseitige Entschädigungen für die Handelsstazionen und Nieder=
lassungen auf dem anderseitigen Grund und Boden. Die Amerikaner
haben durch ihre kühnen Behauptungen und noch kühnere Forderungen
erlangt, worauf sie im Jahre 1818 bestunden, und werden, besonders
bei ihrer Geneigtheit, den Mund bei jeder Gelegenheit recht voll zu
nehmen, sich die Lehre für die Zukunft merken. Der Vertrag gibt ihnen
drei Grade der Küste des Stillen Meers, mit dem bald ausschließlichen
Rechte der Beschiffung des Haubtflusses im Westen; das Land zwischen
diesem Strom und dem 49. Breitengrad kann allein leicht zwei neue
Staaten fassen. Polk und die Demokraten haben nun ihr Auge auf
Californien geworfen und wollen es als Kriegstrofäe auß dem mittler=
weile mit Mejico eingefädelten sehr ungerechten Kriege nach Hause
bringen — mit dem Wahlspruch „our country right or wrong."
Selbst die früher gegen diesen Krieg, wie gegen den von 1812 einge=
nommenen Whigs sind plözlich, in der Furcht vor dem Achtspruche der
Massen, des Mob, die ersten Anführer im Kampfe, die besten Kriegs=
redner, die Geldbarleiher, die Lieferanten geworden. Nicht Nazional=
ehre noch das Gefühl des Rechts, nein, Raubgier der sogenannten de=
mokratischen Elemente der Republik scheint, wenn auch im Dienste von
etwas Höherm, die Triebfeder zu diesem Kriege zu sein — die Gier
nach Gewinn, angefacht vielleicht von dem Reichthum der mejicanischen
Städte, Kirchen und Klöster, von der Ergiebigkeit der mejicanischen
Gold= und Silberbergwerke. Die Verfassung der Vereinigten Staaten
verbietet, die Miliz außer Landes zu führen, man nimt zu Freiwilligen
Zuflucht, von welchen die Deutschen den Kern bilden. — — — Die
Kriegskosten sollen einstweilen zum großen Theil mittelst einer Mil=
derung der durch den bestehenden Tarif auferlegten Zollsäze aufge=
bracht werden; die hohen Zölle schließen gegenwärtig viele Artikel von
der Einfuhr auß, während die Menge und daher der Zollertrag von
andern, die eingeführt werden, sich stark vermindert hat. Durch Mil=
derung dieser Zollsäze auf den Einkommenmaßstab und durch Belegung
vieler Artikel, die jezt zollfrei eingeführt werden, mit Einkommenzöllen
wird eine große Mehreinnahme erzielt werden und dabei der amerika=
nische Verkehr noch zunehmen. Die britische Regierung hat mittlerweile,
zugleich mit den obigen Vertragsvorschlägen, ihre friedliche Vermittlung

zwischen den Freistaaten und Mejico angeboten. Aber kann sie damit
eine Vermittlung anzutragen gemeint sein, durch welche die Union,
etwa statt der Wiedererstattung ihrer Kriegskosten, Californien erhalten
soll. Nimmermehr. England will ja auch die Küste, und darum hat
es sich durch Darleihen hypothekarische Ansprüche auf Californien gesichert. Die Einverleibung dieses Landes in die Union wäre ein in-
direkter wichtiger Sieg, den die Amerikaner in dem Streite mit den
Briten um die Herschaft auf der stillen See über England davon trü-
gen. China ist der im Hintergrunde liegende Zankapfel. Bleibt Californien nach dem Kriege mit Mejico in amerikanischen Händen, so wird
bei dem dortigen Unternehmungsgeiste·in wenigen Jahrzehnten eine
Eisenbahn das atlantische und das stille Meer verbinden; der direkte
Weg nach Indien und China ist dann gefunden, derselbe im amerikanischen Besitze, und ein ungeheurer Außtausch eröffnet sich zwischen den
Erzeugnissen und Fabrikaten der Amerikaner mit den Produkten des von
3 bis 400 Millionen Menschen bewohnten Mittelreiches. Schon jubeln
die Amerikaner, ihrem Lande steh' eine große von Washington und
Jefferson kaum geahnte Zukunft bevor, und ihre kühnen Hoffnungen
finden sich nicht nur durch eine günstige geografische Lage, sondern auch
durch das Oeffnen der Häfen China's, die Abschaffung der Korngeseze
in England, das sich verwirklichende Prinzip des freien Handels überauß begünstigt.

Was indessen auch folgen mag, so kann der Menschenfreund die
Mäßigung im Verfahren des Lords Aberdeen und der Peel'schen Verwaltung nur loben, indem sie es vorzog, lieber zu einer Theilung des
bestrittenen Gebiets zu schreiten und einige tausend Geviertmeilen wilden Landes hinzugeben, als die Nazion in einen jedenfalls kostspieligen
und in seinen Folgen vielleicht gefährlichen Krieg zu stürzen. Ein anderes Verfahren hätte in schreiendem Widerspruche mit der ganzen Peelschen Verwaltung und allen ihren Verbesserungen gestanden. Denn
durch diese innern und äußern Befreiungen eröffnet England nicht nur
allen seinen Kräften wieder eine mehr naturgemäße Entwickelung, sondern es behauptet sich auch an der Spize der politischen und handelspolitischen Bewegung, erweitert seine ganze Welttendenz und sichert den
Frieden, der namentlich durch die Verhältnisse zu Amerika gefährdet
schien. In den weitern Wirkungen der neuen englischen Maßregeln
liegt unzweifelhaft eine Annäherung der Masse der englischen Bevölke-

rung an die amerikanische, auch in den politischen Zuständen auf beiden
Seiten des breiten Baches. Die Fraktion der aristokratischen Partei,
welche noch „alles fürs Volk und nichts durchs Volk thun möchte,"
hat in England jeden Halt verloren. Es liegt in der Macht keiner
Partei mehr, Englands Politik vorzuzeichnen, das Land will sich selbst
regieren: naturgemäß befindet es sich im Fortschritte, und diesen Gang
können aufeinanderfolgende Ministerien bloß entweder beschleunigen
oder hemmen, vereinfachen oder verwirren. Whigs und Konservative
sind jezt so ziemlich eines und dasselbe Ding, weil sie dem Willen eines
Höhern dienen müssen, der Nazion. Wie ruhig schaute das Land dem
Uebergang zu der neuen Whigverwaltung zu! Man besprach den Mi-
nisterwechsel mit einer politischen Mäßigung, die vor einem halben
Jahrhunderte als strafbare oder verächtliche Gleichgültigkeit gegolten
haben würde. Mit einem glücklichen geschichtlichen Anspiel meinte die
Times: die „Unionsrose" sei das Sinnbild unseres Zeitalters; in
guten Köpfen und Gemüthern strebe die Politik immer einer gerechten
Mitte zu, und auf einem solchen Mittelgrunde stehe England jezt. Lord
John Russell zeigte daher eine ehrenhafte Beachtung der öffentlichen
Meinung, wenn er in seinem neuen Ministerium alle Parteien zu ver-
einigen versuchte, welche bereit sind, ihm in einer Laufbahn gesellschaft-
licher Verbesserungen beizustehn und denen die Erfahrungen der lezten
Jahre gezeigt hat, daß sie nicht von der Macht dieser oder jener Partei,
sondern von dem Nazionalwillen abhängen; wenn er sich bemühte, seinem Kabinet einen umfassenden und allgemeinen Karakter zu geben.
Die einzige Partei, an die er sich nicht gewandt, ist diejenige, deren
Regierungstheorie der Widerstand gegen die Volkswünsche, der Grundsaz des Abstoßens ist. War er nicht so erfolgreich in seinem Bemühen,
als er wünschte, so lag dies in Umständen, welche die Zeit beseitigen
wird. Wenn in Bezug auf die Endzwecke der Regierung keine wesentliche Verschiedenheit besteht, wenn der eine Minister nur das thut, was
seine Nebenbuhler an seiner Stelle gethan haben würden und hätten
thun müssen, so wird die Festhaltung eines Monopols der Macht in
den Händen einer Partei nicht möglich, die Aufrichtigen müssen sich
verknüpfen. Russell wünschte sein Kabinet — troz der engen Versippung
und Verschränkung, die man den Adelsfamilien der Whigpartei zum
Vorwurfe macht und die ihr die Abschüttelung lästiger Inventarienstücke
erschwert — auch durch Aufnahme einzelner novi homines auß der Frei-

handelspartei zu verstärken, und wenn Richard Cobben wegen seiner augenblicklichen Gesundheits‑ und Vermögensumstände (deretwegen er auch auf seinen Parlamentssiz zeitweilig verzichtet hat) daran gehindert ward; so ist doch die entschieden freisinnige Partei, welche die meiste Volkssympathie besizt und deren wahre Führer vielleicht Peel und Cobben sind, durch die Anstellung der Lords Grey und Clarendon nicht außerhalb der Regierung stehn geblieben. Das neue Ministerium vereinigt ausgezeichnete Talente: Lord John Rusell, der erste Lord der Schazkammer, der in jüngern Jahren seine Muße der Litteratur widmete und dessen Schriften von Einsicht und Geschmack zeugen, ist ein ebenso umsichtiger, hell und weit blickender Staatsmann, als gewandter und scharfer Redner — Viscount Palmerston, ein Nachkomme Sir William Temple's, ein Diplomat, der sich seiner Ueberlegenheit und Schnellkraft bewust ist, kühn von Impuls, keck im Ansaz, gewandt und sicher im Laufe, thätig und fruchtbar in der Feder, im Wort und im Handeln, nur kein Freund eines Systems ruhiger inertia — Lord Cottenham, der Lordkanzler, durch seinen juristischen Scharfsinn und seine Kenntnisse Ansehen genießend — Marquis von Lansdowne, Konseilspräsident, ein kenntnisreicher Finanzmann und heller kräftiger Redner — Graf Grey neigt einem gründlichen Radikalismus zu, besonders in Betreff der irischen Staatskirche, darin seines Vaters aristokratisches Whigthum nicht getreu wiederspiegelnd — Lord Campbell, Kanzler des Herzogthums Lancaster, ein scharfsinniger, fachgelehrter Jurist, in beständigem Haber mit seinem Landsmann, Lord Brougham — Hr. Macaulay, Generalzahlmeister der Armee und Flotte, ein Radikaler von Geist, Fleiß und Wohlredenheit, die er jedoch immer nur dort anwendet, wo sie am Plaz ist — Graf von Clarendon, der Handelsminister (vormals Gesandter in Spanien), ein eifriger Anhänger der „neuen Schule" und trefflicher Redner — Lord Morpeth, Oberkommissar der Wälder und Forsten, wuste sich selbst im Generalsekretariat für Irland Popularität zu erhalten, und besizt als Sohn des Grafen von Carlisle einen erblichen Anspruch auf Geistesbildung und feinen Geschmack, den er sowol in seinen wirkungsvollen Reden als in seinen anziehenden poetischen Beiträgen bethätigt — Hr. Lalor Shiel, ursprünglich Advokat, neben O'Connell Vorkämpfer für die Rechtsansprüche seiner irischen Glaubensgenossen, vielleicht jezt der bedeutendste Redner im Unterhause, lebendig und seelenvoll, auch dramatischer Dichter. Unter den neuen

Staatsmännern Englands ist Richard Cobden ohne alle Frage der bemerkenswerteste. Der Enthusiasmus, der die Leiter einer Volkssache so gern blendet und so oft verwirrt, scheint seine Sehkraft nur geschärft, sein Urtheil noch mehr gereinigt und gefeint zu haben. Er ist über die Agitazion, die er hervorgerufen, hinauf zu wirklicher politischer Würde emporgestiegen, und nach dem Siege hat er es verschmäht, Ovazionen beizuwohnen. Er ist ein Plebejer in Haltung und Stimme, niedrig geboren, aber seine mächtige Stirn und sein forschendes Auge kennzeichnen einen Mann von nicht gewöhnlichen Geistesgaben, von scharfem und umfassendem Verstand. „Im Gespräche," schreibt ein Engländer von ihm, „gleicht er mehr einem Amerikaner als einem Engländer; man sieht auf den ersten Blick, er ist nicht das Geschepf aristokratischer Gesellschaft. Aber er spricht als ein Mann von weiter Welterfahrung, von tiefen Gedanken über die großen Probleme des Völkerlebens und des Staats." (Allg. Zeit. 8. Jul.) Ihm dürfte die Zukunft keine geringe oder dunkle Rolle im englischen Staatswesen zutheilen. Seine äußere Haubtstüze hat er in den Männern des Nordens, wie man die Fabrikanten jezt oft nennen hört, die ihre Stärke kennen gelernt haben. In der wichtigen einflußreichen Handelskammer zu Manchester, eine eigene Art von Parlament, wiegt Cobdens Stimme bei Tories, Whigs und Radikalen gleich schwer. Die Gegenkorngesezliga hat jezt ihr Tagewerk vollendet und das einstweilige Aufhören ihrer Thätigkeit beschlossen, die sie jedoch jeden Augenblick wieder erneuern kann, sollte ein hartnäckiger Widerstand gegen die weitere Durchführung der Handelsprinzipien sie dazu aufrufen. Die Entwickelung und der Fortgang dieser öffentlichen Verbindung sind ohne Parallele in der Geschichte. Im Jahre 1838 trat eine kleine Anzahl Fabrikanten und Kaufleute in Manchester zusammen, worunter einige der Handelsfreiheit gewogene Parlamentsglieder, doch ohne politischen Einfluß; für die Doktrinen des freien Handels reisten Agitatoren und „Lecturers" herum, und einschlägige Flugschriften wurden über ganz England verbreitet; doch erst bei Hereinbrechung der Arbeitstockung und Handelskrisis vom Jahr 1841 schwoll die Agitazion der Liga furchtbar an. Im J. 1843 warb die „Freihandelshalle" in Manchester eröffnet und für das Jahr eine freiwillige Einzeichnung von 44,000 Pf. St. angekündet; dann wurden die Versammlungen der wachsenden Verbindung auß ihrer Heimatstadt nach London verlegt, das Coventgarden-Theater öffnete seine

Thüren Nachts um 10 Uhr einer ungewohnten Zuhörerschaft und unge=
wohnten Schauspielern, und diese Versammlungen gewannen mehr
und mehr an Anziehungskraft, Popularität und endlich an Einfluß.
Während Cobden, unterstüzt von Villiers, im Hause der Gemeinen die
Hize der Schlacht bestund und durch körnige Logik den ihm widerstre=
benden Premier unvermerkt überzeugte, thaten Fox und Bright das
ihrige im Coventgarden mit Waffen von minder gewaltiger Wirkung
auf die Intelligenz der Einzelnen, aber von um so größerm Eindruck
auf die Gemüther und Leidenschaften der Masse. Die Subskripzionen
vermehrten sich 1844 auf 100,000 Pf., und nun hub die lezte Bewe=
gung an, die der Wahlstimmenregistrazion; doch noch eh' dieses Mittel
in volle Anwendung gebracht war *), wurden bereits die so angehäuften
Streitkräfte zum erwünschten Siege geführt — unter dem Feldhaubt=
mann, zu dessen Bekämpfung sie geworben waren. Die Abschaffung
der Korngeseze ist an und für sich eine große That; aber nicht darin,
meinen die Times, liege die Größe des von der Liga aufgestellten Bei=
spiels: diese sei der erste Schößling der Reformbill, zum ersten Male
habe eine ganz auß dem Volke entsprungene, in ihren Mitgliedern fast
ohne Außnahme volksmäßige Genossenschaft einem stolzen Adel und
einer alten Monarchie ihre eigenen Bedingungen vorgeschrieben. Bis=
her war es immer eine von den zwei großen Parteien im Staat gewe=
sen, die die großen Bewegungen hervorrief und leitete: die Revoluzion
von 1846 verdankt ihren Ursprung dem Volke, sie ist die erste systema=
tische Verkörperung des Volkswillens und der Volksintelligenz. Cob=
den, Wilson, Fox, Bright sind alles Männer auß dem Volke, unver=
knüpft mit historischen Namen, ohne Verband mit einflußreichen Fami=
lien. „Dies ist ein hoffnungsreiches Omen für die Kraft des Volkes,
und wenn sein mit Willenseintracht unternommenes Beginnen vollkom=
men gelungen ist, so liegt darin wol auch eine Bürgschaft seiner Klug=
heit, Gerechtigkeit und Mäßigung."

---

*) Uebrigens scheint das durch den Einfluß der Liga einmal angeregte Streben der
Städter, zumal auß der Klasse der Krämer und Handwerker, sich das Stimmenrecht
in den Grafschaften zu verschaffen, sich mehr und mehr verbreiten zu wollen, und könnte
mit der Zeit den Karakter des Unterhauses sehr ändern, wenn mittlerweile nicht durch
Auflösung des Majorats zu Gunsten zahlreicher kleiner Grundbesitzer eine Gegenkraft
gebildet wird. Ein Antheil für 50 Pf. an einem Grundstücke sichert das Wahlrecht
und zugleich guten Zins. — Die lezte Subskripzion der Liga waren 50,000 Pf. St.
als Erkenntlichkeit für Cobdens Verdienste und Opfer.

Also wogt der demokratische Lebensstrom immer mächtiger in dem englischen Staatskörper, und hierin keimt offenbar eine wachsende und dauerhafte politische Anziehung zwischen der Masse der Bevölkerung in England und Amerika, die nach dem gänzlichen Fall des englischen Feudalismus sich noch kräftiger entfalten wird. Mehr aber noch als in diesen politischen Sympathien liegt die Annäherung der beiden Länder, der Friede zwischen Amerika und England, der Weltfriede in den Verkehrserweiterungen durch die neuen Handelsgeseze. Nur die Menge der eingeführten Güter kann dem britischen Staat für die Außfälle wegen der verminderten oder abgeschafften Zollsäze Ersaz leisten; diesen großartigen Außtausch ermöglicht aber vorerst nur der amerikanische Markt mit seinen wichtigen Stapelartikeln, und er ist nur durch Friede zu erhalten. England ist auf dem Wege, seine ganze alte Kolonialpolitik fahren zu lassen — und auß diesem außgefahrnen Gleise in die neue Bahn der nicht mehr privilegirten, dann aber auch emanzipirten Kolonien einzulenken, das ist eben die große Mission, welche das neue Ministerium Russell als die seinige erkannt hat — weil es dann erst der Weltmarkt für alle amerikanischen Haubtartikel werden kann, wie jezt schon für Baumwolle. Die Amerikaner können auß den neuenglischen und canadischen Häfen, ja den freien Mississippistrom hinab und von Neu-Orleans nach Liverpool und London ihr Korn ebenso wohlfeil verführen, als die Europäer von Odessa oder Riga und andern baltischen Häfen, ja als die Deutschen über ihre mit schweren Schiffahrtsabgaben belasteten Ströme (auf der Elbe sollen die Abgaben von Böhmen bis ins Meer in einzelnen Artikeln nicht weniger betragen als der Preis, für welchen die Amerikaner dieselbe Ware in London feil bieten). Sodann finden die Amerikaner, als die besten Kunden für englische Fabrikate, immer volle Rückfracht, und hierin besteht fast ihr Haubtverdienst. Troz der Fortschritte der amerikanischen Industrie eignet sich doch der unabhängige Karakter dieses Volks ganz vorzüglich zum Ackerbau, für den dort noch viele Hunderte Millionen Ackerlandes völlig unbenüzt liegen, und die sich durch Erwerb neuer Territorien noch immer vermehren; durch Tejas' Anschluß allein hat die Union 300 Millionen Acker anbaufähigen Landes gewonnen, und zu den neuen Staaten Wisconsin, Jawa rc. mit ihren 1000 Millionen Morgen kömt jezt das Oregongebiet, vielleicht auch das schöne Californien. Die amerikanische Getraideaußfuhr nach England hatte bisher nur ein Hindernis — die

Wandelskala, welche Fluktuazionen in den Zöllen hervorrief, denen die amerikanischen Kaufleute sich nicht außsezen konnten. Dies Hindernis ist jezt beseitigt. Und nicht bloß Weizen wird Amerika nach England außführen, sondern auch haubtsächlich Mais oder Wälschkorn, theils zur Viehmästung, theils mit Weizen oder Roggen vermengt zu vortrefflichem schmackhaftem Brod gebacken, das, zumal bei der geringen Verläßlichkeit der Kartoffelernten, ein wichtiges Nährmittel ist, wie in Irland bereits erprobt. Mais soll beinahe doppelt so viel Nahrungsstoff als Gerste und dreimal so viel als Haber enthalten. Wenn erst die gewöhnliche Nahrung des englischen und irischen Arbeiters auß amerikanischem Wälschkornbrod besteht, dann muß die Weizeneinfuhr des europäischen Festlands in England fast völlig schwinden', während Mais ein neuer Stapelplaz der amerikanischen Außfuhr wird von nicht geringerer Wichtigkeit für den Handel und die Schiffahrt als gegenwärtig Baumwolle. Auch an Fleischlieferungen kann Deutschland unmöglich mit Amerika wetteifern, die Freistaaten sind vielleicht reicher an Hornvieh als ganz Europa, und die Schweinezucht gedeiht dort eben ob der Mästung mit Wälschkorn mehr als anderwärts. Das alles genügte schon, um Nordamerika von neuem inniger denn je an Englands Handel zu knüpfen. Das ganze übrige Amerika hat dagegen kein Getraide nach England zu senden; seine wichtigen Stapelartikel sind aber die sogenannten Kolonialwaren, besonders Zucker und Kaffee, die England wegen Begünstigung seiner eigenen Kolonialerzeugnisse bisher fast gar nicht verbrauchte. Andrerseits ist dieses Amerika jedoch ein um so wichtigerer Markt für europäische Fabrikate, als es bei weitem nicht das Geschick oder den natürlichen Beruf zu Manufakturen zu haben scheint wie die Vereinigten Staaten. Würden aber auf die Dauer nicht die Europäer, wie Deutschland, welche amerikanische Kolonialwaren in großer Menge wirklich verbrauchen, auch jene amerikanischen Länder mit ihren Fabrikaten wirklich versorgen wollen? Um daher auch die mittel- und südamerikanischen Staaten an die Hochdruckmaschine Englands zu knüpfen, muß dieses ebenfalls für ihre wichtigen Stapelartikel der Haubtmarkt zu werden suchen, d. h. es muß dieselben, namentlich Zucker und Kaffee, zu demselben Zoll wie seine eigenen Kolonialartikel und dann beide zu einem möglichst niedern Zoll einlassen, um den Verbrauch davon in England zu vermehrfachen. Das nun ist die außgesprochene Absicht Lord John Russells. Kaum ist eine große Frage der

Handelspolitik nach schweren Kämpfen erledigt, noch hat die Nazion
keine Pause zum Ausruhen von den Veränderungen gehabt, und schon
taucht eine andere — als wolle England, mit einer Revoluzion im Jahr
nicht zufrieden, schneller denn die Sonne gehn — am Gesichtskreise
auf, welche das britische Kolonialinteresse und zugleich das Finanz-
interesse des Staats (da die Abgaben von jenen Kolonialwaren den
Haubttheil der Zolleinkünfte bilden) aufs tiefste berührt. Noch gibt es
andere wichtige staatsökonomische und finanzielle Fragen, wie z. B.
eine Revision des ganzen Akzienwesens, zu entscheiden, noch haben sich
die neuen Minister mit sonstigen Gegenständen von höchstem Belang zu
beschäftigen, wie die Volkserziehung, die Zustände Irlands; aber die
Frage der Fragen, an welche politisch sich ihr Bestehn knüpft, ist vorerst
der Zucker.

Hiermit hängt noch eine wichtige Frage zusammen, welche der
englische Staat seit lange mit größtem Eifer betrieben, für die er die
größten Opfer nie gescheut, und für deren glückliche Lösung selbst die
Quäker im Innersten ihres Herzens einem Kriege hold wären — Abschaffung der Negersklaverei und des Sklavenhandels. Durch Abschaffung der Negersklaverei in Englisch-Westindien ist, was auch die andern
Folgen sein mögen, die Kolonialwichtigkeit desselben verringert und den
Rivalen, namentlich Brasilien und dann Cuba und den Vereinigten
Staaten, ein bedeutender Vorschub gegeben, wie schon die Thatsache
des vermehrten Sklavenhandels beweist. Der Weg, durch freie Arbeit
die Sklavenarbeit zu ersezen und zu überholen, obwol möglich und mit
der Zeit sogar wahrscheinlich, ist langwierig. Die sich gleich einstellende
Schwierigkeit, auf den großen Pflanzungen die nöthige Händezahl für
freiwillige Arbeit aufzutreiben, führte auf den Außweg, freie Neger
auß Afrika und Hill-Kulis auß Ostindien einzuführen; doch die Nazion
war beiden Versuchen gram, die bisher auch keinen besondern Erfolg
hatten. Je mehr so die westindischen Eilande als freie Negerstaaten mit
geringen englischen Kolonialinteressen aufwachsen, desto weniger können sie das Zuckerbedürfnis des Mutterlandes befriedigen; will man
nun, zum Theil in Folge davon, die freien Handelsgrundsäze, wie der
Handelsstand verlangt, auch auf die durch Sklavenarbeit erzeugten
Kolonialprodukte außdehnen, so beschleunigt man dadurch die Umbildung der westindischen Kolonien, und gibt den Sklavenstaaten einstweilen einen neuen Vorschub. Nach alle den vergeblichen Bemühungen,

den Sklavenhandel für sich allein zu vernichten oder auch nur zu beschränken, um so das gestörte Gleichgewicht zwischen den Sklavenstaaten und den freien englischen Kolonien wieder herzustellen, ist jezt aber die Ueberzeugung allgemein, daß jenes Ziel sich sicher nur durch die Abschaffung der Sklaverei selbst erreichen laße. Eine wichtige Thatsache, denn die englische Regierung ist jezt genöthigt, der Sklaverei unmittelbar auf den Leib zu rücken, im Interesse der Kolonien, unterstüzt und gedrängt von allen Abolizionisten. Hier läge mithin ein neuer Außgangspunkt zu einem Kriege Englands mit den Vereinigten Staaten, da dieser Freistaat nicht sowol äußern Sklavenhandel als innere Sklavenzucht hat; denn ist die Negersklaverei erst in Nordamerika abgeschafft, so hört sie im schwachen Cuba von selbst auf, und sie kann sich auch in keinem andern Theil Amerika's, wo allein ihre europäische Bedeutsamkeit zu suchen, länger halten. Ein Krieg mit dem Freistaat bietet diese glückliche Außsicht. Kann man dem englischen und irischen Soldaten zwar nicht trauen, wenn man ihn lange unter Entbehrungen seinem eigenen Blutsbruder, auf dessen Seite ihn ein glücklicheres Loß lockt, gegenüberstellt, so hat England doch fremde Truppen, unterworfene Barbaren, die es, nach Art des römischen Weltreichs, als Söldlinge in Amerika verwenden könnte; der Freistaat aber hat auch eine große (schwarze) Bevölkerung, welche die Engländer auf ihre Seite locken können. Hierin spiegelt sich noch das Uebel beider verwandten Länder, dort die Negersklaverei, hier der Feudalismus oder die Sklaverei des irischen und englischen Landvolks, und es ist beherzigenswert genug, daß dieses ihr Gift auch die schwache Seite beider Länder bildet, wie überall das alte oder neue Unrecht. Die Ferse des Freistaats sind die südlichen Sklavenstaaten, wo die Negerbevölkerung überwiegt: die Neger sehen in den Engländern ihre Freunde und Befreier, diese führen ihnen für das südliche Klima sehr taugliche asiatische und westindische Negerregimenter zu, geben ihnen Waffen und Organizazion, und schaffen im Süden eine Reihe Negerrepubliken, die sich unter englischem Schuze wol nicht so leicht wieder zerdrücken ließen. Möglich indessen, daß die Amerikaner im Norden wieder gewönnen, was sie im Süden einbüßten, die Canadier hegen ohne Zweifel jezt, nachdem der alte nazionale Gegensaz zwischen den französischen Einwohnern und den amerikanischen Engländern zurückgetreten ist und die Stimmung der Loyallisten sich sehr geschwächt hat, entschiedene Sympathie für ihre

republikanischen Nachbarn. Obendrein ist das lezte Band — Handels-
und Schiffahrtsbegünstigungen im Mutterlande — von Sir R. Peel
bis auf die Holzzölle durchhauen worden, und auch in diesen will Lord
J. Russell jeden Unterschied allmählich beseitigen. Die Einverleibung
in die Vereinigten Staaten aber ist für Canada nichts als Selbstregierung und Unabhängigkeit, mit einem größern Schuz- und Truzbünd-
nisse gegen auswärtige Staaten, und es ist immer lockend, sein eigener
Herr zu sein. Andrerseits ist der Bestand der Negersklaverei in den südlichen Staaten, die in der Zentralregierung noch gegen das Bevölke-
rungsverhältnis vorwiegen, vielen in den freien nördlichen Staaten
ein Dorn im Auge, und diese begreifen sehr gut, daß die Aufhebung
der Sklaverei nur im Fall eines Kriegs mit England möglich ist, entweder daß die Pflanzer selbst ihre Sklaven emanzipirten, um sich ihrer
Zuneigung zu versichern, oder daß die Engländer das Land besezen.
Da lägen denn große Kombinazionen auf beiden Seiten vor, worauß
wenigstens so viel zu erhellen scheint, daß im Fall eines Kriegs England seine Haubtanstrengungen auf den Süden und die Abschaffung
der Sklaverei, und der Freistaat auf den Norden richten werde.

Doch diese und ähnliche An- und Aussichten treten jezt sämtlich
zurück vor der Durchführung der Freihandelspolitik, deren große und
lezte Ergebnisse noch gar nicht zu übersehen sind. Die Mittelklassen,
Peel, Russell, Cobben, sie alle sind dem Kriege abgeneigt, und hoffen
bei Fortdauer des Friedens den Finanzzustand des Landes auf einem
dauerbaren razionalen Grunde fest aufzubauen, die Nazionalschuld und
dadurch auch die Taren zu vermindern (mit Erlöschung der langen
Annuitäten gegen das Jahr 1860 würden mit einem Mal 50 bis 60
Millionen Pf. St. wegfallen) und die Arbeiterklassen in eine glücklichere Lage emporzuheben. Jene Staatsmänner und die Nazion haben
für jezt ihre Haubtaufmerksamkeit auf Durchführung und Befestigung
der Grundsäze freien Handels gerichtet — Grundsäze und Geseze, deren
Wirksamkeit durch einen Krieg nur aufgehoben würde. Bräche dieser
aber dennoch auß, so würden die neuen Handelsaußsichten gewis vortheilhaft für England wirken, indem sie ihm Freunde und selbst in
Amerika eine starke Friedenspartei verschaffen würden — und nur lang-
jährige Kriege drohen für England große Gefahren.

Lord John Russell trat in der Unterhaussizung vom 20. Julius
mannhaft mit seinen Anträgen hervor über alsbaldige Aufhebung der

Unterscheidung fremden Zuckers nach seinem Ursprung, als freien oder
Sklavenzuckers, über die fast vollkommene Aufhebung der Unterscheidung desselben nach seiner Qualität, und über die allmähliche Herabsezung des Differenzialzolls, so daß nach fünf Jahren eigener Zucker
und fremder nur noch einer und derselben Abgabe (14 Sh. vom Zentner) unterliegen. Bei der Begründung seines Plans, der die Frage
zum bleibenden Abschluß führen soll, wies der Premier zuerst darauf
hin, daß die Masse des Publikums durch den erhöhten Preis des
Zuckers — einer Ware, für welche nicht weniger als 11 bis 13 Millionen Pf. St. jährlich im Lande verausgabt werden — und der Staatsschaz dadurch leide, daß gewisse Gattungen Zucker vom Markte ganz
ausgeschloßen seien. Man könne mit Hrn. M'Culloch den Aufschlag
der Zuckerpreise wegen des hohen Zolls (von 1840—42) in den lezten
Jahren für England auf nicht weniger als 3,240,000 Pf. St. rechnen.
Der Grund hiefür liege haubtsächlich darin, daß der Java- und anderer
durch freie Arbeit produzirter Zucker, auf dessen Zufuhr man gerechnet,
auf dem Festlande verbraucht worden, während der Sklavenzucker auf
dem britischen Markte nicht erscheinen durfte. Die Berausberechnung
Sir R. Peels, daß die Einfuhr fremden Zuckers und damit auch die
Zolleinkünfte zunehmen würden, sei daher auch nicht eingetroffen; im
Gegentheil, dieser Einnahmeposten habe im Jahr 1845 jenes Umstandes
wegen eine Verminderung von 481,327 Pf. St. erfahren. Wahrscheinlich sei vom 5. April 1846 bis dahin 1847 höchstens auf eine Zufuhr
von 230,000 Tonnen (1 Tonne = 20 Ztr.) Kolonial- und fremdem
Freiarbeitszucker zu rechnen, während der Verbrauch wenigstens 250,000
Tonnen erfordere; nehme man in Folge davon auch nur eine Erhöhung
von 6 Sh. per Zentner, so würde das dem Volke eine Steuer von
jährlich 1½ Millionen Pf. St. auflegen, die obendrein nicht in die
Staatskaffe, sondern nur in Privattaschen fließen. Russell suchte sodann die Abgeschmacktheit des Einwurfs, die Zulaßung alles fremden
Zuckers sei eine Ermunterung der Sklaverei und des Sklavenhandels,
darzuthun, da man doch Tabak, Baumwolle, Thee, Kupfer von Sklavenarbeit zulaße, ja selbst Sklavenzucker nicht vollständig ausgeschloßen
habe, sofern Sklavenstaaten durch Verträge den meistbegünstigten Nazionen gleichgestellt worden. Und ob man denn bestimmt wiße, daß die
gesellschaftlichen Zustände in Java und Manila der Sklaverei nicht
sehr nahe kommen? Noch mehr, die englischen Kaufleute holen Sklaven-

zucker auß Cuba und Brasilien, um ihn auf allen möglichen europäischen Märkten zu verkaufen*); dort nehmen sie gewisse Waren als Tausch, die sie auf dem englischen Markte absezen, und für den Ertrag hierauß können sie erst jene englische Manufakte kaufen, mit denen sie den Sklavenzucker bezahlen. Da, meinte der edle Lord, wär's doch klüger, leztere direkt hinzuschicken, das wäre einfacher und minder unmoralisch — und, füg' ich bei, nur der direkte Handel trägt die Kraft des beständigen Wachsens in sich und kann Brasilien an England knüpfen. Denn der englische Handel mit brasilischen Produkten war bisher wesentlich durch die Verbrauchsfähigkeit Deutschlands daran bedingt, die sich nicht nach dem Absaze Englands an Fabrikwaren nach Brasilien, sondern nach dem Absaze Deutschlands an Rohstoffen und Lebensmitteln nach England regelte, und dieser war ein sehr beschränkter. Das wird sich nun durch die neuen Handelsgeseze und die Zulaßung brasilischer Zucker im direkten wie im indirekten Handel ändern, und Russells Zuckerbill hat namentlich alle frühern Hoffnungen Deutschlands auf vertragsmäßige Begünstigung seiner Fabrikate in Brasilien so gut wie völlig abgeschnitten. Freilich Deutschland, das schon jezt 150 Millionen Pfund Zucker und 75 Millionen Pfund Kaffee, alles fremdes Erzeugnis, verbraucht, wird der Natur der Sache nach immer der erste Kunde der freien Kolonialstaaten bleiben (man bedenke nur, daß Brasiliens gesamte Erzeugung an Zucker etwa 250 Millionen Pfd., an Kaffee nicht ganz 150 Millionen Pfd. beträgt, kaum doppelt so viel als Deutschland allein verbraucht); also würde der direkte Handel zwischen ihnen gerade am vortheilhaftesten für sie sein. Wenn aber England schon jezt sechsmal mehr nach Brasilien ausführt, als wir, so kann sich unser ganzes Handelsverhältnis zu allen amerikanischen Staaten, greifen wir nicht bald zu einer schüzenden Schiffahrtsgesezgebung mit Differenzialzöllen, in der Zukunft noch vielfach verschlimmern, indem England durch die Abschaffung des westindischen Zuckermonopols, wie allmählich aller Monopole der Kolonialerzeuguug, nicht nur seinen direkten Handel mit jenen Ländern ungemein vermehrt, sondern dann auch, und zwar um so leichter, den indirekten Handel zwischen Amerika

---

*) Ja, die englischen Sieder raffiniren brasilischen und cubaischen Zucker nicht nur für die ganze Welt, außer Großbritannien, sondern auch für alle britischen Kolonien. Selbst die westindischen Pflanzer kaufen in England ihre raffinirten Zucker, und zwar zu 4 P. das Pfd., während der Verzehrer in England 7 P. zu bezahlen hat.

und Deutschland nach wie vor fortführen wird. Während wir noch immer berathen, ob wir überhaubt nur durch Differenzialzölle das Strömen von Zwischenhandelsgütern auß Londoner und Liverpooler Freilagern nach Deutschland, oder wo direkt so doch es in englischen Schiffen, hemmen sollen, läßt England die westindischen Inseln zu wirklichen Negerstaaten aufwachsen, erschließt allen freien Koloniallän-dern seinen reichen Markt und sucht fortan von deren Erzeugnissen das Vielfache zu verbrauchen, um seine Manufakturkraft in gleichem Maße steigern zu können und jene Länder enger denn je vorher an sich zu ziehen.

Während der Prohibitivzoll auf Sklavenzucker gleich aufgehoben werden soll, will Lord J. Russell auß finanziellen Gründen und wegen der gesezlichen Beschränkungen hinsichtlich des Marktes, woher die Pflanzer Arbeiter beziehen können, den Zoll von fremdem Rohzucker vorerst nur von 23 Sh. 4 P. für den Zeitraum bis zum 5. Julius 1847 auf 21 Sh., für das folgende Jahr auf 20 Sh., für 1848/49 auf 18 Sh. 6 P., für 1849/50 auf 17 Sh., für 1850/51 auf 15 Sh. 6 P. herabsezen, und ihn endlich vom 5. Julius 1851 an auf 14 Sh., oder dem jezigen Zollsaz für britischen Kolonialzucker gleich stellen. Mit der Maßregel ist noch eine höchst bedeutende unmittelbare Aenderung im Kolonialsystem verbunden worden. Als Entschädigung nämlich für die westindischen Pflanzer soll diesen, sowie den Kolonien überhaubt, drei-erlei bewilligt werden: 1) Ermäßigung des Zolls auf Rum (doch soll auch der Differenzialzoll von 1 Sh. 6 P. auf 1 Sh. vermindert wer-den); 2) die Freiheit in den britischen Besizungen längs der afrika-nischen Küste (Sierra Leone), Verträge mit Negern behufs der Arbeit auf Jamaica und in andern Kolonien einzugehn — was bisher nur außnahmsweise der Fall war; 3) Bevollmächtigung der Kolonien, ihre Handelsverhältnisse mit dem Mutterlande sofort durch ihre eigenen gesezgebenden Behörden, obwol natürlich mit Vorbehalt der königlichen Einwilligung, regeln zu dürfen, wobei Russell die Aufhebung der zu Gunsten britischer Fabrikate in den Kolonien bestehenden Differenzial-zölle, im Erlauf von 5 bis 7 Prozent, beantragte. Andern Tags ant-wortete der Minister auf die Frage, ob Einfuhr in die britischen Kolo-nien auch in andern als britischen Schiffen gestattet sein solle, also: „Ich habe die Absicht, Ihrer Majestät zu rathen, daß sie Ihre königliche Zustimmung jedem von den Koloniallegislaturen angenommenen Ge-

sezesvorschlag zur Abschaffung von Differenzialzöllen gebe. An den
jezt bestehenden Navigazionsgesezen soll aber nichts
geändert werden.'' Desungeachtet liegt darin, daß die Kolonien
ermächtigt werden, Differenzialzölle zu Gunsten britischer Erzeugnisse
abzuschaffen, sofern also auch ihren Handel bis auf die eigentliche
Schiffahrtsgesezgebung, woran England noch festklebt, mit fremden
Staaten frei zu gestalten, ein wichtiger Schritt zur Emanzipazion der
Kolonien; sie würden in Zukunft mehr wie verbündete freie Staaten
neben England, mit dem nur die verwandtschaftlichen Beziehungen
und eine gemeinsame Schiffahrtsakte sie verknüpften, als unter seiner
Hohheit stehn — ihre ganze Stellung näherte sich der der freien Kolonialstaaten. Indem Russell sich durch Annahme seines Plans schon im
laufenden Jahre eine Mehreinnahme von 725,000 Pf. St. für die
Staatskasse versprach, die sie wol bedürfe, und eine künftige Ermäßigung des allgemeinen Zollsazes von 14 Sh. als thunlich und vortheilhaft in Außsicht stellte, erklärte er nachdrucksam: die Zeit sei gekommen,
wo England seinen Kolonien gegenüber eine ganz andere Politik verfolgen müße, als bisher, das noch zwischen ihnen und dem Mutterlande obwaltende Zwangs- und Außschließlichkeitsverhältnis müße
aufhören, Freiheit der wechselseitigen Handelsbeziehungen an dessen
Stelle treten, wodurch Mutterland und Kolonien gewinnen werden.
,,Ich hoffe'', schloß er stolz, ,,das Unterhaus wird meine Vorschläge
zum Gesez erheben, und geschieht dies, so wird das jezige Ministerium,
und wäre seine Lebensdauer noch so kurz, die Geschäfte des Staats
nicht ohne Segen für die Nazion verwaltet haben.''

Das nächste Schicksal der neuen Maßregel scheint im Unterhause
von der Richtung abzuhängen, die Peel selbst einschlägt, und von diesem ist eine solche sich selbst gerechte edle Gesinnung vorauszusezen, daß
er die von seinem parlamentarischen Gegenmann eingebrachte neue
Freihandelsbill, mit deren Zweckmäßigkeit und Gerechtigkeit er im Ganzen einverstanden ist, auf eine nicht minder eifrige Weise unterstüzen
wird, als es Lord John in Bezug auf die Kornreformbill gethan. Mit
einem Punkte in Russells Plan ist Jedermann zufrieden, nämlich dem,
daß er die Entscheidung über den Zuckerzoll permanent gemacht sehen
will*). Der Widerstand wird indes auß drei Elementen bestehn: auß

---

*) Das Unterhaus hatte sich nämlich den Zuckerzoll für jährliche Erneuerung
vorbehalten, weil es gern einen bedeutenden Theil der Staatseinkünfte zu seiner Ver-

dem frommen Theil des noch mächtigen Antisklaverei=Interesses, dessen Unterstüzung früher die Whigs (namentlich durch Palmerstons Eifer für Bekämpfung des Sklavenhandels) genoßen, also einer religiös=sittlichen Einrede der Begünstigung des Sklavenwesens; auß den Stimmen der allgemeinen Protekzionspolitik, unter Führung des beleib=ten Lord Georg Bentinck, der sich bereits von dem unter ihm gefallenen Steckenpferde des Kornschuzes unverzagt auf das dermalen noch leben=dige des Zuckermonopols geschwungen hat; drittens auß den Stimmen des besondern Schuzes der Kolonialerzeugnisse, den Besizern der Pflan=zungen selbst. Dagegen werden sich ohne Zweifel die meisten Peeliten und fast alle irischen Deputirten mit den Whigs, der zahlreichsten Partei des sezigen Unterhauses, für die Bill vereinigen und sie siegreich durch=führen helfen; zudem steht im Hintergrunde furchtbar drohend noch immer die Liga, die leicht mit ihrer ganzen Volksenergie wieder aufzu=wecken wäre. Ein wesentlicher Vortheil der Whigs besteht darin, daß ihnen Irland, wo sie, weniger gebunden als Peel, die Liberalen, die Katholiken, die Freunde O'Connells in Amt und Würde bringen kön=nen, keine Schwierigkeit macht, dessen Einfluß sogar in ihrer Schale zieht. Gleich nach Verwerfung der irischen Bill, welche Peels Rücktritt unmittelbar veranlaßte, schrieb O'Connell, mit lobender Erwähnung der Unterstüzung seitens der Whigs, an den Dubliner Repealverein: die verhaßte und schimpfliche Zwangsbill sei vernichtet, und er wage vorherzusagen, daß künftighin kein Minister mehr verwegen genug sein werde, für Irland irgend ein Gesez vorzuschlagen, das er nicht auch für England und Schottland vorzuschlagen sich getraute. Die Frage, in welchem Zustande sich das irische Volk in Folge seiner 46jährigen soge=nannten Union mit Großbritannien befinde, beantworteten die amtli=chen Berichte der Armengesez=Kommissäre am besten: „unter 8 Millio=nen Einwohnern Irlands gab es nicht weniger als 2,300,000 Perso=nen in einem Zustande gänzlicher Entblößung, entweder das ganze Jahr hindurch oder einen bedeutenden Theil desselben". — „Die iri=

---

fügung behält, um im Fall eines Außschreitens der Verwaltung dieselbe durch Ver=stopfung dieser Quelle plözlich ihrer Abhängigkeit bewust werden zu laßen. Unsicher=heit jedoch in Bezug auf einen so wichtigen Theil des Handels ist offenbar sehr unbe=quem, und man muß es Russell Dank wißen, wenn er dafür dem Parlament, wie er in seiner Rede angedeutet, eine andere bedeutende Klasse von Steuern, etwa die Haus=steuer, zur jährlichen Erneuerung zuweist.

schen Landleute erdulden die grösten Entbehrungen und Leiden, die sich der Wirklichkeit gemäß unmöglich darstellen laßen; ihr Lebensunterhalt hängt von unsicherer, zufälliger Beschäftigung ab, und sie haben schlechte Wohnung, schlechte Nahrung und schlechten Lohn für ihre Arbeit." Kein Minister möge sich nur auch im Traume einfallen laßen, das irische Volk zu gewinnen, wenn er nicht zur Verbeßerung des Zustandes des irischen Landvolkes bereit sei: 1) das Recht der Pächter, wie es jezt in Ulster besteht, auf alle übrigen Provinzen außzudehnen — das sei die wahre „Maßregel zur Beschüzung des Lebens"; 2) Entschädigung für alle von den jezigen Pachtinhabern bei ihren Ländereien angebrachten dauernden Verbeßerungen muß nicht bloß für die Zukunft, sondern auch für die Zeit rückwärts gegeben werden; 3) kein Pfändungsrecht sollte stattfinden, außer im Fall einer 21jährigen Pachtzeit; 4) ebenso kein Recht der Außweisung oder Verjagung wegen Nichtzahlens der Rente, außer bei einer 31jährigen Pachtzeit; 5) Einsezung von Graffschaftsgerichten an die Stelle des jezigen unangemeßenen und fehlerhaften „Grandjury=Systems". Ferner verlangt der Befreier ein gerechtes wirkliches Wahlrecht für das irische Volk (die von ihm vertretene Graffschaft Cork z. B. habe weniger als 1500 Wähler bei 800,000 Einwohnern, während Wales mit einer geringern Bevölkerung deren 36,000 besizt), eine stärkere Vertretung Irlands im Parlament, Besteuerung der Absenters mit 20 Proz. ihres Einkommens, eine freiere irische Munizipalverfaßung (von den irischen Städtebürgern sind nur ⅛ soviel Wähler, als nach der englischen Reformakte in England sind), Beseitigung des monströsen Uebelstandes einer mit ungeheurem Reichthum fortgefütterten Kirche, deren Anhänger nicht ¹⁄₁₀ der Gesamtbevölkerung außmachen, und endlich eine verbeßerte Charte für die Nazional=Erziehungsbehörde. Die Whigs scheinen für den nächsten Landtag, zumal wenn sie auf diesem, wie ich glaube, noch die große Zuckermaßregel durchführen, umfaßende Verbeßerungsvorschläge in Bezug auf Irland zu beabsichtigen, und O'Connell hat im Unterhause jezt wirklich auf der ministeriellen Seite Plaz genommen; in Betreff der wichtigen Frage über die künftige Gestaltung der seitens des Staats lange verabsäumten Volkserziehung *) werden sie wahrscheinlich jedoch

---

*) So verwandte die Regierung darauf von 1833 bis 1839 nur 20,000 Pf. St. jährlich; von 1839 bis 1842 inkl. 30,000 Pf. jährlich; in den Jahren 1843 und 1844 je 40,000, im Jahr 1845 75,000 Pf. Das neue Ministerium wird eine viel

das schon früher begünstigte System der sogenannten „Nazionalerzie=
hung", d. h. der profanen, reinwißenschaftlichen Laienerziehung mit
Hülfe des Staats, der religiösen mit Hülfe der Privaten, weiter ver=
folgen. Inzwischen ist die Repeal, d. h. der Ruf nach der vollen Ge=
rechtigkeit für Irland, zur Nazionalmacht herangewachsen, und O'Con=
nell, der weniger mehr der Gebieter, als der Diener dieser Macht ist,
hat bereits angekündet, im Anfang der nächsten Session die Frage der
Unionsauflösung im Unterhause vorzubringen, und deren Verweisung
an einen Außschuß zu beantragen, der über die bisherige Außführung
und Wirkung der Unionsakte Untersuchungen anstellen soll. Das Mi=
nisterium muß in Irland handeln und mit durchgreifenden Reformen
hervortreten. Sir R. Peel hat in seiner Abschiedsrede außgesprochen,
daß zwischen Irland und England völlige Rechtsgleichheit obwalten
müße — werden Lord J. Russell und seine Partei diese Rechtsgleichheit
verweigern können, wenn Peel sie vorwärts drängt?

So schreiten eine Menge neuer hochwichtiger Fragen unaufhaltsam
einer glücklichen Lösung entgegen. Welches Ministerium sie schließlich
durchführt, ist im Grunde gleichgültig oder doch von untergeordneter
Bedeutung; Persönlichkeiten sind in allen diesen innern und äußern
Angelegenheiten Englands im Ganzen nicht mehr besonders entschei=
dend. Natürlich werden deshalb die großen Parteienkämpfe nicht auf=
hören, sie sind nothwendig; aber ihr gemeinsamer Angel ist das Nazio=
nalintereße, ihr Wesen die Nazionalentwickelung. Ehrgeiz, Ruhmliebe,
Leidenschaften und Intereßen werden immer die Haubttriebfedern der
Geschichte bleiben. Gemeiner Eigennuz indes ist nirgends mehr als in
England auß dem Getriebe der politischen Bewegung verbannt — das
liegt im Geiste der britischen Verfaßung und Verwaltung, in dem Self=
government. Man hat auf die hohen Gehalte der veränderlichen Mi=
nisterialen und Hofbeamteten aufmerksam gemacht (der erste Lord der

---

größere Summe beanspruchen, wenn es auch nicht so weit, wie einige meinen, gehn
dürfte, daß es ein Budget von 3 Millionen Pf. für Unterrichtszwecke verlangt, und
behufs schärferer zusammenhangender Durchführung seiner Pläne sogar, nach franzö=
sischem oder preußischem Muster, ein eigenes Ministerium des Unterrichts schafft, mit
Siz und Stimme im Kabinet, anstatt der bisherigen Geheimenraths=Kom=
mittee für Erziehung. Die aristokratisch=hochkirchlich=konservative Partei ist ent=
schieden gegen jede, über Geldbewilligung hinaußgehende Einmischung des Staats in
das Schulwesen. — Das öffentliche Leben ist in England die beste Schule.

Schazkammer, die drei Staatssekretäre des Innern, des Außwärtigen und der Kolonien beziehen z. B. jeder 5000 Pf. St.; die vier jüngern Lords der Schazkammer je 1200; zwei Sekretäre der Schazkammer, je 2500; erster Lord der Admiralität 4500; Lord Kanzler von England 10,000; Konseilspräsident, Lord Siegelbewahrer, Präsident des Handelsamts je 2000; Lordstatthalter von Irland 20,000; Lord Kämmerer, Oberhofmeister, Oberhofstallmeister je 2000 Pf. 2c.), die alle zusammen an 150,000 Pf. St. jährlich betragen, und gemeint, diese Summe sei „keine üble Belohnung für glücklichen Parteikrieg.‟ Doch man hat dabei vergessen, daß diese Zahl veränderlicher und besoldeter Beamten eine verhältnismäßig ganz geringe ist, und in gar keinen Vergleich kommen kann mit den besoldeten Beamtenstellen, welche etwa die herschende Partei in dem konzentrirten Frankreich zu vergeben hat (wie man nachwies, an die 300,000); daß die 150,000 Pf. St. als ein Interesse an sich gar nichts bedeuten können gegenüber den englischen Razionalanliegen — haben doch haubtsächlich englische Fabrikanten als Razionalbelohnung für Richard Cobben binnen wenigen Wochen 50,000 Pf. gezeichnet; daß überhaubt die meisten Beamtungen in England unentgeltlich sind. Die Minister und zugehörigen Administrativ-Beamten müßen regelmäßigen Gehalt beziehen, weil Reichthum nicht immer mit dem Talent und der Erfahrung in Staatsdingen verknüpft ist; desungeachtet legen die meisten Minister ihren Posten in schlechtern Vermögensumständen nieder, als sie denselben angetreten haben. Der Geheimrath in England, in welchem früher alle bedeutendern Angelegenheiten erörtert und erledigt wurden, besteht nicht bloß auß besoldeten Staatsdienern, sondern zum größten Theil auß ganz unabhängigen, unbesoldeten Männern und den außgezeichnetsten Parlamentsmitgliedern; es gehören dazu die königlichen Prinzen, an zwanzig der ersten Kron = und Staatsbeamten (namentlich die Staatssekretäre), dann auß den vom König ernannten Männern ohne Amt und Besoldung in überwiegender Zahl — im Ganzen zwischen 100 und 150 Mitgliedern. Finden sich doch auch in den ältern deutschen Verfaßungen die ersten Mitglieder der Landstände als Beisitzer des höchsten Raths der Fürsten neben den ersten Dienern desselben. Der Geheimrath, der sich wol, gleichsam als das eigentliche Staatsministerium, zur leichtern Besorgung der Geschäfte in Außschüße wie für außwärtige Angelegenheiten, für Marine 2c. zu theilen pflegte, ist eine

Art kleines Parlament mit Wortführern der Oppoſizion wie des Miniſteriums, durch welches der Regent, zumal zur Zeit der Vakanz des Parlaments, Gelegenheit erhält, das lebendige Wort des Volkes auch von anderer Seite als auß dem Munde ſeiner Bedienſteten zu hören.

Ich ſpreche ſchlüßlich als meine Ueberzeugung auß, daß England an Macht und Einfluß ſowie in der öffentlichen Meinung noch niemals ſo hoch ſtund wie gegenwärtig. Während ſeine tapfern Heere in fremden Welttheilen triumfirten, bewies ein Volksbund daheim, was durch ſittliche Kraft, durch freie politiſche Verbrüderung und friedliche Mittel erreicht werden kann, und bethätigte einer ſeiner gröſten Miniſter, ein Staatsmann dieſer Zeit, ſo viele Tugend, daß jeder gute Menſch ſich daran erbauen, darüber freuen muß. Peel kam im Jahr 1841 ins Amt mit einer vielleicht ſeit einem Jahrhunderte nicht erlebten Majorität von 100 im Hauſe der Gemeinen, und das Oberhaus war mit ihm; aber er verzichtete freiwillig auf dieſe Stellung und die Regierungsgewalt, lediglich um handelspolitiſche Grundſäze zu verwirklichen, von deren Wahrheit und deren unermeßlichen Wohlthätigkeit für die Nazion er ſich überzeugt hatte, ohne dieſe Ueberzeugung auch den meiſten Mitgliedern ſeiner alten Partei geben zu können. Ja, England iſt beneidenswert um den Ruhm ſolcher karaktervollen Staatsmänner. Aber auch nur eine ſo auf den allgemeinen Außtauſch Jahrhunderte lang vorbereitete Nazion, die alle Weltmärkte kennt und beherſcht, deren Induſtrie für den Geſchmack und die Bequemlichkeit aller Länder arbeitet, die in allen Gegenden der Erde Kolonien, Faktoreien und Stüzpunkte beſizt — nur England kann den Schritt zur unbedingten Handelsfreiheit wagen, ſicher ſelbſt Niederlagen im Einzelnen durch ſeine hohe gewerbliche Außbildung, ſeine überſchwänglichen Kapitalien, ſeine überall thätige und energiſche Schiffsmacht im Ganzen mehr als außzugleichen und mit ſeiner vereinten Manufaktur- und Handelskraft den Mitbewerb aller Völker ſiegreich zu beſtehn. Was in dieſer Hinſicht England unternehmen darf, gilt jezt ſo unbedingt noch von keiner andern Nazion. Und beſäßen wir auch alle materiellen Elemente, von ſeinen Erzſchäzen bis zu ſeinen Kapitalien, um eine gleiche induſtrielle Kraft zu entwickeln; ſo würden uns doch ſeine großen politiſchen Hebel noch fehlen, ein Zuſtand, wo die Einzelnen alles auf den Staat, dieſer alles auf die Nazion bezieht, ohne daß ſcharf ſchneidende Gegenſäze auch nur als möglich in der Vorſtellung lebten — und es würde die

von aller bürokratischen Vormundschaft befreite englische Handels= und
Gewerbkraft, bei der höhern politischen Stellung der erzeugenden Klas=
sen und ihrer dadurch geschärften Einsicht und Intelligenz, bei dem grö=
ßern Regierungsschuze und der größern Freiheit immer den kontinen=
talen Mitbewerb überflügeln. Ja, die Freiheit ist nicht etwa bloß eine
prächtige Form, ein reicher Prunkmantel, der dem Staat übergeworfen
wird an festlichen Tagen, sondern sie ist ein Glied der wesentlichen
Lebensmächte, ein substanzieller Bestandtheil der Lebensluft eines Vol=
kes, eine fortwährende Stärkung unter den Mühen der nazionalen Ent=
wickelung. Sie ist das Mittel und die Macht, welche jeder großen
Rothwendigkeit Gehör erzwingt; mit ihr gewinnen die Gedanken, die
im Geiste der Nazion auftauchen, schnell eine bestimmte Gestalt und
stufenweise Festigkeit, bis sie zulezt ein legislatives Dasein erringen.
Diese fortschreitende Bewegung stürmt über die Parteien hin, oder viel=
mehr mit unwiderstehlicher geistiger Gewalt treibt, preßt sie Jeden, dem
sie begegnet, in ihren Dienst, und zwingt ihn, sein eigenes Geschäft im
Stich zu lassen und das Geschäft der Nazion vorzunehmen. Ein Mini=
sterium überliefert dem andern nicht Mistrauen, Ränke und Bestechung,
sondern die frohe vertrauensvolle Botschaft der Volksbefreiung und
Volksverbesserung. Das alles ist nicht bloß ein wesenloser Schatten —
blickt auf England, da seht ihr diese Freiheit in leibhafter Gestalt.
Wollt ihr, daß Deutschland die Handelsfreiheit ertragen lerne, so ebnet
ihm die Bahn zur politischen Freiheit; sagt aber spottend zu einem ge=
fesselten Manne nicht: er möge sich frei bewegen!

Bemerkung zu den Notizen über die Staatsschuld.

Siehe Th. I., 7. Abschn. S. 193 ff.

Nach der Darlegung der britischen Finanzlage vom Schatzkanzler Goulburn in der Unterhaussitzung vom 29. Mai 1846 hat die Nationalschuld seit 1842 um mehr als 8 Millionen Pf. abgenommen und betrug, einschließlich der Schatzscheine, am 1. Januar 1846 nur noch 785,115,000 Pf. St. Auch die schwebende Schuld hat um 4,133,000 Pf. abgenommen, und die Zinsen der Nationalschuld sind um 800,000 Pf. jährlich gemindert worden; diese Minderung wird, unter Fortdauer des jetzigen Schuldentilgungssystems, im Jahre 1854 schon 1½ Millionen Pf. St. jährlich betragen. Und bei dem allen führt England die riesenhaftesten Unternehmen auß und erweitert seine Besitzungen von Jahr zu Jahre!!